शंकर

बांग्ला भाषा के सर्वाधिक चर्चित उपन्यासकार शंकर का जन्म 7 जनवरी, 1933 को हुआ था। छोटी उम्र में ही वे बनगाँव से कलकत्ता चले आए। शिक्षा-दीक्षा वहीं हुई। प्रारंभ से ही साहित्यनुरागी रहे। आगे चलकर वैविध्यपूर्ण जीवनानुभव की तीव्रता के चलते लेखन की ओर प्रवृत्त हुए। उनकी प्रायः प्रत्येक कृति ख्याति के नए शिखर छूती रही है। प्रथम उपन्यास 'ये अनजाने' 1954 में सुप्रसिद्ध बांग्ला पत्र 'देश' में प्रकाशित हुआ था जिसका सम्पूर्ण बांग्ला साहित्य में विशिष्ट स्थान है। 1958 में उनकी रम्य-रचना 'जा बोलो ताई बोलो' तथा 1960 में कहानी-संग्रह 'एक दुई तीन' प्रकाशित हुए। बहुचर्चित उपन्यास 'चौरंगी' 1962 में प्रकाशित हुआ। 'योग-वियोग', 'स्थानीय समाचार', 'आशा-आकांक्षा', 'सीमाबद्ध', 'मरुभूमि', 'वित्त वासना', 'जन अरण्य' आदि उनके उल्लेखनीय उपन्यास हैं। 'पात्र-पात्री' व्यंग्य-उपन्यास है तथा 'ए पार बांग्ला ओ पार बांग्ला' यात्रा-वृत्त। उनकी पुस्तकों के अनुवाद विभिन्न भाषाओं में हुए हैं। 'सीमाबद्ध' के आधार पर विश्वविख्यात सिने-निर्देशक सत्यजित रे ने बहुप्रशंसित फिल्म 'कंपनी लिमिटेड' बनाई थी। सत्यजीत रे ने 'जन अरण्य' पर भी फिल्म बनाई जो अन्तर्राष्ट्रीय ख्याति प्राप्त कर चुकी है।

उन्हें 1993 में 'बंकिम पुरस्कार', 2021 में 'साहित्य अकादेमी पुरस्कार' से पुरस्कृत किया गया।

चौरंगी

शंकर

अनुवाद
राजकमल चौधरी

राजकमल पेपरबैक्स

पहला पुस्तकालय संस्करण
राजकमल प्रकाशन प्राइवेट लिमिटेड द्वारा
1964 में प्रकाशित

राजकमल पेपरबैक्स में
पहला संस्करण : 2008
चौथा संस्करण : 2023

राजकमल पेपरबैक्स : उत्कृष्ट साहित्य के जनसुलभ संस्करण

राजकमल प्रकाशन प्रा.लि.
1-बी, नेताजी सुभाष मार्ग, दरियागंज
नई दिल्ली-110 002
द्वारा प्रकाशित

शाखाएँ : अशोक राजपथ, साइंस कॉलेज के सामने, पटना-800 006
पहली मंजिल, दरबारी बिल्डिंग, महात्मा गांधी मार्ग, प्रयागराज-211 001
1, अनमोल सोराबजी संतुक लेन, धोबी तलाव, मरीन लाइंस, मुम्बई-400 002

वेबसाइट : www.rajkamalprakashan.com
ई-मेल : info@rajkamalprakashan.com

बी.के. ऑफसेट
नवीन शाहदरा, दिल्ली-110 032
द्वारा मुद्रित

मूल्य : 399

CHAURANGI
Novel by Shankar
Translated by Rajkamal Chaudhary

ISBN : 978-81-267-1470-4

○ सृष्टि में जितना आनन्द था, जितना सौन्दर्य था, सारा कुछ पृथ्वी के अविचारी मनुष्यों ने समाप्त कर दिया है। बच गया है केवल दुख। किसी के लिए भी, कहीं भी सुख का एक कण नहीं है!

○ लिख-पढ़कर इस अन्धी-गूंगी व्यावसायिक सभ्यता को बदला नहीं जा सकता, हिलाया तक नहीं जा सकता।...माइक पर चीखो-चिल्लाओ, महाभारत-जैसी दस पौण्ड वज़न की किताब लिख मारो, हज़ार-हज़ार पावर की बत्ती से इस सभ्यता के जख्मों पर रोशनी डालो, फिर भी कुछ नहीं, कुछ नहीं होगा!

○ हे परमपिता, तुम्हारा अभिशाप इस ऐश्वर्य और साथ ही कुत्सित, बीभत्स सभ्यता पर वज्र बनकर गिरे!

उत्सर्ग

मेरे साहित्य-जीवन के प्रायोजक, परिचालक
और संगीतकार
श्री शंकरप्रसाद बसु को

'चौरंगी' लिखने की प्रथम अनुप्रेरणा जिनसे मिली थी, वह श्रद्धेय विदेशी महापुरुष अब परलोकवासी हैं। जीवित एवं मृत, देशी एवं विदेशी, परिचित एवं अपरिचित, जिन व्यक्तियों ने प्रकट तथा परोक्ष रूप से यह पुस्तक लिखने में विभिन्न प्रकार की सहायता मुझे की है, उन सभी के प्रति मेरा सश्रद्ध नमस्कार निवेदित है।

—शंकर

Our life is but a winter's day :
Some only breakfast and away,
Others to dinner stay and are full fed;
The oldest man but sups and goes to bed;
He that goes soonest has the least to pay.

— *A. C. Maffen*

एक

वे लोग कहते हैं—एस्प्लेनेड। हम लोग कहते हैं—चौरंगी। इसी चौरंगी का कर्ज़न पार्क। सारा दिन घूमते रहने के कारण थका हुआ शरीर जब एक क़दम भी चलने से इन्कार करने लगा, तब इसी पार्क में आश्रय मिला। महामान्य इतिहास-पुरुष कर्ज़न साहब एक युग पहले बंगाल के लिए अभिशाप बनकर आये थे। सुजला-सुफला इस धरती को दो हिस्सों में बाँट देने की कुबुद्धि जब उनके मन में उपजी थी, कहते हैं, हम लोगों के दुर्दिन का इतिहास उसी दिन से शुरू हुआ था। मगर, ये सब बहुत पुरानी बातें हैं। बीसवीं शताब्दी की इस भरी दोपहरी में, मई महीने की धूप से जलते हुए इस कलकत्ता महानगर की छाती पर खड़े होकर मैंने इतिहास के पन्नों पर बार-बार धिक्कारे गये उस प्रतिभावान अंग्रेज़ राजपुरुष को मन-ही-मन प्रणाम किया, उसकी स्वर्गीय आत्मा की सद्गति के लिए मैंने प्रार्थना की, और प्रणाम किया मैंने राय हरिराम गोयन्का बहादुर के. सी. आई. ई. को (कर्ज़न पार्क में जिनकी संगमरमरी मूर्ति प्रतिष्ठित है), जिनके पाँवों के नीचे की पीठिका पर लिखा है—जन्म : जून 3, 1862; मृत्यु : फ़रवरी 28, 1935।

क्या मैं आप लोगों को अब तक याद हूँ ? बहुत दिनों पहले का सुन्दर एक अपरिपक्व-बुद्धि बालक अपने विभूति भाई का हाथ पकड़कर रामकृष्णपुर घाट से 'अम्बा' स्टीमर पर गंगा पार करके कलकत्ता हाईकोर्ट देखने आया था।* अंग्रेज़ बैरिस्टर साहब के पास उसे नौकरी मिल गयी थी। उनका प्यार भी मिला था। जज, बैरिस्टर मुवक्किल—सबका स्नेह-सत्कार पाकर वह प्राणपण से किरानीगिरी कर सका था, और चकित आँखों से, विस्मित दृष्टि से इस अपरिचित-अनजान दुनिया के रूप, रस, गन्धों का उपभोग कर सका था।

दुःख और दरिद्रता की अन्तहीन मरुभूमि में अचानक संसार-प्रेमी विदेशी बैरिस्टर के उपवन का आश्रय पाकर मेरी भूखी और थकी हुई आत्मा अपने सारे अतीत

*लेखक के उपन्यास 'कितने अनजाने रे' का आरम्भिक प्रसंग।

को भूल गयी थी। मैं सोचने लगा था, शायद यह आश्रय कभी टूटेगा नहीं, चिरकाल तक स्थायी रहेगा। लेकिन लगता है, विधाता के सतर्क, चतुर ऑडीटरों की जमात हिसाब-किताब की गलतियाँ पकड़ने के लिए हमेशा घूमती-भागती रहती है। मेरे हिसाब की गलती पकड़ने में भी उन्हें ज़रा-सी देर न हुई। बैरिस्टर साहब का देहान्त हो गया, और मरुभूमि का वह 'ओसिस' जलकर राख हो गया। मरुभूमि में गढ़ा हुआ हमारा तम्बू रेगिस्तानी हवा के एक ही झोंके से उड़ गया। पता नहीं, कहाँ चला गया। 'फिर से चलना शुरू करो! फॉरवर्ड मार्च!' विजयी विधाता के हृदयहीन सेनापति ने इस हारे हुए क़ैदी को आज्ञा दी। आत्मा गवाही नहीं देती थी, फिर भी तरह-तरह के आघातों से क्षत-विक्षत हो गये अपने मन को, अपने थके हुए, टूटे हुए शरीर की रेलगाड़ी पर चढ़ाकर आगे बढ़ाना ही पड़ा। यात्रा शुरू करनी ही पड़ी। 'आगे बढ़ो! आगे बढ़ो! पीछे की ओर मत देखो!'

मेरे सामने सुनसान रास्ता है, और मेरे पीछे सुनसान रास्ता है। लगता है, रात के अँधेरे में मैं ओल्ड पोस्ट ऑफ़िस स्ट्रीट की अनजानी और पुरानी सराय में टिक गया था। अब सुबह की रोशनी में फिर सड़क पर उतर आया हूँ। हाईकोर्ट के बाबू लोग मुझे देखने आये थे। सहानुभूति दरसा गये थे। छोका भाई ने कहा था, "उफ़, इसी उम्र में अपना मालिक खो बैठे हो, अपना घर तोड़ बैठे हो! इतनी कच्ची उम्र में!"

लेकिन, मैं रोया नहीं था। एक बूंद भी आँसू मेरी आँखों से नहीं टपका। इस बज्राघात से जैसे मेरी आँखों का सारा पानी धुआँ बनकर उड़ गया था।

छोका भाई ने पास बुलाकर बिठाया था। सरदारजी की दुकान से चाय मँगा ली थी। बोले थे, "समझता हूँ भाई, सब समझता हूँ। मगर, यह पापी पेट कुछ करने नहीं देता, कुछ समझने नहीं देता। देखो, जो कुछ भी मिले, उसे ग्रहण करो। पेट भरते रहो, तभी जीवित रह सकोगे। शरीर को बल मिलेगा।"

ओल्ड पोस्ट ऑफ़िस स्ट्रीट में मैं आखिरी बार चाय पी रहा था। फिर कभी उधर जा ही नहीं पाया। यों छोका भाई ने कहा ज़रूर था, "चिन्ता मत करो। इसी इलाके में तुम्हारा कुछ-न-कुछ इन्तज़ाम हो जायेगा। कौन साहब ऐसा है, जो तुम्हारे-जैसे किरानी को नौकरी देना नहीं चाहेगा! हाँ, यह बात ज़रूर है कि एक बीवी के रहते दूसरी बीवी बुला लेना···! हर साहब के पास कोई-न-कोई किरानी तो है ही।"

किसी बात पर ज़ोर देना, किसी पर दबाव डालना मेरे स्वभाव के विपरीत है। मगर, उस दिन मैं चुप नहीं रह सका था। पूरी ताक़त से मैंने कहा था, "छोका भाई, मुझसे नहीं होगा। नौकरी मिल भी जाये, मगर, अब इस मुहल्ले में रहना मुझसे नहीं हो सकेगा। मैं यहाँ रह नहीं पाऊँगा।"

छोका भाई, अर्जुन भाई, हारू भाई, उस दिन सभी व्यक्ति मेरे दुःख से अभिभूत हो गये थे। विषण्ण होकर छोका भाई ने कहा था, "हम लोग तो यह इलाक़ा त्याग नहीं सके। नौकरी और पैसों का मोह टूट नहीं सका। मगर तू कर सकेगा, भाई, तू कर लेगा। भाग जाओ, इस नरक से भाग जाओ। हमें याद तो रहेगा कि एक आदमी था, जो किसी-न-किसी तरह इस नरक से भाग निकला। इस गोरखधन्धे से छुटकारा

पा सका।"

उन लोगों से विदा लेकर मैं टिफ़िन के डिब्बे-जैसी चीजें तक कपड़े के बैग में भरकर और कन्धे से लटकाकर बाहर निकल पड़ा। पश्चिमी आकाश का मुरझाया हुआ सूरज उस दिन मेरी ही आँखों के सामने डूब गया था।

लेकिन, इसके बाद ? उस दिन मुझे पता नहीं था कि जीवन इतना निर्मम है, पृथ्वी इतनी कठोर है, और पृथ्वी पर बसे हुए मनुष्य इतने हिसाबी हैं, अंकगणित के नियमों पर जीवन काट देते हैं। मुझे एकदम पता नहीं था।

नौकरी चाहिए। मनुष्य बनकर जीवित रहने के लिए किसी तरह भी एक नौकरी चाहिए। लेकिन नौकरी कहाँ है ? कौन देगा ?

हाथ में मैट्रिकुलेशन का सर्टिफ़िकेट लेकर कितने ही परिचितों के आगे जा खड़ा हुआ हूँ। उन्होंने बड़ी ही सहानुभूति दिखलायी है। मेरे साथ घटी हुई इस आकस्मिक दुर्घटना ने उन्हें कैसा आघात पहुँचाया है, उन्होंने यह सब भी बताया है। और, नौकरी की बात सुनकर काँप गये हैं। बोलते रहे हैं, "भयानक दुर्दिन आ गया है। कम्पनी की आर्थिक अवस्था 'हैप्पी' नहीं है। फिर भी, कोई 'वेकेन्सी' हुई तो जरूर सूचित करके बुला लेंगे।"

और एक दफ्तर में गया था। वहाँ के मालिक दत्त साहब एक बार बड़ी ही मुसीबत में पड़कर मेरी शरण में आये थे। मेरे ही कहने पर हमारे बैरिस्टर साहब ने फ़ीस लिये बिना ही उन्हें क़ानूनी सलाह दे दी थी।

लेकिन दत्त साहब ने तो भेंट करने से भी इन्कार कर दिया। स्लिप के साथ बैरा वापिस आ गया। साहब आज बहुत 'बिज़ी' हैं। भेंट नहीं कर सके, इसलिए स्लिप पर ही पेंसिल से लिखकर खेद प्रकट किया है। और संक्षेप में यह भी बता दिया है कि आगामी कई सप्ताहों तक वह इतने व्यस्त रहेंगे कि पूरी ख्वाहिश रहने पर भी मिल नहीं सकेंगे, मेरे सुमधुर सान्निध्य का उपभोग नहीं कर सकेंगे।

बैरे ने कहा था, "साहब को चिट्ठी लिखो!" लज्जा से चूर-चूर होते हुए मैंने चिट्ठी भी लिखी थी। कहना जरूरी नहीं है, उनका कोई उत्तर नहीं आया।

और भी कितने ही आवेदन-पत्र मैंने भेजे हैं। परिचितों के पास, अपरिचितों के पास, बॉक्स-नम्बरों पर, हर जगह अपनी शिक्षा-दीक्षा और गुणावली का विस्तृत विवरण उपस्थित करते हुए पत्र लिखा है। लेकिन सरकारी पोस्ट ऑफ़िस की आमदनी बढ़ाने के सिवा और कोई लाभ नहीं हुआ है।

थक गया था। चूर-चूर हो गया था। बुरे दिनों के लिए एक भी पैसा बचाकर नहीं रखा था। जो जमा-पूंजी थी, वह भी खत्म हो गयी। अब तो उपवास के सिवा कोई चारा नहीं था।

हाय भगवान्! कलकत्ता हाईकोर्ट के अन्तिम अंग्रेज़ बैरिस्टर के अन्तिम किरानी बाबू की क़िस्मत में यही लिखा हुआ था ?

अन्त में फेरीवाले का धन्धा शुरू करना पड़ा। शिष्ट भाषा में इसे कहेंगे—सेल्समैन! दफ्तर-दफ्तर घूमकर 'वेस्ट-पेपर बास्केट' बेचना होगा। कम्पनी का नाम सुनकर तो श्रद्धा से सिर झुका लेंगे। सोचेंगे, यह मैगपिल एण्ड क्लार्क कम्पनी भी बर्मा शेल, जार्डिन हेण्डर्सन, या एण्ड्रू बिल कम्पनियों की टक्कर की कोई कम्पनी है। लेकिन इस कम्पनी के कर्णधार, एम. जी. पिल्लई नाम के मद्रासी छोकरे के पास एक जोड़ा पैण्ट और एक पुरानी टाई के अलावा और कुछ पूंजी नहीं थी। छातावाला लेन के एक अन्धकारग्रस्त मकान की एक छोटी-सी कोठरी ही उसकी फैक्टरी थी, दफ्तर था, शो-रूम था, सोने और रसोई पकाने का कमरा था। एम. जी. पिल्लई ही 'मैगपिल' बन गया है, और क्लार्क साहब ? और कोई नहीं, मैगपिल का यह क्लर्क ही 'क्लार्क' है!

तार के बने हुए बास्केट मुझे बेचने होंगे। रुपये में चार आना कमीशन मिलेगा। हर बास्केट पर चार आने! मेरे लिए तो यही चार आने स्वर्ग की सम्पत्ति हैं!

फिर भी बिक्री नहीं हो पाती है। हाथ में बास्केट लिये दफ्तर-दफ्तर चक्कर काटता रहा हूँ, और मेज़ पर बैठे बाबू लोगों की कुर्सियों के नीचे झाँकता रहा हूँ। कितने लोगों ने शंकित होकर पूछा है, "वहाँ क्या देख रहे हो?"

मैंने उत्तर दिया है, "रद्दी कागज़ फेंकनेवाली टोकरी देख रहा था!"

उनकी टोकरी फटी-पुरानी हालत में देखकर बड़ी खुशी होती थी। कहता था, "आपकी टोकरी में अब कोई दम नहीं है। नया बास्केट ले लीजिए न, सर! बहुत बढ़िया चीज़ है! एक बास्केट रख लीजिए, दस साल के लिए निश्चिन्त हो जायेंगे।"

बड़े बाबू अपनी टोकरी की ओर दृष्टिपात करके कह देते थे, "अभी तो कण्डीशन अच्छी ही है। हँस-खेलकर साल-भर तो काट ही लेगी।"

करुण दृष्टि से बड़े बाबू की ओर देखता हुआ खड़ा रहता था। लेकिन, मेरे मन की स्थिति वह समझ नहीं पाते थे। इच्छा होती थी, चीखकर उनसे कहूँ, 'आपकी टोकरी हँस-खेलकर साल-भर काट ले सकती है, लेकिन मैं? मैं तो अब एक दिन भी काट नहीं पाऊँगा, न हँस-बोलकर और न रोकर!"

लेकिन बोलने की इच्छा होने पर भी चार्नक साहब के इस अजीबो-ग़रीब शहर में हर बात बोली नहीं जा सकती! इसलिए हर दफ्तर से चुपचाप निकल आता रहा हूँ।

सूट में जकड़े हुए, टाई में बँधे हुए बंगाली साहबों से भी मिला हूँ। जूते का अँगूठा हिलाते-हिलाते वे बोले हैं, "वेरी गुड! यंग बंगाली लड़के अब बिज़नेस-लाइन में एण्टर कर रहे हैं, यह तो बड़ी ही होपफुल बात है।"

मैंने कहा है, "अच्छा, तो आपको कितने बास्केट दे दूँ, सर?"

सर ने मेरी ओर देखकर ज़रा भी झिझके-शरमाये बिना कहा है, "मुझे छः बास्केट की ज़रूरत है। लेकिन देखो भाई, हमारे शेयर की बात मत भूल जाना!"

छः बास्केट की बिक्री से मुझे कुल डेढ़ रुपये का फ़ायदा है। बास्केटों की कीमत पा जाने पर, वही डेढ़ रुपया हाथ में लेकर बोला हूँ, "छः बास्केटों में मुझे कुल डेढ़ रुपया मिलता है, सर! आप जैसा उचित समझें, ले लीजिए।"

सिगरेट का कश खींचते-खींचते साहब ने कहा है, "किसी दूसरे से पर्चेज़ करता तो ईज़ीली थर्टी परसेण्ट ले लेता। जो भी हो, आप बंगाली हैं, आपसे ट्वेण्टी फाइव ही ले रहा हूँ।" और, इतना कहकर डेढ़ रुपये की पूरी रक़म उन्होंने मेरे हाथ से लेकर अपनी जेब में रख ली है। और इसके बाद दुःख प्रकट करने लगे हैं, "हमारी जाति में अब ज़रा भी ऑनेस्टी नहीं बच गयी है! आप तो एक्सपर्ट हो गये हैं! बिज़नेस सीख लिया है! मगर, यह कहने का साहस कैसे हुआ कि छः टोकरियों में आपको कुल डेढ़ रुपया ही बचता है? हम क्या घास चरते हैं?"

बिना कोई जवाब-सवाल किये मैं बाहर निकल आता रहा हूँ। अवाक् होकर इस विचित्र दुनिया को समझने की कोशिश करता रहा हूँ।

आश्चर्य! यही दुनिया एक दिन मुझे कितनी खूबसूरत लगती थी। इसी दुनिया में मैं एक दिन मनुष्य को श्रद्धा करता था। विश्वास करता था, मनुष्य के अन्दर ही देवता निवास करते हैं। अब अचानक मुझे महसूस हुआ, मैं गधा हूँ। दुनिया ने मुझे इतनी ठोकरें लगायी हैं, और मुझे होश नहीं आया है। मेरे ज्ञान-नेत्र क्या कभी खुलेंगे ही नहीं? नहीं, नहीं, इस तरह ज़िन्दगी नहीं चलेगी! मुझे भी चालाक बनना पड़ेगा! दुनियावालों की तरह अक्लमन्द होना पड़ेगा!

वाक़ई मैं चालाक हो गया। एक रुपये की टोकरी की क़ीमत सवा रुपया बोलने लगा हूँ। जिन्होंने अपने दफ्तर के लिए टोकरी खरीदी है, बिना किसी लाज-शरम के उन्हें चार आना देकर कहा है, "इतना कम्पिटीशन चल रहा है, सर! कुछ फ़ायदा नहीं होता है। बाज़ार में टिके रहने के लिए एकदम विदाउट मार्जिन बिज़नेस कर रहा हूँ!"

मनुष्य के प्रति अपना सारा विश्वास खो बैठा हूँ, मगर इससे कोई नुकसान नहीं हुआ है। केवल ऐसा लगता रहा है, स्वार्थ से अन्धी इस दुनिया में मेरा कोई नहीं है, मैं अकेला हूँ! और, मुझे अपनी अक्ल से, चालाकी से जीना होगा, अपने लिए रास्ता बनाना होगा, और आगे बढ़ते जाना होगा! जीवन के किसी उत्सव-समारोह में हमें आदरणीय अतिथि का सम्मान नहीं मिलेगा, इसीलिए ज़ोर-ज़बरदस्ती से हमें उत्सव में शामिल होना पड़ेगा, अपना हिस्सा माँगना पड़ेगा।

उन्हीं दिनों एक बार डलहौज़ी स्क्वायर के एक दफ्तर में गया था।

मई महीने का कलकत्ता! सड़क का पिच तक पिघल रहा है। भरी दोपहरी में रास्ते आधी रात की तरह सुनसान हैं। सिर्फ़ मेरे-जैसे कुछ अभागे इस वक़्त भी यहाँ-वहाँ जा रहे हैं। इन्हें किसी तरह रोका नहीं जा सकता। ये लोग इस दफ्तर से उस दफ्तर जायेंगे, और उस दफ्तर से इस दफ्तर आयेंगे, शायद कहीं कोई बात बन जाये।

पसीने से कमीज़ भीग गयी थी, जैसे अभी-अभी डलहौज़ी के लाल तालाब में डुबकी लगाकर बाहर आया हूँ। प्यास से छाती फटी जा रही है। सड़कों के किनारे घोड़ों के लिए पानी की सुव्यवस्था रहती है, मगर हमारे लिए नहीं। बेकारों के कष्ट दूर करने का काम तो 'पशु कष्ट-निवारण समिति' का नहीं है, फिर उन्हें दोष क्यों दूँ!

एक बड़ी बिल्डिंग देखकर अन्दर घुस पड़ा। सामने ही लिफ्ट है। लिफ्ट में घुसकर हाँफने लगता हूँ। गेट बन्द करके लिफ्टमैन ने हैण्डिल घुमा दिया। लेकिन, अचानक

मेरे हाथों में पड़े दो बास्केटों पर उसकी नज़र पड़ गयी। उसने मेरे चेहरे की तरफ देखा। अनुभवी लिफ्टमैन को समझने में देर नहीं लगी कि मैं कौन हूँ! इसलिए, दुबारा हैण्डिल घुमाया, और लिफ्ट अपनी जगह पर वापस आ गयी।

अँगुली से सीढ़ियों का रास्ता बताकर उसने मुझे लिफ्ट से निकाल दिया। निकालने से पहले उसने बता दिया था, "यह लिफ़्ट सिर्फ़ साहबों और बाबुओं के लिए है। तुम्हारे-जैसे नवाब बहादुरों की सेवा के लिए कम्पनी मुझे तनख्वाह नहीं देती है!" उसने कहा था।

सच तो है, मेरे-जैसे फेरीवाले के लिए लिफ्ट क्यों होगी? हमारे लिए तो पक्की सीढ़ियाँ हैं, पुरानी सीढ़ियाँ, एक-एक सीढ़ी चढ़ते हुए ऊपर जाना होगा।

यही किया है। कोई फ़रियाद नहीं की, कोई शिकायत नहीं, अपनी क़िस्मत का रोना भी नहीं। तय किया, संसार का यही नियम है। ऊपर चढ़ने की लिफ्ट सबके लिए नहीं है।

आज का दिन ही खराब है। एक टोकरी भी नहीं बिकी। मुफ्त में तीन आने खर्च हो गये। एक आना ट्राम के सेकैण्ड क्लास का किराया, एक आने का आलू-चना। इसके बाद जीभ की लालच रोक नहीं पाया। बेफ़िक्र होकर एक आने के गोलगप्पे भी ले ही लिये। यह बड़ा ही ग़लत काम हो गया। एक क्षण की कमज़ोरी में पूरा एक आना उड़ा दिया!

दफ्तर में घुसकर टेबुलों के नीचे झाँकने लगा। सारी टेबुलों के नीचे टोकरी रखी हैं। दरवाज़े के पास एक मेम साहब बैठी काम कर रही थीं। मुझे देखकर विरक्त स्वर में पूछने लगीं, "क्या चाहिए?"

मैंने कहा, "वेस्ट-पेपर बास्केट! वेरी गुड, मैडम! वेरी स्ट्रांग, एण्ड वेरी-वेरी ड्यूरेबुल!"

लेकिन यह वक्तृता काम नहीं आयी। मेम साहब ने भगा दिया। किसी तरह अपने दोनों पाँवों को खिसकाता हुआ मैं बाहर चला आया।

दरवाज़े के बाहर बेंच पर बैठकर बड़ी-बड़ी मूँछोंवाला एक दरबान सुरती बना रहा था। सिर पर बड़ी-सी पगड़ी। सफ़ेद ड्रेस। छाती के पास पीतल की तख्ती पर कम्पनी का नाम चमक रहा था।

दरबानजी ने मुझे पास बुलाया। पूछने लगे—एक टोकरी बेचने से मुझे कितना बचता है। मैं समझ गया, दरबानजी आग्रहशील हैं। कहा, "कुल चार आने बचते हैं!"

दरबानजी ने बास्केट का दाम पूछा। इस बार मैंने बेवकूफ़ी नहीं की। साफ़-साफ़ बोला, "सवा रुपया।"

बास्केट मुझसे लेकर दरबानजी दफ्तर के भीतर चले गये। मेम साहब ने कहा, "मैं तो बोल चुकी हूँ, बास्केट की ज़रूरत नहीं है!" दरबानजी, मगर छोड़नेवाले जीव नहीं हैं। तुरन्त ही बोल उठे, "घोष बाबू के पास टोकरी नहीं है। मित्तिर बाबू की टोकरी टूट गयी है। बड़े साहब के बास्केट का भी रंग उखड़ गया है। फिर स्टॉक में भी तो दो-चार टोकरी रखना ही चाहिए!"

अन्त में, मेम साहब को हार माननी पड़ी। मुझे एक साथ छः बास्केटों का आर्डर मिल गया।

लगभग दौड़ता हुआ मैं छातावाला लेन चला आया। आधा दर्जन टोकरियाँ एक साथ बाँधकर, सिर पर उठाये मैं दफ्तर आ गया। दरबानजी बाहर ही बैठे थे। मुझे देखकर मुस्कराये।

टोकरियाँ स्टॉक में भेजकर, मेम साहब ने कहा, "रुपये तो आज नहीं मिलेंगे! बिल बनाना होगा।"

लौटा आ रहा था। दरबानजी ने गेट पर पकड़ लिया, "रुपया मिला?"

शायद सोच रहे हों, मैं उनका हिस्सा दिये बिना ही भागा जा रहा हूँ। मैंने कहा, "आज नहीं मिलेगा!"

"काहे?" दरबानजी फिर उठ खड़े हुए। सीधे मेम साहब की टेबुल पर चले गये। बातचीत में अक्लमन्द हैं दरबानजी। बोले, "मेम साहब, ग़रीब आदमी है। दफ्तर-दफ्तर घूमना पड़ता है···!"

मुझे बुलाया गया। दरबानजी ने वीर-दर्प में भरकर कहा, "पेमेण्ट करवा दिया!" वाउचर का एक स्लिप मेरी ओर बढ़ाकर दरबानजी ने पूछा कि मैं दस्तखत करना जानता हूँ या नहीं! दस्तखत करना नहीं आता हो, तो अँगूठे का निशाना लगाना होगा।

मुझे अंग्रेज़ी में दस्तखत करते देखकर दरबानजी ने मज़ाक किया, "अरे बाप, तुमने तो अंग्रेज़ी में दस्तखत मार दिया!"

रुपये लेकर बाहर आ गया। मैं दरबानों को जानता हूँ। इन्हें कमीशन का हिस्सा देना होगा। मैं पहले से ही ठीक कर चुका था।

दरबानजी ने मेरे चेहरे की ओर देखा। मैं तैयार ही था। डेढ़ रुपया उनकी ओर बढ़ाता हुआ बोला, "यही मेरा कमीशन बनता है। इसमें से जो लेना हो···"

ऐसा भी हो सकता है, यह मुझे पता नहीं था। दरबानजी के पूरे चेहरे पर जैसे स्याही के छींटे पड़ गये हों। मुझे स्पष्ट स्मरण है, विशाल वट-वृक्ष की तरह उनका दीर्घ शरीर अचानक काँपने लगा। क्रोध से, अपमान से समूचा चेहरा सिकुड़ उठा।

मैंने सोचा, इतना कम हिस्सा उन्हें पसन्द नहीं आया है, और लेना चाहते हैं। मैं कहने ही जा रहा था, "विश्वास कीजिए, दरबानजी, छः टोकरियों में मुझे डेढ़ रुपये से एक पैसा ज़्यादा नहीं मिलता है।"

मगर मेरा भ्रम टूट गया। मैंने सुना, दरबानजी कह रहे थे, "तुमने क्या समझा?"

दरबानजी को मैंने गलत समझा है। "क्या समझा तुम? तुमको बुलाकर हमें दुःख हुआ···तुमने क्या समझा है? पैसे के वास्ते हमने तुम्हारी टोकरी बेच दी है? राम-राम!"

उस दिन मैं अपनी आँखों के आँसू रोक नहीं सका था। पृथ्वी अब भी सम्पूर्णतः दयाहीन नहीं हुई है। दरबानजी की तरह के लोग अब भी बचे हुए हैं।

दरबानजी ने मुझे पास बिठाया था। मिट्टी के भाँड में चाय पिलायी थी। चाय पीते हुए, मेरी पीठ पर हाथ रखकर दरबानजी बोले थे, "बच्चे, डरो नहीं। तकलीफ से मत डरो। सर हरिराम गोयन्का का नाम सुना है ? लाट साहब की कोठी के सामने जिनकी मूर्ति खड़ी है ? उन्होंने भी एक दिन तुम्हारी ही तरह तकलीफें उठायी थीं।"

इसके बाद दरबानजी ने कहा था, "बाबूजी, तुम्हारी आँखों में भी मैं वही आग देख रहा हूँ। तुम भी एक बड़े आदमी बनोगे, सर हरिराम गोयन्का की तरह बड़े आदमी !"

मैं दरबानजी के चेहरे की तरफ देखता रह गया था। उनकी बातें सुनता रह गया था। अपने आँसू रोक सकना मेरे वश की बात नहीं थी।

मेरे जाने से पहले दरबानजी ने कहा था, "याद रखोगे, ऊपर आसमान में रहनेवाला हमेशा हम लोगों को देखता रहता है। उससे कोई बात छिपी नहीं रहती। सच्चाई के रास्ते पर चलकर उसे खुश रखो। उसे धोखा मत दो।"

उस दिन की बातें याद करके मैं आज भी अनमना हो जाता हूँ। संसार के सुदीर्घ, विस्तृत पथ पर कितना ऐश्वर्य, कितना चाकचक्य, कितना आडम्बर बिखरा पड़ा है ! सभी कुछ मैंने देखा है। ख्याति, प्रतिष्ठा, सुख, सम्पदा, स्वच्छन्दता, आज कुछ भी मेरी सीमा से बाहर नहीं है। समाज में जो लोग प्रणम्य हैं, भविष्य के लिए जो लोग आज इतिहास लिख रहे हैं, शिक्षा, विज्ञान, शिल्प, साहित्य के माध्यम से जो लोग हमारे इस यन्त्रणामय युग को रोगमुक्त करने की साधना में लगे हैं, उनमें से कितनों की निकटता और सान्निध्य प्राप्त करने का विरल सुयोग मुझे प्राप्त है। किन्तु क्लाइव-बिल्डिंग के उस अपरिचित ऑफिस का वह अपरिचित दरबान आज भी मेरे आकाश का ध्रुवतारा बना हुआ है। पछाँह के उस लम्बे-चौड़े आदमी की स्मृति किसी तरह भी मैं अपने मन से हटा नहीं सका हूँ।

दरबानजी से विदा लेकर चले आने पर रास्ते में मुझे लगा कि उन्होंने मुझ पर विश्वास किया, मगर मैं तो झूठा हूँ, चोर हूँ। टोकरी के लिए मैंने चार आने ज़्यादा लिये हैं। मैंने उनके विश्वास की रक्षा नहीं की।

डलहौज़ी से टहलता हुआ सीधे चौरंगी के कर्ज़न पार्क में चला आया हूँ। जिनका कोई दफ्तर नहीं है, मगर जो दफ्तर के लिए लालायित हैं, जिनके पास कोई आश्रय नहीं है, मगर जो आश्रय के लिए व्याकुल हैं, वैसे ही अभागे मनुष्यों के लिए दो घड़ी का आरामग्राह है यह कर्ज़न पार्क ! बुत जैसे यहाँ आकर अचानक रुक जाता है। यहाँ गति नहीं है, व्यस्तता नहीं है, कोई उत्कण्ठा नहीं। केवल शान्ति है। घास की हरी चादर पर पेड़ों की छाया में कितने ही लोग निद्रामग्न हैं। कौवों का एक जोड़ा सर हरिराम गोयन्का के कन्धे पर चुपचाप बैठा है।

जिनकी उदार दयाशीलता के कारण यह कर्ज़न पार्क बनाया गया था, मन-ही-मन उन्हें मैंने प्रणाम किया। कर्ज़न साहब को भी भूला नहीं।

और सर हरिराम गोयन्का ? मुझे लगा, वह मुझ पर नाराज हैं, और मुझसे

मुँह फेरकर दूसरी ओर देख रहे हैं।

उनके पाँवों के पास बैठने के बाद मेरे होंठ काँपने लगे। हाथ जोड़कर, डरते हुए, मैंने कहा, "सर हरिराम, मुझे माफ कीजिए। मेरा कोई अपराध नहीं है। क्लाइव स्ट्रीट के एक अनपढ़ दरबान ने मेरे अन्दर आपकी छाया देखी है। इसमें मेरा कोई हाथ नहीं है। यकीन कीजिए, आपको अपमानित करने का मेरा ज़रा भी इरादा नहीं था।"

कितनी देर तक इसी तरह बैठा रहा, याद नहीं है। अचानक पता चला, दफ्तर के भगोड़े किरानी की तरह सूरज भी एक बार घड़ी के काँटों की तरफ देखकर अपने घर रवाना हो गया है। सिर्फ मैं ही चुपचाप बैठा हूँ।

मैं क्या करूँ? मेरा क्या है?

मैं कहाँ जाऊँ?

"हलो, सर!" अचानक मैं चौंक पड़ा। मेरे सामने कोट-पतलून पहने, हाथ में अटैचीकेस लिये एक साहब खड़े हैं। देह का रंग मुझसे भी अधिक काला है। (मेरी माँ प्यार के कारण ही मुझे 'साँवला' कहती थी)।

अटैचीकेस देखकर ही पहचान गया हूँ। बायरन साहब! मुझे पार्क में सोते देखकर बायरन साहब अवाक् हो गये हैं। मेरे चेहरे की ओर देखते हुए कह रहे हैं, "बाबू!"

बायरन साहब को आश्चर्यचकित होना ही चाहिए। ओल्ड पोस्ट ऑफिस स्ट्रीट की मेरी ज़िन्दगी उन्होंने अपनी आँखों से देखी है।

उस दिन की बात अब तक नहीं भूला हूँ। ठीक-ठीक याद है, चैम्बर में बैठा टाइप कर रहा था। इसी समय हाथ में अटैचीकेस लिये एक सज्जन अन्दर आये। आबनूस लकड़ी की तरह रंग। चमकता हुआ रंग, जैसी चमक धर्मतल्ला स्ट्रीट के लड़कों को चार आने देकर पालिश कराये गये जूतों पर आती है।

साहब ने ही पहले मुझे 'गुड मार्निंग' कहा। फिर बिना पूछे ही सामने की कुर्सी पर इस तरह बैठ गये, जैसे मुझसे पुरानी दोस्ती हो। फिर उन्होंने जेब से ऐसे ब्रैण्ड की सिगरट निकाली, जो महँगाई के इन दिनों में भी सात पैसे प्रति पैकेट के हिसाब से बिकती है।

सिगरेट का पैकेट मेरी ओर बढ़ाते हुए बोले, "एक सिगरेट ट्राई करके देखिए।"

मेरे मना करते ही वह हाँ-हाँ करके हँस पड़े। कहने लगे, "यह ब्रैंड शायद आपको पसन्द नहीं है? आप बहुत फेथफुल आदमी हैं। एक बार जिसे पसन्द कर बैठते हैं, उसकी जगह दूसरी कोई चीज़ नहीं लेते।"

शुरू में शक हुआ था, साहब इस सिगरेट कम्पनी के सेल्समैन हैं। लेकिन, मुझ-जैसे अरसिक व्यक्ति के सामने सिगरेट का गुण-वर्णन करने का कोई लाभ नहीं है, यह कहने ही जा रहा था कि वह पूछ बैठे, "कोई केस नहीं है?"

केस? हम लोग तो खुद ही दूसरों का केस लेते रहते हैं। मुझे जवाब देने का अवसर न देकर, बायरन साहब कहने लगे, "पारिवारिक या व्यक्तिगत किसी भी प्रकार

के अनुसन्धान यानी जासूसी की ज़रूरत होने पर मेरी मदद ली जा सकती है।"

फिर क्षण-भर रुककर बोले, "एनी केस! कितना भी जटिल और रहस्यमय क्यों न हो, मैं केस को पानी की तरह साफ और दिन की तरह उजला बना दूंगा।"

"मेरे हाथ में अभी कोई केस नहीं है।" मैंने उत्तर दिया।

अपना हैट माथे पर रखकर बायरन साहब उठ खड़े हुए, "दैट्स ऑलराइट! दैट्स ऑलराइट! मगर कौन कह सकता है, कब किसको मेरी ज़रूरत पड़ जाये! तुम्हें ज़रूरत न हो, तुम्हारे दोस्तों को ज़रूरत हो सकती है।"

और इसीलिए बायरन साहब ने मुझे अपना कार्ड दिया। कार्ड पर अंग्रेज़ी में छपा है—'बी. बायरन, मुसीबत के वक्त आपका दोस्त।' टेलीफोन नम्बर की जगह एक सीधी लकीर खिंची है। कोई नम्बर नहीं है।

बायरन ने कहा, "अभी टेलीफोन नहीं हुआ है। निकट भविष्य में ही हो जायेगा, इसीलिए कार्ड पर जगह रख छोड़ी है।"

बायरन ने कहा था, "होगा, धीरे-धीरे मेरे पास सब-कुछ होगा। सिर्फ टेलीफोन क्यों, गाड़ी होगी, बाड़ी (मकान) होगा, बड़ा-सा दफ्तर होगा। बाबू, यू डोन्ट नो, प्राइवेट डिटेक्टिव का काम चल निकले तो क्या नहीं हो सकता है! तुम्हारे चीफ़ जस्टिस से भी ज़्यादा आमदनी हो सकती है।"

प्राइवेट डिटेक्टिव! अब तक तो इनके बारे में सिर्फ़ किताबों में पढ़ता था। अक्षर-ज्ञान होने के बाद से लेकर किशोरावस्था समाप्त होने के दिन तक इन प्राइवेट जासूसों की हज़ारों कहानियाँ बड़ों की नज़रें बचाकर पढ़ी हैं। विद्यार्थी-जीवन में जिस निष्ठा और भक्ति से व्योमकेश, जयन्त-मानिक, सुव्रत-किरीटी* और ब्लेक-स्मिथ की पूजा की है, उसका आधा भी अगर यादव चक्रवर्ती, के. पी. वसु और नेसफ़ील्ड की सेवा में ख़र्च करता, तो आज मेरी यह दुर्दशा नहीं होती। लेकिन, इतने दिनों तक तो केवल मेरे मानसिक साम्राज्य में ही ये सत्य-अनुसन्धानी, रहस्य-भेदी जासूस-सम्राट् विचरण करते थे। इस वास्तविक संसार में—इस कलकत्ता महानगरी में ही ये लोग सशरीर आवागमन करते रहते हैं, यह बात मुझे स्वप्न में भी ज्ञात नहीं थी।

इसलिए परम विस्मय और श्रद्धा के साथ मैंने बायरन साहब को दुबारा बैठने का अनुरोध किया। उनसे जिज्ञासा की, चाय पीने में कोई आपत्ति तो नहीं है?

एक बार पूछते ही वह राज़ी हो गये। डेढ़ मिनट में ही चाय का प्याला खाली हो गया। जाने से पहले उन्होंने कहा, "मुझे भूल मत जाना!"

मेरा मन दुखी हो गया था। जासूसों को भी क्या काम-काज के लिए लोगों के दरवाज़े-दरवाज़े घूमना पड़ता है? मुझे तो यही मालूम था कि लेक-प्लेस के अपने मकान में सुबह-सुबह जब जासूस महोदय अपने सहकारी के साथ बातें करते हुए टोस्ट-आमलेट के साथ चाय पीते रहते हैं, तभी अचानक 'क्रि-क्रि-क्रि' टेलीफोन बजने लगता है। तनिक विरक्त होकर नरम सोफे से उतरते हुए जासूस-सम्राट् टेलीफोन उठाते हैं। फोन पर

* बंगला जासूसी-साहित्य के प्रसिद्ध जासूस।

उनसे अनुरोध किया जाता है कि शिवगढ़ हत्याकाण्ड का केस वह स्वीकार करें। मृत राजा बहादुर की विधवा पत्नी अथवा उनकी एकमात्र कन्या करुण कण्ठ से जासूस-सम्राट् के प्रति अनुनय-विनय करती हैं, "यह केस आपको लेना ही होगा ! रुपये-पैसों की चिन्ता मत कीजिए। आप जो चाहेंगे, वही मिलेगा···"

अथवा, सावन की किसी बरसाती शाम के वक्त जब कलकत्ता के आसमान पर काली घटा छा जाती है, मूसलाधार पानी बरसने लगता है, ट्राम-बस बन्द हो जाते हैं, बाहर निकलने का कोई उपाय नहीं रह जाता, ठीक ऐसे ही मौसम में, अपने रेन-कोट से समूचा शरीर छिपाये कोई अजनबी आदमी हमारे जासूस महोदय के ड्राइंगरूम में आ घुसता है। मोटी धनराशि का एक मोटा चेक टेबुल पर रखकर अजनबी अपने रहस्यमय अतीत की रोमांचक कहानी सुनाना शुरू करता है। लेकिन, जरा भी विचलित हुए बिना, बर्मीज़ सिगार का धुआँ उड़ाते हुए जासूस महोदय शान्त भाव से कहते हैं, "पुलिस के पास जाने से आपका अधिक लाभ होता !"

तब वह अजनबी उठकर उनके दोनों हाथ थाम लेता है, और अत्यन्त करुणापूर्ण स्वर में कहता है, "प्लीज, मुझे निराश मत कीजिए ! अब आपका ही एक सहारा रह गया है !"

मगर बायरन साहब की ऐसी खस्ता हालत क्यों है ? खुद ही कामकाज की तलाश में निकल पड़े हैं !

ओल्ड पोस्ट ऑफ़िस स्ट्रीट के अदालती इलाके में तरह-तरह के लोग आते रहते हैं। सोचा था, मैं बायरन साहब की सहायता जरूर कर सकूँगा। हो सकता है, मेरे अनुरोध से मेरे ही किसी परिचित की जासूसी सहायता करके बायरन साहब देश-भर में नाम पैदा कर लेंगे। इसीलिए मैंने उनसे कहा था, "कभी-कभी आते रहिएगा।"

अपना पालिशदार काला चेहरा लिये हुए बायरन साहब दुबारा टैम्पुल चेम्बर आये थे। इस बार उनके हाथों में जीवन-बीमे से सम्बन्धित कागज-पत्र थे। यह सब देखकर तो क्षण-भर के लिए मैं चिन्तित हो गया था। कुछ ही महीनों की अपनी इस छोटी-सी नौकरी में इससे पहले दो बीमा-एजेण्टों से मेरा पाला पड़ चुका था। टेढ़ी नज़रों से बायरन साहब के कागज़ात देखते हुए मैं सोच रहा था कि क्या करूँ, क्या नहीं करूँ ! मगर, जैसे बायरन साहब मेरे मन की बात समझ गये। कुर्सी पर बैठते हुए बोले, "डरो मत, तुम्हें इन्श्योर नहीं करूँगा !"

शर्म से मेरा चेहरा लाल हो गया था। मुझे उत्तर देने का मौका दिये बिना वह बोल पड़े थे, "डिटेक्टिव के पेशे में वेश बदलना ही पड़ता है। इन्श्योरेन्स की एजेन्सी भी हमारा एक वेश है, एक मेक-अप है !"

बायरन साहब के लिए चाय मँगवायी। चाय पीकर वह चले गये।

सच, मुझे शर्म आने लगी थी। अगर उनके किसी काम आ सकता, तो मुझे बड़ी खुशी होती। मगर, इच्छा रहने से ही क्या ! उनके लिए मैं कभी कोई काम जुटा नहीं सका। छोका भाई से कहा भी था, "आप लोगों की कोई इन्क्वायरी हो, तो बायरन साहब को दीजिए।"

मेरे चेहरे की ओर गौर से देखते हुए छोका भाई ने कहा था, "तुम्हारा हालचाल तो ठीक नहीं दीखता है, बाबू ! इस काले साहब के लिए तुम्हें इतना दर्द क्यों हो रहा है ? देखो, अब भी सँभल जाओ ! इलियट रोड के इन असामियों के चक्कर में पड़कर तुम्हारे-जैसे कितने लड़कों का बारह बज गया है। तुम्हें पता नहीं ?"

छोका भाई की बात मैंने अनसुनी कर दी थी। बायरन से कहा था, "मुझे शर्म आती है। आप इतनी दूर से आते हैं, मगर मैं आपके लिए कुछ नहीं कर पाता हूँ।"

बायरन साहब आशावादी हैं। 'हा-हा-हा' हँसने लगते हैं, और कहते हैं, "किससे कब किसकी सहायता हो जायेगी, कौन कह सकता है ! कम-से-कम मेरी लाइन में कोई नहीं कह सकता, किससे क्या काम बन जाये !"

इतनी-सी मामूली जान-पहचान के बल पर बायरन साहब कर्ज़न पार्क में मेरे क्लान्त-अवसन्न शरीर की ओर देखते रहे, "हेलो बाबू ! व्हाट इज़ द मैटर ? क्या बात है ?"

कोई जवाब न देकर, मैं सर हरिराम गोयन्का की मूर्ति की ओर एकटक देखता रहा। मगर, बायरन साहब ने मुझे छोड़ा नहीं। मेरे दोनों हाथ उन्होंने पकड़ लिये। लगता है मेरे बिना कहे ही वह मेरी हर बात समझ गये। बोले, "दिस इज़ बैड ! वेरी बैड !"

"क्या मतलब ?"

"मतलब यही कि बी ए सोल्जर ! हिम्मत से काम लो ! सिपाही की तरह लड़ो ! इस अनफ्रेण्डली वर्ल्ड में बिना लड़ाई किये हम लोग ज़िन्दा नहीं रह सकते हैं ! आख़िरी दम तक लड़ो। फ़ाइट टु द लास्ट !"

बायरन साहब की तरफ मैंने ध्यान से देखा। लगता है, उनकी हालत अब कुछ अच्छी चल रही है। सफेद-धुले कपड़े पहन रखे हैं। पाँवों में चमकते हुए जूते।

जीवन-मूल्य के विषय में अनेक सारगर्भित उपदेश बायरन साहब मुझ पर बरसाने लगे। शायद सोचने लगे हों, निरर्थक चिन्ताओं में पड़े रहकर जीवन को मिटा देने के उद्देश्य से ही मैं यहाँ आकर बैठ गया हूँ। इसीलिए, उपदेश देना ज़रूरी हो गया है।

उपदेशात्मक बातें मुझे कभी बर्दाश्त नहीं होती हैं। तीखे स्वर में मैंने कहा, "पाषाण-हृदय सर हरिराम गोयन्का, के. सी. आई. ई. की आँखों के सामने इस पेड़ की शाखा से लटककर कितने ही व्यक्तियों ने चिरशान्ति पायी है। अखबार में आप पढ़ते होंगे। मगर डरिए नहीं, मिस्टर बायरन, मैं इस तरह का कोई काम नहीं करूँगा।"

मेरे इस दार्शनिक उत्तर को कोई महत्त्व ही उन्होंने नहीं दिया। आप-ही-आप बोल पड़े, "चियर अप ! और भी बुरा हो जाता ! हमारे लिए और भी बुरी बात हो सकती थी !"

कुछ दूर पीतल के घड़े में एक आदमी चाय बेच रहा था। बायरन साहब ने चाय-वाले को पुकारा। मैं मना करने लगा था, मगर उन्होंने सुना ही नहीं। जेब से डायरी निकालकर खोलते हुए बोले, "एक कप चुकाया। अब भी बयालीस कप चाय मेरे सिर

पर है।"

चाय पीते-पीते उन्होंने पूछा, "तुम्हारे पास सफेद पैण्ट-कोट है ?"

"घर में है," मैंने कहा।

बायरन साहब खुशी से उछल पड़े। बोले, "तब और चिन्ता करने की ज़रूरत नहीं। सब भगवान् की दया है। नहीं तो ठीक आज ही तुमसे मुलाकात क्यों हो जाती ?"

मैं कुछ समझ ही नहीं रहा था। बायरन साहब ने कहा, "सब समझ जाओगे। वक्त आयेगा, तो हर बात समझ जाओगे। शाहजहाँ होटल की उस लड़की को क्या मैं पहले समझ सका था ?"

अचानक चुप होकर बायरन साहब घड़ी देखने लगे। फिर बोले, "कितनी देर लगेगी ? घर से कोट-पैण्ट पहनकर सीधे चले आना होगा।"

"फिर कहाँ जाना पड़ेगा ?"

"वह तो बाद की बात है। अभी घण्टे-भर के अन्दर तुम्हें सर हरिराम गोयन्का के स्टैच्यू के नीचे वापस आ जाना है। बाद की बातें बाद में पूछ लेना। अभी हरीअप ! क्विक···"

उस दिन चौरंगी से किस तरह भागता हुआ चौधरीबगान चला आया था, यह सोचकर अब भी आश्चर्य होता है। चलती हुई बस में कूदकर चढ़ गया था, और कितनों के पाँव कुचल दिये थे। बस के मुसाफिर चिल्लाने लगे थे। मगर, मुझे किसी बात की परवाह नहीं। घूंसे-तमाचे भी लग जायें, तो कोई बात नहीं।

दाढ़ी बनाकर, खास मौकों के लिए रखा गया सूट पहनकर जब कर्ज़न पार्क आया, तो साढ़े-सात बज चुके थे। चौरंगी की रात ने अपना मोहिनी रूप सजा लिया था। चारों ओर नियॉन-लाइटों की चकाचौंध में यह कर्ज़न पार्क भी कोई दूसरा पार्क लगता है। भरी दोपहरी का जलता-उबलता हुआ कर्ज़न पार्क गायब हो गया। बहुत दिनों से बेकार-बेरोज़गार लड़के को जैसे अचानक कहीं हज़ार रुपये महीने की नौकरी मिल गयी है और वह खुशी में पागल अपनी प्रेयसी के साथ घूमने निकला है।

कविता अथवा कविताओं के 'कोटेशन' किसी का भक्त मैं नहीं हूँ। किन्तु बहुत दिनों पहले पढ़ी गयी कुछ कविताओं की पंक्तियाँ यों ही होंठों तक आ गयीं। इस कर्ज़न पार्क के बारे में समरसेन में लिखा था :

बहुत दिनों की तुषार निस्तब्धता के उपरान्त
आज पर्वत ने चाहा है,
वैशाख का निरुद्देश्य मेघ बन जाना।
इसीलिए, वसन्त का यह कर्ज़न पार्क···
इसीलिए, इस कर्ज़न पार्क में
वर्षा में भीगते जानवर की तरह चुप बैठा
पीड़ित मनुष्य
अपनी बिगलति विषण्णता में देखता है कातर सपने।
मैदान में बेघर-बार लोगों की भीड़

जिनका सब-कुछ उजड़ चुका है···
श्रौर फ्रांसीसी तसवीरों का ग्रामन्त्रण
फिटन-गाड़ियों का इंगित-ग्राह्वान
कोयले की खानों में लगी हुई ग्राग की तरह
लाल बादल···
ग्रब सूर्यास्त हो रहा है।

मैंने देखा, मालिशवाले, चनेवाले, चायवाले, झुण्ड बाँधकर पार्क में घूम रहे हैं। धुले हुए सूट में ग्रब मैं बेकार-बेरोज़गार नहीं दीख रहा था, इसका सबूत मुझे तुरत मिल गया। मालिशवाला पास ग्राकर बोला, "मालिश सा'ब !"

"नहीं," कहकर ग्रागे बढ़ गया था, मगर वह ग्रौर भी पास खिसक ग्राया ग्रौर धीमी ग्रावाज़ में कहने लगा, "गर्ल-फ्रेण्ड, सर ? कॉलेज-गर्ल ? पंजाबी, बंगाली, एंग्लो-इण्डियन, सर ?" लड़कियों की उसकी फेहरिस्त ग्रौर भी लम्बी हो सकती थी, मगर मैं तो बायरन साहब को ढूँढ़ता हुग्रा भाग रहा हूँ। मेरी प्रतीक्षा करते-करते थककर, कहीं वह चले नहीं गये हों ! कहीं बहुत दिनों के बाद मिला हुग्रा वह सुयोग मेरे हाथ से छूट न जाये।

नहीं, बायरन साहब नहीं गये थे। सर हरिराम गोयन्का के पाँवों-तले चुपचाप बैठे थे। रात के ग्रँधेरे में उनका काला शरीर जैसे खो गया है। उनकी सफेद कमीज़ ग्रौर पैण्ट जैसे किसी ग्रदृश्य मनुष्य की देह ढँके हुए हैं।

मुझे देखते ही वह उठ खड़े हुए। बोले, "तुम्हारे जाने के बाद से लगभग दस सिगरेट फूँक चुका हूँ। धुग्राँ उगलता हूँ, ग्रौर सोचता हूँ कि बहुत ग्रच्छा हुग्रा। हम दोनों के लिए बहुत ग्रच्छा हुग्रा···"

कर्ज़न पार्क से निकलकर, सर ग्राशुतोष मुखर्जी की मूर्ति के बायें से सेण्ट्रल एवेन्यू पकड़कर हम दोनों शाहजहाँ होटल की तरफ बढ़ने लगे।

बायरन साहब के प्रति कृतज्ञता से मेरा सिर झुका जा रहा था। ग्रोल्ड पोस्ट ग्रॉफ़िस स्ट्रीट में मैं उनका कोई उपकार नहीं कर सका था। मुझे ऐसा महसूस हुग्रा, मैंने ग्रच्छी तरह कोशिश ही नहीं की थी। कितने ही एटर्नी लोगों के साथ मेरी जान-पहचान थी—ग्रंग्रेज़ बैरिस्टर के किरानी बाबू के ग्रनुरोध की उपेक्षा करना उनके लिए मुश्किल काम था। लेकिन, ग्रपने सम्मान के कारण ही मैंने उन दिनों किसी के ग्रागे हाथ नहीं फैलाया था। ग्रौर ग्राज बायरन साहब ही मेरे जीवन के मार्गदर्शक बन गये हैं। बायरन साहब ने कहा, "तुम्हें नौकरी मिल ही जायेगी। वहाँ का मैनेजर मेरी बात उठा नहीं सकता है।"

"यही है शाहजहाँ होटल !" बायरन ने दूर से ही बताया।

कलकत्ता के होटलों के कुल-विभूषण शाहजहाँ होटल को मैंने देखा। गेट के पास पचीसों गाड़ियाँ खड़ी हैं। गाड़ियाँ ग्रा रही हैं, ग्राती जा रही हैं। दरबानजी छाती पर

ग्राठ-दस तमगे लटकाये शान से खड़े हैं, ग्रौर बीच-बीच में पोर्टिको की ग्रोर बढ़कर रुकती हुई गाड़ी का दरवाज़ा खोल रहे हैं।

रात के लिबास में सजी हुई एक मेम साहब ग्राहिस्ता-से गाड़ी से उतर पड़ीं। उनके पीछे 'वो' लगाये हुए एक साहब। लिपस्टिक से रँगे होंठों को ज़रा-सा झुकाकर मेम साहब ने कहा, "थैंक यू !" साहब पास ग्राकर खड़े हो गये। ग्रपना एक हाथ बढ़ा दिया। मेम साहब उनका हाथ थामकर ग्रागे बढ़ने लगीं। ठीक इसी वक़्त दरबानजी ने बूट पटककर मिलिटरी ढंग से सलाम किया। जवाब में साहब ग्रौर मेम साहब का सिर स्प्रिंगदार खिलौने की तरह ज़रा-सा झुका, फिर सीधा हो गया। दोनों भीतर चले गये।

ग्रब दरबानजी ने बायरन साहब को देखा। विनय-विगलित होकर उन्होंने बायरन साहब को एक ज़ोरदार दोहरा सलाम मारा।

भीतर घुसते ही जो मेरी हालत हुई थी, उसे याद कर ग्राज भी हँसी ग्राती है। हाईकोर्ट के साहब के साथ कितने ही विलास-गृह मैंने देखे थे। कितने ही होटलों में गया था। मगर शाहजहाँ होटल की बात ही ग्रौर है, ज़ात ही ग्रौर। किसी भी दूसरे होटल से तुलना नहीं हो सकती है।

जैसे यह एक बिल्डिंग न हो, पूरा एक शहर हो। बरामदे का लम्बा-चौड़ा रास्ता कलकत्ता के कितने ही स्ट्रीट, रोड यहाँ तक कि एवेन्यू को मात करता है।

बायरन साहब के पीछे-पीछे लिफ़्ट में चला गया। लिफ़्ट से उतरकर भी उनके पीछे चलता रहा। मुझे कैसा-कैसा लग रहा था, डर-जैसी चीज़ मन में काँप रही थी। मई महीने की यह रात दिसम्बर की रात जैसी ठण्डी हो गयी थी।

बायरन साहब के पीछे-पीछे चलता हुग्रा कितनी बार बायें मुड़ा, कितनी बार दायें मुड़ा, कुछ पता नहीं। बरामदों के इस गोरख-धन्धे से ग्रकेले वापस ग्रा जाना तो मेरे लिए ग्रसम्भव ही था। ग्रन्त में बायरन साहब एक दरवाजे के सामने रुक गये।

बाहर तमग़ा लगाये एक बैरा खड़ा था। उसने बताया, "साहब ग्रभी लौटे हैं। किचन-इन्सपेक्शन में गये थे। लौटकर गुसल किया है। ग्रब ज़रा ग्राराम कर रहे हैं।"

बायरन ज़रा भी उदास नहीं हुए। ग्रपने घुँघराले बालों में ग्रँगुली फेरते हुए, मेरी ग्रोर देखकर मुस्कराये। फिर बैरे से बोले, "बोलो, बायरन साहब ग्राये हैं।"

जैसे जादू हो गया। बैरा भीतर घुसा, ग्रौर सेकण्ड-भर में वापस चला ग्राया। ग्रादर से झुकता हुग्रा बोला, "भीतर जाइए, हुज़ूर !"

शाहजहाँ होटल के कर्त्ता-धर्त्ता, मार्कोपोलो को इस हालत में देखने के लिए मैं कतई तैयार नहीं था। बिना बाँह की बनियान ग्रौर ग्रण्डर-वियर, उनकी विराट काया के ग्रनिवार्य ग्रंगों को किसी प्रकार छिपाने में समर्थ हो रही थी। मगर, इस वस्त्राभाव की उन्हें ज़रा भी चिन्ता नहीं थी, जैसे किसी स्विमिंग पूल के किनारे बैठे हों।

मगर, मुझे देखकर मार्कोपोलो चौंक पड़े। "एक्सक्यूज़ मी, एक्सक्यूज़ मी !" कहते-कहते ग्रालमीरे की तरफ भागे। वार्डरोब खोलकर एक हाफ़पैण्ट निकाला ग्रौर जल्दी-जल्दी पहनने लगे। फिर, रबर की स्लीपर पाँव में डालकर हमारी तरफ़ ग्रा गये।

मैंने देखा, साहब के गले में सोने की मोटी जंजीर है, जंजीर में काले रंग का एक 'लाकेट' है, जिस पर कुछ शब्द खुदे हैं। बायें हाथ पर लम्बा-सा गोदना गुदा हुआ है। घने रोयेंवाली छाती पर भी गोदना है, जिसका थोड़ा-सा हिस्सा बनियान से बाहर झाँक रहा है।

मैंने सोचा था, बायरन साहब ही बात शुरू करेंगे। लेकिन मैनेजर ने ही चुप्पी तोड़ी। सिगरेट की टिन आगे बढ़ाकर पूछने लगे, "कोई खबर मिली है ?"

बायरन ने सिर हिलाया, "अभी तक नहीं।" फिर, ज़रा रुककर बोले, "कलकत्ता बड़ा अजीब शहर है, मिस्टर मार्कोपोलो ! हम लोग इसे जितना बड़ा समझते हैं, कलकत्ता उससे बहुत बड़ा है।"

अचानक जैसे मार्कोपोलो के चेहरे की चमक बुझ गयी। उन्होंने पूछा, "अभी तक नहीं ? फिर कब ? कब तक ?"

और वक़्त होता तो उनकी उदासी से भरी आवाज़ में किसी रहस्य की गन्ध पाकर उत्सुक हो उठता। मगर, इस बात के सिवा कि मुझे कहीं एक अच्छी-सी नौकरी मिल जाये, मैं किसी बात में उत्सुक नहीं हूँ, चाहे पूरा कलकत्ता शहर रसातल में ही क्यों न चला जाये।

मेरे मन की अवस्था समझकर बायरन साहब ने अब काम की बात शुरू की। मेरा परिचय देने के बाद बोले, "इसे अपने होटल में रख लेना ही होगा। आपके काम का आदमी है !"

शाहजहाँ होटल के मैनेजर माथे पर हाथ रखकर बैठ गये। कहने लगे, "उपाय नहीं है। भाड़ा देने के लिए कमरे बहुत खाली हैं, नौकरी देने के लिए कुर्सी एक भी खाली नहीं। जरूरत से ज्यादा स्टाफ़ है।"

मैं तो इस जवाब के लिए तैयार ही होकर आया था। कितनी बार कितनी जगहों पर यही एक जवाब सुन चुका हूँ। यहाँ भी वही जवाब नहीं सुनता, तो चकित हो जाता।

मगर, बायरन ने पीछा नहीं छोड़ा। चाबियों का रिंग अँगुली में घुमाते-घुमाते बोले, "मगर मुझे पता है, तुम्हारे यहाँ वेकेन्सी हुई है।"

"इम्पॉसिबुल !" मैनेजर जैसे चीख पड़े।

"सब-कुछ पॉसिबुल है। पोस्ट खाली हुआ है। कल ही तुमको खबर मिलेगी।"

"क्या मतलब ?"

"मतलब एडवान्स खबर ! बहुत सारी खबरें पहले हमारे ही पास पहुँचती हैं। तुम्हारी सेक्रेटरी मिस रोज़ी···"

मैनेजर जैसे चौंक पड़े, "रोज़ी ? वह तो ऊपर के कमरे में है !"

पक्के जासूस की गम्भीरता चेहरे पर लादकर बायरन ने कहा, "ठीक है, पता करके देखो। वहाँ के बैरे को बुलाकर पूछो, कल रात मेम साहब अपने कमरे में थीं या नहीं।"

मार्कोपोलो थरथराने लगे। एक बार फिर चीखे, "इम्पॉसिबुल !" और,

उन्होंने तिहत्तर नम्बर के बैरे को बुला भेजा।

कल रात तिहत्तर नम्बर बैरे की नाइट-ड्यूटी थी। आज भी शाम की ड्यूटी है। अभी तुरन्त ही अपनी तिपाई पर बैठा होगा। ऐसे वक्त में मैनेजर साहब का सलाम पहुँचा। ज़रूर ही कोई गलती हो गयी है। डर से काँपता हुआ वह अन्दर चला आया।

मैनेजर ने साफ हिन्दी में पूछा, "कल सारी रात जगे रहे थे कि नहीं ?"

तिहत्तर नम्बर ने कहा, "भगवान् ऊपर है, हुजूर ! सारी रात जगा था। एक बार भी आँखों की दोनों पलकों को एक होने नहीं दिया।"

और, मार्कोपोलो के सवाल पर बैरा ने मंजूर किया कि 362-ए कमरे में सारी रात बाहर से ताला बन्द था। उसने देखा था, सारी रात की-बोर्ड पर कमरे की चाबी झूलती रही थी।

मीठी मुस्कान के साथ बायरन ने कहा, "कल रात ठीक उसी वक्त चौरंगी के एक दूसरे होटल के बहत्तर नम्बर कमरे का दरवाजा भीतर से बन्द था।"

"क्या मतलब ?" मार्कोपोलो ने डरते-डरते पूछ लिया।

"मतलब यही कि उस कमरे में अकेली रोज़ी नहीं थी, एक व्यक्ति और थे। वह व्यक्ति मेरे खास परिचितों में हैं। मेरे ही एक क्लाइन्ट के पतिदेवता हैं। ऐसी बातें हमारे जानने की नहीं हैं। किन्तु, मिसेज़ बनर्ज़ी ने मुझे फीस देकर रखा है। उनके पति कितना आगे बढ़े हैं, इसकी पूरी रिपोर्ट आज ही दे आया हूँ...नो होप ! कोई उम्मीद नहीं है। आज ही शाम की ट्रेन से आपकी सेक्रेटरी के साथ बनर्जी साहब भागे हैं। चिड़िया उड़ गयी है। अब आप चाहें तो खाली पिंजरे में इस लड़के को जगह दे सकते हैं।"

मैं और मैनेजर साहब, दोनों स्तम्भित हैं। बायरन ठहाके लगाकर हंसने लगते हैं, "यही खबर देने आ रहा था, मगर रास्ते में हमारे इस दोस्त से मुलाकात हो गयी।"

इसके बाद मार्कोपोलो साहब इन्कार नहीं कर सके। मगर, यह भी उन्होंते बता ही दिया, "रोज़ी ने इस्तीफा नहीं दिया है। अगर दो दिन बाद वापस वह आ जाये..."

"वापस आ जाये, तो इस छोकरे को भगा दीजियेगा।" बायरन ने मेरी ओर से कहा।

शाहजहाँ होटल के सर्वेसर्वा राज़ी हो गये। मुझे नौकरी मिल गयी। मेरी किस्मत के लेजर-खाते में चित्रगुप्त महाराज ने अवश्य ही यह बात पहले से लिख रखी होगी।

दो

मेरा नव-जन्म हुआ। कलकत्ता हाईकोर्ट के अन्तिम अंग्रेज बैरिस्टर का अन्तिम किरानी सदा-सर्वदा के लिए खो गया। ओल्ड पोस्ट ऑफिस स्ट्रीट में खड़ा होकर अब वह

बाबुओं से बातें नहीं कर सकेगा, चेम्बर में बैठकर अभियोगियों के सुख-दुःख की कहानियाँ नहीं सुन पायेगा। कानून से उसका रिश्ता हमेशा के लिए खत्म हो गया। फिर भी, मैं अपूर्व आनन्द का अनुभव कर रहा हूँ। नये उल्लास का अनुभव। साइक्लोन में क्षत-विक्षत जहाज़ जैसे प्रलय-सागर के बवण्डर से निकलकर बन्दरगाह के सुरक्षित आश्रय में आ रहा है।

दूसरे दिन सुबह नहा-धोकर, अपना आखिरी पैण्ट-शर्ट पहनकर घर से निकल पड़ा था। दूर से ही शाहजहाँ होटल की ऊँची, पीले रंग की बिल्डिंग दीख पड़ी।

बिल्डिंग नहीं थी, विशाल प्रासाद था। सो भी छोटे राजे-रजवाड़े का प्रासाद नहीं। निज़ाम या बड़ौदा बिना किसी शंका-संकोच के, इस प्रासाद में ठहर सकते हैं, राजानुकूल गौरव या ऐश्वर्य में ज़रा भी फर्क नहीं पड़ेगा।

इतने सबेरे ही रास्ते के किनारे कई गाड़ियाँ आ लगी हैं। गाड़ियों के नम्बर देखने से पता चलता है, गाड़ियों के सभी मालिक कलकत्ता के स्थायी निवासी नहीं हैं। बम्बई, मद्रास, दिल्ली से लेकर मयूरभंज और टेंकानल स्टेट तक का प्रतिनिधित्व करती हैं—इंग्लैण्ड, जर्मनी और अमरीका के कारखानों में बनी हुई ये गाड़ियाँ। इन गाड़ियो की बनावट और मॉडल देखते हुए ही घण्टों वक्त काट दिया जा सकता है। मोटर-सोसाइटी में भी 'कास्ट सिस्टम' और जाति-भेद का प्रबल प्रभाव है, ज़रा गौर करने से ही दीख पड़ता है। गाड़ी के आकार के अनुसार ही होटल के दरबानजी सलाम ठोकते हैं। दरबानजी की बड़ी-बड़ी मूँछें हैं। मिलिटरी पोशाक है। सीने पर विभिन्न साइज के आठ-दस मेडल झिलमिलाते रहते हैं। अभी सात बजे सुबह इतने तमगे लगाकर खड़े होने की क्या ज़रूरत थी, यही सोचने लगा था; मगर इतने में दरबानजी ने जिस कायदे से मुझे सलाम किया, उसका थोड़ा-सा अन्दाज़ आपको एयर-इण्डिया इण्टरनेशनल के विज्ञापन से मिल सकता है। दरबानजी के साथ विश्वविख्यात एयर-इण्डिया महाराज की आश्चर्यजनक समता देखकर मैं आज भी चकित हूँ। यह सुनकर मुझे ज़रा भी आश्चर्य नहीं होगा कि शाहजहाँ होटल के इन्हीं दरबानजी से ही एयर-इण्डिया महाराज के चित्रकार को प्रेरणा मिली थी।

सलाम का झुकाव देखकर मैंने समझा, दरबानजी ने भूल की है। मुझे शाहजहाँ होटल का नया अतिथि समझ लिया है।

गेट पार करके शाहजहाँ होटल के भीतर आया तो लगा, मक्खन के गोलों पर पाँव रखता हुआ चला जा रहा हूँ। अपने ही भार से दबता हुआ जैसे मखमल के बिस्तरे में धँसता जा रहा हूँ, और कोई नाज़ुक-सी परी सहारा देकर मुझे ऊपर खींच रही है। नयी किस्म के कार्पेट में यह गुण है, मुझे पता नहीं था, इसीलिए मैं ज़रा डर-सा गया था। लगता था, वही अदृश्य सुन्दरी, वही परी कार्पेट के टेबुल पर अपनी किसी सहेली के साथ मेरे शरीर से 'पिंगपांग' खेल रही है।

लगभग नाचता हुआ कार्पेट पार करके जहाँ पहुँचा, उसे कहते हैं 'रिसेप्शन'! वहाँ एक व्यक्ति खड़े थे, और उनकी आँखों में पूरी रात के जागरण की थकान जमी हुई थी। मुझे देखते ही वह सजग-सचेतन हो गये। मुस्कराते हुए बोल उठे, "गुड मार्निंग!"

मैं तो घबरा ही गया था। 'गुड मार्निंग' न कहकर मैंने अपना परिचय दिया। कहने लगा, "यहाँ एक नौकरी मिली है मुझे। कल रात आपके मैनेजर मिस्टर मार्कोपोलो से मैंने मुलाकात की थी। उन्होंने आज सुबह से नौकरी पर आने को कहा है। उनसे क्या अभी भेंट हो सकती है?"

उनके चेहरे का भाव परिवर्तित हो गया। चेहरे पर व्यापारिक मुसकान के बदले अपनापन बिखर आया। वह बोले, "आइए, आइए, नमस्कार!" फिर अंग्रेज़ी में कहा, "पूरब का सबसे पुराना होटल अपने सबसे नये कर्मचारी का स्वागत करता है।"

मैं भयभीत-सा चुप खड़ा था। उन्होंने अपना दायाँ हाथ मेरी ओर बढ़ाया और कहने लगे, "मेरा नाम है सत्यसुन्दर बोस! मेरे पिताजी ने यही नाम रखा था। मगर, अब लोग मुझे स्याटा बोस कहते हैं।"

लगता है, मैं देर तक बुद्धू की तरह उनके चेहरे की ओर देखता रह गया था इसीलिए तो हाथ बढ़ाकर मुझे प्यार से हल्का-सा धक्का देते हुए उन्होंने कहा, "यह बदसूरत चेहरा देख-देखकर ऊब जाओगे! फिर यह हाल होगा कि मेरा नाम सुनते ही उबकाई आने लगेगी। हो सकता है, कै तक हो जाये। खैर, अभी ज़रा काउण्टर के भीतर चले आइए। शाहजहाँ होटल के नये युवराज का अभिषेक-कार्य तो पूरा कर लूँ।"

मैंने कहा, "मिस्टर मार्कोपोलो के साथ एक बार मुलाकात हो जाती···"

"कोई ज़रूरत नहीं," सत्यसुन्दर बाबू ने उत्तर दिया, "कल रात ही उन्होंने मुझे सब-कुछ बता दिया है। अब आप स्टार्ट लीजिए!"

"क्या मतलब?"

"मतलब? फुल फ़ोर्स में चलाने के लिए गाड़ी में पेट्रोल भरकर जिस तरह स्टार्ट लेना पड़ता है, ठीक उसी तरह स्टार्ट लीजिए।"

सत्यसुन्दर बाबू के बात कहने के ढंग को देखकर मुझे हँसी आ गयी। उन्होंने गम्भीर होते हुए पूछा, "ए. ए. बी. का नाम सुना है?"

"ऑटोमोबाइल एसोसिएशन ऑफ़ बंगाल?"

"हाँ, हाँ! उनके यहाँ दो कम्पिटीशन होते हैं, स्पीड कम्पिटीशन यानी कौन कितने जोर से गाड़ी चला सकता है; और एण्ड्योरेन्स टैस्ट, यानी कौन कितनी देर तक एक ही चाल में गाड़ी चला सकता है। हमारे इस होटल में दोनों को मिलाकर एक ही कम्पिटीशन चलता है, स्पीड-कम-एण्ड्योरेन्स टैस्ट! आप कितनी तेज़ी से कितनी देर तक काम कर सकते हैं, शाहजहाँ मैनेजमेण्ट यही जाँच करना चाहता है।"

मिस्टर बोस के करीब रखा टेलीफोन बज उठा। अपनी बातें रोककर, एंग्लो-इण्डियन भंगिमा में आकर सत्यसुन्दर बोस बोलने लगे, "गुड मार्निंग! शाहजहान होटेल रिसेप्शन!···जस्ट ए मिनट···मिस्टर एण्ड मिसेज़ सातारवाला। यस···यस-यस, रूम नम्बर टू थर्टी टू···नो मेन्शन, प्लीज़।"

उनकी टेलीफ़ोन-वार्ता मैं समझ नहीं सका। सत्यसुन्दर बोस मेरी ओर देखकर मुसकराते हुए बोले, "अभी कान खोलकर सिर्फ सुनते जाइए, धीरे-धीरे सारा कुछ समझने लगेंगे। हाँ, अपनी धुंधली स्मरण-शक्ति को इलेक्ट्रो-प्लेटिंग करके एकदम

झकाझक रखिए। बाकी सारा कुछ आप-ही-आप मैनेज हो जायेगा। जैसे देखिए, यही रूम-नम्बर की बात! कौन विज़िटर किस कमरे में है, यह कण्ठस्थ रखने से बड़ा फायदा होता है।"

अब मैंने रिसेप्शन काउण्टर को अच्छी तरह देखा। काउण्टर के भीतर तीन कुर्सियाँ हैं, मगर तरीका खड़े रहने का ही है। भीतर टेबुल पर एक टाइपराइटर रखा है। पास ही कई मोटे-मोटे रजिस्टर, होटल रजिस्टर। दीवार पर एक पुरानी घड़ी झूल रही है। ऐसे आलम से भरी लगती है कि अभी-अभी घड़ी की नींद खुली हो।

सत्यसुन्दर बोस ने कहा, "भीतर आ जाइए।"

मेरे चेहरे पर सोच-विचार की छाया तैर रही होगी, शायद इसीलिए उन्होंने पूछा, "क्यों? अभी से अवाक् हो रहे हैं?"

"नहीं तो!" लज्जित होकर मैंने कहा।

मिस्टर बोस फिर हँस पड़े। सर्तकता से चारों ओर देखते हुए बोले, "अभी तो शाहजहाँ होटल की नींद नहीं खुली है। होटल जगेगा, तब और आश्चर्यचकित होंगे आप!"

बिना कोई जवाब दिये, मैं काउण्टर के भीतर चला आया। टेलीफोन की घण्टी फिर बज उठी। अभ्यस्त ढंग से फोन उठाकर, बोस मद्धिम स्वर में बोले, "शाहजहान रिसेप्शन!" फिर, उधर की आवाज़ सुनकर मुसकराने लगे, "यस, स्याटा हियर!" फिर कोई हँसी-मज़ाक की बात हुई। मुझे लगा, दोनों तरफ के व्यक्ति एक साथ हँसने लगे हैं।

टेलीफोन रखकर बोस ने कहा, "स्टूवर्ड अभी आ रहे हैं। उन्हें ज़रा 'बटर' लगाकर प्लीज़ करने की कोशिश कीजिएगा।"

कुछ ही मिनटों में एक विशाल काया दूर से आती दिखायी पड़ी, जैसे चलता हुआ मैनाक पर्वत! ढाई मन वज़न तो होगा ही! और चलने का ढंग देखकर ऐसा लगता था कि जैसे कबूतर का बच्चा हवा में उड़ता हुआ हमारी तरफ चला आ रहा है। साहब की देह का रंग जले हुए तम्बाकू की तरह था। आँखें ऐसी थीं, जैसे जलती हुई टिकिया।

तेज़ी से मेरी तरफ आते हुए उन्होंने कहा, "अच्छा तो तुम्हीं वह लड़के हो! तुम्हीं ने रोज़ी को निकलवा दिया है?"

मुझे उत्तर देने का कोई मौका न देकर स्टूबर्ड ने अपना विशाल बायाँ हाथ मेरी नाक के पास बढ़ा दिया। अपनी रिस्टवाच की तरफ मेरा ध्यान खींचते हुए बताया कि पन्द्रह मिनट के अन्दर ही ब्रेकफास्ट तैयार हो जायेगा। कल रात ब्रेकफास्ट-कार्ड तैयार नहीं हुआ, इसीलिए अभी तुरन्त तैयार करना होगा।

स्टूवर्ड अंग्रेज नहीं हैं, उनके लहजे से ही पता चल गया। टूटी-फूटी कण्टीनेण्टल अंग्रेज़ी में चीखते हुए बोले, "टेक डाउन, टेक डाउन क्विकली!"

शार्टहैण्ड की एक कापी मेरे हाथ में थमाते हुए धीमे स्वर में मिस्टर बोस ने कहा, "लिख लीजिए।"

ज़रा भी प्रतीक्षा किये बिना स्टूवर्ड धड़-धड़-धड़ क्या-क्या कहने लगा। कैसे-कैसे अद्भुत शब्द, जिनसे मुझे पहले कभी वास्ता नहीं पड़ा था। कानों में हथौड़े की तरह चोट करने लगे, "चिल्ड पाइन-एपेल जूस; राइस क्रिस-पीज़, एग्स—ब्वाएल्ड, फ्राइड, पोच्ड, स्क्रैम्बल्ड..." थूक की एक घूंट पीकर स्टूवर्ड चीखता हुआ पहाड़ा पढ़ने लगे, "ऑमलेट प्राउन, चीज़ और टोमैटो!" ऐसी ही और भी शब्दावली उनके मुँह से फुलझड़ी की तरह झड़ने लगी। सबके बाद, "कॉफ़ी!"

इसके बाद मेरी ओर बिना देखे वह हिन्दी में बोले, "जल्दी! जल्दी माँगता!" और मुझे कोई सवाल पूछने का मौका न देकर, वह अदृश्य हो गये।

मैं तो रोने-रोने को हो गया। इससे पहले कभी इन अद्भुत खाद्य पदार्थों का नाम नहीं सुना था। जितने नाम साहब ने गिनाये, उनका आधा भी मैं लिख नहीं पाया था।

मिस्टर बोस ने कहा, "पचास ब्रेकफास्ट-कार्ड अभी तुरन्त तैयार करना होगा!"

मेरी दयनीय स्थिति देखकर उन्होंने मुझे सान्त्वना देने की चेष्टा की, "कुछ खयाल मत कीजियेगा। बेटे का स्वभाव ही ऐसा है। हरदम जंगली सूअर की तरह घों-घों-घों करता रहता है।"

"आज के ब्रेकफास्ट की फेहरिस्त मैं लिख नहीं पाया।" मैंने कातर स्वर में कहा।

मिस्टर बोस बिना किसी दुविधा के ही तत्काल बोल पड़े, "इसके लिए चिन्ता मत कीजिए। पूरी लिस्ट मुझे याद है। आप धीरे-धीरे टाइप कीजिए, मैं बोलता जाता हूँ। जब से इस होटल में आया हूँ, यही एक मेनू देखता हूँ। फिर भी, स्टूवर्ड को रोज़ नया कार्ड मिलना चाहिए। पहले मुझे भी इस काम से डर लगता था, अब मेनू-कार्ड का नाम सुनते ही हँसी आने लगती है। कितने सारे विचित्र-विचित्र नाम और उच्चारण सीख चुका हूँ। दो दिन बीतने दीजिए, आप भी स्टूवर्ड का चेहरा देखकर ही समझ जायेंगे, आज क्या मेनू होगा? सलाद-इतालियेन होते ही हमारे इतालवी स्टूवर्ड महाशय कोनसोम फ्राइड एनतासे और पोटेज़ एल्बिअन की व्यवस्था करेंगे, यह आपको याद हो जायेगा।"

मेनू की जानकारी मुझे नहीं थी। टाइप में कितनी ही गलतियाँ होने लगीं। मुझे कुर्सी से उठाकर सत्यसुन्दर बोस खुद ही टाइप करने बैठ गये। और, मैं काउण्टर से निकलकर यहाँ-वहाँ घूमता हुआ जगहें पहचानने लगा।

शाहजहाँ होटल की ज़िन्दगी अभी तक शुरू नहीं हुई है। दिन अभी तक शुरू नहीं हुआ है। सिर्फ किचन और पैण्ट्री में दबी-दबी हलचल है। बैरे मिल्कपॉट में दूध डाल रहे हैं, कप-डिश सजा रहे हैं, झाड़न से रगड़-रगड़कर काँटे-छुरी, चम्मच चमका रहे हैं।

काउण्टर पर लौट आया। मिस्टर बोस तेज़ चाल से टाइप खटखटाये जा रहे हैं। इनकी उम्र कितनी होगी? बत्तीस-तेंतीस से ज्यादा नहीं। लगता है, पहले क्रिकेट

या टेनिस खेलते रहे होंगे। पीटकर तैयार किये गये लोहे की तरह देह, कहीं ज़रा भी ज्यादा मांस-चर्बी नहीं। इतने सुन्दर शरीर पर सफेद कोट-पैण्ट ग्रौर चमकती हुई टाई बहुत फबती है।

मेरे द्वारा टाइप किये गये कार्डों की प्रतीक्षा की जाती, तो लंच के पहले ब्रेकफास्ट देना सम्भव नहीं होता। किन्तु बोस की ग्रभ्यस्त ग्रँगुलियाँ फ्रांसीसी शब्दों से खेलती हुई नाच रही हैं। कहीं ज़रा भी रुकावट नहीं होती।

मैंने पूछ लिया, "ग्राप फ्रांसीसी भाषा जानते हैं?"

मुँह सिकोड़कर वह बोले, "फ्रांसीसी! पेट में घूँसा भी लगे, तो उस भाषा का एक शब्द भी मुँह से नहीं निकलेगा। मगर खाने-पीने की चीज़ों के नाम जानता हूँ। हमारा हेड कुक, जो ग्रंगूठा लगाकर तनख्वाह लेता है, उसे भी ये सारे नाम याद हैं।" फिर, कार्ड जमा करते-करते उन्होंने कहा, "ग्रंग्रेज़ लोग इतने ग्रक्लमन्द होते हैं, मगर खाना पकाना नहीं जानते। जॉन बुल की डिक्शनरी में ग्रापको एक भी ग्रच्छे खाद्य-पदार्थ का नाम नहीं मिल सकता।"

पश्चिमी भोजन-शास्त्र का मेरा मूल ज्ञान रिपन कॉलेज के पास के केष्टो-कॉफे तक ही सीमित था। वहाँ जो दो चीज़ें छात्र-जीवन में प्रिय थीं, 'चॉप' ग्रौर 'कटलेट', उन्हीं को ग्रंग्रेज़ी सभ्यता का ग्रविच्छिन्न ग्रंग समझता था। इसके ग्रलावा 'मामलेट' नाम के एक ग्रौर महान खाद्य-पदार्थ से मेरा परिचय था। ग्रब सुना कि चॉप-कटलेट के ग्राविष्कार में ग्रंग्रेज़ों का कोई हाथ नहीं है, ग्रौर 'मामलेट' दरग्रसल 'ग्रॉमलेट' होता है, ग्रौर यूरोपीय रन्धन-शास्त्र में इतने प्रकार के ग्रॉमलेट बनाने की प्रणाली है कि ग्रंग्रेज़ी में 'डिक्शनरी ग्रॉफ ग्रॉमलेट' नाम का एक विशाल ग्रन्थ प्रकाशित हुग्रा है।

ग्रपने साहब के साथ जब कभी खाया-पिया था, तब खाने-पीने पर ही सारा ध्यान केन्द्रित रहता था, भोज्य-सामग्री नाम की कोई चिन्ता नहीं रहती थी। साहब से ही एक बार सुना था, एक सत्य ग्रनुसन्धानी व्यक्ति ने प्रतिज्ञा की थी कि सामग्री की 'बैकग्राउण्ड-स्टोरी' जाने बिना वह सामग्री खायेंगे नहीं ग्रौर, इसके फलस्वरूप ग्रन्त में ग्रनाहार से बेचारे की मृत्यु हो गयी थी, ग्रत्यन्त गम्भीर ग्रौर करुण स्वर में साहब ने मुझे बताया था।

सारे कार्ड डाइनिंग-रूम में भेजकर, मिस्टर स्याटा बोस ने मुझसे कहा, "हैनरी ग्राठवें का नाम तो सुना ही होगा? उस दाढ़ीवाले विशालकाय महापुरुष की तसवीर इतिहास की किताब में देखकर मुझे इतना गुस्सा चढ़ ग्राया था, फिर मैंने ब्लेड से तसवीर काटकर उड़ा दी थी। लेकिन, ग्रगर उस वक्त पता होता कि महापुरुष ने हम लोगों को इस तरह सज़ा दी है, तो सिर्फ ब्लेड से काटकर सन्तुष्ट नहीं होता, तसवीर को ग्राग में झोंक देता।"

"क्यों?" मैंने पूछा।

"सिर्फ शादी-ब्याह करने का ही नहीं, ग्रच्छा भोजन खाने का भी शौक हेन्री ग्राठवें को था," मिस्टर बोस ने कहना शुरू किया, "एक बार वह एक ड्यूक के यहाँ भोजन के निमन्त्रण पर गये थे। उनके साथ ग्रौर जो मुसाहिब-साहिब खाने पर बैठे थे,

उन्होंने डिनर-टेबुल पर एक विचित्र बात देखी। हेनरी आठवाँ अपने टेबुल पर रखे कागज़ के एक टुकड़े को पढ़ते हैं, फिर खाने लगते हैं, फिर कागज़ पढ़ते हैं, फिर खाते रहते हैं। लॉर्ड, डिप्टी लॉर्ड, काऊण्ट, अर्ल और सभासद, सभी सिर पर हाथ रखकर बैठ गये। वह कौन-सी चीज़ है, जो खाने के वक्त भी हिज़ मैजेस्टी का ध्यान खींच रही है? लगता है, दूतों के द्वारा अभी-अभी कोई 'टॉप सीक्रेट' समाचार सम्राट को दिया गया है! मगर, भोजन समाप्त करके सम्राट् ने वह रहस्यमय कागज़ टेबुल पर ही छोड़ दिया, और ड्यूक महोदय के ड्राइंग-रूम में चले गये। तब सभी लोग उस कागज़ के लिए टेबुल पर टूट पड़े। मगर, हाय, राज्य का कोई गुप्त संवाद, कोई 'टॉप सीक्रेट' नहीं, कागज़ पर सिर्फ भोजन के पदार्थों का नाम लिखा था। भोजन के लिए क्या-क्या चीज़ें बनायी गयी हैं, इसकी एक लिस्ट ड्यूक ने सम्राट को दी थी। सारे लोग चमत्कृत हो उठे। वाह, कितनी अच्छी बात है! ऐसी-वैसी चीज़ों से पेट भर लेने के बाद कोई अपूर्व सामग्री खाने के टेबुल पर लायी जाती है, तो कितना दुःख होता है! 'मेनू' के द्वारा पहले ही भोज्य-सूची जान लेने से फायदा यही होता है कि आदमी तय कर सकता है, क्या खाऊँगा, क्या नहीं खाऊँगा, क्या थोड़ा-सा लूँगा, क्या भरपूर लूँगा!"

फिर, ज़रा रुककर, और हँसते हुए मिस्टर बोस ने कहा, "इसी घटना के बाद से 'मेनू' का रिवाज़ शुरू हुआ। ड्यूक ने तो सम्राट हेनरी आठवें को खुश किया मगर सर्वनाश हम होटल-कर्मचारियों का हुआ। प्रतिदिन शाहजहाँ होटल के ब्रेकफास्ट, लंच और डिनर के 'मेनू' टाइप करके टेबुल-टेबुल पर सजाओ। खाना खत्म होने पर सारे कार्ड टेबुल से उठाकर स्टाफ-रूम में भेजो। मेनू-कार्डों के बण्डल धूल के पर्वत में बरसों पड़े रहेंगे। इसके बाद किसी एक दिन साल्वेशन आर्मी के लोगों को सूचना दी जायेगी। वे लोग सारे कागज़-पत्र लारी में भरकर ले जायेंगे और कमरा साफ कर देंगे।"

फिर घड़ी की ओर देखते हुए सत्यसुन्दर बोस बोले, "वक्त को यहाँ हमने अपने ढंग से कई टुकड़ों में बाँट लिया है। बेड-टी से ही यहाँ वक्त शुरू होता है। इसके बाद ब्रेकफास्ट-टाइम! बाहर के लोग जिसे दोपहर कहते हैं, हम उसे कहते हैं लंच-टाइम! फिर, आफ्टरनून टी-टाइम, डिनर-टाइम, और बात यहीं खत्म नहीं होती है। कैलेण्डर की तारीख बदलने से ही हमारी तारीख नहीं बदलती है। धीरे-धीरे आप सबकुछ समझ जायेंगे।"

मैंने देखा, ब्रेकफास्ट के वक्त से ही होटल के काउण्टर का काम बढ़ने लगता है। बातें करने की भी फुरसत नहीं मिलतीं। रात के मेहमान अपनी-अपनी विलासशैया त्यागकर 'लाउन्ज' में आ बैठते हैं। काउण्टर के पास गुज़रते वक्त मशीन की तरह 'गुड मार्निंग' का विनिमय होता है।

एक वृद्धा अमरीकन महिला काउण्टर के पास चली आयीं। मिस्टर बोस ने कहा, "गुड मार्निंग, मैडम! हैड ए नाइस स्लीप? रात नींद तो आयी थी?"

"नींद? माई डियर ब्वॉय, पिछले आठ बरसों से नहीं जानती, नींद क्या चीज़ होती है! शुरू-शुरू में पिल्स खाने से नींद आ जाती थी। इसके बाद इंजेक्शन लेने

लगी। अब तो उससे भी कोई असर नहीं होता। इसीलिए ओरियण्ट आयी हूँ, यहाँ जादू-टोने से कितने असम्भव काम सम्भव हो जाते हैं! शायद मेरी नींद मुझे वापस मिल जाये।"

मिस्टर बोस को प्रचुर सहानुभूति दिखलानी पड़ी, "आह, दुनिया में इतने पाजी, बदमाश, लुच्चे आदमी होते हैं, ईश्वर उन्हें कुछ नहीं कहता और आपकी जैसी सीधी-सादी शरीफ औरत को सज़ा देता है! नहीं, नहीं, आप चिन्ता न कीजिए, यह बीमारी जल्दी ही यहाँ ठीक हो जायेगी।"

चरम निराशा प्रकट करती हुई, भद्र महिला ने कहा, "इस जन्म में अब कभी सो भी पाऊँगी, इसकी उम्मीद नहीं है।"

"ऐसा क्यों कहती हैं? सब ठीक हो जायेगा। मेरी फूफी-अम्मा को भी ऐसा ही हो गया था, मगर वह अच्छी हो गयीं।"

"कैसे अच्छी हुईं? क्या दवा खाती थीं?"

भद्र महिला इस बार काउटण्र पर झुक-सी गयी।

"दवा खाकर नहीं, केवल प्रार्थना से—बाई प्रेयर! फूफी-अम्मा कहती हैं, प्रेयर से बढ़कर दवा कोई नहीं। प्रेयर से बढ़कर शक्ति नहीं, प्रार्थना से पहाड़ तक को हिलाया जा सकता है।"

वृद्धा अमरीकन महिला तो जैसे अवाक् हो गयीं। वैनिटी-बैग और कैमरा सँभालकर काउण्टर पर रखकर, सिर में बँधा रेशमी रूमाल ठीक करती हुई बोलीं, "उनके पास क्या कोई 'अननेचुरल पावर' है?"

बोस कोई उत्तर देता, इससे पहले ही एक और सज्जन काउण्टर पर आ गये। छः फुट लम्बे, सुदर्शन, विदेशी सज्जन। देह-दशा ऐसी जैसे डोरमैन लांग कम्पनी के इस्पात से गढ़ी गयी हो। बोस उनकी तरफ मुखातिब हुए, "गुड मार्निंग, डॉक्टर!"

चश्मे के भीतर से आँखें सिकोड़कर देखते हुए डॉक्टर ने नमस्कार का उत्तर दिया, फिर गम्भीरतापूर्वक बोले, "मुझे क्या दस रुपये मिल सकते हैं?"

"क्यों नहीं! क्यों नहीं!" कहते हुए बोस ने बायीं ओर रखा कैशबॉक्स खोला, एक-एक रुपये के दस नोट डॉक्टर की तरफ बढ़ा दिये। एक छपे हुए 'वाउचर' पर बायें हाथ से दस्तखत मारकर वह सज्जन होटल के अन्दर चले गये।

मेम साहब ने फुसफुसाते हुए पूछा, "कौन है?"

"डॉक्टर सदरलैण्ड! वर्ल्ड हेल्थ ऑर्गनाइज़ेशन के काम से यहाँ आये हैं।"

अमरीकी भद्र महिला थोड़ी असन्तुष्ट हो गयीं कहने लगीं, "तुम लोगों का दिमाग खराब है। अपने एनशेण्ट चिकित्सा-शास्त्र का उद्धार तो करोगे नहीं, विदेशियों के पीछे भागते फिरोगे। यू पिपुल, जानते हो, ये डॉक्टर, जिन्हें तुम लोग 'डेमी गॉड' समझकर विदेश से बुलवाते हो, जिनके कम्फर्ट के लिए तुम्हारा मुल्क लाख-लाख डालर खर्च करता है—ये डॉक्टर एक मामूली अमरीकन सिटिज़न की आँखों में नींद नहीं ला सकते। और, जबकि तुम्हारे देश के नंग-धड़ंग फकीर अपनी इच्छा के अनुसार सौ बरस, डेढ़ सौ बरस तक लगातार नींद में पड़े रहते हैं।"

क्या उत्तर दें, क्या नहीं दें, यही सोचकर मिस्टर बोस चुप रह गये।

तब अमरीकन महिला ने कहा, "मैं तुम्हारे इस डॉक्टर सदरलैण्ड में नहीं, तुम्हारी फूफी-माँ में इण्टरेस्टेड हूँ। मैं उस ग्रेट लेडी से मिलना चाहती हूँ। ज़रूरत होने पर, मैं चिट्ठी लिखकर उस ग्रेट लेडी का टेलिविज़न प्रोग्राम करवाऊँगी। तुम लोग नहीं जानते हो, स्टेट्स में तुम्हारी फूफी-माँ के ज्ञान और विश्वास की कितनी ज़रूरत है—अमेरिका को उनकी ज़रूरत है।"

मिस्टर बोस की आँखें छलछला आयीं। जेब से रूमाल निकालकर वह झरते हुए आँसू पोंछने लगे।

भद्र महिला हतप्रभ हो गयीं, "क्या हो गया ? मैंने क्या अनजाने में तुम्हें कोई चोट पहुँचायी है ?"

आँखें पोंछते-पोंछते सत्यसुन्दर बोस ने कहा, "नहीं, नहीं। आपका कोई दोष नहीं ! आपको क्या पता कि मुझ अभागे की फूफी-अम्मा कुल दो महीने पहले संसार से विदा हो गयी हैं।"

"मेरी बात का बुरा मत मानो, मिस्टर बोस ! आई एम ऑफुली सॉरी ! तुम्हारी फूफी-अम्मा की आत्मा को चिरशान्ति मिले !" कहती हुई भद्र महिला टैक्सी की खोज में बाहर निकल गयीं।

मिस्टर बोस को अचानक इस तरह टूटते देखकर मैं भी ठगा-सा रह गया था। किसी तरह सान्त्वना देता हुआ बोला, "बोस भाई, दुनिया में कोई हमेशा ज़िन्दा रहने को नहीं आया है। मेरे पिताजी कहा करते थे, हर आदमी को अकेले जीवन काटने की आदत डालनी चाहिए।"

इस बार बोस भाई हँस पड़े। उन्हें हँसते देखकर मैं तो भड़क उठा। तब वह बोले, "मेरी कोई फूफी-अम्मा कभी थी ही नहीं। सब गप्प है। फूफी को जल्दी मार नहीं देता, तो बुढ़िया मेम साहब और एक घण्टा वक्त बरबाद करतीं। इतना सारा काम पड़ा है..."

मैं अवाक् रह गया। सत्यसुन्दर बाबू से बोला, "सेण्ट जॉन चर्च के पास ओल्ड पोस्ट ऑफिस स्ट्रीट में हाईकोर्ट है। आपको वहीं जाना चाहिए था। यह बुद्धि वहाँ लगाते, तो अब तक आसानी से गाड़ी और बिल्डिंग खड़ी कर ली होती।"

स्याटा बोस मेरी बात सुनकर गम्भीर हो गये। धीमी आवाज़ में बोले, "गाड़ी ! बिल्डिंग ! नहीं, रहने दो, तुम नये आदमी हो, अभी ये सारी बातें नहीं करनी चाहिए।"

हो सकता है, और भी बातें होतीं, मगर बैरे ने आकर सूचना दी, मैनेजर साहब रसोई के इन्सपेक्शन के लिए नीचे उतरे हैं।

बोस ने कहा, "मार्कोपोलो साहब का चन्द्रमुख दर्शन कर आइए। उन्हीं के साथ तो आपको रहना है।"

मैंने डरते हुए पूछा, "कैसे आदमी हैं ?"

"आपको कैसा लगता है ?"

"नाम तो रोमाण्टिक है। अब भी लोग ऐसे नाम रखते हैं, मुझे पता नहीं था।"

बोस बोल पड़े, "हाँ, रोमाण्टिक ही है। असली मार्कोपोलो की ज़िन्दगी का आखिरी हिस्सा जेलखाने में बीता था। पता नहीं, ये कहाँ पर किस्सा खत्म करते हैं!"

"ऐसी कोई सम्भावना है क्या?" मैंने शंकित होकर पूछा।

"नहीं, नहीं। यों ही कह रहा हूँ। बड़े ही काम के आदमी हैं। पक्के होटल-मैनेजर। जानते हैं न उमर खैयाम क्या कह गये हैं? अच्छा प्रधानमन्त्री पाना किसी भी देश के लिए कठिन काम है, मगर अच्छा होटल-मैनेजर पा लेना और भी ज्यादा कठिन काम है। 'दे आर बार्न, एण्ड नाट मेड!' गलत प्रधानमन्त्री के हाथ से तो किसी-किसी देश को छुटकारा पाते देखा गया है, मगर गलत मैनेजर की मुट्ठी से आज तक किसी होटल को छुटकारा नहीं मिला है।" कहते-कहते बोस हँसने लगे।

फिर दम लेकर बोले, "मार्कोपोलो साहब रंगून के सबसे बड़े होटल के मैनेजर थे। यहाँ से दूनी तनख्वाह पाते थे। मगर, पता नहीं, कौन-सा भूत सवार हुआ, कलकत्ता चले आये। पहले हम लोगों ने समझा था, किसी गड़बड़झाले में पड़कर यहाँ भाग आये हैं। मगर, रंगूनवाले होटल का स्टूवर्ड फ्रांस लौटते वक्त दो दिन के लिए यहाँ आया था। उसने हमें बताया था, रंगून का वह होटल अभी भी चाहता है कि मार्कोपोलो साहब वहाँ वापस चले आयें।"

"फर्श क्यों नहीं धोया गया? कूड़ाघर भी इससे ज्यादा साफ-सुथरा रहता है।" किचन में मैनेजर साहब चीख रहे थे।

हेडकुक और मशालची व्यस्त होकर यहाँ-वहाँ भाग रहे थे, और मार्कोपोलो साहब किचन के कोने-कोने से गन्दगी निकालने की कोशिश कर रहे थे।

मेरे पाँवों की आवाज़ सुनकर साहब घूम पड़े, "हलो! तुम आ गये हो?"

मैंने नमस्कार किया।

"काम-काज देखना शुरू कर दिया है न?" उन्होंने पूछा। हेडकुक का संहार-यज्ञ लगभग समाप्त हो गया। मेरे साथ साहब दफ्तर के कमरे की ओर चले आये।

दफ्तर छोटा-सा है। कुल तीनेक कुर्सियाँ हैं। एक टाइपराइटर है। टेबुल पर एक किनारे कुछ कागजात, कुछ फाइलें। कोने में लोहे की दो अलमारियाँ खड़ी हैं। दायीं ओर की दीवार में एक और दरवाज़ा है, शायद इसमें से होकर मार्कोपोलो साहब सीधे अपने बेडरूम में चले जाते होंगे।

अपनी कुर्सी पर बैठकर साहब ने चुरुट जलाया। लम्बी-चौड़ी देह है। वयस की तुलना में शरीर ज़रा भारी हो गया है। माथे पर छोटा-सा चाँद है। मगर, छोटे-छोटे केशों के कारण चाँद पर नज़र नहीं जाती है। चुरुट के कारण गम्भीर चेहरा और भी गम्भीर दीखता है। मार्कोपोलो साहब नाटक में विन्सटन चर्चिल का रोल बड़ी खूबी से अदा कर सकते हैं।

चिट्ठियाँ डिक्टेट कराने के लिए तैयार होकर साहब ने मेरी ओर देखा, फिर बड़े ही उदास लहज़े में बोले, "सच ए गुड गर्ल! रोज़ी की तरह की अच्छी लड़की और कहीं नहीं मिल सकती! वह होती थी, तो मुझे दफ्तर के काम की ज़रा भी चिन्ता नहीं

रहती थी। जब भी बुलाता था, हँसी-खुशी आकर चिट्ठी टाइप करने लगती थी, यहाँ तक कि मिडनाइट में भी आ जाती थी। होटल में ऐसी ज़रूरी चिट्ठियाँ आती रहती हैं, जिनका ज़वाब तुरन्त देना पड़ता है, देर करने से काम नहीं चलता।"

मार्कोपोलो ने दो-तीन चिट्ठियाँ डिक्टेट करवायीं। अंग्रेज़ी ज़्यादा अच्छी नहीं जानते, मगर अत्यन्त विनयपूर्ण भाषा लिखवाते हैं। कहाँ किस जगह कौन-सी शराब मिलती है, उनकी सम्पूर्ण सूचना साहब को है, यह मेरी समझ में आ गया। अभी-अभी कई किस्मों की शराब डाइरेक्ट इम्पोर्ट की गयी है। इसीलिए, एक सर्कूलर का डिक्टेशन देकर साहब ने सगर्व घोषणा की, "यह विश्वविख्यात शराब सिर्फ हमीं लोग इम्पोर्ट करने में सफल हुए हैं।"

डिक्टेशन खत्म करके साहब बाहर चल दिये। कितने काम पड़े हैं। इतना बड़ा होटल चलाने से ज़्यादा आसान काम एक राज्य-शासन चला लेना है। अगर होटल में दो सौ मेहमान हैं, तो प्रति मिनट दो सौ समस्याएँ उत्पन्न हो सकती हैं। सारी समस्याएँ मैनेजर साहब को ही सुलझानी पड़ती हैं।

चिट्ठियाँ टाइप करना मेरे लिए एक नया काम नहीं है, इसीलिए इस काम में ज़्यादा देर नहीं लगी। दस्तखत के लिए चिट्ठियाँ साहब के कमरे में भेजकर, दफ्तर की फाइलें ठीक करना शुरू किया। यहाँ से भागकर रोज़ी मेरे लिए एक पहाड़ खड़ा कर गयी है। पता नहीं, कौन-सी चीज़ कहाँ रखी है। फाइलों की कोई लिस्ट नहीं है, कोई सिस्टम नहीं है। केवल अपनी दो आँखों और दो हाथों के भरोसे मैं फाइलों का पहाड़ उखाड़कर फिर से सजाने लगा।

अपनी टेबुल के बायें ड्राअरों को खोलते ही पता चला, रोज़ी अपनी कुछ व्यक्तिगत चीजें यहीं छोड़ गयी है। एक नेल-पालिश, कुछ नये ब्लेड, और छोटा-सा एक आईना ड्राअर में पड़ा है। मेरा जी उदास हो गया, किसके लिए फाइल दुरुस्त कर रहा हूँ? कल ही होटल की सर्वप्रिया मनोरमा मिस रोज़ी का पुनरागमन हो जायेगा। और मुझे दुबारा कर्ज़न पार्क में पटक दिया जायेगा। दो दिनों के लिए इन फाइलों से दोस्ती बढ़ाकर फायदा क्या है? मोह बढ़ाने से फायदा ही क्या है?

कार्य-व्यस्तता के बीच कब चुपके से दिन निकल गया, पता ही नहीं चला। ब्रेकफास्ट और लंच के खाने पार करके घड़ी के काँटे कब शाम की चाय का वक्त पूरा करने लगे थे, ध्यान में ही नहीं आया।

"बाबूजी, आप तो सारा दिन काम में ही डूबे रहे हैं! एक प्याला चाय नहीं पियेंगे?" मैंने सिर उठाकर देखा, मैनेजर साहब का बैरा सामने खड़ा पूछ रहा है।

मीठी मुस्कराहट के साथ उसने मुझे नमस्कार किया। प्रौढ़ व्यक्ति है। सिर के बाल सफेद होने लगे हैं। पतला चेहरा है, तिकोने लोहे की तरह। वह बोला, "मेरा नाम मथुरासिंह है।"

मैंने कहा, "मथुरासिंह, तुमसे मिलकर मुझे बड़ी खुशी हुई है।"

"बाबूजी, आपके लिए चाय ले आता हूँ।"

"चाय ? कहाँ से ले आओगे ?"

"सो, मैं ले आता हूँ, बाबूजी ! आप फिक्र न कीजिए। आपके लिए अभी तक कोई स्लिप नहीं बना है। एक बार आर्डर हो जाय, तब आपको खाने-पीने की कोई तकलीफ नहीं होगी।"

मथुरासिंह दफ्तर के कमरे में ही चाय ले आया। चाय बनाकर प्याला मेरे सामने बढ़ाते हुए उसने कहा, "आखिर बाबूजी, आप ही यहाँ आये।"

"तुम क्या मुझे पहचानते हो, मथुरा ?" मैंने आश्चर्य में भरकर पूछा।

"आप तो बैरिस्टर साहब के किरानी थे !" मथुरा कहने लगा, "कलकत्ता में कौन उन्हें पहचानता नहीं था। उनके बैरे मोहन का घर हमारे ही गाँव में है।"

"तो तुम कुमायूँ ज़िले के आदमी हो ?"

"हाँ, हुज़ूर ! मोहन से मुलाकात करने के लिए हम कितनी ही बार आप लोगों के यहाँ गये थे। आपको कितनी ही बार देखा है।"

वाकई बड़ी खुशी हुई। इस अजनबी दुनिया में जैसे एक अपना आदमी मिल गया। बंगाल अगर मेरी मातृभूमि है, तो कुमायूँ मेरी दूसरी माँ ! कुमायूँ प्राकृतिक सौन्दर्य का भण्डार है, बड़े लोगों की पदधूलि पाकर वह और विख्यात हो गया है। कुमायूँ को प्यार करनेवालों की कमी नहीं रह गयी है। किन्तु, कुमायूँ दुनिया का सबसे गन्दा और जघन्य स्थान भी होता, मलेरिया, आमाशय और शीत-ताप का डिपो भी होता, तो भी मैं उसे उतना ही प्यार करता। इस जर्जर देश में अब भी कुमायूँ जैसी जगह है, सोचकर ताज्जुब होता है। वहाँ अब भी कोई आदमी अपने घर के चारों ओर बाड़ा नहीं डालता, अब भी अपने मन के इर्द-गिर्द साँकलें लगाना वहाँ के लोगों ने नहीं सीखा है।

मथुरा ने कहा, "बाबूजी, आप इस नौकरी पर आये हैं, अच्छा हुआ है। मगर घबरा नहीं जाइयेगा। यहाँ ऐसी कितनी बातें देखियेगा, जो पहले कभी नहीं देखी होंगी, कानों से सुनी भी नहीं होंगी। मगर डरियेगा नहीं। इन चालीस बरसों से मैं भी क्या-क्या नहीं देख रहा हूँ, मगर सिर ऊँचा उठाये इज़्ज़त से बचा चला जा रहा हूँ। आप लोगों के आशीर्वाद से मेरे लड़के को भी एक नौकरी मिल गयी है।"

"कहाँ ? इसी होटल में ?" मैंने पूछ लिया।

"माफ कीजिए, हुज़ूर ! जान-बूझकर क्या कोई अपने लड़के को इस होटल में लायेगा ?"

मैंने कहा, "मथुरा, अपने काम की जगह के बारे में हर आदमी के दिल में तिरस्कार की भावना रहती है। जिसे भी पूछो, वही कहेगा, मैं भुगत रहा हूँ, अपने बेटे को यह सब भुगतने नहीं दूंगा !"

मथुरा बोला, "बाबूजी, बैरिस्टर साहब के साथ तो कितना कुछ देख चुके हैं। अब यहाँ के तमाशे देखिए। शिव भगवान् की दया से आपकी आँखों का पावर अभी कम नहीं हुआ है।"

चाय का प्याला खाली करके मैंने मथुरा से पूछा, "यहाँ छुट्टी कब होती है ?"

"बाबूजी, ब्रिटिश राज्य में तब भी कहीं-कहीं सन-सेट होता था, मगर इस होटल की रोशनी कभी छन-भर भी नहीं बुझती है। छुट्टी यहाँ कभी नहीं होती। मगर, आपको क्या बताया नहीं है, कब तक काम करना होगा ?"

"नहीं तो।"

"आज पहला दिन है, अब चले जाइए।" मथुरा ने कहा।

मैंने पूछा, "मैनेजर साहब से मिलकर जाऊँ ?"

"उनसे तो अभी भेंट नहीं हो सकेगी।"

"क्यों ?" मैंने पूछा।

मेरे इस आकस्मिक प्रश्न के लिए मथुरा तैयार नहीं था। वह उलझन में पड़ गया। क्या उत्तर देगा, सोच ही नहीं पा रहा था।

"अभी उनके कमरे में किसी के जाने का हुक्म नहीं है। कोई अन्दर नहीं जा सकता।" मथुरा धीमे स्वर में बोला, "आप चले जाइए, वह पूछेंगे तो मैं बता दूंगा।"

दफ्तर से निकलकर कारीडोर में चलता हुआ मैं सीढ़ियों के पास चला आया। कमरे में हमेशा रोशनी जलती रही थी, इसलिए समझ नहीं सका था, रात हो गयी है। शाहजहाँ होटल की रोशनी जैसे रामबगान की वेश्या है। मेक-अप करके, साज-सिंगार करके, होंठों पर नकली मुसकान जमा करके, मुसकराती हुई, आँखें नचाती हुई, अपने चेहरे पर रात का अँधेरा और रात की कुरूपता जमने ही नहीं देती।

सीढ़ियों से नीचे उतरते वक्त देखा, कार्पेट पर, हर सीढ़ी पर होटल का नाम लिखा है। काठ की रेलिंग इतनी चिकनी है कि हाथ रखते ही फिसलने लगता है। सीढ़ियों के मोड़ पर एक पुरानी बाबा आदम के ज़माने की घड़ी टँगी है, झूलती जा रही है, और इस होटल के प्राचीन आभिजात्य की घोषणा करती है।

होटल के मेहमान ज़्यादातर लिफ्ट से आते-जाते हैं। एक-दो व्यक्ति अपनी चंचल क्रीड़ाकुल संगिनी का हाथ पकड़े नाच के ताल की गति से सीढ़ियाँ चढ़ रहे हैं। मैं तो एक बार धक्का खाते-खाते बच गया।

रिसेप्शन काउण्टर पर भीड़ जमी है। सत्यसुन्दर बोस अब तक काम में लगे हैं। हर वक्त टेलीफोन बजता रहता है। लाउन्ज की सारी कुर्सियाँ और सोफे भरे हुए हैं।

मुझे पास आता देखकर, बोस ने हल्के स्वर में कहा, "सारा दिन मैनेजर के दफ्तर में ही पड़े रह गये ?"

"पहला दिन था। काम की भीड़ ज्यादा थी।" मैंने उत्तर दिया। वह कुछ कहने ही वाले थे कि पोर्टर के माथे पर ढेर-सा सामान लादे नये यात्रियों का एक दल काउण्टर के सामने हाजिर हो गया।

"अच्छा, बाद में बातें होगी," कहकर मैं विदा हो गया। गेट के सामने तमगे-वाले दरबानजी बड़ी तेज़ी से एक के बाद एक सलाम ठोंकते जा रहे थे।

पोर्टिको के सामने एक सुन्दर-सी सजी-धजी बस खड़ी है। हॉलीवुड की अंग्रेज़ी फिल्मों में ही ऐसी बसें मैंने देखी थीं। हमारी इस वृद्धा नगरी कलकत्ता में भी ऐसी चीज़ें हैं, यह मालूम नहीं था। कलकत्ता की बसों की भी अगर किसी दिन सौन्दर्य-प्रतियोगिता

हो, तो यही बस 'मिस कैलकटा' बनायी जायेगी।

पोर्टर लोग बस के पिछले हिस्से से सामान उतार रहे हैं। बस के सामने के दरवाज़े से जो लोग उतर रहे हैं, वे निश्चय ही किसी हवाई जहाज़ कम्पनी के कर्मचारी हैं। सिर पर पड़ी टोपी ठीक से रखते हुए पुरुष और स्त्रियाँ भीतर चले जा रहे हैं। उनकी बगल से निकलकर सेण्ट्रल एवेन्यू के रास्ते से मैं चलने लगा।

मेरे सामने ही है—चौरंगी। चौरंगी की रात जैसे कोई नृत्यरता सुन्दरी बन गयी है। और, दिन ही यहाँ रात है, और रात भी यहाँ दिन है। शाम के बीत जाने पर सुसज्जिता-रूपगर्विता, यौवन-अभिमानिनी चौरंगी अब जैसे किसी नाइटक्लब के फ्लोर पर उतर आयी है। उधर कर्ज़न पार्क का अन्धकारग्रस्त कारागार जैसे देशनायक सुरेन्द्रनाथ को बन्दी किये हुए है। अन्धकार के ये दुष्ट रक्षक राष्ट्रीयता के जनक को अपनी प्रिय कन्या का निर्लज्ज नग्न रूप दिखाये बिना मानेंगे नहीं। वृद्ध देशनायक अपने बन्दी प्रस्तर-शरीर की सीमा में असहाय-से खड़े हैं। और कुछ न कर सकने के दु:ख से, घृणा से उन्होंने अपना चेहरा दायीं ओर अँधेरे में घुमा लिया है।

पैदल चलता हुआ मैं कर्ज़न पार्क के पश्चिमी हिस्से में सर हरिराम गोयन्का के पास आ खड़ा हुआ। सर हरिराम अब भी उसी तरह राजभवन की तरफ देख रहे हैं, जैसे पूछ रहे हैं—वणिक का मापदण्ड क्या सच में राजदण्ड से दुर्बल होता है?

इस अभिशप्त ऐतिहासिक नगर में शत-शत वर्षों से कितने विचित्र-विचित्र व्यक्तियों की पदधूलि उड़ती रही है। इनमें से कितनों ने अनाथ होकर संसार में प्रवेश किया और अपार वैभव के स्वामी बने। इन सबका रक्त अलग था। भाषा अलग-अलग थी, वेश-भूषा अलग-अलग थी, लेकिन लक्ष्य एक ही था। और, महाकाल जैसे विश्वरूपी कार्पोरेशन का हेड झाड़ूदार है, झाड़ू से विख्यात-अख्यात, धनी-दरिद्र, देशी-विदेशी, सभी को समेटकर विस्मृति के डस्टबीन में फेंक देता है। केवल दो-एक व्यक्ति उस झाड़ू की परवाह न करके किसी तरह बचे रह जाते हैं।

इस मृत्युमुखर भागीरथी के तीर पर कई व्यक्ति अपना प्रस्तर-शरीर लिये अब तक खड़े हैं। अस्तु, उस मृत नगर के मृत नागरिकों में अन्यतम सर हरिराम गोयन्का को नमस्कार करके मैंने कहा, "कल आपने मेरी जो हालत देखी थी, आज मेरी वही हालत नहीं है। मुझे काम मिल गया है, शाहजहाँ होटल में! आप जब जीवित थे, आप जब इस शहर के वाणिज्य साम्राज्य का संचालन कर रहे थे, तब भी शाहजहाँ होटल की रातें दिन की तरह चमकती-दमकती थीं। आप स्वयं भी अवश्य ही वहाँ कितनी बार गये होंगे।"

अचानक अपनी ही बात पर मुझे हँसी आ गयी। पागल की तरह क्या-क्या बके जा रहा हूँ! सर हरिराम के बारे में मैं जानता ही क्या हूँ? हो सकता है, वह परम धर्मभीरु व्यक्ति थे, होटल के पास कभी फटके भी न हों।

अपने बचपने पर मैं चकित रह गया। याद आया, क्लाइव स्ट्रीट के एक दरबान-जी ने अपने अनजाने में ही, दुनिया के इतने लोगों को छोड़कर सर हरिराम गोयन्का से ही मेरी आत्मीयता बढ़ा दी है।

दूर व्हाइटवे-लैंडला की बिल्डिंग की घड़ी को देखकर चौंक पड़ा। बहुत रात हो गयी है। घर लौट चलना चाहिए। अब घर लौटने में संकोच क्यों करूँ? मेरा अपना घर है, मेरे अपने आत्मीय जन हैं, और सबसे बड़ी बात यह है कि अब मेरी अपनी एक नौकरी है।

तीन

"दुनिया की इस सराय में हमने कुछ क्षणों के लिए आश्रय लिया है। हम लोगों में से कुछ लोग ब्रेकफास्ट खाकर ही चले जायेंगे। कुछ लोग लंच खत्म करते ही चले जायेंगे। शाम का अँधेरा पार करके जब हम रात में डिनर-टेबुल पर इकट्ठे होंगे, तो कितने ही परिचित लोगों को गायब पायेंगे। इतने लोगों में से दो-चार व्यक्ति ही वहाँ मिल सकेंगे। मगर, परवाह मत करो, दुःख मत करो। जो जितना पहले चला जायेगा, उसे उतना ही कम बिल चुकाना पड़ेगा।" बोस भाई ने कहा।

मैंने उत्तर दिया, "यह तो दार्शनिकों-जैसी बात हो गयी।"

"हाँ, यह मेरी अपनी बात नहीं है, किसी अंग्रेज़ी कविता का अनुवाद है। एक वृद्ध सज्जन बहुत दिनों तक यहाँ थे, वह अक्सर ये लाइनें दुहराते थे। मैंने कहीं नोट करके भी रखा था। अगर मिल गया, तो आपको दूँगा।"

"कविता का भाव सुन्दर है। जो जितने अधिक दिन इस दुनिया में रहेगा, उसे उतने ही अधिक बिल चुकाने पड़ेंगे।"

"मगर कवि महोदय ने, लगता है, किसी होटल में नौकरी नहीं की थी। अगर करते तो उन लोगों की बात भी ज़रूर लिखते, जो ब्रेकफास्ट, लंच, डिनर, सब-कुछ खा-पीकर बिल दूसरों के सिर पर थोपकर इस दुनिया से भाग निकलते हैं। और, कुछ हम लोगों की बातें भी लिख देते। हम लोग रोज़ ब्रेफफास्ट, लंच और डिनर खाते हैं, मगर बिल नहीं चुकाते। मगर, जी-जान लगाकर कर्ज़ चुकाने की कोशिश करते हैं।" बोस भाई ने ज़रा दम लेते हुए कहा, "सच कहता हूँ भाई, मैं तो बीच-बीच में थककर हाँफने लगता हूँ। मगर, इसमें सिर्फ तकलीफ होती है, मर नहीं पाता। थकान से कोई जल्दी मरता भी नहीं है। और हम लोग तो यहाँ से निकल भी नहीं सकते। यहाँ जैसे अफीम का नशा फैला हुआ है। एक बार अन्दर आ जाने पर बाहर निकलना हो नहीं सकता। दरवाज़ा खोल भी दिया जाये, तो आदमी भाग नहीं सकता। यह नशा और कहाँ मिलेगा?"

मैं टाइप करता जा रहा था और उनकी बातें सुन रहा था।

इस बार मेरे चेहरे की तरफ देखते हुए स्याटा बोस ने कहा, "आँखें इस तरह धँस क्यों गयी हैं। मिस रोज़ी के डर से रात में नींद नहीं आती है क्या?"

मुझे सच कहना ही पड़ा, "मिस साहब का अभी तक पता नहीं है। मगर क्या पता, किस वक्त यहाँ आ धमकें !"

"बात चिन्ताजनक है," बोस भाई ने कहा, "मगर इसी बीच कोशिश करके अपने जहाज़ का लंगर यहाँ कसकर गाड़ दो। उखड़ने नहीं पाये ! मालिक को खुश रखा करो।"

मालिक को कैसे खुश रखा जाता है, यह मैंने मालिक से ही सीखा था। अपनी आँखों से देखे बिना विश्वास ही नहीं होता है। उमर खैयाम ने कितनी वेदना में भरकर लिखा था, "इस दुनिया में पाण्डित्यपूर्ण ग्रन्थ लिखनेवालों का अभाव नहीं, युद्धक्षेत्र में सेनापतित्व करने के लिए साहसी योद्धा पाये जाते हैं, साम्राज्य का संचालन करनेवालों का भी अभाव नहीं है, किन्तु हाय ! सरायखाना चला सकनेवाले लोग नहीं मिलते हैं।"

होटल में हर क्षण तरह-तरह की समस्याएँ उत्पन्न होती रहती हैं। सबको सुलझाने की ज़िम्मेदारी बेचारे मैनेजर साहब पर है। हर बात में लोग उन्हीं को जा पकड़ते हैं। नहाने का पानी अगर ज्यादा गर्म है, तो बैरे को न बताकर, कई लोग सीधे उन्हीं को टेलीफोन करते हैं। होटल के ज्यादातर मेहमान ऊपर को ही पकड़ने में यकीन रखते हैं। नीचे के हिस्से के लोग भी छोटी-मोटी बातें सुलझा सकते हैं, यह उन्हें पता ही नहीं। इसलिए नहाने का पानी अगर ज़रा ठण्डा हो जाता है, तो सीधे मैनेजर के कानों पर चोट पड़ती है।

सोने के वक्त अगर किसी को पता चल गया कि बिस्तरे की चादर का रंग दरवाज़े, खिड़कियों के पर्दों के साथ मेल नहीं खाता है तो वह बिस्तरे से उछल पड़ेगा, और उसी वक्त उतनी रात-गये मैनेजर को सलाम भेजेगा। मेरी आँखों के सामने ही एक बार ऐसी घटना हुई। टेलीफोन का एस. ओ. एस. पाकर मार्कोपोलो साहब अपने कमरे से भागे। क्या बात है, जानने के लिए मैं भी पीछे-पीछे दौड़ा। निर्दिष्ट कमरे के सामने आकर साहब ने दरवाज़ा खटखटाया। अन्दर से किसी स्त्री ने कहा, "कम इन, प्लीज़ !"

भद्र महिला प्रौढ़ा थीं। अंग्रेज़ थीं। माथे पर हाथ रखे बैठी हैं। मैनेजर को लाल-लाल आँखें दिखाती हुई कह रही हैं, "आप लोग डेन्जरस हैं। आप लोग किसी का प्राण तक ले सकते हैं। मर्डरर के अलावा कोई आदमी इस तरह का 'कलर-कम्बिनेशन पसन्द नहीं कर सकता। ऐसा भयानक रंग मैंने आज तक किसी होटल में नहीं देखा है। आपको आने में थोड़ी देर हो जाती, तो मैं बेहोश होकर गिर पड़ती।"

गुस्से से मेरा जी जलने लगा था, मगर मार्कोपोलो को ज़रा भी गुस्सा नहीं आया। होटल मैनेजमेण्ट की ट्रेनिंग के स्कूल में शायद गुस्से की नसें काट दी जाती हैं। मार्कोपोलो ने हज़ार दुख प्रकट करते हुए कहा, "आशा करता हूँ, इतनी देर में आपका कोई शारीरिक-मानसिक नुकसान नहीं हुआ है। मैं अभी तुरत आपके लिए तीन रंगों की तीन चादरें भेजता हूँ। आपको जो रंग पसन्द हो, रख लीजियेगा। मगर जिस रंग की चादर आपके बिछावन पर है, पता नहीं क्यों अमरीकन टूरिस्ट सबसे ज़्यादा यही

रंग पसन्द करते हैं। मुझे तो मजबूर होकर इस रंग की चादरें स्पेशल ऑर्डर देकर बनवानी पड़ी हैं। मगर, पता क्या था, आप इसी कमरे में आयेंगी।"

मेम साहब ने गर्व से विगलित होते हुए, गम्भीर स्वर में कहा, "दुनिया में जहाँ कहीं जाती हूँ, देखती हूँ, वे लोग सुरुचि का सर्वनाश कर रहे हैं। वे लोग चिविंग-गम खाते हैं, और सुन्दरता के ऊपर बुलडोज़र चलाते रहते हैं। माई डियर फ्रेण्ड, पैसा उनके पास है, मगर, सुरुचि-सम्पन्नता लाने में उन्हें अभी भी कम-से-कम फाइव हण्ड्रेड ईयर्स लगेंगे।"

भद्र महिला की बातों को सम्पूर्णत: स्वीकार करके मार्कोपोलो साहब बाहर चले आये। बाद में, स्याटा बोस से मैंने सुना, अगर भद्र महिला अमरीकन होतीं, तो मार्को साहब कहते हैं, 'पता नहीं, अंग्रेज लोग क्यों इस तरह के पुराने रंग पसन्द करते हैं! हम लोग तो निरुपाय हैं, कल तक तो कलकत्ता ब्रिटिश साम्राज्य का द्वितीय नगर था। मगर, अब हम लोग आगे बढ़ने लगे हैं—ब्रिटिश इम्पीरियलिज़्म के सारे चिह्न धीरे-धीरे मिटते जा रहे हैं!'

अतिथियों के प्रति की गयी विनम्रता का बदला मैनेजर साहब कर्मचारियों से वसूल लेते हैं। बैरा, फराश, खिदमतगार, बावर्ची, सबके प्राण साहब की डाँट-डपट से काँपते रहते हैं।

मार्कोपोलो साहब में एक और खराबी है। कब उनका दिमाग किस डिग्री तक गर्म रहता है, यह हर वक्त पता नहीं चल पाता।

इन दिनों मुझे डिक्टेशन देने के वक्त भी मार्को साहब गम्भीर बने रहते हैं। हर वक्त जैसे उदास और अन्यमनस्क, कहीं और खोये हुए। कभी-कभी शाम को हॉफ-पैण्ट और सादा हॉफ़ कमीज़ पहनकर, हाथ में छड़ी लेकर निकल पड़ते हैं। जहाँ जाते हैं, कोई नहीं जानता। डिनर के वक्त, जब डाइनिंग हॉल में तिल रखने की भी जगह नहीं होती, उनका पता नहीं चलता है, बेचारे स्टूवर्ड और सत्यसुन्दर बाबू को ही सारा-कुछ सँभालना पड़ता है।

स्टूवर्ड कहता है, "ऐसे कब तक चलेगा?"

स्याटा बोस कहते हैं, "अपना दिमाग मत खराब करो, साहब! पिछले डेढ़ सौ बरसों से जो चीज़ चल रही है, वह अपने-आप चलती रहेगी। हमारे-तुम्हारे ब्रेन की बैटरी बेकार खर्च करने से कुछ नहीं होगा। होटल चल रहा है, चलता रहेगा।"

मैनेजर साहब जब लौटकर आते हैं, उनका पारा और भी गर्म रहता है, अग्नि-पर्वत में जैसे आग लग गयी हो। अपने कमरे में आकर साहब एक-एक कर कपड़े, जूते, बैल्ट, घड़ी उतारकर यहाँ-वहाँ फेंकने लगते हैं। बेचारा मथुरासिंह दरवाज़े के बाहर खड़ा रहता है। भीतर जाने से कोई फायदा नहीं, हो सकता है, नशे के झोंके में साहब जूता मार दें।

कुछ क्षण बाद ही मथुरासिंह की पुकार होती है। कमरे में घुसते ही साहब कठोर स्वर में कहते हैं, "हेड बारमैन को बुलाओ।"

सलाम पाते ही हेड बारमैन रामसिंह समझ जाता है, माजरा क्या है। कमर

में लाल पट्टी, दायें हाथ में लाल बैण्ड, सिर पर लाल पगड़ी पहने वह पैग-मेज़र में शराब ढाल रहा था। बोतल किसी दूसरे के हाथ में थमाकर, वह साहब के कमरे में चला आया। सलाम किया।

साहब पागल साँड की तरह मुँह से झाग उगल रहे हैं। पूछते हैं, "रामसिंह, माई डार्लिंग रामसिंह, हवा कैसी बह रही है?"

कमर से रेशमी झाड़न निकालकर हाथ पोंछते-पोंछते हेड बारमैन कहता है, "हुज़ूर, बार आज भरा हुआ है। इतनी देर में दो डेम्पुल हेग, और तीन ह्वाइटहॉर्स खत्म हो चुका है। आज रेस का दिन है, कितने ही गाहक आये हैं, और भी गाहक-पर-गाहक चले आ रहे हैं। बार में आपका होना ज़रूरी है।"

फटी-फटी आवाज़ में साहब कहते हैं, "उन सारे कीड़ों को नरक में मरने दो। तुम अभी मेरे साथ बातचीत करो, रामसिंह।"

रामसिंह किंकर्त्तव्यविमूढ़ होकर चुपचाप मथुरासिंह की तरफ देखता रहता है। मथुरासिंह मुँह से कुछ बोलता नहीं, मन-ही-मन खुश होता है—यहीं खड़े रहो बेटे! रोज़ तो शराबियों को ठगकर पैसा बनाते हो, आज थोड़ा कम ही कमाओगे तो क्या बिगड़ जायेगा! आज ज़रा दूसरे लोग 'चांस' पायें।"

साहब नशे में होते हैं तो गाना गाने लगते हैं। साहब आज बाहर से पीकर आये हैं, अन्नपूर्णा आज दूसरे के दरवाज़े पर गयीं थीं। शाहजहाँ होटल के मालिक-मुख्तार की रसना अपने 'सेलर' में तृप्त नहीं हुई, इसीलिए एंग्लो-इण्डियन मुहल्ले की एक कुत्सित बस्ती में जाकर देसी शराब पी आये हैं। मुँह महक रहा है। विलायती शराब के आदी रामसिंह को उबकाई आने लगती है, मगर वह शान्त बना खड़ा रहता है।

साहब का जी अब तक नहीं भरा है, इसीलिए गाना शुरू करते हैं। एक बहुत पुराना गीत।

कलकत्ता के प्राचीन विषाक्त रक्त में हास्यरसज्ञ डेवी कार्सन का यह गीत घुल-मिलकर एकाकार हो गया है। शाहजहाँ होटल के बारे में कितनी ही रातों की निस्तब्धता, कितनी ही रातों की मदहोशी इस एक गीत ने तोड़ी है। मदनदत्त लेन, बंकिम चटर्जी स्ट्रीट, श्यामाचरण दे स्ट्रीट जब गहरी नींद में डूबी रहती थीं, खामोश, कहीं कोई आवाज़ नहीं, तब कितने ही विदेशी कण्ठ-स्वर उन्नीसवीं शताब्दी की आधी रातों में यह गीत गाकर नये दिन का स्वागत करते थे, बैरों को भय से आतंकित कर देते थे, तालियाँ बजाकर हँसते-गाते थे :

'जाओ, जल्दी जाओ।
हाय खिदमतगार, ब्राण्डी-शराब, विलायती पानी लाओ।
ले आओ, ले आओ, ले आओ।
जाओ, जल्दी जाओ।'

मार्कोपोलो के मत्त शरीर में आज उसी प्राचीन कलकत्ता की बाधा-बन्धनहीन उच्छृंखल आत्मा तैर रही है। साहब ने सुर में गाना शुरू किया :

'विलसन' या 'स्पेन्स' के हॉल में
छुट्टी के दिन मैं घूमता हूँ
आज़ादी से मटन-चॉप की पुकार करता हुआ
सारा दिन बिलियर्ड खेलता हूँ
दूर से ही नौकर यह हुक्म सुन लेता है,
जल्दी जाओ !
हाय खिदमतगार, ब्राण्डी-शराब, विलायती पानी लाओ !

साहब की प्यास अब तक नहीं बुझी है। पागलों की तरह चीखने लगे हैं। "ले आओ…ले आओ…व्हिस्की, शराब, विलायती पानी ले आओ !"

इसके बाद मार्कोपोलो साहब शराब में चूर-चूर हो जाते हैं। गंजी और अण्डरवियर में लिपटी यह विशाल काया, उन्मत्त काया दो बैरों से नहीं सँभल पाती है, सँभाले रखना मुश्किल हो जाता है। साहब गिलास तोड़ देंगे, शराब की खाली बोतल फर्श पर पटक देंगे, रामसिंह के गले में बाँहें डालकर नाचेंगे, गायेंगे, पागलपन करेंगे। "डार्लिंग, माई स्वीट डार्लिंग," कहते हुए रामसिंह को चूमने लगेंगे और अचानक जैसे नशा टूट जायेगा, आँखें खुल जायेंगी।

फिर दोनों हाथों से रामसिंह को धक्का देते हुए कमरे से बाहर फेंक देंगे, और बिस्तरे पर लेट जायेंगे। तब सावधानी से उनकी छाती तक चादर ढँक देना होगा। सावधानी से बत्ती बुझाकर कमरे से निकल आना होगा। लगभग घण्टे-भर बाद मथुरासिंह दुबारा कमरे में आयेगा। रोशनी जलाकर कमरे का फर्श साफ करेगा, बोतल-गिलास उठा ले जायेगा। सुबह साहब की नींद खुलेगी, तो उन्हें कुछ याद नहीं आयेगा। हो सकता है, कमरे में बिखरे शीशे के टुकड़े पाँवों में गड़ जायें।

एक बार ऐसा ही हुआ था। रात में उनके कमरे में घुसने की हिम्मत किसी की नहीं हुई ! और सुबह काँच के टुकड़े उनके पाँवों में धँस गये। मथुरा को पास बुलाकर साहब ने कहा, "मैं शराब पीकर पागल हो गया था, तुम लोगों ने इस तरह मुझे सज़ा दी है ? तुम लोगों को क्या मुझसे ज़रा भी प्यार नहीं है ?"

तब से ऐसी तूफान-भरी रातों में मथुरासिंह सो नहीं पाता है। साहब के कमरे के बाहर, तिपाई पर बैठा, सारी रात जगा रह जाता है। और, बीच-बीच में घड़ी देख आता है, कब यह रात बीतेगी, कब सारे अँधेरे को मिटा देनेवाला सूरज उग आयेगा। असभ्य, जंगली, पागल दुनिया दिन के उजाले में शान्त और शिष्ट बन जायेगी, होश में आ जायेगी।

रात और अँधेरे के इस नाटक के किस्से मैं मथुरासिंह से सुनता था। मगर, दूसरी सुबह ब्रेकफास्ट के बाद मैनेजर साहब को देखकर कुछ पता नहीं चलता था। घोर परिश्रम की शक्ति उनके शरीर में है। शरीर पर इतना अत्याचार करने के बाद भी जानवर की तरह मेहनत करते मैंने उन्हें देखा है।

मार्कोपोलो ने शायद मुझे अच्छी निगाहों से देखना शुरू किया है। अब दूसरों के सामने गम्भीर रहते हुए भी, मुझसे बातें करते वक्त मुसकराने लगे हैं। एक दिन

काम खत्म होने के बाद बोले, "अब भी बैठे क्यों हो ? तुम क्या साधु-संन्यासी बन गये हो ?"

"नहीं तो।" मैंने उत्तर दिया।

"तब, इस वक्त होटल के बन्द कमरे में क्यों बैठे हो ? कलकत्ता शहर में शाम के वक्त खूबसूरती चिड़िया बनकर उड़ती रहती है। जाओ, दो-एक चिड़िया फँसाओ। कुछ मौज-मज़ा लो।"

ऐसे ही एक दिन बायरन साहब की पुकार हुई। मुझे नौकरी दिलवाने के बाद बायरन साहब की कोई खोज-खबर नहीं मिली थी। मेरे उपकार के लिए सर हरिराम गोयन्का की संगमरमरी मूर्ति के नीचे आविर्भूत होकर वह जैसे फिर अन्तर्धान हो गये थे।

मार्कोपोलो साहब ने पूछा, "बायरन से मुलाकात होती है ?"

"नहीं।" मुझे कहना पड़ा।

"उस रात के बाद तुमसे एक बार भी भेंट नहीं हुई ? वह मिलने नहीं आये, और तुम भी उनके पास नहीं गये ?"

"जी नहीं।"

वह काफी चिन्तित हो गये। अपनी रिस्टवॉच की ओर देखा। फिर खिड़की के बाहर आकाश के कटे हिस्से को देखते रहे। तब सूरज नहीं डूबा था, मगर शाम होने में ज्यादा देर नहीं थी।

इस बार उन्होंने जो बात कही, मैं वह सुनने को कतई तैयार नहीं था। सिर हिलाते हुए, दोनों आँखों को सिकोड़ते हुए उन्होंने कहा, "तुम बड़े ही 'क्लैवर' हो। बहुत-कुछ जानते-समझते हुए भी 'इनोसेण्ट' बने रहते हो।"

मैं चकित रह गया। उनकी बात में जैसे कोई रहस्य छिपा है। शायद उन्हें शक हो रहा है, मैं कोई खास बात जानता हूँ। मगर बता नहीं रहा हूँ। मैंने कहा, "आपकी बात का ठीक मतलब नहीं समझ रहा हूँ, सर !"

वह जैसे शरमाने लगे। बोले, "नहीं, नहीं, तुम गुस्सा मत करो। मैं तो मज़ाक कर रहा था।"

अचानक खामोश होकर मार्कोपोलो साहब मेरे चेहरे की तरफ देखने लगे। उनकी बड़ी-बड़ी आँखों की सीध में देखने की हिम्मत मुझमें नहीं थी। मैंने निगाहें झुका लीं और फर्श की तरफ देखने लगा। थोड़ी देर बाद मैंने उनके चेहरे की ओर देखा। मुझे लगा, वह बड़ी ही करुणा से मेरी ओर देख रहे हैं।

बड़ी ही धीमी आवाज़ में रुक-रुककर मार्कोपोलो ने कहा, "मेरी एक मदद करोगे ? एक बार बायरन से मुलाकात कर आओगे ? प्लीज़ !"

मैं 'ना' नहीं कर सका। पूछा, "कुछ कहना भी होगा ?"

"नहीं, कुछ कहना नहीं है। अगर उससे मुलाकात हो तो कहना, मैं बहुत बेचैन हो उठा हूँ।"

मैं बाहर चला आ रहा था। मगर साहब ने रोककर कहा, "यंगमैन, चाय का

वक्त हो गया है। पहले चाय तो पी लो।"

मार्कोपोलो ने घण्टी बजायी। होटल की घड़ी के काँटे चाय के खाने में पहुँच चुके हैं। दो-ढाई सौ कमरों में एक साथ चाय पहुँचानी होगी। बैरे पैण्ट्री के सामने भीड़ लगाये खड़े हैं, दबी आवाज़ में चीख रहे हैं, "जल्दी ! जल्दी !"

घण्टी के जवाब में बैरा दौड़ा नहीं आया। वह निश्चय ही पैण्ट्री के सामने खड़ा है, जहाँ दो बावर्ची तेज़ी से केतलियों में गर्म पानी ढालते जा रहे हैं। एक और आदमी मशीन की तरह हर केतली में चाय ढाल रहा है। बैरे फ्रिज़ से दूध और आलमारी से चीनी निकाल चुके हैं। इतनी सारी केतलियाँ और कप-प्लेट एक साथ इकट्ठे हो सकते हैं, अन्दाज़ नहीं किया जा सकता।

मैनेजर साहब के कमरे में चाय जल्दी आ गयी। केतली की टोपी खोलकर मथुरासिंह ने सलाम किया। इस सलाम का मतलब है, साहब खुद ही चाय बना लेंगे या मथुरासिंह चाय बना दे।

मार्कोपोलो ने सिर हिलाकर कहा, "ठीक है।" और मथुरा एक और सलाम करके चला गया।

अभ्यस्त हाथों से केतली में चम्मच चलाते ही मैनेजर साहब चौंक पड़े। "खराब क्वालिटी की चाय है !"

मथुरा बुलाया गया। डर से थर-थर काँपता हुआ वह बोला, "नहीं हुज़ूर, सुबह जो चाय आयी थी, वही चाय है !"

मैनेजर साहब ने स्टूवर्ड साहब को सलाम भेजा। वही होटल के भण्डारी हैं, अतएव कोई बात हो, पहली चोट उन्हीं पर पड़ती है।

दरवाजे पर थपकी पड़ते ही साहब ने जिम को अन्दर बुला लिया। कुर्सी पर बैठने का इशारा करते हुए बोले, "तुम्हारे साथ चाय पीने के लिए मन पागल हो रहा था, इसीलिए बुलाया है।"

कोई खास बात हो गयी है, जिम समझ गये हैं। डरते हुए पूछने लगे, "क्या चाय में कोई खराबी है ?"

इस बार मैनेजर साहब का बम फटा, "माई डियर फलो, तुम्हारी यह चाय पीकर कोई गेस्ट होटल में आग लगा दे, तो भी मुझे आश्चर्य नहीं होगा। तुम्हारी यह चाय स्टॅमक में चली जाये तो आदमी पागल हो सकता है, किसी का खून कर सकता है।"

हतप्रभ होकर स्टूवर्ड ने कहा, "लगता है, आपकी केतली में कोई गड़बड़ हो गयी है।"

मुँह टेढ़ा करते हुए मैनेजर ने कहा, "इस सवाल का जवाब पास के अस्तबल के घोड़े दे सकते हैं।"

नम्र होकर टूटते हुए स्टूवर्ड बोले, "नया पैकेट खोलकर आपके पास अभी तुरत चाय भेजता हूँ।"

मार्कोपोलो ठठाकर हँस पड़े। हँसते-हँसते कहने लगे, "जिम, तुम बैठोगे। बहुत जल्दी ही तुम मेरी कुर्सी पर बैठोगे।" फिर मेरी ओर देखकर बोले, "अपने फ्यूचर के

'बड़े साहब' को पहचान लो।"

मथुरासिंह नयी चाय ले ग्राया। चाय बनाकर हमारी तरफ बढ़ाते हुए मार्कोपोलो साहब कहने लगे, "होटल जुबान की ताकत से चलता है। तुम्हारे इसी कलकत्ता में एक होटलवाले थे। नाम था स्टीफ़ेन साहब। बातों की ताकत से राज करते थे।"

"हू वाज़ ही?" स्टूवर्ड ने पूछा।

"कलकत्ता के सबसे बड़े होटल के फाउण्डर। कलकत्ता के बाहर भी उनका बनाया हुग्रा एक बड़ा होटल है। ग्रौर, डलहौज़ी स्क्वायर का स्टीफ़ेन हाउस तो तुम लोग रोज देखते हो। किस्सा यों है, चाय की केतली में चम्मच चलाते-चलाते एक गेस्ट ने देखा, सिर्फ चाय की पत्तियाँ नहीं, एक झींगुर भी गर्म पानी में तैर रहा है।"

"तब क्या हुग्रा?" स्टूवर्ड ने उत्सुक होकर सवाल किया।

"गेस्ट साहब हाथ में टी-पॉट उठाये सीधे स्टीफ़ेन साहब के कमरे में घुस ग्राये। गुस्से से टन-टन बजते हुए। मगर, स्टीफ़ेन साहब तो घबरानेवाले ग्रादमी नहीं थे। बड़े ही शान्त भाव से ग्रपने बैरे को बुलाकर एक पॉट चाय मँगवायी। फिर ग्रपने हाथों चाय बनाकर उन्हें पिलायी।

"गेस्ट ने देखा, स्टीफ़ेन साहब मन-ही-मन जैसे कोई हिसाब जोड़ रहे हैं। उन्होंने पूछा, 'क्या हिसाब कर रहे हैं?'

"स्टीफ़ेन ने सहज भाव से कहा, 'देखिए, हमारे होटल में पाँच सौ कमरे हैं। इसका मतलब पाँच सौ पॉट चाय भेजी गयी। एक झींगुर पाया गया। यानी, पाँच सौ में एक झींगुर!' " किस्सा खत्म करके मैनेजर साहब चाय पीने लगे।

स्टूवर्ड ने 'हा-हा' करके हँसते हुए कहा, "वाह! कितना बढ़िया जवाब है! स्टीफ़ेन तो बड़ी तेज़ ग्रक्लवाले ग्रादमी थे।"

"हाँ! लेकिन वक्त बड़ी ही तेज़ी से बदल रहा है, जिम! ग्रब सिर्फ बातों से काम नहीं चलता है, काम भी दिखाना पड़ता है!" मैनेजर गम्भीरतापूर्वक बोले, "खूब होशियारी से काम नहीं लोगे, तो जल्दी ही बुरे दिन दीखने लगेंगे।"

जिम उठ गये, मैं भी बाहर ग्राने लगा। साहब ने कहा, "होटल की गाड़ी से तुम्हें भेज सकता था। मगर, बात खुल जाये, ऐसा नहीं चाहता हूँ।"

नमस्कार करके मैं बाहर चला ग्राया ग्रौर ट्राम में ग्राकर बैठ गया।

किसी विशेष वर्ग के लोग गिरोह बाँधकर किसी मुहल्ले में रहते हैं, तो मुहल्ले की हवा में उनकी विशेषता की गन्ध कैसे फैल जाती है, मैं समझ नहीं पाता हूँ, मगर गन्ध फैल जाती है। मेरी ग्राँखें बन्द भी कर दी जायें, तो मैं छातावाली गली ग्रौर डैकर्स लेन का फर्क पकड़ ले सकता हूँ। व्यक्ति-जीवन की विशिष्टता की ग्रलग गन्ध क्या होती है, कहना कठिन है। एस्प्लेनेड से पार्क-सर्कस जानेवाली ट्राम जब वेलेस्ली होकर इलिएट रोड में चली ग्रायी, तब भी एक खास तरह की गन्ध का ग्रनुभव हुग्रा, मगर यह गन्दगी ग्रौर कूड़े की गन्ध नहीं है। गन्दगी के लिहाज़ से जो मुहल्ले कलकत्ता-कार्पोरेशन में प्रथम स्थान रखते हैं, उनसे होकर दिन-रात ग्राता-जाता रहता हूँ, मगर इतना परेशान नहीं

होता।

पार्क-सर्कस की ट्राम से उतरकर सोच रहा था कि बायरन साहब की गली कौन-सी है। पास ही कई नंग-धड़ंग एंग्लो-इण्डियन बच्चे रास्ते पर हिन्दुस्तानी लड़कों की तरह गुल्ली-डण्डा खेल रहे थे। जहाँ बच्चे हों, खेल-कूद रहे हों, उस स्थान की प्रकृति के बारे में थोड़ा निश्चिन्त हुआ जा सकता है। मगर, कुछ ही गज के फासले पर शराब की एक दूकान है। सड़क से दूकान के साइनबोर्ड के अलावा कुछ नहीं दीखता है। साइन-बोर्ड के ऊपर लटका हुआ एक बल्ब, धीमे-धीमे जलता हुआ रंगीन बल्ब अकारण रहस्य की सृष्टि करता है, रास्ता चलते हुए सीधे-सादे लोगों के मन में निषिद्ध उत्सुकता पैदा करता है।

खेल बन्द करके बच्चे अब मेरी ओर देखने लगे। जेब से मैंने कागज़ का टुकड़ा निकालकर गली का नाम पढ़ा। बच्चों से पूछा तो उन्होंने राजभाषा और राष्ट्रभाषा के कॉकटेल से बनी एक विचित्र भाषा में मुझे गली का अता-पता बताया।

'धन्यवाद' कहकर आगे बढ़ा आ रहा था, मगर उन लोगों में 'सीनियर' एक बड़े लड़के ने पास आकर कहा कि इस 'सर्विस' के लिए उन्हें कुछ बख्शीश चाहिए।

टैक्सी पकड़कर ला देने के लिए चौरंगी के छोकरों को बख्शीश देना पड़ता है, यह मैं जानता था, मगर गली का पता जानने के लिए पहली बार इस कलकत्ता शहर में चार आने खर्च करके जब मैं बायरन साहब के फ्लैट के सामने आ खड़ा हुआ तो काफी अँधेरा हो चुका था।

दरवाज़े में घण्टी लगी थी। कई बार दबाने पर मालूम हुआ, घण्टी खराब है। तब मैंने हिन्दुस्तानी तरीके से दरवाज़ा खटखटाना शुरू किया। भीतर से एक कुत्ते की 'भों-भों' आवाज़ सुनायी पड़ी। दरवाज़ा खुला और स्वयं बायरन साहब बाहर आ गये।

आँखें मलते-मलते बायरन ने पूछा, "अरे, क्या बात है?"

बड़े स्नेह-आदर से वह मुझे भीतर ले गये। अभी शाम से ही क्या वह सो रहे थे।

टूटी हुई बेंत की कुर्सी पर मुझे बैठने को बताकर वह हाथ-मुँह धोने चले गये। टेबुल पर ढेर-सारी अमरीकी जासूसी पत्रिकाएँ पड़ी हैं। दीवारों के कोने धूल और मकड़ी के जालों से भरे हैं।

बाथरूम से बाहर आकर एक गन्दे तौलिये से हाथ पोंछते-पोंछते बायरन ने कहा, "खूब अवाक् हो गये हो, है न? सोच रहे होगे, यह आदमी इसी वक्त क्यों सो रहा था, क्यों? इसका जवाब देता हूँ। मगर, फर्स्ट थिंग फर्स्ट! पहले चाय बना लूँ।"

मैंने कहा, "अभी तुरत मार्कोपोलो साहब के साथ चाय पीकर आया हूँ।"

"मार्कोपोलो के साथ बैठकर तुम सेण्ट-परसेण्ट एकदम प्योर 'आग-मार्का' अमृत क्यों न पियो, मुझे एतराज़ नहीं होगा। मगर मेरे साथ एक कप चाय नहीं पियोगे, यह कैसे होगा? तुम्हारी तो अभी बयालीस कप चाय बाकी है।"

बायरन साहब अपने हाथों से चाय का इन्तज़ाम करने लगे। बोले, "मेरी पत्नी आज लौट नहीं सकेगी। दफ्तर से सीधे अपनी एक सहेली के यहाँ बाटानगर चली

जायेगी।"

फिर हीटर पर केतली चढ़ाते हुए उन्होंने कहा, "हाँ, मैं कह रहा था, मुझे सोते देखकर तुम अवश्य ही अवाक् हो गये होगे। मगर, याद रखो, हम जासूस लोग जो भी करते हैं, उसके पीछे कोई मतलब ज़रूर होता है।"

"सो तो है ही।"

"हाँ।" बायरन साहब ने कहा, "यही बात तो हमेशा अपनी स्त्री को समझाने की कोशिश करता हूँ। लेकिन तुमने जितनी आसानी से मेरा स्टेटमेण्ट मान लिया, वह नहीं मानती है। हज़ार तरह के सवाल करने लगती है। मैं हर वक्त हर सवाल का जवाब नहीं दे सकता। बात छिपाये रहना ही हमारा पेशा है। हमारे प्रोफेशन में ऐसी कितनी बातें हैं, जो अपनी स्त्री को भी बताना सेफ नहीं है। कुछ हो, हम लोग इण्डिया में रहते हैं। दीवारों के अगर कान होते हैं, तो यहीं इण्डिया में होते हैं, पर्टिकुलरली इसी कलकत्ता में दीवारों को कान होते हैं।"

"तब तो आपको तकलीफ होती होगी।" मैंने कहा।

बायरन साहब ने सिर हिलाया, "इसीलिए तो हमारे डिटेक्टिव-वर्ल्ड में एक प्रथा है, जासूस को शादी नहीं करनी चाहिए।"

"अच्छा!" नयी थ्योरी की बात सुनकर मैं चौंक पड़ा।

"इसमें चौंकने की कोई बात नहीं है। पादरी लोग शादी करें या नहीं, इस बात को लेकर चर्च में काफी दिनों तक मतभेद चला था। यहाँ भी वैसा ही है। कुँवारे जासूसों का स्कूल कहता है, इस पेशे में वाइफ एकदम पॉज़िटिव न्यूसेन्स बन जाती है।"

"हाईकोर्ट के बड़े-बड़े कई बैरिस्टर भी ऐसी ही बात करते हैं।" मैंने कहा।

"कहना ही पड़ेगा। प्रत्येक उच्चाभिलाषी और बुद्धिमान व्यक्ति यही कहेगा।"

फिर हीटर से केतली उतारकर बायरन कहने लगे, "हाँ, यह जरूर है कि मैं अपनी वाइफ को दोष नहीं दे सकता। 'सशपिशन' अर्थात् सन्देह हमारे पेशे का पहला शब्द है, आखिरी शब्द भी है। यह गुण मुझमें है, फिर मेरी वाइफ में सन्देह नहीं हो, कैसे हो सकता है। कुछ भी हो, एक ही तो ब्रेन है, वह हमेशा सही-सही काम नहीं कर सकता। डबल इंजन रहने से गलती होने की सम्भावना कम होती है।"

मैं चुपचाप उनकी बातें सुन रहा था। गर्म-गर्म चाय का प्याला मेरी ओर बढ़ाते हुए उन्होंने कहा, "इस वक्त क्यों सो रहा था, जानते हो? शायद आज रात मैं मिनट-भर के लिए भी सो नहीं पाऊँगा। सारी रात एक व्यक्ति की खोज में बीत जायेगी। किसे खोजता फिरूँगा, जानना चाहते हो? अभी नहीं, बाद में बताऊँगा। यह सीक्रेट सरकारी बजट की तरह है, जब तक पार्लियामेण्ट में एनाउन्स नहीं करता हूँ, तब तक टॉप सीक्रेट है, बाद में जनता की प्रॉपर्टी बन जायेगी।"

अब जाकर बायरन साहब ने मेरा समाचार पूछा, "क्या हाल है? काम-धाम कैसा चल रहा है?"

"ठीक ही चल रहा है। मिस साहब अब तक वापस नहीं आयी हैं," मैंने बताया।

"हाँ, मैं भी रोजी की खोज-खबर नहीं ले सका। अभी कुछेक दिन बहुत व्यस्त

हूँ। वह लौटेगी कि नहीं, पता लगाना ही पड़ेगा। मिसेज़ बनर्जी बड़ी चिन्तित हैं। दो बार अपनी लड़की को मेरे पास भेज चुकी हैं।"

इसके बाद बायरन साहब ने मैनेजर साहब का हाल-चाल पूछा। मुझे कहना ही पड़ा, "उन्हीं के चलते अभी मैं यहाँ आया हूँ।"

"कुछ कहा है उन्होंने ?"

"मार्कोपोलो बहुत बेचैन हो पड़े हैं, यही आपको बताने के लिए उन्होंने मुझे भेजा है।"

बायरन साहब गम्भीर हो गये। चाय का प्याला खिसकाकर, जेब से एक सस्ती सिगरेट निकालकर जलाने लगे। फिर बोले, "बाबू, बड़ा डॉक्टर होने में क्या शर्त है, जानते हो ? यू मस्ट नॉट फील टू मच फॉर द पेशेण्ट ! रोगी के बारे में ज्यादा फिक्र मत करो। हम लोगों के साथ भी यही बात है। विपत्ति में पड़कर हमारे पास आये हो। तुम्हारी सहायता करने की कोशिश करूँगा, बस। सिर्फ इतना ही। तुम्हारी सहायता कर सके, तो ठीक है, नहीं तो बेटर लक नेक्स्ट टाइम ! दूसरी बार सफलता मिलेगी। मगर, मुझसे नहीं होता। मैं चिन्तित हो जाता हूँ। बेचारा मार्कोपोलो ! उसके लिए वाकई मुझे दुःख होता है।"

एक अशिक्षित, हास्यास्पद, दरिद्र और अख्यात आदमी के चेहरे की तरफ मैं अवाक्-सा देखता रह गया। एक सिगरेट खत्म करके उन्होंने नयी सिगरेट जलायी। बन्द कमरे में धुआँ जमकर घुटन पैदा कर रहा था।

बायरन ने कहा, "तुम्हें तकलीफ हो रही है। मगर खिड़कियाँ खोल दूँगा तो चारों ओर से अधजले कोयले का धुआँ आकर हालत और भी खराब कर देगा।"

वह थोड़ी देर के लिए रुके, फिर कहने लगे, "जीवन ऐसा ही है। अपने दुःख के धुएँ से ऊबकर बाहर आओ तो और ज्यादा बुरी हालत पाओगे। हमारे अपने दुःख को दबाकर औरों का दुःख और भी तकलीफ देने लगेगा। तुम काफी दिनों तक कानून के इलाके में रह चुके हो। जीवन को तुमने शाहजहाँ होटल के रंगीन शो-केस में सजा हुआ ही नहीं देखा है। मार्कोपोलो की कहानी तुम्हें पसन्द आयेगी।"

बायरन साहब के मुँह से उस दिन मैंने मार्कोपोलो की कहानी सुनी थी।

तेरहवीं सदी के आखिर में वेनिस के अभिजात वंश का जो लड़का एक अनजान पुकार के नशे में आकर कुबला खाँ के दरबार में पहुँच गया था, मार्कोपोलो की कहानी मुझे उसी की तरह आकर्षक लगी थी।

"बाहर से उसे देखने पर लगता है कि वह बहुत सुखी है। है न ?" बायरन साहब ने कहा था, "दो हज़ार रुपये प्रति माह वेतन की नौकरी करता है।"

"दो हज़ार रुपया ?" मैं अवाक् हो गया था।

"जी हाँ, दो हज़ार ! लड़ाई के बाद यूरोप में एक खास बात हो गयी है, काम के आदमी ज़्यादा नहीं बचे हैं। जो लोग हैं, वे कम कीमत में नहीं मिलते। इतना आलीशान होटल चलाने के लिए इतनी तनखाह में आजकल मैनेजर नहीं मिलता है। फिर

रंगून में तो मार्कोपोलो को इससे ज्यादा तनखाह मिलती थी, बिक्री पर कमीशन भी मिलता था।

"मगर मार्कोपोलो का जीवन पहले भी सुखमय नहीं था। मिडल ईस्ट में रहनेवाले एक ग्रीक होटलवाले का लड़का था। लम्बे अरसे तक विदेश में रहने के बाद कुछ पैसे जमा करके उसके पिता पत्नी और नवजात शिशु के साथ विश्व-भ्रमण के लिए निकल पड़े थे। कितने देश घूमते-घूमते वे अरब के एक शहर में पहुँचे। रात बिताने के लिए एक होटल में कमरा किराये पर लिया, मगर कमरे का किराया वे चुका नहीं सके, कमरे से बाहर भी नहीं निकल सके, उसी रात भूचाल आया, और पूरा शहर ध्वस्त हो गया।

"देश-विदेश से प्रकृति द्वारा अभिशापित इस शहर की सहायता के लिए लोग दौड़े आये। कई हज़ार लोग ध्वस्त स्तूपों के नीचे दबकर मर गये।

"इस शहर से लगभग तीस मील दूर इतावली पादरियों का एक दल उन्हीं दिनों सेवा-कार्य कर रहा था। तम्बू लगाकर वे लोग आँखों का इलाज करते थे। दृष्टिहीनों को दृष्टिदान देने के लिए इस देश से उस देश घूमना ही उनकी जीवन-साधना थी। रेड-क्रॉस की दो एम्बुलेन्स गाड़ियों में सारा सामान भरकर सर्कसपार्टी की तरह वे किसी गाँव में पहुँच जाते थे। मैदान में तम्बू लगाते। अपनी पताका फहरा देते। पोर्टेबुल लोहे के पलंग लगाकर पन्द्रह-बीस मरीज़ों के लायक बिस्तरे तैयार करते। और, एक छोटे तम्बू में औज़ार सजाकर 'ऑपरेशन थियेटर' बना लेते थे।

"स्थानीय दवाखानों को पहले से ही सूचना रहती थी। ढोल-तुरही बजाकर, पोस्टर लगाकर, पैम्फलेट बाँटकर दूर-दूर तक खबर पहुँचा दी जाती थी, अन्धों को आँखें देने के लिए फादरों की जमात आ गयी है। नदी के किनारे लगे अपने तम्बुओं में लगभग पन्द्रह दिन रुकते थे, आँखों के भयानक रोगों की चिकित्सा करते, ऑपरेशन भी करते थे। फिर काम खत्म होने पर कैम्प समेटकर किसी दूसरे गाँव की ओर चल देते थे।

"भूचाल की खबर सुनकर कैम्प से इतालवी फादर लोग दौड़े आये। ध्वस्त स्तूप से आदमियों की लाशें निकालते-निकालते उन्हें एक यूरोपीय शिशु मिला। पास ही उसके माता-पिता की लाश पड़ी थी।

"पितृ-मातृहीन शिशु को पादरी लोग अपने साथ लेते गये। इटली लौटकर अपने अनाथ आश्रम में उसका पालन करने लगे।

" 'बच्चे का नाम क्या रखा जाये?' पादरियों के प्रधान ने कहा, 'इसके भाग्य में भ्रमण करना लिखा है। कहाँ इसका जन्म हुआ, कहाँ हमें यह मिला, और हम इसे कहाँ ले आये! इसका नाम तो बस मार्कोपोलो ही रखा जा सकता है।'

"शायद बड़े पादरी भी भ्रमण के भक्त थे, और भविष्य भी यही चाहता था।

"किसी ने कोई आपत्ति नहीं की। अतः बीसवीं सदी की इटली की भौगोलिक सीमा में वेनिस के मार्कोपोलो का पुनर्जन्म हुआ।

"ज्यों-ज्यों उम्र बढ़ती जाये, अनाथ शिशु अपने पाँवों के बल खड़े हो सकें, धर्मपिता इसकी पूरी चेष्टा करते थे। मार्कोपोलो को उन्होंने 'कॉलेज ऑफ होटलिंग' में

भेजा। हमारे देश में जो आदमी और कुछ नहीं कर सकता, वह होमियोपैथी करता है, या शॉर्टहैण्ड सीखता है, या 'पवित्र हिन्दू भोजनालय' खोल बैठता है। विदेशों में ऐसा नहीं करते। कॉण्टिनेण्ट के लोग, खासकर स्विस और इतालवी, होटल-व्यवसाय को मामूली बात नहीं समझते हैं। होटल-विज्ञान के पण्डित बनने के लिए देश-विदेश के छात्र यहाँ के होटल-कॉलेज में पढ़ने आते हैं। यहाँ के कॉलेज से डिग्री और डिप्लोमा पाये हुए लोग ही सारी दुनिया के बड़े-से-बड़े होटल में काम पाते हैं।

"यही एक व्यवसाय है, जिसमें अंग्रेज़ लोग ज्यादा उन्नति नहीं कर सके। यहाँ अपने राज में भी कलकत्ता के दो-एक होटलों के अलावा, सारे होटलों और कन्फेक्शनरी की दूकानों में कॉण्टिनेण्ट के लोग भरे थे। अंग्रेज़ों के होटल में भी सारे बड़े कर्मचारी स्विट्ज़रलैण्ड, फ्रांस या इटली के ही थे।

"होटल-कॉलेज की पढ़ाई पूरी करके पितृ-मातृहीन मार्कोपोलो नौकरी की खोज में निकल पड़े। डिग्री पाने से ही कोई बड़ी नौकरी नहीं मिल जाती है। बहुत नीचे से शुरू करना पड़ता है। काम सीखने में वक्त लगता है। होटलवाले कहते हैं, किचन के पहचानने में ही पाँच बरस बीत जाते हैं। दो बरस शराबों के नाम-धाम और जन्म-पत्रिका याद करने में। और दो बरस हिसाब-किताब सीखने में। इसके बाद बाकी ज़िन्दगी मानव-चरित्र के रहस्य समझने में बीत जाती है।

"मार्कोपोलो ने कोशिशों में कोई कमी नहीं की। परिश्रमी युवक था। नौकरी की सीढ़ियाँ चढ़ता हुआ, मार्कोपोलो कलकत्ता चला आया। जिस होटल का अण्डर-मैनेजर होकर मार्कोपोलो पहली बार कलकत्ता आया था, वह होटल अब भी है। वह होटल अब भी अनन्त-यौवना रूपसी कलकत्ता महानगरी के वक्षस्थल पर नियॉन और नाइयॉन में डूबी हुई सुन्दरता से लदा हुआ खड़ा है।

"धर्मभीरु और कृतज्ञ मार्कोपोलो अपने जीवनदाता रोमन-कैथोलिक फादरों को भूल नहीं सका था। प्रति रविवार वह हर असुविधा के बावजूद चर्च जाता रहा, अपनी जीवन-रक्षा के लिए परमपिता को अपना प्रणाम, अपनी प्रार्थना अर्पित करता रहा। फुरसत पाकर बंडेल चर्च तक जाता रहा। चिरकुमारी मेरी की मूर्ति के सामने रंगीन मोमबत्तियाँ जलाकर पूजा-प्रार्थना करता रहा। होटल की ज़िन्दगी के कारण, होटल के शराबखाने की ज़िन्दगी के कारण वह जिस रास्ते पर, जिस गली में जा सकता था, उससे उसने हमेशा अपने-आपको दूर रखने की कोशिश की।

"इन्हीं दिनों मिस मनरो से उसका परिचय हुआ। अपने होटल के हो-हल्ले से ज़रा शान्ति पाने के लिए मार्कोपोलो पार्क-स्ट्रीट के छोटे-से रेस्तराँ में रात को खाने गया था। वहाँ सूसन मनरो गाया करती थी।"

मार्कोपोलो की कहानी सुनाते-सुनाते बायरन साहब रुक गये। टेबुल से अपना अटैचीकेस लाकर, उन्होंने उसमें से एक पुराने अखबार की कटिंग निकाली। कटिंग मेरी तरफ बढ़ाते हुए बोले, "तुम तो काफी घूमे-फिरे हो। इस लड़की को कहीं देखा है तुमने?"

जीवन में जितनी विदेशी लड़कियाँ मैंने देखी हैं, सबसे इस तसवीर को मिलाने

की मैंने कोशिश की, मगर याद नहीं ग्राया कि कभी कहीं भी ऐसी लड़की को देखा है।

बायरन ने कहा, "बड़ी मुश्किल से मैं स्टेट्समैन ग्रखबार के दफ़्तर से यह तसवीर ला सका हूँ। जब सूसन मनरो रेस्तराँ में गाती थी, रेस्तराँवाले ने एक बार ग्रखबार में विज्ञापन दिया। पूरा एक रुपया देकर ग्रखबार का वह ग्रंक मैंने खरीदा है।

"इस पुराने ग्रखबार की पुरानी तसवीर से मनरो का सम्पूर्ण रूप मानस-पट पर ग्रंकित नहीं होता है। वह बहुत खूबसूरत ग्रौरत थी, ऐसा नहीं लगता है।" बायरन साहब ने कहा, "मगर मार्कोपोलो को ग्रनुभव हुग्रा था, सुन्दरता-कोमलता-मृदुलता की एक संगीतमय प्रतिमूर्ति उसके सामने दीये की लौ की तरह थरथरा रही है।

"डिनर के बाद भी ध्यान देकर मार्कोपोलो साहब सूसन मनरो का गाना सुनता रहा। गाना खत्म होने पर उसने गानेवाली को ग्रपने टेबुल पर बुला लिया।

"मिस मिनरो ने एक कुर्सी खींचकर बैठते हुए पूछा, 'मेरे गाने कैसे लगे?'

" 'ग्राप बहुत सुन्दर गाती हैं। मुझे ऐसा लगा, ग्रन्धे ग्रतिथियों के सामने ग्राप जैसे ग्रकादमी ग्रॉफ फाइन ग्रार्ट की चित्र-प्रदर्शनी पेश कर रही हैं। यहाँ ग्रापका गाना कौन समझ रहा होगा?'

"लड़की हँसने लगी। फिर धीमी ग्रावाज़ में बोली, 'क्या करूँ, बताइए! संगीत समझनेवाले लोग कहाँ मिलेंगे?'

"मार्कोपोलो ने हँसते हुए पूछा, 'इस शहर के सारे लोग क्या बहरे हैं?'

"वह बोली, 'बहरे ज़रूर हैं, मगर ग्रन्धे नहीं हैं। ग्राँखें खुली रखते हैं, निगाहें तेज़ रखते हैं। ग्रौर, इस रेस्तराँ के मालिक को यह बात मालूम है, इसीलिए वह गायिका के गले से ज़्यादा, स्तर से ज़्यादा, संगीत से ज़्यादा, उसके रूप पर ज़ोर देते हैं। खूबसूरती होनी चाहिए, संगीत न भी हो तो काम चल जायेगा।'

"दो बोतल बियर का ग्रार्डर देकर मार्कोपोलो मुसकराने लगा था। लड़की से उसने कहा था, 'मगर यकीन कीजिए, ग्राप बहुत ग्रच्छा गाती हैं। यूरोप में होतीं, तो ग्रापकी बड़ी इज्ज़त होती, बड़ा नाम होता।'

"तब मिस मनरो ने एक व्यावहारिक प्रश्न किया था, 'ग्रापके होटल में कोई चांस मिल सकता है?'

"मार्कोपोलो चौंक पड़ा, "ग्राप मुझे पहचानती हैं?'

"बड़ी करुणा से मुसकराती हुई, मिस मनरो ने कहा, 'छोटी जगह में गाती हूँ, तो क्या मैं बड़ी जगह के लोगों को पहचान भी नहीं पाऊँगी?'

"ग्रब मार्कोपोलो ने दुःख प्रकट किया। उदास होकर कहने लगा, 'देखिए, बुरा नहीं मानियेगा। मगर यह सच है, हमारे होटल को जो लोग चलाते हैं, ग्रौर जो लोग यहाँ ग्राते हैं, वे मेड-इन-कैलकटा किसी भी चीज़ को पसन्द नहीं करते, चाहे वह कितनी भी ग्रच्छी क्यों न हो। हमारे होटल में जो लोग गाने ग्राते हैं, नाचने ग्राते हैं, तमाशे दिखाने ग्राते हैं, वे सारे-के-सारे मेड-इन-यूरोप होते हैं, या मेड-इन-यू. एस. ए.। यहाँ तक कि मेड-इन-टर्की या ईजिप्ट होने से भी चलता है, मगर कैलकटा नहीं चलता, कभी

नहीं चल पाता है।'

"लड़की गाना गाने के लिए उठ खड़ी हुई। बियर की खाली बोतल हटाती हुई बोली, 'आपके एकान्त डिनर में मुझसे कोई बाधा हुई हो, तो क्षमा करेंगे।'

"मार्कोपोलो उसी रात अपना मध्यवर्गीय हृदय अनजान, अपरिचित सूसन मनरो के यहाँ बन्धक रखकर खाली हाथ वापस आ गये थे। बाद में भी पार्कस्ट्रीट के रेस्तराँ में दोनों में मुलाकात हुई थी।

"मार्कोपोलो ने मनरो के दिल में जगह बनाने की कोशिश की थी। कहा था, 'आप किसी स्कूल में गाना सीखने नहीं गयीं? क्या कह रही हैं? बाई नेचर आप गाना जानती हैं? प्रकृति ने स्वयं आपके कण्ठ में संगीत-शक्ति भर दी है?' और मार्कोपोलो आश्चर्यचकित होते रहे थे।

"सूसन ने कहा था, 'गाना सीखती कैसे? संगीत के स्कूल में जाने के लिए तो पैसों की ज़रूरत होती।'

"मार्कोपोलो ने धीरे-धीरे सारी बात सुनी थी। पहले पार्क-स्ट्रीट रेस्तराँ में, फिर सूसन के कमरे में बैठकर सुना था, सूसन की किस्मत भी बहुत-कुछ मार्कोपोलो जैसी ही है। माँ-बाप नहीं थे। एस. पी. सी. आई. में पली थी। अनाथ लड़की को सुयोग्य बनाने में उन लोगों ने कोई कसर नहीं छोड़ी थी। बालिग होकर सूसन ने अपने पाँव पर खड़ी होने की कोशिश की है। पहले न्यूमार्केट के पास एक स्विस कन्फेक्शनरी में केक बेचती थी। अब भी बेचती है, मगर दिमाग पर गाने का नशा चढ़ा रहता था। आगे बढ़ने की ख्वाहिशें थीं। दस लोग उसका नाम जानें, वह चाहती थी बिना कोई फीस लिये भी वह रात के रेस्तराओं में गाने के लिए तैयार थी।

"बड़ी कठिनाई से वह इस रेस्तराँ में घुस पायी है, शुरू-शुरू में बहुत कष्ट होता था। सारा दिन दूकान में खड़ी-खड़ी केक-पेस्ट्री बेचती रहती है, फिर सीधे यहाँ आ जाती है। यहीं कपड़ा बदलना पड़ता है, घर जाने का वक्त नहीं मिलता। इतना रद्दी रेस्तराँ है, लेडीज़-टॉयलेट का कोई इन्तज़ाम नहीं है। बैरे को बाहर खड़ा करके, मर्दों की लेवोटरी में कपड़ा बदलना पड़ता है। दुर्गन्ध से उबकाई आने लगती है, मगर कोई चारा नहीं।

"मार्कोपोलो ने पूछा था, 'ये लोग तुम्हें कुछ देते नहीं?'

"सूसन बोली थी, 'रात का खाना देते हैं। और महीने में दस रुपये।'

"मार्कोपोलो उत्तेजित हो उठा था। चीखने लगा था, 'कुल दस रुपये? दस रुपये से क्या होता है! डिसग्रेसफुल! ये लोग खटमल की तरह लोगों का खून चूसते हैं।'

"सूसन उदास होकर बोली थी, 'यह भी ज़्यादा दिन नहीं चलेगा।'

" 'क्या मतलब?'

" 'यहाँ जो लड़की गाती थी, उसका नाम है लिज़ा। पाँव तोड़कर वह बिस्तरे में पड़ी है, इसीलिए मुझे गाने का मौका दिया है। डॉक्टर लिज़ा का प्लास्टर खोल देगा, और बस, मेरी मियाद पूरी हो जायेगी।'

"सूसन के प्रति मार्कोपोलो को बड़ी सहानुभूति हुई। सूसन भी अनाथ थी, सूसन के भी माता-पिता नहीं थे, इसलिए मार्कोपोलो ने उससे बड़ी निकटता अनुभव की। वह अत्यन्त रूपवती नहीं थी, युवती अवश्य थी; किन्तु केवल यौवन की पतली-सी रस्सी से मार्को-जैसे बड़े समुद्री जहाज़ को बाँध रखना सूसन के लिए सम्भव नहीं होता।

"मगर मार्कोपोलो तो खुद ही गिरफ़्तार हो गया। पतली रस्सी में बँध गया। अपनी पूरी ख्वाहिश से, खुशी से एक दिन सूसन को अपनी पत्नी बनाकर होटल में ले आया।

"इसी सूसन के चलते ही अन्त में मार्कोपोलो को कलकत्ता छोड़ देना पड़ा। यहाँ सारे लोग सूसन को जानते-पहचानते थे। यहाँ रहकर उन्नति करना, ऊपर उठना, उसके लिए सम्भव नहीं था। एक बार जो लड़की पार्क-स्ट्रीट के रास्ते पर अपने गीत बेच चुकी है, चौरंगी की ऊँची सोसाइटी में शामिल होना उसकी पहुँच के बाहर की बात है।

"कोशिश करके मार्कोपोलो ने रंगून में अपने लिए एक नौकरी तय की। मैनेजर की नौकरी। अब चिन्ता की कोई जरूरत नहीं है। वहाँ कोई सूसन का पिछला जीवन नहीं जान सकेगा, सूसन बिना रोक-टोक ऊपर उठती चली जायेगी।

"कलकत्ता के होटलवालों ने मार्कोपोलो से कहा था, 'इतनी जल्दीबाज़ी क्यों कर रहे हो ? एक दिन आयेगा, जब यहीं तुम मैनेजर बन जाओगे। क्यों जा रहे हो ?'

"मार्कोपोलो हँसने लगा था। बोला था, 'कलकत्ता मेरी ससुराल है। मगर, मेरे बाप का घर नहीं है। मेरे लिए जैसा कलकत्ता है, वैसा ही रंगून है। क्या फर्क पड़ता है !'

"रंगून में कुछ दिन बड़े मजे से बीते। सूसन अपने सपनों में लगी रही, मार्कोपोलो अपनी नौकरी में व्यस्त रहा। होटल को होटल नहीं रहने देगा, एक खूबसूरत सपना बना देगा, सपनीली तसवीर बना देगा। विदेशी यात्री आयेंगे और चकित रह जायेंगे। कोई विश्वास नहीं कर सकेगा, बर्मा में भी इतना शानदार होटल बनाया जा सकता है।

"मगर एक दिन देखा गया, रंगून के आसमान पर जंगी हवाई जहाज़ों की कतारें फैली जा रही हैं। जापानी बमवार हवाई फौज आ रही है।

"बर्मा इवैकुएशन ! ऐसा भी हो सकता है, किसी को आशा नहीं थी। कोई इस लड़ाई के लिए तैयार नहीं था, मार्कोपोलो भी नहीं।

"जेब का आखिरी पैसा तक खोकर जब वे दोनों कलकत्ता आ पहुँचे, तब उन्हें पता चला 'रिफ्यूजी' होना किसे कहते हैं ! इससे पहले भी एक बार शैशवावस्था में मार्कोपोलो 'रिफ्यूजी' हो गया था, मगर तब दूसरों की दया-ममता का सहारा उसे मिला था। इस बार अपने और सूसन, दोनों के जीवन की रक्षा उसे करनी है।

"जो लोग एक दिन उसे अपने पास रखने के लिए सारी ताकत लगा रहे थे, आज उन्होंने मुँह फेर लिया। उसके शरीर से इतालियन गन्ध आती है, कहकर लोग नाक बन्द करने लगे। अगर उसके पास ग्रीक पासपोर्ट नहीं होता, तो कलकत्ता के लोग

उसे इतालियन मानकर जेल भेज देते। उसके पितातुल्य पादरियों ने एक दूरदर्शिता की थी, उसका नाम बदल दिया था, मगर उसकी देश-जाति नहीं बदली थी।

"कलकत्ता के बाज़ार में मार्कोपोलो की कोई कीमत नहीं रह गयी है, मगर सूसन की माँग बढ़ रही है। हज़ारों-हज़ार अमरीकी और ब्रिटिश सिपाहियों से शहर भर गया था। ये सिपाही रेस्तराँ में बैठकर खाना खाते हैं, और खाते-खाते गाना सुनना चाहते हैं।

"मार्कोपोलो ने विरोध किया था, 'इस तरह गाना गाकर तुम कभी ऊपर नहीं उठ सकोगी, और भी नीचे गिर जाओगी। मगर, सूसन, तुम्हें महान् गायिका बनना है, सारे संसार में नाम करना है। एक दिन आयेगा, जब चारों ओर तुम्हारे नाम की धूम मचेगी, हर घर में तुम्हारे गीतों के रिकार्ड बजेंगे।'

"अन्त में, मजबूर होकर मार्कोपोलो को मंजूर करना पड़ा था। जो स्वामी अपनी बीवी के लिए भोजन-वस्त्र नहीं जुटा सकता, वह उसे किसी काम के लिए मना भी नहीं कर सकता।

"मार्कोपोलो खुद अपने लिए नौकरी ढूँढ़ रहा था। और, सूसन मनरो रेस्तराँ में गाने गा रही थी।

"एक दिन सूसन बोली, 'एक घड़ी खरीदी है।'

" 'पैसे कहाँ से आये ?'

"सूसन ने कहा, "पैसों की कमी नहीं है। मेरे गाने से खुश होकर अमरीकन अफसरों ने उस दिन चन्दा इकट्ठा करके मुझे एक घड़ी खरीद दी।'

"मार्कोपोलो ने उदास होकर कहा, ठीक है।' फिर बोला, 'तुम इतनी देर से रात में लौटती हो, मुझे डर लगता है…'

" 'पहले दस ही बजे तक रेस्तराँ खुले रखने का लाइसेन्स था। अब सारे कानून टूट गये हैं। रात में बारह-एक बजे तक गाना पड़ता है।'

"तब मार्को ने पूछा, 'तुम्हें तकलीफ नहीं होती है ? ऐसे-वैसे गाने गाते तुम्हें बुरा नहीं लगता है ?'

"मगर वे लोग तो पैसे देते हैं। जानते हो, बहुत पैसे देते हैं।' सूसन ने थकी हुई आवाज़ में उत्तर दिया। फिर कहने लगी, 'तुम्हारे लिए एक नौकरी मैंने ठीक की है। करोगे ? लिलुआ मिलिटरी कैण्टीन में मैनेजरी करोगे ? तुम मेरे स्वामी हो, यह सुनकर वे लोग तुरत तैयार हो गये। मेजर सेनन कल तुमसे इसके बारे में मिलने आयेंगे।'

"मार्कोपोलो का स्वाधीन, स्वच्छन्द, आदिम ग्रीक रक्त जैसे गर्म हो गया। वह चीख पड़ा, 'तुम्हारे सस्ते गानों के आशिकों की नौकरी करूँगा ? मुझ पर करुणा दिखाती हो ?'

" 'करुणा से इतनी घृणा क्यों है तुम्हें ? दूसरों की करुणा पर पलकर ही तो इतने बड़े हुए हो।' सूसन ने मुँह लगे उत्तर दिया था।

"मार्कोपोलो ने सूसन की बात का कोई जबाव नहीं दिया, मगर मेजर सेनन के

आने के पहले ही घर से बाहर चला गया। एक बोतल बियर के साथ मार्को का इन्तजार करते हुए मेजर सेनन बैठे रहे, फिर नाराज होकर चले गये।

"कुछ दिनों बाद एक बार सूसन बोली, 'दोपहर में भी काम मिल रहा है। लंच के वक्त गाने के लिए मैनेजमेण्ट बहुत ज़ोर दे रहा है। तीनेक सौ रुपये ज़्यादा देगा।'

"मार्कोपोलो चुपचाप सुनता रहा। सारी बातें सुनता रहा। देखता रहा। फिर एक दिन उसने अपनी पत्नी से पूछा, 'क्या इसी के लिए तुमने संगीत की साधना की थी? क्या यही सपना तुमने देखा था?'

" 'जो लोग गाते हैं, उनका सपना क्या होता है, जानते हो?' सूसन ने उल्टा प्रश्न किया था, और उत्तर की प्रतीक्षा किये बिना कहने लगी थी, 'वे चाहते हैं लोकप्रियता। दस आदमी जानें, दस आदमी इज़्ज़त करें। सो मुझे मिला है। मैं पॉपुलर हूँ।'

"एक नौकरी की तलाश में मार्कोपोलो पटना गया। नौकरी मिल गयी, मगर वहाँ जी नहीं रमा। पटना से सीधे कराची। अन्त में, वहाँ के एक बड़े होटल में नौकरी मिली।

"नौकरी पाने के बाद सूसन मनरो को कराची से मार्कोपोलो ने चिट्ठी लिखी। सूसन ने जवाब दिया, 'मेरे दिन-रात कैसे बीत जाते हैं, पता नहीं चलता। गाती रहती हूँ, हर वक्त गाती ही रहती हूँ। दुनिया के लोगों को गाने से इतना प्यार है।'

"मार्कोपोलो ने लिखा, 'यहाँ का परिवेश बड़ा सुन्दर है। यह जगह तुम्हें ज़रूर पसन्द आयेगी। कलकत्ता से यह शहर बहुत ज़्यादा खूबसूरत है। जापानी बम गिरने का कोई डर भी यहाँ नहीं है।'

"सूसन ने जवाब दिया, 'कलकत्ता से मुझे इश्क हो गया है। जो लोग एक दिन दस रुपये देने में हिचकते थे, वही अब हज़ार रुपये दे रहे हैं। दूसरा एक रेस्तराँ तो और भी लालच दिखा रहा है।'

"तब मार्कोपोलो ने लिखा, 'तुम्हारे बिना जी नहीं लगता। तुम्हीं पर ध्यान लगा रहता है।'

"तब सूसन ने जवाब दिया, 'छुट्टी लेकर चले आओ। तनख्वाह काट लेगा, और क्या करेगा?'

"फिर कराची से चिट्ठी आयी, 'नयी नौकरी है। माँगने से भी छुट्टी नहीं मिलेगी। होटल में गेस्ट भरे हैं। कोई जिम्मेदार आदमी नहीं है। बेहतर हो, तुम्हीं चली आओ। इतनी मेहनत करती हो, आराम की भी तो जरूरत पड़ती होगी।'

"कलकत्ता से जवाब आ गया, 'तुम्हारी चिट्ठी मिली। अमरीकन मिलिटरी मेस से गाने के लिए विशेष इनविटेशन मिला है। छः हफ्तों के लिए टूर पर जा रही हूँ! सॉरी!'

"मार्कोपोलो ने छुट्टी लेने की बड़ी कोशिश की, मगर मिली नहीं। और जब छुट्टी मिली, तब तक तो पूरा एक साल बीत चुका था।

"छुट्टी पर कलकत्ता आकर मार्कोपोलो अवाक् रह गया। उसकी पत्नी का घर-दरवाज़ा पहचाना नहीं जा रहा है। सब-कुछ बदल गया है। शहर के बाज़ार में गाड़ी

का एक टायर तक नहीं मिलता है। चारों ओर काला बाज़ार है। मगर, सूसन ने नयी गाड़ी खरीद ली है।

"मार्कोपोलो ने पूछा, 'तुमने मुझे बताया नहीं। गाड़ी कब खरीदी ?'

" 'सॉरी ! तुम्हें बता नहीं सकी। सस्ते में मिल गयी है। मेजर सेनन ने जुटा दिया है।'

"अपनी आँखों से मार्कोपोलो ने जो कुछ देखा, सपने में भी उसका अन्दाज़ उन्हें नहीं हो सकता था। रुपये···सस्ती ज़िन्दगी···सस्ता केरियर···सिर्फ रुपये··· सूसन के लिए ये चीज़ें इतनी महत्त्वपूर्ण कैसे हो गयीं ? अपनी कला की बात, अपनी साधना की बात एकदम ही भूल बैठी है।

"मगर उपदेश देने से क्या लाभ होगा ! बाघिन को खून का स्वाद मिल गया है। सूसन के मकान के सामने मिलिटरी अफसरों की गाड़ियाँ हमेशा खड़ी रहती हैं।

"सूसन को अकेले में बुलाकर मार्कोपोलो ने कहा, 'आईने में अपनी सूरत देखी है ?'

" 'देखती हूँ। रोज़ देखती हूँ। यही न, पहले से ज़रा मोटी हो गयी हूँ।'

" 'तुम्हारी दोनों आँखें ?'

" 'आँखें ज़रा धँस गयी हैं। इतनी मेहनत करने पर तो मेडोना की आँखें भी धँस जातीं।' सूसन ने जवाब दिया था।

"मार्कोपोलो ने गम्भीर स्वर में सवाल किया था, 'तुम अपने भविष्य के बारे में क्या सोचती हो, यह जानना मेरे लिए ज़रूरी है, सूसन !'

" 'वेरी ब्राइट प्लैन !' सूसन ने जवाब दिया, 'रेस्तराँ की नौकरी छोड़ रही हूँ ! उसमें नुकसान है। इसके बदले थियेटर रोड के अपने इसी कमरे में बैठकर गाने गाऊँगी, साथ में खाने-पीने की भी थोड़ी व्यवस्था रखूँगी। मेजर सेनन ने एक बॉर-लाइसेन्स बनवा देने का वर्ड दिया है। जिस-तिस को घर में घुसने नहीं दूँगी। सिर्फ सिलेक्टेड गेस्ट के सामने गाऊँगी। और अगर तुम सारा कुछ सँभाल लो तो मैं निश्चिन्त होकर अपनी गानविद्या लिये पड़ी रहूँ।'

" 'व्हाट ? क्या कहती हो ? स्विस कॉलेज ऑफ केटरर्स की डिग्री लेकर मैं एक कॉल-गर्ल की मैनेजरी करूँगा ? गॉड हेल्प मी। भगवान् मुझे बचाये।'

"और उसी रात मार्को ने समझ लिया, अब किस्सा आगे नहीं बढ़ेगा। धर्म-भीरु मार्कोपोलो का अंग-अंग घृणा से जलने लगा। आधी रात के अँधेरे में थियेटर रोड के मकान की छत पर खड़े होकर मार्कोपोलो ने परमपिता से प्रश्न किया, 'ऐसा कैसे हो गया ? उसे यह सब किस पाप की सज़ा मिल रही है ?'

"और सुबह ही ब्रेकफास्ट टेबुल पर मार्कोपोलो ने सूसन मनरो को बता दिया, 'अब साथ रहना नहीं चलेगा। हम लोग अलग हो जायें।'

"सूसन राज़ी नही हुई। 'डाईवोर्स !' वह चीखने लगी, 'नहीं हो सकता। मेरा हसबैण्ड है, यही समझकर तो अनडिज़ायरेबुल एलीमेण्ट मुझे तंग नहीं कर पाते हैं, और अमरीकन मिलिटरी पुलिस भी मेरे फ्लैट में अपने अफसरों को आने की इजाजत देती

है। मेरे इज़्ज़तदार पेशे को नुकसान पहुँचाये बिना क्या तुम्हें रात में नींद नहीं आयेगी ?'

"मार्कोपोलो ने कहा, 'अलग तो हम हो ही चुके हैं। सिर्फ कानून की मंजूरी लेने की देर है।'

" 'क्या मतलब ? तुम कोर्ट में मेरे खिलाफ एडल्ट्री की नालिश करोगे ? तुम कहोगे, मैं दूसरे आदमी से रिश्ता रखती हूँ ?'

"इस देश के चर्च में शादी हुई थी, फिर भी इस देश के कानून जानने की ज़रूरत मार्कोपोलो को कभी नहीं पड़ी थी। इधर उसकी छुट्टियाँ भी खत्म होने लगी थीं। कुछ भी अन्तिम रूप से करके, इस पापमय-शहर से हमेशा-हमेशा के लिए भाग जाने का फैसला यहाँ के नियम-कानून से अजनबी मार्कोपोलो ने कर लिया।

"उसने कानूनी सलाह ली। चाहने पर भी डाइवोर्स नहीं मिलता है। डाइवोर्स लेना चाहो, तो बहते पानी में वक्त और पैसा फेंकना पड़ेगा। जो आदमी डाइवोर्स चाहता है, उसे उपस्थित रहना होगा, जब भी ज़रूरत पड़ेगी, गवाह और सबूत कोर्ट में हाज़िर करना पड़ेगा।

"मार्कोपोलो ने पूछा, 'कितने दिन लगेंगे !

"एटर्नी ने बताया, 'यह तो कोई नहीं बता सकता। डेढ़-दो बरस लग सकते हैं।'

"अन्त में, पति-पत्नी में यही फैसला हुआ था, अपने व्यवसाय की सुविधा के लिए सूसन ही मार्कोपोलो के खिलाफ दावा करेगी। स्वामी पर चरित्रहीनता का अभियोग लगायेगी। इससे सूसन की सामाजिक प्रतिष्ठा भी बनी रहेगी, और दूसरे ढंग से ही सही, मार्को की इच्छा भी पूरी हो जायेगी। मार्कोपोलो यहाँ रहेगा नहीं, कोर्ट में हाज़िर भी नहीं होगा, और इस तरह आसानी से सूसन को एकतरफा डिग्री मिल जायेगी।

"कलकत्ता छोड़ने से पहले मार्को ने सूसन से सारी बातें तय कर ली थीं। वैसे सूसन ऐसा नहीं चाहती थी। विवाह की मुहर लगी रहे तो काम में सुविधा होती है। समाज में इज्जत बनी रहती है। लोग कहते हैं, फुटपाथ की लड़की नहीं है, फलाँ आदमी की बीवी है। सूसन के दोनों हाथ अपने हाथों में लेकर मार्कोपोलो ने कहा था, 'अगर वाकई कभी मैंने तुम्हें प्यार किया था, तो उसके बदले मेरा एक उपकार करो।'

"सूसन ने उत्तर दिया था, 'मगर तुम्हारे खिलाफ मैं क्या इल्ज़ाम लगाऊँगी ? तुम्हारे नाम के साथ किस लड़की का नाम जोड़ूँगी ?'

"मार्कोपोलो सिर पर हाथ रखकर बैठ गया। 'कौन लड़की डाइवोर्स के मामले में को-रेस्पॉण्डेण्ट बनने को तैयार होगी ?'

"तब सोच-समझकर सूसन ने राय दी, 'लिज़ा को कह सकती हूँ। उसे अपनी लाज-शर्म खोने का डर नहीं है। इसके अलावा, मैं उसका बहुत उपकार कर चुकी हूँ।'

"कई दिन बाद सूसन ने मार्को को बताया, 'लिज़ा से मैंने बात की है। वह

कहती है, जिसके साथ गुप्त अभिसार का सम्बन्ध स्वीकार करेगी, उसे एक बार देख लेना चाहती है।'

"दूसरे दिन सुबह सूसन के साथ मार्कोपोलो तैयार होकर लिज़ा के यहाँ गया। सारी रात जगी रहने के बाद लिज़ा अब सोने ही जा रही थी। सूसन की पुकार सुनकर उठ आयी।

"दोनों को एक साथ आया देखकर खिलखिलाने लगी। बोली, 'बाप रे, पति-व्रता पत्नी और चरित्रहीन पति, दोनों हाजिर हैं!'

"तब, मार्कोपोलो ने लिज़ा को सारी बातें समझायीं। लिज़ा ने कहा, 'समझाने की कोई ज़रूरत नहीं है। मेरा अपना डाइवोर्स केस भी तो इसी अदालत में चला था।'

"सूसन ने पूछा, 'मैं कानून के दाँव-पेंच नहीं समझती हूँ। क्या-क्या करना होगा, सब बता दो।'

"मार्को लिज़ा को बता रहा था, 'सूसन अदालत में कहेगी, उसी ने मुझसे आपका परिचय कराया था।'

"बड़ी मीठी पतली आवाज़ में लिज़ा हँसने लगी, 'यह तो झूठ नहीं है। उसी ने तो मुझसे आपका परिचय कराया है।'

"मार्कोपोलो ने आगे बताया, 'इसके बाद कई खास अवसरों पर, चार या पाँच दिन···सूसन, अपनी नोटबुक में तारीखें नोट कर लो···मुझे लिज़ा के यहाँ···वह बोलने में झिझक रहा था।

" 'रात में सोते पाया गया था, यही न?' इतना कहकर लिज़ा हँसती-हँसती बिस्तरे पर गिरकर लोट-पोट हो गयी।

" 'फिर मैं आपको कई चिट्ठियाँ लिखूँगा, अपने वकील से राय-मशविरा लेकर। मगर, आप उन पत्रों की भाषा के बारे में बुरा मत मानियेगा। वे प्रेम-पत्र होंगे। आप चिट्ठियाँ पाकर लिफाफेसहित सूसन को दे दीजियेगा। ये चिट्ठियाँ ही कोर्ट में मेरे-आपके प्रेमकाण्ड का सबूत बनेंगी। हाँ, आप भी अगर दो-एक प्रेम-पत्र मुझे लिख भेजें तो और भी अच्छा रहे। बात पक्की बन जायेगी।' मार्कोपोलो ने रुक-रुककर सारी बात कह डाली।

"एक सिगरेट जलाकर लिज़ा ने सवाल किया, 'और कोई बात?'

"मार्कोपोलो अपनी आँखें चुराता हुआ बोला, 'और अगर किसी रेस्तराँ में लोग मुझे आपके साथ अकेले बैठे देख लें, तो और भी फायदा होगा।'

"लिज़ा की हँसी ने इस बार वीभत्स रूप धारण किया। वह एकदम बेपर्दा हो गयी। हँसती हुई दुबारा बिस्तरे पर कूद गयी। तकिये में सिर छिपाकर हँसी रोकने की कोशिश करने लगी। इसके बाद खाँसती हुई बोली, 'पूरा नाटक करना होगा। सिर्फ अभिनय। दिस इज़ वेरी इण्टरेस्टिंग।'

"उसकी बात का कोई उत्तर न देकर, मार्को चुपचाप फर्श की ओर देखता रहा।

"लिज़ा बोली, 'ठीक है, आज ही शाम को हम दोनों कुछ देर साथ रह लेंगे।'

"मार्को ने कहा, 'असंख्य धन्यवाद ! मैं और मेरी पत्नी दोनों आपके चिर-कृतज्ञ रहेंगे।'

"लिज़ा अब सीधी होकर बैठ गयी। कुछ सोचती रही। फिर नाटकीय ढंग से बोली, 'हे कृतज्ञ महापुरुष, तुम दया करके एक मिनट इस पापी औरत के घर के बाहर इन्तज़ार करोगे ? तुम्हारी सर्वगुण-सम्पन्ना सती-साध्वी पत्नी मुझसे बात करके तुम्हारे साथ हो जायेगी।'

"दरवाज़े के बाहर मार्कोपोलो कुछ देर तक पत्थर की मूरत बना खड़ा रहा। एक मिनट के बदले दस मिनट हो गये। इसके बाद सूसन कमरे से बाहर आयी।

"घर लौटकर सूसन ने पूछा, 'तुम कितने रुपये खर्च कर सकोगे ?'

"मार्कोपोली ने कहा, 'मेरी आर्थिक अवस्था तुमसे छिपी नहीं है।'

"सूसन बोली, 'लिज़ा रुपये माँगती है। कहती है बिना किसी फायदे के वह इस झंझट में क्यों पड़ेगी !'

"मार्को कुछ देर तक चुप रहा। फिर बड़े ही संकोच से पूछने लगा, 'तुम क्या कुछ मदद नहीं कर सकोगी ?'

"सूसन गुस्से में आ गयी, 'तुम मेरी ख्वाहिश जानते हो। मैं डाइवोर्स नहीं चाहती। तुम कराची रहोगे, मैं कलकत्ता रहूँगी, डाइवोर्स तो यही हो गया। फिर भी, अगर तुम डाइवोर्स की लक्ज़री का उपभोग करना चाहते हो, तो रुपये तुम्हें ही खर्च करने पड़ेंगे।'

" 'लिज़ा कितने रुपये चाहती है ?'

" 'दो हज़ार।'

"किसी दिन भी वह ऐसी मुसीबत में आ फँसेगा, मार्कोपोलो ने कभी ऐसा नहीं सोचा था, शाम को एक खाली रेस्तराँ में बैठकर उसने लिज़ा के नाम कई प्रेम-पत्र लिख डाले। दुनिया में कानून के नाम पर क्या-क्या नहीं होता है, यह सोचकर मार्कोपोलो की देह काँपने लगी।

"शाम को उसने लिज़ा का दरवाज़ा खटखटाया। भीतर से लिज़ा बोली, 'ओ डार्लिंग ! लगता है, तुम्हीं आये हो। एक मिनट रुको, मैं तैयार हो रही हूँ।'

"दरवाज़ा खोलकर लिज़ा बाहर आ गयी। लिज़ा तो जैसे पहचानी ही नहीं जाती है। वाकई, अभिसार के लिए तैयार होकर आयी है। कितना तेज़ और तीखा सिंगार किया है ! कितनी सुर्ख लिपस्टिक ! कैसी स्याह आई-ब्रो ! सस्ते सेंट की गन्ध से शरीर जल रहा है।

"सड़क पर आकर मार्कोपोलो ने टैक्सी को आवाज़ दी। टैक्सी में बैठकर लिज़ा से पूछा, 'कहाँ चलेंगी ? चिंग-वा ?'

" 'नहीं। आज किसी बड़ी जगह जाने का इरादा है।' लिज़ा ने कहा।

" 'तब ग्रैण्ड या ग्रेट इस्टर्न ?'

"लिज़ा ने ऐतराज किया। आज उसका मन शाहजहाँ होटल जाने के लिए नाच रहा है। वहीं जायेगी। फौज़ी लोगों से पूरा डाइनिंग-हॉल भर गया है; फिर भी कोशिश

करने पर जगह मिल ही जायेगी।

"होटल शाहजहाँ! बहुत दिन पहले एक बार लिज़ा यहाँ आयी थी। ऐसा नहीं लगता कि वह पृथ्वी का कोई स्थान है। एकदम सपनों का देश लगता है। ड्रीम लैण्ड। एक डिनर के सात रुपये आठ आने लगते हैं, मगर आत्मा तृप्त हो जाती है। अद्भुत्! लिज़ा एक मेनू-कार्ड चुरा लायी थी। कितने दिनों तक अपने बिस्तरे में पड़ी-पड़ी लिज़ा वही कार्ड पढ़ती रहती थी, 'शाहजहाँ का स्पेशल पैम्पलमाऊज, कॉन्सॉम्मअर्जाब्लैंको बेक्टी एलेम्ब्री, बैरॉन दे'वू सेटी, गातू सित्रौं, कफे न्वोर', ऐसा ही और भी कितना कुछ!

"शाहजहाँ होटल की दूधिया रोशनी में रात भी दिन बन गयी थी। होटल में ग्राहक बनकर प्रवेश करते हुए मार्कोपोलो को अजीब-सा लग रहा था। अभिनेता जब दर्शक बनकर नाटक देखता होगा, तो शायद उसे भी ऐसा ही लगता होगा।

"लिज़ा ने ड्रिंक करना चाहा। मार्कोपोलो ने शराब का आर्डर दिया। ब्रँ-कॉक-टेल, जिन, फ्रेंच वारमूथ, इटैलियन वारमूथ और सन्तरे का रस। एक पेग की कीमत साढ़े-पाँच रुपये।

"ब्रँ-कॉकटेल पीने के बाद कच्ची ह्विस्की। शराब पीते-पीते लिज़ा ने कहा था, 'आई ऐम सॉरी। आपको दोस्त की तरह सहायता नहीं कर सकी। रुपये की मुझे सख्त ज़रूरत है। मेरी हालत तो सूसन-जैसी नहीं है। इसके अलावा, जब सूसन के पास इतनी धन-दौलत है, तो वह रुपये क्यों नहीं देगी? आप इत्मीनान रखिए, जैसा चाहते हैं, ठीक वैसा ही काम कर दूँगी।'

"लिज़ा मार्कोपोलो के चेहरे की तरफ़ देखती हुई बड़ी ही फीकी हँसी हँसने लगी। जब वह हँसी, तब मार्कोपोलो को उसकी उम्र का पता चला। ज्यादा उम्र की नहीं है। उसकी आँखों के नीचे पड़े काले दागों को देखने से जितनी लगती है, उससे बहुत कम उम्र की है।

"लिज़ा ने स्वयं ही कहा, 'फिसलकर गिर जाने से मेरा पाँव टूट गया था। अब तक अच्छी तरह ठीक नहीं हुई हूँ। कभी-कभी तकलीफ बढ़ जाती है। ज्यादा देर तक माइक के सामने खड़ी होकर गा नहीं पाती, थक जाती हूँ। उस दिन एक कस्टमर ने चीखते हुए क्या कह दिया, जानते हैं?'

"जानने की इच्छा न रहने पर भी मार्को ने पूछा, 'क्या?'

" 'बूढ़ी है, और लँगड़ी भी है। बंगाली कस्टमर था, नरक का डस्टबीन।' थोड़ी और ह्विस्की गले में डालकर लिज़ा ने कहा, 'तय किया है, अब से कार्पोरेशन का बर्थ-सर्टिफिकेट हमेशा बॉडी के अन्दर रखे रहूँगी। कोई बूढ़ी कहेगा, तो सर्टिफिकेट उसके मुँह पर दे मारूँगी।'

"कोई उत्तर नहीं देकर, कुछ देर तक मार्कोपोलो चुपचाप बैठा रहा। फिर बोला, 'आप शायद नहीं जानती हैं, इस केस के लिए मैं सूसन से एक पैसे की मदद नहीं ले रहा हूँ।'

"शराब का गिलास हाथों से ढँकते हुए लिज़ा बोली, 'सिली ओल्ड फूल! तुम अब तक बुद्धू ही रह गये। तुम्हारे पास रत्ती-भर अक्ल नहीं है।'

"उस रात मार्कोपोलो ने लिज़ा को हज़ार रुपये दिये थे, और कहा था, 'मेरे पास अब बहुत-थोड़े रुपये बचे हैं, एटर्नी को दे जाऊँगा। कराची जाकर और रुपये आपको भेज दूँगा।'

"मुकदमे के खर्च के रुपये भी उसने एटर्नी के यहाँ जमा कर दिये। चरित्र-हीनता का अभियोग लगाकर मार्कोपोलो के विरुद्ध सूसन ने अदालत में विवाह-विच्छेद की दरख्वास्त भी दी थी।

"दरख्वास्त पर दस्तखत करने के दिन एटर्नी ने कहा था, 'एक बात के बारे में सावधान कर देता हूँ। पेटीशन में लिखना पड़ता है, डाइवोर्स के लिए दोनों पक्षों ने मिलकर यह साज़िश नहीं की है। इसे हम लोग कहते हैं, कौलिशन! अगर कोर्ट को एक बार शक हो जाये कि पति-पत्नी मिले हुए हैं, तो भारी मुश्किल में फँस जायेंगे। देखिए, यह बात किसी को मालूम न हो कि मुकदमा करने के लिए सूसन को आपने रुपये दिये हैं। आज से मैं अपने मुवक्किल के नाम पर सिर्फ सूसन को जानता हूँ। आपको पहचानता तक नहीं। भूलकर भी हमारे पास आप कभी कोई चिट्ठी मत लिखियेगा।"

इतना कहकर बायरन साहब ज़रा रुक गये। इलिएट रोड की एक गन्दी गली में बैठा हूँ, यह तो मैं कहानी सुनते ही भूल गया था। ऐसा लग रहा था, आधुनिक मार्कोपोलो के दुःख के इतिहास की तसवीर 'मेट्रो' सिनेमा में बैठकर देख रहा हूँ।

बायरन साहब ने कहा, "इसके बाद की घटना से वाकई दुःख होता है। मार्कोपोलो आपके बैरिस्टर साहब के पास जा सकते थे।"

"कोई फायदा नहीं होता," मैंने कहा, "स्वामी-पत्नी की मिली-जुली साज़िश का मामला वह अपने हाथ में नहीं लेते।"

"हाँ, वह तो नहीं लेते। मगर कोई सही रास्ता तो बतला देते।"

"इतना तो कर ही सकते थे।"

"जो भी हो, फटे हुए दूध के लिए रोने से क्या फायदा है?" बायरन ने कहना शुरू किया, "जो बातें हुई थीं, वही तुम्हें बतला रहा हूँ।

"कलकत्ता की सारी बातें तय करके मार्को अपनी नौकरी पर लौटा गया था। बहुत कठिनाई से इन्तज़ाम करके पाँच सौ रुपये भी उसने लिज़ा को भेज थे। और बाकी रुपये जल्दी ही भेज देगा, ऐसा लिखा था। विस्तार से पत्र लिखकर कलकत्ता का समाचार पूछने का उपाय नहीं रह गया था। ऐसा कोई दोस्त भी नहीं था, जो सारी बातें पता लगाकर उसे खबर भेजता।

"सूसन ने एक पत्र ज़रूर लिखा था। उसने एक और नयी गाड़ी खरीदी है। और, जिस काम के लिए मार्को बेचैन है, वह आगे बढ़ रहा है और एटर्नी कुछ और रुपये माँगता है।

"उधार लेकर मार्कोपोलो ने कुछ रुपये सूसन के पते पर भेजे थे। इसके बाद ही विपत्ति आ पहुँची।

"अचानक पुलिस ने मार्कोपोलो को गिरफ्तार कर लिया। उसकी देह की

इतालियन गन्ध से इतने दिनों के बाद अधिकारियों की नींद में खलल पहुँचा। और, इटली के साथ उन दिनों मित्र-देशों का क्या रिश्ता था, यह तो तुम्हें मालूम ही है।

"लड़ाई खत्म होने के दिन तक मार्कोपोलो को जेल में रहना पड़ा। वह अपने-आपको धिक्कार रहा था। आत्म-ग्लानि से मरा जा रहा था। जेल से छूटकर वह सीधे इटली चला गया और कोई बात सोचने लायक मानसिक अवस्था उसकी नहीं रह गयी थी। रिवेरिया में कोई छोटा-मोटा काम करके किसी तरह ज़िन्दगी काटने लगा था।

"इसके बाद, एक दिन अचानक उसे याद आया, ज़िन्दगी के बहीखाते में एक बहुत बड़ी भूल छूट गयी है। मार्कोपोलो की आत्मा धधकने लगी।

"तब उसने नौकरी की कोशिश शुरू की। पहले रंगून के एक होटल में काम मिला। अच्छे आदमियों का अभाव था, उसे अच्छी तनख्वाह पर नौकरी मिली। मगर रंगून में रहने के लिए तो वह इतनी दूर रिवेरिया से नहीं लौटा था। रंगून में नौकरी करते हुए वह कलकत्ता आने की कोशिश करने लगा।

"उसके अतीत का केन्द्र, कलकत्ता ! शाहजहाँ होटल में मैनेजर की जगह खाली हुई। होटल के मालिकों ने उसे आदर के साथ अपने यहाँ रखना मंज़ूर कर लिया।

"मगर कहाँ है सूसन ? कहाँ है वह डाइवोर्स का मुकदमा ?

"लड़ाई के दिनों में सितारे की तरह चमकती हुई लड़की कलकत्ता की विशाल भीड़ में जाने कहाँ खो गयी है। मार्कोपोलो एटर्नी के दफ्तर में पता लगाने गया था। वे लोग कुछ बता नहीं सके। पुराने एटर्नी अपना शेयर पार्टनर के हाथों बेचकर चले गये थे। अब उनकी मृत्यु भी हो चुकी है।

"कोर्ट में पूछा। पता चला, इस नाम से डाइवोर्स का कोई आर्डर नहीं दिया गया है।" बायरन चुप हो गये।

"इसके बाद क्या हुआ ?" मैंने पूछा।

बायरन बोले, "इसके बाद ही मेरी ज़रूरत पड़ी है। कोशिश कर रहा हूँ।"

मैंने घड़ी की ओर देखा। काफी रात बीत गयी है। अब घर लौटना चाहिए।

बायरन ने कहा, "मार्कोपोलो से कहो, चिन्ता नहीं करेगा। जल्दी ही जो होना होगा, हो जायेगा !"

फिर मेरे चले आने से पहले उन्होंने कहा, "साहब के साथ रहते-रहते तुम्हें तो कितने ही लोगों से परिचय हो गया है। मुझे अब तुम्हारी मदद लेनी होगी।"

"आपने मुझे नौकरी दी है, फिर मैं मामूली-सी मदद भी नहीं करूँगा ?'

स्नेह में भरकर मेरा हाथ थामते हुए बायरन साहब ने कहा, "छिः भाई, यह सब नहीं कहना चाहिए।"

उस रात बिस्तरे पर पड़े-पड़े मैं बहुत सारी बातें सोच रहा था। कोशिश करने पर भी नींद नहीं आ रही थी। सूसन या लिज़ा को मैंने कभी देखा नहीं है, मगर आँखें बन्द करते ही उनकी काल्पनिक मूर्ति मेरी आँखों के सामने तैरने लगती थी।

सूसन अब कहाँ है, कौन जाने! क्या वह इसी शहर की किसी अनजान बस्ती के अँधेरे में किसी तरह जिन्दगी ढोये जा रही है? या काफी पैसे कमाकर, मकान खरीद-कर, रेस्तराँ और संगीत को अपनें जीवन से बिदा करके ऐश-आराम के दिन काट रही है?

थियेटर रोड के उस मकान में सूसन अब नहीं है। काफी पहले ही बायरन साहब उसे ढूँढ़ निकालते, मार्कोपोलो की उलझन खत्म हो जाती। अपने दाम्पत्य-जीवन का सारा सुख खत्म करके वह आज कहाँ पड़ी हुई है? क्या उसे एक बार भी याद नहीं आता होगा कि मार्कोपोलो उसका स्वामी था, और सूसन के लिए उसने एक दिन बहुत कुछ त्याग किया था, और भी बहुत कुछ करने को तैयार रहता था?

मार्कोपोलो के वेदनामय दाम्पत्य-जीवन के लिए मुझे स्वाभाविक दुःख हुआ था। मगर, मैंने इस बात के दूसरे पहलू को भी देखने की कोशिश की। सोचा, यह दुनिया कितनी विचित्र है। जीवित रहने की समस्या को सुलझाने में कितने निर्दोष, निरपराध निष्पाप व्यक्तियों की सारी शक्ति समाप्त हो रही है; और जिन्हें अन्न-वस्त्र की चिन्ता नहीं है, सुख की एकरसता से क्लान्त होकर वे लोग काल्पनिक समस्याएँ अपने लिए तैयार करके मछलियों की तरह इन समस्याओं के जाल से निकलने के लिए तड़प रहे हैं। फिर सोचता हूँ, किसी को अपराधी ठहराने का मुझे कोई अधिकार नहीं है। जीवन में उलझनें न आयें, तो जीवित रहने का आनन्द ही खत्म हो जायेगा। दुःख है, दुश्चिन्ताएँ हैं, दरिद्रता और अभाव है, इसीलिए तो जीवन अब तक नीरस और अर्थहीन नहीं हुआ है। समाज के सुख का इतिहास जानने को हम लोग उत्सुक नहीं हैं। सभी दुःखों की कहानी जानना चाहते हैं। इतिहास के सारे महापुरुषों की जीवन-कहानी ही तो दुःख-कष्टों की कहानी है। इनमें से कोई भी लक्ष्मी का क्रीतदास नहीं, ऐश्वर्य-विलास का अनुचर नहीं रहा है।

सुबह जब होटल में आया, तो पिछली रात की चिन्ताएँ मन से दूर नहीं हुई थीं। मैं उदास था, और एक अजीब से परिवर्तन का अनुभव कर रहा था। कुछ ही घण्टों पहले मैं जहाँ था, उसके चारों ओर गन्दी बस्ती है, खुले हुए गन्दे नाले हैं, डस्ट-बीन है, कूड़े का ढेर लगा है। और यहाँ? गन्दगी तो यहाँ भी पैदा होती है, मगर कब, कहाँ और कैसे गायब हो जाती है, पता नहीं चलता। जो कुछ अशोभन है, जो कुछ कुरूप है, आँखों को बुरा लगता है, उसे आँखों के सामने से छिपाये रखने के शिल्प का यहाँ के लोगों को अभ्यास है।

हर क्षण, हर समय सुन्दर बने रहने के इस अभ्यास के पीछे कितना परिश्रम है, सुबह-सुबह शाहजहाँ होटल जाने से थोड़ा-सा अनुभव होता है।

बुहारने की मशीन (वैकुअम क्लीनर) से लाउन्ज का कार्पेट साफ किया जा रहा है। इतना सबेरा है, मगर काम लगभग पूरा हो चुका है। थके-थके दीखते हुए जमादार लोग फर्श रगड़ते-पोंछते जा रहे हैं।

रात के एक बजे तक सफाई का काम शुरू नहीं किया जा सकता। तब तक लोग लाउन्ज में बैठे होते हैं। इतनी दूर काउण्टर से भी 'कैबरे' देखनेवालों की तालियों

की गड़गड़ाहट सुनायी पड़ती है। होटल का नाम है शाहजहाँ, मगर बार और रेस्तराँ का अलग नाम है—मुमताज़ ! मुगल साम्राज्य की अद्वितीया महारानी मुमताज अपने स्वामी से भी अधिक ऐश्वर्य-विलासिनी थी या नहीं, कौन जानता है। मगर, हमारे होटल की यह मुमताज और भी ज़्यादा खूबसूरत है, और भी ज्यादा रूमान से भरी है। हमारी मुमताज सारा दिन नींद के राजशाही पलंग पर सोयी रहती है। उसका सारा ऐश्वर्य-विलास, लीला-क्रीड़ा रात में शुरू होती है। मगर, कलकत्ता की पुलिस और आबकारी-विभाग के लोग ज़रा भी रसिक नहीं हैं। कलकत्ता के नागरिकों को अबोध बालक समझते हैं, उन्हे रोक-थाम करते रहते हैं। कहते हैं, रात में ज्यादा देर तक जगे रहने से स्वास्थ्य पर बुरा असर पड़ेगा। साधारणतः रात के दस बजे तक। खास बात होने पर आधी रात तक। हेड बारमैन निर्धारित समय से कुछ पहले कहीं कोने में पड़ा छोटा-सा नोटिस बोर्ड सामने लाकर टाँग देता है—आज की रात बारह बजे 'बार' बन्द हो जायेगा।

रात की 'मुमताज' के मेहमान जैसे अचानक चौंक पड़ते हैं। नींद बिखर जाती है। आँखों में जमते हुए सपने पंख लगाकर उड़ने लगते हैं। वक्त पास आ गया है, बेवक्त आ गया है, सारे बन्धन तोड़ देने चाहिए। नाव-पतवार सब तोड़कर समुद्र में डूब जाना चाहिए। जो लोग अक्लमन्द हैं, वे लोग ज़रा भी उदास नहीं होते। आँखें उठाकर बारमैन को देखते हैं, पास आने का इशारा कर देते हैं।

बैरा इस इशारे का मतलब समझता है और पूछ लेता है, "कितने पेग, हुज़ूर ?"

हुज़ूर हिसाब लगाते हैं। एक-एक पेग पर अगर आध-आध घण्टा काट दिया जा सके, तो आठ पेग में रात के गहरे अँधेरे को सुबह के उजाले में बदल दिया जा सकता है। बारह बजे 'बार' बन्द होता है, मगर पहले ही आर्डर देकर मँगवा ली गयी मदिरा बाद में भी पीते रहना कोई जुर्म नहीं है। टेबुल पर एक साथ लाकर रख दी गयी शराब धीरे-धीरे पीते हुए कुछ घण्टे और काट देने के बाद फिर से ज़िन्दगी शुरू होगी। जो तवारीख अली बैरा टेबुल पर आठ पेग रखकर 'बार बन्द है' नोटिस टाँग देता, और आँखें मलते-मलते बाहर चला जाता है, वही किसी कोने में सोकर नींद पूरी कर लेने के बाद दायें हाथ पर लाल बैज बाँधते-बाँधते सुबह हाज़िर होता है। हाज़िर होकर देखता है, साहब सारे पेग खाली करके दार्शनिकों की तरह, प्यासे पपीहे की तरह, घड़ी के काँटों पर निगाहें जमाये बैठे हैं, 'बार' कब खुलेगा, कब नयी ज़िन्दगी शुरू होगी !

शाहजहाँ होटल का मेन गेट पार करके मैं अन्दर चला आया। सत्यसुन्दर बाबू काउण्टर की ड्यूटी दे रहे हैं, बायें हाथ से टेलीफोन कान के पास लगाये हैं, दायें हाथ से शायद कोई मैसेज लिख रहे हैं। मुझे देखकर उन्होंने सिर हिलाया, फिर इशारे-इशारे में बोले, "सीधे किचन में भागो। वहाँ तुम्हारी ज़रूरत है।"

क्या ज़रूरत है ? किसको मेरी ज़रूरत है ? मैं पूछ नहीं सका। सत्यसुन्दर बाबू कागज पर झुके बोलते जा रहे हैं, "हाँ, जी हाँ, शाहजहाँ रिसेप्शन से बोल रहा हूँ,

मैं स्याटा बोस ! करबी गुहा से अभी फोन पर बातें नहीं हो सकेंगी। आपको कुछ कहना हो, बोल दीजिए, मैं लिख लेता हूँ। उनकी नींद खुलते ही आपका मैसेज उन्हें मिल जायेगा।"

बोस भाई का चेहरा देखकर लगा, उस तरफ का आदमी उनके उत्तर से प्रसन्न नहीं हुआ है। बोस भाई ने फिर कहा, "देखिए, मैं सब समझ रहा हूँ। मगर, स्पेशल इन्सट्रक्शन मिले बिना किसी बोर्डर को हम लोग नींद से नहीं जगाते हैं—अच्छा, ए. बी. सी. ! अरे यह कैसा नाम है, क्या कह रहे हैं ? इतने से ही मिसेज़ गुहा समझ जायेंगी। मगर, हमारे यहाँ कस्टम है, पूरा नाम, पता और फोन नम्बर बताना चाहिए। ···नहीं, नहीं, गुस्सा नहीं कीजिए। बताना, न बताना आपकी इच्छा पर है। मैं उन्हें बता दूंगा, एक मिस्टर ए. बी. सी. ने फोन किया था।"

फोन के उस सिरे से ए. बी. सी. साहब पता नहीं क्या-क्या कह रहे हैं। टेलीफोन-वार्त्ता समाप्त होने की प्रतीक्षा न करके, मैं सीधे किचन की ओर आ गया।

"हटाओ ! हटाओ !" दूर से ही मार्कोपोलो साहब की चीख सुनायी पड़ी। पास जाकर देखा, सारे झाड़ूदार सिर नीचा किये लाइन में खड़े हैं। डर से थर-थर काँप रहे हैं। उनके चेहरे की ओर देखने से लगता है, मिलिटरी कैम्प के फायरिंग स्क्वाएड के सामने उन्हें खड़ा कर दिया गया है। मैनेजर साहब की ओर वे ऐसे देख रहे हैं कि वे फौज के मेजर हैं, अभी तुरन्त गोली मारने का हुक्म देंगे।

"सारी दुनिया में इससे ज्यादा गन्दा होटल और कहीं है ?" मार्कोपोलो ने तीव्र स्वर में पूछा।

सारे लोग सिर झुकाये खड़े रहे। उनकी चुप्पी से भड़ककर साहब और भी ज़ोरों से गरजने लगे, "क्या 'डेफ-एण्ड-डम्ब' स्कूल के लड़कों ने दल बाँधकर इस होटल में नौकरी कर ली है ? तुम लोग कुछ बोलते क्यों नहीं ? चुप क्यों हो ?"

मार्कोपोलो की तेज़ निगाहें अब सर्चलाइट की तरह एक-एक के चेहरे पर घूमने लगीं। घूमती हुई निगाहें स्टूवर्ड जिम पर आकर रुक गयीं। मैनेजर ने फिर तोप चलायी, "जिम, तुमने क्या गैंडी-पार्टी ज्वायन कर लिया है ? साइलेन्स की कसम खा ली है ?"

स्टूवर्ड, जिसके प्रताप का थोड़ा-सा अनुभव मुझे है, बर्फ की तरह पिघलने लगा। किसी तरह उसके गले से आवाज़ निकली, "आप ठीक कह रहे हैं। वाकई गन्दगी है। आप जो भी कह रहे हैं···"

"और तुम ऐसे गन्दे होटल के स्टूवर्ड हो ! ऐसा होटल, जिसके किचन में दिन-दहाड़े खरगोश-जैसे बड़े-बड़े चूहे ऊधम मचाते रहते हैं !"

अब जाकर बात मेरी समझ में आयी। साहब की आँखों के सामने से होकर दो चूहे किचन के फर्श पर दौड़ने लगे थे। इसी के बाद यह दृश्य उपस्थित हुआ है। साहब किसी को माफ नहीं करेंगे।

होंठों में दबी पाइप का धुआँ उगलते हुए मार्को इस बार घूमे। फिर बोले, "माई डियर फेलोज़, तुम लोग जैसे चल रहे हो, स्टोर और किचन जैसा गन्दा कर रहे

हो, इस हाल में अगर चूहे के बदले हाथी भी यहाँ दौड़ने लगें, मुझे ताज्जुब नहीं होगा।"

तब जमादारों ने फर्श पोंछना शुरू किया। स्टूवर्ड ने हेड कुक को बुलाकर कहा, "मैं ठीक लंच खत्म होते ही यहाँ आऊँगा। सब कुछ तब तक साफ-सुथरा हो जाना चाहिए। आज कोई बाहर न भागने पाये। मैं हरेक को यहाँ हाजिर देखना चाहता हूँ।"

हाथ में पाइप लिये, जब एक बार और घूमे, मार्कोपोलो ने मुझे देखा। अभी तक वह चार सौ चालीस वाल्ट में थे, अब अचानक मीठी मुसकान से लाल होते हुए बोले, "हलो, हलो, गुड मार्निंग !"

मेरे इस सौभाग्य से शायद, स्टूवर्ड को ज़रा भी खुशी नहीं हुई। उसकी टेढ़ी नज़र और चेहरे का भाव देखकर उसके मन की भावना मैं समझ गया। मेरी पीठ पर हल्की-सी चपत लगाते हुए मार्कोपोलो ने कहा, "आओ।"

और, अब मैं मार्कोपोलो को एक नये रूप में देखने लगा। मेरे लिए वह सिर्फ शाहजहाँ होटल के मैनेजर नहीं रह गये। कल रात ही इलियट रोड की एक अँधेरी गली में, एक अँधेरे कमरे में मैंने मिट्टी के नीचे से मार्कोपोलो का सही रूप ढूँढ़ निकाला है। लगातार चोट खा-खाकर पत्थर बन गये उनके शरीर के भीतर मैंने उसी अबोध शिशु को पा लिया है, जो एक युग पहले मध्य-पश्चिम के भूचाल में सब-कुछ खोकर अनाथ हो गया था, एथेन्स के फादरों ने जिसे दुबारा सब-कुछ दिया, और अन्त में फिर जिसका सर्वस्व कलकत्ता की काली धरती ने छीन लिया।

शाहजहाँ होटल के मैनेजर जैसे आज मेरे बहुत करीब आ गये हैं। उनका सम्पूर्ण रूप मैं अपनी आँखों के सामने पा रहा हूँ। उन्होंने भी जादूगर की तरह क्षण-भर में अपना रूप परिवर्तित कर लिया। कौन कह सकेगा, क्षण-भर पहले यही आदमी किचन में चूहे देखकर होटल के सारे कर्मचारियों को रसातल भेज रहा था।

मार्को मेरे चेहरे की तरफ इस तरह क्यों देख रहे हैं? शायद सोच रहे हैं, मैं सारा कुछ जान गया हूँ। शायद यकीन भी नहीं कर पा रहे हैं। डिटेक्टिव बायरन ने इस अनजान लड़के को क्या कुछ कह दिया है, कौन जानता है! मुझे अजब-सा लग रहा था। इसलिए मैंने कह दिया है, "सर, कल रात मैं मिस्टर बायरन के यहाँ गया था।"

"मकान ढूँढ़ने की दिक्कत तो नहीं हुई?"

"नहीं। मकान पहचाना हुआ नहीं था, मगर नम्बर मालूम था।"

"आई होप, ज़िन्दगी में कभी कलकत्ता के उस इलाके को तुम नहीं पहचानोगे। मत पहचानना। माई डियर यंगमैन, हर तरह के बुरे काम के लालच से दूर रहने की कोशिश करोगे। मैं तुम्हें उपदेश नहीं दे रहा हूँ। 'बिलीव मी', मुझ पर यकीन करो, सच यही है कि हम लोग खुद अपने लिए दुःख और कष्ट गढ़ते रहते हैं।" मैनेजर मार्कोपोलो ने कहा।

मैं उनकी बात सुनता रहा। वह भी चुप होकर मेरी ओर देखते रहे। तब मैंने कहा, "कल रात बायरन साहब से मुलाकात हुई थी। वह बोले हैं, आप धीरज रखिए।"

"धीरज ? दुनिया में मुझसे ज्यादा धीरज रखनेवाला और कोई हुआ है ?" मार्कोपोलो ने यह सवाल किससे पूछा, मैं समझ नहीं पाया। मगर पहली बार मैंने महसूस किया, जिसे मैं पत्थर समझ रहा था, वह दरअसल बर्फ की चट्टान है। और मेरी आँखों के सामने ही बर्फ की वह विशाल चट्टान गलने लगी।

जिनसे मेरा नौकर-मालिक का सम्बन्ध है, वह क्षण-भर के लिए भूल गये कि मैं कौन हूँ। मेरी ओर देखते हुए बोले, "कहा जाय, तो तुमसे मेरा कोई परिचय नहीं है। आई हार्डली नो यू ! मगर तुम्हारा चेहरा देखकर लगता है, तुमने दुनिया नहीं देखी है। तुम दुनिया को नहीं पहचानते। तुम्हें मालूम नहीं, दुनिया के किस होटल में रहने के लिए ईश्वर ने हमारा 'एकोमोडेशन' तय किया है। सावधान रहा करो। आँखें खुली रखा करो।"

मुझमें कुछ भी बोलने की ताकत नहीं रह गयी थी। केवल अपने भाग्य को धन्यवाद दे रहा था। अपनी जीवन-यात्रा में अकारण ही कितनी बार कितने लोगों का प्यार बिना माँगे मुझे मिला है। बिना माँगे पा जाने के कारण मेरा लालच बढ़ गया है। प्यार न मिले, तो दुःख होता है, मगर आज भी प्यार मिला है। बिना माँगे ही मिला है।

"मुझे यह स्वीकार करना ही पड़ेगा, तुम बहुत बुरे टाइपिस्ट नहीं हो।" अपने गले की चेन दायें हाथ से हिलाते हुए मार्कोपोलो ने कहा।

सिर झुकाकर मैंने अपनी प्रशंसा सुनी। इतने कम वक्त में मैंने उन्हें प्रसन्न कर लिया है, इससे बढ़कर प्रसन्नता की बात मेरे लिए क्या होगी ? बिना किसी नौकरी के ज़िन्दगी क्या होती है, मैं भोग चुका हूँ। खासकर उस हालत में जब पहले एक अच्छी नौकरी कर चुका था। सत्यसुन्दर बाबू ने एक बार हँसते-हँसते कहा था, "औरतों के लिए शादी, और मर्दों के लिए नौकरी, दोनों एक जैसी बात हैं। ओरिजनल बेकार, और नौकरी से छूटे हुए बेकार में वही फर्क है, जो कुँवारी लड़की और विधवा में होता है। दोनों के पास स्वामी नहीं होता। मगर, स्वामी क्या चीज़ होता है, यह तो विधवा ही समझती है।

सत्यसुन्दर बाबू की भाषा में, स्वामी खोकर मैंने स्वामी पाया है, इसीलिए नौकरी क्या चीज़ होती है, यह पूरी तरह समझता हूँ। इसीलिए अनायास ही मेरे मुँह से निकल गया, "नाइस आफ यू टु से सो, सर !"

मार्कोपोलो की गोल-गोल दोनों आँखें बड़ी मीठी शैतानी से चमकने लगीं। उन्होंने कहा, "इतने दिन हाईकोर्ट की नौकरी करके भी तुमने आदमी को पहचानना नहीं सीखा है ! 'नाइस' आदमी मैं नहीं हूँ।"

मेरे मन की अस्थिरता को समझकर, मार्कोपोलो ने अपनी बात की दिशा बदल दी। बोले, "आई ऐम सॉरी। तुम लोगों के उस कानूनी इलाके से मुझे डर लगता है। वैसे तो कई बार उधर गया हूँ, मगर सच्ची बात है कि अगर कोई पागल साँड मेरा पीछा करे, तो मैं जान बचाने के लिए नदी में कूद जाऊँगा मगर ओल्ड पोस्ट ऑफिस स्ट्रीट के किसी मकान में नहीं जाऊँगा।"

कोई जवाब न देकर, मैं सिर्फ मुसकराया। मार्को साहब ने पूछा, "तुम कहाँ रहते हो?"

"हावड़ा में रहता हूँ।"

"यह कहाँ है?" मार्कोपोलो ने पूछा, जैसे उन्होंने कभी इस जगह का नाम न सुना हो। मैंने बता दिया, "गंगा के पश्चिम में, हावड़ा स्टेशन के बाद।"

उनका चेहरा देखकर लगा, उन्हें यह भी पता नहीं है कि हावड़ा स्टेशन के बाद भी कोई शहर, कोई कस्बा है। जैसे हावड़ा में ही धरती समाप्त हो जाती है, समुद्र शुरू हो जाता है।

मार्कोपोलो साहब ने इसके बाद जो कहा, उसका इशारा मुझे सत्यसुन्दर बाबू से पहले ही मिल चुका था। उन्होंने कहा था, "यह कोई मामूली दफ्तर नहीं है कि दस से पाँच तक काम करेंगे। शनिवार को आधी छुट्टी, रविवार को पूरी छुट्टी मिलेगी। अगर यहाँ पक्की नौकरी मिलनी होगी, तो साहब किसी दिन बाहर की दुनिया से आपका रिश्ता तोड़ देंगे, और इसी शाहजहाँ होटल में आकर स्थायी डेरा जमाने की आज्ञा देंगे।"

नौकरी कायम रहे, इसके लिए दुनिया के किसी भी मकान में रहने को मैं तैयार था।

मेरे मन की हालत समझकर सत्यसुन्दर बाबू ने कहा था, "जैसा मैं समझता हूँ, शाहजहाँ होटल का अन्न-पानी आपकी किस्मत में काफी दिनों तक लिखा है। स्टूवर्ड जिम का हाव-भाव देखकर ही समझ में आ जाता है। वह आपके प्रति काफी नरम हो गया है। और जिम तो ऊपरवाले मालिक का मन देखकर बर्ताव करता है।"

सत्यसुन्दर बाबू की भविष्यवाणी सफल हुई। मार्कोपोलो ने एक बर्मीज़ सिगार जलाते हुए कहा, "तुम्हें एक इम्पॉर्टेण्ट डिसीज़न लेना होगा। तुमसे पहले यहाँ रोज़ी नाम की लड़की काम करती थी। वह यहीं रहती भी थी। इससे मैनेजमैण्ट को सुविधा होती थी। पाँच बजे तक सारा काम पूरा कर लेने की हड़बड़ी मुझे नहीं रहती थी। जब भी कोई काम आ पड़ता था, तुरत खत्म कर लेते थे। मुझे मानना ही पड़ेगा, रोज़ी जैसी वण्डरफुल सेक्रेटरी मैंने कहीं नहीं पायी है। टाइपराइटर पर उसकी अँगुलियाँ 'दिल्ली मेल' की तेज़ी से चलती थीं। हमेशा मुसकराती रहती थी। एकदम अनग्रजिंग थी, किसी भी बात से असन्तुष्ट नहीं होती थी।

"एक रात तो बेचारी को बारह बजे डिक्टेशन लेना पड़ा। मेरा काम नहीं, एक गेस्ट का काम था। वह सज्जन दूसरे दिन सुबह ही दमदम से लन्दन जानेवाले थे। रास्ते में कराची है, वहाँ एक ज़रूरी चिट्ठी की डिलिवरी देनी थी। रात में ग्यारह बजे उन्होंने मुझे पकड़ा। 'इतनी रात को मैं स्टेनो कहाँ से पाऊँगा?' मैंने कहा। मगर वह छोड़नेवाले नहीं थे। बोले, 'इतना बड़ा कलकत्ता शहर है, तुम चाहोगे तो सबकुछ मिल सकता है।'

"मुझे रोज़ी की याद आयी। बिलीव मी, उस रात लगभग तीन बजे तक वह टाइप करती रही थी। मुझे उस वक्त पता नहीं चला। मैं रोज़ी को काम पर बिठाकर

सोने चला गया था। रोज़ी ने मुझे बताया भी नहीं। मगर बाद में इंग्लैण्ड से उस आदमी की चिट्ठी मिली थी। उन्होंने लिखा था, 'उस रात आकाश से परी की तरह उतरकर आपकी सेक्रेटरी ने मेरा काम कर दिया था। उसे और आपको किन शब्दों में धन्यवाद दूँ, समझ में नहीं आता है। उसने तीन बजे रात तक मेरा पत्र टाइप किया, मगर ज़रा भी नाराज़ नहीं हुई, काम खत्म करके मुझे नमस्कार किया, और चली गयी।' वाकई रोज़ी ऐसी ही थी।" मार्कोपोलो ने गर्वपूर्वक अपनी सेक्रेटरी की बात मुझे बतायी। फिर कहा, "तुम भी यहीं आ जाओ।"

मिस्टर मार्कोपोलो ने मेरी सम्मति की प्रतीक्षा नहीं की। कमरे से बाहर जाते हुए बोले, "मैंने जिम को बता दिया है। उसने सब कुछ इन्तजाम कर दिया होगा। कोई असुविधा हो, तो मुझे बताओगे।"

मार्कोपोलो बिल-रजिस्टर देखने के लिए काउण्टर की तरफ चले गये। पहले तो मैं समझ नहीं सका था, जब सारी बातें समझ में आने लगीं, तो मैं थककर वहीं बैठ गया। पता नहीं, किस दुर्भाग्य के कारण आज अपने घर से भी छुटकारा पा रहा हूँ।

मेरा अपना एक नाम था। हाईकोर्ट में उसे मैंने खो दिया। रहने की एक जगह बच रही थी। बड़ी कठिनाई से किसी तरह मैं उसे बचाये जा रहा था। पैसे जमा करके मैंने एक लेटरपैड भी छपवाया था। अंग्रेज़ी कायदे से उसके दायें हिस्से में ऊपर केवल घर का पता लिखा था। नाम और पते के साथ एक स्टाम्प भी बनवाया था। पूरे बारह आने उसमें लगे थे। ये दोनों ही चीजें एक साथ बेकार हो गयीं। मेरा नाम नहीं रहा। मेरा कोई घर नहीं रहा। शाहजहाँ होटल के अगाध समुद्र में मैं डूबने जा रहा हूँ। मेरा न कोई नाम रहेगा, न घर का पता रहेगा। मैं सरायखाने का नामहीन, गोत्रहीन अजनबी मुसाफिर बन जाऊँगा।

रजिस्टर पर नाम लिखते-लिखते सत्यसुन्दर बाबू ने कहा, "मुझे पहले ही खबर मिल चुकी है।"

सामने एक विदेशी अतिथि खड़े थे। बैरा दूर ही से दौड़ा हुआ आया। सत्यसुन्दर बाबू ने कहा, "एक नम्बर सूट।"

दीवार के बोर्ड पर जो असंख्य चाबियाँ झूल रही थीं उनमें से एक निकालकर बैरे ने साहब के हाथ में दी और सलाम किया। साहब बायें हाथ से अपने भूरे रेशमी बाल सँभालते, और दायें हाथ की अँगुली में चाबी घुमाते हुए ऊपर चले गये।

सत्यसुन्दर बाबू ने धीमी आवाज़ में कहा, "साहब अकेले आये हैं, मगर डबल बेडवाला कमरा लिया है। इस होटल का सबसे बेहतर कमरा, जिसका प्रतिदिन का किराया है दो सौ पचास रुपये, सो भी सिर्फ बेड एण्ड ब्रेकफास्ट!"

बेड एण्ड ब्रेकफास्ट की बात उस वक्त तक मैं नहीं समझता था। बाद में सुना, इसका मतलब है रहने के इन्तज़ाम के अलावा सिर्फ ब्रेकफास्ट दिया जायेगा। बाकी खाने-पीने के पैसे अलग से देने होंगे। जो टूरिस्ट लोग सारा दिन घूमते रहते हैं, उन्हें बेड एण्ड ब्रेकफास्ट का रेट ही पसन्द आता है।

मैंने कहा, "इन साहब की उम्र तो ज्यादा नहीं लगती। अमीर आदमी हैं।"

"मेरा सिर !" बोस भाई हँसने लगे, "एक नौकरी है। मगर, जितनी तनखाह मिलती होगी उससे शाहजहाँ होटल के एक नम्बर सूट में रहा नहीं जा सकता।"

"दफ्तर के काम से आये होंगे। ठहरने का पैसा दफ्तर देता होगा।"

"उनका दफ्तर भी तो यहीं कलकत्ता में ही है। बालीगंज के एक साहब के मकान में 'पेइंग गेस्ट' होकर रहते हैं। अक्सर यहाँ रहने चले आते हैं। डबल वेडवाला कमरा लेते हैं, जबकि आते हैं अकेले। महीने में चार-पाँच बार तो आते ही होंगे। कॉमनवेल्थ के आदमी हैं, नहीं तो हर बार सिक्योरिटी पुलिस को रिपोर्ट करनी पड़ती और पुलिस भी अवाक् रह जाती कि बालीगंज का कोई आदमी बार-बार शाहजहाँ होटल क्या करने आता है ?"

मुझे ऐसी ज़िन्दगी से ज़रा भी परिचय नहीं था। बोस भाई ने मुझे बताया, "यहाँ अगर शाम को कोई आदमी दो-चार घण्टे बैठा रहे, तो उसकी भी समझ में आ जायेगा। रात में काला चश्मा पहनकर वह आती हैं। उनके हसबैण्ड के पास सात-आठ गाड़ियाँ है, फिर भी वह टैक्सी में बैठकर आती हैं। इतना तो मैं शर्त के साथ कह सकता हूँ, मिस्टर फलाँ आज कलकत्ता में नहीं हैं। या तो बम्बई गये हैं, या दिल्ली गये हैं। हो सकता है, बिजनेस के काम से सीधे विलायत चले गये हों।"

"मिस्टर फलाँ कौन हैं ? और वह भद्र महिला ?" मैं अब अपनी उत्सुकता दबाये न रह सका।

बोस भाई ने कहा, "इस अभागे देश में दीवार के भी कान होते हैं।"

बोस भाई का हाथ दबाते हुए मैंने कहा, "मेरे पास कान ज़रूर हैं, मगर मैं गूंगा हूँ। जो बात कान में होकर भीतर जाती है, वह पेट में ही कैद रहती है। मुंह से निकलकर भाग नहीं पाती।"

बोस भाई ने कहा, "मिसेज़ पकड़ासी। माधव पकड़ासी के बहीखाते से उनका नाम कट चुका है। मिस्टर पकड़ासी के जीवन में सारी चीजों की बहुतायत थी, कितनी गाड़ियाँ, कितनी कम्पनियाँ, कितने मकान, और विराट् सम्पत्ति, रुपयों के पहाड़ ! मगर जो चीज़ अकेली थी, वही बरबाद हो गयी। मिसेज़ पकड़ासी अब जीवित रहकर भी उनके लिए जीवित नहीं हैं। सारा दिन वह समाज-सेवा करती हैं, भाषण देती हैं। उद्घाटन समारोह में भाग लेती हैं, तसवीरें खिंचवाती हैं, देश-कल्याण की चिन्ताओं में लगी रहती हैं, और रात में शाहजहाँ होटल चली आती हैं। दिन-भर वह बंगाली औरत बनी रहती हैं, रात में इण्टरनेशनल हो जाती हैं। किसी दिन यहाँ मैंने उन्हें अपने देश के आदमी के साथ नहीं देखा है। एक नम्बर सूट में पहले जो आया करता था, वह तेईस साल का एक फ्रांसीसी लड़का था। मगर कॉमनवेल्थ का आदमी न हो, तो हमें पुलिस में रिपोर्ट करनी पड़ती है, लगता है, इसीलिए अब एक अंग्रेज़ छोकरे को उन्होंने चुन लिया है। बेचारे मिस्टर पकड़ासी !"

"आपको किसी से अधिक सहानुभूति नहीं रखनी चाहिए।" मैंने कहा।

"मिसेज़ पकड़ासी भी यही कहती हैं। कौन कहता है, बम्बई के 'ताज' होटल में,

दिल्ली के 'मेडन्स' में, मिस्टर पकड़ासी सिंगिल बेड कमरा लेते हैं या डबल बेड ? मगर आज तक कभी वह अपने पति को पकड़ नहीं पायी हैं। मुझे लगता है, मिस्टर पकड़ासी शरीफ आदमी हैं। कभी-कभी दोपहर में लंच के लिए आते हैं। वियर तक नहीं पीते। मिसेज़ पकड़ासी ने तो आपके बायरन साहब को उनके पीछे लगाया था। बायरन दो-दो बार बम्बई तक उनके पीछे गये। मगर, जहाँ तक मुझे पता है, कोई फायदा नहीं हुआ।"

मैंने चकित होकर पूछा, "इतनी सारी बातें आपको कैसे मालूम हैं ?"

"आप-ही-आप मालूम हो जाती हैं। आप भी जानने लगेंगे। दो दिन बाद आप भी जान जायेंगे कि मिसेज़ पकड़ासी कौन हैं। उनके ब्वॉयफ्रेण्ड के बारे में भी बहुत कुछ सुनेंगे। सुनकर अवाक् हो जायेंगे। जो कुछ देखेंगे, उस पर विश्वास नहीं होगा। लगेगा, आँखें धोखा दे रही हैं।"

"क्यों ?" मैंने जानना चाहा।

"अभी नहीं। कभी वक्त मिला तो सारी बातें बताऊँगा, अगर जानना चाहेंगे। अभी ज़रा इन्तज़ार कीजिए, हाथ का काम पूरा कर लूँ। अभी तुरत एक सौ बयानवे, एक सौ पिचानवे और एक सौ अट्ठाईस नम्बर के कमरे खाली हो जायेंगे। बिल तो तैयार ही हैं। हाँ, लास्ट मिनट कोई मेमो दस्तखत किया है कि नहीं, देख लूँ। कोई मेमो छूट जाये, तो पैसे मेरी ही तनखाह से काटे जायेंगे।"

सारे बिल देखकर, सत्यसुन्दर बाबू ने पोर्टर को बुलाया। वह बेचारा चुपचाप तिपाई पर बैठा था। पुकार सुनकर भाग आया।

यहाँ बातें करने का एक अजीब-सा कायदा है। आवाज़ इतनी धीमी कि जिससे बातें की जायें, उसके अलावा दूसरा कोई सुन ही न पाये। मगर इसका मतलब यह नहीं कि फुसफुसाकर बोलना पड़ता है। आवाज़ धीमी, स्वर दबा हुआ, मगर शब्द स्पष्ट बोलना पड़ता है। इसी ढंग से सत्यसुन्दर बाबू ने पोर्टर को कहा, "साहब लोग अपने कमरों में हैं। उनकी पैकिंग तैयार है। अब और देर मत करो।"

मैंने पूछा, "ऐसे कण्ठ-स्वर का आपने कैसे अभ्यास कर लिया ?"

"आप लोग जैसे कहते हैं, बी. बी. सी. का उच्चारण अलग होता है, वैसे ही इसका नाम है होटल-वॉयस ! बड़ी कठिनाइयों से इस वॉयस का हमने अभ्यास किया है। आपको भी करना पड़ेगा।" बोस भाई बोले।

"यह 'आप-आप' अब हम लोग खत्म क्यों न कर लें ? मुझे खुशी होगी, अगर शाहजहाँ होटल में एक ऐसा आदमी हो, जिससे मैं 'तुम' सुन सकूँ।" मैंने कहा।

"फिर तुम मुझे क्या कहकर पुकारोगे ?"

"यह मैंने सोच लिया है। मैं आपको 'बोस दा' कहा करूँगा।"

"मुझे एतराज नहीं। मगर, कभी-कभी 'स्याटा दा' भी कहा करो। साहबों का दिया हुआ यह प्यार का नाम 'स्याटा बोस' कहीं खत्म न हो जाये ?"

"क्यों खत्म होगा ? यहाँ तो सारे लोग आपको उसी नाम से पुकारते हैं ?" मैंने ज़रा विस्मित होते हुए पूछा।

"उनके कहने और अपने आदमी के कहने में तो फर्क है भाई !" और इतना कहकर सत्यसुन्दर बाबू फिर मेरी बात पर लौट आये, "जिम से सुना, तुम एकदम पक्के ढंग से यहाँ आ रहे हो। चलो, अच्छा हुआ।"

मेरे मन में दुश्चिन्ता भी थी, हिचकिचाहट भी थी। मैंने कहा, "आप कहते हैं, अच्छा हुआ है। मगर मुझे तो डर लग रहा है।"

बोस दा मुसकराने लगे। बोले, "तुम्हारी बात से हँसी आ गयी। डर ज़रूर लगता है। शाहजहाँ होटल को दूर से देखकर किसे भय नहीं होता ! मैं साहबगंज कॉलोनी की सिज़ण्ड सागवान लकड़ी का बना हूँ, शुरू में मेरी छाती भी फटने लगी थी।"

रिसेप्शन में खड़े होकर ज्यादा देर तक बातें नहीं की जा सकतीं। टेलीफोन बज उठा। बोस दा ने रिसीवर उठाया, "शाहजहान रिसेप्शन।···बेग योर पार्डन ! मिस्टर मित्सुई बिसी···हाँ-हाँ, वह टोकियो से ठीक वक्त पर पहुँच गये हैं। रूम नम्बर टू हण्ड्रेड टेन !"

शायद उधर से किसी ने पूछा, "मिस्टर मित्सुई बिसी कमरे में हैं या नहीं ?"

"जस्ट ए मिनट", कहकर बोस दा ने चाबियों के बोर्ड पर निगाहें दौड़ायीं। दो सौ दस नम्बर की चाबी बोर्ड पर लटक रही है। बोले, "नो, आई एम सॉरी। वह बाहर जा चुके हैं।"

फोन रखकर बोस दा ने कहा, "फिर देर क्यों कर रहे हो ? घर से रिश्ता तोड़-कर यहाँ चले आओ।"

अब मुझे अपनी दुश्चिन्ता का कारण बताना ही पड़ा। मैं शर्म से मिट्टी में गड़ा जा रहा था। फिर भी बोला, "इतने बड़े होटल में रहने के लिए जिन चीज़ों की ज़रूरत होती है, मेरे पास कुछ भी नहीं। बिस्तर ठीक नहीं है। किसी से होल्डोल माँग भी नहीं सकता कि सारा सामान चुपचाप उसमें लपेटकर ले आऊँ। ऐसा नहीं हो सकता कि मैं पीछे के दरवाज़े से अपना सामान ले आऊँ। मेन गेट से इतनी फटी-पुरानी चीज़ें कैसे ला सकता हूँ ?"

बोस दा ने मेरी रक्षा कर ली। मुझे एकदम मूर्ख साबित करते हुए उन्होंने कहा, "तुम वाकई बुद्धू हो ! ऐसी छोटी-छोटी बातों की भी चिन्ता की जाती है ? अगर हमारे पास बढ़िया बिस्तर होता तो फिर हम यहाँ आश्रय लेने को आते ? जितना बड़ा होटल हो, उतनी कम चीजें साथ लानी चाहिए। फ्रांस के एक होटल का तो विज्ञापन ही है, अपनी भूख के अलावा कोई अतिरिक्त वस्तु यहाँ लाने की ज़रूरत नहीं है। और भूख का मतलब, सिर्फ पेट की ही भूख नहीं, और भी बहुत कुछ।"

बोस दा ने पेंसिल कान पर रख ली थी। उसे उतारकर एक स्लिप लिखने लगे। लिखने के बाद बोले, "तन ढँकने के कपड़ों के अलावा कुछ भी यहाँ लाने की ज़रूरत नहीं है। आप-ही-आप सारी व्यवस्था हो जायेगी।"

फिर कुछ सोचकर उन्होंने कहा, "सॉरी, एक और चीज साथ लानी होगी। बहुत जरूरी आइटम ! वह तो तुम्हारे पास अच्छी हालत में है न ?"

"क्या चीज़ ?"

"टूथ ब्रुश ! अपने ब्रुश के अलावा कोई चीज़ लाने की ज़रूरत नहीं है। जाओ, देर मत करो। कासुन्द की सहस्र भुजा काली माता को प्रणाम पहुँचाकर, हावड़ा म्युनिसपैलिटी से सारे कनेक्शन कट-ऑफ करके, सीधे इस चितरंजन एवेन्यू में चले आओ। हम लोग तब तक तुम्हारे सिविल रिसेप्शन की तैयारी करते हैं।"

अपने सारे सामान के साथ जब शाहजहाँ होटल के सामने की सड़क पर मैं आ गया, एक विचित्र अनुभूति-सी होने लगी। शाहजहाँ होटल की नियॉन बत्तियाँ जल उठी थीं। उस नियॉन रोशनी की सपनीली दुनिया में डूबे हुए होटल को मैंने एक नये रूप में देखा।

यह तो होटल नहीं है, फ्रेम में लगी हुई कोई तस्वीर है। तस्वीर की युवती के चिरयौवनमय शरीर में आधुनिक स्काई-स्क्रैपरों का औद्धत्य नहीं है, प्राचीन आभिजात्य की कुलीनता-शालीनता है। रात्रि के सघन अन्धकार में सुन्दरी नववधू के कंगन की तरह नियॉन रोशनी की रेखा चमक उठती है। रोशनी की तीन रेखाएँ हैं—दोनों ओर हरी रेखा, बीच में लाल। हरी रोशनी बुझती है, जलती है, फिर बुझ जाती है। यह चंचलता हरी रोशनी में है। और, लाल रोशनी किसी राक्षस की लाल और पलकविहीन आँखों की तरह जल रही है।

यह तो होटल नहीं है, इन्द्रपुरी है। होटल के विराट् बरामदे में सिर्फ पोर्टिको नहीं है, सिर्फ प्रवेशद्वार नहीं है, झिलमिलाती हुई रंगीन रोशनियोंवाली कितनी ही दूकानें हैं। किताबों और अखबारों की दुकानें हैं, दवाखाने हैं, हाथकरघे की कारीगरी से भरी हुई कपड़े की सरकारी दूकान, और नटराज की मूर्ति, हाथीदाँत के खिलौने, पत्थर और मिट्टी की कलाकृतियाँ बेचने के स्टॉल, क्यूरियो शॉप, और शाहजहाँ बैंड केक और डबलरोटी बेचने के काउण्टर हैं। और भी कितनी ही चीज़ें। कारों के शो-रूम। रुपये भेजने के लिए पोस्ट-ऑफिस। रुपये भुनाने के लिए बैंक। कोट-पैण्ट बनाने के लिए टेलरिंग शॉप, और वहीं कोट-पैण्ट धोने के लिए 'आर्ट डायर्स एण्ड क्लीनर्स !' और, आदमी की खातिरदारी और खिदमत करनेवालों की इस भीड़ में मरे जानवरों की खाल में भुस ठूँसकर उन्हें 'ज़िन्दा' बनाने के लिए एक टैक्सिडर्मिस्ट भी है। बाघ, चीते, सिंह—अब कौन शिकार करता है ?

मगर, इस टैक्सिडर्मिस्ट का भी एक इतिहास है। इस होटल के प्रतिष्ठाता को शिकार पसन्द था, और उसके एक दोस्त भी शिकार के नशे से पागल थे। टैक्सिडर्मिस्ट की दूकान में उन दोनों की एक ऑयल तसवीर टँगी है—एक रॉयल बंगाल टाइगर के मृत शरीर पर पाँव रखकर शाहजहाँ होटल के मालिक और उनके दोस्त साहब खड़े हैं। मगर दोस्त साहब का वह पाँव हमेशा कायम नहीं रह सका। रॉयल बंगाल टाइगर खानदान के ही किसी साहसी युवक ने अवसर पाकर स्किनर साहब के पाँव से बदला लिया था।

शाहजहाँ होटल के मालिक सिम्प्सन साहब और उनके दोस्त स्किनर साहब चार पाँव लेकर शिकार में गये थे और तीन पाँव के साथ वापस आ गये। स्किनर साहब को

नौकरी में घूमना-फिरना पड़ता था। नौकरी चली गयी। अपने दोस्त के लिए सिम्पसन चिन्तित हुए। क्या किया जाय ? स्किनर ने बहुत पहले शौक से टैक्सिडर्मिस्ट का काम सीखा था। दोस्त ने कहा, "तुम मेरे ही होटल के नीचे दूकान खोलो। किराया नहीं देना होगा और होटल के शिकारी अतिथियों को भी तुम्हारे ही पास भेजने की कोशिश करूँगा।"

तब से आज तक, इन एक सौ पच्चीस बरसों के अन्दर कितने लाख भारतीय बाघ, सिंह, चीता, हरिण और हाथी आदि वन्य पशुओं के प्राण गये हैं, हमें मालूम है। उन सारे अकाल-मृत अरण्य-सन्तानों के कितने शरीर आज भी अज्ञात अवस्था में सात समुद्र पार इंग्लैण्ड के कितने ड्राइंग-रूमों की शोभा बढ़ा रहे हैं, यह भी अन्दाज़ किया जा सकता है, इसलिए यह भी अन्दाज़ किया जा सकता है, किस तरह लँगड़े स्किनर साहब ने स्कॉटलैण्ड में एक पुराना महल खरीदा था, किस तरह इस युग में कई लाख रुपये को पौण्ड में बदलकर वह लन्दन जानेवाले जहाज़ में चढ़ गये थे।

स्किनर साहब की सफलता की कहानी मुझे मालूम भी नहीं हो सकती थी। मैं ही क्यों, स्किनर एण्ड कम्पनी के वर्तमान मालिक, मुक्ताराम साहा भी जान पाते कि नहीं, यह कहा नहीं जा सकता, अगर इसी दूकान में कैश-काउण्टर के पीछे पुराने 'इंगलिश मैन' अखबार की एक कटिंग फ्रेम में टँगी नहीं रहती। स्किनर साहब जिस दिन इस देश से जा रहे थे, 'इंगलिश मैन' के सम्पादक ने उनके बारे में एक विशेष लेख छापा था।

इस लेख के साथ 'इंगलिश मैन' के एक आर्टिस्ट का बनाया हुआ शाहजहाँ होटल का बड़ा-सा स्केच भी छपा था। वह स्केच मैं गौर से काफी देर तक देखता रहा था। शाहजहाँ होटल के लाउन्ज़ में भी उसी युग के किसी नामहीन चित्रकार की तसवीरें हैं। ये तसवीरें ही होटल में आनेवाले का प्रथम स्वागत करती हैं और उन्हें बताती हैं—यह पथिकशाला अचानक बना लिया गया अमरीकी होटल नहीं है, इस होटल का अपना एक अतीत है, इतिहास है, 'ट्रैडीशन' है—और स्वेज़ नहर के पूरब का सबसे प्राचीन और महान् यह पान्थनिवास आपका स्वागत करता है।

अपना बैग हाथों में लिये, जब मैं लाउन्ज़ में घुसा, बाहर का कोई आदमी वहाँ नहीं था। सत्यसुन्दर बाबू ने रिसेप्शन-काउण्टर से बाहर आकर नाटकीय ढंग से मेरा स्वागत किया।

मुझे बहुत शर्म आ रही थी। सत्यसुन्दर बाबू हँसते-हँसते बोले, "जानते नहीं, लज्जा, घृणा और भय, इन तीनों के रहने से होटल की नौकरी नहीं चलती है।"

फिर उन्होंने घड़ी की ओर देखकर कहा, "और पाँच मिनट रुक जाओ। मेरी ड्यूटी खत्म होगी, विलियम घोष आ जायेगा। उसे चार्ज देकर, हम-तुम साथ-साथ चक्र-व्यूह तोड़ते हुए अन्दर चलेंगे।"

"विलियम भी क्या ऊपर ही रहता है ?" मैंने पूछा।

"नहीं। वह बाहर से आता है। बहूबाज़ार के मदन दत्त लेन में रहता है। उससे तुम्हारा परिचय नहीं है ? वेरी इण्टरेस्टिंग ब्वॉय !" बोस दा ने कहा।

मैं लाउन्ज की पुरानी तसवीरों की ओर देख रहा था। सत्यसुन्दर बाबू भी काम खत्म कर चुके थे। मेरे साथ आकर तसवीरें देखने लगे। फिर बोले, "आश्चर्य होता है। कितनी पुरानी बात है! मगर काल के परिवर्तन करने की उपेक्षा करके सिम्पसन साहब का यह शाहजहाँ होटल वैसे का वैसा खड़ा है।"

"इसे देखकर अब भी कौन कहेगा, इसकी इतनी उम्र हो चुकी है!" मैंने कहा।

बोस दा ने कहा, "हमारा यह विलियम बहुत अच्छी-अच्छी कहावतें जानता है। कहाँ-कहाँ से ढूँढ़कर बंगला कहावतें और लोकोक्तियाँ उसने इकट्ठी की हैं! विलियम कहता है, मकान की उम्र बढ़ती नहीं। उम्र का बढ़ना मालिक पर निर्भर करता है। विलियम की डायरी में लिखा है,

'इमारत की मरम्मत
जमींदारी की मालगुज़ारी
नौकरी की हाज़िरी।'

तुम इसका मतलब समझ सके।"

"क्या मतलब है?" मैंने पूछा।

"विलियम घोष अभी होता, तो कितनी तरह से मतलब बताता। मैं इस कहावत का सीधा-सादा अर्थ जानता हूँ कि वक्त पर इमारत की मरम्मत करनी चाहिए, वक्त पर जमींदारी की सरकारी मालगुज़ारी देनी चाहिए, और नौकरी में वक्त पर हाज़िरी लगानी चाहिए।"

इस बिल्डिंग के मालिकों ने इमारत की मरम्मत में कोई कंजूसी की हो, ऐसा नहीं लगता है।"

"ठीक वक्त पर सुर्खी-चूने का स्नो-पाउडर लगाते रहने के कारण ही तो बुढ़िया होकर भी अपने चेहरे पर जवानी कायम किये है।" सत्यसुन्दर बाबू ने हँसते-हँसते कहा, "मगर यह तो बाहरी रूप है। जब तक अच्छी तरह भीतर के हिस्से को नहीं देखा जाय, कोई राय कायम नहीं करनी चाहिए।"

मैं एक तालाब की तसवीर के सामने खड़ा हो गया। दूर लाटसाहब का मकान दीख रहा है। यह तालाब कलकत्ता के वक्षस्थल से किस प्रकार गायब हो गया, मुझे पता नहीं था।

सत्यसुन्दर भाई ने कहा, "यही है वह विख्यात एस्प्लेनेड तालाब! उसी एस्प्लेनेड में अब ट्रामगाड़ियाँ चलती हैं। इस तालाब के बारे में जितनी कहानियाँ प्रचलित हैं, सब सुनना चाहो तो एक आदमी से परिचय करवा दूँगा। बड़े ही मनोरंजक आदमी हैं, समझ लो, किस्सों की एक पूरी लाइब्रेरी हैं। इतनी सारी घटनाएँ इसी जगह हुई थीं, और सारी घटनाएँ अकेले एक आदमी को याद हैं, विश्वास नहीं होता है। मगर, उनसे मिलोगे तो विश्वास हो जायेगा। बूढ़े साहब हैं, एक युग से कलकत्ता में रहते हैं।"

बोस दा कहते गये, "उनसे ही मैंने सुना है, पुराने लोगों का विश्वास था, यह एस्प्लेनेड तालाब अथाह है, इसके नीचे कहीं मिट्टी है ही नहीं। जितने नीचे चले जाओ, पानी-ही-पानी है। तालाब में असंख्य मछलियाँ थीं। बाद में, जब तय हुआ कि पाइप

लगाकर तालाब का पानी सुखा दिया जाय, तब 'होटल दि यूरोप' के मालिक फिनबर्ग साहब साढ़े छः सौ रुपये देकर तालाब की सारी मछलियाँ खरीदने को तैयार हो गये। पानी खींचने का काम शुरू किया गया। चौरंगी तब तक जंगल था। इस अतल तालाब के नीचे कहीं पृथ्वी है या नहीं, यह देखने के लिए दूर-दूर से लोग आने लगे। भीड़ बढ़ने लगी। इधर, 'होटल दि यूरोप' के मालिक की रातों की नींद हराम हो गयी—पता नहीं, कितनी मछलियाँ निकलेंगी।

"पानी नालों-पनालों से बहता हुआ हुगली में जाने लगा, और सारा कीचड़ अलग फेंका जाने लगा। इसी कीचड़ से डलहौज़ी क्लब का मैदान तैयार हो गया। सुना है, साढ़े छः सौ रुपये लगाकर 'होटल दि यूरोप' के मालिक ने हज़ारों रुपये बना लिये थे। तरह-तरह की मछलियाँ पकड़ी गयी थीं। एक-एक मन भारी रोहू मछलियाँ। कितनी मछलियाँ तो कीचड़ में ही फँसी रह गयी थीं। मगर, फिनबर्ग साहब के नौकर सबको पकड़कर ले गये।"

मछलियों की ही कहानी अभी देर तक चलती रहती, मगर अचानक कोई व्यक्ति मेरे पीछे आकर खड़ा हो गया। हमें चौंकाते हुए उसने पूछा, "चौरंगी की मछलियाँ जब पानी के मोल बिक रही थीं, तब हमारे शाहजहाँ होटल के मालिक क्या कर रहे थे?"

"अरे, विलियम! आज देर कैसे कर दी?" बोस दा ने मुँह घुमाकर पूछा।

"ज़रा देर हो गयी, स्याटा! कलकत्ता शहर है न, ट्राम का दिमाग हर वक्त ठीक नहीं रहता। आज ज़रा दिमाग घूम गया था।" विलियम ने हँसकर उत्तर दिया।

इतनी देर तक मैं चकित होकर विलियम घोष का चेहरा देख रहा था। साँवले रंग में इतना खूबसूरत चेहरा जल्दी नज़र नहीं आता है। अगर धोती पहनते रहते और रंग ज़रा गोरा होता, तो कहता कार्त्तिकेय की तरह सुन्दर है। ऐसी काली आँखें इससे पहले एक ही बार देखी थीं, मेरे बचपन की पुण्टू दीदी की आँखें! मगर, पुण्टू दीदी तो बड़े शौक से अपनी काली आँखों में काजल आँजती थीं। दूर से देखने पर लगता है, विलियम की आँखों में भी काजल के डोरे हैं।

सादे शर्ट पर काले रंग की तितलीनुमा टाई विलियम घोष ने बाँधी है। छोटी-छोटी मूँछें गले की तितली से मिलाकर काटी गयी हैं। हल्के नीले रंग का पैण्ट। उसी से मैच करता हुआ कोट। कोट के खुले बटनों से सफेद शर्ट की जेब दीखती है। वहाँ रेशम के रंगीन धागों से अंग्रेज़ी का 'एस' अक्षर लिखा है। यह 'एस' शाहजहाँ होटल के नाम का पहला 'एस' है।

खाता-बही घोष को समझाकर, बोस दा ने कहा, "विलियम, तुम्हारी किस्मत अच्छी है। अच्छे मुहूर्त में तुम्हारी नाइट-ड्यूटी पड़ी है।"

विलियम को समझाने की ज़रूरत नहीं है, वह तुरत समझ गया, "एक नम्बर सूट बुक हो गया है? मिसेज़...क्या आ गयी हैं?"

"मिसेज़ पकड़ासी अभी तक नहीं आयी हैं। आज अचानक खुद फोन करके उन्होंने रूम बुक कराया। शायद पहले से जानती नहीं थीं। लगता है, मिस्टर पकड़ासी

को अचानक किसी ज़रूरी काम से बाहर जाना पड़ा है।"

"टॉमसन आ गया है ?" विलियम घोष ने पूछा।

"हाँ, टॉमसन आ गया है। तुम्हारे तो दस-दस के दो नोट बँधे ही हैं।"

"बैड लक, ब्रदर ! मेरी भी अगर गोरी चमड़ी होती, तो दो नोट क्यों, दस-दस के हज़ारों नोटों का इनाम मुझे मिलता।"

"नमकहरामी मत करो, विलियम ! मिसेज़ पकड़ासी के अलावा किसी को मैंने आज तक रिसेप्शनिस्ट को इनाम देते नहीं देखा है। उनका स्वभाव बहुत अच्छा है।"

जवाब में विलियम कुछ कहने ही जा रहा था मगर पहले ही बोस दा ने कहा, "हे मन चलो अब अपने भवन !" चमड़े का बैग मैं खुद ही उठाने लगा था। बोस दा ने पुकारा, "पोर्टर !"

पोर्टर दूर तिपाई पर बैठा था। पास आकर उसने हम दोनों को सलाम किया। मगर बोस भाई उस पर नाराज़ हो उठे, "तुम्हारी टोपी टेढ़ी क्यों है ? मैनेजर साहब देखेंगे, तो तुरत हाथ में एक रुक्का देकर होटल से विदा कर देंगे।"

ठीक जैसे सर्कस का क्लाउन हो। क्लाउन के ड्रेस को देखकर ही जैसे शाहजहाँ के पोर्टरों का यूनिफॉर्म बनाया गया हो। बैंजनी रंग का गलेबन्द कोट, मगर आधा हाथ कटा हुआ। बाँहों के बीच से हरे रंग की पट्टी। पट्टी की वही लाइन पैण्ट के ऊपर से नीचे तक उतर गयी है। माथे पर मखमली टोपी, उस पर भी हरे रंग की वही लकीर।

पोर्टर तुरत टोपी सीधी करता हुआ बोला, "कुसूर माफ कीजिए, हुजूर !"

बोस दा ने कहा, "लाउन्ज में इतने सारे आईने किसलिए रखे गये हैं ? उसमें चेहरा भी नहीं देख सकते ?"

उसने बैग मेरे हाथ से ले लिया। हम दोनों बोस दा के पीछे-पीछे चलने लगे। "लिफ्ट से जाओगे या सीढ़ी से ?" बोस दा ने पूछा। फिर कुछ सोचकर खुद ही बोले, "नहीं, लिफ्ट से चलो।"

दोमंज़िले पर एक बार रुककर लिफ्ट ऊपर उठने लगी। दोमंज़िले के सारे कमरे अतिथियों के लिए हैं। किसी तरह मार्कोपोलो साहब इसी मंजिल पर टिके हैं। और कोई नहीं रहता। तीसरी मंज़िल पर लिफ्ट रुक गयी। एयरकण्डीशन की ठण्डी हवा का एक झोंका देह को ठण्डा कर गया। तीसरी मंज़िल पर भी सिर्फ गेस्ट रहते हैं।

तीसरी मंज़िल से जैसे-जैसे लिफ्ट उठने लगी, आबोहवा में परिवर्तन होने लगा। जो लिफ्टमैन अब तक मिलिटरी कायदे से तनकर खड़ा था, वही दीवार के सहारे खड़ा होकर पाँव सहलाने लगा। ठण्डी हवा धोखा देकर चली गयी, गर्म हवा फैलने लगी। बोस दा ने कहा, "एयरकण्डीशन इलाका खत्म हो गया। अब हमारा इलाका शुरू होता है।"

दरवाज़ा खोलकर लिफ्टमैन ने हमें जहाँ उतार दिया, वहाँ अँधेरा-ही-अँधेरा था। कोलैप्सेबुल गेट बन्द करके लिफ्ट नीचे उतर गयी और मुझे लगा, हमें अँधेरे में कैद

करके किसी ने बाहर के दरवाज़े बन्द कर दिये हैं।

ज्यादा देर यही हालत रहती, तो मैं डरने लगता। लेकिन पोर्टर ने बायाँ हाथ बढ़ाकर सामने का एक दरवाज़ा खोल दिया। बिजली की हल्की रोशनी दरवाज़े के खुलते ही बाहर फैल गयी। उसी रोशनी में देखा, दरवाज़े पर लाल अक्षरों में लिखा है, 'खींचो' और अन्दर जाते ही दरवाज़ा अपने-आप बन्द हो गया। दरवाज़े के इस ओर लिखा था, 'धक्का दो।'

मैं बात समझ नहीं सका। बोस भाई ने हँसकर कहा, "समझ नहीं सके? दुनिया का पुराना नियम है। इधर से धक्का मारो, उधर से बाहर खींचो। जिनकी किस्मत बड़ी होती है, उनकी किस्मत का दरवाज़ा भी ऐसे ही खुलता है। अभागों की किस्मत उल्टी होती है। जिधर से खींचा जाना चाहिए, उधर लोग धक्के मारते हैं। जिधर से धक्का मारना चाहिए, उधर लोग खींचते हैं। और, किसी तरह भी किमस्मत का दरवाज़ा नहीं खुलता। हम लोग यह भूल नहीं करें, इसीलिए लिख दिया गया है—इधर से खींचो, इधर से धक्के लगाओ!"

समूची छत पर कतारों में छोटे-छोटे कमरे बने हैं, जिनकी छतें खपरैल, टिन या एस्बेस्टस की बनी हैं।

"यही हमारे सिर छिपाने की जगह है! मुफ्त की हमारी धर्मशाला! और शाहजहाँ होटल का ग्रीनरूम!" बोस दा ने कहा। खिड़कियों से हल्की-हल्की रोशनी बाहर झिलमिला रही है। आसमान में अँधेरा फैला हुआ है।

अँधेरे में ठीक से देख नहीं सका था। लगभग अधनंगी-सी कोई औरत एक आरामकुर्सी पर बैठी थी। हमें देखते ही उठकर पता नहीं कहाँ गायब हो गयी।

मैं उनके साथ हूँ, यह भूलकर बोस भाई सीटी बजाते हुए अपने कमरे के सामने आ खड़े हुए।

बोस दा के कमरे में अँधेरा है। सफेद वर्दी लगाये एक बैरा दौड़ा आया। उसे देखकर बोस दा ने सिर झुकाये, धीमी आवाज़ में कहा, "रोशनी तो जलाओ, मैं अपना कमरा पहचान लूं।"

सत्यसुन्दर बाबू के कमरे की रोशनी जल उठी। कमरे में सजावट का कोई सामान नहीं है। दीवारें ईंट की नहीं हैं। लकड़ी की केबिन है। उत्तर और पश्चिम की ओर छोटी-छोटी दो खिड़कियाँ हैं। दायीं ओर एक किवाड़ का दरवाज़ा। दरवाज़ा खुला रहे, तो भीतर की हर चीज़ दीखती है।

कमरे में घुसते ही सत्यसुन्दर बाबू अपने बिस्तारे पर फैल गये। सारा दिन काम करते-करते वह बेहद थक गये हैं। दो-एक मिनट लाश की तरह पड़े रहकर उन्होंने बैरे को बुलाया। बैरों पर उनका काफी प्रभाव है, यह समझ में आ गया। बैरा भीतर आकर, कुछ बोले बिना उनके जूते उतारने लगा।

सावधानी से जूते का जोड़ा पलंग के नीचे डालकर, उसने बड़े प्यार से उनके मोज़े भी उतार लिये। पास ही सस्ती लकड़ी की एक आलमारी पड़ी थी। उसमें से स्लीपर निकालकर उसने पलंग के पास रख दिये।

सत्यसुन्दर बाबू ने कहा, "तुम लोगों में परिचय कराना जरूरी है।" बैरे की तरफ हाथ बढ़ाकर बोले, "यह मेरा गार्जियन है, गुड़बेरिया !" मेरी तरफ अँगुली दिखाकर बोले, "बेटे गुड़बेरिया, यह बंगाली मोशाय नयी नौकरी पर आये हैं। शाहजहाँ होटल के छोटे साहब हैं। फिलहाल रोज़ी मेमसाहब के कमरे में ठहरेंगे।"

बेचारा गुड़बेरिया विनम्रता में सराबोर होकर पगड़ी समेत सिर झुकाकर नमस्कार करने लगा।

सत्य दा ने कहा, "गुड़बेरिया, '362-ए' कमरे की चाबी ले आओ ! साहब अभी अपने कमरे में जाकर आराम करेंगे।"

बात सुनते ही गुड़बेरिया एबाउट-टर्न होकर दौड़ता हुआ चाबी की खोज में चला गया। सत्य दा से मैंने कहा, "वाह, बहुत अच्छा बैरा है !"

"अच्छा बने बिना अभी उसका काम नहीं चलेगा। श्रीमान गुड़बेरिया महाशय इन दिनों निर्वासित जीवन बिता रहे हैं।"

"क्या मतलब ?" मैंने पूछा।

"पहले इसकी ड्यूटी तीसरी मंजिल में होती थी। एक दिन इसने आधा दर्जन प्याले तोड़ दिये। इसीलिए मालिक ने यहाँ भेज दिया है। अतिथियों की सेवा से होटल-स्टॉफ की सेवा में भेज दिये जाने का मतलब बर्मा-शेल की नौकरी से हटाये जाकर माखनलाल हज़रा के किराने की दूकान में नौकरी करने के बराबर है। बेचारे को लात से नहीं मारकर मात से मारा है मैनेजर साहब ने ! बख्शीश के झरने से हटाकर इस मरुभूमि में फेंक दिया है। इधर हैड बैरा परबसिया ने अपनी लड़की के साथ इसकी शादी तय की थी। बेचारे के दुर्भाग्य के कारण वह भी पीछे हटने लगा, इसीलिए बेचारा मेरी सेवा करके इस बिपदा से छुटकारा पाना चाहता है। वह समझता है, परबसिया और मार्कोपोलो, दोनों पर मेरा प्रभाव है। मेरा कोई भी अनुरोध वे लोग टाल नहीं पायेंगे।" हो सकता है, सत्य दा और भी कई बातें कहते, मगर गुड़बेरिया चाबी लेकर आ गया। वह चुप हो गये। गुड़बेरिया ने मुझसे कहा, "चलिए हुज़ूर !"

सत्य दा बोले, "क्या मैं भी तुम्हारे साथ चलूँ ? या मेरी ज़रूरत नहीं है ?"

"नहीं, कोई ज़रूरत नहीं। गुड़बेरिया मुझे सब कुछ दिखा ही देगा।" कहकर मैंने उनसे विदा ली।

दरवाज़े पर जमी धूल से ही पता चल जाता है, '265-ए' का दरवाज़ा कई दिनों से खोला नहीं गया है। कमरा खोलकर और भीतर की रोशनी जलाकर गुड़बेरिया किसी और काम से खिसक गया।

कमरे में घुसकर तो मैं बड़ी ही उलझन में पड़ गया। रोज़ी इसी कमरे में रहती थी, अन्दर आते ही ड्रेसिंग टेबुल पर सजाकर रखे गये शृंगार के सामान इसका सबूत देने लगते हैं। लगता है, जाने के वक्त रोज़ी कुछ भी नहीं ले गयी। उसकी सारी चीज़ें यहीं पड़ी हैं मानो ज़रा पहले छुट्टी लेकर रोज़ी सिनेमा देखने गयी है, अभी तुरत लौट आयेगी और आकर देखेगी, उसकी अनुपस्थिति का अवसर पाकर एक आदमी चुपचाप उसके कमरे में घुसकर बैठ गया है।

यह कमरा छत से पूरबी हिस्से में है। भीतर और बाहर के दरवाज़े गहरे हरे रंग के हैं। ऊपर की टाट की सीलिंग सफेद है। छोटा-सा कमरा—एक पलंग, एक ड्रेसिंग-टेबुल और एक वार्डरोब ने ही सारी जगह घेर ली है। कुर्सी है, मगर एक ही अदद। मिलने की इच्छा रखनेवालों की संख्या कम ही रहे, इसीलिए बैठने के लिए एक ही कुर्सी रखी गयी है।

रोज़ी का बिस्तर एक रंगीन चादर से ढका था। उसी पर बैठकर मैं जूते उतारने लगा। पैण्ट और कमीज़ उतारकर बंगाली ढंग से तहमद बाँधते ही बाहर साँय-साँय हवा बहने लगी। आकाश में कब काले-काले मेघ छा गये थे, पता नहीं।

हवा 262-ए कमरे के दरवाज़े पर बूँदों की बौछार फेंकने लगी। बाहर से चाबी निकालकर, मैंने दरवाज़े में भीतर से चाबी लगा दी। खिड़कियाँ बन्द करनी पड़ीं, मगर उससे पहले ही बिस्तर का थोड़ा-सा हिस्सा भीग चुका था। रह-रहकर बिजली चमकती थी, और खिड़की की फाँक से उसकी चमक भीतर आकर मुझे डरा रही थी। शायद पूरा आसमान मुझ पर गुस्से में है। समझ गया कि मैं बिना इजाज़त लिये इस कमरे में आकर जम गया हूँ।

बाहर मूसलाधार पानी बरस रहा था। लगता था, जैसे मुहल्ले के बदमाश लड़के छत पर लगातार ईंट-पत्थर बरसा रहे हों। लगता था, जैसे कोई नौसिखिया तबलची राग पकड़ न पाने के कारण गुस्से में आकर लगातार तबला पीट रहा हो। यह मैं भूल गया कि मैं शाहजहाँ होटल की छत पर एक छोटे-से कमरे में हूँ। मुझे महसूस हुआ, मैं किसी निर्जन द्वीप में निर्वासित कर दिया गया हूँ, जहाँ कोई जीव-जन्तु नहीं है, कोई मनुष्य नहीं। यह प्रवाल द्वीप है, और मैं हूँ और जन-समाज से मेरा समस्त सम्पर्क हमेशा के लिए समाप्त हो गया है।

अपने कपड़े रखने के लिए मैंने आलमारी खोली, तो चौंक गया। रोज़ी के कितने गाउन और पेटीकोट वहाँ हैंगर पर भूल रहे हैं। आलमारी का पल्ला खोलते ही जैसे हवा की सिहरन से गाउन-पेटीकोट का गुलिस्तान सिहरने लगा। सिल्क, रेयन और नाइलन के कपड़े नारी-सुलभ चपलता से जैसे मुसकराने लगे, खिलखिलाकर हँसते हुए एक-दूसरे में लिपटने लगे। लगता है, तनखाह के सारे पैसे भद्र महिला कपड़े खरीदने में ही खर्च कर देती थी। आलमारी के बायें किवाड़ पर चमकीले स्टील के फ्रेम में एक तसवीर जैसे क्रॉस पर लटक रही है।

स्टील के फ्रेम में बैठी हुई औरत रोज़ी है, बिना किसी के बताये ही मैं समझ सकता हूँ। इस खतरनाक अदा में कोई औरत अपनी तसवीर खिंचवा सकती है और ऐसी तसवीर अपनी आलमारी में टाँग सकती है, यह तसवीर बिना देखे, मैं विश्वास नहीं कर पाता। तसवीर में रोज़ी की समूची देह नहीं है, आधी देह भी नहीं है। मगर जितना हिस्सा है वह सारा जैसे किसी इन्द्रजाल में बँधकर पैशाचिक हँसी हँस रहा है। रोज़ी के होंठ सिकुड़े हुए हैं। रोज़ी की आँखें अपनी ही देह की ओर देखकर शरमा रही हैं, मुँह फेर रही हैं।

उसके बाल घुंघराले हैं, साँप के फन की तरह। साँप की कुण्डलियों की तरह

दीखते हुए उसके बाल अफ्रीका के किसी गहन अरण्य की आदिम कहानियाँ कह रहे हैं। और, यही औरत टाइप करती थी ? उसके खुले होंठों के बीच से उसके दाँत झलक रहे हैं। तसवीर लाइट-शेड की गहराई से खींची गयी है। दाँतों के थोड़े-से हिस्से पर रोशनी पड़ी और रोशनी का थोड़ा-सा हिस्सा खुली हुई छातियों पर छलक आया था। रोज़ी इस रोशनी से डरकर जैसे अपने कपड़े ठीक करने लगी थी। शरमायी थी, हँसी थी, और एक पूरी तसवीर बन गयी थी।

पहले मैं उसे 'यूरेशियाई' रक्त की समझ रहा था। मगर तसवीर से एक और महादेश का चिह्न मिला। उसकी आँखों में, चेहरे में, अंग-अंग में जो महादेश बिखरा है, पहले उसका नाम था—'अन्धकार-महादेश'। अब अन्धकार हट गया है, और महादेश का नाम बच गया है, अफ्रीका !

और कोई जगह नहीं थी, इसीलिए अपने कपड़े भी मुझे आलमारी में ही रखने पड़े।

इस कमरे में रोज़ी अब नहीं है, मगर उसकी छाया यहाँ हर समय तैरती रहती है। लगता है, इस प्राचीन होटल की आत्मा ने भी 'कैबरे' के नाच और 'कन्सर्ट' की आवाजों से घबराकर रात के एकान्त अन्धकार में इसी खाली कमरे में आश्रय लिया था। मगर गंगा के उस पार से कासुन्द का एक लड़का यहाँ आ गया है, और उसकी आत्मा की शान्ति भंग कर रहा है और उदास बैसाख की यह बरसात भीगे हुए, विरक्ति से भीगे हुए स्वर में पूछती है, "कौन हो ? कौन हो तुम ?"

उस एक रात की बात याद करके मुझे अब भी हँसी आ जाती है। अपने बचपने पर खुद ही आश्चर्य होता है। मगर उस रात लगा था कि मैंने बरसात को प्रश्न का उत्तर नहीं दिया, तो वह गुस्से में आकर, आँधी में भरकर मुझ पर आक्रमण करने लगी। शाहजहाँ होटल की शताब्दी प्राचीन आत्मा और भी कठोर स्वर से पूछने लगी, "कौन हो तुम ? यहाँ क्यों आये हो ?"

कमरे के साथ ही बाथरूम लगा है। कई दिन से उसकी ओर भी किसी का ध्यान नहीं गया है। बाथटब में थोड़ा साबुनदार पानी जमा हुआ है। मैंने टब का छेद खोल दिया, और पानी निकलते ही टेप खोल दिया। टब पानी में धुलकर साफ हो गया। मगर, जैसे बाथरूम में भी रोज़ी खड़ी हो। उसकी साबुनदानी, टॉयलेट की चीज़ें, टूथपेस्ट, ब्रुश बाथरूम में फैले हैं।

अगर बरसात रुक जाती, तो मुझे थोड़ा सहारा मिलता। बोस दा के पास चला जाता, और पूछता, "मैं कहाँ आ गया हूँ ?"

बोस दा निश्चय ही अपनी स्वाभाविक रसिकता से उत्तर देते, "कलकत्ता के प्राचीनतम होटल शाहजहाँ में आ गये हो।"

हाँ, प्राचीनतम होटल ! बोस दा ने ही बताया था। कहा था—

"बात हाल-फिलहाल की नहीं है। शताब्दियाँ बीत गयी हैं। बरसात की एक अनजान शाम को जॉन चार्नक नाम का एक व्यक्ति अपनी नाव से हुगली नदी के किनारे इसी

कलकत्ता में उतरा था। वह भयानक कष्टों में था। जर्जर हो चुका था। मगर किसी भी सरायखाने का दरवाजा उसके लिए खुला नहीं था। सूतानटी और हुगली के लोगों ने तब होटल या सरायेखाने का नाम भी नहीं सुना था। कहीं कोई होटल नहीं था। लोग कठिन, कष्ट-साध्य जीवन जीते थे। उस रात चार्नक साहब ने अपनी सारी व्यवस्था स्वयं ही की थी, जैसा कि आदिकाल से ही विदेशी यात्री करते आये हैं।

"इसके बाद दिन बीतते गये। नीले समुद्र के उस पार से और भी कितने यात्री कलकत्ता की धरती पर आकर जमने लगे। मगर, अब तक उनके आश्रय के लिए कलकत्ता की नमकदार मिट्टी पर कोई होटल खड़ा नहीं हो सका।"

हँसते हुए बोस दा ने कहा था, "बचपन में रवीन्द्रनाथ की एक कविता मैंने कण्ठस्थ की थी। तब उसका अर्थ समझ नहीं पाता था—'हर देश में मेरा घर है, और मैं अपना घर खोजता फिर रहा हूँ!' अब समझ में आता है, कवि का मतलब था—पृथ्वी के हर देश में होटल-रूपी घर है।" मैंने ऐसे अनेक घर देखे हैं, मगर कोई भी पसन्द नहीं आया है। अब भी अपने मन के लायक 'घर' खोज रहा हूँ। कवि अगर सौ साल पहले पैदा होते तो ऐसी सुन्दर कविता नहीं लिख पाते, क्योंकि उस वक्त कलकत्ता में एक भी होटल नहीं था।

कलकत्ता की छाती पर सबसे पहले जो चीज़ उठ खड़ी हुई, उसका नाम था—'टैवर्न!' हमारे विलियम घोष की भाषा में, 'शराब से पेट का पीपा भरने के लिए पेट्रोल-पम्प!' हुगली नदी के किनरे जहाज़ बाँधकर, प्यासे नाविकों का गिरोह कलकत्ता की इस सराय की ओर दौड़ता था। जीवन के कितने ही विचित्र नाटक इस रंगमंच पर उन दिनों अभिनीत होते थे! कैसे-कैसे तमाशे! क्या-क्या खेल!

और इतने अरसे बाद, पिछली शताब्दियों का उन्मत्त कोलाहल जैसे मेरे कानों में गूँजने लगा। अतीत का उत्तप्त, कामार्त्त निःश्वास जैसे आज की रात मेरे असतर्क शरीर पर तैरने लगा। मैं सिहर उठा। मगर मैंने अपने-आपको सँभालने की कोशिश की। याद आ गया, जिस विशाल नगरी की सबसे ऊपर की मंजिल पर एक खाली कमरे में बैठा हुआ हूँ, और जहाँ मैं ऐसी कितनी ही रातें अकेला बिताऊँगा, वहाँ इतिहास के कितने ही अध्याय कागज़ के फटे-पुराने टुकड़ों की तरह मेरे पाँवों के पास फैले हैं।

जिस अट्टालिका में बैठा हुआ मैं सुबह का इन्तज़ार कर रहा हूँ, सुनहले उजाले के रथ पर बिठाकर रात की रूपसी को विदा करना चाहता हूँ, वह अट्टालिका आज की नहीं है, इस शताब्दी की भी नहीं।

'इस अजनबी नगर में कोई चीज़ स्थायी नहीं है,' बोस दा ने कहा था, 'जीवन? जीवन भी स्थायी नहीं है। यहाँ तक कि पराक्रमी चार्नक साहब भी यहाँ आने के दो साल बाद ही कलकत्ता की धरती पर गिर पड़े। उनके मृत शरीर को कब्र में डालकर ही इस कलकत्ता को शान्ति मिली थी। और ख्याति? ख्याति भी यहाँ कमल के पत्ते पर पड़े जल की बूंद की तरह है। कल तक जो राजा थे, शाहजहाँ होटल के सबसे कीमती कमरे में रात बिताते थे, आज वे फकीर बनकर फुटपाथ पर सोते हैं। इस शहर का जीवन, यौवन और बाकी सारा कुछ क्षणिक है। यहाँ सर्वजयी है महाकाल!

उसकी आँख के सामने ठहरने का साहस कलकत्ता की किसी वस्तु को नहीं होता है !'

"मगर इन्हीं क्षणभंगुर वस्तुओं के बीच, पता नहीं कैसे शाहजहाँ होटल खड़ा है," बोस दा कहते रहे थे, "हजारों के हजारों दुःख, शोक, आनन्द, उत्सव, कामना, लोभ, ग्रहण और त्याग का इतिहास अपने अन्तस्तल में छिपाये हुए, आज भी 'शाहजहाँ' ज़िन्दा है। मगर, सिम्पसन साहब भी सोच नहीं सके होंगे कि काल की निर्मम अवज्ञा करके यह होटल इतने दिनों तक टिक पायेगा !"

सेण्ट जोन्स चर्च की कब्रगाह से निकलकर, बरसात की इस अँधेरी रात में छिपकर, दरबानों को धोखा देकर, सिम्पसन साहब अगर आज अपने शाहजहाँ होटल में आकर खड़े हो जायें, तो उन्हें अपनी आँखों पर विश्वास नहीं होगा। उसकी कीर्ति उन्हें बहुत पीछे छोड़कर अब भी कलकत्ता के राजपथ पर आगे बढ़ती चली जा रही है। आश्चर्य से वह अवाक् हो जायेंगे। बहुत दिन पहले, लोगों ने उन्हें पागल समझ लिया था। लोगों ने पूछा था, "क्या तुम आज दिन-भर शराब पीते रहे हो ?"

सिम्पसन साहब ने गुस्से में भरकर कहा था, "मैं टी-टोटलर हूँ, मैं शराब छूता तक नहीं।"

"तब क्या कोई रंगीन स्वप्न देख रहे हो ?"

"स्वप्न नहीं, प्लैन बना रहा हूँ। यह मेरी व्यवसाय-बुद्धि है।"

"आकाश में कोई फोर्ट विलियम बनाना चाहते हो ?"

"नहीं, ऐसा क्यों करूँगा ? इसी फोर्ट विलियम के पास धरती पर एक होटल बनाने का प्लैन कर रहा हूँ। कलकत्ता इस देश के भाग्य का नियन्त्रण करेगा। इसीलिए, दुनिया-भर के लोग यहाँ आते रहेंगे। सिर छिपाने की जगह पाने के लिए लोग पानी में फैसा फेंकेंगे। इसलिए उनके लिए मैं एक ऐसा होटल बनाऊँगा, जिसे देखकर तुम लोग ही नहीं, तुम्हारे लड़के, तुम्हारे लड़कों के लड़के इस सिम्पसन साहब को धन्यवाद देंगे। मेरा कोई स्टैच्यू नहीं बनेगा, कोई कीर्ति-स्तम्भ नहीं। मगर शाहजहाँ होटल के हर ब्रेक-फास्ट में, हर लंच और हर डिनर में मैं ज़िन्दा रहूँगा, अमर रहूँगा !" सिम्पसन साहब ने कहा था।

और, उस वक्त सिम्पसन साहब लड़कों और पोतों से आगे बढ़कर भविष्य को नहीं देख सके थे, मगर, आज अगर वे सेण्ट जोन्स चर्च की कब्रगाह से बाहर आये तो देखेंगे, उनके होटल में जो लोग ठहरे हैं, वे लोग उनके दोस्तों के पोते नहीं, पोतों के पोते नहीं; ग्रेट, ग्रेट, ग्रेट जितने भी ग्रेट बिठाये जा सकें, उतने ग्रेट ग्राण्डसन हैं।

अचानक जैसे किसी ने दरवाज़ा खटखटाया। कोई बार-बार 'नॉक' कर रहा है। दरवाज़ा खोलकर देखा, गुड़बेरिया खड़ा है। बरसात रुक गयी है।

उसने कहा, "हुज़ूर, आप रोशनी जलाकर सो गये थे।"

सच, वर्षा के धीमे संगीत के नशे में कब नींद आ गयी थी, पता नहीं। घड़ी की ओर देखा, काफी रात बीत गयी थी।

गुड़बेरिया पर मुझे गुस्सा आने लगा। इतनी रात गये, इस तरह जगाने की क्या

जरूरत थी ? वह शायद मेरे मन की बात समझ रहा था। शायद वह डर रहा था। डरते-डरते उसने कहा, "हुज़ूर, रात में कभी रोशनी जलाकर सो न जाइयेगा। आप भी फन्दे में फँसियेगा, हमें भी फँसाइयेगा।"

मैंने आँखें मलते हुए कहा, "क्यों ?"

"सिम्प्सन साहब को यह बात पसन्द नहीं है। कोई बेकायदा चीज़ वह सह नहीं पाते हैं।" उसने फुसफुसाते हुए कहा।

"सिम्प्सन साहब ?"

"हाँ, हुज़ूर !" गुड़बेरिया ने बताया, "जो लोग रात की ड्यूटी देते हैं, वे सारे लोग उनसे डरते हैं। रात में वह इन्सपेक्शन में आते हैं। बहुत कड़े आदमी हैं, हुज़ूर ! तनिक भी दया-माया नहीं है। सारी रात एक तल्ला, दो तल्ला, तीन तल्ला, चार तल्ला घूमते रहते हैं।"

"सिम्प्सन साहब को तुम लोग पहचानते हो ?"

"हाँ, हुज़ूर ! होटल के एक नम्बर मालिक हैं। दायाँ पाँव ज़रा खींचकर चलते हैं। हम सभी उनको पहचानते हैं।"

गुड़बेरिया का गला जैसे सूख गया है। गले को तर करने की कोशिश करते हुए उसने कहा, "सिम्प्सन साहब के कारण तो रात की ड्यूटी में ज़रा भी दम मारने की फुरसत नहीं मिलती है।"

बहुत ही दुखी होते हुए गुड़बेरिया ने कहा, "हुज़ूर, साहब अगर आदमी हो, तो बर्दाश्त किया जा सकता है। मगर भूत साहब तो बहुत निर्दय है, किसी पर दया नहीं करता।"

वह आगे बताने लगा, "मैं नया-नया नौकरी पर आया था, हुज़ूर ! रात के दो बजे थे। सब गैस्ट लोग सो गये थे, सब कमरों में भीतर से ताला बन्द था। हर तरफ अँधेरा था। कोई आवाज़ नहीं, मैंने कॉरीडोर की रोशनी बुझा दी। मेरी तबीयत ठीक नहीं थी। नींद आ रही थी। तिपाई पर बैठकर, दीवार के सहारे ज़रा झपकी लेने लगा। अचानक मुझे लगा, कोई आदमी मेरी कमर में बँधी बेल्ट खोल रहा है। चौंककर मैंने बेल्ट पकड़ ली, और समझ गया, सिम्प्सन साहब आये हैं। तब हुज़ूर, उनके पाँवों पर गिर पड़ा, मगर उनके पाँवों को पकड़ ही नहीं पाता था। और, मेरी कमर की बेल्ट खुली जा रही थी। मैं तो रोने लगा। रोता हुआ बोला, 'मैं नया आदमी हूँ, साहब ! अब कभी ऐसा कसूर नहीं करूँगा !' बिना मेरी बात सुने, बेल्ट लिये चले जा रहे थे। अन्त में, मालूम नहीं, क्या सोचकर तीसरे तल्ले के कोने में बेल्ट फेंककर वह चले गये।"

गुड़बेरिया की कहानी सुनकर आधी नींद की हालत में भी मुझे हँसी आने लगी थी।

उसने कहा, "हँसिए मत, हुज़ूर ! हबशी साहब को पूछियेगा। यहाँ सबको मालूम है, सिम्प्सन साहब ज़िन्दा थे, तब सारी रात घूमते रहते थे। देखते थे, हर कोई अपना-अपना काम कर रहा है, या नहीं। किसी को सोते हुए पकड़ते ही उसकी बेल्ट छीन लेते थे। दूसरे दिन जुर्माना देकर बेल्ट छुड़ानी पड़ती थी। बिना बेल्ट पहने

ड्यूटी पर जाना मना था।"

रोशनी बुझाने के लिए गुड़बेरिया से माफी माँगकर मैं कमरे में वापस लौट रहा था। इसी वक्त सीढ़ियों के पास चार-पाँच व्यक्तियों की खिलखिलाहट की आवाज़ आयी, जैसे कई औरतें और कई मर्द एक साथ हँस पड़े हों।

गुड़बेरिया धीमी आवाज़ में बोला, "मैं जा रहा हूँ। आप भी चुपचाप सो जाइए।"

मैं कुछ नहीं समझ सका। जरा गुस्सा करता हुआ बोला, "क्यों?"

उसने फुसफुसाकर कहा, "बहुत रात हो गयी है। नंगी मेम साहब अपने कमरे में जा रही है। आप रोशनी बुझाकर सो रहिए।" और मुझे एक भयावने रहस्य के जाल में फेंककर गुड़बेरिया तेज़ चाल से बाहर चला गया।

मैंने रोशनी बुझायी, बिस्तरे पर लेट भी गया, मगर नींद नहीं आ रही है। काशुन्द कस्बे की मेरी परिचित गरीब नींद को शाहजहाँ होटल में घुसने की हिम्मत नहीं हो रही है।

उधर छत के आँगन में कुछ लोग हँस रहे हैं, खिलखिला रहे हैं। सीढ़ियाँ चढ़ती हुई जो औरतें ऊपर चली आयीं, गुड़बेरिया ने जिनका अजीब परिचय मुझे दिया, उनकी ही आवाज है। मेरे अगल-बगल के ही कमरों में उनमें से दो-एक व्यक्ति चले आये। पतले काठ के पार्टीशन के बीच से उनकी आवाज़ मेरे कमरे में बहती चली आ रही है। वे धीमी आवाज़ में बात नहीं कर रही हैं, ज़ोर-ज़ोर से बोल रही हैं।

मेरे कमरे में अँधेरा है, मगर उनके कमरे में रोशनी जल रही है और वही रोशनी पार्टीशन की फाँक से मेरे कमरे में हल्का उजाला फैला रही है।

"बटलर! बटलर!" पास के कमरे से किसी स्त्री ने पुकारा।

बेचारा गुड़बेरिया ही दौड़ता हुआ उसके कमरे में चला गया है, मैं समझ रहा हूँ।

"हेड बटलर है?" मेम साहब ने विरक्त होते हुए पूछा।

"नो, मेम साहब! आई गुड़बेरिया वेटर!"

अपने को केवल 'वेटर' कहा होता, तो ज्यादा अच्छा होता। मगर बीच में अपना नाम घुसाकर गुड़बेरिया ने मेम साहब को और भी उलझन में डाल दिया। दो-चार अश्लील कसमें खाकर मेम साहब ने पूछा, "तुम किस तरह का वेटर है?" शायद पास ही कोई दूसरी औरत भी बैठी थी, क्योंकि मैंने सुना, मेम साहब कह रही थी, "आई टेल यू ममी, दिस इज़ माई लास्ट विज़िट टू इण्डिया! अब फिर कभी इस गन्दे मुल्क में नहीं आऊँगी।"

इण्डिया आकर मेम साहब ने भयानक भूल की है, यह बात वह बार-बार अपनी माँ को समझा रही थी, "ममी, दुनिया में इतनी जगहें हैं, तुम इण्डिया आने को क्यों राज़ी हुई?"

ये लोग कौन हैं, यह समझ नहीं पाया। इतना ही समझ सका, बातें करते हुए ये दोनों सारी रात काट सकती हैं।

अब मेम साहब ने विशुद्ध अंग्रेज़ी में गुड़बेरिया से पूछा, "ह्विस्की को हिन्दी में क्या कहते हैं ?"

यह जानने के बाद कि ह्विस्की की हिन्दी ह्विस्की ही होती है, उसने कहा, "चाहिए, अभी तुरत चाहिए ।"

"बार अण्डर लॉक एण्ड की," गुड़बेरिया ने थोड़ी अंग्रेज़ी और थोड़ी हिन्दी में समझाया, "बार बन्द हो गया है । अभी ठण्डे पानी के सिवा कुछ नहीं मिल सकता है ।"

"ओह, ममी ! तुम मुझे किस जंगल में ले आयी हो !" कहकर मेम साहब फूट-फूटकर रोने लगी ।

माँ, शायद, उसे सान्त्वना देने लगी । बोली, "मुझे क्या पता था, कलकत्ता में एक बजे रात के बाद कोई बार खुला नहीं रहता है । मेरी प्यारी बच्ची, दुलारी बच्ची, अभी किसी तरह सो जाओ । थोड़ी देर में सुबह हो जायेगी ।"

तब बेटी ने गालियों की बौछार शुरू की, "गेट आउट, गेट आउट ! मेरे कमरे से निकल जाओ ! तुम सिर्फ मेरे रुपयों से प्यार करती हो ! ओनली मनी ! सिर्फ रुपया ! रुपयों के चलते तुम मुझे बाघ के पिंजरे में फेंक सकती हो ।"

"पमेला ! पमेला !" भद्र महिला ने करुण स्वर में कहा, और लड़की को शान्त करने की कोशिश की ।

"बाहर जाओ ! अपने कमरे में चली जाओ ! अब मैं अनड्रेस करूँगी; मेरे सामने से हट जाओ ! लड़की ने चीखते हुए कहा ।

"माई डियर गर्ल, मैं तुम्हारी माँ हूँ । माँ के सामने लाज-शर्म कैसी ! मेरी माँ थी । मैं तो उससे कभी शरमाती नहीं थी ।" माँ ने समझाने की कोशिश की ।

"ओहो ! इसीलिए तुम अठारह साल की उम्र में घर से भाग गयी थीं, बटलर के साथ उड़न-छू हो गयी थीं ।" लड़की ने व्यंग्य-भरे स्वर में कहा ।

माँ अब गुस्से में आ गयी, "पमेला, मैं जिसके साथ बाहर निकली थी, वह तुम्हारे पिता थे ।"

"यस ! बट ही वाज़ ए बटलर !" लड़की खिलखिलाकर हँस पड़ी ।

और मेरा समूचा शरीर काँप उठा । मैं कहाँ आकर फँस गया हूँ ? यह दुनिया मेरी समझ में नहीं आती है । मुझे सत्यसुन्दर भाई पर गुस्सा आया । मुझे यहाँ धकेलकर वह मज़े में अपने कमरे में सो रहे हैं ।

कितने ही परिचित लोगों के चेहरे मेरी आँखों के सामने तैरने लगे । रामजी हाजरा लेन के छोका भाई, उमेश बनर्जी लेन के हेजो भाई, नवकुमार नन्दी लेन के छेनो दा, कासुन्द के केष्टो दा, सभी इस वक्त नींद में अचेत होंगे । केवल मैं जगा हुआ हूँ । जगे रहने की मुझे इच्छा नहीं है, फिर भी जगा हुआ हूँ—पलकें बन्द करने का साहस नहीं होता है ।

उधर पास के कमरे में तलवारबाज़ी पूरे ज़ोर पर है । मेम साहब के 'बटलर' पिता की गुप्त कहानी का आधा हिस्सा मैं जान गया हूँ । अन्त में बूढ़ी माँ कहती है, "तो मैं दूसरे कमरे में सोऊँ ?"

"यस, यस ! कितनी बार तुमसे कहूँगी ? फिर भी नहीं जाओगी तो तुम्हें निकालने के लिए बैरे को बुलाऊँगी।"

माँ ने रोते हुए कहा, "अकेली सो रहोगी न ? डर तो नहीं लगेगा ?"

"मेरे मरने के दिन तक तुम मेरे ही पास सोओगी, मुझे पता है," कहकर मेम साहब हँसने लगी।

माँ अब कमरे से बाहर चली गयी। जाने के समय बोली, "गुड नाइट माई गर्ल ! मे गॉड ब्लेस यू ! ईश्वर तुम्हारा मंगल करें !"

उस कमरे की रोशनी बुझ गयी। शाहजहाँ होटल की रात अब पूरी बन गयी। और, कासुन्द की डरी हुई नींद धीरे-धीरे हिम्मत करके दबे पाँव भीतर आयी और मुझे अपने आलिंगन में बाँधकर सो गयी।

इसी तरह कब तक सोया रहा, पता नहीं। अचानक नींद खुल गयी। कोई धीरे-धीरे मेरा दरवाज़ा थपथपा रहा है। जॉर्ज टेलीग्राफ स्कूल में एक बार मैंने टेलीग्राम सीखने की कोशिश की थी। टेलीग्राम की एक मशीन भी खरीदी थी। ठीक वैसी ही आवाज़ आ रही है—'टक्कू-टक्कू ट्रा ! टक्कू-टक्कू ट्रा !'

मैं बिस्तरे से उतरकर, अँधेरे में ही चाबी घुमाकर दरवाज़ा खोलने लगा। बाहर से धीमी आवाज़ में किसी पुरुष-कण्ठ ने कहा, "पमेला, आखिर तुमने दरवाज़ा खोल ही दिया। मैंने समझा था, दरवाज़ा नहीं खोलोगी।"

नींद-भरे गले से मैं चीख पड़ा, "ह्वाट ? कौन हैं ? आप कौन हैं ?"

रात का मुसाफिर जैसे डर गया। सिर झुकाकर वापस भागते हुए बोला, "सॉरी ! रांग नम्बर !"

मेरी देह काँपने लगी। स्लीपिंग गाउन पहने हुए, वह आदमी पता नहीं, अँधेरे में किस तरफ गायब हो गया।

बत्ती जलाकर मैं बाहर आ गया। तिपाई पर दीवार के सहारे गुड़बेरिया बेसुध सो रहा है। उसके पाँवों के पास एक बिल्ली भी सुख की नींद ले रही है। उधर एक टेबुल पर एक और बिलाव पड़ा हुआ है। सिर्फ एक बत्ती गुड़बेरिया के माथे के ऊपर जल रही है, और यह सारा तमाशा देखकर हक्का-बक्का हो रही है।

रात की प्रतीक्षा किसे कहते हैं, मुझे मालूम नहीं था। आज समझ में आया, मैं वाकई सुबह का इन्तज़ार करता हुआ जगा हूँ। शाहजहाँ होटल की छत के ऊपर का मटमैला आकाश धीरे-धीरे साफ हो रहा है। ऑफिस के हेड क्लर्क जिस तरह वक्त से पहले आकर जूनियर क्लर्कों के इन्तज़ार में बार-बार घड़ी देखते हैं, ठीक वैसे ही मैं भी सूर्य की आशा में पूरब के क्षितिज की तरफ देखता रहा।

अँधेरा खत्म नहीं हुआ था, मगर आसमान धीरे-धीरे कोहरे के घूँघट से चेहरा बाहर निकाल रहा था। उसी हल्के अँधेरे में मैंने एक आदमी को छत के कोने में खड़े देखा। अण्डरवियर और गंजी पहनकर वह व्यायाम कर रहे थे और तेज दौड़ने का पोज़ बनाकर बहुत हल्के कदमों से दौड़ रहे थे, जैसे स्लो मोशन पिक्चर में दौड़ रहे हों।

साँवले रंग के आदमी। वयस्क हैं। पका हुआ पतला चेहरा, सिर के बाल

लगभग सफेद हो गये हैं। आगे बढ़कर मैंने देखा, वह आँखें बन्द करके व्यायाम किये जा रहे हैं, और उनके सामने एक स्टोव पर पानी गर्म हो रहा है। व्यायाम करते-करते वह पानी की ओर भी बीच-बीच में देख लेते हैं।

मुझे देखते ही वह मुस्कराये, फिर विशुद्ध बँगला भाषा में बोले, "नमस्कार! आप भी क्या सुबह-सुबह उठ जाते हैं?"

"नहीं। मेरी माँ नाराज़ होती थी, फिर भी मैं इतने सवेरे उठ नहीं पाता था। पता नहीं क्यों, आज इसी वक्त नींद खुल गयी।"

वह मुझे जानते हैं, उनकी बातों से ऐसा ही लगा। उन्होंने पूछा, "रोज़ी की जगह आप ही आये हैं न?" इसके बाद आप ही अपना परिचय देने लगे, "मेरा नाम है पी. सी. गोमेज़! प्रभातचन्द्र गोमेज़! यहाँ बाजे बजाता हूँ—बैण्डमास्टर!"

"आप भी यहीं रहते हैं?"

"और कोई चारा नहीं है। रात में जब कैबरे खत्म होता है, ट्राम-बस कुछ भी नहीं मिलता।"

वह अपने कमरे में घुस गये, फिर एक गिलास पानी लाकर उन्होंने स्टोव पर रखी केतली में डाल दिया, "आपके लिए भी एक कप बना रहा हूँ।"

मैंने मना किया, मगर उन्होंने मेरी बात नहीं सुनी। बोले, पहली बार मिला हूँ। मामूली आदमी हूँ, एक प्याला कॉफी से ही स्वागत करता हूँ।"

"कॉफी? इतने सवेरे?"

गोमेज़ हँसने लगे, "हाँ, ठीक चार बजे, बिना दूध और बिना चीनी की एक प्याला कड़ी कॉफी मैं पीता हूँ। आप इतनी कड़ी पी नहीं सकेंगे। आपके प्याले में चीनी मिला देता हूँ। मगर, सॉरी! दूध का कोई इन्तज़ाम नहीं हो सकता।"

मैं शर्म से गड़ा जा रहा था। सुबह-सुबह एक शरीफ आदमी को तकलीफ दे रहा हूँ।

प्याले में कॉफी ढालते हुए गोमेज़ ने कहा, "ब्राह्म—द ग्रेट कम्पोज़र, वह भी सुबह ही इसी तरह कॉफी पीते थे।"

एक घूंट कॉफी पीते ही मैंने सुना, वह बता रहे थे, "ब्राह्म अपनी कॉफी खुद ही बनाकर पीते थे। और, इसी तीखी, कड़ी और काली कॉफी के प्यालों के साथ उन्होंने चार सिम्फनी, दो प्यानो कन्सर्ट, एक वायलिन कन्सर्ट और एक डबल कन्सर्ट फॉर वायलिन एण्ड चेलों की रचना की थी।"

मैं उनकी बातों को ठीक-ठीक समझ नहीं रहा था। मगर गोमेज़ सच्चे मन से ये बातें सुना रहे हैं, इतना मैं समझ रहा था। कॉफी पीकर मैं अपना प्याला धोने लगा, मगर उन्होंने रोक दिया। हँसकर बोले, "ऐसा नहीं करते। ब्राह्म के घर जब सूमैन आते थे, तो क्या वह कॉफी का प्याला खुद ही धोने लगते थे?"

सूमैन कौन थे, मुझे पता नहीं था। मुझे खामोश देखकर शायद गोमेज़ संगीत-विद्या में मेरी पैठ का अन्दाज़ लगा बैठे। बोले, "द ग्रेट सूमैन! जिसके एक लेख के कारण अनजान-अपरिचित ब्राह्म विश्व-प्रसिद्ध हो गये।"

संगीत से मुझे कभी मधुर सम्पर्क नहीं रहा है, मगर इस अज्ञान को छिपाते हुए मैंने सवाल किया, "क्या इसका यही मतलब है कि मैं भी संगीत-विशेषज्ञ सूमैन हूँ ?"

"नहीं, हो सकता है, न हों, मगर आप मेरे मेहमान हैं।" गोमेज़ ने प्रसंग बदलते हुए कहा, "ब्राह्म से मैंने सिर्फ इतना सीखा है कि संसार का कोई भी कष्ट कष्ट नहीं है, कोई भी अभाव अभाव नहीं है, वेदना वेदना नहीं है। हमारी ज़िन्दगी के सारे काँटे संगीत के फूल उगाने में मदद करते हैं।"

इधर आकाश में सूरज उगने लगा था। मुस्कराते हुए गोमेज़ अपने कमरे में चले गये। जाते हुए बोले, "बच्चे अभी तक सो रहे हैं। उन्हें जगा देना चाहिए।"

और मैं भी अपने कमरे में लौट आया। कमरे में लौटकर भी मैं बीती हुई रात की बातें भूल नहीं पा रहा था। झाँककर देखा, पास के कमरे का दरवाज़ा बन्द है। चाय की ट्रे उठाये गुड़बेरिया आया और उस कमरे में घुस गया। ट्रे भीतर रखकर, जैसे उछलकर बाहर भाग आया। मुँह सिकोड़कर अपनी भाषा में कहने लगा, "यह तो भारी फसाद है। कैबरे की मेम साहब न तो भीतर से चाबी लगाकर सोती है, और न तन पर कोई कपड़ा ही रखती है।"

मैं अपने कमरे में चुपचाप बैठा था। इसी वक्त दरवाज़े पर थपथपाहट हुई। दरवाज़ा खोलकर देखा, सत्यसुन्दर दा ! भीतर आकर किवाड़ बन्द करते हुए उन्होंने कहा, "खुद उठकर दरवाज़ा खोलने की जरूरत नहीं है। सिर्फ कहो, 'कम इन !' और, अगर किसी को भीतर बुलाने की स्थिति में नहीं हो तो कहो, 'जस्ट ए मिनट !' और, एक मिनट की बात कहकर तुम आधा घण्टा तक लगा सकते हो।"

फिर पूछने लगे, "पलंग-चाय ले चुके ?"

"पलंग-चाय ?"

"हाँ, पलंग पर पड़े-पड़े, बिना हाथ-मुँह धोये, शाहजहाँ होटल के शाहजहाँ लोग जो बेड-टी पीते हैं, उसी का देसी नाम है, 'पलंग-चाय !"

मैंने बताया, "तुरत कॉफी पी है···"

वाक्य पूरा भी नहीं कर सका, बोस दा समझ गये। बोले, "पहले ही दिन तुम्हें काली कॉफी मिल गयी। तुम तो बड़े ही लकी चेप हो ! दुनिया के सिर्फ दो आदमी इस वक्त कॉफी पीते हैं—हमारे गोमेज़ साहब और जर्मनी के ब्रह्म साहब !"

"ब्रह्म नहीं, ब्राह्म !" मैंने हँसकर कहा।

"अरे, एक ही बात है, जो बावन, वही तिरपन ! इसके अलावा शेक्सपियर साहब तो कह ही गये हैं—नाम से क्या आता-जाता है ! ब्राह्म को ब्रह्म कह देने से क्या उनके संगीत की कीमत घट जायेगी, या ब्राह्म-समाज की ब्रह्म-पूजा बन्द हो जायेगी ?"

फिर मेरे चेहरे की ओर देखकर सत्यसुन्दर दा गम्भीर हो गये, "तुम कल रात सोये नहीं ?"

"नहीं, सोया तो था।" किसी तरह मेरे मुँह से निकला।

वह सारी बात समझ गये। कहने लगे, "शुरू-शुरू में ऐसा ही होता है। मुझे

भी नींद नहीं आती थी। मगर धीरे-धीरे ये सारी चीज़ें देखते-देखते तुम्हारी आँखें पत्थर हो जायेंगी। लगेगा, यह सब स्वाभाविक है। ऐसा होता ही रहता है।"

फिर घड़ी की ओर देखकर उन्होंने गुड़बेरिया को पुकारा। उससे बोले, "हम दोनों का नाश्ता शंकर बाबू के कमरे में ही दे जाओ।"

इसके बाद उठते हुए उन्होंने मुझसे कहा, "जल्दी नहा-धोकर रेडी हो जाओ। साथ ही नीचे उतर चलेंगे। श्रीमान विलियम घोष अब तक मेरे फोर्टीन्थ जेनरेशन को वैकुण्ठ पहुँचा रहे होंगे।"

मक्खन लगी हुई डबल रोटी और ऑमलेट का ब्रेकफास्ट मिला। चाय के प्याले का आकार देखकर मैं अवाक् हो रहा था। यह देखकर बोस दा ने कहा, "ब्रेकफास्ट में वे लोग चाय ज़रा ज्यादा पीते हैं। इस तरह के बड़े प्याले को कहते हैं ब्रेकफास्ट कप।"

हमारी बातचीत और आगे बढ़ती, मगर बैरे ने आकर बताया, एक आदमी मुझसे मिलने के लिए बाहर खड़े हैं।

"मुझसे मिलने के लिए!" मैं चौंक पड़ा, किन्तु कुछ कहने से पहले ही जो व्यक्ति अन्दर आ गये हैं, वह स्वयं बायरन साहब हैं।

"गुड मार्निंग! सॉरी, बिना पूछे, तुम लोगों के कमरे में आ गया।" बायरन साहब ने कहा।

मैंने बायरन साहब का परिचय दिया, "बोस दा, यही हैं बायरन साहब, जिन्होंने मुझे यहाँ नौकरी दिलवायी है।"

बोस दा, अपना परिचय बताने जा रहे थे, मगर पहले ही बायरन साहब ने कहा, "और आप हैं शंकर के दोस्त, और शाहजहाँ होटल के मैनेजर के दायें हाथ, मिस्टर सत्यसुन्दर बोस। ग्यारह साल से यहाँ नौकरी कर रहे हैं। इससे पहले अपने मामाजी के थ्रू आपने ग्रेण्ड होटल में नौकरी की कोशिश की थी।"

हम दोनों आश्चर्यचकित हो गये। बोस दा के आश्चर्य का ठिकाना नहीं था। बायरन ने कहा, "आश्चर्य की कोई बात नहीं। हम लोग प्राइवेट डिटेक्टिव हैं। यह सब जानना ही पड़ता है, जानकारी रखना ही हमारा कैपिटल है, और जानकारी देना ही हमारा बिज़नेस।"

बोस भाई बोले, "मैं अब जाऊँ?"

"नहीं, नहीं, जाइए नहीं। मुझे आपसे भी काम है। आज सुबह-सुबह मुझे एक बुरी खबर मिली है, इसीलिए यहाँ दौड़ा आया।"

"क्या खबर है?" मैंने पूछा।

"माई डियर फ्रेण्ड! रोज़ी वापस आ रही है।"

"अच्छा!" मैं जैसे काँप गया।

बायरन बोले, "मिसेज़ बनर्जी को मिस्टर बनर्जी का पता मिल गया है। बम्बई में मिसेज़ बनर्जी के भाई खोका चटर्जी ने मेरे दिये हुए पते पर जाकर अपने बहनोई को पकड़ लिया है। काफी समझाये जाने पर मिस्टर बनर्जी दुनिया में लौट आने को तैयार

हो गये हैं। खोका चटर्जी ने रोज़ी को भी समझा-बुझाकर राज़ी कर लिया है। और जब मिस्टर बनर्जी लौट आये हैं, तो फिर रोज़ी वहाँ बैठी क्या करेगी, खासकर बम्बई जैसे शहर में !"

सुबह-सुबह ऐसी बुरी खबर सुनने के लिए मैं तैयार नहीं था।

बायरन ने कहा, "इस तरह हताश न हो जाओ ! मैं मार्कोपोलो से मिलकर जाऊँगा। मगर, सवाल है, अगर दूसरी कोई जगह खाली नहीं हुई तो ?"

बोस दा थोड़ी देर तक सोच-विचार करते रहे, फिर खुश होकर बोले, "डरने की कोई बात नहीं है।"

और वक्त बरबाद न करके वे दोनों मार्कोपोलो साहब से मिलने चले गये। मुझे उनके साथ भीतर जाने की हिम्मत नहीं हुई। मार्कोपोलो के कमरे के बाहर मैं चक्कर काटता रहा।

मुझे देखकर मथुरासिंह बोला, "बाहर क्यों खड़े हैं ? भीतर जाइए।"

मैं उसे बता नहीं सका, क्यों बाहर खड़ा छटपटा रहा हूँ। मेरे भविष्य के बारे में फैसला करने के लिए तीन महत्त्वपूर्ण व्यक्तियों की कान्फ्रेन्स हो रही है। मैं मन-ही-मन ईश्वर का नाम लेने लगा। बिना माँगे ही उन्होंने मुझे दोस्त दिये हैं, शुभचिन्तक दिये हैं—विपत्ति के दिनों में किसी भी प्रतिदान की आशा के बिना बायरन साहब और बोस दा जैसे व्यक्तियों ने मेरी भलाई के लिए मार्कोपोलो से झगड़ा छेड़ दिया है।

लगभग पन्द्रह मिनट के बाद वे दोनों मुस्कराते हुए बाहर आये। बायरन ने कहा, "अगर थैंक्स देना चाहते हो, तो सारे थैंक्स मिस्टर बोस को दो ! रिसेप्शन में दो आदमियों से काम नहीं चलता है, कैबरे की टिकटें बेचने के लिए कोई आदमी नहीं है, दस घण्टे ड्यूटी करने के बाद भी मजबूर होकर बोस को मुमताज रेस्तराँ के ड्रिंक्स और फ़ूड का आर्डर लेना पड़ता है, ये सारी बातें मार्कोपोलो के सामने पानी से धोकर रख दीं।"

मैं कृतज्ञता-भरी दृष्टि से बोस दा की तरफ देखने लगा। उन्होंने मेरी पीठ पर एक थप्पड़ मारते हुए कहा, "इतने दिन बैठे-बैठे बाजा बजाते रहे हो, अब हमारे साथ खड़े होकर काम करोगे। रोज़ी, अथवा नो रोज़ी, तुम अब काउण्टर पर ड्यूटी दोगे ! फ़ायदा तो मुझे ही हुआ मिस्टर बायरन ! ओबीडिएण्ट वाइफ़ और एक मनमाफिक असिस्टेण्ट नहीं मिला, तो लाइफ में सुख ही क्या है !"

"काउण्टर का काम ?" मैंने पूछा।

"हाँ-हाँ, हाथी-घोड़ा नहीं, सिर्फ काउण्टर का काम। तुम सँभाल लोगे !" बोस दा ने कहा, "कोई मुश्किल नहीं है। सिर्फ दो अदद सूट बनवाने होंगे। उसका पैसा भी तुम्हें नहीं देना होगा, होटल देगा।"

"मगर आप लोग तो देश-देश की भाषाएँ बोलना जानते हैं, मैं तो अपने देश की भाषाएँ भी अच्छी तरह नहीं बोल सकता हूँ।" मैंने डरते हुए कहा।

अब बोस दा 'हा-हा' करके हँसने लगे। बोले, "काउण्टर पर चलो, मैं अपने एक अनुभव की बात बताऊँगा।"

काउण्टर पर विलियम घोष ने बहीखाते बन्द किये, बोस भाई की प्रतीक्षा कर रहा था। उसे छुट्टी देकर वह बोले, "यहाँ तो साहब तुम्हें डिक्टेशन देने नहीं आयेंगे, तुम मेरे कहने के मुताबिक काम करो। सारे ट्रेड-सीक्रेट धीरे-धीरे बताता जाऊँगा।"

"हाँ, तो मैं कह रहा था," बोस दा ज़रा रुककर फिर शुरू हो गये, "मैंने जब यहाँ नौकरी के लिए दरख्वास्त दिया था, इन लोगों ने अखबारों में जो विज्ञापन किया था, उसका मतलब था—शेक्सपियर जैसी अंग्रेज़ी, रवीन्द्रनाथ जैसी बंगला और तुलसीदास-जैसी हिन्दी जाननेवाला एक आदमी चाहिए। वेतन कुल पचहत्तर रुपये। और, मेरे जैसे आदमी को उन्होंने बहाल कर लिया। मेरे पास सारे क्वालिफिकेशन थे, सिर्फ इतना-सा गड़बड़ था कि मैं तुलसीदास-जैसी अंग्रेज़ी, शेक्सपियर जैसी बंगला, और रवीन्द्रनाथ-जैसी हिन्दी न जानता। मगर, क्या मैं काम नहीं कर पाता हूँ ? ठीक-ठीक सँभाल रहा हूँ। जो भी हो, बिना कोई फिक्र किये, काउण्टर के भीतर चले आओ ! कम इन !"

चार

अब रिसेप्शनिस्ट की कहानी। रोज़ी नाम की एक चिन्तित नवयौवना, होटल-टाइप ललना के पुनरागमन की कहानी। किस तरह सत्यसुन्दर बाबू के अनुग्रह से मैंने होटल के सारे काम सीखे, सबको खुश रखना सीखा, काउण्टर पर खड़े-खड़े कलकत्ता का काला जादू देखता रहा, इसकी कहानी कहता हूँ।

मगर, सबसे पहले सदरलैण्ड साहब की कहानी सुनाना चाहता हूँ। आज इतने दिनों के बाद भी पता नहीं क्यों सदरलैण्ड साहब का चेहरा मेरी आँखों के आगे से गायब नहीं होता है।

सदरलैण्ड साहब की आम की फाँक की तरह चौड़ी-चौड़ी आँखें देखकर मुझे कृष्ण भगवान् की याद आ जाती थी। बोस दा ने कहा था, "तुम बड़े ही संकीर्ण हो ! कोई बात देसी उपमाओं के बिना समझना नहीं चाहते। उपमा चाहे अच्छी हो या बुरी, उसका सहारा तुम छोड़ नहीं सकते। उसी प्राचीन ईश्वरगुप्त की कविता के अनुसार चलते हो—देखो देशवासी, हम हैं स्नेहविलासी, विदेशी ईश्वर को भी दुत्कारें, देसी कुत्ते तक के अभिलाषी !"

मैंने उत्तर दिया था, "आपका व्यंग्य ठीक बैठा नहीं। मैं तो विदेशी मनुष्य को भी देसी बना रहा हूँ।"

"चाहे जितनी पब्लिसिटी क्यों न करो, मगर हमारे कृष्ण भगवान् क्या सदरलैण्ड की तरह लम्बे थे ?"

मैंने कहा, "हम लोग दरज़ी के फीते से देवताओं की महानता नहीं नापते हैं।"

"सो ठीक है, मगर राधा रानी का रूप-वर्णन करते हुए सिर के केश से लेकर

पाँवों के नाखून तक कोई भी अंग मापे बिना नहीं छोड़ते।" बोस दा ने तुरन्त जवाब दिया था, फिर कहने लगे थे, "हमारे देवता लोग भी हमारी ही तरह नाटे थे। सदरलैण्ड के साथ किसी की तुलना हो सकती है तो सिर्फ ग्रीक मूर्तिकला की। और, ग्रीक मूर्तिकला देखने के लिए तुम्हें ग्रीस जाने की ज़रूरत नहीं है। कलकत्ता के पुराने ज़मींदारों के महलों में अभी भी जो दो-चार ध्वंसावशेष पड़े हैं, उन्हें देखकर ही समझ जाओगे। उनमें से एकाध पुरुष-मूर्ति खो जाये, तो उसकी जगह हमारे सदरलैण्ड को बिठाया जा सकता है।"

आज भी जब सदरलैण्ड की स्मृति मन से धुँधली होने लगती है, बोस दा की बात का उपयोग दूसरे ढंग से करता हूँ। चितपुर रोड के मेरे एक परिचित पुराने मकान में किसी ग्रीक मूर्तिकार की बनायी हुई एक नग्न पुरुष-मूर्ति है। उसे देखने जाता हूँ। उपेक्षा, अवहेलना और आघातों से वह मूर्ति क्षत-विक्षत हो चुकी है। एक हाथ टूट गया है, चेहरे का भी थोड़ा हिस्सा उड़ गया है। मगर, इससे मुझे कोई असुविधा नहीं होती। लगता है, सदरलैण्ड मेरे सामने खड़ा है। लोअर सर्कुलर रोड के ग्रेवयार्ड में उसके चेहरे पर जो यन्त्रणाएँ-वेदनाएँ उभर आयी थीं, क्षत-विक्षत इस पुरुष-मूर्ति के चेहरे पर वही वेदना अंकित है।

पहली बार जब उसे देखा था, शाहजहाँ होटल की मेरी ज़िन्दगी शुरू ही हुई थी। मैंने सुना था, अन्तर्राष्ट्रीय स्वास्थ्य-संस्था के काम से वह यहाँ आये हैं। इसके बाद बहुत दिनों तक उन्हें देख नहीं पाया। मैंने भी कोई खोज-खबर नहीं ली। रोज़ ही तो कितने लोग यहाँ आते हैं, और कितने लोग शाहजहाँ होटल के कमरे खाली करके, बैग और बक्स समेट हवाई जहाज़ पर चढ़कर गायब हो जाते हैं। प्रतिदिन के इस अनियन्त्रित आवागमन में किसे देखूँ, किस-किसको याद रखूँ!

सुना था, एक आवश्यक 'वैक्सिन' के बारे में वक्तृता देने के लिए वह आये थे, और कई भयानक रोगों के कीटाणु आइस-बॉक्स में बन्द करके साथ लिये वह भारत से चले भी गये थे।

कल रात निर्धारित समय के बहुत देर बाद लन्दन का हवाई जहाज़ दमदम एयरपोर्ट पर पहुँचा था। उसी प्लेन से जब डॉक्टर सदरलैण्ड फिर कलकत्ता लौट आये, उस वक्त मैं अपने कमरे में, नींद में बेसुध पड़ा था।

सुबह सोकर उठने के बाद सामने खुली छत पर डॉक्टर सदरलैण्ड को आराम-कुर्सी पर बैठा पाऊँगा, इसका मुझे अन्दाज़ नहीं था। बनियान और फुलपैण्ट पहने वह सपनीली निगाहों से पूरब के क्षितिज की ओर देख रहे हैं। दूर सड़क से सुबह की बसों की आवाज़ें आ रही हैं। लगता है, वह सारी आवाज़ें सुन रहे हैं, सारे दृश्य देख रहे हैं, सब-कुछ अपने मन-प्राणों में भर रहे हैं।

उन्हें देखते ही मैं अपने कमरे में वापस आ गया। मैं तो बनियान तक नहीं पहने था। सिर्फ लुंगी ही पहने बाहर चला आया था।

गुड़बेरिया बेड-टी लेकर आया, तो मैंने उससे पूछा, "वह साहब ऊपर कैसे चला आया?"

उसने बताया, "मालूम नहीं हुज़ूर, बोस साहब कल रात ही उन्हें अपने साथ

ऊपर ले आये थे। तीन सौ सत्तर कमरा खाली था, उसी में उनका ठिकाना कर दिया गया।"

"छत के ये कमरे भी गेस्टों को दिये जाते हैं?" मैंने पूछा।

"बोस साहब के दिल में क्या है, कौन जानता है," गुड़बेरिया बोला। मुझे पता था, वह बोस साहब से थोड़ा असन्तुष्ट रहता है। असन्तुष्ट रहने की जायज़ वजह है, परबसिया कॉफी-हाउस के एक लड़के से अपनी बेटी की शादी करने जा रहा है।

कुछ देर रुककर उसने कहा, "बोस साहब मेरे लिये तो कुछ करते नहीं। मगर, आधी रात को इस छत पर एक साहब को लिये चले आते हैं। मैं तो साहब को देखकर डर गया। उधर तीन कमरों में नंगी मेम साहब लोग सो रही थीं। बोस साहब नहीं होते तो मैं उस साहब को नीचे भगा देता—मार्कोपोलो साहब का कड़ा आर्डर है, किसी को ऊपर मत जाने दो!"

गुड़बेरिया से मुझे कितनी नयी बातें सीखने को मिलती हैं। मार्कोपोलो को वह 'मार्कोपॉल साहब' कहता है। कैबरे-पार्टी की विदेशी औरतों को 'नंगी मेम-साहब' का विशेषण किसने दिया है, पता नहीं!

गुड़बेरिया के अपने नाम का भी एक इतिहास है। बोस दा कहते हैं कि उसके पिता ने निश्चय ही 'उलूबेड़िया' (बंगाल का एक कस्बा) जाकर गुड़ खाया होगा और बेटे का नाम इसीलिए 'गुड़बेरिया' रखा होगा। बोस दा ने उसके सामने अपनी यह शंका प्रकट की थी। उसने इस बात का तीव्र विरोध किया था। कहा था कि वह खुद और उसके पिता तेल के पकोड़े खाना पसन्द करते हैं, उसके परिवार में किसी को भी गुड़ पसन्द नहीं है। दूसरी बात, उसके खानदान का कोई भी आदमी कभी उलूबेड़िया नहीं गया है। उसका पूरा कुनबा कलकत्ता में ही रहता है। वे लोग एक युग से कलकत्ता की जल-समस्या के साथ सम्बन्धित हैं। उसके चाचाजी कॉर्पोरेशन के पानी के नल ठीक करते थे। उसके पिता भी शाहजहाँ होटल के 'होल टाइम' पानी-मिस्त्री थे। मगर, टेकनिकल हैण्ड होकर भी वेटरों से कम पैसे कमाते थे, इसका उन्हें उम्र-भर अफसोस रहा। वेटर लोग जितनी तनखाह पाते हैं, उससे बहुत ज़्यादा बख्शीश पाते हैं। इसीलिए गुड़बेरिया के दूरदर्शी पिता ने बेटे को पानी-कल के काम में न लगाकर, सीधे होटल की बैरागिरी में घुसा दिया था।

"मगर सब किस्मत की बात है, हुज़ूर! नहीं तो मुझे छत की ड्यूटी क्यों मिलती?" हाहाकार करते हुए गुड़बेरिया ने कहा।

मैं बोला, "मगर, अब तो छत पर भी गेस्ट आ रहे हैं! तुम्हारी किस्मत खुल रही है!"

गुड़बेरिया का चेहरा नयी आशा से चमकने लगा। तो, बोस साहब ने उसी की भलाई के लिए तीन सौ सत्तर में उस साहब को जगह दी है।

मैंने पूछा, "बोस साहब क्या सो गये हैं?"

"हाँ, हुज़ूर! मगर, बारह बजे दिन तक नहीं सोयेंगे। उन्हें कहीं जाना है। कुछ ही देर बाद मुझे चाय देने के लिए कहा है।"

"ठीक है, अच्छा ही हुआ। उनसे मुलाकात तो हो जायेगी।"

गुड़बेरिया अब अपने पत्थर के नीचे दबी किस्मत का हाल बताने लगा, "बोस साहब ने उसे ठीक से कहा नहीं होगा, नहीं तो परबसिया की हिम्मत क्या थी कि वह कॉफी हाउस के कालिन्दी से लड़की की शादी करने की बात सोचता !"

मैं चुपचाप चाय पी रहा था। 'हाँ, नहीं' कुछ भी मैंने नहीं कहा। मगर मेरी चुप्पी से वह निरुत्साहित नहीं हुआ। उसने पूछा, "हुजूर, शाहजहाँ होटल से भी बड़ा होटल सारी दुनिया में कहीं है ?"

"दुनिया तो बहुत बड़ी है," मैंने कहा।

वह मेरे उत्तर से असन्तुष्ट होकर बोला, "मगर हुज़ूर, कहाँ शाहजहाँ होटल, और कहाँ वह कॉफी हाउस !"

"सो तो ठीक है। मगर, जानते हो शाहजहाँ कौन था ?"

"पढ़-लिख नहीं सका, तो इसका मतलब है, मुझे कुछ मालूम ही नहीं ! शाहजहाँ बहुत बड़े आदमी थे, दो होटल बनाकर लाखों-लाख रुपये कमाये। एक होटल बम्बई में अपनी घरवाली के नाम पर बनाया—ताजमहल ! और एक होटल अपने नाम पर कलकत्ता में बनाया—शाहजहाँ !"

हँसते-हँसते मेरा बुरा हाल हो गया। मैंने किसी तरह हँसी रोककर कहा, "मुझको जो बताया वह किसी दूसरे को न बताना। सुनकर लोग हँसेंगे। ताज होटल जिन्होंने बनाया, उनका नाम था जमशेदजी टाटा—मगर यह तो अभी हाल की बात है। हमारा यह होटल तो राजवंश का होटल है, हमारे इस होटल के मालिक थे सिम्प्सन साहब।"

इस बात में ज़रा भी रस न लेकर, गुड़बेरिया ने बताया, "ताज होटल में बख्शीश के लिए हिज़-हिज़ हुज़-हुज़ नहीं होता है। जिसे जो बख्शीश मिले, सारे लोग मिलकर बराबर-बराबर हिस्सा बाँट लेते हैं।"

"यह बात तो मुझे मालूम नहीं है।" मैंने कहा।

पता नहीं गुड़बेरिया को कैसे पता चला है, कई बड़े-बड़े होटलों में बिल के साथ ही बख्शीश भी ले ली जाती है। इसके बाद हर हफ्ते बख्शीश बराबर-बराबर हिस्सों में बाँट दी जाती है। यही व्यवस्था कभी-न-कभी शाहजहाँ होटल में भी शुरू होगी, इसका उसे पूरा विश्वास है।

कॉफी हाउस का कालिन्दी बैरा आज चार पैसे, छः पैसे ले-लेकर उससे ज्यादा कमा रहा है। मगर, जब शाहजहाँ होटल के सारे बैरे बराबर-बराबर बख्शीश पाने लगेंगे, तब परबसिया की आँखें खुलेंगी। तब समझ में आयेगा, लड़की का हाथ गुड़बेरिया के हाथों में न पकड़ाकर उसने कितनी भारी भूल की है !

गुड़बेरिया के इस लम्बे लैक्चर से सुबह-सुबह ही सिर-दर्द होने लगा था। पता नहीं, और कितनी देर तक उसके दुःख-दर्द की कहानी सुननी पड़ेगी। मगर, ठीक इसी वक्त दूसरे कमरे में अलार्म-घड़ी बजने लगी। गुड़बेरिया बोला, "अभी तुरत बोस साहब को जगा देना होगा।"

ग्रौर, चाय का प्याला उठाते-उठाते उसने ग्रपना ग्रन्तिम ग्राग्रह प्रकट किया, "ग्रभी वक्त है। हम लोग ग्रगर ग्रब भी परबसिया को समझा दें, वह कितनी बड़ी गलती करने जा रहा है…!"

बोस दा के पास जाने पर कल रात की सारी बातें मालूम हुईं।

"विचित्र व्यक्ति हैं यह डॉक्टर सदरलैण्ड," बोस भाई ने कहा।

"क्यों?"

"एक भी कमरा खाली नहीं था। यहाँ तक कि तीसरी मंजिल पर जो दो ग्रँधेरे कमरे हैं, ग्रन्धे कुएँ की तरह, उन पर भी ग्रायल एसोसिएशनवालों ने ग्रपने बम्बई डेलिगेशन के लिए कब्ज़ा जमा लिया है। डॉक्टर सदरलैण्ड ने एयरमेल से हमें ग्राने की सूचना भेजी थी। किन्तु हमने 'रिग्रेट' का टेलीग्राम भेज दिया था। ग्रब कल इतनी रात गये ग्राकर बोले, 'तुम्हारा तार नहीं मिला!' हम उन्हें ग्ररसे से जानते हैं। साफ-साफ ग्रपनी हालत बता दी। टेलीफोन से दूसरे होटलवालों से भी पूछा। हमारी स्पेशल रिक्वेस्ट की वजह से एक होटल कमरा देने को तैयार हो गया। मगर सदरलैण्ड साहब को पता नहीं शाहजहाँ में क्या खास बात दिखायी दे गयी है, कहने लगे, 'इस कलकत्ता में तो मेरी एकमात्र ग्राशा यही होटल रहती है। शाहजहाँ होटल में ठहरूँगा, कितने दिनों से यही सपना देख रहा था।' मैंने बताया, 'जिस होटल में ग्रापके रहने की व्यवस्था की है वह देश के सबसे ग्रच्छे होटलों में गिना जाता है!' मगर राज़ी नहीं हुए। जिद्दी ग्रादमी हैं। शायद, एयरपोर्ट से ही ड्रिंक करके ग्राये हों। नहीं तो भला, ऐसा क्यों कहते, 'कमरा न मिले तो शाहजहाँ होटल के बरामदे में फर्श पर सो रहूँगा। मुझ पर दया करके कुछ तो इन्तज़ाम कर दो!' तब मैंने कहा, 'छत पर एक कमरा है छोटा-सा। टिन की छत है, ज़रा भी पानी बरस जाये तो ग्राप भीगने लगेंगे।' वह तैयार हो गये। मुझे ग्रसंख्य धन्यवाद देते हुए साथ ऊपर चले ग्राये। उनकी बातचीत से मुझे विश्वास हो गया है, उन्होंने शराब नहीं पी है। उन्हें तीन सौ सत्तर में डालकर मैं ग्रपने कमरे में सो रहा। रात बीतने में देर नहीं थी। बेटा विलियम भी ग्रपने घर नहीं जा सका था। ग्राखिरी प्लेन से किसी गेस्ट के ग्राने की बात थी, इसीलिए वह लाउन्ज में बैठा इन्तज़ार कर रहा था। उसे काउण्टर पर बिठाकर मैं ऊपर चला ग्राया।" बोस दा की ये बातें सुनकर मुझे लगा, मार्कोपोलो साहब ने सदरलैण्ड पर जादू फेर दिया है। या, हो सकता है, वह जासूस हों। शाहजहाँ होटल के किसी मेहमान पर नज़र रखने के लिए उनका यहीं ठहरना ग्रनिवार्य हो गया हो।

बोस दा के कमरे से ग्रपने कमरे में जाते हुए सदरलैण्ड से भेंट हो गयी। उनके चेहरे पर बड़ी ही सरल निश्छल मुसकराहट फैली हुई थी। उस मुसकराहट को ग्रनदेखा करके निकल जाने की ताकत किसी में नहीं हो सकती। वह मुसकराहट किसी 'स्पाइ' की मुसकराहट है, मैं विश्वास नहीं कर सका।

डॉक्टर सदरलैण्ड ने मुझे पास बुलाया। बोले, "कितनी खूबसूरत सुबह है! है न?"

फिर कुछ रुककर कहने लगे, "मैं डॉक्टर हूँ। रोग मुझे ग्रपनी ग्रोर खींचते हैं,

प्रकृति मुझे दूसरी ओर नहीं ले जा सकती। मगर, आज तो मुझे भी कविता लिखने की इच्छा हो रही है। इच्छा हो रही है, खुशी से पागल हो जाऊँ। लगता है, शरीर के सारे वस्त्र उतारकर प्रभातसुन्दरी मेरे सामने आ खड़ी हुई है। भारत-माता ने अब तक जिसे अपने आँचल में छिपा रखा था, उसे अपनी विदेशी सन्तान के सामने उन्होंने ला रक्खा है।"

मैंने कहा, "हमारी माता उदार है। भारत में जहाँ भी जाओगे, वहीं उसका स्नेहमय रूप देख पाओगे।"

"हो सकता है, तुम्हारी बात सच हो," सदरलैण्ड ने कहा, "मगर मैं तो पूरा भारतवर्ष घूम चुका हूँ। जहाँ-जहाँ एपिडेमिक होता है, वहाँ ठहरा भी हूँ। मगर, कहीं भी उसका असली रूप नहीं देख सका था। इतने दिनों बाद छुट्टी लेकर आया हूँ, और इसी कलकत्ता में मैंने उसे देखा है, पहली बार उसका परिचय पाया है।"

धूप तेज़ हो रही है। कुर्सी से उठते हुए सदरलैण्ड मुझे भी अपने कमरे में आने का अनुरोध करते हैं।

खुद पलंग पर बैठकर, उन्होंने मेरे लिए कुर्सी छोड़ दी। बोले, "आपके काम में हर्ज़ तो नहीं होगा? शायद आपकी ड्यूटी का वक्त हो गया है।"

"अभी मेरी छुट्टी है। ड्यूटी देर से शुरू होगी। हो सकता है, रात में भी काम करना पड़े।"

"तो क्या आपको आज सारी रात जागकर काट देनी होगी?" सदरलैण्ड ने पूछा।

"हाँ। मगर, इसमें आश्चर्य होने की बात क्या है? आप क्या डॉक्टरी पढ़ते समय नाइट-ड्यूटी नहीं देते थे?"

डॉक्टर सदरलैण्ड हँसने लगे। बोले, "इन दोनों कामों में तुलना नहीं हो सकती। हम लोग बीमारों की चिकित्सा के लिए जगे रहते थे। मगर होटल के कमरों में स्वस्थ-सबल यात्री नरम बिस्तरे पर सो रहे हों, और उनकी परिचर्या के लिए कोई आदमी जगा रहे, यह बात और है। इस बात का कोई मतलब नहीं है। यह बेमतलब की ओरियण्टल लक्ज़री है, और कुछ नहीं।"

फिर उन्हें क्रोध आ गया। ज़रा थमकर बोले, "मुझसे सच पूछो तो मैं कहूँगा, इट इज़ ए शेमफुल सिस्टम! यह एक शर्मनाक तरीका है! लज्जाजनक!"

डॉक्टक सदरलैण्ड ने टेबल पर रखी घण्टी बजायी, "अगर एतराज़ न हो, एक-एक गिलास कोल्ड-ड्रिंक पिया जाय?"

उनके व्यवहार में इतनी आत्मीयता है कि 'नहीं' तो कहा ही नहीं जा सकता।

गुड़बेरिया ड्यूटी पूरी करके चला जा चुका है। उसके बदले जो बैरा आया, उसका नाम नहीं जानता हूँ। उसके सलाम का जवाब देकर डॉक्टर ने कहा, "दो गिलास पाइनऐपल जूस ले आओ, प्लीज़!"

बैरा दुबारा सलाम करके वापस जा रहा था। मगर, सदरलैण्ड ने उसके चेहरे की तरफ देखते हुए, उसे रुकने को कहा। अब मैंने भी उसके चेहरे की ओर देखा। समूचे

मुँह पर चेचक के दाग। मगर डॉक्टर तो जैसे कोई अद्भुत वस्तु देख रहे थे।

उन्होंने पूछा, "कब हुआ था?"

वह शरमा रहा था, "बहुत दिन पहले, साहब!"

"बचपन में?"

"जी हाँ, साहब!"

"टीका लिया था?" डॉक्टर ने पूछा।

"नहीं, साहब! टीका लेने से पहले ही चेचक हुआ था।"

"आई सी!" सदरलैण्ड ने कहा।

बैरा चला गया। सदरलैण्ड मुझसे बोले, "भगवान् को उस पर दया आ गयी, नहीं तो बेचारे की दोनों आँखें चली जातीं।"

होटल के एक मामूली बैरे के लिए किसी अपरिचित विदेशी को इतनी दया-ममता हो सकती है, मुझे विश्वास नहीं हो रहा था।

अपने मन का भाव मैं दबाये रह नहीं सका। बोला, "वह आपकी बात दिनों तक याद रखेगा। होटल के किसी अतिथि ने इतने अपनेपन से उससे आज तक बात नहीं की होगी।"

डॉक्टर सदरलैण्ड ने चौंककर मेरी ओर देखा और अपने मन का भाव छिपाते हुए बोले, "माई डियर यंगमैन! सारी बातें जाने बिना अपनी राय नहीं देनी चाहिए। इस होटल में कैसे-कैसे लोग आकर ठहरे हैं, उन्होंने कैसा व्यवहार किया है, हमें क्या पता! फिर, मैं तो डॉक्टर हूँ। एपिडेमोलॉजिस्ट! विश्व-स्वास्थ्य-संस्था मुझे तनखाह देती है, किराये और राह-खर्च के पैसे देकर मुझे देश-विदेश भेजती रहती है, सिर्फ इसीलिए न, कि मैं ऐसे रोगों के बारे में छानबीन करूँ! संक्रामक रोगों के ज़हरीले हाथों से पृथ्वी के निवासियों को हमेशा के लिए छुड़ा लेना ही मेरा काम है न!"

डॉक्टर सदरलैण्ड चुप हो गये। मगर वह उत्तेजित हो रहे थे, यह मैं समझ गया।

कोल्ड ड्रिंक आ जाने के बाद सदरलैण्ड ने मुझसे पूछा, "कितने दिनों से यहाँ काम करते हो?"

"ज्यादा दिन नहीं हुए हैं।"

"होटल के 'बॉर' में गये हो?"

"अभी तक वहाँ ड्यूटी नहीं मिली है। वैसे, कितनी ही बार उधर गया हूँ।"

सदरलैण्ड के इस सवाल के लिए मैं कतई तैयार नहीं था। उन्होंने कहा, "मैं एक खास बात जानना चाहता हूँ। बता सकते हो, तुम्हारा यह 'बॉर' शुरू से ही उसी जगह पर है, या बीच-बीच में उसका स्थान-परिवर्तन किया जाता है?"

"हमारा 'बॉर' तो बुरी जगह पर नहीं बनाया गया है। क्यों, आप क्या कोई सजेशन देना चाहते हैं? कोई बात हो तो कहिए, मैं मार्कोपोलो को बता दूँगा।"

उन्होंने इनकार करते हुए सिर हिलाया। कहने लगे, "नहीं, कोई सजेशन नहीं है। सिर्फ जानना चाहता हूँ, बॉर कितने दिनों से उसी जगह पर है?"

"यह कहना तो कठिन है। होटल सिम्प्सन साहब के हाथों से छूटकर कितने हाथों में घूमता रहता है। हर नये मालिक ने अपनी इच्छा के अनुसार इसमें परिवर्तन किया है। बाहर की दीवारों के अलावा, फ्रेम के अलावा, शाहजहाँ होटल के नाम के अलावा, भीतर कोई भी चीज़ अक्षत नहीं है, अक्षती नहीं है।"

"मैं बहुत पहले की बात नहीं पूछता, पिछली सदी के आखिरी हिस्से की बात बताओ। यानी, जब कलकत्ता में काउण्टर पर खड़ी होकर बारमेड शराब बेचती थी।"

ठीक इसी वक्त बैरे ने आकर मुझे बताया, बोस दा मुझे ढूंढ़ रहे हैं।

मैंने बोस दा को अन्दर बुलवाया। वह काफी अरसे से यहाँ हैं।

शायद, सदरलैण्ड को सही जानकारी दे सकें। अन्दर जाते हुए बोस दा ने पूछा, "रात नींद आयी थी न? हो सका, तो तीसरी मंज़िल का एक कमरा आपकी खिदमत में हाजिर करूँगा।"

सदरलैण्ड ने कमरे के लिए कोई उत्सुकता नहीं दिखायी। वह शाहजहाँ होटल के अतीत में वापस जाना चाहते थे। सारी बातें सुनकर बोस दा ने मुझसे कहा, "हाब्स साहब से तुम्हारी जान-पहचान है?"

"उनसे हल्का-सा परिचय है। उस दिन एक डिनर-पार्टी में आये थे। काउण्टर पर आकर मुझसे दो मिनट बातें भी की थीं।"

बोस दा ने कहा, "होटल के बारे में वाकई अगर कुछ जानना हो, तो उनके पास जाना ही पड़ेगा।"

डॉक्टर सदरलैण्ड ने पूछा, "तुम्हें पता है, इस होटल में कभी बारमेड रखी जाती थी या नहीं?"

"अंग्रेज़ी फिल्मों में देखा है कि जवान लड़की 'बॉर' में खड़ी होकर ड्रिंक्स बाँट रही है। मगर यहाँ के किसी होटल में ऐसा नहीं देखा है।"

मैंने कहा, "सच ही तो है! कैबरे के लिए लड़कियाँ विदेशों से बुलायी जाती हैं। नाच के लिए, गाने के लिए, हर तरह के मनोरंजन के लिए हमारा होटल हज़ारो रुपये खर्च करता है। मगर, 'बॉर' के लिए तो कोई लड़की नहीं रखी जाती।"

"बुद्धि तुम्हारी तेज़ है। ज़रा मार्कोपोलो के कान में यह बात डाल दो। काम बन जायेगा।" बोस दा ने कहा।

डॉक्टर सदरलैण्ड भी बोस दा का मज़ाक समझकर हँसने लगे। फिर बोले, "आई ऐम अफ्रेड! मुझे डर है, मैनेजर के दिमाग में यह बात घुस भी जाय, तो कोई फायदा नहीं होगा, क्योंकि यहाँ के 'बॉर' में औरत रखना कानून के खिलाफ है। एक्साइज़ लॉ में लिखा है, 'जिस मकान में शराब बेचने का लाइसेन्स दिया जायेगा, वहाँ सरकारी अनुमति के बिना कोई औरत नौकरी नहीं कर सकती है।'"

हमारे देश के आबकारी कानून के बारे में उनकी जानकारी देखकर चकित रह गया। सोचने लगा, प्रोहिबिशन-कानून की दया से साहब कभी पुलिस के चक्कर में पड़ गये होंगे। और, तभी भारत के विभिन्न राज्यों के बॉर-लाइसेन्स के नियम सदरलैण्ड ने याद कर लिये होंगे।

सदरलैण्ड ने पूछा, "यहाँ का बॉर-लाइसेन्स कभी पढ़कर देखा है ?"

"पीले रंग का सरकारी कागज़ मैंने सावधानी से 'बॉर' में रखा देखा है। मगर, उसमें क्या लिखा है, यह जानने का आग्रह मुझे किसी दिन नहीं हुआ।"

सदरलैण्ड ने कहा, "कभी देखना! उसमें लिखा होगा, सरकार आज्ञा देती है कि पाँच आने से कम कीमत की कोई शराब यहाँ नहीं बेची जायेगी।"

"पाँच आने ? यह कानून कब बना था ?" बोस दा चीख पड़े।

"उसी ज़माने में, जब एक बोतल ह्विस्की का दाम होता था कुल एक रुपया बारह आने। उन दिनों सबसे लोकप्रिय ब्राण्ड था डेनियल क्रेफोर्ड! अगर शराब से लिवर बरबाद करके कोई आदमी मरता था तो लोग कहते थे—डेनियल क्रेफोर्ड बीमारी से मरा है!" डॉक्टर सदरलैण्ड ने बताया।

मेरा शक बढ़ने लगा। मैंने पूछा, "आप क्या विभिन्न देशों के 'बॉर' हाउसों के बारे में कोई किताब लिख रहे हैं ?"

"नहीं जी," डॉक्टर ने कहा। "अगर कभी किताब लिखी भी, तो स्मालपॉक्स के बारे में लिखूंगा। शराब के बारे में लिखकर वक्त बरबाद करने की मुझे कतई ख्वाहिश नहीं है।"

टेलीफोन से हॉब्स साहब से मिलने का वक्त तय किया गया। किस्से कहना और किस्से सुनना उन्हें बहुत पसन्द है। बोस दा ने कहा, "फुरसत रहती तो मैं भी चलता। तुम डॉक्टर के साथ चले जाओगे। ठीक ढाई बजे हॉब्स साहब तुम लोगों की प्रतीक्षा करेंगे।"

सदरलैण्ड के कमरे से निकलकर मैंने बोस दा से पूछा, "डॉक्टर साहब को वहाँ ले जाऊँगा, लोगों को बुरा तो नहीं लगेगा ?"

बोस दा को गुस्सा आ गया। बोले, "किसे बुरा लगेगा ? होटल के लिए खूनपसीना हम बहाते हैं, दूसरा कोई नहीं बहाता। फिर हमें क्या कहीं आने-जाने का भी अधिकार नहीं है। किसी को बुरा क्यों लगेगा ? हमारी जो इच्छा होगी, हम करेंगे। इसमें दूसरे का क्या है ? क्या कोई तुमसे कुछ कह रहा था ?"

"नहीं तो! आपसे इसलिए पूछ रहा था कि होटल के कानून के खिलाफ कुछ कर बैठूं, तो नौकरी चली जायेगी ?"

"नौकरी जाना यहाँ खास बात नहीं है। कितने लोग मेरे सामने यहाँ नौकरी पर आये और चले गये। पत्थर बनकर अकेला मैं ही बैठा हुआ हूँ। मुझे हिलाने की हिम्मत किसी में नहीं है। तुम बेफिक्र रहो! अगर बेटा जिम तुम्हारा कोई नुकसान करे, तो मुझे बताना। उसकी भी खैर नहीं रहने दूंगा।" बोस दा काफी उत्तेजित हो गये थे। कुछ रुककर बोले, "हम लोग क्या अब आदमी रह गये हैं! जिनके पास पैसे हैं, आदमी तो वे ही लोग हैं। सूद की पेमेण्ट पर ही सन्तुष्ट रहते हैं। नौ बजे सोकर उठते हैं, फिर चाय पीकर आराम फरमाने लगते हैं। आराम के बाद दोपहर का भोजन। इसके बाद फिर आराम। सोकर उठते हैं, नाश्ता-पानी करके हुक्का-गुड़गुड़ी पीते हैं।

शाम को मैदान की सैर। फिर थोड़ा आराम। इसके बाद रात का भोजन। फिर आराम। बच्चे पैदा करने के अलावा और कोई काम ये नहीं करते। अगर करते होते, तो स्याटा बोस दिखा सकता था कि मेड-इन-केलकटा लड़के भी होटल चला सकते हैं। हमारे पास बुद्धि है, मेहनत करने की क्षमता है, मगर, हम हर महीने मिलनेवाले चन्द नोटों के बदले अपना सबकुछ बेच चुके हैं। मगर, हमारे आसपास ऐसे भी लोग हैं, देश-विदेश के लोग जो, दूसरों से रुपये कर्ज़ लेकर, और हमारी मेहनत का फायदा उठाकर सिर्फ अपनी ही नहीं, अपने भाई-भतीजे, भानजे, दामाद सबकी किस्मत का खजाना खोल देते हैं।"

फिर, वेदना-भरी मुसकान होंठों पर लाते हुए बोस दा ने कहा, "ये बातें यहाँ कहने से कोई फायदा नहीं, जानता हूँ। चौरंगी के डॉक्टर लोनी मोमेनूण्ट के नीचे खड़ा होकर भाषण करता, तो कुछ फायदा भी था। मगर, वह सब किस्मत में नहीं लिखा है।"

लंच के वक्त बोस दा ने पूछा, "बूढ़े हॉब्स साहब के पास जा रहे हो न ?"

कायदे से लंच साढ़े बारह बजे शुरू होता है। मगर कर्मचारी लोग पहले ही खा-पीकर फुरसत पा लेते हैं। अपना भोजन समाप्त करके वे लंचरूम को खोल देते हैं। बाहर के अतिथियों का आना शुरू हो जाता है। क्लाइव स्ट्रीट के साहबों का वक्त दोपहर में ज़्यादा कीमती होता है। बिज़नेस की बातें करते हुए आते हैं, बातें करते हुए लंच लेते हैं, बिज़नेस की बातें करते हुए वापस चले जाते हैं।

होटल में रहनेवाले अतिथि ज़रा देर से आते हैं। लंच रूम में घुसने से पहले कितने ही लोग काउण्टर पर रुककर कुछ क्षण काट देते हैं। कुछ लोग सीधे लंचरूम में जाकर बाँहों में लाल पट्टी बाँधकर खड़े तवारक को बुलाते हैं। शाहजहाँ होटल की डिक्शनरी में उनका नाम है, 'वेट ब्वाय'! मगर बोस दा उसे कहते हैं, 'भीगा हुआ लड़का!' भीगा हुआ लड़का साहब का सलाम पाकर दौड़ा आता है। साहब लोग ज़्यादातर ठण्डी बियर मँगवाते हैं। बियर का गिलास खाली करते ही गर्म सूप आ जाती है। उधर गोमेज़ साहब के इशारे से 'शाहजहाँ बैण्ड' बजने लगता है। पाँच लड़के एक साथ अपने सामने रखे कोर पर झुककर यन्त्र-संगीत शुरू करते हैं।

गोमेज़ कण्डक्टर हैं। बोस दा उन्हें कभी कहते हैं 'बैण्डपति' और कभी और आदर करके कहते हैं 'बैण्डस्वामी'! सबसे पहले गोमेज़ ही अपने पाँचों शागिर्दों के साथ प्राइवेट रूम में लंच के लिए आते हैं।

आकर सेफ़ को कहते हैं, "जो भी हो, तुरन्त खिला-पिला दीजिए।" सेफ़ हम लोगों के इस भोजन को भूत-भोजन समझता है। गोमेज़ चंचल हो उठते हैं, तो कहता है, "इतना घबराइयेगा तो मुझसे काम नहीं होगा।"

गोमेज़ कहने लगते हैं, "तो आज लंच के वक्त शाहजहाँ बैण्ड बन्द ही रहेगा ?"

सेफ़ व्यंग्य करते हुए बोलता है, "ओह, यह तो बड़ा बुरा हो जायेगा। एक बजे दिन में सिर्फ बाजा सुनने के लिए ही तो कलकत्ता के नागरिक अपना काम-धाम छोड़कर

शाहजहाँ होटल आते हैं।"

गोमेज़ मगर चुप रहनेवाले आदमी नहीं हैं। होटल के सेफ़, मिस्टर जूनो से कहते हैं, "अगर संगीत ही तुम्हारी समझ में आता, तो भात की हाँडी क्यों उठाते ?"

सेफ़ तब काँच के सबसे रद्दी प्लेट-प्याले वेटरों की तरफ बढ़ाते हुए कहता, "गाना-बजाना नहीं समझता हूँ। मगर इतना मालूम है, खाने-पीने के बाद चिड़िया तक गाना नहीं गाती है। भर-पेट भोजन के बाद संगीत-चर्चा सिर्फ एकमात्र शाहजहाँ होटल में ही चलती है।"

तब गोमेज़ अपने दल के लड़कों से कहते हैं, "ब्वॉयज़ ! तुम लोग शुरू कर दो !" सारे लड़के चम्मच से सूप उठाकर मुँह में डालने लगते हैं। नैपकिन जाँघों पर रखते हुए गोमेज़ तब सेफ़ से कहते हैं, "चिड़ियों में और हममें फर्क है। चिड़ियाँ अपनी खुशी से गाती हैं, पेट के लिए नहीं। और हम लोग सिर्फ पेट के लिए इस भरी दोपहरी में संगीत-चर्चा करते हैं।"

वाद-विवाद और भी चलता, मगर बोस दा आते हैं और एक कुर्सी पर दखल जमाते हुए कहते हैं, "जूनो साहब, मैं पक्का हिन्दू हूँ। तुम लोग हमारी रिलीजस फीलिंग पर चोट पहुँचा रहे हो। भोजन के समय वार्तालाप करना हमारे धर्मशास्त्र के विरुद्ध है। चुप नहीं रहोगे, तो मैं साम्प्रदायिक दंगा मचा दूँगा।"

सारे लोग हँसने लगते हैं। जूनो गद्‌गद होकर कहता है, "स्याटा ! तुम्हारे मज़ाकों का स्टॉक क्या कभी खत्म नहीं होगा ?"

"डियर जूनो साहब, मेरा स्टॉक भी तुम्हारे उस फ्रिज की तरह है। नीचे के हिस्से में हर वक्त आठ-दस आइसक्रीम छिपे रहते हैं।" बोस दा कहते हैं।

जूनो हा-हा हँसने लगता है। कहता है, "ग्रीडी ! ग्रीडी ब्वॉयज आर नॉट नाइस फॉर होटेल् !" और बोस दा की पीठ प्यार से थपथपाकर किचन की ओर चला जाता है। जाने से पहले कहता है, "बोस, तुम मैरेज कर लो ! हम लोग तुम्हारे साथ निभा नहीं पाते। वाइफ आयेगी, तो तुम्हें 'ब्वाएल' 'हाफ ब्वाएल' करके सँभाल लेगी।"

बोस दा ने हँसते हुए जवाब दिया, "जैसे तुम्हारा वह पुडिंग-ए-सैण्ड !"

"ह्वाट ?" जूनो साहब ने नासमझी दिखाते हुए पूछा।

"तुम्हारा वही गुड़ और बालू का पकौड़ा ! न कभी मेरी शादी होगी, और न कभी तुम्हारे पाप का भोग समाप्त होगा।" बोस दा खाते-खाते बोले।

मैं चुपचाप उनकी बातें सुन रहा था। वेटर खाना लाने में देर कर रहे थे।

घड़ी की ओर देखते ही जैसे गोमेज़ आतंकित हो उठे। लंचरूम का दरवाज़ा खुलने में कुल पाँच मिनट ही रह गये हैं। कुर्सी से उठते हुए गोमेज़ बोले, "गेट अप, ब्वॉयज़, अब वक्त नहीं है।"

पाँचों लड़के जैसे गूंगे थे। एक शब्द भी उनके मुँह से नहीं निकला। एक साथ उठ खड़े हुए।

एक कोने में एक छोटा-सा आईना टँगा है। उसके ऊपर अंग्रेज़ी में लिखा है,

"ऐम आई केरेक्टली ड्रेस्ट ?" उसके नीचे किसी ने शरारत से लिख दिया है "क्या मैं ठीक ढंग से साड़ी-लहँगा पहने हूँ ?"

सारे लड़के बारी-बारी से आईने के सामने खड़े होकर अपनी टाई ठीक करने लगे। गोमेज़ दरवाज़े के पास खड़े रहे। लड़के जब लाइन बनाकर मार्च करते हुए कमरे से बाहर जाने लगे, गोमेज़ भी उनके पीछे-पीछे हाथ हिलाते हुए चलने लगे।

मैं और बोस भाई बैठे रहे। उन्होंने हँसकर जूनो से कहा, "मेरी स्वर्गीया माता ने मरने के समय कहा था, नरक में भी जाओ, मगर सामने भोजन छोड़कर उठोगे नहीं।"

जूनो हँसने लगा। बोला, "तुमसे तर्क में कोई जीत नहीं सकता। ओनली अगर कभी तुम्हारी वाइफ होती, तो वह तुम्हें सिखा देती कि बहस क्या होती है !"

"सिखा सकता है, एक और लड़का सिखा सकता है। दिस ब्वॉय, यह लड़का।" बोस दा ने मेरी तरफ इशारा करते हुए कहा, "बहुत अच्छा लड़का है—इतना अच्छा लड़का कि इसे तुम स्पेशल आइसक्रीम खिलाओ, जिससे भविष्य में भी यह कभी तुम्हारे खिलाफ मुँह नहीं खोले ?"

जूनो इतना प्रसन्न हुआ कि वेटर को हुक्म न देकर, खुद दी फ्रिजिडियर से दो आइसक्रीम निकाल लाया।

आइसक्रीम के बाद कॉफी। बोस दा कॉफी पीते हुए आप-ही-आप कहने लगे, "बारमेड ! 'बॉर' की लड़कियाँ ! साकी ! प्यासे मेहमानों के प्यालों में मुसकराती हुई साकी मदिरा डाल रही हैं। वण्डरफुल ! कभी इस होटल में भी साकी होती थी। आज होती तो क्लाइव स्ट्रीट के साहब लोग, सिर्फ साहब क्यों, बंगाली, मारवाड़ी, गुजराती, चाइनीज़, जापानी, रूसी, जवान, प्रौढ़, बूढ़े, कौन उसे देखकर खुश नहीं होते ? शाहजहाँ होटल के 'बॉर' की शान-शौकत बढ़ जाती। और कितनी सारी कुर्सियाँ रखनी पड़तीं। और भी सोडा की कितनी सौ बोतलें लेनी होतीं, कितनी ज़्यादा रसीदें काटनी पड़तीं, कितने ज़्यादा रुपये बैंक में जमा करने होते ! गवर्नमेण्ट तो टैक्स बढ़ा ही रही है, हम भी जले पर नमक छिड़कने की तरह शराब की कीमत बढ़ा देते। ओह, कितना अच्छा होता···!" और, इसके बाद आगे बोले, "मगर बारमेड! यह तो एकदम अंग्रेज़ी नाम हुआ। तुम्हें अभी-अभी एक आइसक्रीम खिलाया है। ब्रेन तुम्हारा ठण्डा होगा। ज़रा बताओ न, 'बारमेड' का बंगला क्या होगा ?"

मेरा दिमाग एकदम खाली था। मैंने कहा, "रूबाइयात में 'बारमेड' को 'साकी' कहते हैं।"

"धत्, 'साकी' तो बंगला नहीं है। देखो मैं बताता हूँ। 'बारमेड' का शुद्ध अनुवाद एक ही शब्द होगा—'बार-वनिता !' "

बार-वनिता के नशे में हम लोग डूबे जा रहे थे, तभी जूनो ने कहा, "एक लम्बे-चौड़े जवान आदमी एक साथ तुम दोनों को खोज रहे हैं।"

स्वयं सदरलैण्ड हमें ढूंढ़ रहे थे। हमें देखते ही बोले, "मैं बाहर लंच लेने जा रहा हूँ। वहाँ चलने की बात याद दिलाने आ गया।"

मैंने कहा, "आप इत्मीनान रखिए, मिस्टर हॉब्स से आज हमारी मुलाकात होनी ही है।"

मेरी यह कहानी किताब की शक्ल में प्रकाशित होते देखकर सबसे अधिक प्रसन्नता जिन्हें होती, वे अब इस दुनिया में नहीं हैं। चौरंगी के अन्तरंग की कहानी लोगों को सुनाने की प्रेरणा उन्होंने ही मुझे दी थी, उत्साहित किया था, मुझमें उत्तेजना भरी थी। बोले थे, "पता लगाने की कोशिश करो। बहुत सारी चीजें मिलेंगी।" कलकत्ता की धरती पर उनके लम्बे जीवन-यापन का अब कोई प्रमाण नहीं है, कोई स्मृति-चिह्न नहीं। उनके नाम की एक दूकान चौरंगी का आवश्यक अंग बनकर कुछ दिन टिकी थी। यह दूकान भी नहीं रह गयी है। कुछ नहीं रह गया है।

कई पुराने लोगों को अब तक हॉब्स की याद होगी, हमारी पीढ़ी के भी कुछ लोग शायद उन्हें कुछ अरसे तक याद रखें, और इसके बाद उनकी याद हमेशा-हमेशा के लिए मिट जायेगी।

शाहजहाँ होटल से निकलकर हम लोग एस्प्लेनेड आ गये थे। पैदल चलते-चलते सदरलैण्ड ने कहा था, "इस रास्ते पर लगता है, हर कदम पर इतिहास के किसी अध्याय को पाँवों-तले रौंदता चल रहा हूँ। इतिहास का अब कोई साक्षी नहीं है। प्राचीन कलकत्ता के कितने ही स्मृति-चिह्न इन सड़कों के किनारे खड़े थे। वह सब तो तुम लोगों ने उखाड़कर फेंक दिया है।"

मैंने सदरलैण्ड की तरफ घूमकर कहा, "अभी भी एक साक्षी है—राजभवन! पुराने वृक्षों की घनी कतार के हरे बुर्के से राजभवन की सुन्दरी सबकुछ देखती आ रही है।"

वह बोले, "एक दिन आयेगा, जब टेप-रिकार्डर की तरह 'पॉस्ट-रिकार्डर' भी बाज़ार में बिकने लगेगा। वह मशीन हाथ में लेकर हम किसी भी पुराने मकान के सामने खड़े हो सकेंगे और उसकी आत्मकथा सुन सकेंगे।"

"सच, क्या यह कभी हो सकेगा?"

"निराश न हो!" सदरलैण्ड ने कहा, "जब तक यह मशीन ईजाद होगी, हम लोग ज़रूर तब तक ज़िन्दा रहेंगे। अतीत को सामने ले आना कोई मुश्किल काम नहीं रहेगा; क्योंकि हम लोग जो करते हैं, जो बोलते हैं, यहाँ तक कि जो सोचते हैं, कुछ भी नष्ट नहीं होता है। सबकुछ वायुमण्डल के महाशून्य में फैला रहता है, जमा होता रहता है।"

"इसीलिए शायद, हमारे कवि ने कहा है—जीवन की कोई भी वस्तु बरबाद नहीं होती है।" मैंने कहा।

सदरलैण्ड मुस्कराते हुए बोले, "जिस दिन हम अतीत को बोलने के लिए मजबूर कर लेंगे, उसी दिन से यह पृथ्वी नया रूप धारण करेगी। नयी दुनिया उसी दिन से शुरू होगी। केवल इतिहासवेत्ता लोग मुसीबत में पड़ जायेंगे। यूनिवर्सिटी की नौकरी तक चली जायेगी। इतिहास का रिसर्च करनेवालों की ज़रूरत नहीं रह जायेगी। बड़ी इतिहास-

मशीन के लिए एक ऑपरेटर रख लेने से ही काम चल जायेगा।"

सदरलैण्ड अपनी ही बात पर छोटे बच्चों की तरह हँसने लगे। उनकी बातें सुनकर कौन कहेगा कि वह डॉक्टर हैं, और इतिहास जैसे विषय से उनका कोई सम्पर्क नहीं है।

फुटपाथ पर एक पिंजरे में कुछ चिड़ियाँ रखे एक लड़का बैठा था। सामने एक पाँत में कई लिफाफे रखे थे। बुलबुल चिड़िया आदमी की किस्मत बताती है। पैसे डालने से एक लिफाफा खींचकर बता देती है, और उस लिफाफे में उस आदमी का पूरा भविष्य लिखा होता है।"

सदरलैण्ड ने आश्चर्यचकित होते हुए पूछा, "यह क्या तमाशा है?"

"तमाशा नहीं, यह 'फ्यूचर-रिकार्डर' है। भविष्य की सारी बातें यह चिड़िया जानती है। सबका भविष्य बताती है।" मैंने हँसते हुए कहा।

सदरलैण्ड दोनों हाथ मलते हुए बोले, "भविष्य से मुझे बड़ा डर लगता है। चलो, यहाँ से भाग चलें।"

मिस्टर हॉब्स हमारा इन्तज़ार कर रहे थे। अपने दोनों हाथ आगे बढ़ाकर वृद्ध सज्जन ने हमारा स्वागत किया।

"बारमेड?" हमारे प्रश्न पर हॉब्स साहब जैसे अतीत के दिनों में खो गये। धीमी आवाज़ में बोले, "वे दिन चले गये हैं, खत्म हो चुके हैं, नेवर टु रिटर्न। कभी लौटेंगे नहीं।···सिर्फ एक व्यक्ति इस प्रश्न का उत्तर दे सकते थे। उनका नाम था, मिसेज़ ब्रैकवे। यूनियन चैपेल के पादरी, फादर ब्रैकवे की सहधर्मिणी!"

डॉक्टर सदरलैण्ड ने सिर हिलाते हुए कहा, "मैंने ब्रिटिश पार्लियामेण्ट के मेम्बर भारत के शुभचिन्तक फ़ेनर ब्रैकवे से मिलने की कोशिश की थी। उनकी माँ के बारे में जानने की बड़ी इच्छा थी। मगर कुछ पता नहीं चला। इतना ही मालूम हुआ, यूनियन चैपेल के पादरी के पुत्र फ़ेनर ब्रैकवे का जन्म कलकत्ता में हुआ था। भारत के प्रति उनके अपनत्व का कारण तब मेरी समझ में आया।"

हॉब्स ने कहा, "मिसेज ब्रैकवे कलकत्ता की बारमेड लड़कियों के बारे में बहुत दुःखी रहती थीं। उनकी आँखों से आँसू बहने लगते थे···बारमेडों की दुरवस्था पर उनकी नज़र न पड़ती तो आज भी हम शाहजहाँ या किसी भी होटल में युवतियों द्वारा लायी गयी बियर या ह्विस्की का उपभोग कर सकते थे।"

डॉक्टर सदरलैण्ड ने विनम्र होते हुए लज्जित स्वर में कहा, "मैं ड्रिंक नहीं करता हूँ।"

"तुम ड्रिंक नहीं लेते?" हॉब्स साहब चकित हो गये, "सँभलकर रहो। मिस्टर गाँधी के शिष्यों को पता चल गया तो तुम्हें वापस जाने नहीं देंगे। साबरमती या किसी और नदी के किनारे एक खपरैल-घर बनाकर तुम्हारे लिए एक डिस्पेन्सरी खोल देंगे। वहीं तुम्हें जीवन-भर रहना होगा।"

डॉक्टर सदरलैण्ड मुसकराये। फिर बोले, "यह तो बड़ा ही अच्छा होगा। वैसे डॉक्टरी मैं जानता ही क्या हूँ! जितनी जानता हूँ, उससे समझ में आ गया है कि इस

देश को डॉक्टरों की बड़ी ज़रूरत है। काम जाननेवाले असंख्य लोगों की ज़रूरत है।"

हॉब्स इस बात में रस न लेकर बारमेड की ओर लौट आये, "दोज़, ओल्ड गुड डेज़।" मेरी तरफ देखकर बोले, "ज़रा तुम्हारी जनरल नॉलेज की परीक्षा की जाय। बोलो तो, स्वेज़ नहर में कब से जहाज़ चलना शुरू हुआ?"

फर्डिनैण्ड-दि-लेसेप्स नाम के एक फ्रांसीसी ने स्वेज़ नहर बनायी थी, स्कूल के भूगोल की किताब में इतना ही मैंने पढ़ा था। मगर नहर कब बनी थी, किस साल काले समुद्र और भूमध्य सागर ने आपस में मिलकर यूरोप और एशिया को दृढ़ आलिंगन में बाँध दिया था, मुझे पता नहीं था। स्वेज़ नहर से हमारी बारमेड का क्या रिश्ता है, यह भी मेरी समझ में नहीं आ रहा था।

मिस्टर हॉब्स ने कहा, "हमारे इस किस्से से स्वेज़ नहर का नज़दीकी रिश्ता है। जब स्वेज़ नहर नहीं थी, तब पूरा अफ्रीका घूमकर यूरोप के एडवेन्चर प्रेमी नौजवान कलकत्ता आया करते थे। होटल तो कोई था नहीं, चाँदपाल घाट पर नाव-बजरे में रात बिताते थे और उनके मनोविनोद के लिए कोई नील-नयनी वस्तु भी सात समुद्र के पार से यहाँ आ नहीं पाती थी। ज़रूरत होने पर देसी चीज़ों से ही उन्हें प्यास बुझानी पड़ती थी।

"इसके बाद सत्रह सौ बासठ ईस्वी में कलकत्ता के सभ्य समाज के मनोरंजन के लिए विलियम पार्कर ने 'मधुशाला' खोलनी चाही। उस वक्त भी केवल मदिरा की ही बात उठी थी, बार-वनिता की बात नहीं चली थी। बोर्ड ने लाइसेंस भी दिया था, मगर शर्त यह थी कि सुबह के वक्त गार्डन-हाउस बन्द रहेगा। सुबह को खुला रहा, तो दफ्तर के अफसर छोकरे काम में फाँकी देंगे।

"इसके बाद धीरे-धीरे शराब की कितनी ही दूकानें खुल गयीं। मगर हर जगह 'बारमैन' ही रहे, जिन्हें देसी भाषा में कहा जाता था, 'खिदमतगार'।

"सुप्रीम कोर्ट में महाराजा नन्दकुमार के मुकदमे के वक्त बैरिस्टरों और उनके असिस्टेण्टों के भोजन-पान का ठेका जिस ले-गैले साहब ने लिया था, उसके 'टैवर्न' में भी कोई बारमेड नहीं थी। सस्ती के उस ज़माने में भी ले-गैले हर लंच और डिनर के लिए दो रुपये चार आने लेता था। सुप्रीम कोर्ट में उसे खाना पहुँचाने का आर्डर मोहनप्रसाद ने दिया था। हर रोज़ सोलह आदमियों का लंच और सोलह आदमियों का डिनर!

"नन्दकुमार की फाँसी की बात हमें याद है, ले-गैले की कोई याद नहीं। इम्पे ने फैसला किया। नन्दकुमार सिम्प्सन कम्पनी की फाँसी पर चढ़कर इतिहास में अमर हो गये, मगर मोहनप्रसाद गायब हो गया। अन्त में, लंच और डिनर के रुपये वसूलने के लिए ले-गैले को कोर्ट की शरण लेनी पड़ी। मुकदमा करके आखिर उसने छः सौ उनतीस रुपये वसूल कर ही लिये।"

मिस्टर हॉब्स ने कॉफी के प्याले हमारी ओर बढ़ा दिये। हमने आपत्ति की, उन्होंने माना नहीं। हँसकर बोले, "हमें भारत से ईर्ष्या नहीं है, मगर जो लोग समझते हैं कि 'इण्डिया कॉफी हाउस' के अलावा कहीं अच्छी कॉफी नहीं मिलती है, उन्हें एक बार

मेरे यहाँ आना चाहिए।"

हमारे विमुग्ध चेहरों की ओर बिना देखे मिस्टर हॉब्स कहने लगे, "हृदय में अमृत, नयनों में विष-बाण और हाथों में सुरापात्र लेकर इंग्लैण्ड की अष्टादश-वर्षीया सुन्दरियाँ स्वेज़ नहर बनाने के बाद ही कलकत्ता आने लगीं। अठारह सौ उनसठ ईस्वी में स्वेज़ नहर बनी। और, चार्नक नगरी, कलकत्ता के होटलों और रेस्तराओं में विदेशी रूप और विलास की नदी बहने लगी।"

इससे बातें करते-करते हॉब्स धीरे-धीरे उसी अतीत की दुनिया में लौट गये, जहाँ बार-वनिताएँ 'बॉर' में खड़ी होकर मदिरा बाँटती थीं, देसी वनिताएँ नहीं खास विलायती युवतियाँ! अखबारों में विज्ञापन छपता था—अमुक जहाज़ पर चढ़कर हमारी नयी बारमेड लन्दन से आ रही है।

कोई बारमेड छः महीने के काण्ट्रेक्ट पर आती थी, कोई दो साल के काण्ट्रेक्ट पर! शाहजहाँ, होटल डि-यूरोप, एलेनबी के विदेशी प्रतिनिधि लिखते थे, 'एक सुन्दरी युवती का पता मिला है, ज़रूरत है या नहीं, तुरत सूचित करो!' लौटती डाक से उत्तर आता था, 'तुम्हारी सुरुचि पर हमें पूरा विश्वास है। आशा करते हैं, कलकत्ता के गुण-ग्राहकों के सामने हमें सिर नीचा नहीं करना पड़ेगा।'

उधर से उत्तर आता था, 'सिर्फ तुम्हें ही नहीं, दुनिया के इतने सारे बन्दरगाहों में इतने अरसे से बारमेड भेज रहा हूँ, कभी कोई शिकायत नहीं सुनने को मिली। हमारे द्वारा पसन्द की गयी लड़कियों ने कितने होटलों की किस्मत चमका दी है—शराब की बिक्री चौगुनी कर दी है! एक बात और है, कलकत्ता के होटलवाले लड़कियों को सँभाल नहीं पाते हैं। काण्ट्रेक्ट खत्म होते-न-होते लड़कियाँ अलग घर बसाकर बैठ जाती हैं। ऐसा नहीं होना चाहिए। इससे हमारा नुकसान होता है। वे हमें वादा करके जाती हैं कि अपनी तनख्वाह का एक हिस्सा हमें देंगी। वह हिस्सा हमें मिल नहीं पाता। वे लौटेंगी नहीं, तो हमें हिस्सा कौन देगा?'

मैं अपने को रोक नहीं सका। पूछ ही लिया, "आपने कोई 'बारमेड' देखी है?"

हॉब्स हँसने लगे, "मैं क्या आज का आदमी हूँ? और कलकत्ता क्या मैं आज ही आया हूँ? जब आया था, उससे थोड़ा पहले आता तो दो-एक क्रीतदास भी देख पाता।"

"क्रीतदास?" मैं चौंक पड़ा।

"तुम लोग आजकल के लड़के हो। किसी बात की खबर ही नहीं रखते। पिछली सदी के आधे दिनों तक कलकत्ता में आदमी खरीदे-बेचे जाते थे। मुर्गीहाट से साहब-मेम, बाबू-बीबी लोग लड़के-लड़कियाँ खरीद लाते थे। घर से भाग जाय, तो अखबार में विज्ञापन देते थे—पकड़ लाने पर इनाम मिलेगा!"

सदरलैण्ड ने गम्भीरतापूर्वक पूछा, "आई होप, मुझे आशा है, जो औरतें होटल में शराब ढालती थीं, वे क्रीतदासी नहीं होती थीं।"

वृद्ध हॉब्स का चेहरा चमक उठा। बोले, "नहीं, कानून की नज़र में वे लड़कियाँ क्रीतदासी नहीं थीं। मगर उनकी जो मुसीबतें मैंने देखी हैं. जितना सुना है, उससे तो

अत्याचार-क्रियाओं की एक नयी डिक्शनरी तैयार की जा सकती है। इसी शाहजहाँ होटल का एक पुराना विज्ञापन तुम्हें दिखा सकता हूँ।"

मिस्टर हॉब्स अलमारी से एक रजिस्टर निकालकर ले आये। रजिस्टर के हर पृष्ठ पर पुराने अखबारों की कटिंग्स चिपकायी गयी हैं। उलटते-उलटते एक जगह आकर वह रुक गये, "मेरी बात पर हो सकता है, तुम लोग विश्वास नहीं करो। मगर, मेरे पास सबूत भी है।"

मैंने विज्ञापन पढ़कर देखा, शाहजहाँ होटल के मैनेजर गर्वपूर्वक घोषणा करते हैं, 'आगामी 22 सितम्बर को एस. एस. हवाई जहाज से मिस मेरियन रूथ और मिस जेन ग्रे खिदिरपुर पहुँच रही हैं। शाहजहाँ होटल के मेहमानों के स्वच्छन्द आनन्द और सुख के लिए किसी प्रकार का भी त्याग करने में वे ज़रा भी कुण्ठित नहीं होंगी!' विज्ञापन के नीचे मोटे-मोटे अक्षरों में पाठकों को सूचित किया गया है, 'शाहजहाँ की यशप्रतिष्ठा को कायम रखने के लिए इन दोनों सुन्दरियों को दिन में, और रात की ड्यूटी खत्म होने के बाद, कमरे में ताला बन्द करके रखा जायेगा।'

मिस्टर हॉब्स को जैसे हम लोग बाधा दे रहे थे। बीते हुए दिनों की कहानियाँ सुनने का यही उपयुक्त समय है। मैं लज्जा अनुभव कर रहा था। मगर सदरलैण्ड का इस बात की ओर ध्यान ही नहीं था। हॉब्स भी अपने खयालों में डूबे हुए थे। रजिस्टर बन्द करते-करते उन्होंने कहा, "संयोग से यह कटिंग मैंने रख ली थी। क्या पता था कि इस मामूली विज्ञापन से एक दिन ऐसा बावेला मच जायेगा!

"शाहजहाँ का मैनेजर सिल्वर्टन मेरा दोस्त था। बाद में उसी ने शाहजहाँ होटल खरीद लिया था। साथ एक पार्टनर था ग्रेगरी ऑप्कर। आर्मेनियन क्रिश्चियन ग्रेगरी ऑप्कर एक बार शाहजहाँ होटल में आकर रहे थे। शाहजहाँ के बुरे दिन चल रहे थे। मालिक लोग काम में तबीयत नहीं लगाते थे। मकान बेमरम्मती के कारण ढहने लगा था, हर चीज़ की कमी थी। ग्रेगरी ऑप्कर कर्मचारियों से झगड़ने लगे। होटल के लेटर-हेड पर उन्होंने मैनेजर को लिख भेजा था, 'शाहजहाँ से खराब किसी होटल का नाम अगर कोई बता दे, तो उसे पचास रुपये इनाम दिये जायेंगे!'

"सिल्वर्टन दौड़े हुए उनके पास गये। बोले, 'आपकी बात सच है। मगर, रुपयों-पैसों की बड़ी कमी है। रुपये हों, तो हम बता सकते हैं कि अच्छा होटल किसे कहते हैं?'

"शायद यह पहली घटना थी, जब होटल के किसी गेस्ट ने गुस्से में आकर होटल ही खरीद लिया था। ग्रेगरी ऑप्कर को पैसों की कोई कमी नहीं थी। चेक काटकर होटल की पूरी कीमत उसने चुका दी, और सिल्वर्टन को वर्किंग-पार्टनर बना लिया।

"मैंने मुलाकात होने पर सिल्वर्टन से पूछा था, 'विज्ञापन का कुछ फायदा हुआ?'

"उसने बताया, 'फायदा क्यों नहीं होगा? सभी लोग 22 सितम्बर की प्रतीक्षा में पागल हो रहे हैं। आकर पूछते हैं, 22 की ही शाम से लड़कियाँ बॉर में काम करने लगेंगी न? विलासप्रिय व्यक्तियों को, रसिकों को तो ज़रा भी चैन नहीं है।'

"22 सितम्बर को सिल्वर्टन ने मुझे भी 'बॉर' में निमन्त्रित किया था। होटलवाले जल्दी किसी को निमन्त्रण नहीं देते हैं। मगर सिल्वर्टन मेरा अच्छा-खासा दोस्त था, बीच-बीच में वह मुझे बुलाकर खिलाता-पिलाता रहता था। उस रात शाहजहाँ होटल के 'बॉर' और डाइनिंग-रूम में तिल रखने को जगह नहीं बची थी। यंगमेन विद बेस्ट ऑफ मैनर्स एण्ड वर्स्ट ऑफ इण्टेन्शन्स—सबसे खूबसूरत शिष्टाचार और सबसे बदसूरत मनोविकारवाले नौजवान—वहाँ इकट्ठे हुए थे। मगर नयी युवतियाँ रंगमंच पर आ नहीं रही थीं।

"लड़कों ने सवाल पूछना शुरू किया, 'क्या बात है ? जहाज़ क्या अभी तक नहीं आया है ?'

"सिल्वर्टन ने दोनों हाथ जोड़कर माफी माँगते हुए कहा, 'जहाज़ आया है। लड़कियाँ भी आ गयी हैं। मगर आज वे बेहद थकी हुई हैं।'

"एक युवक ने बात बढ़ाते हुए कहा, 'हम लोग भी गुलाब के ताज़ा फूल की हालत में नहीं हैं। सारा दिन खटकर मूसलाधार पानी में भीगते हुए यहाँ हाजिर हुए हैं।'

"सिल्वर्टन ने विनय से झुककर टूटते हुए कहा, 'यह शाहजहाँ होटल की खुशकिस्मती है कि इतनी असुविधाओं में भी आप इसे भूले नहीं ! आप लोगों के ही मन और तन की हालत समझकर मिस डिक्शन शराब की पुरानी बोतलें सेलर से निकालकर ला रही हैं।'

"लड़के खिलखिलाकर हँसने लगे, 'वी डिमाण्ड ओल्ड वाइन फ्रॉम न्यू हैण्ड्स ! हम लोग नये-नये हाथों से पुरानी शराब चाहते हैं !'

"मिस डिक्शन अपना पुराना और सूखा हुआ चेहरा लिये ज़रा दूर खड़ी हैं। उनके पीछे शराब की कितनी ही बोतलें सजी हैं। पास ही हाथ में पीतल की छोटी बालटी उठाये पत्थर की मूरत की तरह एक जवान खिदमतगार खड़ा है। देखने से लगता है, गिलास में बर्फ के टुकड़े डालना ही उसका काम है। मगर, यह तो बहाना है, दरअसल वह बॉडीगार्ड है।

"आज कोई भी आदमी मिस डिक्शन से शराब नहीं खरीद रहा था—आज कोई भी आदमी बँटी हुई रस्सी की तरह उनके शीर्ण शरीर के प्रति आकर्षित नहीं था। आज किसी को उनकी आशा नहीं थी। लड़कों ने कहा, 'हम लोग थोड़ी देर तक प्रतीक्षा कर लेते हैं, नयी लड़कियाँ ज़रा आराम करके यहाँ आ जायें !'

"सिल्वर्टन ने कहा, 'मुझे अत्यन्त खेद है, मगर मेरे पास कोई उपाय नहीं है। वे इतनी थकी हुई थीं कि तुरत सो गयीं। अब उन्हें उठाया नहीं जा सकता।'

"उत्तेजना से सिल्वर्टन के दोनों पाँव काँपने लगे थे। लड़के चीखते हुए बोले, 'अगर आप कहें, तो हम लोग जाकर उन्हें यहाँ आने की प्रार्थना कर सकते हैं। अगर, ऐसा नहीं हो सकता, तो हम लोग चलते हैं। एडेल्फी बॉर की लोला हमारा इन्तजार कर रही होगी। हमें देखते ही वह खुश होती हुई हँसने लगेगी—ऐसी हँसी, जैसे मोती बरस रहे हों।'

"सारे लड़के दल बाँधकर शाहजहाँ से निकल आये। सिल्वर्टन का चेहरा सूख गया। मिस डिक्शन भी काउण्टर के शीशे की ओर देखती हुई सिर झुकाये खड़ी रहीं। मैंने सिल्वर्टन से पूछा, 'क्या बात है ?'

"वह मुझे अपने कमरे में ले गया। बोला, 'अपने कमरे के एकान्त में बैठकर डिनर लेंगे। बड़ी मुसीबत में फँस गया हूँ।'

"उसके कमरे में जाकर सारी बातें मालूम हुईं। मुसीबत तो है ही। मेरियन रूथ नाम की जो औरत जहाज़ से उतरी है, उसकी उम्र पैंतालीस से कम नहीं है। जहाज़-घाट पर ही सिल्वर्टन की समझ में आ गया था। मगर वहाँ कुछ बोले नहीं। जेन ग्रे ने धोखा नहीं दिया है, वह कम उम्र है। अब सिल्वर्टन सिर पर हाथ रखे बैठे हैं। इतने पैसे खर्च करके सिल्वर्टन ने एक बूढ़ी औरत मँगवायी है, यह खबर शहर में फैल जाये, तो शाहजहाँ होटल की किस्मत फूट जायेगी।

"बाद में जाकर बात खुल गयी थी, शाहजहाँ होटल को ठग लिया गया! जिस लड़की से शाहजहाँ के एजेण्ट ने बातें की थीं, जिसे पसन्द किया था, यहाँ तक कि जिसे जहाज़ पर चढ़ाकर विदा कर दिया था—पता नहीं, वह कहाँ बीच में ही उतर गयी और अपनी जगह इस बूढ़ी को बिठा गयी। औरत बदलने की यह बात कलकत्ता आकर पता चली, मगर अब किया क्या जा सकता था!

"क्रोध से जलते हुए सिल्वर्टन ने पूछा था, 'आप सच बता रही हैं, आपका ही नाम मेरियन रूथ है ?'

"वह औरत भी चीखने लगी थी, 'ह्वाट ? जो नाम मेरे पिता ने मुझे दिया है, तुम उस पर शक करते हो ?'

"दाँत पीसते हुए सिल्वर्टन ने पूछा था, 'और आपकी उम्र पच्चीस साल है ?'

"एक-आध साल ज्यादा या एक-आध साल कम! मोर और लेस! उसने उत्तर दिया था।

"अपना सिर खुजलाते हुए सिल्वर्टन ने कहा था, 'ज्यादा क्यों होगा ? एक-आध साल कम ही होगा। आपने मेरा भारी नुकसान किया है। आपको वापस भेजकर दूसरी लड़की मँगवाऊँ, इतने पैसे हमारे पास नहीं हैं। पैसों का इन्तज़ाम हो भी जाये, तो वक्त कहाँ है ? मिस डिक्शन को नोटिस दे दिया है। अब अकेली मिस ग्रे इतना बड़ा 'बॉर' कैसे चलायेगी, इतनी भीड़ कैसे सँभालेगी ?'

"सारी बातें सुनकर मैंने कहा, 'जब आ ही गयी है, तो अब क्या कीजियेगा। लन्दन में क्या प्रौढ़ स्त्रियाँ बॉर में काम नहीं करती हैं ?'

"इसके जबाब में सिल्वर्टन ने जो कहा था, वह मुझे अब भी याद है। हज़ारों बार दुहराया जाकर भी यह जुमला अब तक पुराना नहीं हुआ है। इस शहर के बारे में इससे अच्छी बात कही नहीं जा सकती—कैलकटा इज़ कैलकटा! कलकत्ता तो कलकत्ता है!

"सिल्वर्टन ने बताया था, 'लन्दन में बूढ़ी औरत चल सकती है, यहाँ नहीं चल सकती। पहले भी दो बार ऐसी ही दो बूढ़ी औरतों ने चौरंगी के दो होटलों को धोखा दिया था। मगर उनके पास रुपयों की कमी नहीं थी, उन्हें लौट जाने का किराया दिया,

कान्ट्रैक्ट के मुताबिक क्षति-पूर्ति की। वैसे वे औरतें लौटकर गयीं नहीं, यहीं खिदिरपुर के जहाज़ी इलाके में अपनी दूकान खोलकर बैठ गयीं।'

"वृद्धा मिस रूथ अनुनय-विनय करने लगी थीं, 'एक बार मुझे मौका दो। मैं यकीन दिलाती हूँ, तुम्हारी बिक्री घटेगी नहीं।'

"सिल्वर्टन राजी नहीं हुए। जुर्म का पता लगाने के लिए, उन्होंने बन्द कमरे का ताला खुलवाकर मिस ग्रे को बुलवाया। समुद्री यात्रा से थककर बेचारी जेन ग्रे सो चुकी थी। आँखें मलते-मलते शरमाती हुई जेन हमारे सामने आकर ज़रा डर गयी थी। उसके चेहरे पर ट्रेजेडी फैली हुई है, मैं देख रहा था। वह उदास थी और थक गयी थी।

"सिल्वर्टन ने पूछा, 'मिस रूथ किस तरह धोखा देती हुई कलकत्ता आ पहुँची, तुम्हें पता है?'

"मिस ग्रे ने कोई जवाब नहीं दिया। बहुत देर बाद बताया था, 'मैं तो अपने-आपमें ही खोयी हुई थी। अपना देश छोड़कर आ गयी हूँ, पता नहीं कभी लौट पाऊँगी भी या नहीं!'

"यह शर्मीली और नम्र स्वभाव की कच्ची लड़की, कुल अठारह साल की मिस ग्रे इस शाहजहाँ होटल के हरम में कैसे काम करेगी, समझ में नहीं आ रहा था।

"वापस जाने से पहले जेन ने कहा, 'मिस रूथ जैसी दयालु प्रकृति की महिला मैंने कभी देखी नहीं। रास्ते-भर मेरी सेवा-सहायता करती आयी, प्यार दरसाती आयी हैं!'

"इसके बाद मैं भी शाहजहाँ से लौट आया था। कई दिन बाद सुना था, मिस रूथ लिपस्टिक और रूज़ में लिपटी हुई 'खिदिरपुर' लड़कियों में शामिल हो गयी है। और युवती मिस ग्रे के कोमल हाथों से ह्विस्की पीने के लिए 'मेड-इन-इंग्लैण्ड' साहबों और 'मेड-इन-इण्डिया' बाबुओं की भीड़ शाहजहाँ होटल में हो रही है। इन्हीं बाबुओं के बारे में डेवी कार्सन ने गीत बनाया था—

'मैं बहुत अच्छा बंगाली बाबू
कलकत्ता में बहुत दिनों से रहता हूँ।'

"जेन के बारे में मैंने ठीक ही सोचा था। यह मेरे एक दोस्त रॉब की बात से भी मालूम हुआ। रॉब एडम। शाहजहाँ में 'सपर' करते वक्त उसने पहली बार जेन को देखा था। अपने देश की एक लड़की की ऐसी दुर्दशा कलकत्ता के 'बॉर' में होते देखकर उसे बेहद तकलीफ हुई थी। वह जेन को नहीं देखता तो अच्छा था। आगे की सारी तकलीफों से बच जाता—भाग्य की इतनी कठिन परीक्षा उसे देनी नहीं पड़ती।

"रॉब ने मुझसे कहा, 'शाहजहाँ की नयी लड़की देखी है? दिल में आग लगा देनेवाली सुन्दरी तो नहीं है मगर प्लीज़िंग है! शायद बेचारी को इंग्लैण्ड में कोई नौकरी नहीं मिली। बिना जाने-समझे क्या कलकत्ता आना चाहिए? कल रात क्लाइव स्ट्रीट के एक बड़े साहब ने उसका हाथ पकड़ लिया था। बड़ी कठिनाई से खिदमतगार हाथ छुड़ा सका। और एक आदमी ज़िद करने लगा, मेरे साथ बैठो। मुझे कम्पनी दो! काउण्टर से निकलकर मेरे टेबुल पर आ बैठो। मेरे साथ ज़रा ड्रिंक करो! मैं वहाँ

नहीं होता, तो वह आदमी जेन को काउण्टर से बाहर खींच ही लेता। मुफ्त का दंगा हो जाता। बॉर के सारे ग्राहक भड़क उठते और कहने लगते, मेरे पास आओ, मेरे साथ बैठो, मैं भी 'लोनली' हूँ !'

"हमारा रॉब, अर्थात् रॉबर्ट जे. एडम, अभी तक 'कलकतिया' आदमी नहीं बन सका था। साल-भर से क्लाइव स्ट्रीट के एक बड़े दफ्तर में नौकरी पर था। यहाँ की भाषा, सभ्यता, चाल-चलन, किसी की उसे आदत नहीं लगी थी।

"मगर बात यहाँ तक बढ़ जायेगी, मुझे आशा नहीं थी। पता नहीं कि अदृश्य आकर्षण से खिंचकर रॉब प्रतिदिन शाहजहाँ होटल जाने लगा है। दिन के उजाले में उन दोनों का मिलाप सम्भव नहीं था। जेन के कमरे में बाहर से ताला बन्द करके सिल्वर्टन सोने चले जाते थे। जेन भी सोयी पड़ी रहती थी। शाम के बाद उसकी ड्यूटी शुरू होती थी। आजकल की तरह उन दिनों दस-ग्यारह बजे ही 'बॉर' बन्द नहीं हो जाता था। सुबह पाँच बजे तक खुला रहता था।

"फिर भी, शराबियों के अट्टहास, शोरगुल, गिलास टूटने की आवाज़ें, बोतलें खुलने की आवाज़ें, चीख-पुकारों के बीच रॉब और जेन के हृदय मूक भाव से एक-दूसरे की ओर खिंचने लगे।"

हॉब्स के होंठों पर बड़ी ही उदास-सी मुस्कराहट तैर गयी। वह बोले, "मैं व्यावसायिक आदमी हूँ, काव्य की भावुकता मुझे नहीं आती है। फिर भी, आई मस्ट से, मैं कहना चाहूँगा, उन दोनों के प्यार में कविता का सौरभ था। सुना है, वे लोग 'कोड' की भाषा में, इशारों-इशारों में बातें करते थे। ह्विस्की का गिलास उसकी ओर बढ़ाती हुई जेन रॉब को कड़ी-कड़ी बातें कहती थी—गुस्से से भरी हुई। मीठे ढंग से बातें करने का, उसकी ओर मुस्कराहटों के गुलदस्ते फेंकने का उपाय नहीं था। प्यार की बात खुल गयी तो दूसरे खरीदार दंगा-फसाद करने लगेंगे।

"खिदमतगार शायद सारी बातें जानता था। कोई गुप्त बात हो तो वही चुप-चाप आकर रॉब को बताता था। बेचारे खिदमतगार को तो पल-भर को भी चैन नहीं मिलता था। काउण्टर पर जाकर 'बॉरमेड' से कुछ ऐसी-वैसी बात कहने में लोगों को संकोच भी होता था, मगर खिदमतगार की मार्फत कुछ भी कहलाने में, कोई भी प्रस्ताव भेजने में ज़रा भी लाज-शरम नहीं है। एक रुपया बख्शीश और मेम साहब के नाम एक प्यार-भरा खत शाहजहाँ होटल के मदिरा-प्रेमी खिदमतगार के हाथों में थमा देते थे।

"जेन ने मुझे बताया था, एक रात तो उसे ऐसी तीस चिट्ठियाँ मिली थीं। चिट्ठियाँ भेजनेवालों में से दस आदमी उससे शादी तक करने को तैयार थे। जेन बोली थी, 'माई पुअर खिदमतगार, अगर वह हर रात तीस रुपये कमा लेता है तो अच्छा ही है, आई डोण्ट माइण्ड !' जेन ऐसी ही लड़की थी।"

हॉब्स ने लम्बी साँस ली। सुदूर अतीत की स्मृतियों को पास खींचने की कोशिश करते हुए बोले, "लेकिन, मैंने तो रॉब को सावधान कर दिया था। कहा था—'यह न भूलो, कैलकटा इज़ कैलकटा !'

सदरलैण्ड भी मिस्टर हॉब्स की बात से सहमत हो गये ! चौंकते हुए, धीमी

आवाज़ में बोले, 'ठीक कहते हैं। कलकत्ता वाकई कलकत्ता है।"

"जेन और रॉब जब शादी का फैसला ले रहे थे, मैंने फिर रॉब से कहा था, 'याद रखो, कैलकटा इज़ कैलकटा ! होटल में जाओ, ड्रिंक करो, ऐश-मौज करो, कोई कुछ नहीं कहेगा। मगर भाई, बॉरमेड से शादी न करो !'" इतना कहकर हॉब्स साहब थोड़ी देर के लिए रुक गये।

उनकी बातें सुनकर मुझे आश्चर्य हो रहा था। अपने मन की लड़की से शादी करने पर अंग्रेज़-समाज भी आदमी को बायकॉट करता है, यह मुझे पता नहीं था। मैं समझता था, यह केवल हमारे ही समाज में अनर्गल और समाज-विरोधी माना जाता है। केवल हमारे ही समाज के प्रेमी युवकों को गालियाँ सहनी पड़ती हैं।

मिस्टर हॉब्स की कहानी आगे बढ़ी। मैं चंचल हो रहा था, मगर सदरलैण्ड पत्थर बनकर सारी बातें सुन रहे थे।

हॉब्स ने कहा, "हम लोगों की किसी बात पर, किसी विरोध पर रॉब ने ध्यान नहीं दिया। उसने कहा, "मैंने वचन दे दिया है। शाहजहाँ होटल के नरक-कुण्ड से मुझे जेन का उद्धार करना ही है।'

"जेन भी यही चाहती थी। होटल से छुटकारा पाने के लिए वह छटपटा रही थी। बॉर के काउण्टर पर खड़े होकर उसने अपना जीवन-साथी पा लिया है, यह बात एक झूठे सपने की तरह लगती है। मगर यह सपना तो सच हो गया है। जेन अब कैलेण्डर की तारीखों की तरफ ध्यान लगाये बैठी है। कब यह काण्ट्रेक्ट खत्म होगा ?

"यह सब सुनकर सिल्वर्टन तो सिर धुनने लगे। जेन को अकेले में पाकर पूछा 'जो अफवाह सुन रहा हूँ, आई होप, एकदम झूठ है ! तुम्हारे काम से हम लोग सन्तुष्ट हैं। तुम्हारी पॉपुलेरिटी से कलकत्ता की सारी बॉरमेड्स जल-भुनकर खाक हो रही हैं। नये काण्ट्रैक्ट में हम तुम्हारी तनख्वाह बढ़ा देंगे।'

"जेन ने कहा, 'विवाहित स्त्री को काम पर रखने में कोई असुविधा होगी ?'

" 'विवाहित स्त्री ! जेन, तुम्हारा क्या दिमाग फिर गया ? मैरीड गर्ल से कहीं बॉरमेड का काम चला है ?'

" 'क्यों ? एतराज़ क्या है ?' जेन ने पूछा।

" 'एतराज़ मुझे नहीं, शाहजहाँ होटल के पेट्रनों को होगा। वे अपने को अपमानित महसूस करेंगे। हो सकता है, शाहजहाँ बॉर का ही बायकॉट कर दें।'

"बड़े ही शान्त स्वर में जेन ने तत्काल उत्तर दिया, 'इस हालत में मैं नये काण्ट्रेक्ट पर दस्तखत नहीं करूँगी। नौकरी छोड़ दूँगी।'

"सिल्वर्टन ने तब जेन को सुनहरे सपने दिखाना शुरू किया। लालच देने लगे। सोच-समझकर कोई कदम उठाना चाहिए। जितनी शराब बिकेगी, उस पर जेन को कमीशन भी दिया जायेगा। मगर जेन राज़ी नहीं हुई। उसने कहा कि पैसे कमाने के लिए, अमीर औरत बनने के लिए वह कलकत्ता नहीं आयी है। अपनी गरीबी से घबराकर, किसी तरह जान बचाने के लिए, उसने एक गलत फैसला लिया था, और इंग्लैण्ड से यहाँ चली आयी थी। अब वह अपने चारों ओर की ज़िन्दगी से पागल हो रही है। उसे

मुक्ति चाहिए।

"सिल्वर्टन ने कहा, "तुम्हारी प्राइवेट लाइफ में मैं कोई बाधा नहीं बनूँगा। दोपहर में ताला लगाकर बन्द रखने की बात सिर्फ प्रचार के लिए है। अगर तुम कहो, तो कमरे की चाबी तुम्हें दे दूँगा। तुम्हारी जो इच्छा हो, वैसा ही करो।'

" 'ताले में बन्द रहने की मुझे अब ज़रूरत नहीं है। जो नयी बॉरमेड आयेगी, उसी को सुअवसर दीजियेगा।' जेन बोली।

"तब सिल्वर्टन ने उसे भय दिखाना शुरू किया, 'इस तरह अपने हाथों अपनी ज़िन्दगी बरबाद न करो, जेन! इस खतरनाक शहर को तुम अभी तक जानती-पहचानती नहीं! शाहजहाँ होटल के बारे में तुम्हारी एक मुस्कराहट के लिए जो लोग पलकें बिछाये रहते हैं, वही लोग सड़क पर जाकर, अपने समाज में जाकर एकदम बदल जाते हैं। धर्म-भीरु बन जाते हैं, नैतिकतावादी और समाजरक्षक! उनका अपना समाज है, जेन, जहाँ हिन्दुओं से भी कठोर सामाजिक नियमों का पालन होता है, जहाँ विवाह मामूली-सी बात नहीं है, और जहाँ रात-रात भर जागकर शराब बेचती रहनेवाली बॉरमेड के लिए कोई जगह नहीं है, कोई इज़्ज़त नहीं!'

"जेन ने हँसकर कहा, "मैं तो उन लोगों के पाँव-तले अपनी जगह बनाना भी नहीं चाहती हूँ, मिस्टर सिल्वर्टन! मैं जिसे चाहती हूँ, सिर्फ वही मुझे अपने दिल में जगह दे, तो मैं हमेशा सुखी रहूँगी।'

"सिल्वर्टन ने रॉब से भी मुलाकात की। उससे बोले, 'एक बार जो औरत बॉर-वनिता बन गयी, वह हमेशा बॉर-वनिता ही बनी रह जायेगी। वन्स ए बॉरमेड! ऑलवेज़ ए बॉरमेड! हम लोग पैसे खर्च करके विदेशों से लड़कियाँ मँगवाते हैं। एडोल्फी, होटल-डि-यूरोप और दूसरे होटलवाले ज़्यादा पैसों का लालच दिखाकर उन्हें बहका लेते हैं। इसके बाद जब उनके यौवन की नदी रुक जाती है, उनकी निगाहों में जब ज़रा भी ज़हरीलापन नहीं रह जाता है, उनकी मुसकानों में जब कत्ल करने की ताकत नहीं रहती है, तब उन लड़कियों को भगा देते हैं। वे लड़कियाँ क्या करें? दर्जियों से और भी तंग कपड़े सिलवाती हैं, और खिदिरपुर के बाज़ार में खड़ी हो जाती हैं। खिदिरपुर डॉक के किनारे-किनारे अफ्रीका, एशिया, यूरोप सभी एकाकार हो जाते हैं। फिरंगी, पुर्तगाली, किन्तली, विलायती, सभी लड़कियाँ आपस में देह रगड़ती हुई पास-पास खड़ी रहती हैं।'

"रॉब ने कहा, 'मुझे इस विषय पर कोई किताब नहीं लिखनी है। मुझे इसकी कोई जानकारी नहीं चाहिए।'

"अन्त में सिल्वर्टन ने आखिरी दाँव फेंका। वह रॉब के बड़े साहब के दरबार में गये। बड़े साहब ने कहा, 'आई सी! दैट गर्ल विद ए नॉटी स्माइल? शरारत-भरी मुसकानोंवाली वह लड़की? दोपहर में उसके दरवाज़े पर तुम लोग जो ताला लगाते हो, उसकी कितनी डुप्लीकेट चाबियाँ हैं?'

"फिर बड़े साहब रॉब से बोले, 'हिन्दू लोग अपने जूते सोने के कमरे में नहीं ले जाते हैं। खास ज़रूरत पड़ती है तो घर में अलग बाथरूमस्लीपर प्रयोग करते हैं।'

"रॉब ने अपनी आँखों का रंग बदलते हुए कहा, 'जब मैं लन्दन में जहाज़ पर चढ़ा, मैंने सुना था, अंग्रेज़ चाहे कहीं भी क्यों न चले जायें, किसी भी देश में क्यों न रहें, वे हमेशा दूसरों की प्राइवेसी का सम्मान करते हैं।'

"इसके बाद बड़े साहब कुछ नहीं बोल सके। सिर्फ इतना ही याद दिलाया, 'हम लोग जो करते हैं, उसका फल भुगतने को भी तैयार रहते हैं।'

"रॉब इस उपदेश के लिए साहब को धन्यवाद देकर बाहर चला आया। इसके बाद, शाहजहाँ होटल के काण्ट्रैक्ट के दिन पूरे हो जाने पर एक शुभ दिन रॉबर्ट एडम से जीवन और प्राणों का चिरस्थायी सम्बन्ध कायम करने के लिए जेन रॉब के साथ चर्च गयी।

"धर्मतल्ला चर्च में उस दिन ज़रा भी भीड़भाड़ नहीं थी, मिस डिक्शन के अलावा जेन की दोस्त कोई नहीं थी। मगर वह भी शाहजहाँ होटल की छत पर किसी कमरे में ताले में बन्द थी। और रॉबर्ट की शादी की बात को लेकर क्लाइव स्ट्रीट में जो शोरगुल मचा था, उसकी वजह से रॉब के किसी दोस्त के आने की उम्मीद नहीं थी। मुझे क्लाइव स्ट्रीट के समाज से उन दिनों कोई परिचय नहीं था, इसीलिए मैं उनकी शादी पर गया था और अपने साथ सिल्वर्टन को भी पकड़कर ले गया था। उससे कहा था, 'कुछ भी हो, मगर जेन तुम्हारे यहाँ काम करती थी।'

"शादी के बाद वे लोग अलग मकान लेकर साथ रहने लगे। मैं वहाँ गया। मुझे देखते ही दोनों खुशी से झूमने लगे। रॉब अलमारी खोलकर हमारे लिए ब्राण्डी की बोतल ले आया। पति को शराब ढालते देखकर जेन हँसने लगी। मैंने भी हँसकर उसका साथ दिया। तब रॉब ने कहा, 'शाहजहाँ के काउण्टर में तुमने ढेर सारी शराब पिलायी है, अब धीरे-धीरे वह कर्ज़ उतारने की कोशिश करता हूँ।'

"जेन जैसे अब तक जेलखाने में कैद थी। बहुत मुसीबतों के बाद आज़ादी मिली है, इसीलिए उसकी खुशी का अन्त नहीं है। और, रॉब को तो जैसे वही वस्तु मिल गयी है, जिसकी खोज में वह अब तक सारी दुनिया का चक्कर लगा रहा था।

"ब्राण्डी का गिलास होंठों से लगाता हूँ। नवविवाहित दम्पती के मंगलमय जीवन की कामना करता हूँ। जेन बैठी हुई है, स्वेटर बुन रही है। मेरी ओर देखकर कहती है, 'जब इतनी दूर आ गये हैं, तो अब दोपहर का लंच भी खाकर जाइये। मुझे पहले ही यह बता देना चाहिए था…'

"रॉबर्ट कहता है, 'यह तो तुम्हारी आदत ही है। पहले नहीं बताती हो। सिल्वर्टन को भी तुमने आखिर में आकर बताया था।'

"जेन नकली गुस्सा दिखाती है। कहती है, 'बेकार आदमियों को छुट्टी पाने में देर नहीं लगती। मालिक को बताया, और छुटकारा पा गये। मेरी-जैसी बे-ज़रूरत लड़कियों को हटाने का अवसर पाकर मालिक लोग क्षण-भर भी देर नहीं करते हैं।'

"रॉबर्ट कहता है, 'हीरा तो सिर्फ जौहरी ही पहचानता है, मालिक लोग क्या पहचानेंगे! आदमी हीरा पहचान पाता, तो ओल्ड कोर्टहाउस स्ट्रीट की हैमिल्टन कम्पनी का इतना नाम नहीं होता।'

"तब जेन कहती है, 'हैमिल्टन कम्पनी पर तुम्हारी इतनी ममता क्यों है, पता नहीं !' फिर मेरी ओर चेहरा घुमाकर बोलती है, 'अपने दोस्त को ज़रा समझाइए न ! इस महीने की पूरी तनखाह हैमिल्टन को देकर रॉब मेरे लिए हीरे का ब्रूच खरीद लाया है। बताइए, इसका कोई मतलब होता है ?'

"रॉब तुरत कहने लगा, 'अच्छा तो सारा कसूर मेरा ही है। अगर हैमिल्टन वालों पर तुम इतनी नाराज़ हो, तो मेरे लिए वहाँ से चाँदी का टी-पॉट क्यों खरीद लायीं ?'

"जेन हतप्रभ होती हुई बोली, ' इसका कारण है। सोचा, ज़हर देकर ज़हर को मार सकूँगी। चाय पिला-पिलाकर शायद घर से अल्कोहल को भगा सकूँ।'

"उस दिन उन दोनों ने मेरी जो खातिरदारी की थी, उसे आज भी भूला नहीं हूँ। संगीत की चर्चा हुई। रॉब ने कहा, 'जानते हैं, जेन प्यानो बजाना जानती है। हो सका तो एक प्यानो खरीद लूँगा।'

"कई दिनों बाद मुझे एक अच्छे प्यानो का पता चला। सोचा, रॉब और जेन को बता दूँगा। मगर बताने की ज़रूरत नहीं पड़ी। अभी जहाँ आप लोग बैठे हैं, ठीक इसी जगह वे दोनों एक दिन अचानक आकर खड़े हो गये। उन्हें देखते ही मैंने कहा, "एक शानदार प्यानो बिक रहा है···'

"जैसे जेन का चेहरा स्याह हो गया। मुझे लगा, रॉब सारी रात जागता रहा है। दोनों किसी गहरे सोच में डूबे हुए हैं। रॉब बोला, 'अभी प्यानो खरीदना हमारे लिए सम्भव नहीं होगा।'

" 'क्या बात है ?'

" 'मेरी नौकरी छूट गयी।'

" 'क्यों ? बड़े साहब से झगड़ा किया था ?'

" 'नहीं। जो लड़की सारी रात बॉर में खड़ी होकर शराब बेचती थी, उससे ब्याह करके मैंने कम्पनी की इज़्ज़त लोगों की आँखों से गिरा दी है। मेरे-जैसे आदमी कम्पनी में रहे, तो कम्पनी को घाटा लगेगा, बिक्री गिर जायेगी, बिज़नेस को भयानक धक्का लगेगा।'

"कलकत्ता में इस तरह किसी अंग्रेज़ की नौकरी जा सकती है, यह मैं सपने में भी सोच नहीं सकता था। मगर बड़े साहब द्वारा अपने हाथों से लिखी गयी चिट्ठी रॉबर्ट ने मेरे सामने खोलकर रख दी।

"चिन्तित-उद्विग्न कण्ठ से जेन ने पूछा, 'अब क्या उपाय है ?'

"मैंने सान्त्वना देते हुए कहा, 'और उपाय क्या है ? दूसरे किसी दफ्तर में नौकरी की कोशिश करनी होगी, कलकत्ता में तो नौकरी की कमी नहीं है।'

"मगर इतनी नौकरियाँ रहते, इतनी फर्मों के रहते भी नौकरी पा लेना सहज नहीं है, दो-चार दिनों में ही हमारी समझ में आ गया। रॉब ने कितने ही दफ्तरों के चक्कर काटे। मगर उसे देखते ही दफ्तर के मालिक चौंक पड़ते थे। जैसे किसी का खून करके, वह जेल की सजा भुगतकर वापस लौटा है और नौकरी माँग रहा है। दफ्तर के मालिक उसे बैठने को कहते हैं। फिर पूछते हैं, 'हाँ-हाँ, आपका नाम मैंने सुना है। आप ही शाहजहाँ होटल की बॉरमेड को भगा ले गये हैं न ?'

" 'जी, मैं उसे भगा नहीं ले गया। मैंने उससे शादी की है।'

" 'ग्रोहो, ग्राई सी! किडनैपिंग नहीं, इलोपमेण्ट भी नहीं, प्लेन एण्ड सिम्पल मैरेज!' साहब व्यंग्य में कहते हैं।

"फिर भी नौकरी नहीं मिलती है। पहले ऐसा सन्देह भी नहीं था। मगर धीरे-धीरे रॉब समझ गया, उसे नौकरी नहीं मिलेगी। कलकत्ता का कोई भी दफ्तर उसे काम नहीं देगा। जो भी पैसे थे, सब खत्म हो रहे हैं। सजा-सजाया मकान छोड़कर, उन्हें एक छोटे-से सस्ते मकान में जाना पड़ा।

"जेन बोली, 'मैं नौकरी की कोशिश करूँगी।'

"उन दिनों ग्रौरतों को नौकरी का ग्रवसर कम ही मिलता था। टाइप या टेलीफोन की नौकरी थी ही नहीं। दो ही मुख्य काम थे, लेडीज़ ड्रेस-मेकर, या हेयर-ड्रेसर! पार्क स्ट्रीट में दूकान लगाकर, बड़े साहबों की बूढ़ी बीवियों के सफेद बाल काले बनाने की कोशिश करो। मगर वे सब काम तो सीखने पड़ेंगे। बिना सीखे, कौन कपड़े सी सकता है, कौन बाल छाँट सकता है?

"काम की तलाश में जेन को मैंने एक-दो जगह भेजा था। मगर रॉब किसी तरह राज़ी नहीं था। उस ज़माने के लोग, ग्राज के नौजवानों की तरह मॉडर्न नहीं थे। पत्नी नौकरी करेगी, यह सोचते ही माथा घूमने लगता था। रॉब कहता था, 'ग्रभी से पागल न बनो। ग्रभी बैंक में मेरे कुछ रुपये हैं।'

"ग्रौर इसके बाद जेन को ग्रचानक पता चला कि नौकरी मिले भी तो वह काम पर जा नहीं सकेगी। वह माँ बननेवाली है। ग्रभाव, दरिद्रता, ग्रनाहार ग्रौर दुश्चिन्ताग्रों के दिनों में ही उसके घर नारीत्व के स्वप्नों का प्रतिफल ग्रा रहा है।

"रॉब ग्रक्सर मेरे पास ग्राता था। ग्रपने हाल-चाल बताता था। कहता था, 'कलकत्ता के महाप्रभु लोग मुझे ऐसी सज़ा देंगे, ग्राशा नहीं थी। मगर हम दोनों बर्दाश्त करते जायेंगे। देखेंगे, दुःख का ग्रन्त क्या होता है! हम ग्रौर जेन उनकी ग्राँखों के सामने ज़िन्दा रहेंगे, सुख-शान्ति ग्रौर स्वाधीनता के साथ रहेंगे। बॉरमेड से शादी करना समाज के लिए इतना बड़ा ग्रन्याय है, मुझे पता नहीं था। क्या कलकत्ता में इससे पहले किसी ने भी होटल की लड़की से शादी नहीं की है?'

"मैंने उसे बताया, 'शादी की है! ग्रभी उसी दिन तो होटल-सार्जेण्ट ग्रोक्ले ने पेगी से शादी की थी। रात में पुलिस के ग्रादमी बॉर-हाउसों में गश्त देते थे। एक रात कानून की कोई धारा भंग करने के कारण सार्जेण्ट ग्रोक्ले ने पेगी को गिरफ्तार कर लिया, फिर उसके बाद ग्रोक्ले ही पेगी के हाथों गिरफ्तार हो गया। सरकारी कानून इस शादी में कोई रुकावट नहीं डाल सकता था। उन दोनों ने तो बड़ी ही सुख-शान्ति से घर बसा लिया है। ग्रपने दोनों बच्चों को स्कूल में दाखिल किया है। नौकरी जाना तो दूर की बात, भाग्य से सार्जेण्ट की पदोन्नति ही हुई है।'

"ग्रन्त में रॉबर्ट को मैंने कपड़ों की एजेन्सी दिलवा दी। मान्चेस्टर के मिस्टर स्ट्रीट व्यवसाय के काम से कलकत्ता ग्राकर शाहजहाँ होटल में ठहरे थे। उनसे मेरा मामूली-सा परिचय था। मौका मिलते ही मैंने उनसे कहा, 'रॉबर्ट को रख लीजिए,

तनखाह नहीं देनी होगी। वह कमीशन पर काम कर लेगा।'

"उस वक्त तो यह मामूली-सा काम भी उसके लिए वरदान था। कपड़ों का नमूना लेकर वह सारा दिन दूकान-दूकान घूमता रहता था। सुबह बड़ा बाज़ार जाता था; श्रौर दोपहर में श्राकर, जेन जो कुछ पका रखती थी, खा-पीकर, दूसरे इलाकों की तरफ निकल जाता था। उस कम्पनी के छाते का कपड़ा बहुत मशहूर था। रॉब ने मुझे एक छाता उपहार में दिया था। मगर, बताश्रो, उन दिनों साल में कितने छाते बिकते होंगे भला !

"बिक्री कम ही होती थी। कमीशन भी कम ही श्राता था। इतना कम, कि बैरा या कुक रखना सम्भव नहीं था। जेन खुद घर के सारे काम करती थी। श्रौर चरम दुःखों के बीच दुःखों के राजा के श्राने का समय नज़दीक श्राता जा रहा था। उन दोनों की हालत श्रौर भी बुरी हो गयी थी। विलियम्स लेन के एक टूटे मकान में वे लोग रहते थे। पास मकान में एक पादरी रहते थे। उनके साथ मिसेज़ ब्रैकवे की श्रच्छी जान-पहचान थी। पादरी श्रौर उनकी पत्नी प्रायः मिलने श्राया करते थे। मैं जेन से मिलने गया। शाहजहाँ के राजप्रासाद में जो लड़की रात बिताती थी, नरम कार्पेट पर पाँव रखकर चलती थी, मखमली बिस्तरे पर सोती थी, श्राज वही लड़की जोगन बन गयी है। छोटे-छोटे दो कमरे हैं। दीवारों का पलस्तर गिर गया है, ईंटें दिखायी देती हैं। होटल के वेटर जिसे बड़े ही श्रादर से डाइनिंग हाल में ले जाते थे, बैठने में श्रसुविधा न हो, इसलिए टेबुल तिरछा करके उसे बैठने देते थे, वही जेन श्राज हाथों से खाना पकाती है। श्रस्वस्थ शरीर लिये किसी तरह घर सँभाल रही है।

"शाहजहाँ होटल बहुत पीछे छूट गया है। 'बॉर' में खड़ी होकर जो लड़की मुसकानों के मोती बिखेरती हुई ह्विस्की, ब्राण्डी, ड्राई जिन, रम, वारमूथ बाँटती थी, पता नहीं वह कहाँ गुम हो गयी है ! लगता है, जेन मेरे मन की बात समझ रही थी। बोली, 'शाहजहाँ को मैं कभी माफ नहीं कर पाऊँगी। वहीं मुझे श्रपना पति मिला, फिर भी माफ नहीं करूँगी।'

"मैंने पूछा, 'क्यों ?'

"जेन रोने लगी। रोती हुई कहने लगी, 'श्राप लोगों को बिना बताये, नौकरी की खोज में मैं वहाँ भी गयी थी। उनसे बोली थी—बॉर में काम के लिए मैं राज़ी हूँ। सिर्फ मैं ताले में बन्द नहीं रहूँगी। होटल में खाऊँगी भी नहीं। काम खत्म होने पर श्रपने घर लौट जाऊँगी। कम-से-कम जब तक विलायत से नयी लड़कियाँ नहीं श्राती हैं, मुझे काम करने दीजिए। लड़कियों के श्रभाव में श्राप लोगों का तो नुकसान हो रहा है।' मेरी बात सुनकर सिल्वर्टन ने मुँह फेर लिया था। कहा था, 'ताला खोलकर रहना चाहती हो, तो खिदिरपुर चली जाश्रो। श्रौर, शादीशुदा लड़की को बॉरमेड बनाने की बेवकूफी, मैं ही क्यों, कलकत्ता का कोई भी होटलवाला नहीं करेगा। फिर, जब शाहजहाँ जैसी जगह से निकल भागी हो तो तुम्हारा श्रन्त खिदिरपुर में ही होगा।'

"जेन की श्राँखों में सावन की बरसात उमड़ श्रायी थी। रॉबर्ट के पाँवों की श्रावाज़ सुनकर उसने जल्दी-जल्दी श्राँखें पोंछ लीं। सारा दिन बड़ा बाज़ार, शाम

बाज़ार और धर्मतल्ला घूम-घूमकर उसका शरीर टूट रहा है। पसीने से कपड़े तर-बतर हैं। पूरे दिन खटने के बाद भी रॉब कुछ बेच नहीं सका था। पहले जो उधार बेचा था, उसकी कीमत भी अदा नहीं कर सका था। ऊपर से मुसीबत है, महीने का अन्त आ गया है, मालिक को बिल का हिसाब भेजना होगा।

"रॉब को अकेले में ले जाकर मैंने समझाया, 'तुम लोग इस शहर से भागो! मद्रास या बम्बई चले जाओ! वहाँ अच्छी नौकरी मिल जायेगी!'

"रॉब राज़ी नहीं हुआ। जेन भी हमारी बात समझ गयी। बोली, 'यह नहीं हो सकता। हम यहीं रहेंगे। उन्होंने जो अपमान किया है, उसका उत्तर हम यहीं कलकत्ता में रहकर देंगे। हमेशा तो हमारी यही हालत नहीं रहेगी। हम लोग फिर रसेल स्ट्रीट में फ्लैट लेंगे। हम लोग एक दिन शाहजहाँ में बुफे-डिनर देंगे। सारे लोगों को वहाँ बुलायेंगे। अपने विवाह की रजतजयन्ती इसी शहर में मनाये बिना हम जायेंगे नहीं।'

"रॉबर्ट अपनी पत्नी की दृढ़ता को देखकर खुशी से पागल होने लगा। मेरे सामने ही जेन को बाँहों में बाँधता हुआ बोला, 'ठीक कहती हो, जेन!'

"ऐसी दुःखमय स्थिति में सुख-सन्तोष का यह क्षण देखकर मेरी आँखें भी भीग गयीं। अपने ईश्वर से प्रार्थना की, जेन की बात सच हो जाये। मगर, तब मुझे क्या पता था, अभी तो आँखों में जल की बूँदें ही आयी हैं, असली बरसात तो बाद में शुरू होगी!

"वह हालत मैंने आँखों से नहीं देखी थी। फ़ादर ने ही आकर बताया था। बोले थे, 'आखिरी हालत है! सर्वनाश हो रहा है!'

" 'क्यों? क्या हुआ है?'

" 'आपके दोस्त रॉबर्ट एडम को चेचक हो गया है। असली स्मॉल पॉक्स!'

" 'वे लोग अभी हैं कहाँ?' मैंने पूछा।

" 'और कहाँ रहेंगे! अभी भी उसी विलियम्स लेन के मकान में हैं। मगर, अब मकान में रहना ठीक नहीं है। रॉब को अस्पताल भेजना होगा। यहाँ कौन देखे-भालेगा? कौन सेवा करेगा? सबसे बड़ी बात है, रुपये कहाँ से आयेंगे? और जेन तो कुछ सुनती ही नहीं। शरीर की ऐसी हालत है, फिर भी स्वामी के पास बैठी रहती है। कल रात तो बेचारी गश खाकर गिर पड़ी।' पादरी साहब ने बताया।

"दोस्तों ने मुझे बहुत मना किया था। कहा था, 'चेचक! बाप रे, कम-से-कम आधा मील दूर रहना चाहिए। तुम मत जाओ। अगर, कुछ सहायता करना चाहो, फ़ादर के हाथ से भेज दो।'

"मगर मैं बैठा नहीं रह सका। बहू बाज़ार स्ट्रीट होकर उनके घर के पास पहुँच गया। दूर से ही फिनाइल और दवाओं की गन्ध आ रही है। घर के भीतर जाने की मुझे हिम्मत नहीं हुई। फ़ादर शायद उस वक्त कमरे में बैठे रॉबर्ट की सेवा कर रहे थे—रुई से चेचक के फोड़ों पर ओलिव तेल लगा रहे थे। जैसे रॉब की समूची देह धधकती आग में जल गयी है। भुट्टे की तरह घुमा-फिराकर समूची देह को जलाया-झुलसाया गया है।

"और जेन? मेटर्निटी कोट पहने, हाथ में थैला लिये, शायद बाज़ार जा रही थी। मुझे देखकर रुक गयी। मैं तो उसे पहचान तक नहीं पा रहा था। इसी जेन को

नज़र-भर देखने के लिए कलकत्ता के रसिक नागरिक शाहजहाँ होटल के बॉर में इकट्ठे होते थे। इसी जेन के लिए तालियाँ बजती थीं, शराबी लोग नये-नये गीत गुनगुनाने लगते थे, और शाहजहाँ की शराब की बिक्री बढ़ जाती थी ? इसी जेन के लिए ?

"मुझे देखकर उसने भरे हुए गले से सवाल किया था, 'आप ? आप यहाँ ? आप यहाँ आये हैं ?'

" 'रॉब कैसा है, यही पूछने आया हूँ,' मैंने सिर झुकाकर उत्तर दिया था।

"वह बोली, रॉब ज़रूर अच्छा हो जायेगा। फ़ादर ने चर्च में कल उसके लिए प्रार्थना की है। यहाँ के हिन्दू लड़के बड़े अच्छे हैं। वे लोग शाहजहाँ होटल, या विल्सन साहब के होटल, या बड़े शराबघरों में नहीं जाते हैं, मगर सभ्य हैं। आज वे फिरंगी काली के यहाँ पूजा चढ़ाने गये हैं। मैं पैसे दे रही थी, उन्होंने लिये नहीं। बोले—'साहब अच्छे हो जायें, नौकरी करने लगें, तो किसी दिन हमारे लिये केक बनाकर खिलाना। असली विलायती केक ! जैसे केक कलकत्ता के बड़े-बड़े होटलों में बड़े-बड़े साहब चाय के साथ खाते हैं। जिस केक को दाँत से काटते हुए मेम साहबें खिलखिलाने लगती हैं।'

"मैंने कहा, 'जेन, अगर तुम बुरा न मानो, तो कुछ रुपये'...'

"उसने इन्कार कर दिया। बोली, 'हैमिल्टन के हीरे का वह ब्रूच अभी तक मेरे पास है। फिर, साल-भर शाहजहाँ में काम करके कुछ पैसे मैंने भी बचाये थे। रॉब ने उन पैसों को कभी छुआ नहीं। थोड़े पैसे मेरे पास हैं।'

"मुहल्ले के छोटे-छोटे लड़के आ गये, 'मेम भाभी, मेम भाभी, आप क्यों बाज़ार जा रही हैं ? हम लोग ले आते हैं।'

"अपनी मेम भाभी के हाथ से उन्होंने थैला छीन लिया। कहने लगे, 'हम लोग साग-सब्ज़ी ले आते हैं। मगर, नो मछली ! स्ट्रिक्टली वेजिटेरियन ! नहीं तो मदर शीतला बेहद नाराज़ होंगी !...और, भाभी, आज रात आप डीप-डीप स्लीप कीजिए ! नो सोच-विचार ! नो फिक्र, नो चिन्ता। साहब भाई का हम लोग होल नाइट गार्ड करेंगे। नो फियर, भाभी; ज़रा भी ज़रूरत होगी, आपको कॉल कर लेंगे, भाभी ! भाभी !'

"जेन ने कहा, ऐसा नहीं होता है माई ब्वॉयज़ ! तुम लोग आदमी नहीं हो, एंजेल हो, देवता हो ! मगर, इस पापी रोग के पास न आओ। तुम्हारे माता-पिता हैं, भाई-बहन हैं। यह बीमारी बहुत बुरी है।'

"उनमें से एक लड़का हँस पड़ता है। कहता है, 'हम लोग क्या इतने बुद्धू हैं, भाभी ? मदर शीतला को हम लोगों ने बिल्कुल कण्ट्रोल में कर लिया है। हमें कुछ नहीं होगा। क्यों, जानती हैं ? इण्डियन मेडिसन !' फिर, कमीज़ की बाँह ऊपर उठाकर धागे में बँधी एक नन्हीं-सी पोटली दिखाता है, 'कुछ नहीं होगा हमें ! आपके लिए भी लाये हैं। तुरत नहा-धोकर आप भी बाँह में बाँध लीजिये।'

"जेन से मैं कुछ बात नहीं कर सका। लड़के अपनी मेम भाभी को खींचते हुए भीतर लिये चले गये।

"सूचना मिली है, रॉबर्ट की हालत अच्छी नहीं है। मुहल्ले के लड़के नहीं चाहते

थे, फिर भी उसे अस्पताल भेजना पड़ा। अस्पताल के बेड पर वह बेहोश पड़ा है। लड़कों ने टग-ऑफ़-वार में यमराज से हार नहीं मानी है। अस्पताल के वार्ड में बाहर के लोग आ नहीं सकते। इसलिए वे हर रोज़ वार्ड के बैरे के हाथों फिरंगी काली की पूजा के फूल रॉबर्ट के पास भेजते हैं। फिर, अस्पताल से लौटकर मेम भाभी को साहब की पूरी खबर सुनाते हैं। मेम भाभी में अब चलने-फिरने की भी ताकत नहीं रही है। सोयी रहती है, लड़कों की बातें सुनती रहती है। लड़के कहते हैं, 'समझते हैं भाभी, हम लोग आपके मन की हालत समझते हैं। मगर, डरिए नहीं। डर की कोई बात नहीं है।'

"भाभी फूट-फूटकर रोने लगती है, रोती रहती है। पूछती है, 'तुम लोग कौन हो ? हमें क्यों इतना प्यार करते हो ? क्यों आते हो यहाँ ?'

"लड़के कम उम्र हैं, जेन की बात समझ नहीं पाते। जेन का मुँह देखते हुए कहते हैं, 'हम लोगों से कोई गलती हुई है ? ···साहब-भाई बीमार हैं, इसीलिए आते हैं। बीमार नहीं होते, तो हम लोग यह सब नहीं करते। फ़ादर के बगीचे से अमरूद चुराकर खाते, और सड़कों पर घूमते रहते।'

"उन्हीं लड़कों से एक दिन सड़क पर भेंट हो गयी। मैं जेन से मिलने जा रहा था। गली के मोड़ पर वही लड़के चुपचाप सिर झुकाये खड़े हैं। मुझे देखकर वे खिसकने लगे। किनारे हटकर आपस में राय-मशविरा करने लगे। मुझसे कुछ नहीं बोले। मैं जेन के घर गया। वहाँ कोई नहीं था। वापस आने लगा।

"लड़कों ने बताया, 'आप फ़ादर से मिलिए !'

"उसमें से ही एक लड़का मुझे फ़ादर के मकान तक पहुँचा आया। फ़ादर घर में ही थे। बाहर आते हुए बोले, 'अच्छा, आप आ गये हैं ? आपने सुना ?'

" 'क्या ? अभी तक कुछ नहीं सुना है।'

"फ़ादर ने कहा, 'नवजात शिशु को मेरी पत्नी दूध पिलाने की कोशिश कर रही है। बड़ी मुश्किल से एक वेटिंग-नर्स भी ले आया हूँ।'

" 'क्या मतलब ?' मैं चौंक पड़ा।

" 'उनका कोई कसूर नहीं है। वाकई उनका कसूर नहीं है। वे शर्म से, डर से मेरे पास नहीं आ रहे हैं। मगर, मैं जानता हूँ, ऑल्माइटी गॉड के सामने उन्होंने कोई अपराध नहीं किया है। मगर, वे मुझे बता तो सकते थे। मुझसे पूछ तो सकते थे। मैं तो रोज़ ही डॉक्टरों से मिलता रहता हूँ। ज़रूरत होती तो मैं ही डॉक्टर से कहता।'

"फ़ादर से ही मैंने पूरी घटना सुनी—

"उस दिन मुहल्ले के लड़के फिरंगी काली के फूल लेकर रॉब से मिलने गये थे। यानी, वार्ड के गेट तक गये थे, जहाँ लिखा था—'नो एडमिशन' ! और दिनों की ही तरह उन्होंने अपने टिफिन से बचाये गये कुछ पैसे वार्ड के बैरे को दिये थे। फूल रॉब के सिरहाने रख देने को कहा था। फूल रखकर बैरा लौट आया था। लड़कों ने पूछा था, 'साहब-भाई कैसे हैं ?'

"वार्ड-बैरे ने सवाल किया, 'साहब तुम्हारे कौन होते हैं ?'

" 'कोई नहीं। हमारे मुहल्ले में रहते हैं। हम लोगों की तरह वह भी अब गरीब

हो गये हैं। मेम-भाभी भी हम लोगों की ही तरह दाल-भात खाती हैं। पैसे नहीं हैं, उपाय क्या है ?'

"'तब वार्ड-बैरा सिर हिलाकर कहता है, 'पेशेन्ट आपका रिश्तेदार नहीं है, इसीलिए कहता हूँ। बत्तीस नम्बर पेशेन्ट की आँखें खत्म हो गयीं ! डॉक्टर साहब ने आज सुबह देखा था।'

"'अन्धे हो गये ? साहब-भाई अब कुछ नहीं देख पायेंगे ?' लड़कों की आँखें छलछलाने लगीं, 'अगर हम लोग चन्दा जमा करके विज़िट का डॉक्टर ले आयें, दरबानजी ! तो क्या आँखें नहीं बचेंगी ?'

"बैरा तब तक भीतर जा चुका था। उनकी बातें उसने सुनी नहीं।

"अपनी मेम-भाभी को उन्होंने बताना नहीं चाहा था। जेन ने पूछा, 'आज रॉब को देखा था ? कैसा है ? अच्छा हो रहा है ?'

"उन्होंने झूठ बोलने की कोशिश की। मगर उन्हें तो झूठ बोलने की आदत नहीं थी। कुछ बोल भी नहीं सके, आँखों से झर-झर आँसू बहने लगे। एक लड़का तो फर्श पर बैठकर रोने-चीखने लगा।

"मेम-भाभी ने उसका हाथ पकड़ लिया। थरथराती हुई बोली, 'मैं कहती हूँ, बताओ ! सच-सच बताओ। मैं तुमसे बड़ी हूँ, मुझसे झूठ बोलोगे, तो तुम्हारा बुरा होगा !'

"तब लड़कों ने बता दिया, 'साहब-भाई अब अपनी आँखों से रोशनी देख नहीं पायेंगे।' यह बात वे छिपाकर नहीं रख सके।

"जेन का संज्ञाहीन शरीर फर्श पर फैल गया। वे लोग उसके मुह पर पानी के छींटे देने लगे, उसे होश में लाने की कोशिश करने लगे। एक लड़का दौड़कर डॉक्टर को बुला लाया। डॉक्टर ने देख-सुनकर कहा—'तुरत एक इन्जेक्शन खरीद लाओ !' इन्जेक्शन के पूरे पैसे उनके पास नहीं थे, आठ आने कम पड़ते थे। तब लड़के दौड़ते हुए फ़ादर के पास आये। फ़ादर उनके साथ निकल पड़े।

"बेहोश जेन को उठाकर फ़ादर के यहाँ ले आया गया। उसी रात उसने एक सन्तान को जन्म दिया—प्रिमैच्योर बेबी ! दुःख के दिनों का राजा निर्धारित समय से पहले ही आकर उपस्थित हो गया !

"उसी रात मृत्युपथगामिनी जेन के लिए फ़ादर ने घुटने टेककर सर्व-शक्तिमान ईश्वर से प्रार्थना की। सुबह होने से पहले ही जब फ़ादर प्रार्थना में लीन थे, और विलियम्स लेन के लोकल लड़के फूट-फूटकर रो रहे थे, और जब जेन ने अपनी आखिरी साँस ली, शाहजहाँ होटल का 'बॉर' तब तक बन्द नहीं हुआ था। साहब लोग शायद उस वक्त भी चीख रहे थे, 'ऐ मिस, ह्विस्की, शराब, विलायती पानी ले आओ ! जल्दी ले आओ !'

"फ़ादर अत्यन्त दुखी थे। लड़कों से बोले थे, 'तुम लोगों को किसने बताया कि वह अन्धा हो गया है ? एकदम झूठी बात है ! एक आँख, ओनली वन आई—बरबाद हुई है। दूसरी आँख ठीक है। मिरैकुलसली बच गयी है।'

"मगर, अब बहुत देर हो चुकी थी। जेन का प्राणविहीन शरीर सफ़ेद चादर से ढक दिया जा चुका था; लड़के पैदल चलते हुए चौरंगी की लोएलिन कम्पनी को सूचित करने चले गये थे। लोएलिन कम्पनी, अण्डरटेकर। वैसे लड़कों ने कहा था, 'अगर एतराज़ न हो, हम लोग ही कन्धों पर उठाकर ले जायेंगे। हम लोग ही सब कुछ करेंगे।'

"फ़ादर ने कहा था, 'तुम लोग साथ रहो, मगर क्रिश्चियन फ़्युनरल में बहुतेरे झमेले होते हैं। लोएलिन कम्पनी को बिना बुलाये बहुत झंझट होगा। वे लोग तो दिन-रात यही काम करते हैं।'

"उधर रॉब स्वस्थ होने लगा है। बुखार उतर गया है। शरीर की असह्य ज्वाला भी धीरे-धीरे घट रही है। घाव सूखते जा रहे हैं। इतने दिनों तक वह बेहोश था, पिछली कोई बात ध्यान में नहीं थी। अब धीरे-धीरे सब याद आ रहा है। विलियम्स लेन के एक टूटे मकान में वह जेन को अकेला छोड़ आया है, यह भी याद आया।

"रॉब पूछता है, 'मेम साहब कहाँ है ?'

" 'कौन ?' बैरा पूछता है ?

" 'मेम साहब ! मेरी बीवी !'

" 'यहाँ किसी को भी आने का हुक्म नहीं है।' डॉक्टर लोग उसे समझाने की कोशिश करते हैं।

"मगर रॉब का मन नहीं मानता। मन समझता नहीं, शान्त नहीं रहता, पागल हो रहा है। उसकी आँखों से अनायास आँसू बहने लगते हैं, 'मेम साहब ! मेरी बीवी ! जेन ! मेरी जेन !'

"फिर कभी पागलों की तरह कहता है, 'जानता हूँ···सब समझता हूँ। वह आना नहीं चाहती। शाहजहाँ की सुन्दरी बॉरमेड ने मुझसे शादी करके भारी भूल की थी। अब वह अपनी भूल को सुधार रही होगी। चली गयी होगी। कहीं और चल दी होगी। सिल्वर्टन उसे वापस ले गया होगा।'

"डॉक्टर उसे समझाते हैं, 'आप अपनी पत्नी को गलत समझ रहे हैं। वह हर रोज़ अस्पताल के गेट पर आकर आपका हाल पूछती हैं।'

"डॉक्टरों के जाने के बाद दोपहर में रॉबर्ट ने वार्ड के बैरे से पूछा, 'एक मेम साहब रोज़ आकर गेट पर खड़ी रहती है ? तुम लोगों ने उसे देखा है ?'

" 'नहीं साहब, कोई मेम साहब इधर नहीं आती है,' वार्ड-बैरे ने बताया। और, रॉब की आँखों से मान-अभिमान और दुःख के आँसू बहने लगे।

"यह सुनकर डॉक्टर डरने लगे। पास आकर रॉब से बोले, 'बैरा झूठ कहता है। वह तो अक्सर हमारे पास आती हैं।'

"रॉब ने अपने हाथों से अपना चेहरा ढकते हुए कहा, 'मेरी समझ में कुछ नहीं आ रहा है। जेन को आप लोग मेरे पास आने नहीं देते, ठीक है ! मगर, वह मुझे चिट्ठी क्यों नहीं लिखती ? उसे चिट्ठी लिखने को कहियेगा।'

"खिड़की के बाहर से मुहल्ले के लड़के देखते हैं, साहब-भाई रोते रहते हैं। जेन की एक चिट्ठी का इन्तज़ार करते रहते हैं। दिन बीतते जा रहे हैं। जो कोई आता है,

उसी से पूछते हैं, 'मेरी कोई चिट्ठी आयी है ? मेरी बीवी जेन एडम ने, विलियम्स लेन से कोई चिट्ठी भेजी है ?'

"लड़कों की ज़बानी फ़ादर सारी बातें सुनते रहते हैं। अस्पताल के डॉक्टरों से राय-मशविरा करते हैं। डॉक्टर कहते हैं, 'आप ही कह सकते हैं, फ़ादर ! एकमात्र आप ही उसे समझा सकते हैं। वार्ड में आपके जाने की मनाही नहीं है।'

"फ़ादर को ऐसे कामों की आदत है। जीवन और मृत्यु की सीमा-रेखा पर खड़े होकर मृत्यु-भय से ग्रस्त व्यक्ति को कल्याण का अक्षय स्पर्श देने की साधना वह एक लम्बे अरसे से कर रहे हैं। मगर, वह भी रॉब को शान्त रख नहीं सके, शान्ति दे नहीं सके, बड़ी ही सावधानी से, बड़े ही शान्त और कोमल शब्दों में समझाते हुए उन्होंने रॉब को जेन की मृत्यु का समाचार सुनाया। मगर, सुनते ही वह दर्द से कराहता हुआ, उछलकर फर्श पर गिर पड़ा। पछाड़ें खाता रहा, फिर बेहोश हो गया। देह के सारे घाव फर्श पर रगड़े जाकर ताज़ा हो उठे, खून से भर गये।

"उसी रात रॉब को बुखार बढ़ गया। दूध का भरा गिलास उसने उठाकर फेंक दिया। कुछ खायेगा नहीं, कुछ पियेगा नहीं। डॉक्टरों ने उसे सँभालने की, समझाने की बड़ी कोशिश की। सफल नहीं हुए।

"रात के गहरे अँधेरे में विलियम्स लेन के लड़के फिर लोएलिन कम्पनी को सूचित करने गये। अस्पताल से लोएलिन कम्पनी का 'कर्टेज' सीधे सरक्यूलर रोड के ग्रेवयार्ड की ओर चला गया था। लड़कों के पास पैसे नहीं थे। मेम-भाभी के ताबूत पर उन्होंने एक बड़ी माला खरीदकर डाल दी थी। किसी से पैसे उधार लेकर उन्होंने बैठक-खाना-बाज़ार से एक सस्ती माला खरीदकर साहब-भाई की गाड़ी पर डाल दी।

"इसके बाद की मुझे कोई खबर मालूम नहीं है। फ़ादर इसके कुछ दिनों बाद ही अपने देश लौट गये थे। जेन और रॉब के नवजात शिशु को भी अपने साथ ही ले गये थे।"

इतना कहकर हॉब्स चुप हो गये। मैं अपने आँसू रोक नहीं सका। लोकल लड़कों के दल में शामिल होकर मैं कब रोने लग गया था, पता नहीं। मगर, डॉक्टर सदरलैण्ड रोये नहीं। ज़रा भी विचलित नहीं हुए। शायद डॉक्टर लोग ऐसे ही पत्थरदिल होते हैं। मृत्यु के इतने पास रहते हैं कि मृत्यु का ज़रा भी दुःख नहीं मानते।

कुर्सी से उठते हुए डॉक्टर सदरलैण्ड ने अपना हाथ बढ़ाया, "थैंक यू मिस्टर हॉब्स !" फिर, जैसे चंचल होकर, एक बार और बोले, "थैंक यू इनडीड सर !"

बाहर आकर सदरलैण्ड मुझसे एक शब्द नहीं बोले। बातचीत कर सकने की स्थिति मेरी भी नहीं थी। शाम हो रही है। दफ्तरों में छुट्टी हो चुकी है। ट्राम-बसों में खचाखच भीड़ भरी है। सड़कों पर घर वापस लौटते हुए लोगों का जुलूस।

डॉक्टर सदरलैण्ड ने घड़ी की ओर देखा, और बोले, "आई होप, अभी तुम फुरसत में हो।"

डॉक्टर के कहने के ढंग से मुझे थोड़ी तकलीफ हुई। उन्होंने इस तरह बात की

थी, जैसे उनके साथ घूमना भी मेरी नौकरी का ही एक हिस्सा हो।

मैंने कहा, "मेरी ड्यूटी का वक्त हो गया है। काउण्टर पर जाना होगा। मिस्टर स्याटा बोस वहाँ अकेले होंगे, मेरा इन्तज़ार कर रहे होंगे।"

मेरी बात पर डॉक्टर सदरलैण्ड ने ध्यान ही नहीं दिया। मुझसे बोले, "तुम विलियम्स लेन जानते हो ?"

कहा, "जानता हूँ।"

"लोअर सरक्युलर रोड की कब्रगाह ?"

"जानता हूँ।"

डॉक्टर सदरलैण्ड मुझे साथ लिये होटल चले आये। मुझे गेट के पास खड़ा करके, काउण्टर पर जाकर सत्यसुन्दर दा से बातें करने लगे।

मैं काउण्टर की तरफ जाने लगा, मगर सदरलैण्ड मेरी ओर मुड़े। सत्यसुन्दर दा ने पेन्सिलसमेत अपना हाथ मेरी ओर उठाकर इशारा किया, तुम डॉक्टर के साथ जाओ। मैं तुम्हारी ड्यूटी सँभाल लूँगा।

डॉक्टर सदरलैण्ड को मैं समझ नहीं पा रहा हूँ। मुझे साथ लिये जा रहे हैं, जैसे यह बात उन्हें याद ही नहीं है। मेरे अस्तित्व की बात ही भूल बैठे हैं। जैसे टूरिस्ट ऑफिस में सोलह रुपये जमा करके उन्होंने एक प्रोफेशनल गाइड किराये पर लिया है। जैसे डॉक्टर सदरलैण्ड नशे में हैं, और अपने-आपमें मशगूल हैं। रहस्यमय प्राच्य देश के रहस्यों ने उनकी समस्त चेतना कुण्ठित कर दी है।

विलियम्स लेन के सामने टैक्सी रोककर हम दोनों उतर पड़े। बहूबाजार के रास्ते से गली में घुसते ही हमने देखा, गली में कई बच्चे खेल रहे हैं। सदरलैण्ड ने इशारे से मुझे पूछा, "ये लोग कौन हैं ?"

"लोकल लड़के हैं।" मैंने कहा।

कितने ही साल पहले जिन लोकल लड़कों ने लोएलिन कम्पनी को सूचित किया था, दो बार सूचित किया था, आज भी मैंने उन्हें विलियम्स लेन में देखा। जैसे उनकी उम्र अब तक उतनी ही है, एक दिन भी नहीं बढ़ी है। आज भी वे उसी गली के मोड़ पर खड़े हैं। मगर, उन पुराने दिनों का कोई भी चिह्न नहीं रह गया है। इस गली के किस मकान में जीवन का वह विचित्र नाटक अभिनीत हुआ था, पता नहीं चल सका। डॉक्टर सदरलैण्ड ने कहा, "हो सकता है, वह पुराना मकान विलियम्स लेन से गायब हो गया हो, और उसकी जगह कोई नयी बिल्डिंग खड़ी हो गयी हो।"

विलियम्स लेन में आते-जाते लोगों का चेहरा देखकर लगा, इन्हें कुछ मालूम नहीं है। कितने साल पहले, अपनी आँखों के जल से दुःख-दुर्दिन के एक राजा ने उनका अभिनन्दन किया था, यह उन्हें पता तक नहीं।

एक भिखारी का लड़का टीन के डिब्बे में हाइड्रैण्ट से पानी ले रहा था। अचानक पाँव फिसल जाने से वह गिर पड़ा और रोने लगा। डॉक्टर सदरलैण्ड ने दौड़कर लड़के को उठा लिया। उठाकर ही शान्त नहीं हुए, उसे अपनी बाँहों में लिये पुचकारने लगे।

"क्या करते हैं ? क्या करते हैं ? आपके कपड़े कीचड़ में बरबाद हो जायेंगे ? फिर उसके पाँव में घाव है। पीब बह रहा है।" साहब को भिखारी का बच्चा गोद में लेते देखकर कई सभ्य व्यक्ति दौड़े आये।

डॉक्टर सदरलैण्ड का इन बातों पर ध्यान ही नहीं था। लड़के की नाक से पानी बह रहा था। डॉक्टर ने अपना रूमाल निकालकर उसकी नाक पोंछ दी। बड़े प्यार से उन्होंने टूटी-फूटी हिन्दी में पूछा, "तुम्हारी माँ कहाँ है ? तुम्हारे डैडी, बाबूजी कहाँ हैं ?"

उँगली से सियालदह स्टेशन की तरफ उसने इशारा किया। फिर डरकर, वह गोद से उतरने के लिए मचलने लगा, उतरकर भाग गया। शायद सोच रहा था, हम लोग उसे पकड़कर अपने साथ ले जायेंगे।

डॉक्टर सदरलैण्ड पत्थर की मूरत की तरह चुपचाप खड़े रहे। शाम के हल्के अँधेरे में विलियम्स लेन के मोड़ पर मैंने देखा, डॉक्टर सदरलैण्ड जैसे रो रहे हैं। जिस रूमाल से लड़के की नाक पोंछी थी, उसी का एक कोना अपनी आँखों पर लगाकर आँसू पोंछ रहे हैं।

विलियम्स लेन से हम दोनों सीधे लोअर सरक्युलर रोड के ग्रेवयार्ड में चले आये। अँधेरा बढ़ गया है, हलकेपन से धीरे-धीरे गहराई में उतर रहा है।

ग्रेवयार्ड के दरवाज़े पर कई माली फूल बेच रहे थे। माली हमारी ओर बढ़ आये, "साहब ! फूल लीजिये।"

मेरे पास पैसे नहीं थे। डॉक्टर ने फूल खरीद लिये।

रात के अँधेरे में, हाथों में फूल उठाये हम दोनों व्यक्ति मरे हुए लोगों के इस शहर में आ गये। कुछ भी दिखायी नहीं देता है। हो सकता है, घास में साँप और बिच्छू भी छिपे हों। सदरलैण्ड की जेब में टॉर्च था, मगर छोटे-से टॉर्च से रोशनी ही क्या होगी ! ऐसा लगा, आधी रात के बाद हम किसी बड़े होटल में आ घुसे हैं। चारों ओर निस्तब्धता। रात के सारे मेहमान दिन की थकान के बाद नींद की घाटियों में अचेत होकर सोये पड़े हैं। होटल का कानून तोड़कर हम दोनों चोरी-चोरी बाहर चले गये थे और अब दरबान की निगाहें बचाकर पाँव दबाकर चलते हुए, धड़कते हुए दिल से अपने कमरे की ओर जा रहे हैं।

सोये हुए लोगों की इस भीड़ में शाहजहाँ होटल की उस 'बॉर' बालिका को ढूँढ़ लेना सम्भव नहीं है। कौन जानता है, इस शहर के किस हिस्से में हमेशा-हमेशा के लिए सो जाने को विलियम्स लेन के लड़के उसे यहाँ छोड़ गये थे। उन लड़कों में से कोई भी आज शायद नहीं है। फिर भी, शाहजहाँ होटल अपने अनन्त यौवन के साथ जीवित है। जीवित है, और मोहिनी मायाओं के क्षुधार्त, तृष्णार्त और कामार्त व्यक्तियों को आज भी अपने पास बुला रहा है।

सामने ही एक पेड़ था। उसी पेड़ के नीचे फूल रखकर, डॉक्टर सदरलैण्ड चुपचाप खड़े हो गये। और, मुझे लगा, जैसे हॉब्स हमारे पीछे आकर खड़े हो गये हैं, और हमारे कान में मुँह सटाकर कह रहे हैं—

चली गयीं खिदिरपूर की वे लड़कियाँ,
पाउडर-पुते अपने चेहरों और बनावटी
घुँघराली जुल्फ़ों के साथ—
खत्म हो गयीं अँधेरे कोनों की लम्बी
साँसें—
वे फीके चुम्बन—वे हृदय की तरंगें,
कभी उफनतीं, कभी लौटतीं—
जिससे होता, लिपट-लिपट जातीं—
नाविकों के युवक-प्राणों को,
नकली उल्लास की आशाओं से भरतीं।

अवसर होता तो डॉक्टर सदरलैण्ड सारी रात वहीं खड़े रहते, शायद। मगर, मेरे लिए तो होटल लौटना जरूरी था। मुझे न देखकर अब तक तो मार्कोपोलो ने चीखना शुरू कर दिया होगा।

मैंने कहा, "डॉक्टर सदरलैण्ड, शायद अब हमें लौट चलना चाहिए।"

वह मुझसे इस तरह का असौजन्यपूर्ण व्यवहार करेंगे, इसकी मुझे कतई आशा नहीं थी। होंठों में दाँत दबाते हुए, गुस्से में भरकर उन्होंने कहा, "फ़ॉर हेव्वन्स सेक, भगवान् के लिए, क्षण-भर मुझे शान्ति से रहने दो!"

और, मेरी आँखें छलछला आयी थीं। मैं रो रहा था, तुम्हारी खामखयाली के लिए, इतनी तकलीफ से मिली हुई मेरी नौकरी चली जाय! तुम यहाँ खड़े सपने देखा करो, वहाँ मुझे होटल से निकाल दिया जाय! मगर, ऐसा सोचते रहकर भी उनसे कुछ कहने का साहस मुझे नहीं हुआ। साहस कैसे हो? होटल लौटकर मैनेजर से अगर ये मेरे खिलाफ दो बातें कह दें, या लिखकर ही कम्प्लेण्ट कर दें, तो मुझे फिर फुटपाथ पर लौट आना पड़ेगा। 'कस्टमर की बात ही हमेशा ठीक होती है, कुछ भी बात हो, अपराध तुम्हारा ही माना जायेगा।' सत्यसुन्दर दा कितनी बार मुझे यह बात याद दिला चुके हैं।

टैक्सी में लौटते वक्त मैंने कोई बात नहीं की। एक शब्द भी मेरे मुँह से नहीं निकला। डॉक्टर सदरलैण्ड ने भी कुछ नहीं कहा। गाड़ी से उतरकर उनके धन्यवाद की प्रतीक्षा किये बिना मैं सीधे काउण्टर पर बोस दा के पास चला गया।

दूसरे ही दिन सुबह डॉक्टर सदरलैण्ड कलकत्ता से लन्दन के लिए चल दिये थे। जाने से पहले उनसे मुलाकात तक नहीं हो सकी।

जीवन में फिर कभी उनसे मिलने का अवसर नहीं मिला। मगर बात यहीं खत्म हो जाती तो उनके दुर्व्यवहार के लिए मैं कभी उन्हें क्षमा नहीं कर पाता। कुछ ही दिनों बाद उनकी एक चिट्ठी मुझे मिली—

"प्रिय शंकर,

तुम्हें यह चिट्ठी लिखे बिना किसी तरह भी मन को शान्त नहीं कर पा रहा हूँ।

शाहजहाँ होटल से चले आने के पहले मैंने तुमसे जैसा व्यवहार किया था, उसे सोचता हूँ, तो मुझे बहुत दुःख होता है। मेरे पश्चात्ताप की सीमा नहीं है। इसके अलावा, तुमसे और मिस्टर हॉब्स से सच्ची बात छिपाकर मैंने भगवान् के सामने अपराध किया है। सोचा था, बाद में कभी कलकत्ता जाकर तुम लोगों से क्षमा माँग लूँगा। मगर, भारतवर्ष से मेरा सम्पर्क समाप्त हो गया है। इस बार डब्ल्यू. एच. ओ. के काम से जहाँ जा रहा हूँ, उस जगह का नाम है, ताहिती द्वीप-पुंज। जीवन के चन्द बाकी दिन वहीं गुज़ार देने की इच्छा है।

उस दिन तुमसे जैसा बर्ताव किया था, उसके लिए माफी चाहता हूँ। अखबारों में कलकत्ता के बारे में बड़ी बदनामी की बातें पढ़ी हैं, कानों से सुना भी है। मगर, कलकत्ता से मेरा परिचय तो तुम्हीं लोगों के द्वारा है। तुम्हीं लोगों को जानता हूँ। मुझे उसी दिन कह देना चाहिए था, मैं कह नहीं सका।

सुनो, मेरा जन्म विलियम्स लेन में ही हुआ है। मेरे पिता का नाम है रॉबर्ट एडम, जेन ग्रे मेरी माँ थी। विलियम्स लेन के लोकल लड़कों की दया से ही मेरी प्राण-रक्षा हुई थी। फ़ादर सदरलैण्ड मुझे ही अपनी छाती से चिपकाकर इंग्लैण्ड ले गये थे, और उन्होंने अपना नाम भी मुझे दिया था। बचपन में मुझे यह बातें ज्ञात नहीं थीं, मगर, मरने से पहले फ़ादर सदरलैण्ड मुझे सारी बातें बता गये थे। इसीलिए कलकत्ता की अपनी आखिरी रात मैं शाहजहाँ होटल में बिताना चाहता था। तुम लोगों की दया से मेरा यह अरमान भी पूरा हुआ।

तुम्हारे होटल के 'बॉर' में आज बारमेड नहीं हैं, यह देखकर मैंने निश्चिन्तता की साँस ली है। मन-ही-मन मैंने यूनियन चैपेल के फ़ादर ब्रैकवे की धर्मपत्नी को प्रणाम किया है। जीवनान्तक यन्त्रणा से उन्होंने अनेक बारमेड लड़कियों को मुक्ति दी है। आज वे जीवित नहीं हैं। जीवित रहतीं, तो मैं उनसे भेंट कर आता। यह नहीं हो सकता, इसीलिए उनके सुयोग्य पुत्र मिस्टर फ्रैनर ब्रैकवे को मैं एक चिट्ठी लिख रहा हूँ। कितनी ही अज्ञात स्त्रियों का आशीर्वाद उन्हें मिल रहा होगा।

उस दिन क्यों मेरा दिमाग ठीक नहीं था, यह तो अब तुम समझ ही रहे होंगे। तुम मुझे क्षमा करोगे। इति।

—जे. पी. सदरलैण्ड"

पाँच

सदरलैण्ड साहब की दया से अतीत का जो सिंहद्वार मेरी आँखों के सामने खुल गया था, वह आज भी रह-रहकर मुझे चंचल कर देता है। अपने भाग्य को धन्यवाद देता हूँ। इसी संसार में कितने ही अरसे तक जीवन के कष्ट-यन्त्रणाओं से मैं कातर होता रहा हूँ,

जीवन-देवता द्वारा ली जाती हुई निर्मम परीक्षा में बार-बार धीरज खो बैठा हूँ; मगर, अब आज सोचता हूँ, मेरे सौभाग्य की सीमा नहीं है। जीवन की भयानक आँधियों में बहता हुआ मैं बार-बार संकीर्णता के कारागार से मुक्त होकर खुले आकाश के नीचे आ खड़ा हुआ हूँ। चरम यन्त्रणा की स्थिति से गुज़रते हुए मैंने शाहजहाँ होटल के अन्तराल में पृथ्वी के अज्ञात-अगोचर वैभव का आविष्कार किया है। इस ऐश्वर्य का कितना-सा हिस्सा आप लोगों को दे पाऊँगा? कितनी ऐसी सारी बातें हैं, जिन्हें बताया नहीं जा सकता। कितने ही शर्मीले व्यक्तियों की गोपनीय कहानियाँ मैंने शाहजहाँ होटल के एकान्त में सुनी हैं। मेरा लेखक उसे प्रकट कर भी दे, मेरा मनुष्य उसे किसी प्रकार प्रकट नहीं होने दे सकता। विश्वास के अंशों के अतिरिक्त जो कुछ बचता है, उसे केवल दर्शकों की गैलरी से देखा जा सकता है, और उन्हीं दर्शनीय वस्तुओं से बनी है हमारी यह चौरंगी।

मनुष्य के भीतर और बाहर की खराबियाँ और अच्छाइयाँ कितने ही रंगों और कितनी ही रंगीनियों में सज-धजकर हमारे सामने बार-बार आकर खड़ी होती रही हैं। इन्हीं रंगीनियों की सोने की खान है हमारी यह चौरंगी।

चौरंगी एक ऐसी जगह है, जहाँ हृदय की किसी भी अनुभूति का कोई अर्थ नहीं होता है, कोई मूल्य नहीं होता। फिर पैसों की कीमत देकर अनुभूति को खरीद सकना तो सम्भव भी नहीं है। इसीलिए यहाँ का कोई भी आदमी अनुभूतियों के चक्कर में नहीं फँसता। इन बातों के बारे में सोचता ही नहीं। बायरन, मार्कोपोलो और स्याटा दा की कृपा से मैं जिस साम्राज्य में भ्रमण कर रहा हूँ, वहाँ आदमी की कोई कीमत नहीं है। वहाँ के लोग दो ही चीज़ें पहचानते हैं—एक का नाम है मनीबैग, और दूसरी चीज़ है चेक!

एक सुबह रोज़ी हाथ में चमड़े का बैग लिये वापस चली आयी थी। वह सुबह मुझे अब तक याद है। ब्रेकफास्ट कब का खत्म हो चुका है। लंच की तैयारियाँ पूरी हो चुकी हैं। मेनू-कार्ड, वाइन-कार्ड टाइप करके, साइक्लोस्टाइल करके टेबुल पर लगा दिया गया। दूसरे बड़े होटलों में लंच-कार्ड रोज़ छपते हैं, वाइन-कार्ड रोज़-रोज़ बदला नहीं जाता। शाहजहाँ होटल का आभिजात्य यही है कि लाल रंग का वाइन-कार्ड भी रोज़ छपता है—एक कोने में तारीख लिखी रहती है। इसके अलावा डाइनिंग हॉल के पास ही हमारे यहाँ एक 'बैंक्वेट हॉल' है। वहाँ आज रायबहादुर सदासुखलाल गोयनका पार्टी दे रहे हैं। रायबहादुर सदासुखलाल इस जलसे में राजधानी के एक अनुभवी और स्थान-प्राप्त देश-प्रेमी की सादर अभ्यर्थना करेंगे।

इस लंच पार्टी के टेबुल पर कितने लोग बैठेंगे, कौन कहाँ बैठेंगे, यह बहुत कठिन हिसाब है। सरकारी अधिकारियों के पास सरकारी अतिथियों की एक विराट तालिका यत्नपूर्वक रखी जाती है। उसे कहते हैं 'लिस्ट आफ़ प्रेसिडेन्स'! कलकत्ता के प्रमुख नागरिकों का भी ऐसा ही 'लिस्ट ऑफ़ प्रेसिडेन्स' बड़े होटल के अधिकारियों और परिवारों की गृहिणियों को ज़बानी याद रहता है। इस लिस्ट में थोड़ी भी गलती हो जाय, नीचे का नाम ऊपर और ऊपर का नाम नीचे चला जाय, तो होटल की इज़्ज़त

चली जायेगी, उसकी गगनचुम्बी ख्याति पददलित हो जायेगी, यह सोच-सोचकर हम लोग भयभीत रहते हैं।

टेबुल सजाने की ज़िम्मेदारी हम लोग अपने हाथों में जल्दी लेना नहीं चाहते। जो पार्टी दे रहे हैं वे जिसे जहाँ चाहें, बिठायें, हमारा क्या है! बोस दा की भाषा में, 'तुम्हारी बकरी है, तुम जिधर से चाहो काट लो! हमारी खानदानी जान क्यों लेने पर तुले हो?'

इसीलिए रायबहादुर के सेक्रेटरी कितने सारे कार्ड लिये आये हैं। साथ ही आर. एस. वी. पी. की फाइल। इस फाइल में निमन्त्रणों के उत्तर हैं।

कासुन्द में रहता था, तो आर. एस. वी. पी. का रहस्य समझ में नहीं आता था। बोस दा बोले, "तुम्हीं क्यों, मैं भी नहीं समझता था। स्कूल में हम लोग कहते थे, आर-एस-वी-पी, यानी रसगुल्ला-सन्देश-भरपेट। निमन्त्रण-पत्र के नीचे ये चार अक्षर होने का मतलब है, भारी आयोजन किया गया है।"

इस लंच पार्टी के लिए रायबहादुर सदासुखलाल गोयनका, अर्थात् उनकी कम्पनी, लिविंग्स्टोन, बॉटम्ले एण्ड गोयनका लिमिटेड के निर्देशन से खास तरह का मेनू-कार्ड तैयार किया गया था। कलकत्ता के किसी नामी-गिरामी प्रेस में सात रंगों का वह खूबसूरत मेनू-कार्ड छपाया गया था। इस कार्ड की भाषा और छपाई, सुन्दरता और विशिष्टता की कल्पना कलकत्ता की एक विख्यात पब्लिसिटी कम्पनी ने की थी। और इतने कुछ के बाद, रायबहादुर ने कार्ड के अन्तिम पृष्ठ पर एक अपनी और एक अपने माननीय मुख्य अतिथि की तस्वीर छाप ली थी। मगर इतने अरमानों से छपाये गये कार्ड का उपयोग नहीं हो सका। कार्ड पर पिछले दिन की तारीख छपी थी। पार्टी कल ही होनेवाली थी। मगर माननीय अतिथि पटना से वक्त पर आ नहीं सके। वहाँ उनकी एक महत्त्वपूर्ण कमेटी की बैठक थी। बैठक खत्म करके पार्टी में वक्त रहते पहुँच जाना सम्भव नहीं था। उनके पर्सनल सेक्रेटरी ने ट्रंक कॉल करके उनके आने की तारीख एक दिन आगे खिसका दी।

ट्रंक-कॉल के बाद लिविंग्स्टोन, बॉटम्ले एण्ड गोयनका के किसी भी अफसर को सारी रात नींद नहीं आयी। प्रत्येक अतिथि को रातों-रात फोन पर बताना पड़ा कि अनिवार्य कारणों से माननीय प्रमुख अतिथि आज नहीं आ रहे हैं।

इतनी जल्दी सात रंगों का उतना खूबसूरत कार्ड छपाया जाना सम्भव नहीं था। पहले तय किया गया, सिर्फ तारीख काली स्याही से मिटा दी जायेगी, मगर रायबहादुर सदासुखलाल को यह बात पसन्द नहीं आयी। इसीलिए हमारे होटल के स्पेशल कार्ड पर ही मेनू छाप लिया गया है। यह मेनू-कार्ड छपाने की व्यवस्था मैंने ही की थी। लम्बा-चौड़ा मेनू है! सबसे पहले—

ले ऑडर्व शाजहाँ

इसके बाद 'सूप',—

क्रेम दे शेम्पियों

और तब,—

फ़ीले दे बेक्टी सिर्सिलियेन्ने

जेम्बों ग्रिये कुआलालम्पर

चिकन करीं एण्ड पुलाओ

पुडिंग दे वेरमीसेल ए क्रेम

टुट्टी फुट्टी आइसक्रीम।

और, सबके बाद कॉफ़ी और चाय। निरामिष-भोजी अतिथियों के लिए पपाया काकटेल,

पटेटो एण्ड चीज़ सूप

ग्रीन बनाना टिकिया, मिक्स्ड वेजिटेबल ग्रिल

दाल मोंग पीयाज़ी, पुलाओ इत्यादि।

अपने मन से काउण्टर पर बैठकर मैं यह मेनू टाइप किये जा रहा था। अभी सत्यसुन्दर दा आयेंगे, और सारे कार्ड उठाकर 'बैंक्वेट' हॉल में चले जायेंगे। ठीक इसी वक्त एक भद्र महिला कन्धे पर एक एयर-बैग डाले हुए आयीं, और काउण्टर के सामने आकर खड़ी हो गयीं। स्टूवर्ड जिम भी काउण्टर के अन्दर खड़ा था। वह खुश होकर चीख पड़ा। लम्बे विछोह के बाद जैसे अचानक किसी अत्यन्त प्रिय व्यक्ति से मुलाकात हो गयी है।

चेहरा उठाकर देखते ही मैं समझ गया, यह भद्र महिला कौन है। मैं यहीं, इतने पास ही बैठा हूँ, यह भूलकर स्टूवर्ड बोल उठा, "रोज़ी डार्लिंग! तुम्हारा अंगूर-सा चेहरा सूखकर किशमिश हो गया है और तुम्हारा सोने-जैसा रंग एकदम ताम्बा बन गया है!"

रोज़ी खिलखिलाकर हँस पड़ी, "और, मेरे दाँत?"

"तुम्हारे दाँत मगर अब भी मोतियों की तरह चमक रहे हैं।" जिम ने सिर हिलाते हुए कहा।

अपने बिखरे हुए बालों को सँभालती हुई रोज़ी बोली, "होटल में काम करते हो, इसलिए जिम, तुम एक बात भी सच नहीं बोल पाते हो। सोने-जैसा रंग तो मेरा किसी दिन नहीं था। तुम्हीं तो कहते थे, मैं काले ग्रेनाइट पत्थर को काटकर बनायी गयी हूँ।"

जिम जैसे शरमाने लगा। फिर धीमे लहज़े में बोला, "इतने दिन कहाँ थीं? कुछ बताया नहीं, कहा नहीं, बस गायब हो गयीं?"

रोज़ी ने जिम की बात पर ध्यान नहीं दिया। अचानक उसकी नज़र मुझ पर आ लगी। उसी की मशीन पर बैठकर, बाहर का कोई आदमी टाइप करता रहे, यह बात उसे शायद बर्दाश्त नहीं हुई। वेलेस्ली स्ट्रीट के स्वाभाविक ढंग से उसने मुझसे पूछ लिया, "हैलो मैन, हू आर यू? कौन हो तुम भले आदमी?"

क्रोध और अपमान से मेरा तन-बदन जला जा रहा था। मैंने कोई उत्तर नहीं दिया, चुपचाप टाइपराइटर खटखटाता रहा।

जिम ने अवसर देखकर मुझ पर आक्रमण किया, "हैलो मैन, तुम्हारी सोसाइटी

में क्या औरतों का सम्मान नहीं करते हैं ? एक यंग लेडी ने तुमसे कुछ पूछा है। तुम जवाब क्यों नहीं दे पाते हो ?"

रोज़ी भी कुछ कहने ही को थी। मगर जिम ने कहा, "रोज़ी, तुम बेहद थकी हुई लगती हो। बाहर क्या ज़्यादा गर्मी है ? तुम्हारा ब्लाउज़ तक भीग गया है।"

अपने ब्लाउज़ की तरफ देखकर, रोज़ी ने कहा, "हाँ।" और इसके बाद अचानक गुस्से में आ गयी। एक-एक शब्द चबा-चबाकर बोली, "मगर जिम, किसी लेडी के शरीर के पर्टीकुलर हिस्से की तरफ इस तरह ताक-झाँक करना किसी भी जेण्टिलमैन के लिए उचित नहीं है।"

जिम ने दाँतों-तले जीभ दबा ली, "छिः-छिः रोज़ी, तुम्हें एम्बेरास करने के लिए मैंने ऐसा नहीं कहा था, मुझ पर विश्वास करो। मगर इस तरह कपड़ा भीग जाने से लड़कियों की स्मार्टनेस खत्म हो जाती है, यह तो मानोगी ?"

रोज़ी दुबारा मेरी तरफ देखती हुई बोली, "हैलो मैन, तुमने मेरे सवाल का जवाब नहीं दिया। हू आर यू ?"

मैं कहने ही वाला था, 'इससे तुम्हें क्या मतलब है कि मैं कौन हूँ ? तुम अपना चरखा सँभालो !' मगर इससे पहले ही कोई आदमी मेरे पीछे से बोल पड़ा, "ही इज़ मिस्टर बनर्जीज़ ब्रदर-इन-लॉ ! और इसी का एक मौसेरा भाई, खोक चटर्जी, बम्बई में रहता है।"

इतनी देर बाद जैसे वज्र गिरा। जिम हतप्रभ होकर बोला, "डियर स्याटा ! तुम आ गये ? मैं रोज़ी से तुम्हारे दोस्त का परिचय करवा रहा था।"

और, जैसे स्याटा बोस की एक बात ने रोज़ी के समूचे चेहरे पर स्याही पोत दी है। एयरकण्डीशन में भी उसकी नाक का पोर पसीने से तर हो उठा। बोस दा काउण्टर के भीतर आकर बोले, "अच्छा रोज़ी, अचानक कहाँ चली गयीं ? हमें तो कुछ थाह-पता ही नहीं चल रहा था।"

रोज़ी अब डर गयी। हवा में उड़ते हुए कागज़ के टुकड़े की तरह काँपने लगी। जिम उसे इशारे से थोड़ी दूर ले जाकर बातें करने लगा।

स्याटा दा बोले, "तुम्हारे कार्ड तैयार हों तो मुझे दे दो। गोयनका साहब के माननीय अतिथियों को कोई असुविधा नहीं होनी चाहिए।"

रोज़ी और जिम दूर खड़े धीमी आवाज़ में बातें कर रहे थे। कुछ बोलते हुए उन दोनों ने मेरी ओर देखा। फिर वे काउण्टर की तरफ लौट आये। जिम बोस दा को सुनाता हुआ बोला, "पूअर गर्ल रोज़ी ! अब तुम्हारी आण्टी कैसी हैं, रोज़ी ? अच्छी हो जायेंगी न ? बूढ़ी औरत को कितनी मुसीबत उठानी पड़ी !"

रोज़ी बोली, "मेरी किस्मत ! मगर तुम्हें मेरी चिट्ठी नहीं मिली, यह तो अजीब बात है ! मैनेजर साहब नहीं थे, इसलिए मैं लिफाफा तुम्हारे कमरे में डाल गयी थी।"

बोस दा गम्भीरता का अभिनय करते हुए बोले, "हाँ-हाँ, कोई आश्चर्य नहीं। हो सकता है, चूहे उठा ले गये हों। यहाँ के चूहे बड़े उत्पाती हैं।"

"यस, यस, हो सकता है। मेरे कमरे की चूहा-प्रॉब्लेम अभी तक सुलझ नहीं

सकी है। चूहा देखते ही मेरी जान निकल जाती है। लगता है, इन्हीं चूहों के हाथों मैं मारा जाऊँगा। जिस तरह खटमल मारने की कम्पनी है, उसी तरह चूहे मारने की कम्पनी क्यों नहीं बनती है ? बताइए, इतनी ज़रूरी चिट्ठी गायब हो गयी !" जिम ने कहा।

बोस दा बोले, "देखो, यहाँ वक्त बरबाद न करो। अभी तुरत जाकर मार्कोपोलो से सारी बातें कह डालो।"

जिम जाने लगा था, फिर रुक गया, "मगर···मगर, तुम्हारा यह दोस्त ? पूअर फ़ेलो !"

बोस दा गम्भीर होकर बोले, "मैं पहले भी कह चुका हूँ, अब भी कहता हूँ मेरा कोई फ्रेण्ड नहीं ! दिस ब्वॉय इज़ नॉट माई फ्रेण्ड ! सिम्पली, सीधी-सादी बात है, मेरा कॅलीग है, साथ काम करता है। जो भी हो तुम इसके लिए फिक्र न करो, और रोज़ी के लिए कोशिश करो।"

कृतज्ञता से गद्गद होते हुए जिम ने कहा, "धन्यवाद !" फिर रोज़ी से बोला, "चलो ! मगर, यही पसीने से भीगा हुआ ब्लाउज़ पहनकर जाओगी ? ज़रा पंखे के नीचे खड़ी होकर पसीना सुखा लो।"

रोज़ी ने उसे तिरछी निगाह से देखते हुए कहा, "बर्फ में डुबाकर मुझे रखोगे, फिर भी मेरा पसीना बन्द नहीं होगा। और, अगर नौकरी ही नहीं रही, तो भीगे और सूखे कपड़े में क्या रह जाता है ?"

फिर वे दोनों तेज़ी से मैनेजर की खोज में चले गये। बोस दा मेरी पीठ पर हल्की थपकी लगाकर हँसते हुए बोले, "शाहजहाँ होटल नहीं कहकर, इसे शाहजहाँ थियेटर कहा जाय, तो ज़्यादा सही होगा। यह सच है, रोज़ी की नौकरी छूटेगी नहीं। इस होटल में रोज़ी के गुण-ग्राहकों की तादाद कम नहीं है। फिर, पता नहीं, मार्कोपोलो को क्या हो गया है, सारा दिन उदास-उदास रहते हैं। ऐसी हालत में किसी की नौकरी खोना वह नहीं चाहेंगे। कैसा भी अपराध क्यों न हो, एक युक्तिसंगत कारण गढ़ लेने से ही, वह 'वार्निंग' देकर माफ कर देंगे।"

मार्कोपोलो पहली मंज़िल के किचन में घूम रहे थे। रोज़ी के साथ जिम उधर ही गया था। थोड़ी ही देर बाद उदास चेहरा लिये मुँह सिकोड़ती हुई रोज़ी अकेली लौट आयी। काउण्टर पर आकर खड़ी हो गयी। बोस दा ने पूछा, "क्या हुआ ?"

दाँतों में नाखून चबाती हुई रोज़ी बोली, "बेचारे जिम की किस्मत खराब है। मेरे कारण उसे फटकार सुननी पड़ी। मार्कोपोलो दाँत पीसकर उस पर झपट पड़े। जंगली आदमी की तरह बोले, 'लड़कियों की वकालत करने के लिए उसे होटल में नहीं रखा गया है। और, लेडी टाइपिस्ट की बक-बक सुनने की फुरसत उनके पास नहीं है। अभी लंच का वक्त है। लंच के बाद जो होगा, देखा जायेगा।' "

बोस दा चुपचाप सिर झुकाये खड़े रहे। कुछ सोचते रहे। अचानक रोज़ी ने एक तमाशा खड़ा कर दिया। किस्मत अच्छी थी, काउण्टर पर कोई बाहर का आदमी नहीं था। रोज़ी अचानक फूट-फूटकर रोने लगी। रोती हुई बोली, "मैं जानती हूँ स्याटा, तुम

मुझसे नफरत करते हो। मगर, बताम्रो तो, मैंने तुम्हारा क्या बिगाड़ा है? तुम मुझे फूटी आँखों नहीं देख पाते। तुम मुझे देख नहीं पाते। इसीलिए मेरी ज़िन्दगी बरबाद करने के लिए तुमने अपने 'कज़िन' को यहाँ ला बिठाया है।"

बोस दा घबरा गये, "रोज़ी, यह होटल का काउण्टर है। यहाँ तुम सीन न क्रिएट करो! तमाशा न खड़ा करो। तुम कहती क्या हो? तुम्हें भगाने के लिए मैं दूसरा आदमी ले आया हूँ!"

रोज़ी सिसकती हुई बोली, "इससे पहले भी तो मैं एक बार चार दिन के लिए चली गयी थी, मगर तब तो कोई आदमी मेरी कुर्सी पर नहीं बैठा?"

"तुम यह सब क्या बक रही हो, रोज़ी?" बोस दा ने पूछा।

रोज़ी रूमाल से आँखें पोंछती हुई कहने लगी, "मुझे पता है, मैं कोयले की तरह काली हूँ, बदसूरत हूँ, मुझमें ज़रा भी आकर्षण नहीं है। मेरी पीठ-पीछे लोग मुझे 'नीग्रो' कहते हैं। तुम लोग मुझे बर्दाश्त नहीं कर पाते। इसीलिए जान-बूझकर तुमने मैनेजर से मेरे बम्बई भागने की बात कही है। और, अब इतने लोगों के सामने तुमने कहा—यह आदमी मिस्टर बनर्जी का ब्रदर-इन-लॉ है।"

बोस दा पत्थर बन गये। फिर धीरे-धीरे बोले, "रोज़ी, जीवन में कभी मैंने किसी की रोज़ी-रोटी छीनने की कोशिश नहीं की है! कभी करूँगा भी नहीं। हाँ, मिस्टर बनर्जीवाली बात के लिए मैं शर्मिन्दा हूँ। प्लीज़, बुरा न मानो, यह सिर्फ एक मज़ाक था।"

लंच के मेनू-कार्ड लेकर बोस दा चले गये। रोज़ी काउण्टर के भीतर आ गयी। मुझे ऊपर से नीचे तक देखने लगी। फिर बोल पड़ी, "स्याटा का दायें तरफवाला ड्रॉअर ज़रा खोलो!"

मैंने कहा, "मिस्टर बोस अभी आ रहे होंगे। मैं उनका ड्राअर नहीं खोलूंगा।"

रोज़ी नीचे झुककर अपनी एड़ियाँ सहलाती हुई बोली, "इस ड्रॉअर में कोई खास चीज़ नहीं रहती है। विलियम घोष इसमें अक्सर मेरे लिए चॉकलेट रखा करता है। देखो न, प्लीज़!"

ड्रॉअर खोलकर देखा, कुछ चॉकलेटें अन्दर पड़ी हैं। रोज़ी मुसकराने लगी। बोली, "विलियम अभी तक नमकहराम नहीं हुआ है। ही इज़ सच ए स्वीट ब्वॉय! उसका मुझसे वादा था, हमेशा मेरे लिए चॉकलेट-बॉर रख दिया करेगा। ड्रॉअर खोलते ही मुझे मिल जायेगा।"

चॉकलेट-बॉर तोड़कर थोड़ा-सा हिस्सा मुझे देती हुई बोली, "लो मिस्टर, थोड़ा चॉकलेट खाओ। कुछ भी हो; तुम 'इन्फ्यूएन्श्यल' आदमी हो। स्याटा तक को इसी अरसे में अपने कब्जे में कर लिया है। हम लोग तो जानते थे, स्याटा के अन्दर दिल नाम की कोई चीज़ नहीं है। अगर हो भी तो, प्लास्टिक का दिल होगा। फिर भी तुम उसके अन्दर जमकर बैठ गये हो।"

मैं इन्कार नहीं कर सका। चॉकलेट लेकर खाने लगा। रोज़ी कहने लगी, "तुम सोचते होगे, विलियम अपने पैसों से खरीदकर मुझे चॉकलेट खिलाता होगा। नहीं जी, ऐसी बात नहीं है। काउण्टर के लोगों को तो मुफ्त में चॉकलेट मिलता रहता है।

अमरीकन टूरिस्ट लोग रिसेप्शन के लोगों को 'टिप्स' नहीं देते हैं, सोचते हैं इससे उनको अपमानित करना होगा। टिप के बदले वे जेब से जो कुछ निकालकर यादगार के रूप में दे जाते हैं—कभी फाउण्टेनपेन, कभी चॉकलेट, कभी और कुछ !"

बोस दा काउण्टर पर वापस आ गये। बोले, "रोज़ी, बड़े साहब अभी बहुत व्यस्त हैं। फिर भी तुम्हारे बारे में उनसे बात हो गयी है।"

"क्या बात हुई ?" रोज़ी ने डरते हुए पूछा। उसके सवाल पर ध्यान न देकर बोस दा मुझसे बोले, "तुम ऊपर चले जाओ। अपना सारा सामान रोज़ी के कमरे से हटाकर पमेला के कमरे में रखवा लो !"

'सो क्यों ?' मैं कहने ही जा रहा था, मगर बोस दा खुद ही बोल उठे, "पमेला का शो कलकत्ता में नहीं चलेगा। पुलिस ने नोटिस दे दिया है। पमेला ने कमरा खाली कर दिया है। वह आज ही चली जायेगी।"

फिर ज़रा गम्भीर होकर बोस दा ने कहा, "सोचा था, आज की लंच-पार्टी में तुम्हें काम सिखाऊँगा, मगर स्टूवर्ड राज़ी नहीं हुआ। कहता है, नया लड़का है, हो सकता है, कोई गलती कर बैठे। खैर, जाने दो, बाद में मौका मिलता ही रहेगा। अभी ऊपर चले जाओ। मैं गुड़बेरिया को फोन कर देता हूँ।"

अब रोज़ी सत्य दा की ओर झुककर, बेचैन होती हुई, पूछने लगी, "स्याटा, डियर स्याटा, मैनेजर ने मेरे बारे में क्या कहा ?"

बोस दा हँस पड़े, "अब चिन्ता न करो। जाओ, अपना पुराना कमरा दखल कर लो। तुम्हारे गायब होने की बात मैंने साहब को अच्छी तरह समझा दी है। तुमने मजबूरी से ही ऐसी गलती की थी।"

आनन्द और कृतज्ञता से रोज़ी का चेहरा चमकने लगा।

छत पर आकर रोज़ी मेरे सामने चोट-खाये साँप की तरह छटपटाने लगी, फन काटने लगी। मैं अपना सारा सामान धीरे-धीरे निकालकर गुड़बेरिया की मदद से दूसरे कमरे में रखने लगा। रोज़ी मेरी तरफ देखती हुई बोली, "ठीक है ! जो करना है, किये जाओ ! मगर कभी मेरा भी दिन आयेगा ! तब स्याटा को भी देख लूंगी ! शाहजहाँ होटल में रहते-रहते कैसे-कैसे महापुरुषों को मैंने देखा है ! सारे मर्द ही तो अपने को ईसामसीह कहते हैं। नहीं तो सेण्टपीटर !"

पूर्वी बंगाल का मेरा खून गर्म होने लगा। इस पवित्र-स्वच्छ होटल की गन्दी आत्मा का थोड़ा-कुछ परिचय मुझे इसी बीच मिल गया है। यहाँ की गन्दगी सहता रहा हूँ। नौकरी करने आया हूँ, यहाँ का मालिक नहीं हूँ। सहना ही होगा। भिखारी को अधिकार नहीं होता है कि जूठन और गन्दगी से परहेज करे। मगर बोस दा के बारे में कोई बुरी बात, कोई गाली मैं इन गन्दे लोगों से सुनने को तैयार नहीं हूँ।

गुस्से से अन्धे होकर मैंने कहा, "आप सभ्यता की सीमा से बाहर जा रही हैं !"

"ह्वाट ? क्या कहते हो तुम ?" रोज़ी जैसे आग की लपट बन गयी।

गुड़बेरिया दूर खड़ा था। वह अपनी रोज़ी मेम साहब को पहचानता है। इन कुछ दिनों में मुझे भी थोड़ा-बहुत पहचान ही गया है। उसने शायद सोचा, अब भारी गोलमाल

शुरू होगा। अपने-आपको बचाये रखने के लिए वह काम के बहाने से और दूर खिसक गया।

इतनी ही देर में रोज़ी ने उछलकर मेरी कलाई ज़ोरों से पकड़ ली है। इस इतने बड़े कलकत्ता में कोई बेगानी औरत इस तरह एक अपरिचित पुरुष का हाथ पकड़ ले सकती है, मुझे पता नहीं था। मेरे मन में पता नहीं, कैसा डर समा गया। झटका देकर हाथ छुड़ा लूँ, तो क्या कोई फसाद खड़ा हो जायेगा ? हो सकता है, यह बदमाश लड़की चीख-पुकार मचाकर लोगों को इकट्ठा कर ले।

दूर खड़ा गुड़बेरिया मेरी यह संगीन हालत देखकर भी पास नहीं आया। और, इधर रोज़ी मुझे अपनी सारी ताकत लगाकर खींचती हुई अपने कमरे में घुस गयी। मुझे कमरे के अन्दर खींचकर उसने दरवाज़ा बन्द कर लिया।

मैं अपने-आपको सँभाल नहीं पाया, और इतनी बड़ी बात हो गयी। कमरे में घुसने से पहले मुझे लगा था, गुड़बेरिया के होंठों पर एक अश्लील हँसी तैर गयी है।

कमरे में अँधेरा-ही-अँधेरा है। कोई खिड़की तक नहीं खुली है। अँधेरे में हाँफती हुई रोज़ी ने अन्दर से दरवाज़े की चाभी लगा दी।

एक ही झटके में हाथ छुड़ाकर मैं कमरे से निकल भागने के लिए दरवाज़े तक चला आया, मगर रोज़ी पागल बन गयी। दरवाज़े से सटकर खड़ी हो गयी। उत्तेजना से उसकी छाती धड़क रही है। सुनार की भाथी की तरह उसका सीना उठ रहा है, गिर रहा है। भर्राये हुए गले से वह धीमी आवाज़ में कहती है, "मैं तुम्हें जाने नहीं दूँगी। तुम्हें यहीं बैठना होगा।"

मैं उसे दायीं ओर धकेलकर ज़बरदस्ती दरवाज़ा खोलने लगा, तो वह मेरे हाथों में नागिन की तरह लिपट गयी। फिर अस्फुट स्वर में कहने लगी, "देखो लड़के, भागने की कोशिश करोगे, तो मैं खींचने लगूँगी। कहूँगी, तुम मेरी इज़्ज़त लेने की कोशिश कर रहे थे। मैं कुछ भी कह सकती हूँ। ज़रूरत पड़ी तो कहूँगी, तुम ज़बरदस्ती मेरे कमरे में घुस आये, दरवाज़ा बन्द कर दिया, और मेरे-जैसी कमज़ोर औरत के शरीर पर अत्याचार करने लगे।"

ऐसी मुसीबत में फँसने के लिए मैं कतई तैयार नहीं था। मुझे यह कहने में शर्म नहीं है, मैं बेहद डर गया था। लगा था, अगले ही क्षण रोज़ी चीख पड़ेगी, 'सेव मी !. सेव मी ! मुझे बचाओ ! बचाओ मुझे···!'

कानून की जितनी जानकारी थी, उसके अनुसार आगे की बातें सोचकर मेरे शरीर में काँटे चुभने लगे थे। रोज़ी को धकेलकर दरवाज़ा खोलकर बाहर भागने की ताकत मुझमें नहीं रही।

मैं हतबुद्धि-सा चुपचाप खड़ा रहा। सोचने लगा, मामूली टाइपिस्ट की नौकरी के लिए यहाँ आया था, अब किस मुसीबत में गिरफ्तार हो गया हूँ ! और, रोज़ी अपनी धड़कती हुई छाती को सँभालने की कोशिश करने लगी।

फिर, दाँत-पर-दाँत चढ़ाकर बोल उठी, "इन-फ़ैक्ट ! तुमने मेरी मॉडेस्टी को आउटरेज किया है। तुमने मेरी सच्चरित्रता पर आक्रमण किया है ! तुम कहते हो, मैं

सभ्य नहीं हूँ। मैं सभ्यता की सीमा तोड़ रही हूँ!"

मैंने कहा, "प्लीज़! आप बेकार उत्तेजित हो रही हैं।"

वह बोली, "तुमने मुझे इन्सल्ट किया है।"

"आपसे तो कुल आधा घण्टे पहले मेरी मुलाकात हुई है। इतनी देर में मैंने तो आपसे बातचीत तक नहीं की है। आप ही ऊपर आकर कहने लगीं..."

"चुप रहो! तुम मिसेज़ बनर्जी के भाई हो। तुम्हें सारी बातों का पता है।" रोज़ी ने मुझे टोकते हुए कहा।

यह एक और मुसीबत खड़ी हो गयी। हल्का-सा मज़ाक करके बोस दा ने मुझे कितनी भयानक परिस्थिति में डाल दिया है!

उस अँधेरे में अपनी आँखें चमकाती हुई रोज़ी बोली, "तुम लोग ज़रूर कहते फिर रहे होगे, मैंने मिस्टर बनर्जी से काफी रुपये-पैसे ठग लिये हैं। मैं क्या पैसों के लालच से उसके साथ बम्बई भागी थी?"

मैं क्या जवाब देता? चुपचाप उसकी बातें सुनता रहा।

रोज़ी का गुस्सा और भड़क उठा, "ऐसे बुद्धू बनकर खड़े हो, जैसे अभी तक दूध के दाँत भी न टूटे हों! मिस्टर बनर्जी और मिसेज़ बनर्जी को जैसे तुमने कभी देखा भी न हो!"

रोज़ी हाँफने लगी। थरथराती हुई बोली, "तुम अपनी बड़ी बहन से कहना, उसने एक जानवर से शादी की है! बनर्जी जानवर है, आदमी नहीं। मुझसे झूठ बोला था। उसकी शादी नहीं हुई!...और, वह शैतान बायरन! उसने ज़रूर कहा होगा, कलकत्ता छोड़ने से पहले हम दोनों एक दूसरे होटल में ठहरे थे। ठहरे ज़रूर थे, मगर मैंने बनर्जी से एक पैसा नहीं लिया था। मैं उसे यहाँ इस कमरे में तो ला नहीं सकती थी। यहाँ किसी भी मर्द को बुलाना मना है।"

रोज़ी की आँखों से आँसू गिर रहे हैं, मुझे ऐसा लगा। स्कर्ट के कोने से उसने अपना चेहरा पोंछ लिया। फिर बालों की लटें सँभालती हुई बोली, "तुम, तुम्हारे ब्रदर-इन-लॉ और तुम्हारी सिस्टर ने मिलकर मेरी मॉडेस्टी को आउटरेज किया है...मेरी ज़िन्दगी बरबाद कर दी है।"

और वह सिसकती हुई कहती रही, "तुम्हें पता है, मेरी बूढ़ी माँ है, पैरेलेसिस के मरीज़ मेरे पिताजी हैं। बिन-ब्याही दो बहनें हैं, बेकार हैं। घर में बैठी-बैठी बूढ़ी हो रही हैं। कलकत्ते के तुम लोग हमें नीग्रो कहते हो! मगर हम लोग यहूदी हैं। देश के बाहर जाकर तुम लोग समानता और एकता की बड़ी-बड़ी बातें करते हो, मगर अपने घर में हमसे घृणा करते हो। मैंने तय किया था, मैं बनर्जी से शादी कर लूंगी। जिम को कह जाऊँगी, मेरी नौकरी मेरी बहन को दिलवा दे। तुम्हें मालूम है, मेरी बहनें शाहजहाँ होटल में एक डिनर खाने के लिए कितनी तड़पती हैं? डबलरोटी, प्याज़, और पोटैटो खाकर वे दिन काट रही हैं। और, जिम की दया से मैं यहाँ फुल-कोर्स डिनर खाती हूँ, मौज-मज़े करती हूँ!"

रोज़ी चुप हो गयी। फिर कुछ देर बाद, रुक-रुककर, बोली, "तुम्हारे बहनोई

को मुझसे कोई छुड़ा नहीं सकता था। मैं उसे कहीं भी भगा ले जाती। मगर, अचानक मुझे पता चला उसकी एक बीवी है। अब यहाँ आकर देखती हूँ, बीवी का भाई भी मौजूद है। मेरी देह नफरत से जल रही है।"

मैंने कहा, "अब मुझे जाने दीजिए।"

"हाँ-हाँ, जाने दूँगी। मगर, जो कहने के लिए तुम्हें पकड़ लायी हूँ वह तो कह लेने दो।"

मैं बनर्जी-परिवार का कोई नहीं हूँ, यह उसे समझाने की बेकार कोशिश मैंने नहीं की। इतना ही कहा, "कहिए, क्या कहना है ?"

रोज़ी का चेहरा बीभत्स हो गया है, एकदम घिनौना बन गया है, उस अँधेरे में भी मैं समझ रहा था। वह बोली, "तुम्हारी बहन कहती फिर रही है, बनर्जी एक डर्टी होटल-गर्ल के साथ भाग गया है। यह झूठ है, आउटराइट लाइ ! एकदम झूठ ! एण्ड टल योर सिस्टर, अपनी बहन से कहना, आई स्पिट ऐट हर हसबेन्ड्स फ़ेस ! मैं उसके पति के मुँह पर थूकती हूँ।" और यह कहकर रोज़ी ने सचमुच फर्श पर थूक दिया।

अपना ही थूक जूते से रगड़ती हुई रोज़ी धीरे-धीरे होश में आने लगी। मुँह बिचकाकर बोली, "आइ ऐम सॉरी ! यह सब तुमसे कहकर क्या होगा ? तुमसे कहने का कोई फायदा नहीं। बेकार अपना थूक भी बरबाद किया। इसे बनर्जी के मुखड़े पर फेंकने के लिए बचा रखना चाहिए था।"

रोज़ी ने अपने-आप दरवाज़ा ज़रा-सा खोलकर मुझे बाहर चले जाने दिया। फिर, उसने तुरन्त अन्दर से दरवाज़ा बन्द कर लिया।

छः

उस दिन मेरी पीठ पर ही रोज़ी का दरवाज़ा बन्द हो गया था, और मेरी आँखों के सामने उस दिन दुनिया का दरवाज़ा खुल गया था। उसी दिन बोस दा ने मुझे काउण्टर के काम का पहला पाठ पढ़ाया था। कहा था, "दोपहर की लंच-पार्टी तुम नहीं देख सके। वहाँ बहुत-कुछ सीख सकते थे। खैर, ऐसे अवसर आते ही रहेंगे। भोजन के मामले में कलकत्ते का दुनिया-भर में नाम है। खाने में और खिलाने में ही तो यहाँ के लोग फकीर हो गये।"

काउण्टर की ड्यूटी समझाकर एक दिन बोस दा ने कहा था, "घण्टों काउण्टर पर खड़े-खड़े सारा काम सँभालते हुए, और हज़ार किस्म के लोगों की हज़ारों किस्म की शिकायतें सुनते हुए शायद कभी-कभी बहुत बुरा लगेगा। मुझे भी अच्छा नहीं लगता है। मगर, चाहे मेरी मानसिक अवस्था कैसी भी क्यों न हो, मन को यह समझाने की कोशिश करता हूँ कि मैं दुनिया के दरवाज़े पर खड़ा हूँ। बताओ तो शाहजहाँ के काउण्टर

पर खड़े होकर समूची दुनिया को देखते रहने का सौभाग्य कितने लोगों को मिलता है ?"

"समूची दुनिया ?" मैंने पूछा था।

"समूची दुनिया नहीं तो क्या ?" बोस दा ने कहा था, "इसी काउण्टर पर खड़े होकर अकेले मैंने ही सौ देशों का पासपोर्ट देखा है। जंगलों में रहनेवाली आदिम जातियों के नंगे लोगों के सिवा ऐसी किसी जाति, किसी देश का मनुष्य नहीं है, जिससे इस शाहजहाँ होटल के स्याटा बोस की मुलाकात और बातचीत नहीं हुई है !"

"मगर, क्या दुनिया यही है ?" मैंने दुबारा सवाल पूछा था।

बोस दा ने मेरे कन्धे पर हाथ रखते हुए जवाब दिया था, "होशियार ! यहाँ सिर्फ तमाशा देखते जाओ, सवाल न करो। सवाल करते ही उलझन पैदा होगी। इस दुनिया में जो लोग चुप रहकर उम्र काट देते हैं, वही सुखी हैं। और जिनके मन में सवाल उठता रहता है—यह क्या है ? वह क्यों है ? आदमी यह सब बर्दाश्त क्यों करता है ? —वे ही लोग मुसीबतों में घिर जाते हैं। उन्हीं का दिमाग खराब होता है, नसें कट जाती हैं, हड्डियाँ चटकने लगती हैं।"

मैं काउण्टर पर रखे रजिस्टर सँभालता हुआ हँसने लगा। बोस दा कहने लगे, "मगर ऐसा नहीं कि तुम्हारे क्वेश्चन का जवाब नहीं दूँगा, मैं तो वाकई भगवान् से प्रार्थना करता रहता हूँ, दुनिया ऐसी नहीं रहे, बदल जाये। यहाँ खड़े रहकर हम लोग जिन्हें देखते रहते हैं, वे लोग तो संसार के नियमों के अपवाद हैं। करवी गुहा ने एक बार मुझसे कहा था, 'घर-परिवार के पैमाने से, बाहर की ज़िन्दगी को समझना मुश्किल है। घर की बकरी भी होटल में आकर बाघ बन जाती है।' करवी गुहा को ऐसा कहने का अधिकार है। उसके पास तो किताबों का ज्ञान नहीं है, अपने अनुभवों का ज्ञान है, होटलों के बारे में कही गयी उसकी हर बात की कीमत लाख रुपये से कम नहीं है।"

करवी गुहा को जानता नहीं था। बोस दा मेरी उलझन समझते हुए बोले, "करवी गुहा को तुम अब तक नहीं पहचानते ? यह बात अच्छी भी है, और बुरी भी। आजकल तो वह बाहर निकलती भी नहीं। यहाँ आती भी है, तो पीछे की सीढ़ियों से उतरकर चुपचाप चली जाती है। चोरी से आती है। यहाँ आकर लाउन्ज में बैठने की उसे मनाही है—मिस्टर अगरवाला को पसन्द नहीं है कि वह यहाँ आती रहे।"

मैं बोस दा की ओर देखता रहा। वह बोले, "दो नम्बर सूट ! यानी, मिस्टर अगरवाला की अतिथिशाला। यानी गेस्ट हाउस। वे हमारे परमानेंट कस्टमर हैं। दो नम्बर सूट कभी किसी दूसरे कस्टमर को भाड़े पर नहीं दिया जा सकता। करवी गुहा उसी सूट की देख-भाल करती है। कह सकते हो वह भी हमारी ही तरह होटल की एक कर्मचारी है।"

करवी के बारे में बोस दा और कुछ भी बताने को तैयार नहीं हुए। बोले, "वक्त पर सब-कुछ समझ जाओगे। दो नम्बर सूट मामूली कमरा नहीं है। हम लोगों में से कितनों की उन्नति-अवनति दो नम्बर सूट की मर्ज़ी पर निर्भर करती है।"

मुझे बताता गया, करवी गुहा ने एक बार हमारे बोस दा से पूछा था, "अपना

घर-संसार छोड़कर होटल में रहना ग्रादमी ने कब सीखा, बता सकते हैं? अपने घर की सरहदों से बाहर अपने लिए ऐसा घर बनाने की अक्ल, उसे कैसे ग्रायी?"

इस सवाल का जवाब बोस दा नहीं दे सके थे। मगर, जबसे होटल बने, संसार के सबसे विचित्र ग्रौर ग्राश्चर्यजनक नाटक दिन के उजाले ग्रौर रात के घने ग्रँधेरे में इन्हीं होटलों में खेले जाने लगे—यह बात करवी देवी को बताना बोस दा नहीं भूले थे।

पुलिस की रिपोर्ट तैयार करते हुए बोस दा ने मुझसे कहा, "होटलों के बारे में विदेशों में हर साल दर्जनों उपन्यास लिखे जाते हैं। उनमें से कई उपन्यास मैंने पढ़े हैं। मगर उन्हें पढ़कर मुझे हमेशा हँसी ग्राती रही है। दो दिन किसी होटल में रहकर, तीन दिन बॉर-हाउस में बैठकर ग्रौर चार दिन पुलिस की रिपोर्ट उलट-पलट करके ही ग्रगर होटल के जीवन, ग्रौर होटल के ग्रन्तराल को समझा जा सकता, तो बात ही क्या थी! तुम विश्वास नहीं करोगे, ऐसी ही एक हलकी किताब पढ़कर मुझे होटल का रिसेप्शनिस्ट बनने की ख्वाहिश हुई थी।"

बोस दा ने ग्रपना किस्सा सुनाना शुरू किया, "मैं साहबगंज से नया-नया कलकत्ता ग्राया था ग्रौर एक होटल में रहने लगा था। कॉलेज के रजिस्टर में नाम लिखवाया है, पिताजी हर महीने मनीग्रार्डर भेजते हैं, मगर पढ़ाई-लिखाई कुछ भी नहीं हो पाती। हर वक्त नाटक ग्रौर उपन्यास पढ़ता रहता हूँ। सिनेमा-थियेटर देखता हूँ, ग्रौर ग्रंग्रेज़ी गानों के रिकार्ड सुनता रहता हूँ। इन्हीं दिनों किसी होटल के विषय में लिखा गया एक उपन्यास मेरे हाथ में ग्राया। उस उपन्यास का हीरो था एक लखपति ग्रमरीकन। मध्य-पूर्व एशिया के किसी शेख की जागीर में करोड़ों-करोड़ गैलन तेल मिट्टी के नीचे जमा है, उस ग्रमरीकन व्यापारी को यह खबर कहीं से मिली थी। मगर शेख साहब सीधे-सादे ग्रादमी नहीं थे। विदेशियों को वह ग्रच्छी निगाहों से नहीं देखते थे। इधर एक ग्रौर तेलशाह, यानी जिसे तुम लोग 'ग्रायल-मैगनेट' कहते हो, शेख को ग्रौर भी ज्यादा पैसों का लालच दिखाकर तेल निकालने का लाइसेन्स माँग रहा था। बातचीत तय करने के लिए शेख ग्रपने दो सहकारियों के साथ ग्रमरीका के एक बड़े शहर के सबसे बड़े होटल में ग्रा ठहरा। उसी होटल के दूसरे दो सूटों में दोनों दल के दो ग्रमरीकन ग्रा गये। इनमें से एक दल का ग्रमरीकन शेख के सूट में घुसता था, तो दूसरे ग्रमरीकन की तबीयत भारी हो जाती थी। चेहरा सूखकर छुहारा बन जाता था। ग्रक्ल ग्रौर ताकत के इस टग-ग्रॉफ-वार में ग्रगर किसी को फायदा होता था तो होटल के रिसेप्शनिस्ट को! ग्रौर, उसके ग्रनुचर हॉल-पोर्टर को फायदा होता था। पूरे होटल में शेख ग्रौर उन दोनों ग्रमरीकनों के ग्रलावा कोई पार्टी नहीं ठहरी थी। ग्रौर, इन्हीं लोगों की दौड़-भाग, चीख-पुकार, हँसी-ठहाके से होटल गुलज़ार हो रहा था।"

बोस दा सुनाते जा रहे थे, "दोनों कम्पनियों के ग्रमरीकन मालिकों में से एक की बड़ी खूबसूरत लड़की थी। पिताजी का ब्लड-प्रेशर बढ़ जाने के कारण, उन्हें इलाज के लिए वापस घर भेजकर वह लड़की रात-दिन ग्रपने पिताजी के सूट में ड्यूटी देने लगी। रिसेप्शनिस्ट से दोस्ती गाँठ लेने में उसे ज़रा भी देर नहीं लगी। इसके बाद, दोनों की

अक्लमन्दी से, चालाकी से, शतरंज की चालों से किस प्रकार बेचारा शेख जागीरदार इनकी तरफ चला आया, किस प्रकार उसका मन लड़की के पिताजी को लाइसेन्स देने के लिए पसीज गया, पूरा उपन्यास इसी की कहानी है।"

थोड़ी देर रुककर बोस दा बोले, "यह न समझना, इतनी-सी कहानी पढ़कर ही मैं होटल की नौकरी करने को बेताब हो गया। उपन्यास में एक चैप्टर और भी था। इस चैप्टर में रिसेप्शनिस्ट और उस लड़की की शादी हो गयी थी। शादी की रात अपना लम्बा मखमली चोगा पहनकर शेख साहब भी डिनर-पार्टी में शामिल हुए थे, और बहुत ज़ोर डालकर उन्होंने नव-विवाहित दम्पती को अपनी जागीर में 'हनीमून' के लिए अपने खर्च से भेज दिया था। हनीमून के बाद वह अमरीकन धनपति-कन्या और वह रिसेप्शनिस्ट युवक लौटकर होटल नहीं आ सके। क्योंकि, शेख ने साफ-साफ कह दिया, इस नयी तेल-कम्पनी का रेज़ीडेण्ट डाइरेक्टर यही रिसेप्शनिस्ट युवक रहेगा, दूसरा कोई नहीं।"

बोस दा हँसने लगे, "और भाई, मैंने सोचा, इतनी आसानी से राजस्व और राजकन्या पाने के लिए होटल की नौकरी कर लेना ही बुद्धिमानी है। हो सकता है, मुझ पर भी किसी शेख जागीरदार की निगाह पड़ जाय। उन दिनों कितने दिन, कितनी बार मैं कलकत्ता के बड़े-बड़े होटलों के सामने आकर खड़ा होता था। खड़ा रहता था। देखता रहता था। एक-आध दिन पैसे जमा करके होटल के अन्दर भी चला गया था।। पोर्टर सीधे रेस्तराँ का रास्ता बता देता था। मगर, रेस्तराँ में बैठकर खाने-पीने के लिए मैं होटल में नहीं गया था। जिनसे मिलने के लिए, बातें करने के लिए आया था, वे सिर झुकाये हुए अपने-अपने कामों में लीन थे। बाहर की किसी भी बात के प्रति उनमें ज़रा भी आग्रह नहीं था। एक दिन एक बूढ़े आदमी को देखा था। 'रिसेप्शन' में काम करते थे। उन्हें देखकर जी उदास हो गया। यौवन और प्रौढ़ावस्था समाप्त करके वह आज भी काउण्टर पर खड़े हैं। किसी 'आयल-मैगनेट' की सुन्दरी कन्या की दृष्टि क्या इन पर कभी पड़ी ही नहीं ? मगर, थोड़ी ही देर में मैंने अपने-आपको सँभाल लिया। जैसे बात समझ में आ गयी। इनके पास उतनी अक्ल ही नहीं होगी, तेल-कन्या हाथ में आकर भी हाथ से निकल गयी होगी। या हो सकता है शादी के बाद ही यह नौकरी में आये होंगे, इसीलिए पानी में रहकर भी इन्हें प्यास नहीं सताती। प्यास मर गयी है, और बिना प्यास के यह ख़ुद मर रहे हैं। अतएव, अपने एक मामाजी को मैंने पकड़ा। उनकी बड़े लोगों से जान-पहचान थी। मगर, यह सुनते ही कि मैं होटल की नौकरी चाहता हूँ, वह मुझे मारने-पीटने की धमकी देने लगे। डराने लगे कि मेरे पिताजी को तार द्वारा खबर देंगे।"

बोस दा ने अपने मामाजी को समझाने की बड़ी कोशिश की थी। मगर मामा ने कहा था, "जान-बूझकर कभी कोई अच्छा लड़का होटल लाइन में जाना नहीं चाहता। होटल में छुट्टी नहीं मिलती है, इस पेशे में कोई उन्नति नहीं मिलती है, और सबसे बड़ी बात, यहाँ आत्मसम्मान नहीं रह पाता है।"

मामाजी को खुश करने के लिए बोस दा ने कहा था, "मैं दरअसल यहाँ रहकर

मनुष्य को देखना-समझना चाहता हूँ, मनुष्य की सेवा करना चाहता हूँ।"

"सेवा ही करना चाहते हो तो इन मोटे-ताजे, स्वस्थ-सबल अमीर लोगों की सेवा में मरने क्यों जाओगे? आई. एस-सी. पास करके मेडिकल कॉलेज में नाम लिखाओ। डॉक्टर बनकर रोगियों की सेवा करो। गरीबों की सेवा करो। पुण्य भी कमाओगे, और लोगों का उपकार भी होगा।" मामाजी ने उपदेश दिया।

बोस दा मामाजी को सारी बातें कह नहीं पाये। उन्हें समझा नहीं सके। मगर, अवसर आते ही एक दिन सीधे शाहजहाँ होटल में चले आये। उनके पास थी हॉब्स साहब की एक सिफारिशी चिट्ठी। हॉब्स साहब से बोस दा की ऐसे ही एक दिन जान-पहचान हो गयी थी। बोस दा का आग्रह देखकर उन्होंने चिट्ठी लिख दी थी, और कहा था, "माई डियर ब्वॉय, तुम देखने-सुनने में सुन्दर हो, तुम्हें सिफारिश की कोई ज़रूरत नहीं पड़ेगी। एरिस्टोटल ने कहा है, एक खूबसूरत चेहरे की कद्र इस दुनिया में सारी सिफारिशी चिट्ठियों से ज्यादा होती है।"

हम दोनों बातचीत कर ही रहे थे कि हॉल-पोर्टर दौड़ता हुआ काउण्टर पर चला आया। निगाहें उठाकर देखा, काला चश्मा पहने, अपने व्यक्तित्व को यथासम्भव कपड़ों से छिपाये, एक मध्यवयसी बंगाली भद्र महिला हमारी ओर चली आ रही हैं। उनके हाथ में काले रंग का एक वैनिटी-बैग है। भद्र महिला की उम्र निश्चय ही आधी सदी को छूने लगी है। लेकिन, मेजेण्टा रंग की फिसलती हुई रेशमी साड़ी, स्लीव-लेस ब्लाउज़, और देह की चंचल चपलता की चकित चमक जैसे इस आधी सदी के अस्तित्व को किसी तरह स्वीकार करने को तैयार नहीं है। बोस दा फुसफुसाकर बोले, "मिसेज़ पकड़ासी!"

चौड़े, फैले हुए, भारी शरीरवाली मिसेज़ पकड़ासी काउण्टर के सामने आकर खड़ी हो गयीं। हज़ारों आदमियों के आवागमन के इस केन्द्र-स्थल पर आना उन्हें अच्छा नहीं लग रहा है, यह उनके चेहरे की ओर देखते ही पता चल जाता है। यहाँ न रुककर, वह अगर सीधे किसी कमरे में जा पातीं, तो वह बहुत खुश होतीं। और भी ज़्यादा खुश होतीं, अगर उन्हें सामने के दरवाज़े से नहीं आना पड़ता। अगर पीछे के हिस्से में कोई चोर-रास्ता होता, तो फिर कहना ही क्या था!

बिना कोई बहाना बनाये, मिसेज़ पकड़ासी ने बोस दा से धीमी आवाज़ में पूछा, "आज रात कोई कमरा मिल सकेगा?"

बोस दा अभिवादन के बाद बोले, "दया करके एक बार फोन क्यों नहीं कर सकीं? मैं सब इन्तज़ाम करके रख देता…"

मिसेज़ पकड़ासी बोलीं, "आपको बताने में क्या एतराज़ हो सकता है! आज भी नहीं आती। खूकू, मेरी लड़की, और सव्यसाची के आने की बात थी। मगर, अभी डेढ़ घण्टे पहले लड़की का फोन आया, सव्यसाची, मेरे दामाद को जुकाम हो गया है। वे लोग आ नहीं सकेंगे।"

फिर नाखून से दाँत खुरचती हुई मिसेज़ पकड़ासी ने कहा, "तो रॉबर्ट अब तक

नहीं आया है ? मैंने सोचा था, अब तक आ पहुँचा होगा।"

बोस दा ने कहा, "नहीं, वह नहीं आये हैं। उनका फोन भी नहीं आया है।"

मिसेज़ पकड़ासी ज़रा शरमाती हुई बोलीं, "रॉबर्ट कॉमनवेल्थ का सिटीज़न है। आप लोग पुलिस के हंगामे में नहीं पड़ेंगे।"

"अरे, मिसेज़ पकड़ासी, आप ?" होटल से निकलते हुए एक सूटधारी सज्जन मिसेज़ पकड़ासी को देखते ही काउण्टर की तरफ चले आये।

मिसेज़ पकड़ासी का चेहरा जैसे उसी एक क्षण में नीला पड़ गया। क्या बोलेंगी, क्या बहाना बनायेंगी, कुछ समझ नहीं पा रही हैं। किसी तरह हकलाती हुई बोलीं, "आप यहाँ ?"

वह सज्जन विनम्रता से झुकते हुए बोले, "क्या बताऊँ, मिसेज़ पकड़ासी, मुझे याद ही नहीं रहा, आज ड्राई-डे है। सारा दिन दफ्तर में बैल की तरह काम किया है। फिर सीधे यहाँ चला आया हूँ। बॉर के दरवाज़े पर आकर देखा, दरवाज़ा बन्द है। तब याद आया, आज तो मदिरा मिलेगी नहीं। मेरा दिमाग खराब हो गया। सारा हिसाब गड़बड़ हो गया, मिसेज़ पकड़ासी! बताइए तो, गवर्नमेंट के इस सिली कानून का क्या फायदा है ? क्या मतलब है ? सरकार तो चन्द पेट की बीमारियों के मरीज़ों के चक्कर में पड़कर अपना नुकसान कर रही है, अपनी आमदनी घटा रही है। तमाशा यह है कि सरकार को नेशनल डवलपमेण्ट के लिए रुपये चाहिए !···घर में ही पीने-पिलाने का इन्तज़ाम करूँ, मेरे पास इसका भी उपाय नहीं है। धर्मपत्नी कहती है, लड़के-बच्चे बड़े हो रहे हैं।"

उनकी बातों से ऐसा लगा, वह अपनी ही दास्तान सुनाते जायेंगे। मिसेज पकड़ासी से कोई सवाल नहीं पूछेंगे। मगर, अचानक अपनी बात खत्म करते हुए उन्होंने कहा, "हमारी बात जाने दीजिए। मगर रात में आप यहाँ···?"

मिसेज़ पकड़ासी रुक-रुककर बोलीं, "एक इन्क्वायरी है···पूछने आयी थी···"

बोस दा इशारा समझ गये। झट बोल उठे, "आपको तो बता ही चुका हूँ, 'बैंक्वेट' रूम उस दिन खाली नहीं है। शायद ही मिल सके। आप लोग अपनी महिला-समिति की मीटिंग की तारीख आगे बढ़ा दीजिए।"

वह सज्जन आगे बढ़कर मिसेज़ पकड़ासी की वकालत करने लगे, "क्या कह रहे हैं आप ? आपको पता है, आप किनके साथ बात कर रहे हैं ? माधव पकड़ासी की वाइफ को 'बैंक्वेट' हॉल नहीं मिल सकेगा ? ज़रा सोच-समझकर बात कीजिए।"

बोस दा ने कहा, "देखता हूँ, सर ! कोशिश करके देखता हूँ।"

उन्होंने कहा, "चलिए, मिसेज़ पकड़ासी, आपका काम हो गया। चलिए, साथ ही लौट चलें।"

बोस दा गम्भीर हो गये। बोले, "मैडम, इतनी देर तक रुकी रहीं, तो दो मिनट और रुक जाइए। हमारे मैनेजर मिस्टर मार्कोपोलो आते ही होंगे। उनसे बात कर लीजिए।"

मिसेज़ पकड़ासी ने उस सज्जन से कहा, "मेनी-मेनी थैंक्स, मिस्टर चटर्जी !

मैं अभी रुक ही जाऊँ। आप भी जल्दी घर लौट जाइए, एक दिन ड्रिंक नहीं कर सके, तो क्या बिगड़ जायेगा?"

"यही तो आप लोगों का स्वभाव है। प्रत्येक स्त्री एक ही बात कहेगी, 'ड्रिंक मत करो, ड्रिंक मत करो'!" और 'गुड नाइट' करते हुए वह सज्जन होटल से बाहर चले गये।

मिसेज़ पकड़ासी ने स्वस्ति की साँस ली, और कृतज्ञतापूर्ण दृष्टि से बोस दा की ओर देखने लगीं। मगर, कुछ बोल नहीं सकीं। चुपचाप खड़ी रहीं। अपना बड़ा रजिस्टर उलटने-पलटने के बाद, बोस दा ने कहा, "मैडम, आप एक नम्बर-सूट में चली जाइए। रॉबर्टसन निश्चय ही थोड़ी देर बाद आयेगा।"

मिसेज़ पकड़ासी ज़रा झिझकने लगीं, "रजिस्टर पर दस्तखत करना होगा?"

बोस दा ने कहा, "आप फिक्र न कीजिए। मैं रॉबर्टसन से दस्तखतकरवा लूंगा।"

मिसेज़ पकड़ासी इसके बाद भी कुछ बोल नहीं सकीं। अपने काले चश्मे के भीतर से उन्होंने एक बार फिर बोस दा को कृतज्ञ नयनों से देखा। बोस दा ने जिज्ञासा की, "आपका 'सपर'?"

"मिल जाये तो बड़ा अच्छा हो।"

"आप लोग क्या डाइनिंग-रूम में आयेंगे?"

"नहीं, कमरे में ही 'सर्व' करा दीजिए। मैं ज़रा 'सॉलिच्यूड' चाहती हूँ, बिल में एक्सट्रा सर्विस चार्ज भी जोड़ दीजियेगा।"

बोस दा ने कहा, "ज़रा रुक जाइए, मैं मेनूकार्ड मँगवा देता हूँ।"

मिसेज़ पकड़ासी बोलीं, "ज्यादा कुछ नहीं, सिर्फ थोड़ा-सा 'हॉट चिकेन सूप' भेज दीजियेगा।"

"सो क्या? कोई मामूली 'फिश प्रिपरेशन' नहीं लेंगी?"

"पागल हो गये हो? देखते नहीं, ऐसे ही वज़न बढ़ा जा रहा है!" कहकर मिसेज़ पकड़ासी काउण्टर से आगे बढ़ गयीं।

बोस दा ज़रा गम्भीर होते हुए पूर्वी बंगाल के लहजे में बोले, "हाय रे, 'स्लिम' होने की आकांक्षा!" फिर मेरी तरफ देखकर बोले, "तुम्हें शायद यकीन नहीं होगा। जानते हो, मिसेज़ पकड़ासी पहले दुबली-पतली थीं! बड़े ही गरीब घर से आयी हैं न!"

रॉबर्टसन नाम का अंग्रेज़ युवक ठीक पन्द्रह मिनट बाद ही आकर उपस्थित हो गया। रजिस्टर पर दस्तखत करके जब रॉबर्टसन ऊपर जाने लगा तो बोस दा ने पूछा, "आपके लिए भी 'सपर' भेजना होगा? मिसेज़ पकड़ासी तो हॉट चिकेन सूप का आर्डर दे गयी हैं!"

रॉबर्टसन बोला, "मुझे सपर नहीं चाहिए। यह बताइए, किसी अलकोहालिक ड्रिंक का इन्तज़ाम हो सकता है? पैसे ज्यादा भी लगें, तो हिचकिचायें नहीं।"

बोस दा दुःख प्रकट करते हुए बोले, "कोई उपाय नहीं है। शाहजहाँ जैसे अन्तर्राष्ट्रीय ख्याति-प्राप्त होटल के लिए एक्साइज़ का नियम तोड़ना सम्भव नहीं है।"

वह निराश होता हुआ लिफ्ट की ओर चला गया। मैंने बोस दा से पूछा, "मिसेज़ पकड़ासी को ऐसा एपाइण्टमेन्ट तो 'ड्राई-डे' में नहीं करना चाहिए था।"

"तुम भी बात नहीं समझते। वे तो जान-बूझकर 'ड्राई-डे' चुनती हैं। 'ड्राई-डे' में होटल खाली-सा रहता है। लोगों का आना-जाना लगभग बन्द ही हो जाता है। इसीलिए ऐसे दिन उनके लिए निरापद होते हैं। अभी तो सप्ताह में एक ही दिन ड्राई-डे होता है। सुनते हैं, धीरे-धीरे इसकी सन्तति-वृद्धि होने लगेगी। एक ड्राई-डे से दूसरा ड्राई-डे पैदा होगा, दूसरे से तीसरा। इस तरह आगे चलकर सप्ताह के सातों दिन सूख जायेंगे। तब क्या होगा? कैसा लगेगा?"

सूखे हुए दिन के बाद ही भीगा हुआ दिन। इसी भीगे हुए दिन की सुबह से, यानी रात के चार बजे से मेरी स्पेशल ड्यूटी थी। काउण्टर पर चुपचाप खड़ा था, अकेला। काम था, जापान से आनेवाले कई हवाई मुसाफिरों का स्वागत करना। यहाँ उनके ठहरने की व्यवस्था कलकत्ता की एक प्रसिद्ध ट्रैवेल-एजेन्सी ने पहले से ही कर रखी थी। ट्रैवेल-एजेन्सी का एक लड़का भी यहीं था।

ट्रैवेल-एजेन्सियाँ हमारे पास अनगिनत मेहमान भेजती हैं, मगर हमारे मैनेजर को यह बात पसन्द नहीं। कारण स्पष्ट है। एजेन्सियाँ हमारे होटल में जो ग्राहक भेजती हैं, उनके बिल का दसवाँ हिस्सा एजेन्सियों को मिल जाता है। टेन पर्सेन्ट कमीशन! इसके अलावा, ज़्यादातर ग्राहकों के पास से चेक नहीं मिलता। वे लोग तो खा-पीकर, ऐश-मौज करके चल देते हैं। हम लोग उनका हिसाब लिखकर ट्रैवेल-एजेण्ट के पास भेजते हैं। एजेण्ट अपना कमीशन काटकर बाकी पैसों का चेक हमारे पास भेज देता है।

ट्रैवेल-एजेन्सी का लड़का जब चला गया, चार बजकर कुछ मिनट हुए थे। उसके ठीक बाद ही सीढ़ियों से उतरती हुई मिसेज़ पकड़ासी नीचे आ गयीं। लगता है, नींद खुलने पर मिसेज़ पकड़ासी को बिखरे हुए बाल तक सँभालने का मौका नहीं मिला। बस, काला चश्मा पहना और नीचे उतर आयीं।

धीमी चाल से आगे बढ़ती हुई मिसेज़ पकड़ासी ने एक बार काउण्टर की ओर देखा। शायद बोस दा को ढूँढ़ रही थीं। मैंने कहा, "गुड मार्निंग, मैडम!"

मिसेज़ पकड़ासी ने जैसे सुना ही नहीं। अपना बैग झुलाती हुई बाहर चली गयीं। सुबह के हल्के कोहरे में डूबती हुई, रात के सन्नाटे को तोड़ती हुई, शाहजहाँ होटल के दरबानजी की सीटी की आवाज़ गूँज उठी। सीटी बजाकर ही दरबानजी टैक्सी बुलाते हैं।

मिसेज़ पकड़ासी के बाद जिससे मेरी मुलाकात हुई, वह न्यू मार्केट के एक फूलों की दुकान का कर्मचारी था। उसके हाथ में तरह-तरह के फूलों के गुच्छे थे। उस वक्त समझ में नहीं आया। बाद में पता चला, गुच्छे के फूल नमूने के लिए थे। वह दो नम्बर सूट की मेम साहब से मिलना चाहता था। उसे मैंने करबी देवी के पास भेज दिया। उन्होंने फूलों का नमूना पास किया, और अपने सूट के लिए फरमाइश बता दी।

दो नम्बर सूट की फरमाइशों की लिस्ट मुझे याद हो गयी थी। हम लोग सूट

के लोगों की ज़्यादा खातिर करते हैं। जिन कमरों में सिर्फ एक बिस्तर होता है, उन्हें 'रूम' कहते हैं और रूम के साथ एक बैठक का कमरा होने से ही 'सूट' बन जाता है। अस्पतालों के 'जनरल बेड' और 'केबिन' की मर्यादा में जो फर्क है, 'रूम' और 'सूट' में भी उतना ही फर्क है। और, दो नम्बर सूट की तो जाति ही अलग है। सबसे ऊँची है। इसमें अलग फोन है; और कई कमरे हैं। कमरे सजाने के लिए हर रोज़ ताज़े फूलों की ज़रूरत होती है। करवी देवी खुद ही फूल पसन्द करती हैं। फूलों के बाद ही लिनेन क्लर्क, नित्यहरि भट्टाचार्य कागज-पेंसिल के साथ करवी देवी से मिलने आता है। शाहजहाँ होटल में जितनी चादरों, पर्दों, मेज़पोशों, गिलाफों की ज़रूरत होती है, सबके बादशाह हैं नित्यहरि बाबू! सभी कहते हैं, "नित्यहरि भाई किस्मतवर आदमी हैं!"

नित्यहरि भाई जवाब देते हैं, "नहीं जी! ब्राह्मण का लड़का होकर धोबी का काम करता हूँ, इससे बड़ी किस्मत क्या होगी! पिताजी ने कितनी बार कहा था, 'हरि बेटा, मन लगाकर पढ़ा-लिखा करो!' मगर हरि बेटे के कान में वह बात गयी ही नहीं। अब उसका फल भुगत रहा हूँ। शायद पिछले जन्म में मैंने धोबी का कपड़ा चुरा लिया था। इसीलिए इस जन्म में यह कारबार करना पड़ रहा है।"

होटल के बैरे उन्हें बर्दाश्त नहीं कर पाते। कहते हैं, "अब पता नहीं, अगले जन्म में तुम्हारा क्या हाल होगा! इस जन्म में चोरी करके दिवाला निकाल रहे हो! बाप ने ठीक ही नाम दिया था, तुम्हें, जो नित्य ही हरण करे, वह नित्यहरि!"

साहब लोग उन्हें पुकारते हैं, "न्याटा!" स्याटा और न्याटा, ये दोनों ही मालिकों के प्रिय पात्र हैं। मार्कोपोलो कभी-कभी प्यार से कहते हैं, 'स्याटाहारी' और 'न्याटाहारी'! गुप्त-से-गुप्त संवाद का पता लगाने की क्षमता न्याटाहारी के पास श्यामा-सुन्दरी 'माताहारी' से भी ज़्यादा है। न्याटाहारी बाबू कान पर पेंसिल रखे कमरे में घुसते हैं, और सबसे पहले करवी देवी के पाँव छूकर प्रणाम करने लगते हैं। करवी देवी डरती हुई पीछे हटने लगती हैं। कहती हैं, "क्या करते हैं? यह क्या···यह क्या···?"

न्याटाहारी बाबू पीछे हटनेवाले आदमी नहीं हैं। कहते हैं, "नहीं, माँ! प्रणाम तो करना ही होगा। तुम साक्षात् जगज्जननी हो। दमे से मैं मरा जा रहा था। मर ही जाता। मगर स्वप्न में आकर बाबा तारकेश्वर ने कहा, तुम्हारे होटल में ही तुम्हारा चिकित्सक है और माँ, एक बार तुम्हें प्रणाम करने के बाद से ही मैं अच्छा होने लगा। अब तो एकदम ठीक हूँ। दमा गायब हो गया है।"

करवी देवी हँसती हुई कहने लगती हैं, "आज जो फूल मँगवाये हैं, उनसे हल्का, वासन्ती रंग मैच करेगा! पर्दे, टेबुल-क्लॉथ, बेडशीट, टॉवेल, सभी इसी रंग का चाहिए। आपके पास स्टॉक है न?"

कान से पेंसिल निकालते हुए न्याटाहारी बाबू कहते हैं, "आप क्या कहती हैं, माँ लक्ष्मी! जब तक नित्यहरि यहाँ है, आपको सब-कुछ मिलेगा। हर दम बक-बक करता रहता हूँ! मगर, बिना बकझक किये, क्या ये ढाई-सौ कमरे सजाये रख सकता हूँ? मगर, माँ यह सच है, न वह राम रहे, न रही वह अयोध्या नगरी! पहले साहब लोग आते थे, इन बातों की कद्र जानते थे। हर रोज़ बेडशीट बदला जाता था। अब तो एक

दिन छोड़कर बदला जाता है।"

करवी देवी को यह सब सुनना अच्छा नहीं लगता है। मगर उत्सुकतापूर्वक न्याटाहारी बाबू की तरफ देखती रहती हैं। फिर मुस्कराती हुई कहती हैं, "सारी चीजें जल्दी भेज दीजिए।"

"तुरन्त भेजता हूँ। मुझे तो सब याद है, कौन चीज़ कहाँ रखी है। अभी ये लोग समझेंगे नहीं। अगर कभी भाग जाऊँ, नौकरी पर नहीं आऊँ, तब ये लोग मेरा महत्त्व समझेंगे।"

नित्यहरि बाबू अपना प्रातःकालीन इण्टरव्यू खत्म करके मेरे सामने से होते हुए ऊपर चले गये। अब हॉटल का काम-धाम शुरू होने लगा है। रोज़ी नीचे आकर ब्रेकफास्ट के मेनूकार्ड टाइप करने लगी है।

एक नम्बर सूट का रॉबर्टसन शायद अब तक अपनी नाक बजाता हुआ सो रहा है। मैंने सोचा था, मिसेज़ पकड़ासी के साथ ही वह भी होटल के बाहर चला जायेगा।

मैं उसके बारे में ही सोच रहा था कि बैरे ने आकर कहा, "एक नम्बर सूट के साहब आपको बुला रहे हैं।"

काउण्टर छोड़कर जाना मेरे लिए सम्भव नहीं है। मगर रोजी ने आज मेरे साथ अच्छा बर्ताव किया। मैं वाकई मिस्टर बनर्जी का ब्रदर-इन-लॉ नहीं हूँ। इस पर उसे धीरे-धीरे विश्वास होने लगा है।

रोज़ी बोली, "मैन, बेवकूफ की तरह यहाँ खड़े न रहो! एक नम्बर सूट के गेस्ट ने शिकायत कर दी, तो नौकरी बचा नहीं पाओगे।"

मैंने कहा, "मेरी नौकरी गयी, तो आपका भला ही होगा।"

उदास होती हुई रोज़ी बोली, "मैं बहुत दिनों तक बेकार थी। मेरी दो बहनें बेकार बैठी हैं। मेरे पिताजी के पास कोई नौकरी नहीं। नौकरी न करने का मतलब क्या होता है, मैं समझती हूँ, मैन! मैं यहूदी हूँ, मैं एक अनजान आदमी के साथ भाग गयी थी, तो क्या मैं खुद समझती-बूझती ही नहीं?"

रोज़ी मुस्करायी। सुबह की इस मुस्कराहट में भी उदासी भरी हुई थी, वेदना भरी हुई थी। पता नहीं क्यों, आज पहली बार मुझे रोज़ी सुन्दर लगी।

रोज़ी मुझे हटाती हुई बोली, "जाओ, उससे मुलाकात कर आओ। तब तक मैं तुम्हारे काउण्टर पर पहरा देती हूँ।"

बैरे के साथ मैं एक नम्बर सूट के सामने आया, तब कई बैरे कॉरीडोर में खड़े होकर जूते साफ कर रहे थे। जूतों के तले पर चॉक से नम्बर लिख रहे थे। कमरे का नम्बर न लिखा जाय, तो जूते गड़बड़ हो सकते हैं, सौ नम्बर कमरे के जूते दो सौ दस नम्बर में चले जा सकते हैं। पाँव में अपना जूता डालते वक्त साहब देखेंगे कि वहाँ किसी क्षीणकाय महिला की हाईहील जूती पड़ी है। और कोई सुन्दरी मेम साहब अपने पलँग के पास रबर-सोल का भारी बूट देखकर चौंक पड़ेंगी। हमारे ही होटल की बात है, अपने कमरे में मर्दाने जूतों का जोड़ा देखकर एक कुमारी मेम साहब 'हेल्प-हेल्प' चीखने लगी थीं। उन्हें लगा था, इन जूतों का मालिक भी इसी कमरे में कहीं छिपा है। बैरे

दौड़े आये। भीतर आने पर उन्हें असली भूल का पता चला। भूल सुधार ली गयी, नहीं तो मुसीबत आ जाती। मार्कोपोलो के पास बात पहुँचती तो नौकरी चली जाती।

एक नम्बर सूट का दरवाज़ा खटखटाकर हम लोग बाहर खड़े रहे। भीतर से आवाज़ आयी, "कम इन!" भीतर जाकर देखा, वह बिना बाँह की बनियान और अण्डर-वियर पहने बिस्तर पर बैठा था। हमें देखकर वह ज़रा भी चंचल नहीं हुआ, उसी तरह बैठा रहा। बोला, "मिस्टर बोस कहाँ हैं?"

"अब तक ड्यूटी पर नहीं आये हैं।" मैंने बताया।

ज़रा शरमाकर, धीमी आवाज़ में उसने कहा, "कल रात हम लोग सो नहीं सके। तकिये नहीं थे। डबल-बेड रूम में कुल एक तकिया! मैं तो उसी वक्त कम्प्लेन्ट करने जा रहा था, मगर मेरी कम्पेनियन ने मना किया।"

मैंने कहा, "हमें बहुत अफसोस है! आप खबर देते, तो उसी वक्त इन्तज़ाम हो जाता। खैर, मैं अभी तुरत मँगवा देता हूँ।"

वह बिस्तर से उतर आया, और अलमारी से अपना ट्राउज़र निकालने लगा। बोला, "अब ज़रूरत नहीं है। मेरी कम्पेनियन चली जा चुकी है। मैं भी जा रहा हूँ। मैंने दूसरी बात के लिए बुलाया था। मेरी कम्पेनियन ने आपके मिस्टर बोस को देने के लिए यह लिफाफा दिया है। याद करके उन्हें दे दीजियेगा।"

मैंने जानना चाहा, यह सूट आज भी उनके लिए रिज़र्व रहेगा या नहीं। साहब बुश्शर्ट पहनता हुआ बोला, "अभी पता नहीं। बाद में मिस्टर बोस को फोन करने को कहियेगा।"

काउण्टर पर आकर देखा, सत्यसुन्दर दा आ चुके हैं, और शाहजहाँ होटल का कारबार सँभाल रहे हैं। उनसे कहा, "भद्र महिला आपके लिए यह लिफाफा दे गयी हैं। और सुनिए, उनके कमरे में तकियों की संख्या कम थी। उन्हें बड़ी तकलीफ हुई है।"

लिफाफा खोलते हुए, उसके भीतर झाँककर बोस दा ने कहा, "भद्र महिला ने वाकई मुझे लज्जित कर दिया है। यहाँ जिसे जो ख्वाहिश होती है, करता है। मिसेज़ पकड़ासी क्यों नहीं करेंगी? मेरा क्या है? मैं इतना नीच तो नहीं हूँ कि ये बीस रुपये नहीं मिलते तो रजिस्टर में उनका नाम लिख देता।"

फिर बोस दा मुझसे बोले, "गेस्टों की शिकायतों की जाँच ज़रूर करनी चाहिए। मार्कोपोलो को पता चल जाये, तो नित्यहरि बाबू के चौदह पुरखों की इज़्ज़त उतारने लगेंगे। तुम ज़रा उन्हें बता आओ। ऑफ्टर ऑल, मिसेज़ पकड़ासी के पति इस होटल पर नज़र रखते हैं। किसी भी दिन होटल के बोर्ड में आ सकते हैं।"

न्याटाहारी बाबू कहाँ रहते हैं, उनका स्टॉक-रूम कहाँ है, मुझे पता नहीं था। सामने ही परबसिया चहलकदमी कर रहा था। उसे साथ लेकर मैं फिर ऊपर जाने लगा। देखा, मिसेज़ पकड़ासी का साथी खाली हाथ नीचे उतरा आ रहा है। कल रात भी वह खाली हाथ ही यहाँ आया था।

यह होटल अपने-आपमें एक पूरा शहर है। इतने कमरे हैं, इतने बरामदे हैं,

इतनी सारी गलियाँ हैं, कि इन्हें पहचानने में भी काफी दिन लग जाते हैं। तीसरी मंज़िल पर ग्राकर, कारीडोर में चलते हुए, दोनों ग्रोर केवल बन्द कमरों के दरवाज़े ग्रौर पीतल के नम्बर देखकर लगता था, ग्रन्दर कहीं कोई नहीं है। ग्रन्दर लोग हों भी तो नींद में बेखबर हैं।

चलते-चलते एक जगह ग्राकर कार्पेट से ढँका हुग्रा रास्ता खत्म हो गया। दायीं ग्रोर एक बन्द दरवाज़ा है। सोचा, इस दरवाज़े के ग्रन्दर भी कोई कमरा होगा। मगर परबसिया ने हैण्डिल घुमाया, ग्रौर हम एक नयी गली में ग्रा गये। हम दोनों दक्खिन से उत्तर की ग्रोर जा रहे हैं। दोनों ग्रोर कमरों की कतारें हैं। ये कमरे शीतताप-नियन्त्रित नहीं हैं। रास्ता भी जैसे ग्रचानक थोड़ा नीचे धँस गया है।

परबसिया ने बताया, "यह होटल का सबसे पुराना हिस्सा है। यह हिस्सा सिम्प्सन साहब ने खुद बनवाया था। ग्राज भी वह इसी हिस्से में ज़्यादातर घूमते दिखायी देते हैं।"

दो-एक कमरों के दरवाज़े ग्रधखुले थे। दरवाज़े की फाँक से ग्रन्दर का ज्यादा कुछ नहीं दीखता है। माथे पर पंखा घूम रहा है, उसकी छाया दीखती है। किसी-किसी कमरे से रेडियो की हल्की ग्रावाज़ भी ग्रा रही है। एक कमरे में दो जापानी सज्जन दो मग बियर लिये बैठे हैं। बगल के कमरे में एक ग्रमरीकन-परिवार ठहरा है। उसके बाद के कमरे में एक सरदारजी ग्रपनी पगड़ी ग्रौर दाढ़ी का जाल खोलकर सिर को हवा दे रहे हैं। उनके बगल के कमरे में एक बर्मीज़ सज्जन—लुंगी पहने हुए। विभिन्न भाषाग्रों के वार्तालाप के टूटे-बिखरे हुए टुकड़े मेरे कानों से टकरा रहे हैं। जैसे मैं बच्चों की तरह ग्रॉलवेव रेडियो की चाभी घुमाता जा रहा हूँ, ग्रौर पृथ्वी के विभिन्न देशों की भाषाएँ गूंजती हुई हवा में घुलती जा रही हैं।

इसी उधेड़बुन में ग्रचानक जीवन का थोड़ा-सा सन्धान मिला। एक शिशु दार्शनिक की तरह निस्पृह भाव से ग्रपने शरीर के वस्त्र उतारने की चेष्टा कर रहा है। कमीज़ उतार ली है। पैण्ट उतार नहीं पा रहा है। चीनी शिशु है। धीरे-धीरे चलता हुग्रा वह मेरे पास ग्रा गया। मेरा हाथ पकड़ लिया। ज़रा मुसकराया। उसकी बात समझ नहीं पा रहा हूँ। मगर, उसके इशारे से बात समझ में ग्रा गयी। उसका पैण्ट भीग गया है। कार्पेट का थोड़ा-सा हिस्सा भी तर हो गया है।

परबसिया चीखने लगा। बोला, "इन्हीं पाजी बच्चों के चलते कार्पेट बरबाद होता है।"

बच्चे को मैंने गोद में उठाना चाहा। परबसिया ने मुझे इस तरह खींच लिया, जैसे मैं कच्चे बम का गोला उठा रहा होऊँ। उसने कहा, "बाबू, इस चीना-बच्चे का हाल-चाल मेरी समझ में नहीं ग्राता है। बेहद बदमाश है! हो सकता है, ग्रभी जमादार को बुलाना पड़ जाये।"

तब वह बच्चा ग्रपना कमरा खोजने लगा। मगर ग्रपने कमरे का पता न पाकर रोने लगा। मैं ग्रौर परबसिया पता लगाने लगे। काफी हैरान होने के बाद एक चीनी सज्जन ग्रौर भद्र महिला को हम खोज पाये।

वे लोग अंग्रेजी नहीं जानते थे। बच्चे को न पाकर डर गये थे। वह कब दरवाज़ा खोलकर बाहर निकल गया था, उन्हें पता नहीं चला। वे चीनी भाषा में हमें बार-बार धन्यवाद देने लगे। परबसिया उनकी बातें समझने की कोशिश करता हुआ अपनी उत्कल भाषा में बच्चे की माँ को डाँटने-फटकारने लगा। बताने लगा कि यह कलकत्ता शहर बड़ी बुरी जगह है, यहाँ बच्चा उठाकर भागनेवालों की कमी नहीं है।

बाहर आकर परबसिया ने कहा, "मुझे लेनिन बाबू पर शक होता है।" मेरी समझ में नहीं आ रहा था कि कलकत्ता के इस शाहजहाँ होटल में कॉमरेड लेनिन कहाँ से चले आये। मगर, परबसिया की बात से ही पता चल गया, ये लेनिन बाबू और कोई नहीं, हमारे लिनेन क्लर्क नित्यहरि बाबू ही हैं।

नित्यहरि बाबू बच्चों को बेहद प्यार करते हैं। अवसर पाते ही बच्चों को अपने कमरे में लिये चले जाते हैं। उनके साथ खेलते रहते हैं। ऐसे खेल, जिनमें बोलचाल की ज़रूरत नहीं पड़ती, भाषा की ज़रूरत नहीं पड़ती है। चादर, तकिये, बिस्तर, नैपकिन का हिसाब करते-करते नित्यहरि बाबू कभी मुँह चिढ़ाते हैं, कभी बच्चों को गुदगुदी करते हैं, कभी ऊपर से बिस्तर पर लुढ़क पड़ते हैं। बच्चे खिलखिलाने लगते हैं। और इसके लिए दो-एक बार नित्यहरि बाबू को डाँट भी सुननी पड़ी है।

मुझे देखते ही नित्यहरि बाबू गुस्से में आ गये, "रुकिए साहब! यहाँ मुझे एक-दो नहीं, पूरे बाईस तौलियों का पता नहीं चल रहा है, और आप तंग करने आ गये!"

आँखों पर चश्मा चढ़ाये, वह कपड़ों के पहाड़ पर बैठे हैं। एक ओर भीगे कपड़ों का ढेर लगा है। फर्श पर मैले कपड़े पड़े हैं। कह रहे हैं, "देखा साहब, मेरी हालत तो देखिए! मुझे अपने पैसों से बाईस तौलिए खरीदने पड़े, तो मेरी जान निकल जायेगी।"

परबसिया बोला, "आपके नाम कम्प्लेण्ट है!"

"कम्प्लेण्ट? मेरे नाम? किसे यह साहस हुआ है? कौन है? तीस साल मैंने इस होटल में काट दिये! बड़े-बड़े लाट साहब के तकिये, बिस्तरे, चादरों का हिसाब मैंने रखा है, आज तक कोई गड़बड़ी नहीं हुई। और, अब मेरे नाम कम्प्लेण्ट?"

मैंने कहा, "कल रात एक नम्बर सूट में तकिये कम थे।"

"हो नहीं सकता।" न्याटाहारी बाबू चीत्कार कर उठे।

मैं वापस आने लगा था। अचानक नित्यहरि बाबू नीचे उतर पड़े और अपना रजिस्टर उठाते हुए बोले, "एक नम्बर सूट! तकिया कम। हो नहीं सकता! नित्यहरि भट्टाचार्य इतना पागल नहीं है कि स्पेशल सूट में तकिया कम देगा। चलिये तो देखें, क्या बात है!"

हाफशर्ट, धोती और के. एम. दास कम्पनी का टूटा हुआ स्लीपर पहने हुए नित्यहरि बाबू मुझे लगभग खींचते हुए एक नम्बर सूट की ओर ले जाने लगे।

चलते-चलते कहने लगे, "आप तो बड़े साहसी व्यक्ति हैं। नित्यहरि की भूल पकड़ने आये हैं। इस होटल के हर कमरे में कितने तकिये हैं, कितने तोषक हैं, कितने तौलिये हैं, सब मुझे ज़बानी याद है। मैनेजर साहब के कमरे में हैं छः तकिये। दो नम्बर

सूट में आठ तकिये हैं। एक नम्बर में चार। और, आप बता रहे हैं तकिये नहीं हैं!"

एक नम्बर सूट में आकर पाया गया, सिर्फ एक तकिया पड़ा है। नित्यहरि बाबू ज़रा घबरा गये। फिर चीखने लगे, "असम्भव! निश्चय ही शराब के नशे में फर्श पर उछल-कूद करते रहे होंगे। और तकिये यहीं भूल गये होंगे।"

मैंने कहा, "कल ड्राई-डे था।"

नित्यहरि बाबू बोले, "हाँ जी। ड्राई-डे के दिन कलकत्ता शहर तो एकदम विधवा बन जाता है।"

तब नित्यहरि बाबू फर्श पर बैठकर पलँग के नीचे झाँकने लगे। फिर खुशी से चीख पड़े। हाथ-पाँव मोड़कर पलँग के नीचे घुसे, और तीनों तकिये निकालकर बोले, "देखिए सर! इसी ज़रा-सी बात पर मेरी नौकरी जा रही थी। कौन विश्वास कर पाता कि मैंने तकिये दिये थे, और ये लोग फर्श पर तकिये से खेलते रहे थे! खेलते-खेलते तकिये पलँग के अन्दर फेंक दिये थे। मैंने लाट साहब तक को तकिये सप्लाई किये हैं, मगर, इस पलँग के चलते मेरी नौकरी चली जा रही थी।"

मेरे चेहरे की ओर देखकर नित्यहरि बाबू को मुझ पर दया आ गयी। बोले, "आपकी उम्र कम है। होटल में अभी आपने देखा ही क्या है! नशा क्या सिर्फ शराब का होता है? गलत बात है। ज्यादा उम्र की औरत के माथे पर जब भूत नाचने लगता है तो वह हरदम नशे में डूबी रहती है। जब पैसे देकर होटल का कमरा लिया है, तो तकियों से खेलोगी क्यों नहीं? खेल-कूद करती रहो! मगर, तकिये पलँग के नीचे फेंक दोगी, और न्याटाहारी को बम्बू करवाओगी, यह क्या बात हुई?"

मामला ठीक जमा नहीं, यह देखकर परबसिया मुझे अकेला मैदान में छोड़कर पीठ दिखा गया था। मैं भी अब एबाउट-टर्न होकर भागना चाह रहा था।

तब नित्यहरि बाबू ने कहा, "आप सोचते हैं, मैं बेवकूफ हूँ! नहीं साहब! कालिख लगने से बेवकूफ आदमी भी होशियार बन जाता है। न्याटाहारी यही स्टेटमेण्ट सुप्रीम कोर्ट तक देगा, याद रखियेगा! न्याटाहारी को कोई बेवकूफ नहीं बना सकता, वह अपने हाथों तीस साल से तकिये डिस्ट्रीब्यूट कर रहा है।"

मैंने भागने की कोशिश की, मगर वह मेरा हाथ पकड़कर बोले, "कहाँ चल दिये?"

मैंने कहा, "नीचे।"

"इतनी आसानी से? मेरे हाथों से इतनी आसानी से किसी को छुटकारा नहीं मिलता है।" मुझे लगा न्याटाहारी बाबू की आँखें जल रही हैं।

"क्यों? क्या करना होगा?" मैंने पूछा।

उनकी आँखों की ज्वाला मद्धिम होने लगी। लगा, वह अपने-आपको शान्त करने की कोशिश कर रहे हैं। धीमी आवाज़ में बोले, "मेरे हाथ में थोड़ा पानी दीजिए।"

मैंने पूछा, "पानी से क्या करेंगे?"

"पाप! पाप को धोना नहीं पड़ेगा क्या?"

बाथरूम में बेसिन है। नल है। किन्तु नित्यहरि बाबू एक नम्बर सूट के नल

को हाथ नहीं लगायेंगे। जैसे यहाँ की हर चीज़ पर पाप-ही-पाप बिखरा हुआ है। बाथरूम जाकर एक मग ढूँढ़ा, और उसी मग में पानी भरकर नित्यहरि बाबू के हाथ पर ढालने लगा। बेसिन के ऊपर एक बर्तन में लिक्विड सोप रखा था। मगर, नित्यहरि बाबू ने उधर हाथ नहीं बढ़ाया। जेब से साबुन का एक टुकड़ा निकाला। पता नहीं, कब कहाँ से तकिया निकालना पड़े, क्या छूना पड़े, इसलिए वह हमेशा जेब में साबुन के टुकड़े रखते हैं। कार्बोलिक साबुन से हाथ धोते-धोते नित्यहरि बाबू बोले, "पिछले जनम में हज़ार-हज़ार धोबियों के लाख-लाख कपड़े मैंने चुराये होंगे।" फिर, मेरा हाथ दबाते हुए कहने लगे, "इस होटल का स्टैटिस्टिक्स जानते हैं? कहिए तो, कितने तकिये हैं यहाँ?"

"मुझे क्या पता!"

वह फुसफुसाते हुए बोले, "साढ़े-नौ सौ। पहले एक हज़ार तकिये थे। पचास फट गये। उनकी रुई मेरे कमरे के एक कोने में पड़ी है। पाप! एक हज़ार पाप!"

नित्यहरि बाबू धीरे-धीरे मेरे मन में पैठ रहे हैं। अनजाने में ही मैं पूछ बैठता हूँ, "क्यों? पाप क्यों?"

"आपके पिताजी ने क्या आपको लिखना-पढ़ना सिखाया नहीं? वह क्या टीचर की फीस नहीं देते थे?" नित्यहरि बाबू मुझसे पूछने लगे।

मैंने कहा, "फीस वह ठीक वक्त पर देते थे। अपने जानते उन्होंने कभी किसी को ठगा नहीं।"

"फिर? फिर आपके टीचर ने आपको क्या-क्या पढ़ाया-लिखाया? आपको इतना भी मालूम नहीं, होटल में, सराय में, शराबखाने में हर क्षण हज़ार-हज़ार, लाख-लाख पाप-कर्म होते हैं!"

"यहाँ तो अपने काम से हज़ार-हज़ार आदमी आते हैं। वे क्या पाप करते हैं?" मैंने बच्चों की तरह सवाल पूछा।

"जी हाँ, पाप ही करते हैं। पाप के कारण ही लोग घर से बाहर निकलते हैं। पाप के कारण ही घर से बाहर रात बिताते हैं।" नित्यहरि बाबू की आँखें फिर सुर्ख होने लगीं, "कितने दिन से यहाँ नौकरी करते हैं?"

"थोड़े ही दिन हुए हैं।"

"यस! कभी रोज़ी से परिचय हुआ है?"

"पहचानता हूँ उसे। मगर, कोई खास परिचय नहीं है।" मैंने कहा।

"वह लड़की एक बार मुझसे एक्स्ट्रा तकिया माँगने आयी थी। मैंने एकदम इन्कार कर दिया। फिर सोचा, मुझे इन्कार करने का क्या हक है? जो तकिया माँगता है, उसे तकिया दे दो। जितने चाहे, उतने तकिये दो। तुम्हारा क्या है? साहब, मैं खुद जाकर रोज़ी को तकिया दे आया। दूसरे दिन सुबह वह तकिया लौटा गयी। मगर, दो आदमी मेरी समझ में नहीं आते हैं। आपके सत्यसुन्दर बोस। कभी भूल से भी एक्स्ट्रा तकिया नहीं माँगते हैं। और, मार्को साहब! मस्त आदमी हैं, पी-पाकर धुत रहते हैं। मगर इतना ही भर, इससे ज़्यादा नहीं। कभी एक्स्ट्रा तकिया नहीं माँगते। लड़कियों से दूर भागते हैं। जैसे लड़की नहीं हो, बाघिन हो!"

मैं अवाक् होकर उनके चेहरे की ओर देख रहा था। वह कह रहे थे, "ज्यादा तकियों की ज़रूरत होने से पहले चाहिए ड्रिंक्स ! हमारे ऋषि-मुनि जिसे कहते हैं सोमरस ! आप शाहजहाँ के शराबघर में आते-जाते हैं न ?"

"अभी तक मेरी वहाँ ड्यूटी नहीं लगी है," मैंने कहा।

"मैं औरतों से कहता हूँ, हे माता लक्ष्मी, अपने पति को प्रत्येक स्वाधीनता दो ! मगर उसे घर से बाहर न निकालने देना। खूँटे से छूटते ही सर्वनाश ! किसका दरवाजा तोड़ देगा, किसके खेत में घुस जायेगा, किसकी फसल लूट लेगा, कोई ठीक नहीं।" वह बोले।

नित्यहरि बाबू मुझे बड़े ही अद्भुत व्यक्ति लगे। उनकी बातें बड़ी ही विचित्र हैं। धीमी आवाज़ में कहने जा रहे हैं, "साँप ! इतने दिनों बाद मेरी समझ में आया है, हर आदमी के अन्दर एक ज़हरीला साँप है। किसी-किसी आदमी के अन्दर वह साँप हर वक्त फन काढ़े खड़ा रहता है। और, किसी के अन्दर तभी फन काढ़ता है, जब वह अपने घर से बाहर निकलता है। साँप की जीभ लपलपाती रहती है।"

मुझे अब अच्छा तो नहीं लग रहा था। उस कमरे में रुकने की ख्वाहिश नहीं रह गयी थी। नित्यहरि बाबू को भी अच्छा नहीं लग रहा था। उठते हुए बोले, "चलिए, मेरे कमरे में चला जाय।"

तकिये, बिस्तरे, चादरों के पहाड़ के एक कोने में नित्यहरि बाबू सोते हैं। उन्होंने कहा, "मैं यहीं रहता हूँ, और छोटे शाहजहाँ में खाता हूँ।"

"छोटा शाहजहाँ ? यह कहाँ है ?"

"बड़े शाहजहाँ के पिछले हिस्से में। अच्छा, आप बताइए तो, शाहजहाँ के एक डिनर का सबसे ज्यादा चार्ज कितना है ?" उन्होंने पूछा।

"यह तो सबको मालूम है। पैंतीस रुपये।" मैंने बताया।

"और छोटे शाहजहाँ के डिनर का दाम है कुल चौदह पैसे। चौदह पैसों में फुल-कोर्स डिनर। भात, दाल और तरकारी। दाम बढ़ाकर चार आने करनेवाले थे। मगर शाहजहाँ के पूरे स्टाफ ने विरोध किया। हम लोग चार आने कहाँ से लायेंगे ? दाम बढ़ाया तो नहीं गया, मगर दाल पतली हो गयी है, और अपनी थाली अब खुद ही धोनी पड़ती है···मगर, आप लोगों की बात ही और है। पेड़ पर चढ़ते ही फलों का गुच्छा हाथ आ गया है। नौकरी मिली, और बड़े शाहजहाँ का ब्रेकफास्ट, लंच और डिनर मिलने लगा।"

मैं चुप रहा। क्या उत्तर देता ? न्याटाहारी बाबू आप ही बोले, "वैसे, जूनो साहब आप लोगों को थोड़ी ही चीज़ें देता है। लंच में गेस्ट लोगों से जो चीज़ें बच जाती हैं, आप लोगों का डिनर हो जाता है, और डिनर में जो बच जाता है, वही आप लोग दूसरे दिन डिनर में पाते हैं। आज लंच में आपको क्या मिलेगा, पता है ?"

नित्यहरि बाबू की जानकारी देखकर मैं चकित हो गया। वह बोले, "मद्रास-करी ! खाने में बड़ा ही स्वादिष्ट होता है। मगर खबरदार, खाइयेगा नहीं ! आपका

पेट कैसा है ? लोहा खाकर पचा सकते हैं ?"

"नहीं साहब ! मेरा पेट मेरा ओबीडिएण्ट सर्वेण्ट नहीं है।"

"ऐसी हालत में मद्रास-करी न खाइयेगा। मद्रास-करी हमारे लन्दन के वीरस्वामी साहब ने आविष्कार किया है। वीरस्वामी, गोल्डमेडलिस्ट, ऑनरेरी कुकिंग-एडवाइज़र टु दि सेक्रेट्री ऑफ़ स्टेट फ़ॉर इण्डिया ! उन्नीस सौ चौबीस ईसवी में ब्रिटिश अम्पायर एक्ज़िबिशन में गये थे, इसके बाद लन्दन में रेस्तराँ खोल बैठे। कहते हैं जूनो ने उन्हीं से इण्डियन रसोई पकाना सीखा था। दरअसल, उन्होंने जूनो को धक्के देकर निकाल दिया था। हमारे यहाँ देवेन कुक न होता, तो इतने दिनों में जूनो साहब का होश गुम हो जाता ! मैंने कहा था न, चार दिन हो गये, मांस खरीदा गया था। पहले दिन बना कोल्ड-मीट ! दूसरे दिन भी वही ! तीसरे दिन उसी का बनाया गया बिरियानी। और अब उसी मांस का बना है, मद्रास-करी फ़ॉर द स्टाफ़ !"

नित्यहरि बाबू से छुटकारा पाकर मैं चला आ रहा था। उन्होंने कहा, "ज़रा रुक जाइये ! आप अभी बच्चे हैं। आपके मन में जिससे कोई दाग न पड़े और पड़े भी तो दाग पकड़ लिया जा सके, इसका इन्तज़ाम करता हूँ। रोज़ी ने आपका कमरा दखल कर लिया है। आपका सारा माल-पत्र बगल के कमरे में चालान हो गया है। चलिए, मैं वहाँ सारी सफेद धुली हुई चीज़ों का इन्तज़ाम करता हूँ।"

एक बण्डल कपड़े उठाकर वह मेरे साथ छत पर चले आये। रोज़ी अपने कमरे में बैठी दाँत निकालकर हँस रही है। मुझे देखकर कहती है, "मैं अपना सारा काम खत्म कर चुकी। अब छत पर बैठी-बैठी धूप में देह सेंक-सेंककर टोस्ट बना रही हूँ। इसके बाद लंच लूँगी। इसके बाद क्या करूँगी, जानते हो ? मैटिनी-शो में सिनेमा जाऊँगी। जिम भी साथ जानेवाला था। मगर 'बैंक्वेट' का काम उसके सिर पर आ गया है। वह नहीं जा सकेगा। उसकी टिकट मेरे पास है। तुम चलोगे ?"

मैं चकित हो गया। रोज़ी मुझे सिनेमा चलने का निमन्त्रण दे रही है। मैंने कहा, "असंख्य धन्यवाद ! मगर मैं भी ड्यूटी पर हूँ, जा नहीं पाऊँगा।"

"ऑल राइट ! तब अपनी बहन को साथ ले जाऊँगी। मगर बिना पहले बताये उसे ले जाने से उसके ब्वॉय-फ्रेण्ड लोग नाराज़ होते हैं। बुलाने आते हैं, और उसे घर में न पाकर गुस्सा करते हैं।" रोज़ी बोली।

और एक बार धन्यवाद देकर मैं अपने कमरे में आ गया। न्याटाहारी बाबू को देखकर लगा, अपना गुस्सा वह बड़ी मुश्किल से रोके हुए हैं। कमरे में घुसते ही उन्होंने अपना रूप धारण किया, "बहुत आगे बढ़े जा रहे हैं आप ! मगर, याद रखिये, आगे समुद्र है। एक बार डूबकर ऊपर आना असम्भव हो जायेगा। और याद रखिये, चारों ओर ज़हर-ही-ज़हर है। छूते ही मर जाइयेगा। हाथ-पाँव हमेशा साफ रखिये, ज़हर का स्पर्श भी असर कर सकता है।"

फिर कमरे में आकर चारों ओर देखते हुए उन्होंने कहा, "आपका यह कमरा एकदम सफेद बना देता हूँ। सफेद पर्दा, सफेद चादर, सफेद तौलिया, सफेद टेबुल-क्लाथ ! ज़रूरत हो तो मैं रोज़ बदल दिया करूँगा। जानते हैं, पाँच धोबी मेरे इशारे पर

उठते-बैठते हैं।"

मेरा कमरा सजा देने के बाद उन्होंने कहा, "अब चलता हूँ। बहुत काम है। बैंक्वेट में तीन सौ गेस्ट आ रहे हैं। तीन सौ नैपकिन के फूल बनाने होंगे।"

नैपकिन का फूल किसे कहते हैं, मुझे अब तक पता नहीं था। उन्हीं से सुना। पहले शाहजहाँ होटल में भोजन के हर कोर्स में नैपकिन बदला जाता था, अब एक ही से चल जाता है। अतिथियों के हॉल में आने से पहले ही गिलासों में नैपकिन सजाकर रखा जाता है। नित्यहरि बाबू ने बताया, "कितनी तरह से नैपकिन मोड़कर सजाना जानता हूँ—पंखा, बिशप, नाव, कमल का फूल, साँप का फन! आज एक नयी चीज़ बनाऊँगा। इसमें मेहनत ज़्यादा है, फिर भी बनाऊँगा। सिर्फ नाम के लिए! अंग्रेज़ी में इसे कहते हैं, 'द बोर्स हेड'! यानी सूअर का सिर! अब होटल के बैंक्वेट में सूअर का सिर छोड़कर मैं कभी दूसरी कोई चीज़ नहीं बनाऊँगा।"

इतना कहकर नित्यहरि बाबू अपने-आप मेरे कमरे से चले गये।

सात

क्रिकेट में जिस तरह टेस्ट मैच, फुटबॉल में जिस तरह शील्ड फ़ाइनल होता है, उसी तरह होटल में होता है 'बैंक्वेट'! यह 'बैंक्वेट' दरअसल क्या है, होटल के महारथियों को भी पता नहीं है। पता करने की फ़ुरसत भी किसी को नहीं है।

'बैंक्वेट' का इन्तज़ाम करने की बात आती है, तो सबसे ज़्यादा खुशी हमारे मैनेजर को होती है। वह कस्टमर को साफ़-साफ़ कह देते हैं, इतनी बड़ी पार्टी को मैनेज करना शाहजहाँ के अलावा किसी के वश की बात नहीं है। कहते हैं, "हमारे यहाँ चार्ज ज़रा ज़्यादा पड़ता है। मगर, जो लोग पार्टी में आयेंगे, उन्हें खुशी होगी, और जो लोग पार्टी देंगे, उन्हें भी सुख-सन्तोष होगा।"

हफ़्ते में एकाध 'बैंक्वेट' तो शाहजहाँ में लगा ही रहता है। पहले और भी ज़्यादा 'बैंक्वेट' होते थे। सत्यसुन्दर दा कहते हैं, "पहले ऐसा होता था कि लगातार पाँच-पाँच दिन तक 'बैंक्वेट'! डेढ़-दो महीने पहले 'बुक' किये बिना हॉल मिल नहीं सकता था।"

सत्यसुन्दर दा ने ही बताया था, अब वे दिन नहीं रहे। इसका कारण यह नहीं है कि कलकत्ता में ऐश-मौज करनेवाले लोगों की कमी पड़ गयी है या सामाजिक रूप से लोगों का मिलना-जुलना कम हो गया है। असली बात यह है कि कलकत्ता में प्राइवेट क्लबों की संख्या बढ़ गयी है। क्लबों में शराब सस्ती है, खाना-पीना सस्ता है, कानून के बन्धन भी नहीं हैं, हर तरह की आज़ादी है। फिर, वहाँ इज़्ज़त भी ज़्यादा है। कलकत्ता की ऊँची सोसाइटी के नागरिक क्लब की प्राइवेसी में पार्टी देना ज़्यादा पसन्द करते हैं।

क्लब का मैनेजमेण्ट भी खुश होता है। नया स्टाफ नहीं लाना पड़ता है, और क्लब की पूँजी में, थोड़ा ही सही, इज़ाफ़ा हो जाता है। मगर, देश का जो हाल-चाल है, कुछ पता नहीं। कब सुबह के अखबार में यह समाचार आ जाय, बम्बई की तरह कलकत्ता का भी बारह बज गया है! पता नहीं, कब भीगा हुआ कलकत्ता शहर रात-भर में 'ड्राई' बना दिया जाय।

शराब के लाइसेन्स के बिना क्लब वैसे ही हैं, जैसे पत्तों के बिना बन्दगोभी! भगवान् करे, वह दुर्दिन कभी नहीं आये। मगर, वाकई अगर कभी सभी की इच्छा के विरुद्ध, बम्बई का वह शुष्क, जलहीन मेघ दिल्ली होता हुआ कलकत्ता चला आये, तो उस दुर्दिन में 'बैंक्वेट' के अतिरिक्त क्लब के पास कुछ नहीं रह जायेगा। इसीलिए, अभी से क्लबवाले सतर्क हो गये हैं।

मगर, 'बैंक्वेट' तो इतना आसान नहीं है। खासकर, जब 'बैंक्वेट' में तीन-चार सौ मेहमान शामिल हो रहे हों। शाहजहाँ होटल में ऐसे कर्मचारी हैं, जिनकी बराबरी ऐसे कामों में कोई नहीं कर सकता। वक्त-बेवक्त सरकारी कामों में भी उन्हें बुलाया जाता है। अन्तर्राष्ट्रीय अतिथियों के सामने भारतवर्ष के क्षणभंगुर मान-सम्मान की रक्षा यही लोग करते हैं। हमारे परबसिया की बात ही देखी जा सकती है। नाइन्टीन ट्वेन्टी फ़ोर में ब्रिटिश इम्पायर इक्ज़िबिशन में जो इण्डियन रेस्तराँ खुला था, उसमें काम करने के लिए परबसिया विलायत भेजा गया था। इसके बाद कितनी बार उसने लाट साहबों के 'बैंक्वेट' का काम-उद्धार किया है, इसकी गिनती नहीं है। 'बैंक्वेट' की सूचना पाकर परबसिया बेहद खुश होता है। दो-चार दिन ज़्यादा खपना पड़ता है, यही न! पीठ में दर्द होने लगता है, पाँवों के जोड़ टूटने लगते हैं, फिर भी अच्छा लगता है।

'बैंक्वेट' का आॅर्डर मिलते ही मार्कोपोलो चक्कर काटने लगते हैं। मगर, अचानक उनका मिजाज नरम हो आता है। परिवार के कर्त्ता-धर्त्ता जिस तरह शादी-ब्याह के अवसर पर परिवार के बच्चों से मीठी-मीठी बातें करके काम लेने लगते हैं, उसी तरह मार्कोपोलो कहते हैं, "जिम, यह बड़ा ही इम्पॉर्टेण्ट बैंक्वेट है। इस पूअर कण्ट्री के प्रेस्टिज का सवाल है।"

जिम कहता है, "इतना बढ़िया इन्तज़ाम करूँगा, जैसा आज तक कलकत्ता के किसी बैंक्वेट में नहीं हुआ है!"

मार्कोपोलो जूनो की ओर देखकर पूछते हैं, "तुम क्या कहते हो?"

जूनो जवाब देता है, "सर, नो-नो, दीज़ आर सिम्पुल, पार्टीज़ नो बैंक्वेट! इसे बैंक्वेट क्यों कहते हैं, यह तो मामूली-सी पार्टी है।" जूनो की धारणा है, 'बैंक्वेट' किसे कहते हैं, यह कलकत्ता के लोगों को मालूम ही नहीं है। कलकत्ता के बारे में जूनो कहता है, "यह तो मक्खीचूसों का शहर है, स्कॉच-सिटी!" पेरिस में काम सीखकर वह चींटी-मक्खियों के इस शहर में आ गया है। अपना काम ही भूल गया है। रसोई के कितने ही व्यंजन बनाने का तरीका भूल गया है। जूनो ने किसी ऐसे-वैसे आदमी के शिष्यत्व में रसोई पकाना नहीं सीखा है। स्वयं मोशिए होरवदु— दुनिया के जितने होटलों में जितने 'सेफ़' हैं, सभी उनका नाम सुनकर आदर से सिर झुकाते हैं—उन्होंने अपने हाथों से उसे

कुकिंग सिखाया है। मोशिए होरवदु जिनके शिष्य थे, वह रसोई-जगत् के वीथोवन थे। उनका नाम था, मोशिए एक्फ़ियारय। एक्फ़ियारय कहते थे, "टु कुक इज़ टु सर्च गॉड।" खाना पकाना ईश्वर की खोज करना है। होरवदु ने जूनो को कितनी बार बताया था, नौ कोर्स से कम का बैंक्वेट डिनर नहीं होता है!

"ह्वाट ?" यह सुनकर मार्कोपोलो साहब चीख उठे थे।

जूनो ने अपने एप्रन में हाथ रगड़ते-रगड़ते कहा था, "हाँ सर, सबसे पहले ए'डिवॉर, फिर सूप, इसके बाद फ़िश, एन्ट्री, रिमूव्स, रोस्ट, एन्ट्रिमेन्ट, डेज़र्ट और अन्त में कॉफ़ी!"

तब मार्कोपोलो साहब गम्भीर हो गये थे, "माई डियर फ्रेण्ड, हमारा यह बैंक्वेट बच्चों का खेल नहीं है। जहाँ तक सुना है, हमारे मेहमान इस देश और पृथ्वी की अनेक गम्भीर समस्याओं पर विचार-विमर्श करेंगे। इसीलिए 'बैंक्वेट' पर इकट्ठे हो रहे हैं। स्वाभाविक है, वे प्लेन एण्ड सिम्पुल डिनर चाहते हैं। एबाउट पन्द्रह रुपये पर हेड!"

'नाइट कोर्स' के डिनर का अवसर खोकर जूनो ने कहा, "आप लोग जो कहेंगे, मैं वही पका दूँगा। आप कहिए, मैं सिर्फ कोल्डमटन और ब्रेड दे दूँगा। मेरा क्या है? मगर, इतना मैं ज़रूर कहूँगा, पेरिस के सिवा रसोई पकाने में कहीं आनन्द नहीं है। इसीलिए कलकत्ता में चावल पकानेवाला ब्राह्मण महाराज मिल जायेगा! मगर, कलकत्ता कभी एक मोशिए होरवदु या एक मोशिए एक्फ़ियारय पैदा नहीं कर सकेगा।"

मार्कोपोलो उठ खड़े हुए। बोले, "तुम लोग ज़रा ठहरो। मैं एक फोन करके आता हूँ। उन लोगों से मेनू के बारे में पूछताछ कर लूँ।"

तब बोस दा ने जूनो से कहा, "बेटा जूनो! तुम रोओ मत! हमारी शादी के वक्त हम तुम्हें खाना पकाने की पूरी आज़ादी देंगे। तब देखेंगे, तुम्हारे दिमाग में क्या-क्या मेनू पड़े हैं!"

जूनो हँसकर बोला, "स्याटा! तुम्हारी शादी में फ्रेंच, इंगलिश, स्पैनिश, इटालियन, पोलिश, अफ्रीकन, टर्किश, चायनीज़, इण्डियन, हर तरह का एक-एक डिश बनाऊँगा!"

"हे परम करुणामय! हे प्रभु! मोशिये जूनो को तुम दीर्घजीवी बनाओ। और, जितनी जल्दी सम्भव हो, मेरे मन के लायक एक युवती तैयार करके भेज दो!" बोस दा ने दोनों हाथ जोड़कर भगवान् से प्रार्थना की।

जूनो खुश हो गया, "तुम्हारी फूलशैया की रात जो सूप बनाऊँगा, उसका नाम है—ला सूप दे नासे ऑन टूरी ऑव्स टोमेटोज़।"

बोस दा हँसते-हँसते पास आकर बोले, "नाम तो कम लम्बा-चौड़ा नहीं है! मगर, यह है क्या चीज़ जूनो दा?"

जूनो ने कहा, "संक्षेप में हम लोग इसे कहते हैं 'हनीमून सूप'! यह सूप अधिक मात्रा में तैयार करना होगा। फिर, हमारे देश में जो होता है, वही करेंगे।"

जिम बोला, "प्रेम करना और भोजन करना, भोजन करना और प्रेम करना—

इसके अलावा तुम फ्रांसीसियों को कुछ नहीं आता है।"

जूनो नाराज़ होता हुआ जिम से बोला, "झूठ न बको!" फिर, बोस दा की तरफ घूमकर बोला, "तुम्हारी फूलशैया की रात हम लोग देर तक खाना-पीना करेंगे; हँसी-मज़ाक, शोरगुल करेंगे। फिर, आधी रात के बाद, दो प्लेटों में गर्म 'हनीमून सूप' लिये हुए, तुम्हारे बन्द कमरे के दरवाज़े पर धक्का मारना शुरू करेंगे। जब तक तुम लोग दरवाज़ा नहीं खोलोगे, हम बाजे बजायेंगे, शोर मचायेंगे, धक्का देते रहेंगे। फिर, जब हमारी अशिष्टता से तंग आकर जैसे ही तुम या तुम्हारी बीवी दरवाज़ा खोलेगी, हम भीतर घुस जायेंगे। तुम दोनों को ज़ोर-ज़बरदस्ती सूप पिलायेंगे। हम लोग अपने हाथों से नहीं पिलायेंगे। मिसेज़ बोस को तुम पिलाओगे, और तुम्हें मिसेज़ बोस पिलायेंगी। जब तक तुम दोनों सारा सूप पी नहीं डालोगे, हम लोग कमरे से बाहर नहीं आयेंगे।"

बोस दा हँसने लगे, "ठीक है, न निकलना! मगर, सूप कैसे बनाओगे? कलकत्ता में उसकी सारी चीज़ें मिल जायेंगी न?"

"जरूर! इसके लिए चाहिए बारह टमाटर, छः प्याज, थोड़ा-सा गोल मिर्च, और एक औंस मक्खन!"

"बस? सिर्फ़ प्याज़ और टमाटर से 'ला सूप दे नोसे आन टारिन आव् टोमैटो' बन जायेगा? मैं यह नहीं चाहूँगा। मैं शादी ही नहीं करूँगा। मुँह से भक-भक प्याज़ की गन्ध आ रही है, ऐसे पति देवता को कौन औरत बर्दाश्त करेगी?"

जूनो सत्यसुन्दर दा को प्यार करता है, यह उसकी बातों से पता चल जाता है। वह कुछ कहने ही वाला था, मगर मार्कोपोलो वापस आ गये। बोले, "उन लोगों से बात हो गयी है। मैं अभी तुरत रोज़ी को मेनू लिखा देता हूँ। मगर, कितने आदमी वेजिटेरियन हैं, कितने आदमी नॉन-वेजिटेरियन यह पता नहीं चल रहा है।"

जिम ने कहा, "यह तो कभी पता नहीं चल पाता है। सौ में दस वेजिटेरियन मान लेते हैं।"

जूनो गुस्से में आकर बोला, "हेल! पेरिस अगर स्वर्ग है, तो रसोइयों के लिए कलकत्ता नरक! पार्टी में न आकर, कलकत्ता के लोग घर बैठे फल-फूल क्यों नहीं खाते हैं? मोशिए होरवदु क्या सपने में भी सोच सकते हैं कि एक ही डिनर-टेबुल पर एक झुण्ड वेजिटेरियन, और एक झुण्ड नॉन-वेजिटेरियन बैठे हैं? एक झुण्ड निरामिषभोजी होकर भी अण्डे खाता है। और एक झुण्ड सामिष-भोजी होकर भी 'बीफ़' नहीं खाता। और, एक झुण्ड गोमांस खाता है, मगर सूअर का नाम सुनते ही कै करने लगता है!"

बोस दा ने जूनो को चिढ़ाते हुए कहा, "बोलो माँ काली, कहाँ खड़े हों हम!"

"ह्वाट?" जूनो ने पूछा।

"इसीलिए तो हमारे ग्रेट कवि रामप्रसाद ठाकुर* ने कहा है—टेल मदर काली, ह्वेयर डू आई स्टैण्ड?" बोस दा बोले।

*बंगला के प्रसिद्ध भक्तकवि।

जूनों के होंठों से मुस्कान फूट पड़ी, "स्याटा, मिस्टर रामप्रसाद क्या ग्रेट कुक थे ?"

"वेरी-वेरी ग्रेट कुक ! वह सिर्फ़ गॉड के लिए रसोई पकाते थे।"

परबसिया अवसर की ताक में था। मैनेजर साहब के कान में कुछ कहने लगा। मैनेजर ने जिम से पूछा, "वेटरों का क्या होगा ? मेन डाइनिंग-हॉल में कितने वेटरों से तुम काम चला लोगे ?"

"बीस से कम में काम नहीं चलेगा।" स्टूवर्ड ने उत्तर दिया।

"बैंक्वेट के वक्त लोगों की कमी पड़ जाती है। जितने नौकर हैं, सबको वर्दी पहनाकर वेटर के काम में लगा दिया जाता है। एक होटल में, सुनते हैं, एक बार झाड़ू-दारों को भी वेटर बना लिया गया था। इसके अलावा पुराने नौकरों को भी बुला लिया जाता है। जो लोग नौकरी छोड़कर अवकाश ले चुके हैं। (यानी, जिम के कारण जिन्हें नौकरी छोड़ने को मजबूर होना पड़ा है), वे कलकत्ता के आस-पास हों, तो उन्हें भी बुलाया जाता है।"

जिम ने कहा, "परबसिया, तुम अभी तुरत चले जाओ। अब्दुलगफूर, मायाधर, जया, सबको खबर दे आओ। दो रुपये हर आदमी को मिलेंगे !"

परबसिया जाने लगा। मार्कोपोलो ने उससे कहा, "जाने से पहले न्याटाहारी से एक बात कह आओ !"

स्लीपर फटफटाते हुए जब न्याटाहारी बाबू हाज़िर हुए, तब तक कितने लोग चले जा चुके थे। जूनो अपने किचन में चला गया था। जिम कण्ट्रैक्टर के साथ बाजार से सामान लाने चला जा चुका था। मार्कोपोलो ने कहा, "न्याटाहारी, बैंक्वेट !"

न्याटाहारी इतने से ही सारी बात समझ गये। बोले, "कितने वेटर ज्यादा आ रहे हैं, सर ?"

"लगभग बीस।"

"चालीस वर्दी और अस्सी दस्ताने मैं रेडी करके रख दूंगा। पगड़ी भी दे दूं, सर ? देश के बड़े-बड़े आदमी आ रहे हैं। लाट साहब भी आयेंगे क्या ?"

"आ सकते हैं। अभी पता नहीं।" बोस दा ने कहा।

नित्यहरि बोले, "तब तो बाजा बजानेवालों को भी ड्रेस पहनाना पड़ेगा।"

"हाँ, उनके कपड़ों का भी इन्तज़ाम करना होगा।"

"उनके कपड़े तो हो जायेंगे, सर ! जब तक मैं यहाँ हूँ, कोई दिक्कत नहीं होगी। मगर, मैं गोमेज़ के बाजों का ड्रेस नहीं दे सकूँगा। पाँच-पाँच लड़के हैं सर ! एक बार लंच के वक्त कें-कूँ-कें-कूँ कर लेते हैं, फिर अपने-अपने बिस्तरे पर जाकर सो रहते हैं। फिर, रात में घण्टे-भर कें-कूँ-कें-कूँ। बाकी सारी रात घोड़े बेचकर सोये रहते हैं। यन्त्र-बाजे तो सन्तान की तरह होते हैं। उनका पहनावा तो उनकी माँ को ही ठीक करना चाहिए, मैं क्यों ठीक करूँगा !"

पता नहीं क्यों, मार्कोपोलो नित्यहरि बाबू को थोड़ा प्रश्रय देते हैं। मुँह फेरकर ज़रा हँसते हुए बोले, "मिस्टर बोस सारा इन्तज़ाम कर लेंगे। तुम अब जाओ !" फिर,

मुझे एक किनारे ले जाकर बोले, "मुझे अभी तुरत बाहर जाना पड़ेगा। बायरन ने एक स्लिप भेजी है। शायद सूसन की कोई खबर उसे मिली है। बोस को कहना, 'बैंक्वेट' का सारा इन्तज़ाम कर लेगा।"

होटल का सारा दिन उत्तेजनाओं में ही बीत गया। किसी को क्षण-भर रुककर साँस लेने की फुरसत नहीं। बोस दा रिसेप्शन में विलियम को बिठाकर, मुझे साथ लिये बैंक्वेट के इन्तज़ाम में यहाँ-वहाँ दौड़ रहे हैं। वेटर लोग पैण्ट्री में साफ कपड़े से छुरी, काँटे, चम्मच रगड़ रहे हैं। परबसिया धमका रहा है, "मैं एक-एक चीज़ गिनूंगा। एक चम्मच भी खो गया तो तनख्वाह से कीमत काटी जायेगी।"

और इन्हीं आवेग-उद्वेगों के बाद शाहजहाँ होटल में वही मोहक वातावरण आ गया, जब दिन की नदी रात के सागर में आ मिलती है। सत्यसुन्दर दा ने इतनी देर में डाइनिंग-हॉल को इन्द्रासन की तरह सजा दिया है। और न्याटाहारी बाबू के तीन सौ रूमालों के खूबसूरत सूअरों के सिर बैंक्वेट-हॉल के गिलासों में प्रतीक्षा कर रहे हैं।

मानव-प्रेम-समिति एक अन्तर्राष्ट्रीय संस्था है। आज रात जिनकी भोज-सभा है, वे सम्प्रति कलकत्ता में इस समिति की एक शाखा स्थापित कर रहे हैं। अतिथियों के स्वागत के लिए मिस्टर अग्रवाल, मिस्टर लैम्फोर्ड और खानबहादुर हक काउण्टर के सामने खड़े हैं। मिस्टर अग्रवाल राष्ट्रीय पोशाक में हैं—चूड़ीदार पाजामा और गले-बन्द का कोट। मिस्टर लैम्फोर्ड यूरोपीय ईवनिंग ड्रेस में हैं और खानबहादुर अपने मुगल ट्रेडिशन के वेश में हैं।

मानव-सेवा के लिए इनकी चिन्ताओं और हार्दिक उत्तेजनाओं का अन्त नहीं है। ये सभी लोग कार्य-व्यस्त व्यक्ति हैं, इनके पास क्षण-भर का भी अवकाश नहीं, फिर भी बाकी सारे काम छोड़कर ये लोग शाम से ही होटल के दरवाज़े पर आ खड़े हुए हैं। ये सभी समाज के लिए, देश के लिए, विश्व की सेवा के लिए अपने स्वार्थों का त्याग करना चाहते हैं।

"ज़रा खातिरदारी करो," अग्रवाल साहब की ओर इशारा करके बोस दा ने फुसफुसाकर मुझे कहा। काउण्टर के सामने खड़ी त्रिमूर्ति में प्रौढ़ अग्रवाल की ही खातिरदारी क्यों की जाय, मैं पूछने जा रहा था। मगर बोस दा ने समझाया, "दो नम्बर सूट इन्होंने ही हमेशा के लिए किराये पर ले रखा है। यह इनकी कम्पनियों की अतिथिशाला है। करवी को नहीं पहचानते हो? इनकी होलटाइम होस्टेस है! तन-ख्वाह के अलावा करवी को बोनस भी मिलता है।"

इतने दिनों से अखबारों में स्वदेशी आन्दोलन, विदेशी शोषण, हिन्दू-मुस्लिम विभेद इत्यादि के बारे में जो कुछ पढ़ता आया हूँ, आज देख रहा हूँ, सब झूठ है। मिस्टर अग्रवाल अतिथियों की लिस्ट देखते हुए लैम्फोर्ड के कान में कुछ बोले। लैम्फोर्ड हँसते-हँसते अग्रवाल के शरीर पर ढेर होने लगा। इस हँसी का दौरा खानबहादुर के ऊपर गिरने में देर नहीं लगी और मुझे लगा तीन अलग-अलग सभ्यताएँ मिल-जुलकर

एकाकार हो रही हैं।

अब धीरे-धीरे अतिथियों का आना शुरू हो गया। मार्कोपोलो वापस आ गये, और सफेद शार्कस्किन का सूट पहनकर हॉल के सामने खड़े हो गये। मुझे लगा, वह बहुत चिन्तित हैं। मगर, इतने लोगों की भीड़ में उनसे पास जाकर कुछ पूछने का मौका नहीं था।

हमने भी सफेद सूट पहन रखा है। बोस दा ने मौका पाकर काली तितली-जैसी मेरी बो-टाई सीधी कर दी। मुसकराते हुए धीमी आवाज़ में बोले, "एकदम स्टाइल से रहना होगा! ज़रा भी ढील-ढाल होने से मुसीबत आ जायेगी।"

कलकत्ता का कलकत्तापन जिनके चलते कायम है, बोस दा उन सभी को पहचानते हैं। एक व्यक्ति की ओर इशारा करके बोले, "वह हैं मिस्टर चोखानियाँ! कॉटन-किंग! चोखानियाँ अकेले ही आये हैं, अपनी मिसेज़ को वह कभी साथ नहीं लाते हैं।"

मानव-प्रेम-समिति के तीनों ही सदस्य उनकी ओर बढ़ गये। चोखानियाँ अग्रवाल की पीठ पर प्यार का हल्का थप्पड़ लगाकर हॉल की ओर बढ़ गये। मानव-जाति की सेवा के महान् उद्देश्य के लिए चोखानियाँ ने अपना मूल्यवान समय नष्ट करने में ज़रा भी हिचकिचाहट नहीं दिखायी है। दौड़े हुए, अपनी कीमती कार में, शाहजहाँ होटल चले आये हैं।

बोस दा ने कहा, "मैं नाम गिना दे सकता हूँ, कौन-कौन यहाँ आयेंगे। कलकत्ता में जितनी पार्टियाँ होती हैं, सभी में वही गिने-चुने आदमी जाते हैं। क्योंकि एक ही लिस्ट देखकर पार्टी देनेवाले छपे हुए कार्ड भेजते हैं। एक ही आदमी के पास रोज़ निमन्त्रण आता है। रोज़ ही वह आदमी, यानी, वे गिने-चुने सारे आदमी, ताज़ा कपड़े पहनकर शाम को घर से निकल पड़ता है। विभिन्न होटलों में जाता है, या क्लबों में जाता है, या अलीपुर या वर्दमान रोड की कोठियों में जाता है। कलकत्ता शहर और यहाँ के मानव-प्रेमी नागरिकों को अपनी आँखों से देख लो, पहचान लो। क्योंकि कल जब अखबारों में इस अधिवेशन की रिपोर्ट पढ़ोगे, तो उसमें एक भी असली बात नहीं रहेगी। अखबारों में सिर्फ भाषणों की रिपोर्ट छपेगी। कौन क्या भाषण देगा, उसकी 'समरी' तो अब तक अखबारों के दफ्तर में पहुँच गयी होगी। राम के जन्म से पहले ही रामायण लिख ली गयी होगी।"

कन्धे पर कैमरा लटकाये एक दुबली-पतली युवती अकेली अन्दर आ गयी।

बोस दा ने बताया, "शम्पा सान्याल, प्राचीन फ्रांसीसी सौन्दर्य की अधिष्ठात्री देवी! पहले घोष थीं, बाद में मालेकर या ऐसे ही किसी मराठे के साथ शादी की। इसके बाद साहा बनीं, फिर मित्रा। अब फिर अपने उसी कँवारेपन में लौट आयी हैं। मिस शम्पा सान्याल! सोसाइटी रिपोर्टर!"

"सोसाइटी रिपोर्टर क्या बला है?" मैंने बेवकूफ बनकर पूछा।

"सोसाइटी जर्नल निकलते हैं, जानते नहीं? किसने कहाँ पार्टी दी, कौन कहाँ समाज-सेवा कर रहा है, किस तरह ऊन से बच्चों के लिए स्वेटर बुना जाता है, कैसे घर

सजाया जाय, कैसे खाना पकाया जाय, कैसे पतिदेवता को वश में रखा जाय, यह सब ऐसी पत्रिकाओं में छपता है। ऐसी पत्रिकाएँ बहुत बिकती हैं। कलकत्ता की हर पार्टी में तुम शम्पा सान्याल के दर्शन कर सकते हो। क्योंकि पार्टी दी गयी और सोसाइटी जर्नल में रिपोर्ट नहीं छपी, तसवीरें नहीं आयीं, तो सारी मेहनत बेकार हो गयी।"

कैमरा झुलाती हुई शम्पा सान्याल काउण्टर पर चली आयी। बोस दा सिर झुकाते हुए बोले, "गुड-ईवनिंग !"

शम्पा ने कहा, "इस बार आपकी ही एक तस्वीर छाप दूंगी। कलकत्ता में जितनी खूबसूरत पार्टियाँ होती हैं, उनमें आधी से ज़्यादा इसी शाहजहाँ में होती हैं।"

बोस दा ने कहा, "असंख्य धन्यवाद !"

"मेरी तो भीतर जाने की एकदम इच्छा नहीं होती है। जानते हैं, मेरी क्या इच्छा है ? इच्छा है किसी कमरे में बैठकर आपसे अकेले में बातें करती रहूँ।"

बोस दा का चेहरा शर्म से लाल हो उठा। वह कुछ बोल नहीं सके। मिस सान्याल बोली, "आपका कमरा कहाँ है ? किस मंज़िल पर ?"

शायद बोस दा उसके प्रश्न से बड़ी मुसीबत में पड़ गये। मगर, अपने स्वाभाविक ढंग से, बड़ी सरलता से बोले, "छत के ऊपर ! हम लोग तीन व्यक्ति एक ही कमरे में रहते हैं। मैं, शंकर और एक और आदमी। वह बेचारा बीमार है, हमेशा कमरे में ही पड़ा रहता है।"

मिस सान्याल ने दुःख प्रकट किया, "पूअर ब्वॉय ! अलग एक कमरा भी नहीं देते हैं !"

"सब किस्मत की बात है, शम्पा देवी ! हम-जैसे होटल-कर्मचारियों के भाग्य में भगवान् ने 'प्राइवेसी' नाम की कोई चीज़ नहीं लिखी है। क्या किया जाय ?" बोस दा ने लम्बी साँस ली। फिर मुसकराते हुए बोले, "और भी कोई पार्टी थी ?"

"हाँ, दो काकलेट-पार्टी कवर करके आ रही हूँ। सुन्दर फ़ंक्शन था। और भी सुन्दर हो जाता मेरे लिए, अगर आप-जैसा कोई हैण्डसम यंगमैन मेरी बगल में बैठा होता। सच कह रही हूँ, बिलीव मी !"

बोस दा ने विलियम घोष को हल्का-सा इशारा किया। विलियम बोला, "मिस सान्याल, चलिए, हम लोग हॉल में चलें।"

अपना कैमरा विलियम को थमाकर सोसाइटी रिपोर्टर मिस सान्याल आगे बढ़ गयी।

बोस दा उदास होकर बोले, "क्रिमिनल ! देसी लड़कियों को वे लोग क्यों ह्विस्की पीने देते हैं। उफ़, आज इस औरत का कोई ठीक नहीं, क्या कर डालेगी !"

आज के इस जलसे में शामिल हैं, बैरिस्टर सेन, रेडियो थेरापिस्ट मित्र, गाइनोकलाजिस्ट चटर्जी, खिलाड़ी-राजनीतिज्ञ वसु, राजनीतिक खिलाड़ी पाल। और हैं राजा लोग—जूट के राजा, तेल के राजा, घी के राजा ! लोहा, अलमूनियम, कपड़े, कोयले के राजे-रजवाड़े भी छूटे नहीं हैं। अतीत के नमूने के रूप में विलीयमान ज़मींदारों के भी दो-एक प्रतिनिधि उपस्थित हैं।

इस बार जो सज्जन शाहजहाँ होटल में ग्राये, उन्हें देखकर बोस दा फुसफुसाये, "पहचान रखो ! लक्ष्मी के वरपुत्र, शिल्प-उद्योग की दुनिया में हमारे देश के ग्राशा-विश्वास, श्री माधव पकड़ासी ! गरीब परिवार में जन्म लेकर ग्रपने बल-कौशल से सफलता के शिखर पर चढ़े हैं।"

वह सीधे हमारे काउण्टर पर चले ग्राये। उनके साथ की स्त्री को देखकर मैं चौंक पड़ा, मिसेज़ पकड़ासी ! मोती किनारीवाली शान्तिपुर की सादा साड़ी पहने हैं। माथे पर सिन्दूर की मोटी लकीर चमक रही है।

माधव पकड़ासी ईवनिंग-सूट में हैं। उन्हें देखते ही बोस दा ने कहा, "नमस्कार, सर !"

पकड़ासी ग्रपने मिलनसार व्यक्तित्व के लिए प्रसिद्ध हैं। मधुर स्वर में बोले, "मेरा स्वास्थ्य ठीक है। मगर, इनकी तबीयत ग्रच्छी नहीं चल रही है। बराबर बीमार रहती हैं।"

लज्जावती कुलवधू की तरह मिसेज़ पकड़ासी शरमाने लगीं। बोलीं, "सारा दिन काम करके ग्रपना शरीर ग्राप नष्ट कर रहे हैं, ग्रौर मुझे कहते हैं।"

माधव पकड़ासी ने हँसते हुए कहा, "पिछले तीन हफ़्तों से एक दिन भी ऐसा नहीं बीता है, जब डिनर-पार्टी में न जाना पड़ा हो। इसके ग्रलावा एक दर्जन काकटेल, ग्रौर चौदह लंच ! इसके ग्रलावा, पन्द्रह पार्टी रिफ्यूज़ कर चुका हूँ। मगर, हर किसी को तो रिफ्यूज़ भी नहीं किया जा सकता है।"

बोस दा ने सिर हिलाते हुए कहा, "ग्राप दोनों हैं सर, कलकत्ता की सोसाइटी के फ़ादर ग्रौर मदर ! लोग तो ग्रापकी उपस्थिति चाहेंगे ही।"

"ग्रसली मुसीबत तो मेरी पत्नी को लेकर है। सारा दिन ग्रपने पूजा-पाठ में लगी रहती हैं। बाहर जाना नहीं चाहतीं। मगर एव्री व्हेयर, यहाँ तक कि बम्बई में भी स्त्रियाँ ग्रपने पति के पब्लिक रिलेशन्स का काम सँभालती हैं। मेरे साथ उल्टी बात है। हर फ़ंक्शन में एक्सप्लेन करना पड़ता है, मेरे साथ ये क्यों नहीं ग्रायीं। भाई, मैं तो ग्रपने लड़के की शादी किसी शाईगर्ल, यानी शर्मीली लड़की से नहीं करूँगा।"

मिसेज़ पकड़ासी ग्रपनी घड़ी देखने लगीं। बोलीं, "चलो, मीटिंग का काम शायद शुरू हो गया होगा।"

"ग्राह, मुझे थोड़ी देर ग्रॉर्डीनरी लोगों के पास भी रहने दिया करो। ज़रा फ्रेश ग्रॉक्सीजन ग्रन्दर भर लेने दो। वहाँ तो ग्रगरवाला से भेंट होगी, तुरत माधव इण्डस्ट्रीज़ के शेयर-एलॉटमेंट के बारे में बातचीत करने लगेगा।"

"ठीक है, मैं ज़रा ग्रागे बढ़ती हूँ। यों ही तो लोग तुम्हें घमण्डी समझने लगे हैं !"

"जाग्रो, प्लीज़ ! यही तो ग्रसली पी. ग्रार. ग्रो का काम है।" माधव पकड़ासी ने ग्रपनी स्त्री को उत्साह दिलाया।

एक बार बोस दा की तरफ देखकर मिसेज़ पकड़ासी हॉल की ग्रोर चली गयीं। उनकी निगाहों का इशारा बोस दा ज़रूर समझ गये। मुझे भी लगा, इन्हीं कुछ दिनों में

मैं काफ़ी चालाक हो गया हूँ। चकित दृष्टियों का गोपन संकेत मेरी समझ में आने लगा है। इशारे समझने लगा हूँ। निगाहों का मतलब भाँपने लगा हूँ। दूर चली जाती हुई अपनी पत्नी को देखते हुए माधव पकड़ासी ने कहा, "मेरी पत्नी नहीं होती, तो यह साम्राज्य मैं बना नहीं पाता। रियली, वण्डरफुल वाइफ़!"

पकड़ासी केवल फ्रेश ऑक्सीजन के लिए काउण्टर पर नहीं आ खड़े हुए थे। और भी काम था। अब वह अपनी बात पर आ गये। बोले, "हाँ, तो मैं कह रहा था, अगले सप्ताह जर्मनी से दो आदमी कलकत्ता आ रहे हैं। उनके लिए दो सूट चाहिए। सबसे बेहतर कमरे। उन्हें मैं अपने क्लब में ठहरा सकता था। मगर, वहाँ बात फैल जाती है। वे लोग जिस कारण से आ रहे हैं, मैं अभी औरों को जानने देना नहीं चाहता।"

बोस दा ने मुझे कहा, "रजिस्टर खोलो।"

मैंने रजिस्टर निकाला। एक भी सूट खाली नहीं है। सारे कमरों की एडवांस-बुकिंग हो चुकी है। मैंने कहा, "बड़ी मुसीबत है। विदेश से कलचरल-मिशन आ रहा है, दो महीने पहले ही वे लोग सारे सूट ले चुके हैं।"

"फिर क्या उपाय है?" मिस्टर पकड़ासी ने पूछा।

"क्या बात है? क्या बात है?" मिस्टर अग्रवाल अचानक आकर पूछने लगे।

"दो सूटों की ज़रूरत थी। मगर कलकत्ता के होटलों की यह हालत है, महीने-भर पहले नोटिस दिये बिना एक बेड भी नहीं मिल सकता है!" पकड़ासी ने कहा।

"हमारे रहते आपको सूट न मिले, यह हो नहीं सकता।" अग्रवाल बोले, "यहाँ हमारा परमानेण्ट गेस्ट हाउस है, बाई स्पेशल एरेन्जमेण्ट विद शाहजहाँ। हम अपने होस्टेस को बुलाते हैं।"

बोस दा ने मुझसे कहा, "जल्दी दो नम्बर सूट से करवी देवी को बुला लाओ।"

मैं ऊपर भागा।

करवी गुहा उस वक्त भीतर से दरवाज़ा बन्द करके शायद सिंगार कर रही थी। जब उसने दरवाज़ा खोला, उसका सिंगार पूरा नहीं हुआ था। जूड़े में बेले की माला बाँध रही थी। मुझे आया देखकर अपनी काजल-काली आँखें फैलाकर वह मृदु मुस्कान बिखेरने लगी।

एक नज़र देखकर ही औरतों की सही-सही उम्र पता लगा लेने की क्षमता भगवान् किसी-किसी भाग्यवान को देते हैं। मैं इस भगवद्-कृपा से वंचित हूँ। किसी औरत के बारे में लिखने के वक्त 'कम उम्र' या 'ज़्यादा उम्र' लिखकर ही काम चला लेता हूँ। इतना भी नहीं करना पड़े, तो मुझे ज़्यादा खुशी होगी। पुरुषों की उम्र के बारे में कोई उत्सुक नहीं होता है। मगर स्त्रियों की उम्र जानना सभी आवश्यक समझते हैं। करवी देवी की उम्र ज़्यादा नहीं है। यह भी कह सकता हूँ कि उसके स्वस्थ और आकर्षक शरीर पर समय का कोई भी प्रभाव नहीं है। समय उसका कुछ नहीं बिगाड़ सकता है। उसके शरीर के कई अंग जैसे प्राचीन मूर्तियों से चुरा लिये गये हैं। बेहद

चौड़ी ग्राँखें, तीखी नाक, मसृण नितम्ब। शरीर में कोमलता, कमनीयता का ग्रभाव है। जैसे पत्थर की चट्टान को तराशकर उनकी देह बनायी गयी हो। करवी देवी की ग्रीवा सुन्दर है ग्रौर समानान्तर फैले हुए कन्धे। वन-प्रदेश स्थूल है, किन्तु कमर को ग्रनुशासन से क्षीण रखा गया है।

बड़े ही मीठे ढंग से हँसती हुई करवी देवी ने कहा, "ग्राप ही बोस के ग्रसिस्टेण्ट हैं न?"

मैंने कहा, "जी हाँ!···वह ग्रापको बुला रहे हैं।"

"मिस्टर बोस बुला रहे हैं?" उसे यह बात जैसे बुरी लगी हो। मैंने बताया, "मिस्टर ग्रगरवाला ग्रौर मिस्टर पकड़ासी भी वहीं खड़े हैं।"

"ग्रच्छा, तो ऐसा कहिए।" करवी देवी को ग्रब मेरी बात का महत्त्व समझ में ग्राया। नयी कार जैसे एक छन्द-ताल से स्टार्ट लेती है, करवी देवी के कुर्सी से उठकर खड़े होने ग्रौर चलना शुरू करने में भी वैसी ही एक लय है।

काउण्टर पर ग्राकर देखा, विलियम ग्रकेला खड़ा है। बोला, "शायद मीटिंग शुरू हो गयी है। वे लोग उधर ही गये हैं।"

हम लोग हड़बड़ाते हुए उधर ही भागे। करवी देवी ने कहा, "मिस्टर ग्रगरवाला ने बुलाया है। तीन बजे फोन से उनसे मेरी बात हुई थी, उस वक्त तो कुछ नहीं बोले।"

माधव पकड़ासी, मिसेज पकड़ासी ग्रौर मिस्टर ग्रग्रवाल बैंक्वेट-हॉल के एक ही टेबुल पर साथ बैठे थे। बोस दा ने एक कोने से माइक उठाकर सभापति के सामने ला रखा। माननीय सभापति सिर्फ मानव-सेवा के महान् उद्देश्य से प्रेरित होकर, एरोप्लेन से उड़कर कलकत्ता ग्राये हैं। नेशनल-ड्रेस में सज्जित सभापति ने उठकर खड़े होते हुए कहा, "लेडीज एण्ड जेण्टिलमैन!" ग्रौर, सिर पर पड़ी नन्हीं-सी टोपी ठीक करने लगे।

उनकी ग्रोर देखकर करवी देवी मुसकरा उठी। ग्राप-ही-ग्राप बोली, "हे भगवान्! यही हैं! इसीलिए दोपहर में इनकी इतनी खातिरदारी हो रही थी?"

करवी देवी की बात पूरी होने से पहले ही सभापति का भाषण ग्रारम्भ हो गया, "कलकत्ता महानगरी के वरेण्य नागरिक-वृन्द, ग्रपना ग्रमूल्य समय व्यय करके, ग्राज सायंकाल यहाँ समवेत उपस्थित होने का जो कष्ट ग्राप लोगों ने स्वीकार किया है, उसके लिए मैं ग्राप सभी का ग्रभिनन्दन करता हूँ। हम लोग भारतवर्ष के ग्रादिकाल से ही देश-जाति के कल्याण की चिन्ता करते ग्राये हैं। किन्तु, ग्रब देश की ही नहीं, समस्त विश्व की, मानव-जाति की चिन्ता करने का समय ग्रा गया है। विशेषकर, इसी कलकत्ता के ही एक महान् पुत्र जब कह गये हैं, 'सबार ऊपरे मानुष सत्य, ताहार ऊपर नाई!' मानव-सत्य ही सबसे बड़ा है, उससे बड़ी वस्तु कुछ नहीं है!"

ग्रलग एक टेबुल पर बैठे संवाददाता सभापति का भाषण लिख रहे थे। ग्रचानक वे लोग पैन्सिल चलाना रोककर एक-दूसरे के चेहरे की ग्रोर देखने लगे। सभापति की बगल में विख्यात साहित्यिक नगेन पाल बैठे थे। उन्होंने उठकर सभापति के कान में कुछ कहा। सभापति जरा रुककर बोले, "भारतीय साहित्य के ग्रन्यतम साधक माननीय

नगेन पाल ने मुझे याद दिलाया है, इस कविता के कवि चण्डीदास का कलकत्ता से कोई सम्पर्क नहीं था। मगर, मैं कहता हूँ, मिस्टर चण्डीदास ने तो इसी बंगला देश में जन्म ग्रहण किया था, और कलकत्ता के बिना क्या बंगाल की बात सोची जा सकती है ?"

इस बार तालियों की हल्की गड़गड़ाहट हुई और सभापति ने घोषणा की, "विश्व की प्रधान समस्या अभी है, भोजन की समस्या, खासकर अन्न की समस्या ! पृथ्वी पर जितना चावल उपजता है, उससे पृथ्वी के प्रत्येक मनुष्य का पेट नहीं भरा जा सकता।" इसके बाद वह जेब से कागज़ का एक टुकड़ा निकालकर देखते हुए जनसंख्या से सम्बन्धित विभिन्न स्टैटिस्टिक्स बैठे हुए अतिथियों के कानों में माइक से बलपूर्वक ठूंसने लगे।

करवी देवी दरवाज़े की आड़ में मेरी बगल में खड़ी थी। बोली, "आपने तो मुसीबत में डाल दिया। इस तरह कब तक खड़ी रहूँ, बताइए तो ?"

मैंने कहा, "भाषण खत्म होते ही आप मिस्टर अगरवाला के पास जा सकती हैं।"

करवी देवी मुँह टेढ़ा करके बोली, "यह भाषण क्या अभी खत्म होगा !"

"क्या ? यह तो मोनूमेण्ट का मैदान नहीं। होटल का बैंक्वेट-हॉल है, यहाँ ज्यादा देर तक भाषण नहीं चलता है।"

सभापति बोलते रहे, "उपलब्ध वस्तु आवश्यकतानुसार वितरण करना ही मानव-सभ्यता की सफलता की मूल उपलब्धि है। पृथ्वी के समस्त देशों के निवासियों को—और हमारे अपने देश के भाई-बहनों को, जहाँ बुद्ध, रामकृष्ण, विवेकानन्द, रवीन्द्रनाथ, महात्मा गांधी का जन्म हुआ है—आत्म-त्याग करना होगा। मानव-सेवा-समिति की किसी भी भोज-सभा में हम लोग चावल का व्यवहार नहीं करेंगे। हमारे बीस सदस्यों ने प्रतिज्ञा की है कि आगामी कई वर्षों तक वे घर में भी चावल नहीं खायेंगे। ऐसे सदस्यों में हैं, मिस्टर ए. अगरवाला, मिस्टर···" सभापति नाम गिनाने लगे।

करवी देवी दुबारा हँसी, "धत्तेरे की ! भाई साहब, आप मुझे कहाँ ले आये ! यहाँ क्या हर आदमी डाइबिटीज़ का मरीज है ?"

"क्या मतलब ?" मैंने फुसफुसाकर पूछा।

"अगरवाला भात कैसे खायेगा ? उसे तो डाइबिटीज़ है। और मेरे कमरे में भी तो सिरिंज और इंसुलिन इंजेक्शन रखा है। जिस रात यहाँ आराम करने आता है, खुद ही इंजेक्शन लगा लेता है।"

हर टेबुल पर दो अदद मेनूकार्ड रखे हैं। सभी लोग बड़े ध्यान से उसे पढ़ रहे थे। गुण्डे की तरह दीखता हुआ एक नाटे कद का मोटा आदमी अपने दो-तीन दोस्तों के साथ एक टेबुल पर कब्जा जमाये बैठा था। उसने इशारे से मुझे बुलाया। मैं नपे-तुले कदमों से चलता हुआ उसके पास चला गया। दायें हाथ का मेमो-बुक और मेनू-कार्ड बायें हाथ में लेते हुए मैंने पूछा, "यस सर !"

"यह क्या निरामिष डिनर है ?"

"नहीं सर, कितने ही सामिष आइटम भी हैं।" मैंने बताया।

"आः, यह नहीं कह रहा था।" उन्होंने विरक्त स्वर में कहा, "मैं कह रहा था, हो सकता है, देश में चावल की कमी है। इसलिए अनाज खाना उचित नहीं होगा।

मगर, और माल-पानी का क्या इन्तजाम है ?"

मैं बड़ी उलझन में पड़ गया। बोस दा ज़रा दूर खड़े थे। झट से आ गये। मुझे पीछे धकेलकर बोले, "एक्सक्यूज़ मी सर, मैं मिस्टर लैम्फ़ोर्ड या मिस्टर अगरवाला को भेजता हूँ।"

एक पाँव पर दूसरा पाँव चढ़ाते हुए उसने कहा, "लैम्फ़ोर्ड की जरूरत नहीं है, उस अगरवाला को ही भेजो।"

किनारे से होकर अग्रवाल की ओर जाते हुए बोस दा ने कहा, "डेन्जरस आदमी है, फोकला चटर्जी ! असली नाम है आर. एन. चटर्जी। नामी-गरामी बॉक्सर था। किसी ने घूंसे मारकर आगे के दो दाँत तोड़ डाले थे। हरदम पीये रहता है। आँखें जवाकुसुम के फूलों की तरह लाल रहती हैं। सिर के छोटे-छोटे बाल ब्रुश की तरह खड़े रहते हैं।"

कलकत्ता की हर पार्टी और कॉकटेल में उसे निमन्त्रित किया जाता है। फोकला चटर्जी बड़ा ही लकी ब्वॉय है। जिस पार्टी में जायेगा, वह पार्टी ज़रूर सफल होगी। सभी ऐसा कहते हैं। सिर्फ फ़िल्मी जलसों में अब उसे कोई नहीं बुलाता। यहीं उस बार फिल्म-स्टार श्री लेखा देवी की साड़ी पर उसने कै कर दिया था। तब से श्री लेखा देवी ने कसम खायी है—जिस पार्टी में फोकला चटर्जी जायेगा, वहाँ मैं नहीं आऊँगी !

बोस दा को आते देखकर अग्रवाल साहब उठ खड़े हुए। बोस दा ने बड़ी धीमी आवाज़ में कहा, "मिस्टर चटर्जी बुला रहे हैं।"

"ओ माई लार्ड !" कहते हुए अग्रवाल फोकला चटर्जी की टेबुल की ओर चले आये।

चटर्जी बोला, "अगरवाला, यह कैसा मज़ाक है ? मानव-सेवा करोगे, और इधर हम-जैसे इतने जीवों को कष्ट दोगे ? मेनू-कार्ड में किसी असली माल का नाम नहीं है।"

सभापति भाषण करते जा रहे थे। अगरवाला साहब मुसीबत में घिर गये। अग्रवाल का हाथ पकड़ते हुए, फोकला चटर्जी ने कहा, "भागते कहाँ हो ? पता है न, मैं अभी यहाँ तमाशा खड़ा कर सकता हूँ। मैं सभापति-वभापति किसी पर रहम नहीं करता। लोग कहते हैं, फोकला* है निर्भय, करता नहीं डेण्टिस्ट का भय !"

अग्रवाल ने कहा, "माई डियर फ़ेलो, हमें भी कॉकटेल देने की इच्छा थी। मगर, सभापति राज़ी नहीं हुए। उन्होंने साफ-साफ कह दिया, अलकोहालिक बीवरेज सर्व होने से वह भाषण नहीं देंगे।"

अश्लील गालियाँ निकालता हुआ फोकला बोला, "साला, क्या भटियारपाड़े की विधवा फूफी-अम्मा है ? और, क्या गुड़ के लड्डू-जैसा उसका चेहरा बिना माल-पानी पिये इतना फूल उठा है ?"

अग्रवाल फोकला को सँभालने के लिए बोले, "उनके लिए पब्लिकली ड्रिंक करना···!"

फ़ोकला उठता हुआ कहने लगा, "तो यह कहो न ! ठीक है, मैं भी प्राइवेट ड्रिंक

* दन्त विहीन।

करूँगा। मैं 'मुमताज' चला जाता हूँ।"

बोस दा ने कहा, "बॉर दस बजे तक खुला है। वहाँ हर तरह का ड्रिंक मिल जायेगा।"

"पचास-साठ रुपये उगल दो, देखें! हम मनीबैग लाना भूल गये हैं। रुपये न हों, तो कह दो, मेरे माल-पानी का बिल भी तुम्हारी इस पार्टी के बिल में जोड़ लेगा।"

अग्रवाल ने कहा, "ठीक है, ऐसा ही कर लेते हैं।"

फोकला चटर्जी 'बॉर' की ओर जाने लगा। जाते-जाते बोला, "साला! दो-दो कॉकटेल का निमन्त्रण था। जानता कि निरामिष भोजन है, तो कौन साला इस हरिसभा का कीर्तन सुनने आता!"

बोस दा ने मुझसे कहा, "जाओ, 'बॉर' में कह आओ इनसे पैसे नहीं लेना।"

फोकला चटर्जी को 'बॉर' में बिठाकर जब मैं वापस आया, तब तक सभापति पृथ्वी के सभी मनुष्यों पर अपना अपरिमित प्यार जताकर, उपस्थित सज्जन-वृन्द तथा महोदयाओं को इस महान् आदर्श की स्थापना के लिए धन्यवाद दे रहे थे। प्रेम, मानव-प्रेम और त्याग-बलिदान के इस पथ पर देश के सारे मनुष्य चलते रहेंगे, इस बात में सभापति को तनिक भी सन्देह नहीं रहा।

और, अब डिनर! घड़ी की ओर देखकर इसे कानूनी ढंग से सपर भी कहा जा सकता है। चावल की कोई चीज टेबुल पर नहीं होगी, इसके लिए ढाई रुपया प्रति व्यक्ति अधिक मिल गया है। साढ़े-तीन सौ अतिथियों के बीच तीस बैरे, और पाँच ब्वॉय घूम-घूमकर पसीने-पसीने हो रहे हैं।

सभापति चीखते हुए मुझसे बोले थे, "क्यों बे लड़के, तुम लोग इतने आदमी हो, इन चन्द गेस्टों को जल्दी-जल्दी सर्व नहीं कर सकते?"

मैं चुपचाप खड़ा था। सभापति कह रहे थे, "हमारे इण्डिया में तो चार-पाँच लड़के मिलकर चार-पाँच सौ आदमियों को खिला-पिला देते हैं।"

मुर्गे का ऑपरेशन करते-करते माधव पकड़ासी ने कहा, "इसका नाम है इंगलिश सर्विस!"

"इसका मतलब है, धीरे-धीरे वैस्ट हम लोगों से कई बातों में पिछड़ रहा है!"

नगेन पाल ने कहा, "आप भी सर, एक किताब लिखिए—'डिक्लाइन एण्ड फ़ाल ऑव् द वैस्ट!"

"हाँ, लिखा जा सकता है। जवाहरलाल की 'डिस्कवरी ऑफ़ इण्डिया' जिन लोगों ने प्रकाशित की है, वे मुझसे बार-बार रिक्वेस्ट कर चुके हैं।"

सभापति की तसवीर मैं कितनी बार अखबारों में देख चुका हूँ। श्रद्धा के साथ उनके भाषण भी पढ़ चुका हूँ। इसीलिए उनकी डाँट-फटकार मुझे बुरी नहीं लगी। श्रद्धेय सभापति ने पहले कहा था, वह वेजिटेरियन है, मगर अण्डे खा लेंगे। मुर्गे की सुगन्धि से अचानक उनका विचार बदल गया। उन्होंने पकड़ासी से पूछा, "मांस नरम है?"

"काफी नरम है! कलकत्ता के मांस की तुलना नहीं हो सकती। इतनी जगह

ग्राता-जाता रहता हूँ, मगर कलकत्ता-जैसा नरम ग्रौर सुस्वादु मांस कहीं नहीं मिलता।" पकड़ासी मुस्कराते हुए बोले।

सभापति ने कहा, "ग्ररे छोकरे, जाग्रो तो, मेरे लिए थोड़ा चिकेन ले ग्राग्रो!"

मैंने एक ट्रे उनके सामने ला रखा। बिना कुछ कहे-सुने उन्होंने पूरा ट्रे ग्रपने प्लेट में डाल लिया। फिर एकदम भारतीय ढंग से सभापति काँटे-छुरी की ग्रवज्ञा करके, ग्रपने दायें हाथ से मुर्गे की रान उठाकर चबाने लगे। हड्डियाँ चबाने की ग्रावाज़ से चौंककर विदेश कॉन्सुलों के मेहमान उनकी ग्रोर देखने लगे। बायें हाथ के रूमाल से नाक पोंछते-पोंछते सभापति बोले, "पिछली दफ़ा विदेश-यात्रा पर मैंने पहले-पहल यह कायदा शुरू किया था। वे लोग ग्राश्चर्यचकित हो गये थे। बम्बई की वह ग्राधी मेम साहब लेखिका मिस पोस्तावाला मेरे पास बैठी थी, मुझे रोकने लगी थी। मगर, मैं तो ग्रसली भारतवासी हूँ, मैं क्यों उसकी बात सुनता? मैं तो प्लेट उठाकर शोरबा तक पी गया था।"

तब तक ग्राइस-क्रीम का दौर शुरू हो चुका था। एक साथ दो ग्राइस-क्रीम ग्रपने सामने रखते हुए सभापति बोले, "यह चीज़ पाचन-शक्ति से भरी होती है। इसे बाद में लूँगा। तुम लड़के, दौड़कर थोड़ा चिकेन ग्रौर ले ग्राग्रो। देखो, रान लाना, हड्डियाँ कम हों।"

चिकेन की खोज में जाते-जाते मैंने सुना, राष्ट्रीयतावादी सभापति पास बैठे नगेन पाल को समझा रहे थे, "यह होटल तो विदेशी कनसर्न है। इस पर कोई दयामाया न कीजिए। बेटा गले में रस्सी बाँधकर हमसे दाम वसूलेगा, एक ग्रधेला नहीं छोड़ेगा। सारा मुनाफा विदेश भेजेगा, हमारा फ़ारेन एक्सचेन्ज कम होगा। जितना हो सके, वसूल कर लीजिए। डरिए मत, मेरे पास पचाने का सारा इन्तज़ाम है। ग्रजवाइन का ग्रर्क है, सोडामिण्ट टैबलेट है। डरने की कोई बात नहीं, चबाते जाइए।"

ग्रौर एक प्लेट चिकेन ग्रब मैंने उनकी ग्रोर बढ़ाया, वह ग्रत्यन्त करुण स्वर में बोल उठे, "दो कौर चावल न होने से ये चीज़ें चलतीं नहीं हैं। मगर क्या किया जाये, इण्डिया के लिए, वर्ल्ड के लिए इतना कुछ सेक्रिफ़ाइस तो करना ही होगा।"

एक टकड़ा उठाते हुए ग्रग्रवाल बोले, "मगर जो भी कहिए सर, ग्रापकी स्पीच बुरी नहीं है।"

तब सभापति ने बड़े साइज़ का एक टुकड़ा उठाते हुए कहा, "सो तो है! मगर ग्राज के डिनर का मेनू भी बहुत बढ़िया है। बेटा होटलवाला कीमत वसूल कर लेता है, मगर चीज़ भी बढ़िया देता है। इसीलिए तो विदेशी कम्पनियाँ भारत में इतनी उन्नति कर रही हैं।"

इतनी देर में करवी देवी ने ग्रपना काम पूरा कर लिया है। माधव पकड़ासी के मेहमानों के लिए ग्रग्रवाल की ग्रतिथिशाला में पक्का इन्तजाम हो गया है। मगर, वह लौटकर जा नहीं सकी। ग्रग्रवाल के ग्रनुरोध से करवी को डिनर में शामिल होना पड़ा। मैं दुबारा उनसे टकरा गया। तब तक गोमेज़ के ग्रुप ने ग्रपना संगीत शुरू कर दिया था। इस संगीत का एक लाभ यह भी है कि एक टेबुल की बात दूसरे टेबुल तक नहीं

पहुँचती है। सभी लोग 'प्राइवेसी' का आनन्द उठाने लगते हैं। सभी जो कुछ कहने-सुनने की स्वाधीनता पा जाते हैं। संगीत के स्वर में बाकी सारे स्वर डूब जाते हैं।

करवी देवी अपनी कुर्सी से उठी, और हॉल की ओर देखती हुई मुस्कराने लगी। फिर, मेरे साथ बाहर आती हुई बोली, "आप लोगों के सभापति का आडम्बर तो देखिए! हमारा सूट उन्हीं के रहने के लिए सजाया गया था। मेरा रूप-रंग देखना चाहते थे, मगर बोले, 'वहाँ रहना ठीक नहीं होगा। जहाँ हर बार ठहरता हूँ, वहीं ठहरूँगा, मगर रात के कुछ घण्टे आपकी होस्टेस के कमरे में बिताने में कोई हर्ज नहीं है।'"

इतना कहकर करवी देवी खिलखिलाकर हँस पड़ी और मैं उसकी बात का मतलब समझ सकूँ, कुछ कह सकूँ, इससे पहले ही तेज़ी से आगे बढ़ती हुई बोली, "जाती हूँ। अपने सम्मानित अतिथि के स्वागत की व्यवस्था करनी होगी।"

आठ

सम्मानित अतिथि के स्वागत का अर्थ क्या होता है, करवीदेवी के विषण्ण, अर्थात् कर्तव्य-परायण चेहरे की ओर देखते ही मेरी समझ में आ गया था। मेरे सामने ही 'बैंक्वेट' में निमन्त्रित कलकत्ता के सम्मानित नागरिक एक-एक कर चले गये थे। हल्के-से घूंघट की आड़ से अपने स्वामी के साथ मानवता की चर्चा करती हुई मिसेज़ पकड़ासी प्रतीक्षा करती हुई कार में बैठ गयी थीं। मिस्टर अग्रवाल और उनके अंग्रेज़ दोस्त ने भी देर नहीं की। केवल जो व्यक्ति रुके रहे, वे थे हमारे माननीय सभापति। कर्तव्य-कलान्त शरीर को दो नम्बर सूट की शान्त, शीतल, स्निग्ध छाया में पुनर्जीवित करने के लिए ही वे रुक गये थे। मगर अधिक देर तक नहीं रहेंगे। कैलेण्डर की तारीख बदलने के पहले ही होटल से बाहर चले जायेंगे।

रिसेप्शन-काउण्टर पर खड़े होकर मैंने उस रात उन्हें तेज़ कदमों से होटल के बाहर चले जाते देखा था। वह दृश्य मैं कभी भूल नहीं पाऊँगा और, सुबह के अखबारों में उनकी जो तसवीर छपी थी, उससे उनकी इस तसवीर का ज़रा भी मेल न पाकर मैं हैरान हो गया था। और, मन में सन्देह की एक लहर उठने लगी थी--क्या इसी तरह खबरें बनती हैं, क्या इसी तरह अखबारों में समाचार छपते हैं, क्या इसी तरह इतिहास बनता है, क्या इसी तरह से लोग इतिहास के पन्नों में अमर और अविस्मरणीय हो जाते हैं?

वैसे, आज भी मैं अपना विश्वास तोड़ नहीं बैठा हूँ, आज भी मुझे मनुष्य की महानता में आस्था है। फिर भी जब उस रात की याद आँखों की पलकों पर तैरने लगती है, अपनी आँखों के अलावा किसी चीज़ पर विश्वास करने का जी नहीं होता। याद आता है, करवी देवी अपने सम्मानित अतिथि को होटल के दरवाज़े तक छोड़ने आयी

थी। काउण्टर से गुजरते वक्त उसने एक बार हमारी ओर देखा था—उस दृष्टि में एक होस्टेस के सत्कार के अतिरिक्त कुछ नहीं था। मगर, सभापति को विदा करके अकेली लौटती हुई करवी गुहा क्षण-भर के लिए काउण्टर के सामने रुक गयी थी। रुककर उसने मेरी ओर देखा था। वैसी निगाहों से क्यों देखा था, यह बात आज तक मेरी समझ में नहीं आयी है। अपनी अल्प बुद्धि और अनुभवहीनता के कारण सारी बातें समझ लेने की क्षमता मुझमें उन दिनों नहीं थी। फिर भी मुझे लगा था, करवी गुहा की काजल-काली आँखों में युग-युगान्तर की क्लान्ति और व्यथा भरी हुई है। मुझे लगा, करवी की निगाहों में अभिमान भरा है—जैसे मेरे मौन ने ही उसके शरीर को, उसके अस्तित्व को अपमानित किया है।

ताज़ा खिले हुए फूल की तरह उसका लावण्य पता नहीं उसके शरीर से कब गायब हो गया है। शृंगार बिखर गया है, रूप-शिखा मद्धिम पड़ गयी है। मेरे सामने आकर खड़ी होती हुई करवी पूछती है, "और कितनी देर है ?"

और, उसके इस प्रश्न में स्नेह और अपनत्व ढूँढ़ता हुआ, मैं कहता हूँ, "अभी तो ड्यूटी शुरू ही हुई है। मुझे आज सारी रात जागकर काट देनी होगी।"

"बेचारा !" अस्फुट स्वर में कहती हुई वह धीमे कदमों से अपने कमरे की ओर चली गयी थी।

उस रात की बातें याद करके मुझे शर्म आने लगती है। अनुभवी और बुद्धिमान पाठक शाहजहाँ होटल के इस अपरिपक्व कर्मचारी को अवश्य क्षमा कर देंगे। उस रात क्षण-भर के लिए मुझे लगा था, मैं 'बेचारा' नहीं हूँ, अभागा नहीं हूँ। मैं परम भाग्यवान् हूँ। विधाता के आशीर्वाद से मनुष्यों के इस संसार में मैंने ही 'मैं' बनकर जन्म लिया है— करवी गुहा ने नहीं। और, मुझे लगा था, विधाता ने अपनी सृष्टि में पुरुष को ही सबसे अधिक भाग्यवान् बनाया है, स्त्री को नहीं। स्त्री की सृष्टि करके उन्होंने पुरुष-जाति के प्रति अपने पक्षपात का प्रमाण दिया है।

यही बात एक बार और मेरे ध्यान में आयी थी, जब करवी गुहा के बारे में श्रीमती पकड़ासी ने कहा था, "हे ईश्वर, तुमने ऐसी स्त्री की रचना भी की है।"

मगर, माधव पकड़ासी के यूरोपीय मेहमानों के आने में और शाहजहाँ होटल के दो नम्बर सूट का आतिथ्य ग्रहण करने में अभी भी देर है। वे आ जायें, फिर जो होगा, देखा जायेगा।

उन लोगों के आने से पहले जिस व्यक्ति का आगमन होटल में हुआ था, और जिससे मेरी बातचीत हुई थी, उसका नाम है—कनि ! कनि को बिना देखे, शाहजहाँ होटल के बारे में मुझे कोई जानकारी नहीं होती। शाहजहाँ से परिचय ही नहीं होता। कनि के बिना, मेरे लिए शाहजहाँ का कोई महत्त्व ही नहीं है। आज भी जब किसी अपरिचित युवती के सम्पर्क में आता हूँ, आज भी जब किसी स्त्री के बारे में राय कायम करने का अवसर आता है, मैं कनि को याद किये बिना रह नहीं पाता। कनि अब मुझे कोई स्त्री नहीं लगती। लगता है, जैसे वह एक रंगीन, बेहद रंगीन सपना थी। वह एक

इन्द्रधनु थी, जो थोड़ी देर के लिए इस अन्तर्राष्ट्रीय होटल के नीले आकाश पर उगी थी। हो सकता है, कनि का परिचय मुझे किसी और ढंग से देना चाहिए। नगर-सभ्यता के अन्धकारग्रस्त जागरण में कनि ने मेरी बुद्धि के कैमरे के लिए फ्लैशबल्ब का काम दिया था। उसकी क्षण-भर की तेज़ चमक में मैंने कलकत्ता के समाज के असली और प्रकृत रूप को अपने मन की फिल्म पर हमेशा-हमेशा के लिए अंकित कर लिया था।

कनि कौन है, मुझे पता नहीं था। इससे पहले उसका नाम भी कभी सुना नहीं। मार्कोपोलो एक दिन उसका एक फोटोग्राफ लेकर हमारे काउण्टर पर आये थे। रोज़ी उस वक्त मेरे पास बैठी नेल-कटर से नाखून तराश रही थी। बोली थी, "ज़रा भी धार नहीं है।"

मैंने कहा था, "चाहो तो ब्लेड से नाखून काट सकती हो।"

दाँतों-तले जीभ दबाते हुए उसने कहा था, "कैसे यंगमैन हो तुम? एक यंग लेडी तुमसे बता रही है कि उसका नेल-कटर भोथरा हो गया है, और तुमसे यह नहीं होता है कि दौड़कर किसी स्टेशनरी की दुकान में जाओ, और नया कटर खरीद लाओ! उल्टे सिखा रहे हो, ब्लेड से काट लो!"

"माई डियर गर्ल, यह यंगमैन तुम्हें एकदम सही एडवाइस दे रहा है। ब्लेड से नाखून काटने में तुम्हें ज़रा भी दिक्कत नहीं होगी।" मार्कोपोलो के गले का स्वर सुनकर हम दोनों चौंक पड़े थे। पता नहीं, वह कब यहाँ आ गये थे, हम समझ नहीं पाये। मार्कोपोलो मुसकराते हुए बोले, "रोज़ी, एयरवेज़-वाली चिट्ठी मुझे अभी तुरत चाहिए। वे लोग जो नया एयर-सर्विस चालू कर रहे हैं, उसकी वजह से हमारे यहाँ ज़्यादा कमरों की जरूरत पड़ेगी। डेली रिज़र्वेशन! चिट्ठी दफ्तर में पड़ी है, जल्दी ले आओ!"

रोजी लगभग उछलती हुई काउण्टर से बाहर कूद पड़ी। मार्कोपोलो तब मुस्कराते हुए मुझसे बोले, "अब काम की एक बात कहता हूँ। स्ट्रिक्टली स्पीकिंग! यह तुम्हारा काम नहीं है, रोज़ी का है। मगर, जिम से मैंने सुना है, रोज़ी औरतों को ज़रा भी बर्दाश्त नहीं कर पाती है। शाहजहाँ होटल में कोई दूसरी लड़की रहने को आ रही है, यह सुनते ही उसका अंग-अंग जलने लगता है।"

मार्कोपोलो ने मेरे हाथ में एक फोटोग्राफ थमा दिया। हँसते-हँसते बोले, "ऐसी तसवीरें जवान लड़कों को नहीं देखनी चाहिए। मगर, जब होटल में नौकरी करते हो तो क्या उपाय है? और होटल का आदर्श कर्मचारी तो न मैस्कुलिन जेण्डर होता है, न फ़ेमिनिन! वह तो न्यूटर होता है।"

मार्को से ही पता चला, यह एक नील-नयना विदेशिनी सुन्दरी की तसवीर है। उसके सिर के केश प्लैटिनम की तरह हैं। वह बोले, "जाओ अखबारों में विज्ञापन दे आओ—'कनि, द वूमन इज़ कमिंग!' पहली बार शाहजहाँ होटल में एक पूरी औरत आ रही है।"

सुबह के अखबारों में आप लोगों ने हमारा वह विज्ञापन ज़रूर देखा होगा। एक बार देखकर कभी भूल नहीं सके होंगे।

सत्यसुन्दर दा बहुत सारी तसवीरें मेरे सामने पटकते हुए बोले, "डिसप्ले का काम सीखो ! तुम्हें अकेले ही सौ आदमियों का काम जानना चाहिए !"

सारी तसवीरें कनि की थीं। मुख्य द्वार के दोनों ओर दो बोर्ड लगाकर मैंने खूबसूरत ढंग से तसवीरें टाँग दीं—'कनि इज़ कमिंग !'

पब्लिसिटी का मेरा तरीका देखकर बोस दा बेहद खुश हुए, "वाह, बहुत अच्छे ! लगता है, पिछले जनम में तुम शाहजहाँ होटल की कैबरे-लड़कियों की अधनंगी तसवीरें डिसप्ले करते रहे हो !"

मैंने हँसकर कहा, "मैं पूर्वजन्म में विश्वास नहीं करता। असली बात है, गुरु अच्छा हो तो शिष्य जल्दी ही काम सीख लेता है।"

बोस दा ने दुबारा विज्ञापन पढ़ा, 'कनि इज़ कमिंग !' फिर बोले, "कमिंग ! मगर, कहाँ से 'कमिंग', तुम्हें पता है ?"

मैंने सिर उठाकर उनकी ओर देखा। वह हँसने लगे। बोले, "सच पूछो तो ये सुन्दरियाँ सीधे नीले आसमान से उतरकर शाहजहाँ के नाच-घर में चली आती हैं। जन्नत की परियाँ हैं, धरती से कैसे आयेंगी ! मगर, हमारी यह कनि मिडल-ईस्ट को विजय करके अभी पेरिस के एक होटल में शो दे रही है। वहाँ से उड़कर आकाश-मार्ग से सीधे हमारे शाहजहाँ में उतर आयेगी।"

बोस दा इस वक्त हल्के 'मूड' में थे। कहने लगे, "वह बहुत ज्यादा फीस पर आ रही है। वैसे भी, कैबरे-गर्ल ज्यादा लेती हैं। मगर, कितना लेती हैं, यह सुनकर तो तुम्हारे कितने बैरिस्टरों और एफ. आर. सी. एस. उपाधिधारी सर्जनों का सिर दुखने लगेगा। उनका सारा घमण्ड, सारी साधना, सारी विद्या कैबरे-सुन्दरी के नृत्यरत पद-युगल के हल्के धक्के से चूर-चूर होकर फर्श पर बिखर जायेगी।"

मैंने टोकते हुए कहा, "यह तुलना तो नृत्य की नहीं हुई, फुटबाल जैसी हो गयी।"

"ठीक ही कहते हो", बोस दा ने कहा, "ये नृत्यांगनाएँ तो भक्तों के सिर से फुटबाल ही खेलती हैं।"

बोस दा ने मुझे सावधान कर दिया, "कई बार गेस्ट लोग काउण्टर पर आकर पूछते हैं, 'कैबरे-गर्ल कितना लेती है ?' कोई पूछने आये तो कहना, 'माफ कीजिए, मुझे पता नहीं !' कैबरे के सारे कागज़-पत्र एकदम कन्फ़ीडेंशियल होते हैं !"

कैबरे की लड़कियों का नेपथ्य-समाचार बोस दा से मालूम हुआ। छः-सात महीने पहले ही 'इंगेजमेण्ट' हो जाता है। पैरिस में ऐसी कम्पनियाँ हैं, जिनका काम ही कैबरे के प्रोग्राम तय करना है। हमारे होटल की भाषा में इसे कहते हैं—चेन-प्रोग्राम ! जिस तरह कई सिनेमा-घरों का एक 'चेन' बना लिया जाता है। कलकत्ता के 'उत्तरा', 'पूरबी', 'उज्ज्वला' इन तीन सिनेमाघरों में अक्सर एक ही फिल्म दिखायी जाती है, उसी तरह ये कैबरे-लड़कियाँ एक 'चेन' के होटलों में नाचती फिरती हैं। पृथ्वी के नक्शे पर कई विख्यात नगरों को वे लाल पेन्सिल से घेर देती हैं, और एक के बाद दूसरे शहर की परिक्रमा करने लगती हैं। पश्चिम या सुदूर पूर्व से अपनी यात्रा शुरू करती हैं। कहीं तीन

हफ्ते, कहीं दो हफ्ते का प्रोग्राम होता है। एक शहर में उनका प्रोग्राम खत्म होने के पहले ही उनकी तस्वीरें अगले शहर के अखबारों में छपने लगती हैं; विज्ञापन बँटने लगते हैं, पब्लिसिटी होने लगती है। और, इस तरह समूची दुनिया का चक्कर काटकर वे अपने मुल्क लौट आती हैं।

अब दुनिया बहुत छोटी हो गयी है। एक विराट भूखण्ड, जिसका नाम है चीन—कैबरे के मानचित्र से मिटा दिया गया है। पहले वहाँ कैबरे-नर्तकी को पाँच महीने लग जाते थे। अब सिर्फ एक हाँगकाँग का भरोसा रह गया है। वहाँ कितने दिन रहा जा सकता है? फिर हाँगकाँग तो फ्री-पोर्ट है। वहाँ हर बात की पूरी आज़ादी है। इसीलिए वहाँ के होटलों की रातों के मेहमान बड़ी-बड़ी उम्मीदें लेकर आते हैं। ज़्यादा आज़ादी चाहते हैं। फ्री-पोर्ट के मेहमानों को खुश करना कई लड़कियों के लिए मुसीबत की बात बन जाती है।

कैबरे के बाज़ार में सबसे कीमती चीज़ का नाम है—यौवन! इस तरल पदार्थ के ज्वार-भाटे के अनुसार ही नर्तकियों की कीमत घटती-बढ़ती रहती है। इसीलिए हर तीन महीने के बाद कैबरे-गर्ल को अपनी नयी तसवीर खिंचवानी पड़ती है। तसवीर पुरानी नहीं है, इसका सर्टीफिकेट साथ लगाना पड़ता है, और तब रूप-यौवन के जौहरी लोग कैबरे-गर्ल की कीमत आँकते हैं। मार्कोपोलो ने कितनी बार बताया है, यह बड़ी ही खतरनाक लाइन है, बड़ा ही 'ट्रेचरस' व्यापार है। चार-पाँच साल पुरानी तसवीर के बल पर बाज़ार में कायम रहने का रिवाज़ हो गया है। इसीलिए पृथ्वी के विभिन्न भागों के कुछ-एक नामी फोटोग्राफरों को होटलवालों ने चुन लिया है। इन्हीं में किसी फोटोग्राफर से तसवीर खिंचवाकर, तसवीर के पीछे खींचे जाने की तारीख लिखवाने का नियम बना दिया गया है। कलकत्ता की दो-एक फोटो-स्टूडियो का नाम भी इस लिस्ट में है। यहाँ तसवीर खिंचवाकर क्वालालम्पुर, टोकियो या मनीला भेजी जाती हैं। यहाँ तक कि प्रशान्त महासागर के पार सुदूर अमरीका तक कलकत्ता की तसवीरें चली जाती हैं।

बोस दा मुस्कराते हुए बोले, "होटल की इन रजनीगन्धा सुन्दरियों की कीमत बहुत ज़्यादा होती है। 'हाइड्रोजन-बम' नाम की जो जर्मन लड़की आयी थी, उसका रेट था प्रति सप्ताह एक सौ अस्सी पौण्ड। रहना और खाना फ्री। इसके अलावा पैसेज का खर्च। इसके बाद आयी थी इजिप्शियन लड़की फ़रीदा, जिसके बारे में अखबारों में विज्ञापन दिया गया था—'नवनीत-वक्षी (बटर-ब्रेस्टेड) सुन्दरी'। उसका और उसकी बहन का रेट था, प्रति मास तीन हज़ार पौण्ड अर्थात् लगभग चालीस हज़ार रुपये। लोला, द टोमैटो-गर्ल, क्यूबा की लड़की थी। वह रोज़ अपने शरीर में दस टमाटर लटकाये रहती थी। एक टमाटर का दाम लेती थी पूरे सौ रुपये। कीमत देकर अपनी पसन्द के मुताबिक जिस अंग से तबीयत हो एक टमाटर तोड़ लो। तब वह अपने दाँतों से टमाटर का थोड़ा-सा रस चूसकर टमाटर तुम्हें थमा देगी। टमाटर चूसकर चाहो तो उसे वापस दे सकते हो। वह लेती थी प्रति सप्ताह पाँच सौ डालर। मगर, मार्जरी इतनी बड़ी गायिका थी, वह सिर्फ सौ डालर प्रति सप्ताह लेती थी। उसका गाना सुनने

के लिए उतनी भीड़ नहीं होती थी। मार्जरी नीग्रो लड़की थी। वैसी सुरीली ग्रावाज़ मैंने ग्रौर कहीं नहीं सुनी है।"

इतने रुपये खर्च करके कैबरे-लड़कियों को बुलाया जाता है, यह भी एक भारी जुग्रा है। कलकत्ता के रसिक, सौन्दर्य-प्रेमी नागरिक प्रसन्न होकर, जी-भर मदिरा पीकर, बार-बार होटल में ग्राकर, ग्राधी रात तक जमे रहकर उसकी कीमत वसूल कर देंगे, मुनाफा होने देंगे या नहीं, क्या पता! सप्ताह में छः दिन कैबरे-गर्ल कलकत्ता की रात को दिन की तरह जगमगाये रहेगी। सिर्फ ड्राई-डे के दिन, यानी जिस दिन शराब-बन्दी रहेगी; कोई शो नहीं होगा। खाली गिलास सामने रखकर कौन नाच देखना चाहेगा, कौन गीत सुनना चाहेगा? मगर, इस खाली दिन के बदले रविवार को लंच के वक्त दोपहर में भी स्पेशल-शो किया जायेगा। यह शो रात के तमाशे से ग्रधिक संयत, ग्रधिक शिष्ट होगा।

कनि का विज्ञापन छपते ही होटल ग्रानेवाले रसिकों में चहल-पहल हो गयी थी। बोस दा ने कहा था, विज्ञापन की भाषा के कारण ही यह शोरगुल है। स्त्री-सौन्दर्य के वर्णन के लिए शब्द-कोश में जो भी शब्द थे, फिलमवालों ग्रौर होटलवालों ने गिलकर सब समाप्त कर दिये हैं। चाहे जितने भी उत्तेजक शब्द क्यों न प्रयोग किये जायें, ग्रब लोगों के मन में उतनी उत्तेजना पैदा नहीं होती है। पुलाव, मुर्गी की दो प्याज़ी, बिरियानी में कुछ ग्ररसे तक डूबे रहने के बाद सूखी सब्ज़ी ही ग्रच्छी लगती है। इसीलिए, हमने विज्ञापन में सीधी-सादी भाषा से काम लिया है— कनि, द वूमन, कनि, एक ग्रौरत, कलकत्ता ग्रा रही है।"

विज्ञापन छपने के बाद ही टेलीफोन से लोग-बाग पूछताछ करने लगे थे। कलकत्ता में जिन युवकों के पिताग्रों के पास काफी रुपये हैं, जिन कन्ट्रेक्टरों को नये ठेकों की ज़रूरत है, जो सेल्स-ग्रॉफ़िसर बड़ी कम्पनियों के पर्चेज़-ग्रॉफ़िसरों को खुश करना चाहते हैं, उनमें से कितनों ने फोन किया था। ऐसे बहुत सारे फोन मुझे ही उठाने पड़े थे।

"हलो, शाहजहाँ होटल?"

"गुड-ग्राफ्टरनून! शाहजहाँ-रिसेप्शन से बोल रहे हैं।"

"कनि, द वूमन के बारे में कुछ बता सकते हैं? वह तो शनिवार से ही शो कर रही हैं?"

"जी हाँ।"

"पहले दिन के शो में एक टेबुल बुक करना चाहते हैं।"

"सॉरी, पहले दिन कोई सीट नहीं बची है। ग्राप जानते ही हैं, हमारे पास तो कुल साढ़े-तीन सौ सीटें हैं।"

"हलो, शाहजहाँ होटल? कनि, द वूमन! एडमिशन-फ़ी क्या है?"

"एडमिशन-फ़ी वही पाँच रुपये! ग्रौर, डिनर सात रुपये ग्राठ ग्राने!"

"ग्रौर ड्रेस?"

"जी हाँ, ड्रेस का रिस्ट्रिक्शन है। ईवनिंग, ग्रथवा नेशनल।"

फोकला चटर्जी ने भी फोन किया था, "हलो, बोस हैं क्या? मैं फोकला चटर्जी बोलता हूँ।"

"मिस्टर बोस नहीं हैं, सर! मैं शंकर बोल रहा हूँ।"

"अच्छा, सुनो! मुझे ओपनिंग-डे के लिए तीन टिकटें चाहिए, मिस्टर रंगनाथन के नाम।"

"एक भी टिकट नहीं है, सर! सारी टिकटें बिक चुकी हैं।"

"क्या कहते हो? ब्लैक करवा रहे हो?"

मैंने कहा, "नहीं सर, हम लोग पाँच टिकटों से ज़्यादा किसी को नहीं देते हैं।"

मगर फोकला चटर्जी तो आसानी से छोड़नेवाला नहीं था। बोला, "बाई हुक ऑर बाई क्रुक, मुझे टिकट चाहिए। रंगनाथन ओपनिंग-डे के दूसरे ही दिन जा रहे हैं। किन लोगों ने टेबुल बुक किया है, ज़रा नाम तो बताओ। तुम लोग बंगाली लड़के हो, तुम लोगों से थोड़ी सुविधा तो हम चाहेंगे ही। इस कलकत्ता के सारे खेल-तमाशे नॉन-बंगाली लोग ही इन्ज्वाय करें, यह तो अच्छी बात नहीं।"

मैंने कहा, "मेरे हाथ में कुछ नहीं है, सर! मैं नाम पढ़ देता हूँ—मिस्टर खेतान, मिस्टर बाजोरिया, मिस्टर लाल, मिस्टर मैक्फ़रलेन, साहा, सेन, चटर्जी, लोकनाथन, जोसेफ़, ल्यांग-प्यांग सिन। और भी कितने ही लोग हैं—सिंह, शर्मा, अली, वसु, उपाध्याय, जाजोदिया, मतिराम, हीराराम, चुन्नीराम, छातावाला, ह्विस्कीवाला, टेढ़ामल, जेठामल, बनारसीदास।"

फोकला गुस्से में आकर बोला, "सब साला फोकट में ऐश करेगा। और, हम लोग जेनुइन-पार्टी टिकट नहीं पायेंगे!"

"क्या मतलब? आप क्या कह रहे हैं, सर?"

"सब साला एक्सपेन्स एकाउण्टवाला! लड़की के नाच-गाने का बिल भी अपनी कम्पनी में सबमिट करेगा। और, हम लोग अपने पैसे से आना चाहते हैं, मगर टिकट नहीं मिलती है। गवर्नमेण्ट भी नाक-कान बन्द करके सो रही है। जनता का कुछ खयाल नहीं रखती। अच्छा, ज़रा देखो तो, अगरवाला का नाम है या नहीं?"

मैंने बताया, "नाम है सर, पाँच सीटों के दो टेबुल उनके नाम हैं।"

"चलो, जान बच गयी, यार! उसी को कहता हूँ, एक टेबुल छोड़ देगा। बेटा रंगनाथन! अब इमली खाओ। बेचारा बिज़नेस के काम से बंगलौर से यहाँ आया है। वहाँ इमली खाता है, और अपनी बूढ़ी पत्नी से झाड़ू खाता रहता है। यहाँ आकर ज़रा इमली का स्वाद बदलना चाहता है। एकदम नया आदमी है। कलकत्ता का हालचाल नहीं जानता। और, डरपोक आदमी है। हर बात से डरता है। प्राणों का भय, सम्मान का भय, रोग का भय। यहाँ-वहाँ जाने का साहस नहीं है। इसीलिए मैं इसे गाइड कर रहा हूँ।"

मैं फोन रखने ही जा रहा था, मगर तभी चटर्जी ने ऐसा सवाल किया, जो मैंने आज तक नहीं सुना था। बोला, "अच्छा जी, मोस्ट इम्पार्टेण्ट बात तो भूला ही जा रहा था। विज्ञापन में स्टैटिस्टिक्स क्यों नहीं दिया?"

"जी ? स्टैटिस्टिक्स ?"

"अच्छा ठीक है, आप बोस से पूछकर रखियेगा, मैं बाद में फोन कर लूँगा।" इतना कहकर फोकला चटर्जी ने फोन रख दिया।

इस 'स्टैटिस्टिक्स' शब्द का अर्थ बोस दा से मालूम हुआ। बोस दा ने कहा, "छिः, तुम तो हाईकोर्ट में काम कर चुके हो ! मगर, आधुनिक सभ्यता का मापतौल तक नहीं जानते। आधुनिक सभ्यता में पुरुष को मापा जाता है बैंक के फिगर से, और स्त्री को मापा जाता है शरीर के फिगर से ! 36-22-34 या 34-20-34, इतना ही कह देने से हमारे शुभचिन्तक-पृष्ठपोषक सारी बात समझ जाते हैं।"

कनि का स्टैटिस्टिक्स अब तक हमें पता नहीं चला था। मार्कोपोलो ने कहा, "छः महीने पहले का स्टैटिस्टिक्स मेरे पास है। मगर, उसे बताना तो उचित नहीं होगा।"

फोकला चटर्जी ने दुबारा फोन किया था। बोस दा ने फोन उठाकर कहा था, "हाँ सर, लेटेस्ट स्टैटिस्टिक्स के लिए हमने सप्लाई-पेड टेलिग्राम भेजा है। अभी तक जवाब आया नहीं है, आते ही आपको खबर करेंगे।" बोस दा ने यह भी कहा था, "इस बार का प्रोग्राम बड़ा शानदार है। सिर्फ नाच ही नहीं सर, और भी खास चीज़ होगी।"

"क्या चीज़ होगी ? हज़रत, ज़रा हिन्ट तो दीजिए ! रंगनाथन को गरम किये रहूँगा। पूअर फ़ेलो, उसकी बीवी उसे रोज झाड़ू मारती है।"

बोस दा ने कहा, "सॉरी ! अभी बताने का हुक्म नहीं है। उसी दिन अपनी आँखों से देख लीजियेगा।"

रात के आठ बजे से ही शाहजहाँ होटल के सामने गाड़ियों की जमघट लग गयी, जैसे देशभर की सारी खूबसूरत गाड़ियों को किसी विशाल जाल में बाँधकर शाहजहाँ के सामने खींच लाया गया है। गाड़ी आती है। गेट के सामने क्षण-भर के लिए रुकती है। दरबानजी दरवाज़ा खोलकर लम्बा सेल्यूट मारते हैं, और किनारे हटकर खड़े हो जाते हैं। साहब गाड़ी से उतर पड़ते हैं।

शाम की पोशाक में सज-धजकर मुझे अपने कमरे से निकलकर एक बार न्याटाहारी बाबू के पास जाना पड़ा। मेरे बिस्तर की चादर ज़रा मैली हो गयी थी। गन्दे कपड़ों के ढेर पर वह बैठे थे। बोले, "आपकी चादर तुरत भेजता हूँ। आज कितनी गाड़ियाँ आ रही हैं ?"

"अनगिनत।"

"मुल्क के सारे लोग अब साहब बन गये हैं।" न्याटाहारी बाबू ने कहा, "जो लोग कहते हैं कि सत्रह सौ इक्यावन ईसवी में प्लासी के आम बगान में अंग्रेज़ों ने भारतवर्ष पर विजय किया था, उन्हें हिस्ट्री का कुछ पता नहीं। असल में अंग्रेज़ जीते उसके बहुत अरसे बाद। हमारी इन्हीं आँखों के सामने—उन्नीस सौ सैंतालीस ईसवी के पन्द्रह अगस्त के दिन ! एकदम एक ही क्षण में हमारा समूचा देश अंग्रेज़ बन गया !"

न्याटाहारी बाबू ज़रा देर के लिए रुके। फिर आगे बढ़ने लगे, "महात्मा गांधी

जब आन्दोलन कर रहे थे, लोग जब जेल जा रहे थे, वन्देमातरम् गा रहे थे, खादी पहन रहे थे, तब हम लोग डरते थे। सोचते थे, अब होटल की नौकरी ज़्यादा दिन नहीं चलेगी। मेरा एक रिश्तेदार चौरंगी के एक अंग्रेज़ी सिनेमाघर में ऑपरेटर है। हम दोनों सोचते थे, देश स्वाधीन होते ही यह सब बन्द हो जायेगा। अंग्रेज़ी सिनेमाघर में मक्खी तक नहीं आयेगी, शाहजहाँ होटल में भूतों का डेरा होगा, मुमताज बॉर हाउस नीलाम पर चढ़ जायेगा! विलायती होटल और विलायती क्रिकेट और कैबरे को 'पैक' करके अंग्रेज़ लोग अपने साथ लेते चले जायेंगे! और बुढ़ापे में आकर मेरे-जैसे लोग भिखारी बन जायेंगे!"

न्याटाहारी बाबू अब उठ खड़े हुए। बोले, "मुझे एक बार आप लोगों की कनि मेम साहब के पास जाना होगा···मगर, अजीब बात है, हम लोग भिखारी नहीं बने। हमारे तकियों की संख्या बढ़ती जा रही है। शराब की बिक्री डबल हो गयी है। होटल का एक भी कमरा खाली नहीं पड़ा रहता। रणजीतसिंह जो कहते थे, एकदम वही हो गया। सब लाल हो गया।"

कनि के कमरे की ओर बढ़ते हुए वह बोले, "अब चलूँ, आपके साथ बक-झक करने से मेरा काम नहीं चलेगा। इस कनि मेम साहब से पूछ आऊँ, उसे और भी तकियों की ज़रूरत पड़ेगी या नहीं। मैं उसे मसनद तक ऑफर करूँगा। वे लोग मसनद प्रयोग नहीं करते हैं। मुझे कभी-कभी बदला लेने की इच्छा से उन्हें मसनद की आदत लगा देने की तबीयत होती है। दो-चार लोगों को मैंने आदत लगा भी दी है। वे लोग मसनद को कहते हैं—न्याटाहारी पिलो! एक बार आदत लग जाय, तो जल्दी छूटती नहीं। ज़िन्दगी बरबाद हो जाती है। मसनद लगाकर सोने की आदत से ही तो हमारे देश के लोगों का सर्वनाश हो गया।"

बाहर आकर मैंने देखा, और भी कारें आती जा रही हैं। पुरानी कार से नये लड़के निकल रहे हैं, नयी कार से पुराने वृद्ध! कलकत्ता की पुरुष-जनसंख्या का श्रेष्ठतम अंश शाहजहाँ होटल में भीड़ लगा रहा है। और हम वहाँ बैठे हैं, जिससे दो मील की दूरी पर एक समय रवीन्द्रनाथ और विवेकानन्द ने जन्म ग्रहण किया था, अरविन्द और सुभाषचन्द्र ने अपने भारत-स्वप्न के सन्धान में आत्मसमर्पण किया था, विलियम जोन्स ने जहाँ प्राच्य-विद्या की प्राण-प्रतिष्ठा की थी, डेविड हेयर ने जहाँ शिक्षा-दीक्षा का प्रसार किया था।

शाहजहाँ के मुमताज रेस्तराँ में आज एक तिल रखने को खाली जगह नहीं थी। रेस्तराँ के दरवाज़े के सामने विलियम घोष एक टेबुल पर टिकट-बुक और कैशबॉक्स लिये बैठा है। कितने ही लोग एडवान्स टिकट खरीदकर लिये जा रहे हैं। फोकला चटर्जी अपने दोस्त मिस्टर रंगनाथन के साथ आकर पहली कतार में बैठ गया है। मिस्टर चटर्जी ने आज राष्ट्रीय पोशाक पहनी है। परबसिया दरवाज़े पर खड़ा है, और साहबों की पोशाक पर नज़र रखे हुए है।

एक सज्जन बुशशर्ट में ही अन्दर घुसे चले आ रहे थे। परबसिया ने रोक दिया। विलियम उन्हें दरवाज़े के ऊपर लगा नोटिस दिखाता हुआ बोला, "हमें खेद है, आप इस

ड्रेस में अन्दर नहीं जा सकते।"

अंग्रेज़ी में नियम की यह वाणी दरवाज़े के ऊपर झिलमिला रही है। राइट ऑफ़ एडमिशन रिज़र्व ! प्रवेश का अधिकार सुरक्षित है।

सज्जन का चेहरा लाल हो उठा। बोले, "स्वाधीन भारत में अभी भी दक्खिन अफ्रीका की राजशाही चलेगी ?"

मैंने कहा, "अभी तो काफी वक्त है, आप कपड़े बदल आ सकते हैं।"

वह गुस्से से तर होते हुए वापस चले गये। मगर, कुल पन्द्रह मिनट बाद ही एकदम साहब बनकर लौट आये। उन्हें पहचानकर मैंने नमस्कार किया। वह बोले, "मेरा ढाई सौ रुपया पानी में चला गया। दूकान से रेडीमेड ड्रेस पहनकर आना पड़ा है। आपको बता देता हूँ, इसके बारे में मैं अखबारों को खत लिखूंगा।"

शराब पानी की तरह पी जा रही है। आठ बजे से ही तवारक और रामसिंह भट्-भट् सोडे की बोतलें तोड़ रहा है। बीयर, ह्विस्की, रम और जिन बोतलों की कैद से छुटकारा पाकर गिलासों में नाच रहे हैं। मार्कोपोलो रामसिंह के पास हालचाल पूछने गये। रामसिंह बोला, "बहुत गरम ! छः-सात हज़ार रुपये का सेल हो जायेगा !"

फोकला चटर्जी ने ह्वाइट लेबुल के दो पेग खींचने के बाद डिम्पल-स्कॉच में बड़े पेग का ऑर्डर दिया। बगल में अधपके बालोंवाला रंगनाथन एक पेग सिनजानो वारमूथ लिये बैठा है। मुझे देखकर चटर्जी ने कहा, "इस रंगनाथन के चलते मुसीबत में पड़ गया हूँ। इसे समझाता हूँ, रोम में आकर रोम-निवासियों जैसा व्यवहार करना चाहिए। जस्मिन देशे यदाचारम्। हमारी कनि स्काटलैण्ड की लड़की है, और हमारी डिम्पल-स्कॉच स्काटलैण्ड की मदिरा है। मगर, रंगनाथन साहब इटली को गोद में लिये बैठे हैं।"

रंगनाथन ने सिर हिलाते हुए, मुग्ध-भाव से कहा, "ब्लड प्रेशर !"

चटर्जी बोला, "एक पेग चढ़ाकर देखिये। सारा प्रेशर ताड़ के पेड़ से उतरकर मिट्टी में लोटने लगेगा। और, कनि आपके लिए एकदम सर्प-गन्धा की तरह मुफीद होगी। बेहद सिडक्टिव लड़की है, एक-एक नर्व को गुदगुदाकर सुला देती है। कैलकटा में पहली बार आ रही है, मगर, हमारे एक फ्रेण्ड ने उसे कैरो में देखा है। उसे नज़रभर देखने के लिए हमारा फ्रेण्ड दमिश्क से उड़कर कैरो गया था।"

रंगनाथन ने कहा, "मुझे ह्विस्की की आदत भी नहीं है।"

दाँतों-तले जीभ दबाता हुआ फोकला बोला, "इतने सारे यंगमैनों के सामने ऐसी बात बोलिये भी नहीं ! बावन साल की उम्र हो गयी है, और अब तक ह्विस्की की आदत नहीं लगी है, यह सुनकर सारे लोग हँसने लगेंगे। यहाँ कलकत्ता में लोग सपने में भी ऐसी बात सोच नहीं सकते हैं।"

रामसिंह, तवारक अली और दूसरे वेटब्वायों की दौड़-भाग तेज़ होने लगी है। सिगरेट के तीखे धुएँ से हवा का बोझ भारी हो रहा है। लगता है किसी ने टियरगैस फेंक दिया है। घड़ी के काँटे दस के घेरे में झाँकने लगे हैं। डिनर-प्लेट पर छुरी-काँटे की टुं-टाँ-टँ ध्वनि से लगता है, कहीं दूर आर्केस्ट्रा बज रहा है। फोकला चटर्जी चीखने लगा

है, "अब कितनी देर ? अब कितनी देर ?"

अब मेरी बारी है। बोस दा का गला जुकाम से भर आया है। बीच-बीच में खाँसने लगते हैं। मार्कोपोलो भी राज़ी हो गये थे। बोले थे, यंगमैन को भी एक अवसर दिया जाय। एक किनारे गोमेज़ का दल क्षण-भर भी रुके बिना, अविश्रान्त भाव से ऑर्केस्ट्रा बजाये जा रहा है।

बोस दा ने दरवाज़े के पास से मुझे इशारा किया। सिनेमा-हॉल की तरह अचानक चारों कोनों में जलती हुई सफेद बत्तियाँ बुझ गयीं। स्टेज पर जाकर बायें हाथ में माइक थामकर मैं क्षण-भर चुपचाप खड़ा रहा। मेरी छाती धक-धक कर रही थी। मेरे दायें हाथ के इशारे से ऑर्केस्ट्रा बन्द हो गया। गोमेज़ ने धीमी आवाज़ में कहा, 'चियरियो !'

मैंने देखा, साढ़े-तीन सौ व्यक्तियों की सात सौ आँखें मेरी ओर खिंच गयी हैं। सात सौ कान मेरी बातें सुनने को आतुर हैं। मेरे अनजाने में ही मेरे होंठों से निकल गया, "लेडीज़ एण्ड जैंन्टिलमैन !"

उस रात पूरे हॉल में एक भी 'लेडी' नहीं थी। फिर भी, मैंने दुहराया, "लेडीज़ एण्ड जैन्टिलमैन ! शाहजहाँ होटल की इस मीठी और रंगीन शाम के मौसम में, हमें उम्मीद है, आप लोगों ने हमारे फ्रांसीसी सेफ की बनायी हुई लज़ीज़ चीज़ों, और दुनिया के खास-खास मुल्कों से चुनकर मँगवायी गयी शराब का जी-भरकर शौक किया है। अब मैं आपके सामने कनि को पेश करता हूँ ! नाउ, आई प्रेज़ेन्ट टु यू कनि ! अपनी रंगीन ज़िन्दगियों में आपने कितनी ही औरतें देखी होंगी। मगर वे सारी अधूरी औरतें थीं। पूरी औरत एक ही है—हमारी कनि ! शी इज़ 'द' वूमन ! इस सदी में बनानेवाले ने सिर्फ एक ही औरत बनायी है हमारी कनि, द वूमन !"

और अब सारी बत्तियाँ एक साथ गुल हो गयीं। समूचे हॉल में उम्मीद और उम्मीदों की हल्की गूँज उभरने लगी।

फिर उम्मीद की गूँज भी जैसे अचानक किसी अजनबी ताकत के प्रभाव से खामोशी में डूब गयी। सिर्फ एकक्षण के लिए। और तब किसी रासायनिक प्रक्रिया से वह डूबी हुई गूँज अचानक उजाले में, उजाले की सतरंगी परछाइयों में रूपान्तरित हो गयी। अँधेरे की दीवारों को छेदती हुई रोशनी की पतली-सी कटार स्टेज पर नाचने लगी। नाचती हुई रोशनी की पागल कटार। अँधेरे स्टेज पर किसी को ढूँढ़ रही है। स्टेज पर कोई आकर खड़ा भी हो गया है, मगर अँधेरे में उसे देखना मुश्किल है और रोशनी तो रुकती नहीं, ऑर्केस्ट्रा के संगीत के सुरताल पर नाचती चली जा रही है। अँधेरे का लबादा ओढ़कर जो मानव-आकृति स्टेज पर खड़ी है, वह क्या कनि है ? कनि, द वूमन ?

पागल होते हुए दर्शकों की उत्सुकता पर अधिक आघात न करके, रोशनी की लकीर अब चौड़ी होकर फैलने लगी। मगर, कनि कहाँ है ? नहीं है कनि ! स्टेज पर ईवनिंग-सूट पहने दो फीट लम्बा एक बौना यह चहलकदमी कर रहा है। उसके सिर पर

तीन फीट ऊँची एक टोपी पड़ी है। और, बौने के हाथ में एक काली छड़ी है।

निराश दर्शकों को आश्चर्य प्रकट करने का कोई मौका न देकर बौने ने अपनी टोपी उतारकर बायें हाथ में रख ली, और हाथ की छड़ी घुमाता हुआ एक कुर्सी पर बैठ गया। बोला, "गुड-ईवनिंग, लेडीज़ एण्ड जैन्टिलमैन, मैं ही हूँ कनि द···!" और जैसे आगे की बात भूल गया हो, याद करने लगा। "लड़की या लड़का···लड़का या लड़की···नहीं मैं ही वह लड़की हूँ, कनि द वूमन!"

सारे दर्शक हो-हो करके हँसने लगे। समृद्ध कलकत्ता महानगरी के दो-एक सम्भ्रान्त नागरिक अब स्थिर नहीं रह सके, विचलित होकर कुर्सी से उठ खड़े हुए और चिल्लाने लगे, "हमें कनि चाहिए। असली कनि? यह बेवकूफ बौना कहाँ से आ गया?"

जैसा पहले तय किया गया था, मुझे भी अभिनय करना पड़ा। कनि के बदले इस बौने को स्टेज पर देखकर जैसे मेरा सिर चकरा गया हो, इसी ढंग से माइक के सामने जाकर मैंने कहा, "लेडीज़ एण्ड जैन्टिलमैन, मुझे क्षमा कीजिए! मेरी समझ में नहीं आ रहा है, ऐसा कैसे हो गया। अभी पाँच मिनट पहले मैं कनि के कमरे में गया था। वह ड्रेस पहनकर तैयार थी। एक विटामिन टैबलेट खाकर आने ही वाली थी। मुझसे बोली, तुम चलकर 'एनाउन्स' करो, मैं तुरन्त आ जाती हूँ। मैं चला आया, अब पता नहीं, दो फुट का यह बूढ़ा आदमी कहाँ से आ गया!"

बौना चुप नहीं रहा। मेरी बात खत्म होते ही उछलकर माइक के पास आ गया, और लड़कियों की तरह पतली आवाज़ में बोला, "यकीन कीजिए, मैं ही कनि हूँ! एक गलत टैबलेट खाने से ही मेरी यह हालत हुई है। जो भी हो, आप लोग मेरे लिए अभी ग्यारह बजे रात तक जगे बैठे हैं, मुझे इस बात की बेहद खुशी है।"

इतना कहकर बौना कैबरे-लड़कियों की तरह नाचने की कोशिश करने लगा। समूचे हॉल के लोग हँसने लगे और तालियाँ पीटने लगे।

मैंने माइक पकड़कर कहा, "लेडीज़ एण्ड जैन्टिलमैन, आप लोग निराश न हों, धीरज से काम लें! गलत टैबलेट खाने से ही कनि की यह हालत हुई है। मैंने डॉक्टर को बुलाया है। देखिए क्या होता है!"

बौना मुझसे माइक छीनकर रोने लगा, "पाँच मिनट पहले मेरे पास सब-कुछ था। नारीत्व था, यौवन था, सुन्दरता थी। सब कहाँ चला गया? कहाँ खो गया?" और, वह अपने हाथ से अपना शरीर टटोलने लगा। फिर, जेब से एक टैबलेट निकालकर खा गया। फिर अपने सिर के इर्द-गिर्द हाथ घुमाता हुआ कोई मन्त्र पढ़ने लगा।

अचानक सारी रोशनियाँ बुझ गयीं। और, दूसरे ही क्षण पहली कतार में बैठा हुआ एक मारवाड़ी दर्शक चीत्कार करने लगा, "ओः! ओः! कोई मेरी गोद में आकर बैठ गया है! मेरी गोद में···।"

मैंने कहा, "डरिए नहीं! डर की कोई बात नहीं! बताइए, कैसा लग रहा है?"

मारवाड़ी सज्जन का डर अब तक दूर हो गया है। उनकी गोद में कौन-सी चीज आ गिरी है, वह समझ चुके हैं। इसीलिए, उन्होंने मज़ाक के ढंग से कहा, "बहुत

सॉफ्ट ! खूब नरम लग रहा है !"

अब एक बत्ती जल उठी और रोशनी में लोगों ने देखा, मारवाड़ी सज्जन के गले में अपनी बाँहें डाले कनि बैठी है। उसके सिर पर छोटा-सा मुकुट है, गले में हार, और पाँव की एड़ियों से हाथों के मणिबन्ध तक वह एक रंगीन रेशमी कपड़े से ढकी है। फिर, एक साथ कई बत्तियाँ जल उठीं, और उस मारवाड़ी दर्शक को स्टेज पर ले आकर, कनि ने दर्शकों के सामने सिर झुकाया—कनि, द वूमन ने सिर झुकाया !

मारवाड़ी सज्जन अपनी ऊँची तोंद सँभालते हुए बड़ी मुश्किल से छुटकारा पाकर हाँफते हुए अपनी सीट पर वापस भागे। माइक के सामने खड़े होकर मैंने कहा, "लेडीज़ एण्ड जैन्टिलमैन, आपकी कनि आपके सामने खड़ी है ! इसने कितनी बार टेलिविज़न पर काम किया है। एक बार महामान्य जॉर्ज सिक्स्थ के सामने भी अपना आर्ट दिखाया है। मगर, आज तो आप लोग ही इस लड़की के लिए सबसे बड़े महाराजा हैं ! आप लोग ही हैं, किंग इम्पेरर आफ़ कनि द वूमन-इम्पायर !"

कनि ने अब अपना नाच शुरू किया। वह अपना रेशमी प्रच्छद पहने ही नाच रही थी, इसलिए नाच में उतनी गति, उतनी तेज़ी नहीं आ रही थी। दर्शक ज़रा उदास होने लगे थे। कनि ने कहा, "माई डार्लिंग कैलकटा वालाज़, मैंने सुना है, तुममें से कई लोग मेरा स्टेटिस्टिक्स जानने को बेचैन हो रहे हैं। मुझे अफसोस है, मुझे कोई भी संख्या याद ही नहीं रहती। बेहतर हो, तुममें से कोई स्टेज पर आकर मेरे फिगर का हिसाब कर ले जाओ। क्या यहाँ हिसाब का कोई प्रोफेसर है ?"

दर्शकों में से कोई कुछ नहीं बोला। तब मुँह बिचकाते हुए कनि ने पूछा, "कोई चार्टर्ड एकाउण्टेण्ट ?"

फिर भी कोई उत्तर नहीं।

"ऐनी दर्जी !" कनि के इस सवाल पर भी सभी लोग चुप्पी साधे रहे।

"माई डियर डियर्स !" कनि नकली दुःख प्रकट करने लगी, "इस ग्रेट सिटी में क्या कोई दर्जी नहीं है ? क्या यहाँ की लड़कियाँ सिलाई की हुई कोई चीज़ नहीं पहनती हैं ?"

इस मज़ाक पर सारे लोग हँस पड़े। मगर, मेरा तो शरीर काँपने लगा। ऐसा लगा, मेरा सिर चकरा रहा है। फर्श पर गिर जाऊँगा। गोमेज़ ने मेरा कोट खींचते हुए कहा, "चियर अप ! बहुत बढ़िया चल रहा है !"

"ऐनी वे, कोई भी ऐसा आदमी, जो सही-सही हिसाब कर सकता हो !" कनि ने अनुरोध किया। फोकला चटर्जी जैसे इसी अवसर की प्रतीक्षा कर रहा था। उठकर स्टेज की ओर आने लगा। मैंने मापने का फीता कनि की तरफ फेंक दिया।

इधर बौना साहब फिर हॉल में घुस आया है। कनि को देखकर जैसे पागल हो रहा है। जीभ निकालकर शरमा रहा है। मिट्टी में मिल रहा है। सिर नोच रहा है। क्या करे, क्या नहीं करे, निश्चय नहीं कर पा रहा है।

स्टेज के एक किनारे पीठ फेरकर कनि खड़ी है। फोकला के हाथ में फीता देकर कहती है, "नाप लो ! कल तक तो 38-24-36 था।"

बौना माइक पर ग्राकर दर्शकों से कहता है, "मुझसे भूल हो गयी थी। मैं कनि नहीं हूँ। मेरा नाम है लैम्ब्रेटा! लैम्ब्रेटा, द मैन!" फिर, कनि की तरफ देखता हुआ चीखता है, "हैलो मिस! मैं स्टैटिस्टिक्स का एक्सपर्ट हूँ। मैं बहुत बड़ा एकाउण्टेण्ट हूँ, बहुत भारी दर्जी हूँ। मैं हज़ार-हज़ार फिगर अपने मुँह में डाल सकता हूँ, अपने मुँह से निकाल सकता हूँ।" फिर अपनी ही बात पर लज्जित होकर मिस्टर लैम्ब्रेटा कोट की जेब से रूमाल निकालकर मुँह पोंछने लगा।

मगर फोकला चटर्जी को दीर्घांगिनी कनि का माप-तौल करने के लिए तैयार होते देखकर लैम्ब्रेटा का धीरज टूट गया। पागलों की तरह वह उधर दौड़ पड़ा। फोकला के पास खड़ा हो गया। थरथराने लगा। गुस्से से जलने लगा। फोकला को धक्का देता हुआ बोला, "हटो, मैं नापूंगा।"

फोकला ने पहले तो ध्यान नहीं दिया। मगर, लैम्ब्रेटा सचमुच उसे अपनी सारी ताकत लगाकर धक्का देने लगा। हॉल के सारे लोग इतने ज़ोरों से हँस रहे हैं कि पूरा होटल हिलने लगा है। अन्त में तंग ग्राकर बौने के हाथ में फीता देकर फोकला चटर्जी वापस ग्रा गया। कनि एक गीत गुनगुना रही थी, और हल्के लय-ताल से अपनी देह हिला रही थी। उसके घुटनों के पास खड़ा लैम्ब्रेटा चीखकर क्या कह रहा है वह सुन ही नहीं पा रही थी।

कनि अपने दोनों पाँव थोड़ा फैलाये खड़ी थी। बौना लैम्ब्रेटा दो बार उसके पाँव के बीच से पार हो गया। अश्लील इशारे करते हुए हॉल के कई लोग सीटियाँ बजाने लगे। लैम्ब्रेटा का उस ओर ध्यान नहीं है। वह सारी ताकत लगाकर 'द वूमन' का ध्यान अपनी ओर आकर्षित कर रहा है। मगर, गर्वमयी, दीर्घांगिनी विलासिनी कनि जैसे उसे देख ही नहीं रही है।

अपनी असफलता से खीझता हुआ लैम्ब्रेटा पता नहीं कहाँ से एक छोटी-सी सीढ़ी उठा लाया। फिर कनि की पीठ से सीढ़ी लगाकर ऊपर चढ़ने लगा। मगर, कनि आगे बढ़ गयी। सीढ़ी सहित लैम्ब्रेटा धराशायी हो गया। फिर भी वह निराश नहीं हुआ। उठकर कनि का कपड़ा खींचने लगा। फिर, उसे रोककर उसकी पीठ पर उसने सीढ़ी लगा दी और ऊपर चढ़ गया। सीढ़ी के नीचे छोटे-छोटे दो चक्के लगे थे। ज्यों-ज्यों कनि आगे बढ़ती है, सीढ़ी भी खिसकती जाती है, सीढ़ी पर चढ़ा हुआ लैम्ब्रेटा भी आगे खिसकता जाता है। कनि तेज़ चाल में चलने लगती है, और लैम्ब्रेटा को डर होने लगता है, कहीं वह दुबारा गिर न जाय, अन्त में, निरुपाय होकर लैम्ब्रेटा साहब ने कनि की कमर पकड़ ली। इतने में ही कनि घूम गयी, बौना साहब भी घूम गया। अब उसकी हिम्मत बढ़ गयी, और उसने कनि के सामने सीढ़ी लगाकर चढ़ते हुए कहा, "मिस कनि, मैं तुम्हारे लिये गुलाब का एक फूल लाया हूँ।"

गुलाब लेकर प्यार से कनि बोली, "तुम बड़े ही बहादुर आदमी हो। तुम्हारा यह फूल भी बेहद खूबसूरत है।"

इतना सुनते ही लैम्ब्रेटा उत्तेजित होकर सीढ़ी से नीचे उलट गया। कनि ने उसकी ओर ध्यान नहीं दिया। हड़बड़ाकर उठते हुए, धूल झाड़कर उसने फिर से उसकी

पीठ पर सीढ़ी लगायी। ऊपर चढ़कर लैम्ब्रेटा ने कनि को चूमने की कोशिश की। असफल होकर वह बड़ी ही प्यारी भाषा में प्रेम-निवेदन करने लगा। मगर इसका फल उल्टा हुआ। कनि गुस्से में भर उठी। उसने सीढ़ी पर चढ़े लैम्ब्रेटा का कान पकड़कर ऊपर उठा लिया। वह हवा में झूलने लगा। फिर दोनों पाँव शून्य में पटकता हुआ चीखने लगा, "प्लीज़, प्लीज़! मुझे माफ कर दो, मिस! मुझे माफ करो! मैं अब कभी इतनी लम्बी औरत से प्यार नहीं करूँगा। कभी नहीं, कभी नहीं! मुझसे गलती हो गयी है।"

कनि ने जब लैम्ब्रेटा को फर्श पर पटक दिया तो उधर हॉल में हँसते-हँसते कई आदमी कुर्सी से लुढ़ककर कार्पेट पर गिर पड़े। क्षण-भर के लिए सारी बत्तियाँ जल उठीं। तेज़ रोशनी में लोगों ने देखा, लैम्ब्रेटा उठकर स्टेज से बाहर भागा जा रहा है।

मैंने माइक के सामने आकर कहा, "बड़ी मुश्किल से इस बौने से छुटकारा मिला है। अब नाच शुरू किया जायेगा।"

मेरी ओर मुस्कराकर देखती हुई कनि ने अपना रेशमी लबादा उतार फेंका। गोमेज़ का दल अपने वाद्य-यन्त्रों की तेज़ स्वर-लहरी से मनुष्य के अन्दर छिपी हुई आदिम पशु-प्रवृत्तियों को जगाने की कोशिश कर रहा था। कनि नाचने लगी—वासना का आदिम नाच। नाचती हुई स्टेज के नीचे उतर आयी, और एक दर्शक की गोद में गिर पड़ी। फिर बगल के एक दर्शक का रूमाल छीनकर हँसती-हँसती अपना पसीना पोंछने लगी। पीछे से एक आदमी ने पुकारा, "हम लोग पीछे छूट गये हैं।" कनि नाचती-कूदती हुई उधर चली गयी। क्षण-भर उस आदमी की गोद में बैठी रही। फिर उठकर वह मिस्टर रंगनाथन के पास चली गयी। रंगनाथन को दुलारती हुई बोली, "हलो माई ब्वॉय, मुझे अपने पास बैठने दो!"

रंगनाथन आपत्ति करने जा रहे थे। मगर कनि ज़बर्दस्ती उसकी बगल में बैठ गयी। रंगनाथन ज़रा नरम हो गये। नशे में थे। कनि के फ्राक में हाथ डालते हुए बोले, "वाह, कितना खूबसूरत है!"

कनि ने उन्हें अपनी बाँहों में बाँधते हुए कहा, "मैं तो सोने की खान हूँ। जितना ही नीचे जाओगे, उतना ही बढ़िया सोना निकाल सकोगे।"

कनि की बात से रंगनाथन ने क्या समझा, पता नहीं। मगर कनि को उन्हें समझाने की फुरसत नहीं थी। वह स्टेज पर आकर नाचने लगी। एक-एक कर उसके शरीर के कपड़े अपने-आप नीचे खिसकने लगे, फर्श पर गिरने लगे। माथे का मुकुट गायब हो गया। हाथों के दस्ताने चले गये। और, अब स्कर्ट भी खुलकर गिर पड़ा। नारी-शरीर के मांस के टुकड़ों का भूखा शहर कलकत्ता एक नयी आशा की उत्तेजना से अट्टहास करने लगा। मगर आशा पूरी नहीं हुई। वे जो देखना चाहते थे, देख नहीं सके। अब उनकी समझ में आया, कनि स्कर्ट के नीचे भी स्कर्ट पहने है, और उस स्कर्ट के नीचे भी एक और स्कर्ट। कनि कितने स्कर्ट पहने है, जानने का उपाय नहीं है।

इसके बाद? इसके बाद क्या हुआ, मुझे कुछ याद नहीं है। मैंने देखा, गोमेज़

का चेहरा घृणा और ग्लानि से स्याह हो गया है। उनके सहकारी वादक तेज़ गति से अपने-अपने बाजे बजाये जा रहे हैं। और अचानक मुझे लगा, कनि के शरीर पर अब कोई वस्त्र नहीं है—पारदर्शी रेशम तक नहीं! और, उसी क्षण अँधेरा फैल गया—चारों ओर हल्का-हल्का नीला-सा अँधेरा। और, सारा कुछ इसी नीले अँधेरे में डूब गया। पतली-सी रेशमी चादर फर्श से उठाकर किसी तरह अपना नंगापन छिपाने की कोशिश करती हुई कनि गायब हो गयी।

फिर बत्तियाँ जगमगाने लगीं। हँसी का शोर और तालियों की लगातार गड़-गड़ाहट। मैंने देखा, स्टेज पर कपड़ों का ढेर लगा है। बौना लैम्ब्रेटा स्कर्ट, पैण्टी, फ्रॉक, ब्रेसियर, अण्डरवियर उठाने लगा है। मैंने माइक पर घोषणा की, "लेडीज़ एण्ड जैन्टिलमैन, अब हम लोग कुछ मिनटों का इण्टरवल चाहते हैं।"

गोमेज़ रूमाल से मुँह पोंछते हुए बोले, "डेथबेल ऑफ़ सिविलिज़ेशन! सभ्यता की मृत्यु का घण्टा क्या तुम सुन नहीं रहे हो?"

फिर वाद्य-यन्त्र बजने लगे। कुछ मिनटों की फुरसत पाकर अतिथियों ने और भी कई पेग शराब गले के अन्दर उँड़ेल ली। और, रंगनाथन भी अब ह्विस्की की चुस्कियाँ लेने लगा।

रोशनी बुझ गयी। पायलों की झंकार से समूचा हॉल गूँजने लगा। गोमेज़ के संगीत-यन्त्र से जादू-भरी स्वर-धारा बहकर निकलने लगी। मुझे लगा, मैं किसी गहन वन में आ गया हूँ, जहाँ कस्तूरी हरिणी सारी रात छटपटाती रहती है। 'पुरुष-हरिण उसकी पुकार सुनते हैं, उसकी छटपटाहट समझते हैं, उसकी ओर दौड़े आते हैं। आज विस्मय की इस अन्धकार-निशा में उनके प्यार का अवसर आया है। मनुष्य जिस तरह सुगन्धि पाकर दौड़ता है, अपनी युवती प्रेमिकाओं के पास हरिण आ रहे हैं!'

धीरे-धीरे रोशनी जल उठी। कनि स्टेज पर खड़ी है, अकेली। मगर यह क्या? कनि के शरीर पर कोई वस्त्र नहीं है। सिर्फ बेलून हैं। बेलून-ही-बेलून। अनगिनत रंगीन बेलून उसकी लज्जा का निवारण कर रहे हैं। छोटे-छोटे सतरंगे बेलून। रंगीन बेलूनों पर सतरंगे बल्बों की रोशनी पड़ रही है, रंगों का मीना बाजार सज रहा है और कनि नाच शुरू करती है। कनि नाचती है। कनि नाचती रहती है। नाचती हुई अपना बेलून-शरीर लिये अतिथिओं के बीच चली आती है। उसके हाथ में लोहे का एक छोटा-सा औज़ार है। एक दर्शक के हाथ में उसे थमाकर कहती है, "एक बेलून फोड़ दो!"

वे दर्शक लोहे का औज़ार कनि की छाती के पास के एक बेलून में घुसा देते हैं। ज़ोर की विचित्र-सी आवाज़ होती है, बेलून फटकर सिकुड़ जाता है।

थोड़ी देर नाचकर कनि फिर दूसरे दर्शक के पास रुकती है। वह भी एक बेलून फोड़ता है। वैसी ही विकट आवाज़ होती है। कनि नाचती हुई आगे बढ़ जाती है। फिर एक नया दर्शक। फिर एक नये बेलून का फूटना। फिर वही आवाज़। वही नाच। जैसे-जैसे बेलून फटते जाते हैं, कनि का शरीर नंगा होता जाता है। हॉल में बैठे लोगों का उन्माद बढ़ता जाता है। आज पुरुष-हरिणों के हृदय में किसी वस्तु का भय नहीं है, तनिक

भी सन्देह नहीं है। केवल पिपासा है। रोम-रोम में उत्तेजना है, पागलपन है। वसन्त की इस मदभरी रात में आज चारों ओर लालसा, वासना, इच्छा, स्वप्न और उन्माद बरस रहा है।

कनि के पास अब कुल तीन बेलून बच गये हैं। वे तीनों बेलून फोड़ने के लिए कई बूढ़े आदमी एक साथ दौड़े आये। फटाक्-फटाक्-फटाक्, आवाज़ें हुईं, और साथ-ही-साथ सारी रोशनी बुझ गयी। चारों ओर घना अँधेरा छा गया। अँधेरे में भागती हुई कनि का पाँव कार्पेट में फँस गया। वह वहीं गिर पड़ी। मैंने उसे हाथों का सहारा देकर ऊपर स्टेज पर खींच लिया। हाँफती-हाँफती वह भरे हुए गले से बोली, "प्लीज़! मेरा लबादा लाओ!"

उसका लबादा मैंने उसे थमा दिया और वह लबादा ओढ़कर भीतर भाग गयी।

बत्तियाँ जल उठीं। रात दिन में बदल गयी। अब अँधेरा कहीं नहीं है। मैं अपने-आपको थोड़ा स्वस्थ पाता हूँ। मेरे पास ही कनि का एक जोड़ा जूता पड़ा है। गोमेज़ सिर झुकाये हुए अपने लड़कों के साथ साज-सामान उठा रहे हैं।

मैं माइक पर चला गया और बोला, "लेडीज़ एण्ड जैण्टिलमैन, आनन्द के इस अवसर पर उपस्थित रहने के लिए, कनि और शाहजहाँ होटल की ओर से मैं आप लोगों को असंख्य धन्यवाद देता हूँ। गुड नाइट!"

मगर अब भी जान नहीं छूटी। फोकला चटर्जी ने पास आकर कहा, "मिस्टर रंगनाथन ज़रा कनि से मिलना चाहते हैं।"

दो-एक अन्य सज्जनों ने भी यही अनुरोध किया। मैंने कहा, "सॉरी सर! इसका कोई रास्ता नहीं है।"

फोकला अपना विशाल शरीर हिलाता हुआ बोलने लगा, "इसीलिए मैं हमेशा पहले शो में आता हूँ। बाद के शो में छोकरी इतनी 'फ्री' नहीं रह पाती है। कलकत्ते के 'लॉ एण्ड ऑर्डर' के मालिक लोग इतनी आज़ादी पसन्द नहीं करेंगे। आखिरी तीनों बेलून तो किसी तरह भी फटने नहीं देंगे!"

जाने से पहले चटर्जी ने कहा, "एक बात और! आप बंगाली हैं, इसीलिए पूछता हूँ। लगता है, वह एकदम 'नेकिड' नहीं होती है। है न? कलकत्ते में तो एकदम नगापन नहीं चलता है। लगता है, पतले सिल्क या नाइलन का कुछ पहने ही रह जाती है! है न?"

मेरे कान गर्म होने लगे, लाल हो गये। मुँह से कोई बात निकल ही नहीं रही है। उसकी ओर देखता हुआ बोला, "यकीन कीजिए, मुझे यह सब-कुछ मालूम नहीं है।"

गोमेज़ पास आकर खड़े हो गये। बोले, "चलिए अपने कमरे की ओर चला जाये।"

फोकला चटर्जी और रंगनाथन के बीच पता नहीं क्या बातें हुईं। फोकला मेरा हाथ पकड़कर बोला, "ज़रा इधर आइए, एक प्राइवेट बात है।"

फोकला के साथ मैं बाहर आ गया। वह अपनी गाड़ी के पास खड़ा होकर बोला, "आपके यहाँ आकर बड़ा सुख मिलता है। इतना 'रिस्पेक्टेबुल' होटल सारी इण्डिया में

ग्रौर कहीं नहीं है। ग्रौर होटलों में भी नाइट शो होता है, मगर वहाँ 'डिग्निटी' नहीं रह पाती। हाँ, तो मैं कह रहा था, ग्राप बंगाली हैं। ग्रापका ध्यान रखना मेरा काम है, जिससे ग्रापको तनख्वाह के ग्रलावा भी कुछ मिल जाय, इसके लिए कोशिश करना मेरी ड्यूटी है।"

मैं कुछ समझ नहीं पा रहा था। फोकला चटर्जी रंगनाथन की ग्रोर मुड़ा। उससे दस-दस रुपये के कुछ नोट लेकर मेरी ग्रोर बढ़ाता हुग्रा बोला, "ग्रसली मुसीबत क्या है, समझ रहे हैं? मिस्टर रंगनाथन बहुत 'लोनली' महसूस कर रहे हैं। कलकत्ते ग्राकर एकदम ग्रकेले पड़ गये हैं। किसी का साथ चाहिए। मैं तो ग्रभी तुरन्त घर लौट जाऊँगा। मेरी वाइफ़ ग्रब तक जगी होगी। ग्राप ग्रगर ज़रा कनि को राज़ी कर दें…! रात तो ग्रभी ज़्यादा नहीं हुई है। फिर, उन लड़कियों को तो रात-भर जगने की ग्रादत होती है। दिन में सोती हैं ग्रौर रात में ऐश करती हैं।"

कोई भी उत्तर देने की मानसिक ग्रवस्था में मैं नहीं था। केवल ग्रपने दोनों हाथ पीछे हटाकर मैं फोकला चटर्जी के चेहरे की तरफ देखता रहा। रात के ग्रँधेरे में वह हँसने लगा, जैसे भूत-प्रेत हँसते हैं। हँसते-हँसते बोला, "टू यंग! ग्राप ग्रभी एकदम कच्चे हैं। कच्ची कली की तरह ग्रनजान!"

मिस्टर रंगनाथन को पीछे बिठाकर फोकला चटर्जी गाड़ी स्टार्ट करके चला गया। एक-एक कर सारी गाड़ियाँ ग्रपने मालिकों के साथ चली गयीं।

ग्राज मुझे कुछ भी ग्रच्छा नहीं लग रहा है। शाम को खाने की भी फुरसत नहीं मिली। ग्रब भी खाने-पीने की इच्छा नहीं है। ग्रचानक मेरे कदम होटल के बरामदे से बाहर निकल ग्राये।

ट्राम-बसें बन्द हो गयी हैं। कलकत्ता शहर थककर सो गया है। जैसे किसी ने पेथिड्रिन इंजेक्शन देकर बीमार शहर को सुला दिया है। रात को कलकत्ता का इतना शान्त, ग्रौर साथ ही इतना भयानक रूप मैंने पहले कभी नहीं देखा था।

होटल से निकलकर चितरंजन एवेन्यू के रास्ते पर चलता हुग्रा मैं सर ग्राशुतोष मुखोपाध्याय के सामने ग्रा खड़ा हुग्रा। चौराहे पर न्यायाधीश के वेश में विशालकाय सर ग्राशुतोष हमेशा खड़े रहते हैं। उनके सिर के बहुत ऊपर कलकत्ता इलेक्ट्रिक सप्लाई कार्पोरेशन के सदर दफ़्तर का गुम्बद है, ग्रौर गुम्बद पर रोशनी का छोटा-सा ग्लोब चक्कर काट रहा है। ग्लोब घूम रहा है। रोशनी की छोटी-सी दुनिया घूम रही है।

एक बार फिर ग्राप लोगों से क्षमा चाहता हूँ। बोस दा ने बार-बार कहा था, 'सिर्फ देखते जाग्रो! सवाल न करो। पूछो मत। तमाशा देखते जाग्रो!' फिर भी, इस ग्राधी रात को मैंने ग्रपने-ग्रापसे सवाल पूछा, 'क्या यही कलकत्ता है? क्या यही हम सभी के सपनों का शहर कलकत्ता है? या, मैं लीबिया के गहरे ग्रँधेरे जंगल में हूँ, ग्रौर ग्रसहाय ग्रकेला हूँ?'

ग्रौर मुझे तब कलकत्ता के ही निवासी एक कवि की याद ग्राने लगी। वह सत्यसुन्दर दा के प्रिय कवि हैं। सत्यसुन्दर दा ने मुझे कितनी बार उनकी पंक्तियाँ

सुनायी हैं :

"हाईड्रैण्ट खोलकर कुष्ठ रोगी पी लेता है पानी।
दिन में वह हाईड्रैण्ट सूख ही गया था,
अब वह निकला है देखने को यह शहर,
यह रात रानी !

नितान्त अपरिचित स्वर में, फिर भी ऊपर के वातायन से
अपने गीत सुनाती तो है यहूदी रमणी,
अधजगी, ऊँघती हुई, जगाना चाहती है—
सोये हुए शहर को अपने निरीह गायन से !

कई फिरंगी युवक चले जा रहे हैं झूमते हुए,
रुककर एक लाल निग्रो हँसता है।
अपने हाथ का ब्रायर-पाइप साफ करता हुआ
एक बूढ़ा गोरिल्ले की तरह खाँसता है।
महानगरी की यह रात इसलिए लगती है।
लीबिया का घनघोर जंगल !
फिर भी, सत्य हैं यहाँ के जानवर, कपड़े पहनते हैं
तनख्वाह कमाते हैं, शरमाते हैं
लज्जित होते हुए भी, करते हैं आमोद-मंगल।

"हुज़ूर, आप यहाँ ?"

मैंने चौंककर देखा, हमारे ही होटल के दो वेटर मेरे पास खड़े हैं। मैंने पूछा, "तुम लोग यहाँ क्या कर रहे हो ?"

"हम लोग यहीं सोते हैं। रसोईघर में ज़रा भी जगह नहीं है। 'कुक' और 'मेट' लोग वहाँ किसी को घुसने नहीं देते !"

होटल के 'लाउन्ज़' में काफी जगह है, कार्पेट पर कितने ही आदमी सो सकते हैं। मगर इससे तो होटल की खूबसूरती बरबाद हो जायेगी। लॉन में, कार्पेट पर, पोर्टिको में, कहीं भी किसी को सोने नहीं दिया जाता है। इन जगहों में होटल के कर्मचारी सोयेंगे, तो होटल का सम्मान नष्ट होगा, इसलिए सर आशुतोष की मूर्ति के नीचे और विक्टोरिया मेमोरियल की छाया में आश्रय लेने के सिवा कोई उपाय नहीं है।

"तुम लोग खा-पी चुके हो ?" मैंने पूछा।

"जी हाँ। छोटे शाहजहाँ में खाने का पक्का इन्तज़ाम है। कुल चौदह पैसे लगते हैं। सिर्फ मायाधर ने नहीं खाया है।"

"क्यों, मायाधर ? तुम क्यों भूखे हो ?" मैंने सवाल किया। वह घास पर पड़ा था, और अपना पाँव पकड़े हुए था। एक बैरे ने बताया, "उसके पाँवों का दर्द बढ़ गया

है। आज बेचारा बड़ी तकलीफ में है।"

घुटनों के बल बैठकर, इलैक्ट्रिक कार्पोरेशन की रोशनी में मैंने देखा, उसके पाँवों की नीली शिराएँ रस्सी की तरह फूल उठी हैं, जैसे नीले साँपों ने उसके पाँवों को जकड़ लिया हो। सत्य दा से मैंने सुना है, इसे 'वेरिकोज़-वेन' कहते हैं।

एक बैरे ने बताया, "हुज़ूर, जब यह दर्द उठता है, इच्छा होती है, दोनों पाँव काट डालें। लगातार खड़े रहने से ऐसा होता है। यही हमारी ज़िन्दगी का अन्त है। साल-के-साल खड़े रहने से पाँव की नसें फूलने लगती हैं। मालिकों से इसे छिपाकर रखना पड़ता है। स्टूवर्ड को पता चल जाय तो निकाल देगा।"

"तुम लोग डॉक्टर से इलाज़ नहीं करवाते ?"

"सुई लगवानी पड़ती है, सर, बहुत पैसे लगते हैं। और डॉक्टर कहता है, पाँवों को आराम दो। मगर हुज़ूर, होटल में काम करते हुए पाँवों को आराम कैसे दिया जा सकता है ?"

मैंने मायाधर से पूछा, "तुम अब तक डॉक्टर के पास नहीं गये ?"

मायाधर ने बताया, "बोस बाबू ने अपने जान-पहचान के डॉक्टर के नाम चिट्ठी दी थी। मगर अभी तक जा नहीं सका। रुपये जमा कर रहा हूँ। बहुत-सी सुइयाँ लगवानी होंगी। मगर अब जाना ही पड़ेगा, नहीं तो भरत-जैसी हालत हो जायेगी। समूचा पाँव घाव से भर जायेगा, खून बहने लगेगा। खड़ा तक नहीं हो पाऊँगा। नौकरी चली जायेगी। लड़के-बच्चों के साथ भूखों मर जाऊँगा, हुज़ूर !"

"बहुत रात हो गयी है। तुम लोग अब सो जाओ !" मैंने कहा और वहाँ से चल पड़ा। रुकने का साहस नहीं रहा।

मगर, मैं कहाँ जाऊँ ? मुझे कुछ पता नहीं, कहाँ जाऊँगा। मुझे किसी बात का कुछ पता नहीं। रात के सुनसान अँधेरे में आवारा घूमता हुआ मैं कर्ज़न पार्क चला आया। वहाँ भी कितने लोग सोये हुए हैं। पता नहीं, इनमें शाहजहाँ के होटल के कर्मचारी हैं या नहीं। सर हरिराम गोयनका के पाँवों के चारों ओर बने गोल चबूतरे पर कितने लोग दखल जमाकर सोये पड़े हैं। पार्क की रेलिंग के पश्चिमी हिस्से से रोशनी आकर सर हरिराम के पाँव धो रही है। उस रोशनी के अत्याचार से बचने के लिए इस हरिराम 'धर्मशाला' के मुसाफिरों ने बड़ी चालाकी का काम किया है। आँखों पर पार्क के बड़े-बड़े पत्ते तोड़कर अपने चेहरे पर ढक लिये हैं। कार्पोरेशन की बत्तियों की मुफ्त रोशनी इन पत्तों पर रुकी हुई है। पत्तों के नीचे अँधेरा है। अँधेरे में किसी की शक्ल पहचानी नहीं जाती। और इसी अँधेरे के नीचे जैसे समूचा भारतवर्ष सो रहा है।

नौ

काफी देर तक घूमते रहने के बाद जब मैं वापस होटल में आया, तो सुबह होने में कुछ ही घण्टे बच गये थे। मेरी प्रतीक्षा करती-करती थककर अंग्रेज़ी कैलेण्डर की तारीख आगे बढ़ चुकी थी। पता नहीं क्यों कलकत्ता के जनहीन राजपथ पर अकेले चलते हुए मुझे लगा था, अब मैं बालिग हो गया हूँ। मुझमें चीज़ों को देखने-समझने की ताकत आ गयी है। इतने दिनों तक अबोध बालक की दृष्टि से इस पृथ्वी को देखता रहा था। आज की रात मैं समझदार बना दिया गया हूँ। और, ज्ञानवृक्ष का फल खाकर मैंने अब नयी पृथ्वी पर कदम रखा है।

मैंने दूर ही से देखा, सत्यसुन्दर दा अब तक काउण्टर पर रोशनी जलाये बैठे हैं। शाहजहाँ के काउण्टर पर और कोई नहीं है। सभी लोगों को सुलाकर, सत्यसुन्दर दा खुद जगे हुए हैं। मेरी ओर देखकर जैसे वह चिन्तित हो उठे। शायद मेरी दोनों आँखें लाल हो उठी थीं। मेरे दोनों हाथ थामते हुए वह बोले, "तबीयत खराब हो गयी है क्या? कहाँ गये थे? रात में तुमने कुछ खाया नहीं? जूनो साहब से मैंने पूछा था। उसने कहा, तुम्हें खाते नहीं देखा है। उससे कई-एक सैण्डविच लेकर मैंने ड्रॉअर में रख दिये हैं। अभी यहाँ कोई आयेगा नहीं। इसीलिए आडम्बर करने की ज़रूरत नहीं है। स्कूल के लड़कों की तरह खड़े-खड़े सारे सैण्डविच खा लो।"

सत्यसुन्दर दा शायद समझ रहे हैं, अचानक मुझमें परिवर्तन आ गया है। मेरे मन के सुशील स्कूल-ब्वाय को भगाकर, वहाँ एक अजनबी पुरुष आकर खड़ा हो गया है। मैंने कहा, "सत्यसुन्दर दा, मुझे खाने की ज़रा भी ख्वाहिश नहीं है।"

"इसीलिए तो सैण्डविच मँगवा रखे हैं। भूख लगी हो तो, आधे दर्जन सैण्डविच से क्या होगा? आज तुम्हें खिलाने की मेरी बड़ी इच्छा है। तुमने बड़े ही शानदार ढंग से एनाउन्स किया है। कनि बहुत खुश है। उसे तो विश्वास ही नहीं हुआ। इससे पहले तुमने कभी कैबरे-आर्टिस्टों को फ्लोर पर प्रैजेण्ट नहीं किया है।"

सत्य दा की ये बातें सुनकर मेरी आँखों से झर-झर आँसू बहने लगे। मेरे आँसू मेरी इच्छा के विरुद्ध मुझे इस तरह नंगा कर देंगे, मुझे पता नहीं था।

आदमी के मन की बात सत्यसुन्दर दा तुरन्त समझ जाते हैं। मेरी ओर बिना देखे ही वह बोले, "मैं जानता हूँ, एक दिन इस होटल में तुम्हारे जोड़ का आदमी नहीं मिलेगा। बॉर, कैबरे, तुम्हारे बिना कुछ भी चल नहीं सकेगा। हर क्षण तुम्हारी ही ज़रूरत पड़ेगी। हर तरफ तुम्हारी ही पुकार मची रहेगी।"

अब बोस दा को देखना पड़ा, मैं रो रहा हूँ। "क्या हो गया? छिः! बच्चों की तरह रोने लगे? क्या हुआ है?" और बोस दा ने मुझे अपनी ओर खींचकर बड़े ही प्यार से अपनी छाती से लगा लिया। शाहजहाँ होटल की आग में निरन्तर जलते रहकर भी बोस दा अब तक राख नहीं हो सके हैं। भरे हुए गले से उन्होंने कहा, "मैं बहुत खुश हूँ। तू रो रहा है, यह मेरे लिए बड़े ही सुख की बात है। यह सब तुझे पसन्द नहीं है, यही होना चाहिए। मगर, तू देखता जा! सारा खेल देखता जा! देखने का ऐसा अवसर

ज़िन्दगी में और कहीं नहीं मिलेगा। मगर देख, हमेशा ऐसा ही दिल रखना। बदल न जाना। इसी तरह अकेले में रोते रहना।"

बोस दा 'तुम' से 'तू' तक चले आये थे। फिर 'तुम' पर वापस लौट गये। बोले, " 'सपर' के वक्त कनि तुम्हें पूछ रही थी। बड़ी ही मिलनसार लड़की है। बड़े ही प्यार से बातें करती है। बहुत मज़ेदार कहानियाँ सुना रही थी। सारी ज़िन्दगी ही तो उसने यायावर की तरह काट दी है। दुनिया के एक होटल से नाचते-नाचते दूसरे होटल में, और दूसरे होटल से तीसरे-चौथे होटल में जाते-जाते उसके जीवन का वसन्त समाप्त हो जायेगा। कनि ने ही बताया था, ज़िन्दगी से खेलती रहनेवाली अभिनेत्रियों और नर्तकियों के जीवन में मात्र एक ही ऋतु होती है, उसका नाम है वसन्त ऋतु ! ये औरतें केवल अपने यौवन से धन्य होती हैं, और वसन्त ऋतु समाप्त होते ही स्वयं भी समाप्त हो जाती हैं। कनि कितनी ही बातें कह रही थी। मगर, लैम्ब्रेटा साहब के कारण मुसीबत हो गयी। 'बॉर' में इस बौने को देखकर कई औरतें भय से चीत्कार कर उठीं। और, अपमानित होकर लैम्ब्रेटा एक टेबुल के ऊपर जा बैठा। उस टेबुल पर एक भद्र महिला 'मेटर्निटी जैकेट' पहनकर अपने पति के साथ बैठी थीं। लैम्ब्रेटा ने उनसे कहा, 'मेरी तरफ ऐसी नज़रों से न देखिए ! आपको जो लड़का होगा, वह साइज़ में मुझसे भी छोटा होगा।' यह सुनकर भद्र महिला तो फेन्ट होने लगीं। हम लोग दौड़े गये और उन्हें सँभालने लगे। कनि लैम्ब्रेटा को ज़बरदस्ती वहाँ से खींचकर अपने कमरे में ले गयी। सारा तमाशा ही गड़बड़ हो गया।"

सारा किस्सा बताकर बोस दा ने मुझसे कहा, "जाओ, अब सो रहो। मैं भी कुर्सी पर बैठा-बैठा एक नींद मार लेता हूँ। चार बजे सुबह कुछ गेस्ट चले जायेंगे, उन्हें जगाकर भेजने के सिवा मेरे पास और कोई काम नहीं है।"

मैं सीढ़ियाँ चढ़ता हुआ ऊपर आ गया। छत का दरवाज़ा आहिस्ता-से खोल लिया। इस वक्त कोई जगा होगा, इसकी आशा नहीं थी। गुड़बेरिया भी सो रहा होगा। मगर, मैंने छत पर आकर देखा, शराब की एक छोटी-सी चौड़ी बोतल हाथ में लिये लैम्ब्रेटा छत के नंगे फर्श पर बैठा है। कोट-पैण्ट-टाई उसी तरह पहने है। बोतल मुँह में लगाकर दो-एक घूंट शराब अन्दर खींच रहा है। मुझे देखते ही वह उठकर खड़ा हो गया। बोला, "देखते हो, कितना खूबसूरत चाँद उग आया है ?"

चाँद की खूबसूरती देखने की हालत में मैं नहीं था। मैंने उससे कहा, "सोओगे नहीं ?"

शराब की बोतल उठाये हुए वह मेरे पास आ गया। मैंने अपना कमरा खोला, तो मुझसे बिना पूछे ही मेरे कमरे के अन्दर आ गया। उसकी आँखों की ओर देखकर भय होता है। जो 'क्लाउन' कुछ ही देर पहले महफिल के साढ़े तीन सौ दर्शकों को हँसा रहा था, वह नहीं है। यह कोई दूसरा आदमी है—जर्जर, पीड़ित, किसी अनदेखी आग में जलता हुआ आदमी मिस्टर लैम्ब्रेटा !

लैम्ब्रेटा बोला, "मुझे मालूम हुआ, तुम यहीं सोते हो। मैं तुम्हारी राह देख

रहा था। सुनो, मैं तुम्हें होशियार कर देता हूँ, कल से कैबरे में तुम किसी ग्रादमी की गोद में कनि को बैठने न देना, नहीं तो बहुत बुरा होगा।"

मैं कुछ समझ नहीं पाया। क्या लैम्ब्रेटा शराब में चूर है? मेरे उत्तर की प्रतीक्षा न करके वह बोला, "कलकत्ता के तुम सारे लोग जानवर हो! तुम लोगों के माँ-बाप, दादे-परदादे सभी जानवर थे, जानवर थे, सब जानवर थे!" ग्रौर, इतना कहकर लैम्ब्रेटा मेरे कमरे के ग्रन्दर ही ग्रपनी विशिष्ट भंगिमा में नाचने लगा, जैसे वह नाच का विद्रूप कर रहा हो। साथ ही गाने लगा। उसके गाने का ग्रर्थ था, 'हमारी इस दुनिया के सारे लोग जानवर हैं! ग्रगर विश्वास न हो तो रात में हमारे साथ किसी बदनाम गली में चलो। नहीं तो कम-से-कम किसी होटल में चलो!'

मेरी ग्राँखों पर नींद उतर ग्रायी है, ग्रौर ऐसे वक्त मैं एक पागल के फेर में पड़ गया हूँ। मैंने कहा, "मिस्टर लैम्ब्रेटा, काफी रात हो गयी है।'

लैम्ब्रेटा ग्रब कुत्सित ग्रपशब्दों पर उतर ग्राया। कहने लगा, "रात हुई है तो क्या हो गया? तुम्हारा यह होटल तो नामर्दों ग्रौर विधवाग्रों का होटल है। रात के नौ बजते ही सब साले सोने लगते हैं।"

मैंने कहा, "मिस्टर लैम्ब्रेटा, सारा दिन काम करने के बाद बेहद थक गया हूँ। मुझ पर दया कीजिए।"

वह मेरे बिस्तरे पर चढ़ गया, ग्रौर हाथ-पाँव नचाता हुग्रा बोला, "कनि की गोद में बैठते वक्त यह थकावट कहाँ चली जाती है?"

"मुझसे ऐसी बातें क्यों कह रहे हो? मैं तो उसकी गोद में नहीं बैठा हूँ।"

"हाँ, हाँ, तुम क्यों बैठोगे? तुम लोग तो रोम के पोप हो, कैण्टरबरी के ग्रार्च-बिशप हो, तुम लोग मार्टिन लूथर के डाइरेक्टर डिसेण्डेण्ट हो। कनि एक जवान लड़की है, ग्रौर उसके पास बाँहें हैं, गोद है, जवान देह है, तुम कलकत्तेवाले तो इतना भी नहीं जानते हो।"

लैम्ब्रेटा के हाव-भाव से लगा, नशे के जोश में ग्रब वह मेरे कमरे की चीज़ें तोड़ने-फोड़ने लगेगा। निरुपाय होकर मैं कमरे से बाहर ग्रा गया। गुड़बेरिया सो रहा था, उसे जगा दिया। धड़धड़ाता हुग्रा वह उठ खड़ा हुग्रा ग्रौर बोला, "क्या हुग्रा है? देवता ने कुछ गड़बड़ किया है क्या?"

देवता ही तो है! बौने साहब को देखकर गुड़बेरिया को विश्वास हो गया है, ये साक्षात् भगवान् के ग्रवतार हैं, साक्षात् बामन भगवान्! मैंने कहा, "तुम ग्रपने देवता-वेवता की बात छोड़ो। ग्रभी बताग्रो, इस पगले साहब को कमरे से बाहर कैसे निकाला जाय?"

गुड़बेरिया मेरा रोब नहीं मानता। मेरी खुशी-नाराज़गी पर उसकी नौकरी निर्भर नहीं करती। फिर जो नुकसान उसका होना था, हो गया है। परबसिया ने ग्रपनी बेटी की शादी कॉफी-हाउसवाले लड़के से लगभग पक्की कर ली है।

मैंने सोच-समझकर देखा, कोई उपाय नहीं है। कनि को खबर देने के ग्रलावा कोई रास्ता नहीं। मैंने गुड़बेरिया से पूछा, "कनि मेम साहब कहाँ है?"

उसने बताया, 'नीचे के तल्ले में !' मजबूर होकर फोन करना पड़ा। घण्टी बजते ही कनि ने रिसीवर उठा लिया। इतनी रात-गये कौन उसे फोन कर सकता है ! वह चौंक पड़ी। बोली, "कौन है ? क्या बात है ?"

जितने कम शब्दों में हो सका, मैंने अपनी समस्या उसे बतायी। साथ ही दुख प्रकट किया, "इस समय आपको नींद से जगाना उचित नहीं था, मगर क्या करूँ, लैम्ब्रेटा साहब के पागलपन से मैं बेहद डर गया हूँ।"

कनि भी घबरा उठी। उसके गले के स्वर से लगा, वह डर गयी है। बोली, "मैं तुरन्त आ रही हूँ।"

कनि ऊपर आ रही है, यह सुनकर गुड़बेरिया तड़पकर खड़ा हो गया, "इस वक्त नंगी मेम साहब को छत पर आने की क्या जरूरत है ?"

छत का दरवाज़ा एक क्षण के लिए खुल गया। स्लीपिंग-गाउन से समूची देह ढके, सिर पर रेशमी 'बॉनेट' लगाये जो औरत सामने खड़ी है, कुछ ही घण्टे पहले कलकत्ता के प्रतिष्ठित नागरिक उसके पीछे पागल थे। जब वह हॉल में नाच रही थी, लोगों का मनोरंजन कर रही थी, उसकी भंगिमाओं में लास्य था, यौवन का दाह था। क़िन्तु, रात के इस हल्के अँधेरे में मेरी आँखों की सीध में जो औरत खड़ी है, वह कोई दूसरी औरत है, आग की वह लपट नहीं है। जो भी हो, वह कनि—द वूमन नहीं है। इस कनि में ज़रा भी आग नहीं, जला डालने की ताकत नहीं है। और, मुझे तो वही पुरानी घिसी-पिटी उपमा याद आ रही है—उसके चेहरे पर पूर्णिमा के चाँद की शान्ति है, स्निग्धता है, शीतलता है।

कनि ने पूछा, "वह है कहाँ ? आपके ऊपर 'एटैक' किया था क्या ?"

मैंने कहा, "आपके असिस्टेण्ट ने मुझ पर आक्रमण तो नहीं किया, मगर मेरा कमरा दखल करके बैठा है। मेरे बिस्तरे पर बैठकर ह्विस्की पीते-पीते उसने मेरा बिस्तरा गन्दा कर दिया है।"

मेरी शिकायत सुनकर वह शर्म से गड़ गयी। धीमी आवाज़ में बोली, "आई ऐम सो सॉरी, बाबू !" फिर, सीधे मेरे कमरे के अन्दर चली आयी। अस्फुट स्वर में उसने पुकारा, "हैरी !…हैरी !"

लैम्ब्रेटा का और भी कोई नाम हो सकता है, मुझे पता नहीं था। 'हैरी' सुनते ही लैम्ब्रेटा चौंक पड़ा, और घूमकर दरवाज़े की तरफ देखने लगा। कनि को देखते ही उसने ह्विस्की की बोतल दोनों हाथों से कसकर पकड़ ली, जैसे कनि वह बोतल छीनने के लिए ही आयी हो। लैम्ब्रेटा, लगता है, सारी बात समझ गया, घबरा गयी। फिर, साहस करके बोला, "मैं नहीं जाऊँगा, नहीं जाऊँगा। इन सारे जानवर के बच्चों को मैं खटमल की तरह मसलकर रख दूंगा। इसमें तुम्हारा क्या है ? और, बेलून की तरह फूले-फूले गालोंवाले इस छोकरे का क्या है ?"

कनि दाँत पीसती हुई बोली, "हैरी, बहुत रात हो गयी है। तुमने इस शरीफ आदमी का बिस्तरा शराब से गन्दा कर दिया है।"

"इसके लिए आई ऐम सॉरी ! मुझे दुख है। मैंने जान-बूझकर तो ऐसा किया

नहीं। खटमल मारने में बोतल उलट गयी। मगर इसमें इस आदमी का क्या नुकसान हुआ ? नुकसान तो मेरा ही हुआ है कि शराब गिर गयी !"

"हैरी !" कनि और भी दबी आवाज़ में, मगर और भी कड़ी आवाज़ में बोली। लैम्ब्रेटा भी जल-भुन गया। बोला, "मैं करूँगा। मेरी जो इच्छा होगी, वही करूँगा। तुम्हारा क्या है ? एक मग बियर लाकर इस छोकरे का तकिया भिगो दूंगा ! दो बोतल रम लाकर अपना कोट तर कर लूंगा। ह्वाट इज़ दैट टु यू ? तुम्हारा इसमें क्या है ?"

शायद ऐसी परिस्थिति के लिए कनि तैयार न थी। लैम्ब्रेटा पागल हो गया है। लज्जा और अपमान से कनि का चेहरा उतर गया है। वह अपने गुस्से को दबाती हुई लैम्ब्रेटा के पास चली गयी। उसने अपना हाथ उठाया, फिर अचानक रुक गयी। जैसे उसे याद आ गया, कमरे में मैं भी हूँ। वह मेरी ओर घूम गयी। बोली, "प्लीज़, तुम ज़रा बाहर जाओ ! एक मिनट के लिए, प्लीज़ !"

मैं चुपचाप कमरे के बाहर चला गया। मगर, सिर्फ एक ही मिनट मुझे बाहर रहना पड़ा होगा। शायद मिनट-भर से भी कम ही वक्त लगा। इतने में ही जादू हो गया। पता नहीं, किस मन्त्र से लैम्ब्रेटा होश में आ गया। कनि ने बाहर झाँककर कहा, "कम इन !"

भीतर आकर मैंने देखा, लैम्ब्रेटा पानी-पानी हो रहा है। मुझसे बोला, "प्लीज़ ! मैं अपनी गलती मान रहा हूँ। आई ऐम रियली सॉरी ! मुझे माफ कर दीजिए !"

कनि ने कहा, "अब और नहीं। मैं बहुत बर्दाश्त कर चुकी।"

लैम्ब्रेटा लगभग रोते-रोते कहने लगा, "मैं अभी तुरत अपने कमरे में जाकर सो जाता हूँ।"

"जाओ ! अपने कमरे में जाओ !" कनि ने हाथ उठाकर उसे बाहर जाने का इशारा किया।

बाहर जाने के लिए उठता हुआ लैम्ब्रेटा मेरी ओर देखता हुआ बोला, "तुम सिर्फ मेरा ही अपराध देखते हो। और जब वे लोग मुझे 'शिम्पैंज़ी' कह रहे थे, तब ? तब तुमने उन्हें कुछ नहीं कहा। क्यों नहीं बोले ?"

छोटे बच्चे की तरह फूट-फूटकर रोता हुआ वह अपने कमरे की तरफ चला गया। कनि उससे कुछ कहने के लिए आगे बढ़ी। मगर उसकी ओर ध्यान न देकर लैम्ब्रेटा अपने कमरे में घुस गया, और अपना दरवाज़ा उसने अन्दर से बन्द कर लिया।

मैं देखता रहा। कनि उसके दरवाज़े के सामने पत्थर की मूरत बनकर खड़ी है। चुपचाप, निश्चल। अपने-आपमें डूबी हुई। मुझे पता नहीं था, ऐसी स्थिति हो जायेगी, नहीं तो मैं कनि को बुलाता नहीं। कनि धीरे-धीरे छत के एक कोने में जाकर खड़ी हो गयी। मैंने देखा, कनि रो रही है। कनि, द वूमन, अपनी स्लीपिंग-गाउन की बाँह से अपनी आँखें पोंछ रही है। तब मेरे पास आकर उसने टूटती हुई आवाज़ में कहा, "ब्रूट्स ! दुनिया के ये लोग कितने ब्रूट हैं ! जानते हो, हैरी मेरे पास खड़ा था। 'बॉर' से उठकर एक आदमी मुझसे पूछने लगा, 'तुम्हारा यह क्लाउन शिक्षित शिम्पैंज़ी है या

आदमी ? ' जानवर ! "

मैंने कहा, "अगर वह अपने कमरे में बैठकर पागलपन करता, मुझे कोई एतराज़ नहीं होता। मैं कुछ नहीं बोलता। उधर जाता भी नहीं। मगर वह मुझे तंग करने लगा, मेरे कमरे में आकर उछल-कूद मचाने लगा, बताइए, इसमें मेरा क्या दोष है ?"

कनि रोती रही। रोती हुई बोली, "तुम्हें कुछ नहीं कहती हूँ। तुम बुरा न मानो। सारा दिन अपने के बाद तुम सोने लगे, तो हैरी ने तुम्हारा मूड बिगाड़ दिया।"

मैं लज्जित हो गया। बोला, "कोई बात नहीं। उसने जान-बूझकर तो कुछ किया नहीं। शराब के नशे में जो कुछ किया, उसके लिए उसे दोष क्यों दिया जाय ?"

कनि ने कहा, "जाती हूँ, उसे एक बार देख आती हूँ।"

वह पाँव दबाये लैम्ब्रेटा के कमरे में चली गयी। दरवाज़ा खुला ही था। मुझे अब नींद नहीं आयेगी। आज की रात किसी तरह सो नहीं पाऊँगा। गुड़बेरिया को एक गिलास पानी लाने के लिए कहकर मैं अपने कमरे के सामने खड़ा रहा।

मगर, कनि का क्या हुआ ? लैम्ब्रेटा के कमरे में गयी है। मगर इतनी देर हो गयी, वापस क्यों नहीं आ रही है ? कमरे में रोशनी जल रही है या नहीं, यहाँ से पता नहीं चलता। कनि ने दरवाज़ा भीतर से बन्द कर लिया है। वे दोनों क्या बातें कर रहे हैं ? नहीं तो, कितनी भी धीमी आवाज़ में बोलते, लकड़ी के पार्टीशन से होकर आवाज़ मेरे पास तक ज़रूर आ जाती।

गुड़बेरिया मेरे हाथों में पानी का गिलास थमा गया। एक ही साँस में गिलास मैंने खाली कर दिया। कलेजा जैसे उत्तप्त मरुभूमि बन गया था, जल रहा था।

गुड़बेरिया को अब शक हो रहा है। आज की रात छत के ऊपर सारे कमरों की देखभाल का दायित्व उसी पर है। कोई बात हो जाय, तो उसकी नौकरी पर आ पड़ेगी। उसने फुसफुसाकर मुझसे पूछा, "नंगी मेम साहब नीचे चली गयी हैं न ?"

मैंने सिर हिलाकर बताया, "नहीं।"

"अरे, अब तक गयी नहीं ? फिर कहाँ हैं ?" यह घबरा गया। मैंने लैम्ब्रेटा के कमरे की ओर इशारा किया। उसने कहा, "हुज़ूर, लगता है कमरे में रोशनी नहीं जल रही है। है न ?"

मैंने कहा, "मुझे भी ऐसा ही लगता है।" सन्देह मिटाने के लिए गुड़बेरिया सीधे लैम्ब्रेटा के कमरे की ओर चला गया। दरवाज़े की फाँक से अन्दर झाँकने लगा। मैं चुपचाप बेवकूफ की तरह खड़ा रहा। गुड़बेरिया वापस आकर सिर खुजलाने लगा। बोला, "मैं बरबाद हो गया, हुज़ूर ! नीली रोशनी जल रही है।"

"इससे तुम्हारा क्या ?" मैंने उसे हिम्मत दिलाने की कोशिश की।

"क्या कहते हैं, साहब ! कमरे में एकदम अँधेरा होता, तो मैं डरता नहीं। परबसिया ने पहले ही दिन मुझे समझा दिया था, बत्ती जलती रहे तो डर नहीं है; बत्ती बुझी रहे, तो भी उतना डर नहीं; मगर, असली दुश्मन है यह नीली बत्ती।" गुड़बेरिया की छाती फटने लगी, जैसे वह रो-रोकर जान दे देगा। आँखें पोंछता हुआ बोला, "मुझ पर कनि का ग्रह सवार हो गया है। अब मेरी नौकरी गयी।"

फिर रोता हुआ कहने लगा, "नंगी मेमसाब लोगों पर कड़ी नज़र रखने का हुक्म है। उनको 'बॉर' में जाने देना मना है, उनके कमरे में किसी मर्द को जाने देना मना है, किसी मर्द ग्राहक के कमरे में उनको जाने देना भी मना है। अगर वे किसी कमरे में जायें तो दरवाज़ा पूरा खोलकर रखना पड़ता है। आज मेरी नौकरी चली गयी हुज़ूर!"

मैंने उसे सान्त्वना दी, "इतना क्यों डरते हो? इतनी रात को कौन छत पर देखने आयेगा?"

"आपको क्या पता? रबर का जूता पहनकर मार्को साहब कब ऊपर आ जायेंगे, कुछ ठीक नहीं। साहब कुछ सुनेंगे नहीं। धक्का देकर होटल से निकाल देंगे। करीम को उस बार साहब ने गरदन पकड़कर नीचे फेंक दिया था। एक नंगी मेम साहब रात में एक साहब को साथ ले आयी थी। करीम ने कुछ नहीं कहा था। पाँच रुपये के कारण बेचारे करीम का सब-कुछ चला गया।"

गुड़बेरिया दरवाज़ा खटखटाने के लिए आगे बढ़ा। मैंने उसे रोक लिया। कहा, "गुड़बेरिया, सारा दिन काम करके थके हुए लोग आराम कर रहे हैं। उनकी नींद न तोड़ो। लोग नाराज़ होंगे।"

पता नहीं, उसने मेरी बात का क्या मतलब लगाया। मुझे लगा, उसे शक हो रहा है कि कनि के उस कमरे में जाने में और नीली रोशनी जलाने में मेरा भी हाथ है। वह कुछ कहने जा रहा था। मगर मेरे गम्भीर चेहरे की ओर देखकर उसे कुछ कहने की हिम्मत नहीं हो सकी।

रात का यह नीला आसमान आज मुझे बेहद उदास लग रहा है। लगता है, सृष्टि में जितना आनन्द था, जितना सौन्दर्य था, सारा कुछ पृथ्वी के अविचारी मनुष्यों ने समाप्त कर दिया है। बच गया है केवल दुख। किसी के लिए भी, कहीं भी सुख का एक कण नहीं है। शान्ति की एक बूंद नहीं।

ऐसा लगा, लैम्ब्रेटा के कमरे का दरवाज़ा खुल गया है। कमरे में अब नीली बत्ती नहीं जल रही है। अँधेरा फैल गया है। और, उसी अँधेरे में सफ़ेद पालोंवाली नाव की तरह तैरती हुई कनि हल्के कदमों से बाहर निकल आयी। दरवाज़ा उसने आहिस्ता-से सटा दिया। सीढ़ियों की ओर जाते हुए उसने मुझे देखा। उसे उम्मीद नहीं थी कि मैं अब तक खड़ा होऊँगा। मगर, मुझे देखकर भी वह मेरी ओर नहीं आयी। अवज्ञा करके नीचे उतर गयी।

दस

"गन्ध आ रही है। तीखी गन्ध है। नित्यहरि भट्टाचार्य की नाक को धोखा देना मुश्किल है।" मेरे कमरे में आते ही वह चीत्कार करने लगे। सुबह का कोहरा अभी तक फटा

नहीं है। इसी वक्त नित्यहरि बाबू अपने कमरे से निकलकर छत पर आ गये हैं। रात में उन्हें नींद नहीं आती है। मेरे बिछावन की हालत वह कमरे में घुसते ही समझ गये। बोले, "अच्छा ही है। हमारे शास्त्रों में लिखा है, जैसा देश वैसा वेश।"

कल रात मेरे कमरे में जो लंकाकाण्ड मचा था, उसका सारा हाल उन्हें बतलाया। कहा, "पागल बौने साहब ने मेरे बिस्तरे पर बैठकर वह सारा काण्ड किया है।"

नित्यहरि बाबू को मेरी बात पर यकीन नहीं आया। मुँह टेढ़ा करके बोले, "हाँ-हाँ, साहब, यह नित्यहरि भट्टाचार्य भी अपने पिताजी से इसी तरह बहानेबाज़ी करता था।"

मैं सूखी हँसी हँसने लगा। न्याटाहारी बाबू कहने लगे, "कलकत्ता के कितने ही कच्ची उम्र के लड़के इसी तरह होटल, रेस्तराँ और दूसरी बदनाम जगहों में बरबाद हो जाते हैं, गवर्नमेण्ट तो इसकी खबर नहीं रखती। बेचारी गवर्नमेण्ट को क्या कहूँ, माँ-बाप ही बच्चों का खयाल नहीं रखते हैं।"

इसके बाद वह मेरे बिस्तरे से चादर खींचने लगे। बोले, "तोशक भी बदल देता हूँ। आप दूर रहिए। पाप से दूर ही रहने की कोशिश कीजिए।"

मैंने पूछा, "हाथ भी धोयेंगे ? पानी ला दूँ ?" नित्यहरि बाबू नाराज़ हो उठे, "कितनी बार हाथ धोऊँगा ? हाथ धोते-धोते तो चमड़ा सड़ गया। यह समूचा होटल अगर हर रोज़ डेटोल के विराट टब में डुबाया जाता, तब मुझे शान्ति मिलती।"

उनका हाव-भाव देखकर मुझे कुछ बोलने की हिम्मत ही नहीं हो रही थी। वह अपनी बातें कहते गये, "भाई साहब, आपने अच्छा नहीं किया। शॉर्ट-हैण्ड बाबू थे, बड़ा अच्छा था। काउण्टर पर 'आइए, हुज़ूर' 'जाइए, हुज़ूर' बने, यह भी चल जाता। मगर, संन्यासीजी को बच्चा पालने का शौक कैसे हो गया ? बताइए तो, रात के नाच में जाने की आपको ज़रूरत क्या थी ?"

मैंने कहा, "शौक से नहीं गया था नित्यहरि भाई, नौकरी करनी है, तो मालिक जो कहेगा, वही करना पड़ेगा न !"

मेरी बात से जैसे नित्यहरि भाई की क्रोधाग्नि पर जल बरस गया। नौकरी की बात आते ही वह बुझ गये। धीमी आवाज़ में बोले, "ठीक कहते हो, भाई ! इस पापी पेट के लिए क्या नहीं करना पड़ता है ! पेट का सवाल नहीं होता तो यह नित्यहरि भट्टाचार्य ब्राह्मण होकर जिस-तिस के गन्दे बिस्तरों को छू सकता था ?"

मैंने कहा, "वही पापी पेट तो हम सबको बरबाद कर देता है। पेट का सवाल नहीं होता, तो कैबरे-गर्ल को नंगी होकर नाचते हुए सारी दुनिया में घूमना नहीं पड़ता।"

न्याटाहारी बाबू गम्भीर हो उठे। बोले, "सिर्फ पेट ही नहीं है। एक चीज़ और भी है, स्वभाव ! लोग अपनी आदत से मजबूर होकर गलत काम करते हैं। आप जो कहिए, आपकी यह कनि मेम साहब मुझे ज़रा भी पसन्द नहीं आयी।"

अपनी नाक पर अटका हुआ चश्मा ठीक करते हुए उन्होंने बताया, "हाँ भाई,

सारी ज़िन्दगी तो यही काम करता आया हूँ। दो एक्सट्रा तकिए चाहिए, ठीक है। दे दूँगा। चार तकिए चाहिए, दे दूँगा। मगर, तकिया नहीं। इतने सारे लोगों के रहते मुझी से? मैं तो भाई साहब, सीधा-सादा आदमी ठहरा। मुझे यह सब क्या पता! अरे भाई, मैं गया था उससे पूछने कि एक्सट्रा तकियों की ज़रूरत है या नहीं। सीधा-सा जवाब है —हाँ या नहीं। मगर, ठण्डे कमरे की गरम मेमसाहब तो आग की ज्वाला बन गयी। कहने लगी, 'मेरे असिस्टेण्ट को मेरे बग़ल में एयर-कण्डीशन कमरा दो।' मैंने बताया, 'मैं तकियों का मालिक हूँ, कमरों का मालिक नहीं। हाँ, इतना फिर भी बता सकता हूँ, शाहजहाँ होटल ने आपको ठण्डा कमरा दिया है, आपके असिस्टेण्ट को नहीं देगा।' मेम साहब बोली, 'फिर वह कहाँ रहेगा?' मैंने कहा, 'जहाँ शाहजहाँ होटल के सारे लोग रहते हैं, छत पर।' मेरी बात सुनकर मेम साहब सिर पकड़कर बैठ गयी। इस शाहजहाँ में हर महीने नाचनेवाली लड़कियाँ आती हैं, मगर कोई लड़की अपने असिस्टेण्ट के लिए फ़िक्र नहीं करती है। अपनी ही सुख-सुविधा की चिन्ता में लगी रहती है। कैसा कमरा उसे दिया गया है? कमरा अन्दर से बन्द होता है या नहीं? बिस्तर नरम है या नहीं? तकिये कितने हैं? असिस्टेण्ट को कौन पूछता है?"

न्याटाहारी बाबू रुके, तो मैंने पूछा, "इससे क्या बनता-बिगड़ता है?"

"जो बिगड़ना था, बिगड़ गया!" न्याटाहारी बाबू सिर हिलाते हुए बोले, "हाय!"

मैं उनकी ओर देखता रह गया। पता नहीं, वह क्यों सिर पीट रहे हैं। उन्होंने कहा, "भगवान् ने क्या आपके दिमाग में एक बूँद भी अक्ल नहीं दी है? आप क्या आँखों से देख भी नहीं पाते? ऐसी लक्ष्मी-प्रतिमा की तरह सुन्दरी युवती है, और कैसे बदसूरत बौने पर मर रही है! मगर भाई, क्या कहा जाय! शास्त्रों में ही लिखा है—जिससे जिसका मन मिल जाये, क्या राजा, क्या डोम! कहाँ इतनी बड़ी नाचनेवाली, जिसके लिए हमारे मालिकों ने हज़ार-हज़ार रुपये खर्च किये हैं, और कहाँ वह लैम्ब्रेटा बौना! कहाँ राजा भोज, कहाँ गंगू तेली! मगर, साहब, बौने की शान तो देखिए! नखरे करता हुआ बोला, 'कनि, तुम यहाँ रहो, मैं तो चल दिया!' और इतना सुनते ही मेम साहब का मुँह सूख गया। बोली, 'प्लीज़! तुम गुस्सा न करो। मैं देखती हूँ, क्या हो सकता है!' बौना तो जानता है, छोकरी उसकी मुट्ठी में है। इसीलिए और भी गुस्सा दिखाता है। कहता है, 'तुम यहाँ रहो, नाचती रहो, नंगी घूमती रहो, लोगों से तालियाँ पिटवाती रहो, मुझे इन बातों की ज़रूरत नहीं है।' कनि तब मुझसे क्या बोली, जानते हैं? मैं अपने कानों से नहीं सुनता, तो विश्वास नहीं करता। वह मुझसे कहने लगी, 'मुझे भी छत पर एक कमरा नहीं दे सकते हो?' नित्यहरि भट्टाचार्य सिर्फ गन्दे कपड़े नहीं धोता है, सारी बात समझता है। मैंने मन-ही-मन कहा, बौने की बगल का कमरा चाहती हो न? ऊपर से बोला, 'मुझे पता नहीं। जिम साहब को भेज देता हूँ।' जिम साहब ने आकर क्या किया, पता नहीं। मगर, मैंने देखा, लैम्ब्रेटा ऊपर चला गया। मेम साहब ठण्डे कमरे में बैठी रही। राजा से राजा की लड़ाई हुई, बीच में बेचारे उल्लू की कीमती लाइफ मुफ़्त में चली गयी। मैं पूछने गया था, रात में एक्सट्रा तकिया लगेगा या

नहीं? उसका तो जवाब मिला नहीं। उल्टे गुस्से में भरकर मुझसे पूछा गया, 'तकिया? बिस्तरे में दो तकिये तो हैं ही! सिंगल रूम में और तकिये लेकर क्या रोस्ट करके खाऊँगी?' काली, माँ काली, ब्रह्माण्ड-व्यापिनी मेरी माँ काली!" इतना कहकर नित्यहरि बाबू उठ खड़े हुए। बोले, "अब जाता हूँ। देर हो गयी है। धोबी लोग काम रोककर गाँजे का दम लगाने लगे होंगे।"

मेरी चादर और दोनों तकिये वह खुद उठाकर ले जाने लगे। मैं उन्हें मना करने लगा। बोला, "बैरा ले जायेगा, आप रहने दीजिए। नहीं तो अपने किसी धोबी को भेज दीजिए। आप···"

तब न्याटाहारी बाबू अपने अनजाने में ही अपने असली रूप में आ गये। उनकी दोनों आँखें चमकने लगीं। कहने लगे, "मेरे लड़के-बच्चे नहीं हैं, तो क्या मुझमें दया-माया भी नहीं है? तुमने मुझे क्या समझा है? मैं तुम्हारे कपड़े नहीं ले जा सकता? मेरा लड़का होता, तो तुमसे उसकी उम्र ज़्यादा होती, जानते हो?" और, अपनी बात खत्म किये बिना ही कमरे से बाहर निकल गये।

इतनी सुबह मेरे कमरे में ऐसी बातचीत जम उठेगी, गुड़बेरिया को पता नहीं था। अन्दर आता हुआ बोला, "आपकी चाय ठण्डी हो रही है।"

चाय पीकर मैं बाहर निकल आया। कनि ऊपर चली आयी थी। सिर्फ एक अण्डरवियर पहने कनि शाहजहाँ होटल के गुम्बद के पास बैठी सूर्य देवता को अपनी ओर आकर्षित कर रही है। प्रभातकालीन सूर्य की किरणों में ऐसी शक्ति होती है, जिसके स्पर्श से सुन्दरियों का रूप और भी तीव्र-तीक्ष्ण हो जाता है, ऐसा कहते हैं। हो सकता है, यह बात सच हो। मगर, इस प्रकार सूर्य-किरणों का उपभोग करने से छत पर खड़े अन्य व्यक्तियों के मन में कुण्ठा उपज सकती है, कनि को इसका तनिक भी ध्यान नहीं था।

इसी वक्त रोज़ी अपने कमरे से सज-धजकर निकली। मार्कोपोलो सुबह-सुबह डिक्टेशन देकर काम का बोझ हल्का कर लेते हैं। मुझे देखकर रोज़ी ने आँखें फेर लीं। मैंने कहा, "गुड मॉर्निंग!"

उसने कोई जबाव नहीं दिया, और दाँतों से नाखून चबाने लगी। मैं गुस्से में आकर मज़ाक कर बैठा, "मिस्टर मार्कोपोलो उस दिन तुम्हें बता चुके हैं, ब्लेड से नाखून काटना चाहिए।"

शायद ऐसा कहना मेरे लिए उचित नहीं था। रोज़ी पहले यों शर्म से लाल हो गयी। ठीक लाल नहीं, गंगा की लाल मिट्टी पर चलने से जिस तरह जूते का रंग हो जाता है, वैसा ही लाल! फिर उसने कहा, "मैं अभी तुरत जिम को साथ लेकर मार्कोपोलो के पास जाती हूँ। ज़रूरत पड़ी तो बोस को भी बुलवा लूँगी।"

मैं तो वाकई डर गया। जिम अच्छा आदमी नहीं है। इतनी सुबह उठकर रोज़ी से मज़ाक करके मैंने अच्छा नहीं किया। मगर जो होना था, हो गया। अब रोज़ी मुझे छोड़ेगी नहीं। शाहजहाँ से मुझे भगाने का कोई मौका वह हाथ से जाने नहीं देगी। मैंने उदास होकर कहा, "मार्कोपोलो से तुम कहोगी क्या?"

रोज़ी शैतानी से भरी हुई, मुस्कराती हुई, कनि के नंगे शरीर की ओर इशारा

करती हुई बोली, "मैं कहूँगी, इस लड़के को होटल में रखा नहीं जा सकता।"

"क्यों ? मैंने तुम्हारा क्या नुकसान किया है ?"

"मेरा नुकसान नहीं, तुम्हारा ही नुकसान हो रहा है। तुम्हारी उम्र के यंगमैन को छत पर रहने की आज़ादी नहीं होनी चाहिए।"

अब मेरी हिम्मत बँधी। सहारा मिला। तो रोज़ी मज़ाक कर रही थी। वह अपने हाथ की चाभियों का रिंग घुमाती हुई बोली, "डॉण्ट बी ओवर कॉन्फ़िडेण्ट ! यह राक्षसी तुम्हारा खून पीने के लिए मुँह बाये बैठी है। याद रखना !" फिर, जैसे नाचती हुई वह सीढ़ियों से नीचे उतर गयी।

मैं अवाक् होकर अपने चारों ओर की धरती को देखने लगा। क्या मैं सपना देख रहा हूँ ? क्या मैं वही शंकर हूँ ? क्या मैं वही शंकर हूँ, जो एक दिन कासुन्द की बस्ती में रहता था, और अब शाहजहाँ होटल की नौकरी कर रहा हूँ ? या मैं दूसरा आदमी हो गया हूँ ? क्या मैं वही शंकर हूँ, जो एक दिन मेट्रो सिनेमा देखने आया था तो रास्ता भूल गया था ? मुझे ऐसा लगा, मैं सपना देख रहा हूँ। मैं नशे में हूँ। शाहजहाँ होटल नाम की कोई चीज़ कहीं नहीं है। मैं विजयादशमी के दिन भाँग का शरबत पीकर कासुन्द के टीले पर बैठा हूँ, और नशे में हूँ। मगर दूसरे ही क्षण मेरी निगाहें कनि की ओर गयीं। नशा टूट गया। स्कॉटलैण्ड की लड़की कनि भारतीय सूर्य की किरणों के सामने खड़ी होकर अपने शरीर के अंग-अंग को स्नान करा रही है। यही सत्य है, और अब कासुन्द की बस्ती ही सपना है। मुझे लगा, मैं शाहजहाँ होटल के 'बॉर' से कई पेग ह्विस्की चुराकर पी गया हूँ, और अब सपना देख रहा हूँ कि कासुन्द नाम की एक जगह थी, जहाँ मैंने ज़िन्दगी के पिछले दिन गुज़ारे थे।

धीरे-धीरे मैं छत के बीच में चला आया। न्याटाहारी बाबू की भावना मुझमें छा रही है। मुझे लगता है, कनि सूर्य-विलास नहीं कर रही है, सर्वपापविनाशकारी सूर्यदेव की किरणों से अपने शरीर को पवित्र कर रही है—भूर्भुवः स्वः तत्सवितुर्वरेण्यम्···

मुझे देखकर कनि हड़बड़ाकर उठ खड़ी हुई। बोली, "गुड मार्निंग !"

मैंने उत्तर दिया, "गुड मार्निंग !"

कनि बोली, "तुम लोग इतने बुद्धू क्यों हो ? ऐसी खूबसूरत छत को तुम लोग बरबाद क्यों कर रहे हो ? इसे 'सन-बेदिंग' के लिए किराये पर क्यों नहीं उठा देते ? 'रिज़र्वड् फॉर सन-बेदिंग' का बोर्ड लगाकर तुम लोग काफी पैसे कमा सकते हो।"

मैं कुछ कहता, इससे पहले ही किसी कमरे से ग्रामोफोन की आवाज़ आने लगी। कनि चीख पड़ी, "कौन इतना अरसिक है ? इतनी शान्त सुबह है, कोई भी शब्द सुनना मुझे अच्छा नहीं लगता !"

मुझे लगा, आवाज़ मिस्टर गोमेज़ के कमरे से आ रही है। कनि बेचैन होकर कहने लगी, "तुम्हारा ही कोई साथी ग्रामोफोन बजा रहा है। ज़रा उसे बन्द करने को कह आओ न ! सारी रात तो मुझे ऐसे ही गीतों में डूबे रहना पड़ता है। इस वक्त भी···"

मैंने ठीक ही सोचा था। सीधे गोमेज़ के कमरे में जाकर देखा, बुशर्ट और

पाजामा पहने मिस्टर गोमेज़ एक कुर्सी पर आँखें बन्द किये लेटे हैं। पास ही ग्रामोफोन बज रहा है। मैं उनसे कुछ कह नहीं सका। इतनी सुबह, जबकि चारों ओर सुनहरी धूप फैल रही है, शाम का गीत क्यों बज रहा है। गीत सुनकर लगता है, अभी तुरत थका हुआ सूरज डूब जायेगा। थके हुए पंछी अपने-अपने घोंसलों में वापस चले जायेंगे। मैं संगीत नहीं समझता हूँ। मगर, मुझे लगा, कोई मुझे कोकेन का इंजेक्शन लगाकर धीरे-धीरे बेहोश कर रहा है।

गोमेज़ मुझे देखकर मुस्कराये। उनकी मुस्कान में उदासी-ही-उदासी भरी थी। धीमे स्वर में उन्होंने कहा, "सुनो, ध्यान देकर यह संगीत सुनो!"

मुझे भी सुनते रहने की इच्छा थी। मगर अब तक तो कनि चीख-पुकार मचाने लगी होगी। मैंने कहा, "कनि आपको बुला रही है।"

गोमेज़ विरक्त होकर बाहर निकल आये। उन्हें देखकर कनि ने बड़ा-सा टर्किश टॉवेल अपनी देह पर ओढ़ लिया। फिर बोली, "मिस्टर गोमेज़, सुबह-सुबह कोई आवाज़ सुनना मुझे अच्छा नहीं लगता है।"

जैसे किसी ने गोमेज़ को चाबुक मार दिया हो। इस होटल में कनि का कितना महत्त्व है, गोमेज़ को पता हो गया था। एक ही रात में कनि ने आठ-नौ हज़ार रुपयों की बिक्री बढ़ा दी है। ऐसी प्रतापशाली युवती के सामने एक मामूली बाजेवाले का कोई महत्त्व नहीं है, यह जानते रहकर भी गोमेज़ का चेहरा गुस्से से लाल हो उठा। मगर, क्षण-भर के लिए चेहरा फिर ठण्डा पड़ गया। कनि उनकी यह हालत देख रही थी। पूछने लगी, "क्या हुआ?"

गोमेज़ किसी तरह बोल सके, "मिस कनि, आपको असंख्य धन्यवाद! मुझे बहुत दुख है, मेरे कारण आपको असुविधा हुई। मगर, आज मेरे जीवन का एक स्मरणीय दिवस था, इसीलिए···।"

गोमेज़ चुपचाप अपने कमरे की ओर वापस जाने लगे। कनि अपनी चटाई से उठ खड़ी हुई। स्लीपिंग-गाउन पहनती हुई बोली, "मिस्टर गोमेज़!"

कनि अचानक उदास हो गयी है। गोमेज़ उसकी बात सुन नहीं पाते। सीधे अपने कमरे में जाकर ग्रामोफ़ोन बन्द कर देते हैं। कनि भी उनके पीछे-पीछे कमरे में चली जाती है। मैं भी अन्दर चला गया। सुना, कनि उनसे पूछ रही थी, "आज के दिन क्या हुआ था?"

जैसे, ग्रामोफ़ोन बन्द करते ही गोमेज़ का सारा भय मिट चुका है। अब उन्हें किसी का, किसी बात का डर नहीं है। दर्शकों के सपनों की रानी, मैनेजमेण्ट की सबसे प्यारी लड़की कनि अब उनका कुछ बिगाड़ नहीं सकती। वह घूमकर बोल उठे, "तुम गाने गाती हो, तुम नाचती हो, तुम नृत्य-संगीत का पेशा करती हो! और, तुम्हें पता ही नहीं, आज कौन-सा दिन है?"

कनि डर गयी है। जैसे अपने शब्दों के जादू से गोमेज़ ने उसे सम्मोहित कर लिया है। वह डरती हुई कहती है, "मेरी नासमझी को माफ करो! बताओ, आज के दिन क्या हुआ था?"

अपमानित संगीतकार अपने-आप कहने लगा, "सुरों का राजा, संगीतज्ञों का महाराजाधिराज ! आज के ही दिन दुख, कष्ट, अपमान की अवस्था में उन्होंने आखिरी साँस ली थी। किन्तु, आज भी वह हमारे सम्राट् हैं। मैं रॉक-एन-रोल बजाता हूँ, मैं कैबरे के संगीत में सुर भरता हूँ, मैं सस्ते और फ़ाश गाने सुनाता हूँ, मगर फिर भी वह मेरे सम्राट् हैं।"

मैं चुप नहीं रह सका। मैंने पूछ ही लिया, "कौन ? बीयोविन ?"

इन्कार में सिर हिलाते हुए, गोमेज़ ने धीमी आवाज में कहा, "नहीं, मेरे सम्राट् अन्य व्यक्ति हैं। वह दरिद्र थे। उन्हें ख्याति मिली थी, फिर सारी यश-प्रतिष्ठा समाप्त हो गयी थी। एक धर्माधिकारी के यहाँ वह संगीतज्ञ थे। धर्माधिकारी ने एक दिन धक्के देकर उन्हें निकाल दिया। इसके बाद जीवन-भर वह दुख-ही-दुख पाते रहे। इसीलिए दूसरों का दुख वह समझते थे। मगर, दुखबोध का मूल्य पृथ्वी पर कौन देता है ? सुरों के सम्राट् अनादर, अन्याय, अवहेलना-प्रताड़नाओं के बीच जीते रहे, और कुल पैंतीस वर्ष की उम्र में उन्होंने संसार-त्याग किया। किन्तु आह, उस मृत्यु में भी कितना महान् सौन्दर्य था ! उनकी पत्नी ने उनके कान में होंठ लगाकर पूछा, 'कुछ कहना चाहते हो ?' हाँ, वह कुछ कहना चाहते थे। मगर, दुनिया की कोई बात नहीं, संगीत की भी कोई बात नहीं। किसी तरह साँस लेते हुए उन्होंने कहा, 'मुझे वचन दो, मेरी मृत्यु की बात अभी तुम गुप्त रखोगी। बेचारा अल्ब्रेत्स अभी शहर से बाहर गया हुआ है। उसे लौटने में कुछ दिन लग जायेंगे। वह मेरा दोस्त है। मगर, अभी लोगों को मेरी मौत का समाचार मालूम हो जायेगा, तो मेरी नौकरी किसी दूसरे को दे दी जायेगी। तुम तो जानती ही हो, अल्ब्रेत्स को एक नौकरी की कितनी सख्त ज़रूरत है !' मृत्यु के द्वार पर खड़े होकर ऐसी बात सिर्फ एक मोज़ार्ट ही कह सकते थे। ऐसा विशाल हृदय था उनका, तभी तो ऐसे महान् संगीत का जन्म हो सका !" इतना कहकर गोमेज़ मौन हो गये।

मुझे लगा, जैसे गोमेज़ मोज़ार्ट को कब्र में सुलाकर वापस आ रहे हों। भीगी हुई आँखों और रुँधे हुए कण्ठ से गोमेज़ बोले, "नौकरी न रहने से क्या कष्ट होता है, गरीबों का यह दुख वह जानते थे। इसीलिए सुरों के सम्राट् मृत्यु के समय भी अपने बन्धु की बात भूल नहीं सके थे। और वह भूल नहीं सके थे, अपनी मृत्यु का संगीत ! मोज़ार्ट का 'रिक्वम के-626' कभी सुना है ? अपनी मृत्यु के कुछ ही मास पूर्व एक रईस की फरमाइश पर एक छोटी-सी रकम अग्रिम लेकर उन्होंने इस संगीत की रचना शुरू की थी। शरीर अस्वस्थ था। मन सन्तुलित नहीं था, संगीत-रचना करते हुए वह रोने लगते थे। कहते थे, 'यह मेरा अपना ही रिक्वम है। मैं जानता हूँ, अपनी मृत्यु का शोक-संगीत मैं स्वयं ही तैयार कर रहा हूँ। मगर, मेरी बीमार देह मुझे संगीत पूरा करने का मौका तो देगी ? कुछ भी हो, मुझे यह संगीत तो पूरा करना ही होगा।' मृत्यु के कुछ पहले मोज़ार्ट ने अपने प्रिय शिष्यों और दोस्तों को अपनी रोगशय्या के पास बुला लिया था। बात करने की ताकत नहीं रह गयी थी। इशारे से कहा, 'शुरू करो बजाना, शुरू करो।' मोज़ार्ट का 'रिक्वम' जब संगीत आरोह के चरम क्षण पर पहुँचा, तो वह फूट-फूटकर रोने लगे। संज्ञाहीन हो गये। जानते हो, उनके अन्तिम शब्द क्या थे ?" गोमेज़ ने मेरी ओर देखते

हुए पूछा।

कनि भी उदास, गुमसुम हो बैठी थी। अपनी बोझिल पलकें उठाये, होटल के एक मामूली बाजा बजानेवाले को विस्मय-भरी दृष्टि से देख रही थी।

ग्रामोफोन पर मोज़ार्ट का 'रिक्वम' रखते हुए गोमेज़ ने कहा, "उनके ग्राखिरी शब्द थे, 'क्या मैंने यह नहीं बतलाया था कि मैं यह संगीत अपने लिए लिख रहा हूँ ?'"

मृत्यु का अन्तिम गान ग्रामोफोन के रिकार्ड पर गूँजता हुआ छटपटा रहा है। मृत्यु की समस्त यन्त्रणाएँ मुखरित हो उठी हैं। एक अथाह, अव्यक्त वेदना शरीर के कारागार से मुक्त होकर महाशून्य में विलीन हो जाने के लिए तड़प रही है। जीवन के इस नव-प्रभात में हमने महामृत्यु की कराल-विकराल सन्ध्या का दर्शन किया।

अपने जड़ शरीर को शाहजहाँ होटल की छत पर इस कमरे में फैलाये रखकर गोमेज़ जैसे किसी सुदूर भविष्य की ओर इंगित कर रहे हैं। और, कनि अचानक होश में आकर अपने नग्न शरीर को स्लीपिंग-गाउन से ढकने की कोशिश करती हुई रो रही है। कनि रो रही है—कनि, द वूमन !

मुझे विश्वास नहीं हुआ। अपनी आँखें पोंछकर मैंने देखा, हमारी रातों की महारानी कनि के गालों पर आँसुओं की रेखा है। धीरे-धीरे कमरे से बाहर जाती हुई, वह गोमेज़ से बोली, "आई ऐम सॉरी !" और, सिर्फ इतना कहकर वह सिर झुकाये बाहर निकल गयी।

कनि के साथ मैं भी बाहर चला आया। गोमेज़ को मैं अब तक ठीक-ठीक पहचान नहीं पाया था। एक रेस्तराँ का साधारण संगीतवादक समझ लिया था। इन संगीतवादकों के बारे में एक बार मार्को साहब ने बताया था, "होटल या रेस्तराँ में बाजा बजाते हैं, इसलिए संगीत-कला का इन्हें कोई ज्ञान नहीं होता, ऐसी बात नहीं है। इसी कलकत्ता के होटलों में मैंने ऐसे संगीत-शिल्पियों को देखा है, जिन्हें सुयोग और सुविधा मिले तो समूचे विश्व में अपने नाम की धूम मचा सकते हैं।"

बोस दा भी कहते हैं, "गोआनीज़ क्रिश्चियन लड़कों को तुम लोग जानते नहीं ! संगीत पर इन्हें जन्मसिद्ध अधिकार होता है ! संगीत के अलावा इन्हें कोई चीज़ ज्ञात नहीं, किसी चीज़ पर प्यार नहीं। इनके जीवन का और कोई उद्देश्य नहीं होता। सारा दिन चेलो, बायलिन, क्लेरेनेट बगल में दबाये सोये रहते हैं। वक्त होते ही मशीन की तरह कपड़े पहनकर नीचे उतर आते हैं। मुमताज़ रेस्तराँ के मेहमानों के मनोरंजन के लिए जी भरकर बाजे बजाते हैं। फिर मशीन की तरह ऊपर चले जाते हैं। कपड़े उतारकर बिस्तरे पर सो रहते हैं। संगीत के अतिरिक्त इनके जीवन में कुछ नहीं है।"

इनके बीच प्रभातचन्द्र गोमेज़ जैसे अपवाद हैं। वह भी मशीन की तरह शाहजहाँ होटल में संगीत का परिचालन करते हैं, लेकिन किसी और दुनिया के स्वप्न देखते रहते हैं—संगीत की दुनिया, जहाँ सुरों के सम्राट् महान् संगीत की रचना करते हैं, और सरस्वती की आराधना करते हुए जीवन-लीला समाप्त कर देते हैं।

गोमेज़ के कमरे से निकलकर कनि फिर धूप में आकर बैठ रही, जैसे अचानक वह बदल

गयी। प्रभातचन्द्र गोमेज़ ने उसके सारे घमण्ड और दर्प को एक क्षण में चूर-चूर कर दिया है। मोज़ार्ट के मृत्यु-संगीत ने उसे शीशे की तरह टुकड़े-टुकड़े कर दिया है।

कनि सूर्य की ओर पीठ करके बोली, "ऐसी धूप अगर हमारे यूरोप में हर रोज़ मिल सकती, तो मुझे कहीं काम-धाम नहीं मिलता।"

मैं उसकी बात का मतलब नहीं समझ सका, और उसके चेहरे की ओर देखता रहा। वह हँसती हुई कहने लगी, "इतनी खरी धूप में स्नान करके हमारे देश की हर लड़की खूबसूरत हो जाती। इस धूप के बिना जो लड़कियाँ सिर्फ 'एट्रैक्टिव' कही जाती हैं, वे सभी महान् सुन्दरियाँ बन जातीं। फिर मुझ-जैसी साधारण लड़की को कौन पूछता?"

रात के 'कैबरे' में रंगीन सपनों की तरह जगमगानेवाली लड़की का भी एक साधारण जीवन होता है, उसके साथ भी सहज भाव से बातचीत की जा सकती है, हँसा-बोला जा सकता है, कनि से मिले बिना इस बात पर मुझे विश्वास नहीं हो सकता था। वह मेरी ओर देखती हुई बोली, "सोचती हूँ, अब से हर साल एक बार भारत आने की कोशिश करूँगी। यहाँ की धूप में नहाकर शरीर का रंग आकर्षक बना लिया जा सकेगा। ···खड़े क्यों हो?"

एक छोटी-सी कुर्सी मेरी ओर बढ़ाकर कनि बोली, "बैठ जाओ।"

मैं बैठ रहा। कनि ने पूछा, "हैरी को देखा है?"

मेरी धारणा थी, रात के पागलपन के बाद हैरी अब तक सो ही रहा होगा। कनि भी यही सोच रही थी। मैंने कहा, "देखता हूँ, मिस्टर लैम्ब्रेटा अभी तक सो ही रहे हैं या जग चुके हैं।"

कनि बोली, "अगर हैरी सोया हो, तो उसे 'डिस्टर्ब' नहीं करना।"

मुझे ज़रा गुस्सा आ गया। एक कैबरे-गर्ल का मसखरा है, कोई ऐसा वी.आई.पी. तो नहीं कि उसे ब्रेक-फास्ट के वक्त भी 'डिस्टर्ब' नहीं किया जा सकेगा। मैंने इतना ही कहा, "हम होटल में नौकरी करते हैं। किसी को 'डिस्टर्ब' न करने का आर्ट भी हमें मालूम है।"

लैम्ब्रेटा के कमरे का दरवाज़ा सटा हुआ था। खिड़की से झाँककर देखा, तो मुझे डर हो आया। बिस्तरे पर कोई सोया है, ऐसा नहीं लगा। अच्छी तरह देखने के लिए, मैंने पूरी खिड़की खोल दी। कहाँ है लैम्ब्रेटा? बिस्तरे पर नहीं है। फिर क्या बाथरूम में है? मगर वहाँ से भी कोई आवाज़ नहीं आ रही है। अब दरवाज़े के पास आकर मुझे अपनी गलती का पता चला। दरवाज़े में ताला लगा है।

कनि मुझे यहाँ खड़ा देखकर पास चली आयी। अपनी देह के बारे में उसे कोई खयाल नहीं है। देह है, बस, इतनी ही जानकारी काफी है। देह ढकी है या नंगी, यह जानने की ज़रूरत ही क्या है! उसने दरवाज़े के पास आकर पूछा, "हैरी भीतर नहीं है?"

"दरवाज़ा तो बन्द है।"

कनि घबरा गयी। बोली, "फिर वह कहाँ चला गया?"

मुझे चुपचाप देखकर वह अधीर हो उठी, "चुप क्यों हो ? कुछ बोलो भी ! चुप खड़े रहने से काम चलेगा ?"

भारी मुसीबत है ! लैम्ब्रेटा कहाँ है, यह भला मैं कैसे बता सकता हूँ ? कनि की आँखें भर आयीं। बोली, "तुम्हीं इसके लिए ज़िम्मेदार हो। क्यों तुम रात में मुझे बुला लाये ? एक छोटे-से निरीह आदमी ने ज़रा देर के लिए तुम्हारे कमरे में गोलमाल किया तो कौन-सी बड़ी बात हो गयी ? तुम वर्दाश्त नहीं कर सकते थे ?"

कनि की बात सुनकर मैं स्तम्भित रह गया। मगर वह रुकी नहीं। कहती गयी, "मुझे देखो, मैं जो इतना कुछ सहती रहती हूँ। मैं और हैरी रात-दिन हज़ारों लोगों की हज़ारों किस्म की बातें सहते रहते हैं, अत्याचार सहते रहते हैं, मुँह बन्द किये रहते हैं, कभी किसी से कोई शिकायत, कोई 'कम्प्लेण्ट' नहीं करते।"

मैं हक्का-बक्का होकर कनि की आँसुओं से भीगी हुई आँखें देखता रहा। कनि मेरे नज़दीक आकर बोली, "जानते हो, कल रात वह बिस्तरे पर लेटा-लेटा फूट-फूटकर रो रहा था। मैंने उसे कितना समझाया, कितनी सान्त्वना दी, उससे माफी माँगती रही, मगर वह मुझसे एक शब्द नहीं बोला। उसने मुझसे बात तक नहीं की। मुँह फेरे हुए पड़ा रहा, रोता रहा।"

मैं कुछ कहता, मगर इसी वक्त छत का टेलीफोन बज उठा। तेज़ी से उधर जाकर मैंने फोन उठाया। रोज़ी बोल रही थी।

"हलो रोज़ी, क्या बात है ?"

"नहीं यंगमैन, मैं रोज़ी की 'कैपेसिटी' में नहीं बोल रही हूँ। टेलीफोन-ऑपरेटर को 'डिसेन्ट्री' हो गयी है। बोर्ड पर बैठ नहीं पाता, इसीलिए फिलहाल मैं ही टेलीफोन-गर्ल हूँ।"

"दूसरे की सहायता करने की जो मनोवृत्ति तुम दिखा रही हो, वह प्रशंसा के लायक है।" मैंने बताया। रोज़ी बोली, "तुम्हें 'डिस्टर्ब' करने की इच्छा नहीं थी। मगर फोन आया है। एक महाशय हैं, जो तुम्हारी कनि के साथ बातें करने के लिए पागल हो उठे हैं। लो, बात करो !"

"हलो !" उधर से आवाज़ आयी। मैंने कहा, "यस, कहिए !"

वह भद्र सज्जन कनि द वूमन की आवाज़ सुनने को व्याकुल थे, उसके बदले मेरा पुरुष-कण्ठ-स्वर सुनकर निराश हो गये। बोले, "हम ज़रा कनि से बात करना माँगता है !"

"आप हैं कौन ?"

"हम एक पब्लिक हैं ! उसका साथ थोड़ा 'डिस्कशन' करने का दरकार है !"

मैंने कहा, "सॉरी ! उसके साथ आपकी बात नहीं हो सकती। किसी भी अनजान आदमी से बातें करना उसके लिए मना है।"

बेचारा 'पब्लिक' थोड़ा असन्तुष्ट हो गया, बोला, "यह आप क्या बात बोलता है ? हमारा साथ 'मीट' किये बिना जान-पहचान कैसे हो सकता है ?"

होटल की नौकरी में गुस्सा करने का उपाय नहीं रहता है। मन में तनिक भी

क्षोब हो तो भाग्य से होटल का दाना-पानी मिट जाता है। इसीलिए शिष्ट भाषा में दुख प्रकट करते हुए मैंने कहा, "उससे मुलाकात भी नहीं हो सकती। फोन पर बात भी नहीं होगी !"

पब्लिक ने कहा, "प्राइम मिनिस्टर से फोन पर बात होता है, मगर आपका कोनी दि वोमन का साथ बात नहीं होगा ?"

"जी हाँ, यही बात है। वैसे आप कुछ कहना चाहें तो मुझे बता दें, मैं कनि को कह दूँगा।"

वह हताश होकर बोले, "तमाम दुनिया की बहुत बड़ा होटल हम देखा है मगर कलकत्ता जैसा खराब 'मैनर्स' कहीं नहीं देखा।" इस भूमिका के उपरान्त उन्होंने निवेदन किया, "हमको साहब जानने का ज़रूरत था, हमारा 'प्रेज़ेण्टेशन' उनको मिल गया है या नहीं ?"

"कैसा 'प्रेजेण्टेशन' ?" मैंने पूछा। और मैंने देखा, मुझे फोन पर बातें करते देखकर दूर खड़ी कनि बेचैन हो रही है।

पब्लिक ने बताया, "कुछ 'फ्लावर' और कुछ 'फ्रूट' भेजा है आज सुबह। अभी तक मिला नहीं ?"

"अगर आपने भेजा है तो ज़रूर मिल जायेगा।" मैंने इतना कहा और फोन रख दिया। कनि दौड़ी हुई आयी और पूछने लगी, "कोई बुरी खबर है क्या ?"

"नहीं तो।" मैंने कहा। और मैंने घूमकर देखा, फूलों की एक बड़ी-सी डाली और फलों से भरी टोकरी लादे हुए गुड़बेरिया ऊपर चला आ रहा है। कनि मेम साहब के पाँवों के पास उसने अपने सिर का बोझ उतारकर रख दिया। फूलों की डाली में एक कार्ड लटक रहा था। कार्ड में पब्लिक-सज्जन का नाम और फोन-नम्बर लिखा था।

कनि ने उपहार की ओर देखा तक नहीं। वह तो छोटी उम्र की लड़कियों की तरह रोने लगी थी। उसे देखकर मुझे लगा, वह हमारे किसी गाँव की छोटी-सी अबोध बच्ची है, इतने बड़े शहर में आकर अपने संगी को खो बैठी है।

गुड़बेरिया मेम साहब को रोते देखकर घबरा गया। पूछने लगा, "क्या हुआ है ? मेम साहब को क्या फल-फूल पसन्द नहीं आया ?"

मैंने उससे पूछा, "हमारे नाटे साहब की कोई खबर रखते हो ?"

गुड़बेरिया ने मेरी जान बचा ली। बोला, "नाटे साहब ? वह तो बाहर घूमने गये हैं।" बाहर जाने से पहले लैम्ब्रेटा ने गुड़बेरिया से पूछा था, "पास कहीं घूमने की कोई जगह है ?" गुड़बेरिया ने बताया था, "सेन्ट्रल एवेन्यू से जाने पर थोड़ा ही आगे एस्प्लेनेड का मैदान है। इसके आगे चौरंगी है, हवा खाने की शानदार जगह !" तब साहब गुड़बेरिया को एक अठन्नी देकर बाहर चले गये।

अब कनि की खोयी हिम्मत वापस आने लगी। उसके मेघाच्छन्न चेहरे पर क्षणभर के लिए मुस्कराहटों की किरणें तैरने लगीं। वह बोली, "देखो, एक खेल करती हूँ।"

अपने पाँवों के पास पड़ी फूलों की डाली उठाकर, उसने कार्ड निकालकर फेंक

दिया। मुझसे कागज़ का एक टुकड़ा लेकर, उस पर उसने कुछ लिखा। फिर, लैम्ब्रेटा के कमरे में जाकर फूलदान ढूँढ़ने लगी। बोली, "कैसा होटल है, हर कमरे में फ्लावर-वेस तक नहीं है।"

"नीचे के हर कमरे में है, छत पर नहीं।"

"क्यों? छत पर क्या आदमी नहीं रहते हैं?" कनि ने विरक्त होकर कहा। फिर शीशे के एक गिलास में फूल सजाकर रखने लगी। फूल सजाकर उसने बाहर से दरवाज़ा बन्द कर दिया। बोली, "हैरी चकित रह जायेगा। सोचेगा, इस अजनबी शहर में इतने सवेरे कनि कहाँ से इतने सारे खूबसूरत फूल ले आयी!"

हैरी को खुश करने का मौका पाकर कनि बेहद खुश हो उठी है। मगर यह खुशी लमहे-भर के लिए है। मेरी रिस्टवाच की ओर देखकर कनि फिर चिन्तित होने लगी। मैंने कहा, "इतनी फिक्र क्यों करती हैं? वह अब आ ही रहा होगा।"

मगर, कनि को भरोसा नहीं हुआ। बोली, "मुझे डर लगता है। बौना आदमी है, कहीं रास्ता पार होने लगेगा, तो मुसीबत में पड़ जायेगा।"

मैंने दुबारा सान्त्वना दी, "क्यों बेकार घबराती हैं? देखिए न, अभी तुरत आ जायेगा।" मगर मन-ही-मन कहने लगा, 'इतनी बेकरारी क्यों! बददिमाग आदमी जितनी देर बाहर रहे, उतना ही अच्छा! आयेगा, तो कोई-न-कोई गोलमाल शुरू करेगा!'

मेरी भविष्यवाणी इतनी जल्दी पूरी हो जायेगी, आशा नहीं थी। मेरी बात खत्म भी नहीं हुई होगी कि दरवाज़ा खोलकर वह छत पर आ गया। लैम्ब्रेटा का मिज़ाज इस वक्त ठीक था। वह कोई गीत गुनगुना रहा था। क्या गा रहा था, मैं समझ नहीं सका। कनि खुद भी समझ नहीं सकी। लैम्ब्रेटा से पूछने लगी "क्या गा रहे हो, हैरी?"

हैरी के अंग्रेज़ी उच्चारण को समझने की कोशिश करता हुआ मैं गीत की पंक्तियों तक पहुँच गया। असली भारतीय प्रथा के अनुसार लैम्ब्रेटा ताली बजाता हुआ भजन गा रहा था, "जय-जय रघुपति राघव राजा राम!"

लैम्ब्रेटा क्या वाकई पागल हो गया है? उसने कहा, "कनि, वण्डरफुल गीत है!" और नाचते-नाचते गलत उच्चारण करता हुआ गाने लगा, "पाटिटो पावोना सीटाराम!"

कनि ने लैम्ब्रेटा से पूछा, "इतनी देर तक कहाँ थे? क्या कर रहे थे? मैं तो चिन्ता से मरी जा रही थी!"

लैम्ब्रेटा बोला, "यही तो तुम्हारा स्वभाव है।" फिर व्यंग्य करने लगा, "मेरे लिए चिन्ता करते-करते तुम्हें नींद नहीं आती है! मेरे लिए चिन्ता करते-करते तुम्हारे 'नेकिड-डांस' का लय-तान टूट जाता है!"

कनि लैम्ब्रेटा से यह उत्तर सुनने को कतई तैयार नहीं थी। उसकी दोनों आँखें छलछलाने लगीं। उसने कहा, "हैरी! तुमने मुझी से ऐसी बात कही? मुझी से?"

प्रभात के सौन्दर्य ने वाकई लैम्ब्रेटा के मन में प्रसन्नता भर दी है, उसके मन में उदारता भर दी है। वह अपनी भूल समझ गया है। वह इसीलिए कनि का हाथ थामकर कहता है, "तुमसे मज़ाक कर रहा था। मगर तुम तो अभी भी छोटी-सी

बच्ची हो, मज़ाक तक नहीं समझतीं !"

कनि अपने आँसू पोंछने लगी, शान्त होने लगी। लैम्ब्रेटा ने कहा, "मैदान में टहलता हुआ मैं कब नदी के किनारे पहुँच गया, पता नहीं। वहाँ देखा, फुटपाथ पर बैठकर कुछ लोग गीत गा रहे थे। वेरी स्वीट सॉंग ! वेरी नाइस पिपुल ! रीयल जेण्टिलमेन ! मुझे देखकर उन्होंने गाना बन्द कर दिया। उन्होंने मुझे नमस्ते की। मैंने पूछा, 'तुम लोग क्या गा रहे हो ? अपने स्वीटहार्ट के लिए गा रहे हो ?' वे लोग मर्केण्टाइल फ़र्म के बैरे-दरबान थे, मेरी बात समझ नहीं सके। बोले, 'सुबह के वक्त सिर्फ गॉड ! सिर्फ सीताराम ! सीताराम !' उनमें से एक आदमी अक्लमन्द था। अंग्रेज़ी में बोला, 'आप ठीक कहते हैं, हुज़ूर ! सीतारामजी का हार्ट भी वेरी स्वीट !' "

यह 'वण्डरफुल' गीत सुनकर लैम्ब्रेटा अपने-आपको रोक न सका। गंगा के किनारे, कैलकटा स्विमिंग क्लब के सामने खड़े होकर उसने भी गाना शुरू किया—रघुपति राघव राजा राम !

कलकत्ता के फुटपाथों के उन नागरिकों की समझ में नहीं आ रहा था, इस साहब के साथ कैसा व्यवहार करें। साहब को खड़े देखकर उन्हें कष्ट हो रहा था। मगर साहब को बिठायें कहाँ ? और, साहब के दिल-दिमाग पर तो गीत का नशा छा गया है। वह खुद ही जाकर उनकी चादर के बीच में बैठ गया। लैम्ब्रेटा गानों की नकल उतारना जानता है। यह गीत भी उसके होंठों पर चढ़ गया। हाथ जोड़कर तालियाँ बजाता हुआ, गीत का अर्थ बिना जाने ही वह प्रचण्ड उल्लास से गाता रहा—रघुपति राघव···

गीतों के साथियों ने साहब की बड़ी खातिरदारी की। बोले, "हुजूर, हम आपको कुछ फूल दे सकते हैं ?"

साहब ने कहा, "ज़रूर ! फ्लावर दो !"

उन लोगों ने साहब को गेंदे के फूल दिये। बोले, "अकेले-अकेले लौट तो सकेंगे ?" साहब ने कहा, "ज़रूर !"

मगर वे निश्चिन्त नहीं हो सके। बोले, "हुज़ूर, कलकत्ता वेरी बैड प्लेस।"

उनमें से एक आदमी लैम्ब्रेटा साहब को शाहजहाँ होटल के गेट तक आकर छोड़ गया।

जेब से गेंदे के कई फूल निकालकर लैम्ब्रेटा ने हमें दिखाये। बोला, "वण्डर-फुल।"

अपना नया गीत गुनगुनाता-गाता हुआ वह अपने कमरे में चला गया। बड़े ही स्नेह-आदर और यत्न से उसने गेंदे के फूल टेबुल पर सजाकर रख लिये। कनि के रूप से मुग्ध कलकत्ता के उस 'पब्लिक' के कीमती फूलों की डाली उन साधारण फूलों के सामने निष्प्रभ और लज्जित हो गयी।

मैं अपने कमरे में आकर ड्यूटी पर जाने के लिए तैयार होने लगा। मगर फिर राह में मुसीबत आ गयी। बाथरूम जाने के लिए दरवाज़ा खोला ही था कि गुड़बेरिया ने अन्दर आकर कहा, "मेम साब आपको बुला रही हैं।"

मैं लैम्ब्रेटा के कमरे की ओर चल पड़ा। मुझे देखते ही लैम्ब्रेटा बोला, "मेरे दिमाग में एक 'आइडिया' आया है। दोपहर-भर मैं कनि को सिखाऊँगा, और रात में हम दोनों मिलकर स्टेज पर गायेंगे—रघुपति राघव राजा राम! प्लेज़ेण्ट सरप्राइज़! लोग चकित हो जायेंगे।"

कनि ने पूछा, "तुम्हें कैसा लगता है? अच्छा 'आइडिया' है?"

मेरे तो होंठ सूखने लगे। मैंने कहा, "आप लोग आर्टिस्ट हैं, जो चाहें कर सकते हैं।"

कनि बोली, "'यह तो हमें मालूम है। मगर क्या इस गाने से शाहजहाँ होटल के 'कस्टमर' लोग खुश होंगे?"

लैम्ब्रेटा बोला, "वण्डरफुल! हर आदमी को खुश होना पड़ेगा।"

मैंने कहा, 'गॉड का नाम सुनने के लिए तो लोग होटल-रेस्तराँ में नहीं आते।"

कनि बोली, "उनकी रुचि तो आप लोग ही तैयार कीजियेगा।"

मैंने उत्तर दिया, "मिस्टर स्याटा बोस कहते हैं, बहुत दिन पहले उनकी रुचि तैयार हो चुकी है। एक युग के कलकत्तावाले अपने बादवाले लोगों को अपनी रुचि का पैमाना समर्पित करके विदा हो जाते हैं। फिर बादवाले भी रुचियों का वही पैमाना अपने बादवालों को थमा देते हैं। रुचि नहीं बदलती। पैमाना वही, मैं वही, साकी वही रहती है। इसीलिए, शाहजहाँ होटल में कभी कोई परिवर्तन नहीं होता। उसी आदिम, अकृत्रिम, आवरणहीन मनोरंजन की व्यवस्था यहाँ चालू रहती है।"

लैम्ब्रेटा असन्तुष्ट होकर बोला, "तो इसका मतलब है, यह गीत नहीं चलेगा?"

"चलने की कोई उम्मीद नहीं दीखती है," मैंने उत्तर दिया।

कनि बोली, "तुम्हारे कहने से क्या होगा? तुम्हें क्या पता?"

मैंने अपना ज्ञान प्रकट किया, "इस गीत में एक ऐसी लाइन है, जिससे हमारे अतिथि लोग 'ऑफेन्डेड' हो सकते हैं।"

"कौन-सी लाइन?" लैम्ब्रेटा चीखने लगा। मैंने बताया, "लाइन है, 'सबको सन्मति दे भगवान्'! जानते हैं, हमारे अतिथि क्या सोचेंगे? क्या उनके पास 'सन्मति' नहीं है?"

लैम्ब्रेटा को गुस्सा आ गया। उसने कहा, "अब आप लोग हमारे घर से निकल जाइए! जाइए, चले जाइए! मैं अब आराम करूँगा।"

कनि डर गयी। मेरे चेहरे की तरफ देखती हुई वह धीमे कदमों से बाहर निकल गयी। मैंने भी देर नहीं की। मेरे निकलते ही लैम्ब्रेटा ने अन्दर से दरवाज़ा बन्द कर लिया। कनि बोली, "सुबह को अक्सर उसका दिमाग ठीक रहता है, मगर आज सुबह-सुबह ही नाराज़ हो उठा।"

मैं चुप रहा, मुस्कराता रहा। नीचे जाती हुई कनि ने कहा, "सॉरी, तुम्हें इतनी देर अटकाये रखा! अभी जाती हूँ। अब मुलाकात होगी रात में! मुमताज़ रेस्तराँ में!"

मुमताज़ में पाँव रखने की जगह खाली नहीं है। बहुत पहले ही सारे टेबुल 'बुक' हो चुके हैं, और टेबुलों पर लोग कब्जा जमाकर बैठ चुके हैं। 'हाई सर्किल' के दबाव में पड़कर बोस दा ने दो-एक 'एक्सट्रा' टेबुल भी किसी तरह घुसा ही दिये हैं। ऐसे-ऐसे लोग मिन्नतें करने लगते हैं कि कभी-कभी इन्कार करना मुश्किल हो जाता है।

जिम सामने की कतार में कुछ लोगों के बैठने के लिए कुर्सियाँ डालने लगा। बोस दा ने कहा, "सामने की कतार में बैठने के लिए लोग घूस तक देने को तैयार हैं। जिम तो कुछ भी कर सकता है पैसों के लिए!"

शराब की बिक्री तो और भी ज़्यादा है। आबकारी इन्स्पेटर झाँककर खुश होते हुए चले गये। सरकार का 'इन्कम' बढ़ जायेगा। 'एक्साइज़ टैक्स' और 'एण्टरटेन्मेन्ट टैक्स' के नाम ढेर-सारे रुपये ट्रेज़री में जमा हो जायेंगे।

अपना ताज़ा धुला हुआ सूट पहनकर मैं हॉल के अन्दर आया। आज कई औरतें भी आयी थीं। हमारी 'मुमताज़' का यह 'फ़्लोर-शो' कलकत्ता की संस्कृति का सबसे प्रमुख अंग है। शिक्षिता-प्रशिक्षिता, आधुनिका-परम आधुनिका भारतीय ललनाओं के लिए भी इस तीर्थस्थान का दर्शन अनिवार्य कर्त्तव्य है।

बोस दा हॉल में खड़े थे। मुझे देखकर हँसते हुए बोले, "हम लोग जिस तेज़ चाल से प्रगति कर रहे हैं, अब वह दिन दूर नहीं है जब 'मॉडर्न' भारतीय दम्पती अपने लड़के-लड़कियों का हाथ पकड़े हुए बेली-डान्सर, पेट का नाच दिखानेवाली नर्तकी का नाच देखने आयेंगे। पश्चिम ने लाज-शर्म के सारे दरवाज़े तोड़ दिये हैं। और, पूरब और पश्चिम खुले दिल से, नंगे शरीर से आपस में गले मिल रहे हैं। इसीलिए तो कवि-गुरु लिख गये हैं—'दान करेगा और स्वीकारेगा, मिलन करेगा, और मिलन करायेगा, सागर-तीर पर खड़ा शाहजहाँ का यह महामानव'!"

जो महिलाएँ पुरुषों के इस हंस-साम्राज्य में बगुलों की तरह बैठी हैं, उनकी साज-सज्जा का वर्णन बोस दा के एक अध्यापक मित्र ने कुछ दिन पहले बड़े सुन्दर ढंग से किया था। वह भी कोई बोस ही थे। शाहजहाँ होटल का भीतरी भाग देखने की उत्सुकता उन्होंने प्रकट की थी। अन्दर आकर, कलकत्ता की दो-चार प्रौढ़ा आधुनिकाओं को देखकर उन्होंने कहा था, "इनके रूप-सिंगार का ढंग एकदम नया है। ब्लाउज़ तो ब्लाउज़ का आभास-मात्र है, और साड़ी साड़ी की आवरणक्षमता के प्रति, कठोर व्यंग्य! हमारे पूर्वज तो ऐसी साज-सज्जा की कल्पना भी नहीं कर सकते थे।"

बोस दा ने हँसते हुए अपने मित्र से कहा था, "देखने आये हो, बस, देखते जाओ! मगर, 'महाजनो येन गतः सा पन्थाः' का अनुसरण न करो! तुम लोगों के महान् साहित्यिक नगेन पाल भी शुरू में तुम्हारी तरह देखने ही आये थे। जब-तब देखने आते हैं। कहते हैं, अनुभव संचय कर रहा हूँ। मगर, रोज़ एक बार शाहजहाँ होटल की चरण-धूलि लिये बिना उनका अन्न नहीं पचता है।"

आज भी मैंने नगेन पाल को देखा। कैबरे-कन्या की प्रतीक्षा में एक कोने में बैठे हैं, व्हिस्की का एक गिलास लिये हुए। एक पतली-सी नोटबुट उनके सामने पड़ी है। व्हिस्की के 'शॉट' से जहाँ कोई 'आइडिया' दिमाग में चमका, झट उसे नोटबुक में

लिखकर कैद कर लेंगे।

"अरे भाई, इधर सुनिए तो!" फोकला चटर्जी मुझे पुकार रहा था। वह आज भी हाज़िर है। उसकी बगल में एक शर्मीला-सा लड़का चुपचाप बैठा है। कीमती ईवनिंग सूट पहने है। घुंघराले बालों में लहरें बनायी गयी हैं। चेहरे पर आँखों में नवयौवन की मुग्ध, निष्पाप, अनुभवहीन सरलता अब तक फैली हुई है।

"देखिए, इसका कोई मतलब निकलता है? 'ऑरेंज स्क्वैश' पीकर कहीं कैबरे देखा जाता है? बताइये तो, यह अन्याय नहीं है?" फोकला ने मुझसे पूछा। वह लड़का 'आरेंज स्क्वैश' का गिलास लिये बैठा हुआ था।

फिर फोकला चटर्जी उससे कहने लगा, "तुम निर्भय होकर ड्रिंक करो! किसी को पता नहीं चलेगा। मैं तुम्हारा मामा होकर 'एडवाइज़' दे रहा हूँ, कोई नहीं जानेगा। घर में तो बता ही आये हो, मेरे साथ घूमने जा रहे हो। अगर बात खुल जाने का डर हो, तो आज रात मेरे ही साथ रह जाओ। मैं फोन से उन्हें कह दूंगा।" और मुझसे बोला, "आपके होटल में सबसे कीमती 'कॉकटेल' क्या है? क्या है, जिससे अपने भानजे का कुँआरापन तोड़ा जाय?"

मैंने बताया, "सिल्वर-ग्रेड! एक पेग की कीमत साढ़े-बारह रुपये।"

"उसमें क्या-क्या होता है?"

"बोदका, फ्रैश लाइम, सिरप और अण्डे। मगर, क्या पहली बार पीने के लिए ठीक रहेगा? क्यों न 'मैनहट्टन कॉकटेल' दिया जाय? इसमें व्हिस्की, वारमूथ और शेरी होगो, शेक्ड विद आइस!"

फोकला चटर्जी नाराज़ हो गया। बोला, "देखिए साहब, यह मेरा भानजा है, कहीं से उधार माँगा गया लड़का नहीं! वारमूथ से 'अन्नप्राशन' कराया जाता है, यह मैंने आज तक नहीं सुना। कीमत भी है सिर्फ साढ़े-चार रुपये। इतने पैसे में भला माल ही क्या मिलेगा?"

'सिल्वर-ग्रेड' का ऑर्डर देकर मैं दरवाज़े पर आया। बोस दा हँस रहे थे। बोले, "किसका अन्नप्राशन किया जा रहा है, जानते हो? मिसेज़ पकड़ासी का पुत्र है वह! पकड़ासी-इम्पायर का प्रिन्स ऑफ़ वेलस! भविष्य में राजसिंहासन का अधिकारी।"

अब शो आरम्भ होने का समय हो गया है। मुझे स्टेज पर जाकर कहना पड़ेगा, "लेडीज़ एण्ड जेण्टिलमैन, आई प्रेज़ेन्ट टु यू, कनि, द वूमन!"

मगर लैम्ब्रेटा अब तक नहीं आया है। कनि भी नहीं है। हॉल से निकलकर मैं भागा-भागा लिफ्ट से ऊपर गया। दरवाज़े के सामने ही न्याटाहारी बाबू दाँत निकालकर हँस रहे हैं।

"कनि और लैम्ब्रेटा को देखा है?" मैंने पूछा।

"देखिए, मुझे गुस्सा नहीं दिलाइए। आपके वामनावतार ने कल रात मेरे दो तकिये फाड़ दिये हैं। समूचे कमरे में रूई उड़ रही है।"

कनि के कमरे में गया। कनि कहाँ है? कमरे में नहीं है। दरवाज़ा वैसे ही खुला पड़ा है।

मैं डर गया। शो शुरू होने के वक्त मेम साहब कहाँ चली गयी हैं ? पाँच रुपये की टिकट लेकर और पचास रुपये की शराब पीकर जो लोग मुमताज़ की नरम-गरम कुर्सियों पर जमे बैठे हैं, उन्हें अगर पता चले कि फ़्लोर-शो नहीं होगा, कनि द वूमन नहीं आयेगी, तो शाहजहाँ के कर्मचारियों की क्या दुर्गति बना दी जायेगी, यह सोचकर मैं काँप उठा। टिकट की कीमत तो वापस की जा सकती है, मगर शराब ? शराब तो गाहकों के पेट से निकाली जाकर बोतल में वापस रखी नहीं जा सकेगी। तब यही होगा कि काँच के गिलास फोड़ दिये जायेंगे, बोतलें तोड़ी जायेंगी, कुर्सी-टेबुल उलट दिये जायेंगे, और फोन करके पुलिस बुलाने के सिवा हमारे पास अपनी जान बचाने का और कोई तरीका नहीं रह जायेगा। कुछ अरसे पहले एक बार यही हाल हुआ था। पुलिस ने बड़ी मुश्किल से मदहोश शराबियों के हाथ से होटल-कर्मचारियों की रक्षा की थी। मगर, इसके बाद असली मुसीबत आ गयी थी। ब्रिटिश नौकरशाही के सेवक पुलिस-कर्मचारियों ने शाहजहाँ होटल की सेवा ग्रहण करने की इच्छा प्रकट की। मदहोश शराबियों को होटल से भगाने के बाद पुलिस खुद ही मदहोश बन गयी। वे लोग मुमताज़ की कुर्सियों पर जमकर बैठ गये। मेनू-कार्ड देखकर सबसे कीमती डिनर का ऑर्डर देने लगे। वाइनकार्ड देखते हुए, बारमैन को पुकारकर गाने लगे, "ऐ खिदमतगार, ह्विस्की शराब, विलायती पानी ले आओ।" मानो मिट्टी के नीचे अँधेरे 'सेलर' में यत्नपूर्वक संचय की गयी शाहजहाँ की शराब, ब्लैक-लेबुल, ब्लैक-डॉग, डिम्पल-स्कॉच, वैट सिक्स्टी नाइन और जॉनी-वाकर की बोतलें अपने प्राण-हरण के भय से चीत्कार कर उठीं। ऐश्वर्यमय शाहजहाँ की मणिमुक्ताएँ लूटकर जब चंगेज़ खाँ की फौज वापस होने लगी थी, तो मैनेजर रोने-रोने को हो गये थे। मगर, कुछ कहने-सुनने का उपाय नहीं था। मैनेजर के एकान्त अनुरोध के कारण ही उन लोगों ने किसी कस्टमर को गिरफ्तार नहीं किया था। गिरफ्तारी होते ही बात अदालत तक पहुँच जाती और होटल की बदनामी होती। बैड पब्लिसिटी !

कनि के खाली कमरे में आकर यही डर मेरे दिल में पैदा होने लगा। क्या करूँ, समझ में नहीं आ रहा था। मैं छत पर चला आया। अपने कमरे में घुस ही रहा था कि बगल के कमरे से लैम्ब्रेटा की आवाज़ सुनायी पड़ी। वह कह रहा था, "जाओ ! तुम अगर जाने के लिए इतनी उतावली हो, अकेली चली जाओ !"

कनि कातर स्वर में बोली, "प्लीज़, तुम नासमझ न बनो। उठो, चलो मेरे साथ।"

लैम्ब्रेटा अजगर की तरह फुफकार छोड़ने लगा, "देखो, मेरी देह पर हाथ न रखो। क्या समझती हो ? प्यार जताने से मैं पिघल जाऊँगा ?"

कनि फुसफुसाती हुई बोली, "उफ, धीरे बोलो, लोग सुनेंगे तो क्या कहेंगे ?"

मुझे लगा, लैम्ब्रेटा बिस्तरे से उछल पड़ा है। गरजने लगा, "नहीं-नहीं, नहीं जाऊँगा, नहीं जाऊँगा।"

मैं अपने कमरे से निकलकर लैम्ब्रेटा के दरवाज़े पर गया। दरवाज़ा खटखटाने लगा। कनि बाहर चली आयी। शो के कपड़े पहनकर, मेकअप करके वह तैयार थी। उसके शरीर से कीमती फ्रांसीसी इत्र की गन्ध हवा में आग लगा रही है। मुझे देखते ही

वह समझ गयी, देर हो रही है। भीतर लौटकर कहने लगी, "गेस्ट लोग नाराज़ हो रहे हैं। जल्दी तैयार होकर चलो।"

लैम्ब्रेटा सिर पर हाथ रखे चुपचाप बैठा था। विरक्त स्वर में बोला, "यू वूमन! मुझे ज़रा शान्ति से रहने दो। मुझे तंग न करो।"

बदसूरत बौने के कुत्सित व्यक्तित्व से कनि डरने लगी, आतंकित होने लगी। क्या करे, उसकी समझ में नहीं आ रहा है। मैंने अन्दर जाकर कहा, "अब और देर कीजियेगा, तो लोग हमारे होटल में आग लगा देंगे।"

कनि लगभग रोती हुई बोली, "मुझ पर दया करो। तुम्हारे पाँव पड़ती हूँ, चलो।"

लैम्ब्रेटा बोला, "ठीक है। मगर, आज आखिरी बार। देखूँगा, कल से कौन मुझे स्टेज पर ले जाता है।"

मैं कनि के साथ बाहर आ गया। लैम्ब्रेटा कपड़े बदलने लगा। कनि का चेहरा सूख गया है, आँखें सूज गयी हैं। कहती है, "वह बड़ी अजीब बातें करता है। बताइए तो, कैबरे इज़ कैबरे! यह तो नाच है, अभिनय है। ज़िन्दगी से इसका क्या ताल्लुक है? अभिनय तो सिर्फ अभिनय है। मगर हैरी इतनी-सी बात समझ नहीं पाता। एकदम लड़कों-जैसी बात करता है। कहता है, 'शो के वक्त मैं किसी भी कस्टमर की गोद में नहीं बैठूँ।' बताइए, ऐसा कैसे चलेगा?"

अब तक मैं कनि से कुछ नहीं बोला था, मगर रहा नहीं गया। मैंने कहा, "ऐसे आदमी को साथ रखेंगी, तो आपकी लोकप्रियता खत्म हो जायेगी। स्टेज पर आप क्या करती हैं, क्या नहीं करती हैं, इसकी कैफियत आपसे कोई क्यों माँगेगा? किसी को क्या अधिकार है?"

कनि बोली, "ठीक कहते हैं। मेरी तनख्वाह पर पलता हुआ आर्टिस्ट हर रोज़ मुझे इस तरह जलायेगा, यह अच्छी बात नहीं।" फिर, जैसे लैम्ब्रेटा के जूतों की आवाज़ सुनकर डर गयी। बोली, "कहीं उसने सुन न लिया हो!"

"लेडीज़ एण्ड जेण्टिलमैन!" आज तो मैं मँजे हुए अभिनेता की तरह रंगमंग पर माइक पकड़कर खड़ा हो गया, 'गुड ईवनिंग! शाहजहाँ होटल की इस रंगीन शाम के और भी रंगीन मौसम में, हमें उम्मीद है, आप लोगों ने हमारे फ्रांसीसी रसोइयों के हाथों तैयार की गयी चीज़ों और दुनिया के अलग-अलग मुल्कों से चुनकर लायी गयी शराब का शौक किया है। और नाउ आई प्रेज़ेन्ट टु यू कनि, द वूमन! अपनी शानदार ज़िन्दगी में आपने कितनी ही औरतें देखी होंगी, मगर वे सारी अधूरी औरतें थीं। पूरी औरत तो बनानेवाले ने एक ही बनायी है, सिर्फ एक ही औरत—कनि, द वूमन!"

कल रात की तरह आज भी रोशनी बुझ गयी। कल रात के ही सारे लोग आज भी सामने बैठे हैं। या शायद, जो लोग यहाँ आते हैं, सबका चेहरा एक-जैसा होता है, सबकी आदतें एक-जैसी होती हैं। आज भी वैसा ही शोरगुल होने लगा। वही गूंज। वही लय-ताल। वही चीख-पुकार। वही उम्मीद, वही उम्मीदों का हुजूम। फिर उम्मीद का

टूट जाना। नहीं है, कनि द वूमन नहीं है। कनि के बदले वामनावतार लैम्ब्रेटा आ गया है।

मगर लैम्ब्रेटा ? यह बौना तो लैम्ब्रेटा नहीं है। अभी स्टेज पर इसे नाचते देखकर कौन कह सकेगा, कुछ ही मिनट पहले यह बिस्तरे पर पड़ा भूखी बिल्ली की तरह गुर्रा रहा था, आना नहीं चाहता था, जलकर राख हो रहा था ? वह क्लान्त, बीमार, बदमिजाज़, बेशर्म आदमी कहाँ गायब हो गया है ? यह तो कोई दूसरा बौना है, जो तीन फीट ऊँची टोपी हाथ में थामे कह रहा है, 'गुड-ईवनिंग, लेडीज़ एण्ड जेण्टिलमैन, मैं ही कनि हूँ, कनि द वूमन। मेरे लिए इतनी रात तक बैठे आप लोग इन्तज़ार करते रहे हैं, यह मेरे लिए गर्व की बात है।"

इसके बाद, जो बातें कल हुई थीं, फिर दुबारा होने लगीं। बत्तियाँ बुझ गयीं। सामने की कतार के एक सज्जन चीत्कार कर उठे, "पता नहीं, मेरी गोद में आकर कौन बैठ गया है।"

मैंने अँधेरे में देखने की कोशिश करते हुए कहा, "डरिए नहीं।"

लगता है, आज कनि ने आदमी चुनने में गलती की थी। एकदम समझदार आदमी की गोद में जा बैठी थी। समझदार आदमी चिल्लाने लगा, "मिल गया ! मिल गया ! रोशनी न जलाइए।"

ऐसी परिस्थितियों के लिए सावधान रहने को, तैयार रहने को बोस दा ने बार-बार कहा है। मैंने एक सेकेण्ड देर नहीं की, रोशनी जलाने का इशारा किया। मुमताज़ रेस्तराँ की सारी बत्तियाँ एक साथ जल उठीं, और लोगों की आँखें चौंधियाने लगीं। विपत्ति का संकेत पाकर जैसे रोशनी का फायर-ब्रिगेड कनि को बचाने के लिए आ पहुँचा। कनि अपनी सारी ताकत लगाकर उस समझदार अदमी की गोद से बिल्ली की तरह उछल पड़ी। वह काँप रही थी। उत्तेजना से हाँफने लगी थी। मगर उसकी उत्तेजना को समझने की फुरसत किसी को नहीं थी।

कनि ने अपना नाच शुरू कर दिया। नाच का प्रागैतिहासिक लय-छन्द जैसे जंगली नगाड़े बजाकर अतिथियों के अन्तस्तल के आदि-पशु को नींद से जगा रहा है। सीमा-बन्धनहीन वह आदिम आग, आदिम जंगल की आग कोट-पैण्ट-टाई का जाल भस्म करके बाहर निकलना चाहती है, ज्वालामुखी बन जाना चाहती है। लैम्ब्रेटा भी कनि के पास आकर नाचने लगा है। सुन्दरी कनि के प्रति उसके प्यार की विचित्र भंगिमाओं से दर्शकों का उन्माद और भी बढ़ने लगता है। वह बेचारा कनि के प्रति आकृष्ट है, कनि के लिए पागल हो रहा है, और कनि का हृदय जीतने के लिए तरह-तरह से उछल-कूद मचाता हुआ पसीने-पसीने हो रहा है, यह देखकर लोग मुस्करा रहे हैं, उत्तेजित हो रहे हैं।

तमाशा देखती हुई औरतें 'ओ लॉर्ड !' कहकर अपने साथी के शरीर पर ढुलक पड़ती हैं, निढाल हो जाती हैं। उनके चेहरे पर फैली हुई उत्तेजना और उनके होंठों की हँसी से स्पष्ट है कि वे आधुनिकाएँ हैं, इस नाच और इस विद्रूप में रस ले रही हैं। रुचि-सुरुचि के किसी कानून में बँधकर वे पुरुषों से अलग नहीं रहना चाहती हैं, और न पुरुषों को कानून में बाँधे रहना चाहती हैं।

लैम्ब्रेटा कनि का ध्यान अपनी ओर खींचने की कोशिश करता है, मगर, कनि

उसकी तरफ से लापरवाह है। रात के इस रंगीन मौसम में वह यौवन, सौन्दर्य और कामना-पिपासा बनकर वायुमण्डल में खो गयी है।

मैं स्टेज से उतरकर दर्शकों की कतार से पास आ खड़ा हुआ था। एक औरत लैम्ब्रेटा के बारे में कह रही थी, "पूअर फेलो! हाय बेचारा!"

उसके साथ बैठे पुरुष ने कहा, "बेकार आँसू न बहाओ। वे लोग अभिनय कर रहे हैं।"

उस औरत ने अपने साथी का हाथ दबाते हुए, अपनी देह उसकी देह से सटाकर कहा, "बेकार बात न करो, डार्लिंग, साँप के बिल को तो सपेरा ही पहचानता है। उस बौने की आँखों में जो आग है, वह अभिनय नहीं है। हम औरतों को यह आग पहचानने में देर नहीं लगती।"

औरत ने मुझे पास खड़े देख लिया। अपने साथी के कान में कुछ फुसफुसाकर बोली। उसके साथी ने मुझे बुलाया और पूछा, "एक्सक्यूज़ मी! कनि और इस बौने में क्या रिश्ता है?"

मैंने कहा, "मुझे पता नहीं।"

"ये दोनों क्या एक ही कमरे में रहते हैं?"

"नहीं। हमने इन्हें अलग-अलग कमरा दिया है।" मैंने कहा। तब वह औरत भी बातचीत में हिस्सा लेने लगी। बोली, "इससे कैसे समझ पाओगे, डार्लिंग! असली बात पूछो। ये तो होटल के आदमी हैं। इन बातों में एक्सपर्ट होते हैं। पूछो तो सही।"

प्रौढ़ा भद्र महिला की कुरुचिपूर्ण बातों का उत्तर देने की मुझे ज़रा भी ख्वाहिश नहीं थी। होटल की नौकरी करके हम बड़ी मुसीबत में आ घिरे हैं। जैसे हमारा कोई घर-संसार न हो, न्याय-अन्याय का हमें कोई बोध न हो, हमारी अपनी कोई नैतिकता न हो। लाज-शर्म तक नहीं। भद्र महिला शायद मेरे मन की हालत समझ गयी। मुँह टेढ़ा करती हुई बोली, "इन नाचनेवाली औरतों के पास ज़रा भी शर्म-हया नहीं होती।"

शर्म-हया कहाँ है, वहाँ से आते-आते मैंने देख लिया। आस-पास बैठे लोगों की तेज़ निगाहों की परवाह किये बिना टेबुल के नीचे साड़ीवाला एक पाँव ट्राउज़रवाले एक पाँव को बड़ी लापरवाही से अपने दूसरे पाँव के बीच दबाये है। सभ्यता के काले जंगल में एक मकड़ी का जाल दूसरी मकड़ी के जाल में उलझ गया है।

कनि नाच रही है। उसके साथ लैम्ब्रेटा भी नाच रहा है। कनि के शरीर की गति धीरे-धीरे तेज़ हो रही है। लैम्ब्रेटा भी तेज़ होकर उसका साथ देने की कोशिश में लगा है। ताल पर ताल देकर, लय का, छन्द का साथ देकर वह अपनी प्रेयसी का मन जीतना चाहता है। मगर वह थक गया, हाँफने लगा। लम्बी छलाँग लगाकर जितनी दूरी कनि पार कर लेती थी, उतनी दूर जाने में लैम्ब्रेटा को तीन बार कूदना पड़ता था।

कनि समझ गयी, उसके साथी का दम फूल रहा है। अचानक उसका रूमाल फर्श पर गिर पड़ा। बौने ने झुककर रूमाल उठा लिया, और बड़ी उम्मीद-भरी निगाहों से कनि की ओर देखता हुआ उसे रूमाल थमाने लगा। उसी क्षण कनि ने लैम्ब्रेटा के कान

में कोई बात कही। उसने भी कोई जवाब दिया। और, अचानक कनि गुस्से से जलने लगी, थरथराने लगी। नाचती हुई काँपने लगी, जैसे बौने को भस्म कर डालेगी। दूर बैठे दर्शकों ने सोचा, कनि के सीधेपन का फायदा उठाने के मकसद से वामन भगवान् ने उसे कोई बुरी बात कह दी है। कनि ने नाचते-नाचते हाथ उठाकर लैम्ब्रेटा को धमकाया, "पाजी! शैतान के बच्चे! दूर हो जाओ मेरी नज़रों के सामने से। तुम्हारे इतने छोटे शरीर में इतनी बड़ी शैतानी भरी है!"

डरता हुआ लैम्ब्रेटा और भी बौना होकर स्टेज के बाहर उतर गया। और, उसे भगाकर लास्यमयी कनि और भी मस्त होकर, पागल होकर अपने रूप-यौवन के प्रदर्शन का नृत्य करने लगी। मैं कनि को नहीं, लैम्ब्रेटा की ओर देख रहा था। वह कल बहुत देर तक नाचता रहा था। आज इतनी जल्दी हट गया। दूसरे लोग समझ नहीं सके। बात मेरी समझ में आ गयी। उससे नाच सँभल नहीं रहा था। उसकी यह हालत देखकर ही कनि ने अपना रूमाल गिरा दिया। उससे बोली, "तुम अब आराम करो।" और, नकली नाराज़गी दिखाने लगी।

बेचारा बेहद हाँफ रहा था। पसीने से सारे कपड़े भीग गये हैं। मगर कनि, थकी नहीं है। वह लट्टू की तरह तेज़ी से नाच रही है। मुमताज़ की सारी बत्तियाँ एक-एक कर बुझ गयी हैं। सिर्फ नीली रोशनी की एक हल्की-सी रेखा है, जो उसके अर्धनग्न शरीर को और भी रहस्यमय बना रही है।

लैम्ब्रेटा ने धीरे-धीरे अपने-आपको सँभाल लिया। फिर, मेरी ओर एकटक देखने लगा। मुझे लगा, अँधेरे में उसकी दोनों आँखें कार की 'हेडलाइट' की तरह जल रही हैं। उसने मेरे पास आकर धीमी आवाज़ में मुझसे कहा, "पहली बार जिसकी गोद में कनि बैठी थी, उस आदमी को तुम पहचान सकते हो? मैं सोडे की बोतल से उसका सिर तोड़ दूँगा। तुम लोग मुझे अब तक पहचान नहीं पाये हो। मैं बहुत बदमाश आदमी हूँ। जानते हो, उस हरामज़ादे ने कनि को नोचखसोंट लिया है!"

मैंने कहा, "गुस्सा न कीजिए! चुपचाप खड़े रहिए।"

लैम्ब्रेटा बोला, "क्यों चुप रहूँ? हर जगह लोग इसी तरह हमें सताते रहेंगे, और हम बर्दाश्त करते रहेंगे।"

मैं विरक्त हो गया, "मिस्टर लैम्ब्रेटा, आपसे बहस करने की फुरसत मुझे नहीं है। देखते हैं, इस हॉल में जो इतने सारे लोग बैठे हैं, इन्हीं पर मेरी नौकरी निर्भर करती है। ये लोग अगर असन्तुष्ट हो जायें, यहाँ खाना-पीना बन्द कर दें, हम लोग भूखों मारे जायेंगे।"

लैम्ब्रेटा हाँफने लगा, "इफ़ दे फ़ास्ट, यू स्टार्व! ये लोग न खायें, तो तुम भूखे मरोगे! मगर, यह एक बार खाना शुरू करके तो ये लोग कनि को भी खा-पका जायेंगे। ये लोग जंगली जानवर हैं। तब? तब क्या होगा?"

हे भगवान्, मैं किस पागल के फेर में पड़ गया हूँ! तुम लोग यहाँ नाचने आये हो। इसके लिए हम लोगों के मालिकों से तुमने काफी रुपये लिये हैं। तुम्हें इतने रुपये देने पड़े, इसीलिए मालिकों ने खाने-पीने की सामग्री और मदिरा की कीमत बढ़ा दी है।

तुम लोग रुपये कमा रहे हो। हमारे मालिक लोग रुपये कमा रहे हैं। इसमें हम-जैसे गरीब नौकरों का क्या है ? हम क्या करें ? हमें अपना काम करते रहने दो। चीखकर कहते रहने दो, 'लेडीज़ एण्ड जेण्टिलमैन ! शाहजहाँ होटल की ओर से हम आपका स्वागत करते हैं। आपके थके हुए शरीर और उदास मन को दो घड़ी की शान्ति और मनोरंजन देने के लिए ही हमने यह आयोजन किया है ! लीजिए, हम आपके सामने कनि को पेश करते हैं—कनि, द वूमन ! …कनि द वूमन !' अब तुम क्यों हमें तंग करते हो ! हमने तुम्हारा क्या बिगाड़ा है ?

लैम्ब्रेटा मेरे व्यवहार से और भी गुस्से में आ गया। बोला, "ठीक है। मैं तुम्हें तमाशा दिखाता हूँ। देखो, क्या करता हूँ ! मैं सबको मज़ा चखाकर छोड़ूँगा।"

इसी बीच इण्टरवल आ गया। शाहजहाँ के बिजली-मिस्त्री ने मेरे इशारे पर स्विच बन्द करके निरावरण कनि की लज्जा की रक्षा की, फिर, क्षण-भर बाद ही उजाला फैल गया।

स्क्रीन के पीछे आकर कनि एक रेशमी लबादा ओढ़े हाँफ रही थी। पसीना पोंछ रही थी। उसने पूछा, "हैरी कहाँ है ?"

"उसका अता-पता रखना मेरे-जैसे मामूली आदमी के वश की बात नहीं। पता नहीं नाराज़ होकर किधर चला गया।" मैंने कहा।

कनि अपने बाल ठीक करती हुई, दायें हाथ की कोहनी पर उँगलियाँ फेरने लगी। उँगलियाँ फेरती हुई बोली, "यहाँ आकर कुछ लोग इतना पी लेते हैं कि होशहवास तक खो बैठते हैं। वह आदमी तो पीकर एकदम पागल हो गया था।"

मैं कनि के चेहरे की तरफ देखने लगा। वह भी मेरी ओर देखती हुई बड़े ही मधुर स्वर में बोली, "ज़रा आयोडिन ला सकते हो ? शायद उसके नाखून बड़े-बड़े थे। उस आदमी ने इस तरह नोच लिया है कि अब तक मेरी बाँहें जल रही हैं।"

इसी वक्त लैम्ब्रेटा आ गया। बोला, "कौन आदमी ? किसे तुम आदमी कहती हो, कनि ? यहाँ तो सभी जानवर हैं।"

लैम्ब्रेटा कहीं से स्पिरिट, आयोडिन की शीशी और रूई ले आया था। कनि का हाथ पकड़कर बड़े ही प्यार से वह खरोंची हुई जगहों पर स्पिरिट लगाने लगा। कनि आँखें बन्द करती हुई बोली, "उफ ! हैरी, तकलीफ हो रही है।"

लैम्ब्रेटा गम्भीर होकर कहने लगा, "इन जानवरों का भगवान् सर्वनाश करें।"

कनि शान्त होकर, अपनी तकलीफ भूलकर, प्यार-भरे स्वर में बोली, "छिः हैरी ! तुम्हीं ने भगवान् का नाम लेकर किसी को गाली देने से मुझे मना किया था। इससे बुरा फल मिलता है, हैरी !"

हैरी बोला, "यह सरासर झूठ है। इन गन्दे जानवरों के सर्वनाश के लिए चाहे जो करो, भगवान् तुम्हारी मदद करेंगे। वे खुश ही होंगे। आइ कैन एश्योर यू, वे खुश होंगे। इन गन्दे लोगों का खात्मा हो जाये, भगवान् यही आशीर्वाद दें !"

आज इतने दिनों बाद यह सब लिखते वक्त भी सुन्दरी कनि और कुरूप लैम्ब्रेटा

को मैं अपनी आँखों से देख रहा हूँ। आज भी उस रात की घटनाएँ मेरे सामने पुरानी फिल्म के नये प्रिण्ट की तरह स्पष्ट हो रही हैं। मैं देख रहा हूँ, लैम्ब्रेटा आकाश की ओर अपने नन्हें-नन्हें हाथ उठाकर कह रहा है, "ओ लॉर्ड, कर्स देम ! हे परमपिता, तुम इनका सर्वनाश करो ! तुम्हारा अभिशाप इस ऐश्वर्य और साथ ही कुत्सित, वीभत्स सभ्यता पर वज्र बनकर गिरे !"

कौन कह सकता है, एक अर्धविक्षिप्त बौने की वह कातर प्रार्थना निर्गुण-निरानन्द परमात्मा तक पहुँची भी या नहीं ! हज़ार-हज़ार वर्षों से अपमानित मानव-आत्माएँ कितनी भाषाओं के कैसे-कैसे शब्दों में बारम्बार उसी एक के प्रति अपनी प्रार्थनाएँ समर्पित करती रही हैं ! इन प्रार्थनाओं का प्रतिफल क्या मिला है ?

न्याटाहारी बाबू ने एक बार कहा था, 'भगवान् ? उसका नाम न लीजिए, भाई साहब ! मुझे उसके नाम से नफरत हो गयी है। वह भी एक गवर्नमेण्ट ही है। उसका काम भी सरकारी काम-काज की तरह होता है। कभी उसके दफ्तर में जाइए तो देखियेगा, हज़ारों-हज़ार दरख्वास्तें रोज़ आकर जमा हो रही हैं। और, भगवान् साहब के किरानी लोग हर दरख्वास्त पर 'नो एक्शन, मे बी फाइल्ड' लिखकर फाइलों में बन्द करते जा रहे हैं। फिर कभी इनकी खोज-खबर कोई नहीं लेता।'

न्याटाहारी बाबू ने यह भी कहा था, 'मेरी बात सुनकर हँस रहे हैं ? अभी खून गरम है, मन अभी हरा-भरा है, इसीलिए हँस लेते हैं। लेकिन, एक-न-एक दिन रोना होगा। याद रखियेगा, सिर्फ रोते रहियेगा ! तब मेरी बातों पर विश्वास कीजियेगा। तब पता चलेगा, भगवान् के दफ़्तर में कोई जगह नहीं बची है। बड़े-बड़े लोगों की फाइलें वहाँ सड़ रही हैं, उनमें दीमक लग गयी है। मेरी-आपकी फाइल भगवान् कैसे देख पायेंगे, साहब ? उनके पास टाइम नहीं है।'

शायद मैं बड़े ही कच्चे मन का आदमी हूँ। बचपना अब तक नहीं गया है। ऐसा हृदय लेकर मुझे होटल की नौकरी में आना नहीं चाहिए था। फिर भी, लैम्ब्रेटा और कनि को स्टेज के पीछे छोड़कर बाहर आते वक्त मुझे लगा था, भगवान् के दफ़्तर में एक और नयी फाइल जमा हो गयी। मगर, इससे आगे कुछ नहीं होगा। फरियाद का कोई जवाब नहीं आयेगा। कनि प्रतीक्षा करती रहेगी। लैम्ब्रेटा प्रतीक्षा करता रहेगा। दोनों सोचते रहेंगे, भगवान् अब कोई फैसला करेगा। मगर फैसला नहीं होगा, और कनि की जवानी भाटे की लहरों पर डूबने लगेगी। लैम्ब्रेटा भी डूबने लगेगा। शाहजहाँ ही क्यों, दुनिया के किसी भी होटल के कैबरे में कनि और लैम्ब्रेटा को जगह नहीं मिलेगी। दुनिया में कहीं जगह नहीं मिलेगी। कोई दूसरी कनि आयेगी, उसके साथ कोई दूसरा बौना आयेगा और ये नये लोग कैबरे के फ़्लोर-शो में नाचने लगेंगे। रोशनी जलायेंगे। रोशनी बुझायेंगे। और ये लोग भी शराबी मेहमानों के सामने झुककर खड़े होते हुए कहेंगे, 'गुड ईवनिंग, लेडीज़ एण्ड जैण्टिलमैन!' जेण्टिलमैन प्रफुल्ल हो उठेंगे, हँसेंगे, ठहाके लगायेंगे, जानवर बन जायेंगे। और, उन्हीं में से कोई समझदार आदमी अपनी काम-उन्मत्त उँगलियों के हिंस्र नाखूनों से इस नयी 'कनि द वूमन' को क्षत-विक्षत कर देगा।

श्रौर, नया बौना लैम्ब्रेटा भी इसी बौने की तरह फरियाद करेगा, अपने भगवान् के प्रति फरियाद करेगा ! मगर, कोई फल नहीं होगा। एक नयी फाइल खुल जायेगी बस ! श्रौर कुछ नहीं होगा। आज तक श्रौर कुछ नहीं हुआ है, आगे भी नहीं होगा।

मगर मैं यह सब क्यों सोच रहा हूँ ? मैं तो होटल का रिसेप्शनिस्ट हूँ। मेरे लिए श्रौर बहुत सारे काम पड़े हैं। क्लान्त नर्तकी कुछ क्षणों के विश्राम के लिए अन्दर चली गयी है, मगर मेरे पास तो विश्राम का अवकाश नहीं। चुपचाप खड़े रहकर सोच-विचार में खोये रहने के लिए तो मुझे होटल से तनख्वाह नहीं मिलती है। मुझे माइक के सामने जाना चाहिए। नम्रता से झुककर, विनय से विगलित स्वर में उपस्थित भद्र महिलाओं श्रौर भद्र सज्जनों से कहना चाहिए, 'कनि द वूमन, अभी तुरन्त आ रही है। बस, थोड़ी देर आप लोग दया करके धीरज रखिए, धीरज रखिए, श्रौर हमारे बैरों से शराब मँगवाइए। वह आ रही है।'

बात यहीं खत्म नहीं होती है। श्रौर भी काम हैं। शाहजहाँ होटल के कैबरे का एनाउन्सर होना मामूली बात नहीं है। मुझे शान्त मन, ठण्डे दिमाग से, सर्कसपार्टी के रिंग मास्टर की तरह निपुणता से सारे काम करने चाहिए। किस तरह सबको सँभालता हूँ, किस तरह सारे काम पूरे करता हूँ, इसी बात पर मेरी नौकरी, मेरा भविष्य, मेरा सब-कुछ निर्भर करता है।

माइक पर अतिथियों से दो बातें करके मैं स्टेज के नीचे उतर आया, फ़्लोर पर चला आया। अब अतिथियों की सुख-सुविधा की ओर ध्यान देना होगा।

एक परिचित कण्ठ-स्वर ने पुकारा, "हलो, सर ! ज़रा इधर आइए।"

मैं फोकला चटर्जी की टेबुल की ओर चला गया। उसने कहा, "आगे की कतार में नहीं बैठा हूँ, तो क्या हमारे कम्फ़र्ट का ध्यान नहीं रखियेगा ?"

"क्या कह रहे हैं आप ? आपकी फरमाइशें पूरी करने के लिए ही हम यहाँ हैं।" मैंने मुस्कराते हुए कहा।

फोकला ने कहा, "देखिए न, भानजे को यहाँ लाकर किस मुसीबत में पड़ गया हूँ ! भानजा कहता है, वापस लौट चलो।"

मास्टर पकड़ासी की ओर मेरी निगाहें गयीं। उसकी आँखों में नींद भर आयी है। मिस्टर चटर्जी ने कहा, "भानजे को ज़रा घुमाने-फिराने ले आया हूँ। थोड़ी खातिरदारी इनकी कीजिए, नहीं तो शाहजहाँ होटल के बारे में इनका 'ओपिनियन' बिगड़ जायेगा।"

मैंने जूनियर पकड़ासी से कहा, "क्यों सर, कोई तकलीफ हो रही है ? कोई बात हो, तो बताइए। आपके मामाजी से हमारा पुराना परिचय है, आप इस होटल को अपना घर ही समझिए।"

मामा ने भानजे से कहा, "हाँ भाई, लाइफ़ को एकदम स्पोर्टिंग स्पिरिट से इन्ज्वाय करना चाहिए। कुछ ही देर के लिए तो हमें इस दुनिया में 'बैटिंग' करने का मौका मिला है। जब तक मैदान में हो, पूरे ज़ोर-शोर से 'विकेट' पर गोला बरसाते जाओ।"

श्रीमान पकड़ासी क्रिकेट की उपमा सुनकर मुस्कराने लगे। मामा ने कहा, "तुम्हारे पिताजी के बारे में कहना नहीं चाहिए। मगर उनकी धुन सिर्फ़ बिज़नेस में

लगी रहती है। 'विकेट' को चारों ओर से घेरकर खेलना उन्होंने नहीं सीखा है।" फिर खाली गिलास की ओर देखकर मामा ने कहा, "गिलास तो खाली है। इसीलिए तो बातचीत में 'फ़्लो' नहीं आ रहा था। पेट्रोल की टंकी खाली रहे, तो गाड़ी चलेगी कैसे? ज़रा विकली कुछ सजेस्ट तो कीजिए, क्या लिया जाय?"

"आदिम, अकृत्रिम, अनिवार्य ह्विस्की। ह्विस्की जैसी महान् वस्तु पृथ्वी पर दूसरी नहीं है।" मैंने कहा। मगर फोकला चटर्जी सन्तुष्ट नहीं हुआ। बोला, "नहीं साहब, प्लेन एण्ड सिम्पुल ह्विस्की तो जनम-जनम से पीता आ रहा हूँ। कोई स्पेशल कॉकटेल बताइए।"

"पिंक लेडी।"

"जिसमें अण्डे की सफेदी मिलाकर बनाते हैं न? नहीं, यह कॉकटेल मुझे ज़रा भी पसन्द नहीं है!"

"तब 'ह्वाइट लेडी' लीजिए।"

"इसमें तो सिर्फ जिन और लाइम होता है। नहीं भाई, यह भी नहीं चलेगा। आपका 'इमैजिनेशन' इतना 'पुअर' क्यों हो रहा है? जिन के अलावा आपको कुछ सूझता ही नहीं है। अच्छा, हमारे दोस्त स्याटा बोस को पकड़ लाइए।"

मेरे इशारे पर सत्य दा दौड़े आये। बोले, "बात क्या है?" फोकला चटर्जी ने हँसते हुए कहा, "जैसा मेरा भानजा है, वैसा ही आपका शिष्य है। एकदम 'नोटिस'। एक सूटेबल ड्रिंक का नाम तक नहीं बता सकता। श्रीमान के सामने मामा की इज्ज़त बरबाद हो रही है।"

सत्यसुन्दर दा की दोनों आँखें चमकने लगीं। बुद्धि से दीप्त तेजस्वी दृष्टि! अत्यन्त श्रद्धा के साथ बोले, "ये लड़के तो नया-नया 'आइडिया' लेकर चलते हैं। और, हम-आप तो अब पुराने पड़ चुके हैं। इसलिए मैं जिस ड्रिंक का नाम सजेस्ट करूँगा, उसे ये कहते हैं—'ओल्ड फैशन्ड'। कनाडा की ह्विस्की के साथ प्रचुर परिमाण में फ्रूट-सोडा!"

फोकला बोले, "वण्डरफुल! वाह, क्या शानदार ड्रिंक है!"

बोस दा ने कहा, "एक बात और, अगर आपको यह ड्रिंक पसन्द नहीं आता, तो मैं कहता, "मॉस्को-म्यूल' लीजिए।"

"ऐ! इस बुढ़ापे में 'म्यूल'? छिः छि! कोई सुनेगा तो क्या कहेगा?" फोकला चटर्जी हा-हा करके हँसने लगा।

अब पकड़ासी जूनियर ने रुकी आवाज़ में कहा, "मगर, मामाजी, मैं अब नहीं पी सकूँगा।"

फोकला ने विरक्त होते हुए कहा, "क्या मुसीबत गले पड़ गयी है! भाई, अब तुम बच्चे नहीं हो। घर लौटकर अपना बर्थ-सर्टिफिकेट उलटकर देख लेना। बड़े भूकम्प के साल की तुम्हारी पैदाइश है। उन दिनों तुम्हारे पिताजी का दुर्दिन चल रहा था। 'डिप्रेशन' में सब-कुछ बह गया था। तुम्हारा जन्म हुआ है, यह खबर पाकर मैंने पकड़ासी साहब को लन्दन से 'कांग्रेचुलेशन्स' का पत्र भेजा था। जवाब में तुम्हारे पिता

ने मुझे क्या लिखा था, तुम्हें पता है ? हा-हा-हा !" फोकला चटर्जी अट्टहास करने लगा।

पकड़ासी जूनियर आँखें उठाये मामा को देखता रहा। किसी तरह हँसी का तूफान रोकते हुए मामा ने कहा, "तुम्हारे पिता ने लिखा, पता नहीं घर-संसार कैसे चलेगा। देखो, समझो ज़रा यह बात, माधव पकड़ासी अपने हाथ से लिखता है, वह एक लड़के का पालन-पोषण करने में समर्थ नहीं है। वे सारी चिट्ठियाँ फाड़कर मैंने भारी बेवकूफी की है।···बोस साहब मुझे दूसरेवाला ड्रिंक दीजिए ! मैं 'ओल्ड-फैशन्ड' आदमी नहीं हूँ। 'मॉस्को-म्यूल' ही मेरे लिए ठीक है। 'कैलकटा ऐस' नाम की कोई चीज़ हो, तो वह भी लाइए।"

"और इन्हें ?" पकड़ासी जूनियर की तरफ इशारा करके मैंने पूछा। बोस दा बोले, "मिस्टर चटर्जी, ये लोग यंगमैन हैं। इनकी ज़िन्दगी तो 'स्पार्कलिंग राइन' शराब की तरह है। चिनगारियों से भरी हुई। आपका हुक्म हो जाय, तो मास्टर पकड़ासी को 'स्पार्कलिंग-रेड हक' देता हूँ। बड़ी ही शानदार चीज़ है ! जिस साल मैं जन्मा था, उसी साल बोतल भरी गयी थी।"

"वण्डरफुल ! वण्डरफुल ! इसीलिए तो स्याटा चटर्जी के बिना मेरा काम नहीं चलता। शाहजहाँ होटल माइनस स्याटा बोस, बराबर है माधव इन्डस्ट्रीज़ माइनस माधव पकड़ासी ! या, हैमलेट माइनस प्रिन्स-ऑफ़-डेनमार्क ! और लॉस्ट बट नॉट द लीस्ट उपमा है, फोकला चटर्जी माइनस ड्रिंक ! बंगला साहित्य माइनस रवीन्द्रनाथ क्या बचेगा ? रामकृष्ण मिशन माइनस विवेकानन्द क्या बचेगा ? और फोकला चटर्जी माइनस ड्रिंक तो बचेगा ही नहीं।" फोकला चटर्जी ठहाके लगा रहे हैं, अट्टहास कर रहे हैं, फिर, जैसे अचानक किसी कीड़े ने काट खाया हो, चौंक पड़ते हैं। कहते हैं, "शराब के बिना मैं ज़िन्दा नहीं रह सकता, बोस भाई ! बहुत बुरी चीज़ है ! छोड़ना चाहता हूँ, काफ़िर छूटती नहीं ! शाम होते ही, कलकत्ता शहर के माथे पर हल्के अँधेरे का घूँघट पड़ते ही पता नहीं मेरा दिल क्यों डूबने लगता है ! लगता है, मेरे चारों ओर समुद्र है, और मैं डूब जाऊँगा। तब, रोक नहीं पाता हूँ अपने-आपको ! 'साँझ हुई, अब चलो, नदी में डालें जाल'—यह पुराना गीत मेरे कानों में गूँजने लगता है। 'अब चलो', 'अब चलो'—कोई मुझे कहने लगता है।"

फोकला चटर्जी में यह आकस्मिक परिवर्तन देखकर सिर्फ मैं ही नहीं, पकड़ासी जूनियर भी डर गया। बोला, "मामा !···मामाजी !"

और, मामाजी सत्यसुन्दर दा का हाथ थामकर कहने लगे, "पता नहीं, ऐसा क्यों होता है, मुझमें ? बता सकते हैं, क्यों होता है ऐसा ? 'बेग', भीख माँगो, 'बॉरो', उधार लो, अथवा चोरी करो, किसी भी तरह फोकला चटर्जी को हर शाम शराब पीनी ही पड़ती है।"

बोस दा बोले, "मिस्टर चटर्जी, धीरज न तोड़िए, सब ठीक हो जायेगा।"

मगर, फोकला चटर्जी की आँखें सजल हो आयीं। काले पत्थर की चट्टान को तोड़कर जैसे श्वेतपद्म की कली फूट निकली है। अपने को सँभालने की चेष्टा करते हुए

फोकला चटर्जी ने कहा, "मैं आदमी नहीं हूँ, साहब ! मैं जानवर हूँ ! मैं एक 'मॉस्को-म्यूल' हूँ। नहीं तो···नहीं तो अपने भानजे के साथ कोई कैबरे के फ़्लोर पर शराब पीने आता है ? जानते हैं आप, इसका नाम मैंने ही रखा था। जीवन-भर मैं निन्दा-ही-निन्दा सहता रहा हूँ। मैं निन्दित हूँ, परम निंद्य ! इसीलिए, बड़ी बहन ने जब चिट्ठी लिखी कि अपने भानजे के लिए एक अच्छा-सा नाम चुन दो, तो मेरे दिमाग में एक ही नाम आया, केवल एक नाम अनिंद्य।"

अनिंद्य पकड़ासी के चेहरे की ओर फोकला चटर्जी बड़े ही स्नेह से देखता रहा। फिर उसका हाथ अपने हाथों में लेता हुआ बोला, "कितना 'फ्रेश' लड़का है !"

बोस दा बैरे को बुलाकर मिस्टर चटर्जी के लिए शराब लाने को कह रहे थे कि फोकला ने उन्हें रोक दिया। पता नहीं, अपने मन में यह आदमी क्या सोच-विचार कर रहा है। किस अन्तर्संघर्ष में डूबा है ! उसने कहा, "ज़रा रुक जाइए ! सोच लेता हूँ।"

फिर अचानक फोकला चटर्जी उठ खड़ा हुआ। पहले पी गयी शराब के सारे बिलों के रुपये जेब से निकालकर टेबुल पर रखते हुए उसने कहा, "अब चलो, अनिंद्य !"

मन्त्र-मुग्ध की तरह अनिंद्य उठ खड़ा हुआ। इतनी-सी शराब के नशे में क्या चटर्जी साहब होश-हवास खो बैठे हैं ? तीन-चार पेग में ही 'बोल्ड आउट' होनेवाले आदमी तो यह नहीं हैं। अभी कुछ ही मिनट पहले तो यह 'विकेट' को चारों ओर से घेरकर खेलने की राय दे रहे थे। अब क्या हो गया ? बोस दा ने पूछा, "मिस्टर चटर्जी, कैबरे का आखिरी हिस्सा नहीं देखेंगे ?"

फोकला चटर्जी ने दुखी होकर अपनी असहमति जतायी। धीरे-धीरे बोले, "आइ ऐम सॉरी, स्याटा ! आइ ऐम रियली सॉरी ! अनिंद्य को यहाँ लाकर मैंने अच्छा नहीं किया। मैंने गलत किया है।"

हमें आश्चर्य के समुद्र में फेंककर जब फोकला चटर्जी अपने भानजे का हाथ पकड़कर आधे खेल के बाद ही उठकर चले गये, उसी वक्त बत्तियों का बुझना शुरू हो गया था। बैरे तेज़ी से दौड़ते हुए अतिथियों के टेबुल पर ड्रिंक पहुँचा रहे थे।

नाच शुरू हो गया। रंगीन बत्तियों के मेले में कनि का बेलून नृत्य। कमरे में, सारे अंगों पर बेलून बाँधकर वह जैसे पैराशूट से उतरनेवाली हवाई युवती बन गयी है।

स्टेज पर आने से पहले मैंने कनि से पूछा था, "तुम्हारी बाँह का खरोंच ठीक हो गया ?" वह बोली थी, "मुझे ये बातें याद नहीं रहतीं। हैरी झूठ-मूठ इतना उत्तेजित हो उठता है।" फिर मुस्कराते हुए उसने कहा था, "देखो, स्टेज पर जाने के वक्त ऐसी बातें याद न दिलाया करो ! मेरा मूड खराब हो जाता है।"

मैंने और कुछ नहीं कहा। कनि स्टेज पर अतिथियों के सामने अपना रूप-लावण्य उपस्थित करने के लिए तैयार हो गयी। अभी तक वह उदास थी, गम्भीर थी, चिन्तित थी, मगर एक ही क्षण में वह मुस्कराहटों से, चंचलता से, यौवन के उन्माद से भर उठी। आँखों से देखे बिना इस परिवर्तन पर विश्वास करना कठिन है।

हॉल में बैठे मेहमान उल्लास-हर्ष से झूमने लगे। चीख-पुकार मच गयी। सीटियाँ

बजने लगीं। ठहाके लगे। कनि की ओर फूलों के गुच्छे फेंके जाने लगे। हर दिन जो होता है, बरसों से शाहजहाँ होटल के आमोद-कक्ष में जो होता आया है, युग-युग से जो कुछ हो रहा है, वासना में, उन्माद में, पागलपन में जो कुछ होता आया है, वही सारा कुछ दुहराया जाने लगा। फिर भी, पता नहीं क्यों, मुझे, सिर्फ मुझे, ऐसा लगा, आज कहीं कोई स्वर टूट गया है, कोई लय खो गयी है, कोई छन्द बिखर गया है। कल रात जो कनि नाच रही थी, आज की कनि में वह स्वर-लय-छन्द नहीं है। यों आज भी उसके नृत्य में प्रागैतिहासिक उन्मत्तता का अभाव नहीं था, आज भी उसकी बड़ी-बड़ी आँखों में ज़हरीली नागिन की भयानक तीक्ष्णता थी, वह लोगों को डस रही थी, अपने ज़हर से पागल बना रही थी। फिर भी वह कनि नहीं थी, वह जादूगरनी नहीं थी। आज वह थकी हुई थी, उदासी की हल्की-हल्की छाया उसके चेहरे पर काँप रही थी। उसका 'मूड' वाकई बरबाद हो गया था।

आज भी दर्शकों ने बेलून तोड़े। वासना-कलुषित उल्लास में मुमताज़ का यह ऐतिहासिक कक्ष डूबने-उतराने लगा, मगर थोड़े ही क्षणों के लिए। थकी हुई नर्तकी आज थोड़ी ही देर के बाद दर्शकों की शिकारी निगाहों को धोखा देकर अँधेरे में गायब हो गयी। रोशनी जल उठी। तरह-तरह की पुकारों से, गूँज से हॉल भर उठा। घर लौटने के लिए, लोग तेज़ कदमों से बाहर निकलने लगे। भीड़ टूटने लगी।

माइक को स्टेज से हटाकर, बैरों को ज़रूरी आदेश देकर सत्यसुन्दर दा बाहर जाने लगे, तो मुझसे टकरा गये। मुझसे पूछने लगे, "कनि कहाँ है?"

"पता नहीं। लाइट बुझते ही पता नहीं किधर भाग गयी।" मैंने कहा।

सत्यसुन्दर दा बोले, "बड़ा ही गड़बड़ हो गया है। मैनेजर साहब बेहद नाराज़ हैं। लास्ट सीक्वेन्स के वक्त जिम यहीं खड़ा था। उसने ही मोर्कोपोलो से शायद शिकायत की है कि आखिरी नाच अच्छा नहीं हुआ।"

मैनेजर साहब को पता चल गया है कि आज कनि जी लगाकर नहीं नाच रही थी। आज वह बेमन थी। जिम से मैनेजर की देर तक बातचीत हुई है। जिम ने कहा है, "बाज़ार तेज़ 'कम्पिटीशन' का चल रहा है। एक बार बदनामी हो गयी, एक शाम का प्रोग्राम नहीं जमा, तो हम लोग बरबाद हो जायेंगे। हमारे मुकाबले के एक होटल में कल से तीन-तीन लड़कियाँ एकसाथ नाच दिखानेवाली हैं। पब्लिसिटी की गयी है, वे तीनों बहनें हैं। एक ही माँ की तीन लड़कियाँ! बहनें नहीं हैं, घास हैं। यहाँ आने से पहले तीनों ने एक-दूसरी का कभी मुँह भी नहीं देखा होगा। मगर साहब, पब्लिसिटी की ताकत से बहनें बना दी गयी हैं, और सबको विश्वास हो गया है!"

बोस दा ने सारा हाल बताकर मुझसे पूछा, "मैनेजर को लैम्ब्रेटा की बात किस तरह मालूम हुई है? तुमने कुछ बताया है?"

"मैंने?"

बोस दा ने कहा, "उन लोगों को पता चला है, सारी खराबी का कारण वही बौना साहब है! उसी ने सब गड़बड़ कर रखा है। उसी की वजह से कनि का नाच चौपट हो रहा है।"

मैं बोला, "उस बेचारे का क्या कसूर है? एक तमाशबीन ने कनि को नोच-खसोटकर सारा मामला बिगाड़ दिया है।"

"मैनेजर कुछ करेंगे ज़रूर! इसीलिए मुझे बुलाया था।"

"क्या करेंगे?" मैंने पूछा।

बोस दा मुस्कराये। बोले, "इतने चंचल क्यों हो रहे हो? इतना बड़ा होटल चलाने के लिए मैनेजमेण्ट को क्या-क्या नहीं करना पड़ता है!"

पता नहीं क्यों, मैं डर गया। मुझे लगा कनि का अनिष्ट होनेवाला है। बोस दा मेरी हालत समझ गये। हँसकर बोले, "इसीलिए कहा था न, शंकर! इसका नाम है सराय! यहाँ कोई हमेशा नहीं टिक सकता। सबको जाना ही पड़ता है। इसलिए, किसी व्यक्ति से लाग-लगाव पैदा न करो, मोह न बढ़ाओ।"

मैं बोस दा की ओर देखता रह नहीं सका। आँखें फेर लीं। वह कहने लगे, "सारा अपराध तो कनि का है। होटल के बैरे-खानसामे तक कनि और बौने का नाम लेकर मज़ाक करते हैं, हँसते हैं। जिम खुद ही कह रहा था, कनि ने अपने बौने के लिए एयर-कण्डीशण्ड कमरे की माँग की थी।"

मैं यह सब सुनना नहीं चाहता था। मैं जानना चाहता था, मैनेजर और जिम कौन-सा फन्दा डाल रहे हैं, किसके गले में डाल रहे हैं। मगर पता नहीं चल सका। बोस दा कुछ भी बताने को राज़ी नहीं हुए। मैं भी बोस दा के चेहरे का भाव देखकर ज़ोर देकर पूछ नहीं सका।

ग्यारह

बात अब किसी से छिपी नहीं रह सकी है, दूसरे ही दिन मुझे पता चल गया। होटल के काम से मैं करवी गुहा के सूट में गया था।

श्रीमती करवी गुहा नहा-धो चुकी हैं। फूलवाले उनका ऑर्डर ले जा चुके हैं। न्याटाहारी बाबू उनके सामने खड़े हैं और कह रहे हैं, "माँ जगज्जननी, आज आपको किस रंग के पर्दे, किस रंग की चादर, किस रंग के गिलाफ भेजूँ?"

मैं तब तक अन्दर दाखिल हो चुका था। मेरे सामने ही करवी ने कहा, "दूसरे लोगों के घरों में कितने सुन्दर रंगों के पर्दे देखती हूँ! कितने नये-नये लोग तैयार कर रहे हैं! मगर, आपके भण्डार में तो वही चार-छः पुराने रंगों की चीज़ें पड़ी हैं।"

न्याटाहारी बाबू वाकई उदास हो गये। इस प्रश्न का कोई भी उत्तर उन्हे मिल नहीं रहा है। सिर खुजलाते हुए कहते हैं, "माँ जननी, घर और होटल क्या एक ही चीज़ है! गृहस्थ अगर अपने दरवाज़े पर टाट का टुकड़ा भी टाँगकर रखे, तो लोग तारीफ ही करेंगे। घर का महत्त्व ही और है!"

करवी देवी अपनी चौड़ी आँखें और भी फैलाती हुई नित्यहरि बाबू की ओर देखती रही। फिर धीरे-धीरे बोली, "मुझे तो यह सूट घर की तरह सजाकर रखना होगा। रंग के साथ रंग नहीं मिले, कमरा सजा-सजाया न रहे, तो भला इस गेस्टहाउस में मुझे रहने कौन देगा ?"

नित्यहरि बाबू ने कहा, "जब तक मैं यहाँ हूँ, आपको कोई दिक्कत नहीं होगी। जैसे भी हो, नित्यहरि हर रोज़ आपके रंग से रंग मिला देगा ! लेकिन, माँ जननी, रंगों का यह खेल खेलते रहना क्या अच्छी बात है ? इससे दूर नहीं रहा जा सकता ?"

नित्यहरि चले गये तो मैंने कहा, "आपको कोई दिक्कत हो तो बताइए, मैं मैनेजर से कहूँगा। नित्यहरि बाबू क्या आपकी पसन्द के मुताबिक कपड़े नहीं दे पाते हैं ?"

करवी देवी अभी-अभी इतने सबेरे स्नान कर चुकी हैं, यह उनके भीगे केशों से पता चल रहा है। अपने बालों में उँगलियाँ उलझाकर उसने कहा, "आपको कहने की ज़रूरत नहीं है। नित्यहरि बाबू को दुख पहुँचेगा। बहुत शरीफ आदमी हैं। पता नहीं क्यों, मुझे बहुत अच्छे लगते हैं। आदमी नहीं हैं, हीरे के टुकड़े हैं। इतने अरसे इस होटल में रहकर भी बरबाद नहीं हुए हैं।"

मैंने पूछा, "मिस्टर पकड़ासी के मेहमान कब आ रहे हैं ? उनके लिए कोई स्पेशल अरेन्जमेण्ट करना हो, तो अभी से बता दीजिए।"

"मिस्टर अगरवाल चाहते हैं, उन्हें किसी तरह की कोई तकलीफ नहीं हो। मैंने सोचा है, दोनों मेहमानों को दो अलग-अलग केबिन दे दूँगी। मैं अपने लिए इसी कमरे को बेडरूम बना लूँगी। कोई असुविधा नहीं होगी। पहले भी चार-पाँच गेस्ट एक साथ यहाँ रह चुके हैं।"

उनके आने की तारीख के बारे में करवी बोली, "अच्छा किया, याद दिला दिया है। तारीख जान ही लेनी चाहिए।" फिर टेलीफोन उठाती हुई बोली, "खड़े क्यों हैं ? बैठ जाइए।"

मैं बैठ गया। और मैंने देखा, करवी देवी के पाँवों के तलवे कमल के फूलों की तरह खूबसूरत हैं। सुनहरे रंग का रेशमी स्लीपर पाँवों में पड़ा है। करवी ने हँसकर कहा, "आपको उस जलसे के सभापतिजी की याद है ? वापस जाकर पार्सल से यह स्लीपर मेरे लिए भेजा है। मेरे पाँवों का नाप उन्होंने कब लिया था, पता नहीं।"

मैंने कहा, "आपके पाँवों में यह स्लीपर और भी खूबसूरत लगता है।"

करवी खिलखिलाकर हँस पड़ीं। बोली, "पता नहीं, मेरे पाँव कितने खूबसूरत हैं ! मगर, इतनी खुशी मुझे ज़रूर है, मीटिंग में सभी जिसे सिर पर उठाये थे, उसे मैंने अपने पाँवों पर झुका लिया था। जानते हैं, नशे की मदहोशी में माननीय सभापतिजी ने उस रात मेरे पाँव पकड़ लिये थे।"

फोन पर बातें कर लेने के बाद करवी ने मुझे बताया, "साहब नहीं मिले। वह फैक्टरी गये हैं। पहले गृहिणी ने फोन उठाया, फिर पकड़ासी जूनियर ने ! कोई कुछ बता नहीं सका। हाँ, पकड़ासी-सुपुत्र ने दया करके इतना वादा किया है कि फोन करके मुझे बता देगा।"

मैंने कहा, "पता चल जाय, तो मुझे बता दीजियेगा।"

मैं उठ खड़ा हुआ। जाने लगा। करवी ने कहा, "जा रहे हैं? जरा रुकिए। 'ओवल्टीन' पीते जाइए।"

मैं उनके चेहरे की तरफ देखने लगा। इस इतने बड़े होटल में आज तक इतने अपनापे से, इतने प्यार से कभी किसी ने कुछ खाने-पीने को नहीं कहा है। करवी बोलने लगी, "रहती तो हूँ होटल में, मगर इसी को अपना घर-संसार बना बैठी हूँ। यहीं खाने-पकाने का और भी छोटा-सा सरंजाम कर लिया है। आपके होटल की कॉफ़ी मुझे हर वक्त अच्छी नहीं लगती है। जब इच्छा हुई, खुद ही हीटर जलाकर चाय, कॉफ़ी या ओवल्टीन बना लिया करती हूँ।"

"इसका यह सबूत नहीं है कि शाहजहाँ होटल की कॉफ़ी अच्छी नहीं होती!" मैंने कहा। करवी देवी ने कुछ ही पहले हीटर पर पानी चढ़ाया था। उसमें मेरे लिए भी पानी डालकर वापस आ गयीं। मैंने कहा, "इससे इतना ही साबित होता है कि बंगाली औरतें जब तक अपने हाथों से खाने-पीने की चीजें नहीं बनायें, उन्हें सन्तोष नहीं होता है।"

करवी हँसने लगीं, "ठीक ही कहते हैं। मुझे कभी-कभी खाना पकाने की बड़ी ख्वाहिश होती है। मगर किसके लिए पकाऊँ?"

थोड़ी देर बाद, ओवल्टीन के प्याले को होंठों से लगाते हुए, उन्होंने कनि की बात शुरू की। बोलीं, "आप तो उन लोगों के पास उठते-बैठते हैं। बात क्या है?"

मैं उनका प्रश्न ठीक-ठीक समझ नहीं सका। इसलिए बोला, "मैं उनके साथ उठता-बैठता नहीं। लैम्ब्रेटा के बगल के कमरे में रहता हूँ बस। वहाँ रहना कैसे छोड़ दूँ?"

"और, आपके बगल के कमरे में ही कनि द वूमन दिन-रात पड़ी रहती है। है न?" अब करवी अपनी असली बात पर आ गयीं।

मैंने कहा, "कुछ भी हो, लैम्ब्रेटा उसके साथ काम करता है। कलाकार है। वे दोनों एक साथ विश्व-परिक्रमा के लिए निकले हैं।"

"मगर इसका क्या मतलब है कि एक बौने के कहने के मुताबिक ही वह उठेगी-बैठेगी, हँसेगी-रोयेगी?"

"आप क्या कह रही हैं?"

"शो में तो बौना उसकी मिन्नतें करता है, उसकी एक-एक मुस्कराहट के लिए न्यौछावर होता है। मगर, शो के बाहर उल्टी बात होने लगती है। कनि बौने के पाँवों पर पड़ी रहती है। कनि दासी है, बौना स्वामी! ऐसा क्यों होता है? उसकी बद-मिज़ाजी, उसके पागलपन के खिलाफ, कनि एक शब्द तक नहीं बोल पाती है।" करवी ने मुझे बताया।

मैंने कहा, "इससे क्या आता-जाता है? वे लोग शो में कैसे काम करते हैं, इतना ही हमें जानने की जरूरत है।"

"शो की बात आपके कस्टमरों के जानने की है। शो से बाहर वे क्या करते हैं,

यह आपके जानने का काम है, हमारे जानने का है, क्योंकि हम भी इसी होटल में रहते हैं। यहाँ ऐसी अजीब बातें हों, अजीब घटनाएँ घटें, तो हम चौंकेंगे ही।"

क्या उत्तर दूँ, मैं सोच न सका। उन दोनों के व्यक्तिगत जीवन के बारे में हम सभी इतने उत्सुक क्यों हो उठे हैं? करवी कह रही हैं, "यह भी एक प्रकार का विलास ही है। कैबरे की नर्तकी को रुपयों की कमी नहीं होती। कुछ क्षणों के आनन्द के लिए राजे-महाराजे, सेठ-बनिये, सभी उनके पाँवों के तले सोने की चादर बिछा देते हैं। रुपयों की कमी नहीं है, ऐश-मौज के साधनों की कमी नहीं है। मगर, अवसर-कुअवसर के लिए अपना एक साथी तो चाहिए, जिस पर पूरा भरोसा किया जा सके। इसीलिए कोई नर्तकी बन्दर पालती, कोई कुत्ता रखती है, कोई किसी बौने को ही सिर पर चढ़ाये रखती है।"

मैंने कहा, "बेचारा बौना है, आपको उससे सहानुभूति नहीं होती?"

करवी बोलीं, "लगता है, उन दोनों ने आपकी सहानुभूति जीत ली है। आप इतनी-सी बात क्यों नहीं समझते, बौना है, इसीलिए इतने पैसे कमा रहा है? आप-जैसा लम्बा-तगड़ा होता, तो कोई उसे कनि के साथ स्टेज पर आने नहीं देता। मैं इस लाइन में बरसों से हूँ, मैंने दुनिया बहुत देखी है। एक बात बताती हूँ, याद रखियेगा। भीख माँगने में और इण्टरटेनमेण्ट की दुनिया में विकलांग, कुरूप, बीभत्स लोगों को बड़ा लाभ होता है। इन्हें काफी पैसे मिलते हैं। पैसे मिलें, इसमें एतराज़ नहीं है। मगर, ये लोग सिर उठाने लगें, अपनी शान दिखाने लगें, तो जिस होटल में तमाशा करते हैं उसका भी नुकसान करते हैं, अपनी भी बरबादी कर लेते हैं।"

करवी देवी को नमस्कार करके मैं काउण्टर पर वापस आ गया। वहाँ काम-धाम पूरा करके ऊपर छत पर चला आया। कनि छत के एक किनारे बैठी थी। उदास थी। धूप की ओर पीठ किये सिगरेट पी रही थी। मुझे देखकर उसने सिगरेट का एक लम्बा कश लिया। फिर धुआँ उगलती हुई बोली, "गुड मॉर्निंग।"

मुझे पता है, आज की सुबह कनि के लिए 'गुड' नहीं है, फिर भी मैंने कहा, "गुड मॉर्निंग!" कनि उठ आयी। पहले उसने लैम्ब्रेटा के कमरे में झाँककर देखा, वह उसे देख तो नहीं रहा है। फिर चुपचाप मेरे कमरे में चली आयी।

सोचा था, कोट-पैण्ट उतारकर ज़रा आराम करूँगा। मगर, कनि के चलते अब आराम सम्भव नहीं है। कुर्सी पर बैठती हुई बोली, "तुम्हारी ड्यूटी खत्म हो गयी है?"

"अभी तो छुट्टी ही है। अब शाम को जो होना है, होगा।"

कनि शायद कुछ कहना चाहती है, मगर संकोच के कारण कह नहीं रही है। मैंने पूछा, "कुछ कहना है?"

"अगर तुम्हें खास तकलीफ न हो, मेरे साथ चलो। मैं ज़रा बाहर घूम आना चाहती हूँ।" उसने उत्तर दिया।

कलकत्ता के बारे में कनि की कोई जानकारी नहीं है। रास्तों का नक्शा तक नहीं जानती। फिर उसकी जैसी औरतों का अकेले बाहर निकलना खतरे से खाली नहीं है।

मगर मुझे लगा, मैं इन्कार कर दूँ, तो भी वह अकेली ही निकल पड़ेगी। इसीलिए मैं साथ जाने को राज़ी हो गया।

बाहर जाने के कपड़े पहनकर कनि जब अपने कमरे से बाहर आयी, तो पहचानी नहीं जाती थी। कोई कह नहीं सकता यही कनि रात के कैबरे में नाचती है। स्ट्रॉ-हैट, काला चश्मा और कोहनियों तक ब्लाउज़, घुटनों तक टाइट स्कर्ट। लगता था, कोई टूरिस्ट लड़की है। कॉलेज की पढ़ाई पूरी करके, अपने अमीर पिता के साथ विश्व-भ्रमण के लिए निकली है।

कनि की निगाहों में उत्सुकता है, और अंग में चंचलता भर आयी है। कनि इस दुनिया से अपरिचित, अबोध लड़की बन गयी है। इस अजनबी शहर से डर रही है। मगर देखना चाहती है, जानना चाहती है। ऐसी ही दो अमरीकन लड़कियों की कहानी मैंने हॉब्स साहब से सुनी थी। पिता के साथ वर्ल्ड टूर पर निकली थीं। पिता को बम्बई में रुकना पड़ गया। दोनों बहनें अकेली दिल्ली देखने निकल पड़ीं। दिल्ली में आकर 'मेडन्स' होटल में ठहरी थीं। खर्चीली लड़कियाँ थीं, जो जी में आया, जो पसन्द आया, खरीदने लगीं। घूमने-फिरने में, होस्टल-रेस्तराँ में, सँपेरों का नाच देखने में, तिब्बती पत्थर खरीदने में सारे पैसे खर्च कर डाले। अब क्या किया जाय? बिना पैसों के तो 'मेडन्स' में ठहरना सम्भव नहीं है। पिताजी को एक्सप्रेस टेलीग्राम भेजा। और, टेलीग्राम पढ़कर पिताजी की आँखें निकल आयीं। उनकी कुँआरी लड़कियाँ टेलीग्राम से सूचित कर रही हैं, 'ऑल मनी स्पेण्ट ···। कैन स्टे मेडन्स नो लांगर।' एक 'मेडन्स' शब्द ने अर्थ का अनर्थ कर दिया।

चितरंजन एवेन्यू होकर टहलते हुए, हम दोनों चौरंगी आ गये। मैंने पूछा, "कहाँ चलना है? विक्टोरिया मेमोरियल, या म्यूज़ियम, या चिड़ियाघर, या गवर्नर-हाउस? क्या देखना चाहती हो?"

उसने इन सारे नामों के प्रति कोई आग्रह नहीं दिखाया। अपने वैनिटी-बैग से उसने कागज़ की एक स्लिप निकालकर मेरे हाथों में थमा दी। स्लिप पर शहर की एक अनजान गली का नाम लिखा है। मैंने अचरज-भरी आँखों से उसकी ओर देखते हुए पूछा, "आप यहीं जाना चाहती हैं?"

"हाँ, वहीं चलना होगा। नहीं तो, क्या मैं सिर्फ कलकत्ता की खूबसूरती देखने के लिए बाहर निकली हूँ?"

मैंने टैक्सी बुलायी। टैक्सी में बैठकर उसने कहा, "मैं उसी ग्रेट मैन से मिलना चाहती हूँ—प्रोफेसर शिवदास देव शर्मा द ग्रेट!" नाम का उच्चारण करने में उसे बड़ा कष्ट हुआ, जिनके "रिसर्च-सेण्टर से ही घोषणा हुई थी कि लॉर्ड कर्जन किसी दिन इंग्लैण्ड के प्रधानमन्त्री नहीं बन सकेंगे। जंगी लाट लॉर्ड किचनर से यश-प्रशंसा पाकर भी वह किचनर को बताने में डरे नहीं कि जहाज के डूबने से ही उनकी मौत होगी।"

कनि को प्रोफेसर शिवदास द ग्रेट का गौरव-गरिमामय इतिहास कण्ठस्थ है। उनकी कई महान् भविष्यवाणियों में रवीन्द्रनाथ द्वारा 'नाइट' उपाधि का त्याग, लॉर्ड ब्रेबोर्न की अकाल-मृत्यु, जर्मनी का अधःपतन, गोयरिंग की आत्महत्या, सुभाषचन्द्र का

भारत-त्याग और विदेशी युवती से विवाह और भारतवर्ष की स्वतन्त्रता-प्राप्ति शामिल हैं।

कनि ने बैग से एक छपा हुआ परचा निकाला। ऊपर ही लिखा था, 'प्राइवेट एण्ड कॉन्फिडेन्शियल'। इसी परचे से जानकारी मिली कि महापुरुष देव शर्मा पब्लिसिटी में विश्वास नहीं करते हैं, और किसी प्रकार की भी दान-दक्षिणा, पारिश्रमिक लेना पाप समझते हैं।

इसी परचे से पता चला कि प्रोफेसर शिवदास ने महादेव देसाई के द्वारा कस्तूरबा को सूचना दी थी कि उनके पति हत्यारे के हाथों मरेंगे, मगर उन्हें घबराना नहीं चाहिए। वह पति की गोद में सिर रखकर ही सती-साध्वी की भाँति मरेंगी। एडवर्ड आठवें को शिवदास द ग्रेट ने एक्सप्रेस-लैटर से जो कवच पहनने का उपदेश दिया था, अगर वह पहन लेते तो इंगलैण्ड के राजपरिवार का इतिहास ही बदल जाता। इस अणुशक्ति-सम्पन्न महाकवच को बनाने के लिए यज्ञादि करने में जो तिहत्तर रुपये चार आने खर्च होते हैं, उससे एक आना ज्यादा लेना शिवदास देव शर्मा द ग्रेट गो-मांस भक्षण जैसा पाप समझते हैं !

कनि से मैंने बार-बार लौट चलने की प्रार्थना की, मगर उसने मेरी बात नहीं सुनी।

शहर के एक किनारे एक अन्धी गली में शिवदास का रिसर्च-सेण्टर है। हम लोग जब वहाँ पहुँचे, वह गनी-बैग, हैसियन, जूट, तिलहन आदि की दरों के चढ़ाव-उतार के बारे में अपने 'क्लायन्टों' को उपदेश दे रहे थे।

शिवदास महोदय के सहकारी थोड़ी ही देर बाद हमें अन्दर ले गये।

अन्दर जाते ही शिवदास द ग्रेट ने जनेऊ निकालकर कनि को आशीर्वाद दिया। कनि अपने जूते बाहर खोल आयी थी। नायलॉन के मोज़े पहने हुए उसके पाँव जैसे जादू में बँधे हुए पण्डितजी की ओर बढ़ गये। अपना स्कर्ट सँभालती हुई, पाँव मोड़कर वह एक खाली आसन पर बैठ गयी।

शिवदास द ग्रेट की धूर्त आँखें कनि की जाँच-पड़ताल करने लगीं। उन्होंने कनि के सिर पर हाथ रखा। फिर आँखें बन्द करके किसी देवता का ध्यान करने लगे। आँखें बन्द किये ही अंग्रेज़ी में बोल पड़े, "मदर, मदर, नो फ़ियर ! शिवदास विल सेव यू !"

कनि उनका उच्चारण समझ नहीं सकी। मेरी ओर देखने लगी। मैं उसके पीछे ही खड़ा था। बोला, "यह कहते हैं, डरो नहीं, चिन्ता नहीं करो।"

कनि कुछ बोली नहीं। उसने शिवदास का हाथ पकड़ लिया। उसकी आँखों नें आँसुओं के बादल छाने लगे।

शिवदास द ग्रेट की विशेषता है, वह पहले कोई सवाल नहीं पूछते हैं। आदमी का चेहरा देखकर ही उसके भूत और भविष्य का निर्णय कर लेते हैं। यह पहला काम ही सबसे कठिन है। पहली ही बात से भक्त के मन को जीत लेना होगा। यह काम बड़ा ही खतरनाक है। शतरंज का घोड़ा गलत खाने में जाकर पिट भी सकता है।

शिवदास द ग्रेट ने कनि की उम्र, कनि के हाव-भाव, कनि के सौन्दर्य, कनि की

वेशभूषा से उसकी समस्या को समझने की चेष्टा की। यह लड़की 'बी-ट्विल', 'हैण्डीकैप' या 'इण्डियन आयरन' के बारे में कुछ पूछने नहीं आयी है, यह तो ज्योतिष विद्या जाने बिना भी कोई कह सकता है। फिर भी शिवदास आँखें बन्द करके सोचते रहे। इसी वक्त बैग से दस रुपये का एक नोट निकालकर कनि ने महात्मा के पाँवों पर भक्तिपूर्वक रख दिया।

शिवदास ने आँखें खोलीं। रहस्यमय ढंग से मुस्कराते हुए बोले, "चिन्ता करने की जरूरत नहीं। चिन्ता व्यर्थ। तुम्हारी मनोकामना पूर्ण होगी, अवश्य पूर्ण होगी। तुम्हारा मन जो चाहता है, वही तुम्हें मिलेगा।"

कनि के चेहरे पर जैसे हज़ार 'वाट' का बल्ब जल उठा। वह खुशी से दमकने लगी। जैसे, इतनी-सी बात जानने के लिए वह इतनी दूर से यहाँ चली आयी थी।

शिवदास द ग्रेट ने कहा, "अपने दोनों हाथ मेरे सामने खोलकर रखो!" कनि ने वैसा ही किया। शिवदास हाथ देखते रहे, फिर गम्भीरतापूर्वक उसके मुखड़े की ओर देखने लगे। फिर बोले, "बहन, तुमने जीवन में बहुत बर्दाश्त किया है। मगर अभी कुछ और बर्दाश्त करना होगा। कुछ और!"

कनि आँसू-भरी आँखों से बोली, "और सहना होगा?"

कनि भूल ही गयी है कि मैं उसके पास ही खड़ा हूँ। ज्योतिषी महाराज ने अँधेरे में जो तीर फेंका है, वह निशाने पर ही लगा है। कनि बर्दाश्त कर रही है, अपनी ज़िन्दगी बर्दाश्त कर रही है, यह तो हम सभी आँखों से देख रहे हैं। कनि बोली, "हैरी का अगर भला हो, तो मैं और भी बहुत-कुछ सहने को तैयार हूँ, प्रभु!"

शिकार जाल में पाँव रख रहा है, यह समझते ही महात्मा शिवदास का चेहरा भूखे जानवर की तरह चमकने लगा। वह आँखें बन्द करके, अपना स्थूल शरीर पृथ्वी पर छोड़कर अपनी आत्मा कनि के भविष्य-आकाश में उड़ा ले गये। महात्मा जैसे यहाँ नहीं हैं। पृथ्वी से बहुत ऊपर नक्षत्रों के पार शून्य में खो गये हैं। कनि उनके वापस आने की प्रतीक्षा कर रही है। चंचल हो उठी है। उत्तेजित है, मगर कुछ कहने का साहस नहीं उसे।

शिवदास द ग्रेट आँखें खोलकर बड़े ही प्यार से मुस्कराये। बोले, "सब समझ रहा हूँ, सब देख रहा हूँ। तुम क्या चाहती हो, मुझे मालूम है। फिर भी तुम्हारे मुँह से एक बार सुनना चाहता हूँ। जो माँगना चाहती हो, अपना मुँह खोलकर माँग लो। माँ भगवती इन्कार नहीं करेंगी।"

कनि जो कहना चाहती है, कह नहीं पा रही है। उसका गला भर आया है, आवाज़ नहीं निकल पाती है। फिर भी उसे कहना ही पड़ेगा। जो और किसी को नहीं बताना चाहेगी, शिवदास द ग्रेट के सामने वह बात भी कहनी ही पड़ेगी।

किन्तु कनि जो कहेगी, उसके लिए मैं क्या, स्वयं शिवदास स्वामी भी तैयार नहीं थे।

कनि के होंठ थरथराने लगे। शायद मैं यहाँ नहीं होता तो उसे अधिक सुविधा होती। फिर भी धीमे-धीमे वह बोली, "प्रभु, आप जो भी चाहेंगे, वह हो जायेगा। आपके

इच्छा करने की देर है। मेरे पास जो कुछ है, मैं सारा कुछ आपके 'गॉड' की पूजा के लिए दे दूँगी, आप हैरी को थोड़ा लम्बा कर दीजिए। मैं सुख, सम्पत्ति, स्वाधीनता कुछ भी नहीं चाहती। सिर्फ, हैरी आदमी बन जाये, साधारण मनुष्य की तरह रहने लगे, तो मेरा जीवन सफल हो जायेगा। मैं अपने-आप तक को बेचने के लिए तैयार हूँ, मगर वह बौना नहीं रहे! कोई उसे 'बौना' कहकर मज़ाक नहीं उड़ा सके।"

भूत-भविष्य समझनेवाले महात्मा शिवदास भी आश्चर्यचकित हो गये। मेरी ओर देखते हुए बोले, "मेम साहब क्या कह रही हैं?"

"हैरी इनका एक साथी है। वह बौना है। उसके साथ···"

"कहने की ज़रूरत नहीं है। मैं समझ गया।" शिवदास कहने लगे, "उसी बौने को बड़ा करना होगा। है न? उसे खींच-खाँचकर आदमी के साइज़ का बनाना होगा।"

"हाँ प्रभु, इसके लिए आप जो माँगेंगे, वही दूँगी।" कनि ने कहा।

शायद ऐसा स्वर्ण अवसर प्रोफेसर शिवदास द ग्रेट को बहुत दिनों से नहीं मिला था। ऐसे मोटे शिकार को अपने पाँवों के पास पड़े देखकर, उनकी जीभ से लार टपकने लगी। सिर हिलाते हुए, झूमते हुए बोले, "कोई असम्भव बात नहीं है। वामन से दैत्य, दैत्य से वामन, राई से पहाड़ और पहाड़ से राई तो हमारे देश में प्राचीन काल से ही होता आया है।"

'द ग्रेट' महोदय इस सरल-हृदया युवती के सिर पर बड़ा-सा कटहल फोड़ने की कोशिश करेंगे, यह मैं समझ ही रहा था। मगर मैं अपनी आँखों के सामने कनि को लुटने नहीं दूँगा। मैं उनसे ज़रा भी प्रभाविन नहीं हूँ, यह प्रोफेसर शिवदास समझ रहे थे। फिर भी वह बोले, "इसका नाम है वामनावतार-यज्ञ—बड़ा ही कठिन और श्रमसाध्य यज्ञ। सात दिन सात रात प्रधान पुरोहित को एक ही आसन से बैठकर होम करते रहना होगा।"

शायद शिवदास अब यज्ञ के व्यय की लम्बी-चौड़ी फेहरिस्त पेश करते। मगर, मुझसे अब रहा नहीं जा रहा था। वह मेरे विरक्त चेहरे की ओर देखकर ज़रा डर गये। मुझे टटोलने के लिए बोले, "आप कुछ कहना चाहते हैं?"

मैं गम्भीर होकर, नाराज़गी दिखाता हुआ, अपनी बात कासुन्द के 'डाइलेक्ट' में कहने लगा, "भूल न जाइयेगा। मैं हूँ होटल शाहजहाँ का कर्मचारी। ज़रा सोच-समझकर बात कीजिए। भविष्य में भी शाहजहाँ के 'विज़िटर' आपके यहाँ आयें, यह चाहते हैं कि नहीं? या, इसी लड़की को अपना आखिरी 'कस्टमर' बनाना चाहते हैं। ज़रा मुझे भी पहचान रखिए, मैं इसी कलकत्ता के आस-पास का लड़का हूँ। और, मैं ही इस सीधी-सादी लड़की को साथ लाया हूँ···।"

कनि मेरी बात समझ नहीं रही थी। मेरी तरफ देखने लगी। मैंने उसे अंग्रेज़ी में कहा, "हैरी की सारी तकलीफ इन्हें बता रहा हूँ, ताकि इलाज ठीक-ठीक हो सके।"

"थैंक-यू! मैं तुम्हारी बहुत आभारी हूँ, बहुत-बहुत शुक्रिया!" कनि कृतज्ञतापूर्वक बोली।

मैं क्या चीज़ हूँ, यह शिवदास द ग्रेट पूरी तरह समझ गये। अब क्या करना

चाहिए, यह सोचकर, वह बात बदलते हुए बोले, "यह वामनावतार-यज्ञ शायद मेरे सिवा कोई दूसरा करना नहीं जानता है।"

कनि अधीर होकर बोली, "प्रभु, आप व्यवस्था कीजिए। मैं शाहजहाँ होटल का 'शो' बन्द करके आपके यहाँ बैठी रहूँगी। हैरी का हाथ पकड़कर, पाँव पकड़कर किसी तरह उसे भी यहाँ ले आऊँगी।" फिर मेरी ओर देखकर उसने कहा, "हमारा तो 'वीकली-कन्ट्रैक्ट' है। हर हफ्ते कन्ट्रैक्ट की मियाद बढ़ानी पड़ती है। मैं अब काम नहीं करूँगी। तुम ज़रा मार्कोपोलो को खुद जाकर समझा देना।"

मगर अब शिवदास द ग्रेट सिर हिलाने लगे। एक-एक शब्द पर रुकते हुए बोले, "मगर इस यज्ञ का एक कुफल भी है। होम के बाद बौना लम्बा तो हो जायेगा, औसत आदमी के बराबर लम्बा हो जायेगा, मगर…!"

कनि कह रही थी, "अब अगर-मगर कुछ नहीं। अगर वह थोड़ा भी लम्बा हो जाय, तो उसके जीवन की सारी हीनता, सारा दुख समाप्त हो जायेगा।"

शिवदास द ग्रेट ने बड़ी ज़हरीली निगाहों से मेरी ओर देखा, और अपनी इच्छा के विरुद्ध, अपने मन पर ज़ोर-जुल्म करते हुए बोले, "वह लम्बा हो जायेगा, मगर यज्ञ के बाद ज़्यादा दिन ज़िन्दा नहीं रह पायेगा। उसकी उम्र घटाकर ही तो उसे लम्बा बनाया जा सकता है। छः महीने से ज़्यादा जी नहीं सकेगा। आज तक जितने बौने लम्बे किये गये हैं, छः महीने से ज़्यादा एक भी नहीं जिया है।"

कनि का चेहरा नीला पड़ गया। वह भय से सिहर उठी, "हैरी, माई डियर हैरी नहीं बचेगा? मर जायेगा? नहीं, नहीं, ऐसा नहीं हो सकता। किसी तरह भी नहीं। मैं उसे मरने नहीं दूँगी।"

और अपना स्कर्ट सँभालती हुई, वह उठ खड़ी हुई।

शिवदास ने कहा, "ईश्वर ने जिसे जैसा बनाया है, वैसा ही रहना चाहिए। उनकी इच्छा के विरुद्ध जाने से वह नाराज़ होते हैं।"

कनि ने ध्यान देकर उनकी बात सुनी। फिर, झुककर भारतीय ढंग से उसने स्वामीजी को प्रणाम किया।

शिवदास द ग्रेट ने बगल में पड़ा बक्स खोलकर ताँबे का एक छोटा-सा कवच निकाला—सर्व-शान्ति ! बोले, "एक्स्ट्रा-पावरफ़ुल कवच है। अणु-शक्ति-सम्पन्न। स्नान-पूजा करके, पवित्र मन से धारण करोगी। और जिस दिन पहनोगी उस दिन चौबीस घण्टे तक किसी प्रकार का अनाचार या मद्यपान नहीं करना होगा।"

कनि ने श्रद्धा से अभिभूत होते हुए, कवच लेकर कहा, "मैं ड्रिंक नहीं करती हूँ।"

फिर दस रुपये और शिवदास द ग्रेट के हाथ में डालती हुई पूछने लगी, "मैं पहन लूँगी, तो हैरी को सुख-शान्ति मिलेगी?"

"अवश्य मिलेगी। इसीलिए तो यह एक्स्ट्रा-पावरफ़ुल स्पेशल कवच दिया है।" शिकार हाथ से निकल गया, यह सोचकर शिवदास ने लम्बी साँस ली।

रास्ते-भर कनि चुपचाप रही। मुझसे एक भी शब्द नहीं बोली। हैरी को स्वस्थ और स्वाभाविक बनाने की अन्तिम आशा भी शिवदास द ग्रेट के ज्योतिष-रिसर्च-सेन्टर में वह खो आयी है। टैक्सी से उतरकर उसने सिर्फ एक बात कही, "शायद अब मुझे शान्ति मिलेगी। है न ?"

होटल आकर मैंने देखा, सभी चुपचाप काम कर रहे हैं। कहीं कोई आवाज़ नहीं। सत्यसुन्दर दा सिर झुकाये काउण्टर पर काम किये जा रहे हैं। कनि को देखकर भी वह अनदेखा कर गये। वह लिफ्ट से ऊपर चली गयी। मैं काउण्टर की ओर लौट आया।

रोज़ी अन्दर बैठी टाइप कर रही थी। एक चिट्ठी पूरी करके, उसे दुहराती हुई मुझसे बोली, "हलो मैन, सुबह-सुबह काफी सैर कर आये। जॉली गुड टाइम। क्यों ?"

मैंने उत्तर नहीं दिया। रोज़ी आगे खिसककर मेरे कान में बोली, "पूअर फ़ेलो, चाहे जितनी कोशिश करो, फायदा कुछ नहीं होगा। कनि के दिल में जो आदमी समाया हुआ है, उसका नाम है मिस्टर लैम्ब्रेटा। अगर उससे कम्पिटीशन करना चाहते हो, तो तुम्हें पहले बौना बनना पड़ेगा। इसके लिए तैयार हो ?"

बोस दा ने कठोर स्वर में कहा, "रोज़ी, मिस्टर मार्कोपोलो आधे घण्टे से इन चिट्ठियों पर दस्तखत करने के लिए बैठे हैं।"

रोज़ी समझ गयी, स्याटा बोस के सामने मुझसे मज़ाक नहीं किया जा सकेगा। इसलिए वह नाच की अदा से अपना स्कर्ट झुलाती हुई, जोरों से जूते पटकती हुई टाइप की हुई चिट्ठियाँ हाथ में लिये काउण्टर से निकल गयी।

सत्यसुन्दर दा ने उसके जाने के बाद कहा, "तुम लोग बाहर नहीं जाते, तो क्या बिगड़ जाता ? लैम्ब्रेटा ने मुसीबत खड़ी कर दी है। तब से चीख-पुकार मचा रहा है। बैरों को गालियाँ दे रहा है। कहता है, चाहे जहाँ से हो, शराब लाओ ! गुड़बेरिया ने उसे बताया, आज ड्राई-डे है। फिर भी उसने सुना नहीं। और, भारी गलती कर बैठा। जिम के पास चला गया। जिम तो यही मौका ढूँढ़ रहा था। उससे बोला, मैनेजर के पास चले जाओ, वह तुरत इन्तज़ाम कर देंगे। लैम्ब्रेटा सीधे मैनेजर साहब के पास चला गया। दरवाज़े पर बेहूदे ढंग से धक्का मारने लगा। फिर तो, समझते ही हो, क्या हुआ होगा ! किसी कैबरे-गर्ल का डांसिग-पार्टनर मैनेजर के पास जाकर शोरगुल मचा सकता है, बताओ तो ? मार्कोपोलो तो पहले कुछ समझ ही नहीं पाये, अचम्भे में आ गये।"

बोस दा बोलते-बोलते रुक गये। ज़रा थमकर उन्होंने कहा, "शायद इतनी बात पर भी कुछ नहीं होता। मगर, इसी वक्त जिम यह खबर देने पहुँच गया कि दूसरे होटल में दस दिन तक के फ्लोर-शो की सारी टिकटें बिक चुकी हैं। टिकट के लिए वहाँ मार-पीट हो रही है। मगर, हमारे यहाँ तो ऐसा कुछ नहीं हो रहा है। उल्टे, कई एडवान्स बुकिंग की सीटें 'कैन्सिल' करवा ली गयी हैं।"

"फिर क्या हुआ ?" मैंने बोस दा की तरफ देखा।

"सर्वनाश के जितने गुण हैं, सब उसी बौने में हैं। कनि का एकमात्र अपराध यही है कि उसने बौने को माथे पर चढ़ा रखा है। जिम ने पहले जो राय दी थी, मैनेजर ने

उस पर ध्यान नहीं दिया था। मगर अब तो बात बहुत आगे बढ़ गयी है। शायद मार्कोपोलो अभी तुरत कनि को बुलवायेंगे।"

बोस दा का शक ठीक था, यह रोज़ी के वापस आते ही पता चल गया! रोज़ी खिलखिलाती हुई आयी, और मज़ाक के स्वर में कहने लगी, "तमाशा शुरू हो गया है। खुद मार्कोपोलो द मैन ने कनि द वूमन को बुला लिया है। मुझे उन्होंने कमरे से निकाल दिया। सारी मुसीबत मुझी पर टूटती है। तुम्हारे पास आती हूँ, तुम कहते हो, मैनेजर के पास जाओ! मैनेजर के पास जाती हूँ, तो वह कहते हैं, काउण्टर में जाकर बोस साहब की 'हेल्प' करो! तुम लोग कोई भी मुझे पसन्द नहीं करते! सभी..."

मैंने कहा, "ठीक है, तुमने आज बहुत काम किया है, अब थोड़ा आराम करो।"

रोज़ी बोली, "बहुत अच्छा, हुज़ूर!" और, काउण्टर के भीतर आकर अपने वैनिटी-बैग से चाकलेट निकालकर चूसने लगी।

बोस दा ने पूछा, "रोज़ी, तुम्हें चाकलेट से इतनी मुहब्बत क्यों है?"

"इसलिए कि चाकलेट का रंग और मेरे चमड़े का रंग एक ही है।"

मैंने महसूस किया, रोज़ी नाराज़ हो गयी है। बोस दा से मैंने कहा, "मैं अब चलता हूँ। जाऊँ न?"

"हाँ, जाओ। कनि का क्या फैसला हुआ, जानना चाहिए। कुछ भी हो, बेचारी परदेश में है। मैं भी चलता, मगर यहाँ काम की भीड़ है।"

"जा रहा हूँ," यह कहकर भी मैं तुरत वहाँ से विदा नहीं हो सका। कनि के भाग्य पर जो काले बादल फैल गये हैं, वे कौन-सी आग बरसायेंगे, यह जानने के लिए मन बेचैन हो उठा। बोस दा शायद मेरे मन की हालत समझ रहे थे। रजिस्टर में लिखते-लिखते बोले, "अब बात छिपाये रखने से कोई फायदा नहीं है। उन लोगों ने फैसला किया है, लैम्ब्रेटा को अब स्टेज पर जाने नहीं देंगे। कनि को अकेले अपना नाच-गाना पेश करना होगा। बौने के साथ तो उनका कोई 'कन्ट्रैक्ट' भी नहीं है। जितनी जल्दी हो सकेगा, उसे वापस भेज देंगे।"

मैंने चिहुँककर बोस दा की ओर देखा। वह बड़े ही आराम से बैठे थे। काम करते हुए बोले, "इसमें किसी की गलती नहीं है। बात ठीक ही है। लोग कनि का नाच देखने के लिए पैसे खर्च करते हैं। लैम्ब्रेटा से किसी को कोई मतलब नहीं है।"

मैं चुपचाप लिफ्ट के पास आकर खड़ा हो गया। फिर, पता नहीं क्या सोचकर सीढ़ियों से होकर ऊपर जाने लगा।

ड्राई-डे की उस निर्जन, उदास दोपहरी में इस तरह बिना पूछे चुपचाप कनि के कमरे में चले जाकर मैंने उचित नहीं किया। शिष्टाचार के व्याकरण का मुझे अभ्यास नहीं था। आज मैं ऐसा दुस्साहस नहीं कर सकता हूँ। मगर, उस दिन बिना कुछ सोचे-समझे अन्दर चला गया था। कनि को मैनेजमेण्ट ने क्या फैसला सुनाया है, यह जानने को मेरा मन छटपटा रहा था।

आज मुझे उस गलती का कोई अफसोस नहीं है। कनि के कमरे में अचानक

चले जाने से मेरा कोई नुकसान नहीं हुआ, बल्कि मेरा फायदा ही हुआ—बहुत बड़ा फायदा !

कमरे में आकर मैं अवाक् हो गया था। गालों पर हाथ रखे कनि पत्थर बनी बैठी है। उसके रेशमी बाल चेहरे पर बिखर आये हैं। मुझे इतने पास खड़े देखकर भी वह कुछ बोल नहीं रही है। निश्चल है। जैसे रेनासाँ-युग के किसी महान् मूर्तिकार की प्रस्तर-कन्या आज की मृत्युगामी सभ्यता के संग्रहालय में, शीशे के शो-केस में बैठी हुई हो !

मैं सारी बात समझ गया। अपनी समझदारी पर मैं चकित रह गया। इतनी समझदारी अगर कल के दिनों में रहती तो अब तक मेरा जीवन ही बदल गया होता। पढ़-लिखकर, सूट-बूट पहनकर किसी बड़े दफ्तर में ऊँचे ओहदे पर होता। शाहजहाँ होटल पर भी कभी खड़ा नहीं होने आता मैं।

समझ रहा हूँ, मगर क्या कहूँ ? अब इस पत्थर की कनि से क्या कहूँ ? मगर अपने-आप मेरे मुँह से निकल गया, "आई ऐम सॉरी ! मुझ पर विश्वास करो, मैं बहुत दुखी हूँ !"

कनि बोली, "मैं भी जा रही हूँ। हैरी को अलग हटाकर मुझसे कोई काम नहीं हो सकता है। मैंने सिर्फ एक अनुरोध उन लोगों से किया है। आई हैव आस्क्ड फ़ॉर वन फ़ेवर ! हैरी को किसी भी तरह ये बातें मालूम नहीं हों। मैं हैरी को बताऊँगी, मैं ही उनसे लड़ पड़ी हूँ। गुस्से में आकर मैंने ही काम छोड़ दिया है। बस, इतनी-सी बात। आई होप, वे लोग अपनी बात रखेंगे। वे लोग हैरी की ज़िन्दगी बरबाद नहीं करेंगे। हैरी कोशिश कर रहा है। वह अपनी खराबियों से, अपनी कमियों से ऊपर उठने की लगातार कोशिश कर रहा है। मगर, अपनी हीनताओं से वह अलग नहीं हो पाता है। ऊपर उठने की कोशिश करता है, मगर नीचे गिर जाता है। वह कमज़ोर आदमी है। अगर ये सारी बातें उसे मालूम हो गयीं तो वह हमेशा-हमेशा के लिए हार मान लेगा। नीचे ही पड़ा रह जायेगा।"

कनि रुकी। साँस लेकर फिर आगे बढ़ी, "वे लोग समझते हैं, मैं शायद पागल हो गयी हूँ। तुम्हारा जिम इस तरह हँसने लगा कि मेरा समूचा शरीर सिहर उठा। फॉर ए ड्वार्फ़ ? एक बौने के लिए मैं अपना भविष्य नष्ट कर रही हूँ, वे लोग मुझसे कहते थे। मगर, उन्हें क्या पता, वे क्या जानते हैं ? उनका कोई दोष नहीं है।"

कनि क्या कह रही है ? क्या कहना चाहती है ! उसकी बातों का मतलब क्या है ? कनि के हाथ में छोटा-सा एक फोटोग्राफ था। अभी तक उस पर मेरी नज़र नहीं गयी थी। मुझे देखकर ही शायद कनि ने तस्वीर का रुख बदल दिया था। मगर अब कनि को कोई लज्जा नहीं है। वह अब कुछ भी छिपाना नहीं चाहती। कम-से-कम मुझसे कोई बात छिपा रखने की उसे जरूरत नहीं है। वह बड़े ही ध्यान से तस्वीर देखने लगी। मैंने भी देखा। समुद्र और पहाड़ से घिरे स्कॉटलैण्ड के किसी छोटे-से कस्बे की किसी महिला की तस्वीर। उसकी गोद में एक नवजात शिशु। उसकी बगल में खड़ा एक बालक। सात-आठ साल का होगा।

कनि बोली, "पहचान सकते हो ?" मैं कैसे पहचान सकूंगा ? कनि रोती हुई

बोली, "मेरी माँ !" और ज़रा रुककर, अपने-आपको सँभालती हुई बोली, "मेरी और हैरी की माँ !"

"क्या !" मैं सातवें आसमान से धरती पर आ गिरा।

"हाँ, मेरी माँ ही हैरी की माँ है। मैं माँ की गोद में हूँ। हैरी, मेरा सगा भाई हैरी, माँ के पास खड़ा है। उस वक्त ? उस वक्त किसे पता था कि हैरी इतना ही बड़ा रहेगा, कभी बड़ा नहीं होगा !"

कनि अब अपने-आपको रोक नहीं सकी। स्थिर नहीं रह सकी। आँसुओं की नदी में कैबरे की रहस्यमयी नर्तकी का व्यक्तित्व डूबने लगा। डूबते हुए उसने कहा, "हैरी इतना ही बड़ा रह गया। मगर उसने हमारे लिए बहुत-कुछ किया है।"

कनि ने ब्रिटिश द्वीपपुंज की एक माँ, एक बहन और एक भाई की कहानी सुनायी। संसार में उनका कहीं कोई नहीं था। बौना भाई ही रेस्तराँ में काम करके परिवार का पेट पालता था, ज़रूरत पूरी करता था। विनम्र भाव से मुस्कराता हुआ, वह रेस्तराँ के अतिथियों के लिए स्विंग-डोर के किवाड़ खोलता था, झुककर खड़ा रहता था। अतिथि प्रसन्न होकर, उसके बौनेपन का मज़ा लेते हुए, उसे बख्शीश देते थे। और, इसी बख्शीश के सहारे विधवा माँ और नन्हीं-सी बहन का घर-संसार चलाता था हैरी !

लेकिन जैसे-जैसे उम्र बढ़ती गयी, समय बदलता गया, हैरी का स्वभाव भी बदलता गया। हैरी 'डिफ़िकल्ट' होने लगा। चिड़चिड़ा हो गया। शराब पीने लगा। एक माँ के सिवा कोई उसे सँभाल नहीं पाता था। कितनी बार ऐसा होता था, जब माँ उसे 'बॉर' से पकड़कर ले आती थी। कनि का लिखना-पढ़ना नहीं हो सका। पैसे नहीं थे, पढ़ाई कैसे हो सकती थी। मगर अपने बौने बड़े भाई ने कनि को गाना सिखाया था। रेस्तराँ के गाने ! और रेस्तराँ के नाच ! दिमाग ठीक रहने पर हैरी गाता था, और कनि को बताता था, रेस्तराँ की लड़कियाँ कैसे नाचती हैं ! हैरी का नाच देखकर लोग हँसते हैं, मज़ाक उड़ाते हैं। मगर, कनि या उसकी माँ को उसका नाच बुरा नहीं लगता था, बदसूरत नहीं।

तब अपने अनजाने में ही कनि धीरे-धीरे 'डांसर' बन रही थी। जब उसे होश हुआ, उसने इसे ही अपनी ज़िन्दगी का रास्ता बना लिया। वह कैबरे-डांसर बन गयी। बड़े भाई को उसने नौकरी से हटा लिया। बोली, "तुम घर में रहो। माँ का जी बहलाओ, यही तुम्हारी नौकरी हुई।" हैरी राज़ी हो गया। हज़ारों लोगों के आने-जाने के रास्ते में दरवाज़े का स्विंग-डोर पकड़कर खड़े रहना उसे ज़रा भी पसन्द नहीं था।

माँ से छिपाकर हैरी अपनी छोटी बहन से पैसा माँगता था। इन्हीं पैसों की शराब पीता रहता था। शराब में चूर होकर, डरता हुआ, माँ से डरता हुआ, दबे पाँव घर लौटता था। माँ समझ जाती थी, कुछ कहती नहीं थी। फिर भी हैरी डरता रहता था। माँ को जब गुस्सा आता, वह बोलचाल बन्द कर लेती थीं। घर का काम-धाम करती थीं, चुपचाप एक कोने में पड़ी रहती थीं। हैरी चुप नहीं रह पाता था। माँ का हाथ पकड़कर माफी माँगने लगता था। रोता हुआ कहता था, "माँ, अब कभी तुम्हें तकलीफ नहीं दूँगा।" माँ करुणामयी थीं, क्षमा कर देती थीं।

"माँ अब नहीं है, फिर भी हैरी अब तक माँ से डरता है !" कनि अपने आँसू पोंछती हुई मुझसे बोली, "माँ जब मृत्युशय्या पर थी, उसने मुझे और हैरी को अपने पास बुलाया। हैरी से पूछा, 'तुम अच्छे लड़के की तरह रहोगे ? कनि जो कहेगी, मानोगे ?' हैरी छोटे बच्चों की तरह हामी भरने लगा। फिर माँ ने मुझसे कहा, 'हैरी अगर काबू से बाहर होने लगे, तुम्हारा कहना नहीं माने, तो आँखें बन्द करके तुम मेरी याद करोगी।' और आज भी जब हैरी शराब पीकर बेकाबू हो जाता है, पागल हो जाता है, मैं उसे डराती हूँ। कहती हूँ, 'माँ से शिकायत कर दूँगी !' और, यह कहना जादू की तरह असर करता है। हैरी होश में आ जाता है, मगर मुझसे बातें नहीं करता। बिस्तरे पर पड़ा-पड़ा रोने लगता है, रोता रहता है। तब मैं बड़े भाई को मनाने लगती हूँ। कहती हूँ, 'भैया, मैं तुम्हारी छोटी बहन हूँ। मैं तो नासमझ हूँ, बेवकूफ हूँ। अगर मुझसे कोई गलती होती है, तो कौन मुझे सुधारेगा ? तुम्हीं न ? तुम मुझे मार सकते हो, यू शुड बॉक्स माई इयर्स !' तब भैया ठीक हो जाता है। मुझे दुलार करने लगता है। कहता है, 'तू मेरी प्यारी बहन है, सोना बहन, हीरा बहन। लगता है, अब तुझे नींद आ रही है। अब सोने चली जाओ !' मैं कहती हूँ, 'तुम नहीं सोओगे, तब तक मुझे नींद नहीं आयेगी।' मेरा भैया हँस पड़ता है। कहता है, 'ठीक है, ठीक है।' और, इसके बाद हैरी चुपचाप सो जाता है।"

कनि ज़रा मुसकरायी। और, उस रात पहली बार जब लैम्ब्रेटा मेरे कमरे में ऊधम मचाने लगा था, जब कनि ने लैम्ब्रेटा का कमरा अन्दर से बन्द कर लिया था, उस समूचे दृश्य का अर्थ मेरी समझ में आ गया। कनि के जीवन का सारा रहस्य स्पष्ट और स्वच्छ मेरे सामने फैल गया।

कनि अब तक अपने-आपको सँभाल चुकी थी। कंघी से अपने बाल सहेजती हुई बोली, "हैरी को अकेला कहीं छोड़कर, मैं कहाँ जाऊँगी, बताओ ? उसे स्कॉटलैण्ड में छोड़कर मैं दुनिया-भर में कहीं शान्ति नहीं पाऊँगी। हर वक्त उसी की चिन्ता लगी रहेगी। इसीलिए मैंने उसे नाच का 'पार्टनर' बना लिया है। मगर, हैरी अपने-आपको रोक नहीं पाता है। अक्सर मेरी हालत देखकर, लोगों का व्यवहार देखकर पागल हो जाता है। इतना नहीं समझता, अभिनय अभिनय ही है, वास्तविक जीवन नहीं।"

इसके बाद फिर कनि टूटने-बिखरने लगी, "मेरा बड़ा भाई है, अपना सगा भाई, मगर लोगों को बता नहीं सकती। हमारा 'प्रोफैशन' ही ऐसा है, भाई-बहन को लोग नाच में प्रेमी-प्रेमिका बनते देखकर क्या कहेंगे ?"

कनि से और भी बातें होतीं। मगर लैम्ब्रेटा कनि के कमरे में आ गया। मैं उसकी ओर देखता हुआ निकल गया।

इसके बाद भी एक बार लैम्ब्रेटा से छत पर मेरी मुलाकात हो गयी। अपने बैग में सामान भरता हुआ, मुझे बुलाकर वह बच्चों की तरह कहने लगा, "ऐ लड़के, इधर सुनो ! तुमने देखा न, क्या हुआ ? हमें गुस्सा दिलाकर, अब उसका फल भुगत रहे हो न ? तुम्हारे शाहजहाँ होटल को नाच दिखाकर अब हम जा रहे हैं। कितना भी रोकोगे, रुक नहीं सकते।"

अन्त में उसने कहा, "मार्क माई वर्ड्स ! मेरी बात याद रखोगे ! तुम्हारे इस गन्दे शहर में अब हम लोग किसी दिन वापस नहीं आयेंगे।"

सच में, वे दोनों फिर कभी कलकत्ता वापस नहीं आये। वे ही क्या, कोई वापस नहीं आता है। यौवन के मौसमी फूलों के साथ रात की पान्थशाला में आनेवाली प्रिया क्या दुबारा वापस आती है ? क्या मौसमी फूल दुबारा वापस आते हैं ? फिर मुझे अब तक कनि याद है। उसे नहीं भूल पाता हूँ। सुबह के उजाले में, दोपहरी की निस्तब्धता में, शाम के शोर-गुल और रात के रंगीन अन्धकार में जिसे देखा है, वह एक ही कनि नहीं है। एक ही कनि में कई कनि छिपी हुई हैं। कनि द गर्ल, कनि द मदर, कनि द सिस्टर को मिलाकर जिस एक कनि द वूमन की सृष्टि हुई है, उसकी बातें याद करके मैं आज भी चकित रह जाता हूँ।

इस विशाल पृथ्वी के किस प्रान्त में कनि अपने भाई के साथ किस तरह दिन काट रही है, पता नहीं ! इतना तय है कि अब वह किसी बड़े होटल में नहीं होगी, शाम की रंगीनियों में अब उसके लिए कहीं जगह नहीं होगी।

किसी थकी हुई शाम के वक्त, किसी मामूली मधुशाला में अगर 'चौरंगी' के विदेश में रहनेवाले पाठक किसी विगत-यौवना नर्तकी को एक बौने के साथ नाचते देखें, तो एक बार उससे पूछने की दया करें कि क्या उसका नाम कनि है ? और, अगर वाकई वह कनि हो, तो दया करके मुझे सूचना दें।

कनि का हाल जानकर मुझे बहुत सुख मिलेगा, वाकई बहुत सुख मिलेगा।

बारह

कनि के चले जाने के बाद भी शाहजहाँ होटल के दैनन्दिन जीवन में कोई फर्क नहीं आया। इस होटल में तो कनि जैसी लड़कियाँ रोज़ आती हैं, रोज़ चली जाती हैं। आना-जाना लगा ही रहता है। यहाँ दुनिया के हर देश के लोग आते हैं। ज्यादा दिन नहीं ठहरते। कोई एक हफ्ता, कोई तीन दिन, कोई एक ही दिन रहकर चला जाता है। कुछ ही घण्टे रुककर चल देनेवाले मेहमानों की भी कमी नहीं है। होटल अपनी गति से चलता रहता है। 'वेलकम' और 'फ़ेयरवेल', 'रिसेप्शन' और 'गुडबाई', सादर स्वागत और बिदाई—शाहजहाँ होटल में हाथ-में-हाथ मिलाकर खड़ी रहती हैं। किसी के आगमन के प्रति लोग थोड़े सजग भी रहते हैं, मगर बिदा के प्रति किसी का ध्यान नहीं रहता। लोग जा रहे हैं, चले जायें। किसी का क्या ?

बोस दा कहते थे, "ज्यादातर यहाँ लोग कुल तीन दिन रहते हैं। अगर कोई पन्द्रह दिन तक ठहर गया, तो लगता है, जैसे युग-युगान्तर से यहीं है। और, ऐसे दो-चार

लोग जो 'मन्थली बेसिस' पर इसी होटल को घर बना लेते हैं उन्हें तो हम अपने होटल-परिवार का ही एक व्यक्ति समझ लेते हैं।"

मगर, कनि तो होटल की मेहमान नहीं थी। होटल के मेहमानों की खुशी-नाखुशी पर जिनका जीवन निर्भर करता है, उन्हीं में से एक थी। वह हममें से एक थी, और तब उसकी दुखद विदाई की छाप हमारे जीवन पर पड़नी ही चाहिए। मगर, हल्का-सा दाग भी कहीं कायम नहीं रहा।

छत पर बैठकर दाढ़ी बनाते-बनाते बोस दा ने कहा था, "हम होटल के लोग बड़े उदासीन होते हैं, वैरागियों की तरह। मगर हमसे भी अधिक अनासक्त-विरक्त यह होटल-भवन! कनि क्या, किसी को याद नहीं रखता है। हम लोगों को भी याद नहीं रखेगा, देख लेना। हम लोग जो लगातार सालों के बाद सालों तक, आशामय प्रभात से अन्धकारमय आधी रात तक चुपचाप, मन मारे हुए, इस मुसाफिरखाने के मेहमानों की सेवा करते रहे इसका इतिहास भी यह विशाल प्रासाद स्मरण नहीं करेगा। हम लोग भी नहीं रहेंगे, हमारे बदले नये लोग आयेंगे, और नये रंग, नयी अदा, नये सिंगार के साथ यह होटल कलकत्ता के राजपथ पर खड़ा रहेगा, देसी और विदेशी अतिथियों का मनोरंजन करता रहेगा। क्षण-भर के लिए भी किसी को हमारी याद नहीं आयेगी। इस प्रासाद के चिकने पत्थरों पर कहीं भी हमारा नाम अंकित नहीं होगा।"

बोस दा की बातों से मेरा मन और भी उदास हो गया था। मुझे लगता था, मैं इस होटल के लिए अजनबी हूँ, और यह होटल इतना परिचित होकर भी मेरे लिए अजनबी है। बोस दा ने कहा था, "सिर्फ अपनी ही बातें हम क्यों सोचें? इस अनुराग-हीन निर्लिप्तता का एक और पहलू है। जैसे अब हम लोग यहाँ काम करते हैं, हमसे पहले भी वैसे ही कितने लोग करते थे। कितने ही नित्यहरि बाबू शाहजहाँ होटल के तकिये बगल में दबाये इस कमरे से उस कमरे में दौड़ते रहे हैं। कितने ही स्याटा बोस रात-दिन काउण्टर पर खड़े रहकर मेहमानों की सुख-सुविधा का ध्यान करते रहे हैं। और भी कैसी-कैसी कनि अपने शुभ्र, ज्योत्स्नामय, नग्न, अर्धनग्न शरीर की लीलामय नृत्य-भंगिमाओं से मुमताज़ रेस्तराँ के हॉल को अपने जादू में बाँध चुकी हैं। कितने प्रभातचन्द्र गोमेज़ यहाँ आये हैं, और अपने वाद्ययन्त्रों के अलस संगीत से यहाँ की निस्तब्ध निशाओं को मुखरित करते रहे हैं। मगर, अब उनकी याद किसे है? याद रहे भी क्यों?"

और सत्यसुन्दर दा के होंठों पर बड़ी ही फीकी और उदास मुसकान तैरने लगी थी। बोले थे, "सोचते होंगे, मैं कविता में बातें करने लगा हूँ। है न?…हॉब्स-साहब तो तुम्हें इतना मानते हैं। पुराने कलकत्ता के बारे में वह इतने आग्रहशील हैं। पिछले युग के कलकत्ता की जानकारी तो सिर्फ उन्हीं के पास बच गयी है। वह भी कहते हैं, 'टु-डे एण्ड टु-मॉरो!' आज और आगामी कल! हमारे होटल का सिर्फ इन्हीं दो दिनों से रिश्ता है! 'यस्टर्डे' के साथ हमारे होटल का कोई सम्पर्क नहीं रहता। इसीलिए जो बीत गया है उसके बारे में हमें अपना दिमाग खर्च नहीं करना चाहिए।"

बोस दा दाढ़ी बनाने के बाद तौलिये से ब्लेड पोंछते हुए बोले, "मुझे तो साहित्य

लिखना नहीं आता। मातृभाषा में ज़रा भी दखल होता तो अपने मन की भावनाएँ प्रकट कर सकता था। सीधी-सादी भाषा में कहूँगा, हम लोगों का 'गुड मॉनिंग' शुरू होता है 'टु-डे' से ! दिन बीतने के बाद रात के अँधेरे में जब 'टु-डे' डाइनिंग-हॉल के फर्श पर बेहोश पड़ा रहता है, हम 'टु-मॉरो' की तैयारी करने लगते हैं। और, यह 'टु-डे' ही कब 'यस्टर्डे' बन गया, कब सूखे हुए फूल की तरह जिन्दगी के पौधे से टूटकर अलग हो गया इसकी कोई खोज-खबर हम नहीं रखते।"

सिर्फ शाहजहाँ होटल के कर्मचारी ही नहीं, शाहजहाँ के पृष्ठपोषक भी 'यस्टर्डे' की याद में सिर खपाना नहीं चाहते।

अखबारों में सूचना पढ़कर कि अब नयी नर्तकी आ रही है, उन लोगों ने पूछताछ शुरू कर दी। कनि कहाँ चली गयी, क्यों चली गयी, किसी ने भूल से भी नहीं पूछा।

इस बार मध्य-एशिया की एक डांसर आ रही है। हमारा विज्ञापन छपते ही फोन की घण्टी बजने लगी।

"हैलो, शाहजहाँ होटल ?"

"जी हाँ, शाहजहाँ रिसेप्शन से बोल रहे हैं।"

"हाँ साहब, इतने दिनों बाद आप लोगों को अक्ल आयी है ! अब जाकर 'बेली-डांसर' मँगवा रहे हैं !"

"जी हाँ। हमें आशा है, आप लोग इस कार्यक्रम से अवश्य आनन्दित होंगे।" मैं कहता हूँ।

उधर से उत्तर आता है, "मगर, देखियेगा साहब ! 'जेनुइन' बेली-डांसर है तो ? नकली चीज़ों के इस ज़माने में क्या ठिकाना, नकली डांसर भी हो सकती है ! दो बार पेट हिला देगी, और बस हो गया !"

मैं उनकी बात समझ नहीं रहा था। पास ही बोस दा खड़े थे। मेरे हाथ से फोन लेते हुए बोले, "हाँ, सर ! यह शाहजहाँ होटल है। यहाँ कलकत्ता के सस्ते रेस्तराओं की तरह राजा बाज़ार की चीज़ को इजिप्शियन कहकर चलाया नहीं जाता।"

वह शायद असन्तुष्ट हो गये। कहने लगे, "हम लोगों का क्या दोष है, मिस्टर ? बार-बार हम ठगे गये हैं। जेनुइन बेली-डांसर है, यही सोचकर टिकट खरीदा, और अन्दर गये तो देखा, पैकिंग-बॉक्स की तरह गोल-मटोल औरत नाच रही है। नाच रही है, मगर शरीर में कोई जान ही नहीं, नो मूवमेण्ट ! नाच रही है, मगर लगता है, चुपचाप खड़ी है, पता है, असली बेली-डांसर के पेट की रगें प्रति मिनट कितनी बार थिरकती हैं ?"

बोस दा ने विरक्त होकर फोन रख दिया। मगर फोन रख देने से भी छुटकारा नहीं है। आँखें बन्द करके जैसे बेचारा हरिण सोचता है, शिकारी तो आस-पास कहीं नहीं है, उसी तरह हम लोग भी सोचते हैं—फोन रख दिया है तो अब फोन नहीं आयेगा।

मगर दूसरे ही क्षण फोन की घण्टी बज उठी। बोस दा ने कहा, "मुझसे फोन उठाया नहीं जायेगा, तुम्हीं सँभालो। शाहजहाँ होटल में इतने दिन रहकर कैसे उस्ताद बन गये हो, दिखाओ तो ?"

टेलीफोन उठाते ही समझ गया, वही सज्जन हैं। यों मेरी किस्मत अच्छी थी। उन्होंने कहा, "बात क्या है, मिस्टर ? बात करते-करते लाइन कट गयी ?"

मैंने कहा, "सॉरी सर ! अक्सर ऐसा हो जाता है। पता नहीं, टेलीफोनवालों को क्या हो गया है !"

"कम्प्लेण्ट कर दीजिए।"

उचित व्यवस्था का आश्वासन देते हुए मैंने पूछा, "तो सर, आप कब आ रहे हैं ?"

"कल के लिए दो कुर्सियाँ लिख दीजिए।" उन्होंने तुरत बताया।

"लेकिन सर, हमारे नये नियम के अनुसार पहले सप्ताह में फोन से टेबुल रिजर्व नहीं कराया जा सकता। किसी को भेजकर प्लीज़ टिकट मँगवा लिया जाय।"

"समझ रहा हूँ। 'हेवी डिमाण्ड' है न ? होगा ही, साहब ! जेनुइन बेली-डांसर है, तो कलकत्ता के नागरिक स्वागत करेंगे ही।" वह बोले।

फोन रखते ही बोस दा ने कहा, "कर लोगे तुम। थोड़ी-सी कोशिश करके तुम इस लाइन में सफलता प्राप्त कर लोगे। निभा सकोगे तुम, यहाँ टिक सकोगे।"

"हम लोग तो कोशिश करके भी टिक नहीं पा रहे हैं" बोस दा के ही स्वर में किसी ने कहा। बुश्शर्ट और पैण्ट पहने हुए एक भद्र व्यक्ति सामने आ खड़े हुए थे। एक सिगरेट जलाते हुए मुसकराते रहे थे।

"अरे वाह, कितना किस्मतवर हूँ मैं ! मगर इतने दिनों से हम अभागों की याद नहीं आयी थी ? कहाँ थे इतने दिन ?" बोस दा आदरपूर्वक उनका स्नेह-स्वागत करते हुए बोले, "एक बार भी हम लोगों की याद नहीं आयी ?"

"याद करके भी क्या फायदा ? आप लोग तो भारी कंजूस हैं। हज़ार खुशामद-बरामद करो, फिर भी आप लोगों के मुँह से एक बात नहीं निकलती है। कुछ भी करो, आप लोगों का मुँह बन्द-का-बन्द ही रहता है।" बोस दा की तरफ एक सिगरेट बढ़ाते हुए उन्होंने कहा।

बोस दा सिगरेट सुलगाते हुए कहने लगे, "मुझ गरीब को और शाहजहाँ होटल को ज़िबह करना चाहते हैं तो कीजिए, गरदन हाज़िर है, जो इलज़ाम लगाना है, लगाइए। मगर दया करके इतना याद रखिए, आप लोगों की सेवा के लिए यह दासानुदास हमेशा तैयार रहता है।"

वह खुश होकर बोले, "अपनी यह शाहजहाँनी विनम्रता छोड़िए। यह बताइए, कोई, इण्टरेस्टिंग माल है ?"

मैं शंकित हो उठा। कोई गुप्त रहस्य है क्या ? 'इण्टरेस्टिंग' माल क्या होता है ? बोस दा इतनी खुशामद से क्यों बोल रहे हैं ? किस चीज़ के लेन-देन का हिसाब किया जा रहा है ? बोस दा थोड़ी देर तक सोचते रहे। फिर कान पर पेन्सिल रखते हुए बोले, "नहीं, अभी तो कोई भी 'इण्टरेस्टिंग केस' नहीं है। शायद कल एक 'क़ेस' आ रहा है।"

वह हँसते हुए बोले, "नहीं मिस्टर बोस, मैं 'प्रोफ़ेशेनल' आदमी हूँ। आपकी

बेली-डांसर मिस लैला में ज़रा भी 'इण्टरेस्टेड' नहीं हूँ।"

बोस दा भी हँसने लगे, "नहीं-नहीं। उसके बारे में नहीं कह रहा हूँ। हम लोग क्या आदमी नहीं पहचानते हैं ? आप जिसमें 'इण्टरेस्टेड' हैं, वही कुछ कल आ रहा है।"

इसके बाद वह चले गये। बोस दा ने मुझसे कहा, "इस तरह मेरी तरफ क्यों देख रहे हो ? जब वह आयें, उनकी खातिरदारी करो। मेरी ही तरह वह भी बोस हैं, मिस्टर एस. बोस ! अखबारों के नामी रिपोर्टर हैं। अक्सर समाचारों की खोज में यहाँ आते हैं। जितना सुन्दर चेहरा है उतना ही सुन्दर व्यवहार ! इसी होटल से कितनी बार कितने 'न्यूज़' ले गये हैं। हम लोगों के सामने ही समाचार बनते हैं मगर हमें पता नहीं चलता। घटनाएँ होती हैं, लोग बातें करते हैं, हम उनको महत्त्व नहीं देते। मगर, दूसरे ही दिन सुबह अखबार में मिस्टर बोस की रिपोर्ट पढ़कर चकित रह जाते हैं। मिस्टर बोस का कहना है, 'अपने देश की आधी खबरें तो आजकल सिर्फ एयरपोर्ट और बड़े होटलों में बनती हैं।' कल शायद बोस साहब यहाँ आयेंगे। अगर आयें तो उनकी मदद करना।"

मैं क्या मदद करूँगा ? यह पूछ लेना मुझे याद नहीं रहा। मगर बोस दा स्वयं ही बोले, "क्यों ? कल ही तो पकड़ासी साहब के अतिथि लोग करवी देवी के गेस्टरूम में आ जायेंगे।"

पकड़ासी के मेहमानों की याद आ गयी। कलकत्ता में उनकी दिनचर्या का विस्तृत विवरण करवी देवी हमें भेजनेवाली थीं। नये मेहमानों के स्वागत के लिए उसने अपना गेस्टहाउस अब तक सजा लिया होगा।

सूचना जानने के लिए मैंने दो नम्बर सूट को फोन किया। करवी देवी ने फोन उठाया, "कौन ? शंकर ? वाह, आप तो खूब आदमी हैं साहब ! एक कमरे से इतने पास के दूसरे कमरे में फोन करते हैं। खुद चले आते नहीं बनता है ?"

मैंने कहा, "आप ही तो मुझे सूचना देनेवाली थी। फिर आपके यहाँ तो कोई मेहमान भी आये हो सकते हैं। मैं क्यों वहाँ आकर आपका समय नष्ट करूँ ?"

"पता नहीं, कब समय मिलेगा ? कब हमें छुटकारा मिल सकेगा ? बताइए तो, इस दुनिया से ये 'बिज़नेस-ट्रान्ज़ेक्शन' कब खत्म होंगे ?"

मैंने कहा, "अचानक ऐसा सवाल क्यों करने लगीं ? बिज़नेस-ट्रान्ज़ेक्शन, सांस्कृतिक आदान-प्रदान और यात्राएँ, अन्तर्राष्ट्रीय सम्मेलन, ये सारी चीज़ें अगर खत्म हो जायें, तो हम लोगों को राह का भिखारी बन जाना होगा।"

करवी देवी बोलीं, "हो सकता है इनके खत्म होने से आप लोगों की नौकरी चली जाय। मगर साहब शान्ति तो मिलेगी। काश, हमारे दो-एक अतिथियों का नमूना आप देख पाते !"

आज मुझे कुछ अधिक बोलने का साहस हो रहा था। मैंने कहा, "क्यों ? आपके यहाँ तो 'सिलेक्टेड' मेहमान आते हैं। हम लोगों की तरह सार्वजनिक पूजा का नैवेद्य तो नहीं सजाना पड़ता है।"

"गेस्टरूम में आ जाइए, फिर आपसे बातें होंगी।" करवी देवी ने आज्ञा दी।

हाथ में कोई काम नहीं था। मेरी ड्यूटी भी पूरी हो चुकी थी। लगातार आठ लम्बे घण्टों तक मुसकराते चेहरे से अतिथियों का स्वागत और उदास चेहरे से अतिथियों को विदा करता रहा हूँ। एक टी-पार्टी का इन्तज़ाम किया है। ऐसी चाय-पार्टियाँ तो हमेशा होती रहती हैं। इन बातों की हमें आदत पड़ गयी है। माइक ठीक कर देना, फूलमालाएँ मँगवा देना, जो सज्जन पार्टी दे रहे हैं उनके पास खड़े होकर उनकी सहायता में लगे रहना, हमारा दैनिक रुटीन बन गया है। और, ऐसी थकान के बाद थोड़ा आराम बुरा नहीं लगता। इसलिए मैं, मुसकराता हुआ, करवी देवी के सुसज्जित सूट में चला आया।

करवी शाम का नहाना-धोना पूरा कर चुकी है। दुर्लभ-मूल्यवान फ्रांसीसी सेण्ट में शरीर डुबाकर करवी देवी एक 'रॉकिंग-चेयर' में बैठी झूल रही थी। मुझे देखते ही पाँव फर्श पर रखकर रुक गयी। आज उसके चेहरे की ओर देखकर लगा, उसकी उम्र समझने में मुझसे भूल हुई है। जितना समझता था, करवी उससे कम उम्र की है।

करवी देवी ने कहा, "आज का पूरा दिन जिस तरह बीता है, उसे याद करके मुझे अब तक उबकाई आ रही है, अब तक देह सिहर रही है।"

मैं उसकी ओर देखने लगा। वह कहती रही, "आप लोगों के स्वाधीन भारतवर्ष में कई चीज़ों की भयानक उन्नति हुई है। कन्ट्रैक्ट, कन्ट्रैक्टर, पर्चेज-ऑफिसर, एकाउण्ट्स-ऑफिसर! लगता है, इन्हीं के लिए पृथ्वी सूरज के चारों ओर चक्कर काटती है। और, मिस्टर अगरवाला की ही क्या बात कहूँ! अगरवाला जानते नहीं, किसे मेहमान बनाना चाहिए, किसे दूर रखना चाहिए। इन बातों में उन्हें कोई रुचि नहीं है। जो लोग आज तक होटल के अन्दर नहीं घुसे हैं, जो लोग विलायती शराब का 'श' अक्षर तक नहीं जानते हैं, वैसे लोगों को भी अगरवाला साहब दो नम्बर सूट में ले आते हैं, 'बॉर-हाउस' में ले जाते हैं।"

करवी देवी 'रॉकिंग-चेयर' से उठी, और कॉफी के लिए हीटर पर पानी चढ़ाने लगी। बत्ती जलाकर वह 'ड्रेसिंग' शीशे के पास गयी, अपने सिंगार और अपनी देह पर निगाहें फेरने लगी। अपने रँगे हुए होंठ शीशे के करीब ले गयी। जूड़े में रजनीगन्धा के फूल लगे थे, एक-एक कर उतारने लगी, टेबुल पर रखने लगी। फिर दुखी होकर कहने लगी, "छुरी-काँटा पकड़ना नहीं जानते हैं, चाय या 'सूप' पीते वक्त जानवरों की तरह सों-सों आवाज करते हैं, खाते-पीते वक्त टेबुल गन्दा करते हैं, अपने कपड़े भी खराब कर लेते हैं, ऐसे असभ्य लोगों को अगरवाला 'जी हाँ, सर! जी हाँ, सर!' कहते रहते हैं। आश्चर्य की बात है।"

मैं चुपचाप कॉफ़ी का इन्तज़ार करता रहा। कुछ बोलने से फायदा ही क्या है! करवी ने कहा, "मगर ऐसे भी लोग आते हैं, जो 'मैनर' में, शिष्टाचार में, सभ्यता में अद्वितीय होते हैं। किस धातु से भगवान् ऐसे आदमियों को बनाते हैं, मैं आज तक नहीं समझ सकी!"

तब यह सोचकर कि कुछ बोलना ही चाहिए, मैंने कहा, "जिस दिन हम लोग उनकी धातु का रहस्य समझ जायेंगे, शाहजहाँ होटल हमारे लिए असह्य हो जायेगा।

फिर तो मिस्टर अगरवाला भी आपको यहाँ रोककर रख नहीं सकेंगे।"

"अगर कहीं छिपकर आप हमारे इस कमरे के दृश्य और तमाशे लगातार कुछ दिनों तक देखें, तो आदमी नाम के जानवर के बारे में कुछ भी जानना-समझना बाकी नहीं रह जायेगा। मुझमें अगर लिखने की क्षमता होती तो समझ लीजिए, इतने दिनों में एक नया महाभारत तैयार हो जाता। बचपन में सोचती थी, आदमी कितना महान् होता है। मन-प्राणों में विश्वास करती थी, प्रत्येक व्यक्ति की आत्मा में ईश्वर का निवास है। अब क्या विश्वास करती हूँ, बताऊँ?" हीटर का 'स्विच' बन्द करते हुए करवी देवी ने पूछा।

मैंने कहा, "शायद आप सोचती हैं, आदमी बुरा होता जा रहा है।"

वह हँस पड़ी। फिर कहने लगी, "अब मैं सोचती हूँ, आदमी के दिल में ईश्वर हो या नहीं, हर आदमी के दिल में एक घाघ पर्चेज़-ऑफिसर ज़रूर बैठा है। और, वह पर्चेज़-आफिसर इस दुनिया की हर चीज़ मुफ्त में खरीदना चाहता है। सिर्फ 'सैम्पुल' और नमूना माँग-माँगकर ज़िन्दगी काट देने की अक्ल इनके पास होती है।"

करवी अब तक हँस रही थी। कॉफी के प्यालों में चम्मच नचा रही थी और कह रही थी, "आज जिस आदमी को मिस्टर अगरवाला साथ लाये थे, वह ज़्यादा बोलता नहीं था। गुमसुम रहता था। शराब पीने का लालच भी उसे था, कहीं नशा न चढ़ जाय इसका डर भी था। उसने यहीं शराब पी। फिर, एक दूसरे होटल में कैबरे देखने गया। मिस्टर अगरवाला ने टिकट मँगवा दी थी। वह दक्षिण भारत से आता है, और यहाँ से ढेर-सारा माल खरीदकर ले जाता है। बड़ी कम्पनी का पर्चेज़-ऑफिसर है। इसीलिए अगरवाला इतनी खातिरदारी में लगे थे। ठीक है साहब, तुम्हें अपना माल बेचने के लिए वे जो खिला रहे हैं, मज़े से खाओ, गेस्टरूम में ले आये हैं, मज़े से ठहरो, मगर साहब, आडम्बर न करो! आप यकीन नहीं करेंगे, शंकर भाई, वह आदमी ड्रिंक के बीच में ही जूते उतारकर आह्निक-पूजा करने लगा। मिस्टर अगरवाला उसे खुश करने के लिए बोले, 'मिस्टर रंगनाथन, आपसे यही चीज़ सीखने के लायक है। चाहे जहाँ भी रहें, आप भगवान् को भूलते नहीं हैं।' रंगनाथन पर शराब का रंग चढ़ चुका था। पूजा पर बैठने के वक्त तक कैबरे की लड़कियों के बारे में पूछताछ कर रहा था। मगर अगरवाला की बात सुनकर बोला, 'अपनी बीवी के डर से यह आदत लगानी पड़ी है। 'फियरफुल' लेडी! शाम को पूजा-पाठ नहीं करूँ तो, रात में खाना नहीं देगी!' बताइए, कैसा अजब आदमी था!"

रंगनाथन का नाम सुनकर मैं चौंक पड़ा। याद आया, फोकला चटर्जी ने मुमताज़ रेस्तराँ में उनसे परिचय कराया था। करवी देवी ने बताया, "फोकला से अब उसका रिश्ता टूट गया है। इस बार मद्रास से वापस आकर मिस्टर रंगनाथन ने हमारे अगरवाला साहब के कन्धों का सहारा लिया है। अगरवाला ने फोन से मुझे बता दिया था, रंगनाथन बड़ा ही सख्त बादाम है, जल्दी टूटेगा नहीं। तोड़ने की कोशिश करनी ही होगी। उसे दरवाज़े के कब्ज़ों की बात बार-बार याद दिलाते रहना होगा। एक लाख कब्ज़ों का आर्डर उसके कब्ज़े में है। एक लाख कब्ज़ों का मतलब हुआ तीन लाख

रुपया। तीन लाख में से सब खर्च काटकर सवा, डेढ़ लाख रुपया मुनाफा ! फिर, यह ऑर्डर मिल जाय, तो आप-ही-आप आगे भी आर्डर आता रहेगा।"

हम दोनों कॉफ़ी पीने लगे। करवी अपना चरखा चलाती रही। कभी-कभी बेहद मजा आता है। जानते हैं, अगरवाला साहब का कहना है, रंगनाथन तो शेक्सपियर के 'शायलॉक' का दूसरा अवतार है। सब समझता है, मार्केट का चढ़ाव-उतार उसे पहाड़े की तरह याद रहता है। यह माल बाज़ार में सस्ता मिलता है, जितना चाहो उतना मिल जायेगा, रंगनाथन को अच्छी तरह पता है। इसीलिए अगरवाला को पीस-कर जितना रस निकाला जा सकता है, वह निकाल लेना चाहता है। जब अगरवाला साहब उसका बादाम तोड़ नहीं सके, उससे पक्का वादा ले नहीं सके, तब मेरे पास उसे लेते चले आये।

करवी गुहा ने अपनी साड़ी का बिखरा हुआ आँचल ठीक कर लिया। फिर मुस्कराती हुई बोली, "इसीलिए कहती हूँ, दुनिया में अगर खरीदने-बेचने का हंगामा नहीं होता, तो बेहतर था।"

मैंने पूछा, "मिस्टर रंगनाथन ने क्या फैसला किया ?"

"राज़ी हो गया है। अगरवाला का समूचा स्टॉक खरीदने का इन्तज़ाम उसने कर लिया है। रंगनाथन ने जाने के वक्त क्या कहा, जानते हैं ? बोला, 'कैलकटा और बॉम्बे इसीलिए इतना 'फ्लरिश' कर रहा है। इन दोनों शहरों का बिज़नेस बड़ी ही 'साइण्टिफिक लाइन' पर चल रहा है। कलकत्ता और बम्बईवाले जानते हैं, 'सेल' कैसे किया जाता है ! यहाँ के बिज़नेसमैन खोमचे लगानेवालों से 'सेल्समैनशिप' नहीं सीखते, शाहजहाँ होटल के गेस्टरूम में बैठकर बिज़नेस करना जानते हैं।' रंगनाथन जाने के वक्त भी नशे में थे। अगरवाला साहब ने उन्हें मिनट-भर के लिए भी होश में आने नहीं दिया था।"

"रंगनाथन को 'आउट' करने के लिए क्या 'ड्रिंक' मँगवाया था ? जॉन हेग ?" मैंने पूछा।

करवी देवी ने मुस्कराते हुए कहा, "रंग के साथ रंग मिलाने के लिए, मैं जैसा लिनेन प्रयोग करती हूँ, वैसे ही जैसा आदमी हो, उसी ढंग की शराब मँगवाने की कोशिश करती हूँ। रंगनाथन के लिए मँगवायी गयी थी 'ओल्ड-स्मग्लर' ! इसके रंगीन नशे में वह 'बोल्ड आउट' नहीं हो सका, मगर उसका आसन हिल गया, वह ढीला पड़ गया। उसी हालत में बोला था, 'मिस्टर अगरवाला, आप एक स्कूल खोलिए। इस कलकत्ता के बहुत सारे बिज़नेसमैन अभी तक 'सेल' करना नहीं जानते, उन्हें अपने स्कूल में पढ़ाइए। उनके साथ 'ढील' करने में मेरा 'ब्लड-प्रेशर' बढ़ जाता है। लगता है, जैसे शैतान की खाला, अपनी बीवी से 'डील' करना पड़ रहा है !' अपनी बीवी के बारे में कोई ऐसी बात कह सकता है ?"

धीरे-धीरे रंगनाथन को भूलकर हम माधव इण्डस्ट्रीज़ के आनेवाले मेहमानों पर चले आये। करवी गुहा ने कहा, "स्वागत का सारा इन्तज़ाम हो गया है। अब सिर्फ फोन से तय कर लेना है। मिस्टर अनिंद्य पकड़ासी को आप पहचानते हैं क्या ?"

"मामूली जान-पहचान है।"

"उन्हें काफी पहले से जानते हैं ?"

"नहीं, यहीं परिचय हुआ था।" मैंने करवी को बताया।

"अच्छा ! इसी होटल में ? वह क्या यहाँ आते रहते हैं ? कैसे आदमी हैं, ज़रा बताइए तो ?"

मैंने पूछा, "क्यों ? बात क्या है ?"

करवी देवी ने हँसकर कहा, "काम है। उनसे मुझे बहुत ज़रूरी काम है।"

करवी देवी ने टेलीफोन उठाया। किसी से बातें करने लगी।

बहुत दिनों बाद, फिर अचानक उस दिन फोन पर अनिंद्य पकड़ासी से मेरी बातचीत हुई। पकड़ासी जूनियर इन दिनों मेहनत से काम-काज सँभालने लगे हैं। माधव इण्डस्ट्रीज़ के उद्योग-साम्राज्य के सिंहासन पर उन्हें ही एक-न-एक दिन बैठना है। इसके लिए पर्याप्त अनुभव और शिक्षा की आवश्यकता है। 'शिक्षा नहीं है, अग्नि-परीक्षा है,' अनिंद्य पकड़ासी ने स्वयं ही एक दिन मुझसे कहा था।

अनिंद्य पकड़ासी को आप लोगों ने ज़रूर देखा होगा। वह देश के तरुणतम उद्योगपतियों में हैं। 'फ़िनान्स' के उत्ताप से पके हुए उनके चेहरे की जो तसवीर विभिन्न व्यावसायिक कान्फ्रेंसों के बाद अखबारों में छपती है, उसे देखकर मुझे खुद ही विश्वास नहीं होता कि एक वक्त था, जब यही अनिंद्य पकड़ासी मुझसे खुलकर बातें करने के लिए अवसर ढूँढ़ते रहते थे। घर से चोरी-चोरी हमारे शाहजहाँ होटल आ जाते थे। कहते थे, "मुझे सिगरेट पीना मना है। माँ को यह आदत पसन्द नहीं।" फिर कभी कहते थे, "पिताजी मुझे बिज़नेस लाइन में लाना नहीं चाहते थे। पिताजी कहते हैं, इण्डस्ट्री, ट्रेड, कॉमर्स, इनमें शान्ति नहीं है। उनकी इच्छा थी, मैं अभी और कई साल स्वाधीनता के आनन्द का उपभोग करूँ। इतिहास, भूगोल, साहित्य और दर्शन की दुनिया में अपनी तबीयत से घूमता रहूँ। फिर, एक दिन तो 'रुटीनमय' जीवन को कोल्हू में बँधना ही है। मगर माँ को मंजूर नहीं हुआ।"

एक बार पकड़ासी जूनियर ने मुझसे कहा था, "मुझे तसवीर आँकना इतना पसन्द है, मगर ज़रा भी वक्त इसके लिए निकाल नहीं पाता हूँ। गाड़ी में दफ्तर जाते-जाते देखता हूँ, एस्प्लेनेड के मैदान में हरी घास पर बैठकर कोई चित्रकार तसवीर बना रहा है, तो मेरा जी उदास हो जाता है। इलियट, ऑडेन और पाउण्ड की कविताएँ पढ़ने का मुझे नशा था। बंगला भी पढ़ता था। जीवनानन्द दास, प्रेमेन्द्र मित्र, समर सेन की कविताएँ मुझे बहुत अच्छी लगती थीं। समर सेन की कविताएँ पढ़कर सोचता था, क्या हमारे देश के लोग वाकई इतनी तकलीफ सहते हैं ? मुझे बहुत दुख होने लगता था। जानते हैं एक बार माँ से मैंने पूछा भी था। माँ ने मुझे असली बात समझायी भी थी। बोली थी, 'वे लोग तो कवि हैं। उनके जीवन में कोई दुख नहीं होगा, सुख-शान्ति ही होगी, फिर भी कविता लिखते समय उन्हें आँसू बहाने ही पड़ते हैं। काव्य का यही नियम है। अगर वे लोग दुःख, दरिद्रता और कष्टों की बातें न लिखेंगे, तो जो लोग सुख-सुविधा से जीवन बिता रहे हैं, वे पैसे देकर उनकी कविताओं की किताबें क्यों

खरीदेंगे ? अगर कवियों से तुम्हारी मुलाकात हो तो देखोगे हम लोगों की तरह वे भी सुखी हैं, अच्छी तरह जीवन बिता रहे हैं।' माँ ने मुझे ठीक ही बताया था न ?"

इस अनिंद्य को मैं पहचानता था। और मुझसे भी ज़्यादा जानती-पहचानती थीं श्रीमती करवी गुहा।

करवी ने मुझे एक दिन बताया था "उद्योगपति कुलभूषण अभी तुरत इस पान्थ-शाला के निरीक्षण के लिए आ रहे हैं। विदेशी अतिथियों के रहने-सहने की व्यवस्था ठीक हुई है या नहीं, देखेंगे। अपना धर्म पूरा करने के लिए कहेंगे, यहाँ का टेबुल वहाँ करो, वहाँ की कुर्सी यहाँ करो ! बताओ, ये लोग हमें सिखाने आयेंगे, मेहमान को कैसे खुश किया जाता है। अजीब बात है !"

चमकता हुआ टी-शर्ट और केले के पत्ते के रंग का 'ट्रॉपिकल ट्राउज़र' पहने हुए और हाथ में टेनिस का रैकेट नचाते हुए अनिंद्य पकड़ासी थोड़ी ही देर बाद न्यू-अलीपुर से शाहजहाँ होटल में आ गये थे।

वह सीधे करवी देवी के सूट में चले आये। करवी ने स्वागत किया। बोली, "होटल के रजिस्टर में इसे 'सूट' कहा गया है, मगर यह दरअसल होटल का एक 'विंग' है ! एक साथ कई अतिथियों को यहाँ बड़े मज़े से 'एकॉमोडेट' किया जा सकता है।"

"एकॉमोडेशन' क्या, कहिए, आश्रय देंगी," अनिंद्य ने हँसते हुए कहा। फिर कमरे की सजावट गौर से देखते हुए बोले, "आप यकीन कर सकती हैं, मैं आज तक कभी होटल में नहीं ठहरा हूँ। माँ को यह बात पसन्द नहीं। पिछले कई साल तो मैं बम्बई के ब्रांच में था, वहाँ आसानी से होटल में रह सकता था। मगर, माँ ने मौसीजी के यहाँ रहने की व्यवस्था करवा दी। हमारे मौसाजी ही बम्बई ब्रांच के एजेण्ट हैं। मेरी नौकरी उन्हीं के नीचे थी।"

अनिंद्य पकड़ासी छोटे बच्चों की तरह हँसते हुए बोले, "जो लोग आ रहे हैं वे जर्मनी के एक बहुत बड़े कारखाने के मालिक हैं। इनके साथ हमारे बिज़नेस की बात चल रही है। पिताजी ने सारी ज़िम्मेदारी मुझ पर डाल दी है। पान में कहीं भी चूना ज़्यादा पड़ गया, तो मेरी जीभ काट ली जायेगी। अब बताइए, मैं क्या करूँ; मैं तो यह सबकुछ नहीं समझता हूँ। पिताजी के सामने मेरी कोई बदनामी न हो, इसका सारा इन्तज़ाम आप लोगों को ही करना पड़ेगा।"

अनिंद्य ने 'सूट' के कमरे तक नहीं देखे। अपनी ज़िम्मेदारी हम पर टालकर, निश्चिन्त हो गये। करवी देवी के 'रॉकिंग चेयर' पर बैठकर अनिंद्य बोले, "बस, किसी तरह ये कुछ-एक दिन शान्ति से कट जायें। माँ ने कहा था, पहले पिताजी की हालत अच्छी नहीं थी। एक विलायती कम्पनी की छोटी-सी एजेन्सी पाने के लिए एक बार पिताजी को लगातार तीन दिन तक भूखे रहकर कम्पनी के मालिकों के पीछे दौड़ना पड़ा था। पता नहीं, मेरी किस्मत में क्या है ! मगर, भूखे रहना तो मुझे एकदम अच्छा नहीं लगता है।"

करवी देवी ने गम्भीरता से कहा, "अब तो दुनिया ही बदल गयी है।"

"हाँ, आप सही कहती हैं, दुनिया ही बदल गयी है। माँ को मैं सारी बातें बता

रखूँगा। फिर कल सुबह-सुबह एयरोड्रोम जाऊँगा, वहाँ से उन्हें साथ लेकर यहाँ होटल में आऊँगा, गोंद की तरह उन लोगों से चिपक जाऊँगा। फिर जो होगा, देखा जायेगा।"

मैंने कहा, "इतना कर लीजियेगा, तो माँ प्रसन्न हो जायेंगी। फिर भी पहले से ही माँ को अपनी स्थिति समझा दीजिए, आपसे क्या हो सकेगा, क्या नहीं!"

अनिंद्य पकड़ासी मेरी बात से सहमत नहीं हो सके। बोले, "मेरी माँ को आप नहीं जानते हैं। माँ सोचेंगी, मेरे काजल का जी काम में नहीं लग रहा है। अरे हाँ, आप लोगों को तो बताया ही नहीं, 'काजल' मेरा प्यार का नाम है। माँ इसी नाम से बुलाती हैं। मगर, प्रेसिडेन्सी कॉलेज के मेरे साथी मुझे 'काजल दीदी' कहकर चिढ़ाते थे। मुझे देखते ही लोक-गीत की यह पंक्ति दुहराने लगते थे, 'बाँसवनों के ऊपर उग आया है चाँद, अरी माँ, उग आया है चाँद, हमारी काजल दीदी कहाँ छिपी है?' मगर, मैं नाराज़ नहीं होता था।"

करवी चुपचाप बैठी रही, मगर मैं हँसी रोक न सका। हँसते हुए मैंने पूछा, "आप क्या खुद भी कविता लिखते थे?"

"नहीं तो! सिर्फ बीच-बीच में 'कोटेशन' देता था। पत्रों में कविताओं की पंक्ति लिखना मुझे अच्छा लगता था, मगर अब तो मैं सूखकर काठ बन गया हूँ। पिताजी के होटल में रहना एक बात है, पिताजी के दफ्तर में नौकरी करना एकदम अलग बात है। एकदम 'रिगरस इम्प्रिज़नमेण्ट'! माँ की इच्छा थी, मैं और कुछ दिन बाहर रहूँ। बाहर काम करने से 'ट्रेनिंग' अच्छी मिलती है, यह माँ की धारणा है। नहीं तो भला अपने पेट के लड़के को कौन माँ बाहर भेजना चाहेगी, बताइए? पिताजी मुझे पहले ही बम्बई से वापस बुलाना चाहते थे, मगर माँ की स्वीकृति नहीं थी। इस बार पिताजी ने ज़ोर से कहा, पिताजी की धारणा है, मुझे माधव इण्डस्ट्रीज़ का अपना काम सीख लेना चाहिए। देर नहीं करनी चाहिए। बड़ी इण्डस्ट्रीज़ के अभी दो भारी दुश्मन हैं, पता है न? यह मेरी अपनी बात नहीं है, पिताजी ही अक्सर कहते रहते हैं। दो दुश्मन हैं हम लोगों के—एक तो कैरोनरी थ्रम्बीसिस, और दूसरा पब्लिक सेक्टर!" इतना कहकर अनिंद्य घड़ी देखने लगे, "अब चलता हूँ। माँ की आज्ञा है, क्लब में जाकर थोड़ी देर टेनिस खेलना होगा।"

उस दिन अनिंद्य के चले जाने के बाद हम दोनों देर तक उनके बारे में ही सोचते रहे थे। हम दोनों उनके स्वभाव और चरित्र को देखकर चकित रह गये थे। नाम है काजल, मगर हैं वह शुभ्र-उज्ज्वल! इतनी ही देर में जैसे उन्होंने हमारे होटल के अपवित्र वातावरण में पवित्रता का 'ब्लीचिंग पाउडर' छिड़क दिया। करवी ने धीमे स्वर में कहा, "आश्चर्य है, इतने सुन्दर और सुशील लड़के को मिसेज़ पकड़ासी इतने दिनों तक अपने से दूर कैसे रख सकीं!"

"भावी सम्राट् की माता की तरह ही भावी मैनेजिंग डाइरेक्टर की माता को भी त्याग-तपस्या करनी पड़ती है," मैंने कहा।

करवी अपने अनजाने में ही बोल उठी, "भगवान् करें, ऐसा ही हो!"

मैं मन-ही-मन अत्यन्त प्रसन्न था। होटल में सिर्फ बुरे लोग ही नहीं आते, अच्छे व्यक्ति भी आते हैं। चलो, एक पवित्र-हृदय मनुष्य से भेंट तो हुई !

दूसरे दिन मैं सुबह होने के पहले ही उठ गया था। रात का अन्धकार खत्म नहीं हुआ था। छत पर अकेला एक व्यक्ति पत्थर की मूरत की तरह बैठा सुबह का इन्तजार कर रहा था—प्रभातचन्द्र गोमेज़। उन्होंने संगीतकार ब्रह्म का अनुसरण करते हुए इतने सबेरे ही अपने हाथों से तैयार करके काली कॉफ़ी पी ली है, उनके पास पड़े खाली प्याले को देखकर मैं समझ गया।

उन्होंने मुझे देखकर इशारे से पास बुलाया। बोले, "मेरे जीवन में यही एक विलासिता है। सूर्योदय के लिए पूर्व क्षितिज की ओर देखते रहकर मुझे नयी प्रेरणा मिलती है।"

मैंने कहा, "आपको सर्दी लग जायेगी। सिर्फ एक बनियान पहनकर बैठे हैं।"

प्रभातचन्द्र गोमेज़ मेरी बात सुनकर कहने लगे, "सर्दी से बीमार होकर अगर मैं इस धरा-धाम से उठ भी जाऊँ, तो दुनिया का कुछ नहीं जायेगा। हाँ, एक अरसा पहले सर्दी की अवहेलना करके एक महापुरुष ने पृथ्वी से विदा ली थी। और, उस दिन दुनिया का बहुत-कुछ उनके साथ चला गया था। दुनिया उनके बिना गरीब हो गयी थी। आज भी उस एक मृत्यु की क्षतिपूर्ति नहीं हो सकी है।"

प्रभातचन्द्र की बातों में, लहजे में, ऐसे विषाद की झंकार है, ऐसी करुणा है, जो मेरे-जैसे भावहीन व्यक्ति को भी आकृष्ट कर लेती है। गोमेज़ बोले, "वह संगीत के शेक्सपियर थे। उनका नाम था 'बीथोवन'! मेरे पास सामर्थ्य होती, मेरे पास अपनी 'रेकार्ड-लाइब्रेरी' होती, तो इसी वक्त आपको सुनाता बीथोवन की 'नाइन्थ सिम्फ़नी'! यन्त्र संगीत की इससे महान् रचना और कोई नहीं है।"

मैंने कहा, "ईश्वर के आशीर्वाद से एक दिन आपके पास सब-कुछ हो जायेगा।"

"उसका आशीर्वाद? उसका न्याय? उसकी कृपा?" प्रभातचन्द्र गोमेज़ के प्रसन्न चेहरे पर हँसी फैल गयी, "फिर हॉण्डेल और बाख अन्धे कैसे होते? फिर बीथोवन जन्मान्ध क्यों होते? मानवीय संस्कृति-सभ्यता के इस लम्बे इतिहास में केवल एक ही बीथोवन ने जन्म लिया। अगर आप संगीत की मधुरतम सिम्फ़नी सुनना चाहते हैं, तो बीथोवन जो नौ सिम्फ़नियाँ बना गये हैं, वही सुनना होगा। अगर आप पियानो सुनने की लालसा रखते हैं, जिसकी कोई तुलना नहीं है, तो बीथोवन के ही बत्तीस प्यानो-संगीत में से चुनना होगा। और, स्ट्रिंग-क्वार्टेट! इसमें भी उन्हीं की सत्रह रचनाओं पर भरोसा करना होगा। और, अगर देखना चाहें कि साधारण यन्त्रों से असाधारण ध्वनि-झंकार की सृष्टि कैसे होती है, तो एकान्त कमरे में अकेले बैठकर आपको हॉण्डेल के संगीत की पूजा करनी होगी। शायद पहली बार आपको कुछ समझ में नहीं आयेगा। धीरज से काम लेना होगा। निराश न हों। अन्धकार और प्रकाश के मिलन-मुहूर्त में ऐसे ही किसी दिन आपको वह स्वर्गिक संगीत समझ में आ जायेगा—समझ में आ जायेगा सृष्टि का रहस्य! आप जान जायेंगे! बीथोवन ने क्यों कहा था—'जाओ और

हॉण्डेल से सीखो, किस प्रकार मामूली साधनों से महान् प्रभाव उत्पन्न किये जा सकते हैं।' "

प्रभातचन्द्र बोलते-बोलते चुप हो गये। अपने इर्द-गिर्द की सारी चीज़ों को भूल-कर वह पूरब के क्षितिज की ओर एकटक देखने लगे। सरल पथ पर चलकर कठिनतम, असाधारणतम को पाने का गोपन मन्त्र जैसे पृथ्वी और आकाश की उसी सीमा-रेखा पर अंकित हो।

मैं चुपचाप उनके पास से उठकर अपने कमरे में चला आया, और नहा-धोकर तैयार होने लगा। होटल के सारे लोग अभी तक नींद में थे, मगर मेरे लिए दिन शुरू हो चुका है—करवी देवी के लिए भी। अब तक वह अपने बिस्तरे से उतर चुकी होगी।

मार्कोपोलो से उसकी और अगरवाला साहब की बात हो गयी है। मुझे इन खास मेहमानों के लिए कई दिन तक खास ड्यूटी देनी होगी।

लेकिन, सीढ़ियों से उतरते हुए मुझे केवल प्रभातचन्द्र की बातें याद आ रही थीं। सीधे रास्ते पर चलकर ऊँची-से-ऊँची चीज़ पाने के लिए तो हम सभी हाथ फैलाये खड़े हैं।

करवी देवी के कमरे का दरवाज़ा खटखटाते ही उसने किवाड़ खोल दिये। उसकी अतिथि-शाला अतिथियों के स्वागत-सत्कार के लिए प्रस्तुत है। कमरे के कोनों में और टेबुल पर करवी ने सुन्दर फूलों के गुलदस्ते सजा दिये हैं। प्रत्येक रंग आपस में 'मैच' करते हैं। करवी देवी कहने लगी, "कभी-कभी सोचती हूँ, 'इण्टीरियर-डेकोरेशन' का काम शुरू करूँगी। कैसा लग रहा है?"

"बेहद खूबसूरत!"

"बेचारे न्याटाहारी बाबू को कल मैंने बहुत तंग किया है। जिस रंग के भी पर्दे लाते थे, मुझे पसन्द ही नहीं आते थे।"

अन्त में न्याटाहारी बाबू ने निवेदन किया था, "माँ जननी, अगर बुरा न मानें, तो एक बात कहूँ? मैंने तो लाटसाहब का भी बिस्तरा लगाया है। रॉयल फेमिली के लोग जब भी इण्डिया आये हैं, इसी न्याटाहारी भट्टाचार्य को बिछावन-तकिये की सजावट के लिए बुलाया गया है। इसी अभागे आदमी के हाथों लगाये गये बिस्तरे पर लॉर्ड रीडिंग को ऐसी गहरी नींद आयी थी कि सुबह पूरे घण्टे-भर देर से उनकी नींद खुली थी। सुबह के सारे प्रोग्राम घण्टे-भर लेट शुरू किये गये थे और, आज मेरा ऐसा दुर्भाग्य है कि कुल दो जर्मन साहबों के लिए कमरे के पर्दे नहीं ठीक कर सकता।"

तब करवी ने कहा था, "इसी कमरे की सजावट पर एक नवयुवक का भविष्य निर्भर करता है। ज़रा भी कोई त्रुटि रह गयी तो वह अपने पिता की नज़रों से गिर जायेगा।"

न्याटाहारी बाबू ने कान से पेंसिल उतारकर कहा था, "अगर इतनी गम्भीर बात है, तो माँ भगवती, एक बात कहूँगा। पर्दे और टेबुल-क्लाथ पर ध्यान देकर कोई फायदा नहीं। सारा दिमाग बिछावन पर लगाइये। चालीस साल लिनेन का काम करने से जो अनुभव मिला है, वह यही है कि बिछावन ही होटल का सबसे 'इम्पार्टेण्ट आइटेम'

है। बिस्तरा अगर मुलायम हो, देह को गुदगुदानेवाला हो, तो भोजन खराब भी मिले, मेहमान बुरा नहीं मानेगा। और, बिछावन ऐसा लगाना होगा कि सोनेवाला समझे कि वह अपने घर के बिछावन पर सोया हुआ है, अजनबी बिस्तरे पर नहीं। यह गलत बात नहीं है, माँ जगद्धात्री, लाइफ का सबसे 'इम्पार्टेण्ट सेण्टर' है बिछावन। इसी बिछावन पर पड़े-पड़े हम हँसते हैं, इसी बिछावन पर सोये-सोये रोते हैं, इसी बिछावन पर हमारा जन्म, इसी पर हमारी मौत! मगर, माँ लक्ष्मी, आजकल आप लोग इसी 'आइटम' पर ध्यान नहीं देती हैं। पता नहीं, न्याटाहारी नहीं होगा, तब इस होटल का क्या होगा? ये बातें कौन किसको बतायेगा?"

इसके बाद उनके स्टाक में जितने भी रंगों के पर्दे थे, नित्यहरि बाबू सारे-के-सारे सिर पर उठाये करवी के पास आये थे। उन्हीं में से एक रंग करवी ने चुन लिया था।

"कैसा लगता है?" करवी नें चाय का प्याला मेरी ओर बढ़ाते हुए पूछा।

" 'सिम्पुल' है, फिर भी बेहद खूबसूरत।" मैंने कहा।

करवी मुस्करायी, "सौन्दर्य का रहस्य ही यही है। अपने अनिंद्य पकड़ासी को ही देखिए। उनके लिए हम लोग इतनी मेहनत क्यों कर रहे हैं? इसीलिए न, कि वह सरल हैं और सुन्दर हैं। यही बात है न?"

उस दिन ब्रेकफास्ट के कुछ पहले ही दमदम हवाई अड्डे से दो विदेशी अतिथियों के साथ माधव इण्डस्ट्रीज़ की विशालकाय 'क्रिस्लर' गाड़ी शाहजहाँ होटल के नीचे आ खड़ी हुई थी। डॉक्टर राइटर और मिस्टर क्रुर्ट दोनों ही भीमकाय हैं, दोनों के व्यक्तित्व और भी गुरु-गम्भीर!"

करवी ने आज मुर्शिदाबादी रेशम की साड़ी पहनी है। जूड़े में रनजीगन्धा के गुच्छे लपेट लिये हैं। बड़ी ही आकर्षक दिख रही है। जब मैं छोटा था, हमारी अलका दीदी सरस्वती-पूजा के दिन मुझे ऐसी ही लगती थी। ऐसे ही अलंकारहीन, किन्तु सुन्दर वेश में अलका दीदी गर्ल्स कालेज के पूजा-मण्डप में जाती थीं।

करवी गुहा होटल से काउण्टर के पास खड़ी थी। अतिथियों को उसने हाथ जोड़कर भारतीय ढंग से नमस्कार किया। अनिंद्य मुझ पर उनका असबाब सँभालने का बोझ डालकर अतिथियों और करवी के साथ ऊपर चला गया।

पोर्टर से असबाब उठवाकर जब मैं दो नम्बर सूट में आया, तो चौंक पड़ा। दो नम्बर सूट के फर्श पर करवी ने अल्पना के फूल बना दिये थे।

वे लोग पूछ रहे थे, "यह सब क्या है?"

"हमारे देश का 'ट्रेडिशनल पेण्टिंग'! सम्मानित अतिथियों के स्वागत के लिए घर की औरतें घर-आँगन में यह अल्पना सजाती हैं।" अनिंद्य बता रहा था।

"वाह! वण्डरफुल!" डॉक्टर राइटर ने कहा, और अपना कैमरा निकालकर फर्श पर फोकस करने लगे। तसवीरें लेने के बाद, राइटर ने पूछा, "परिवार की 'एमेचर' लड़कियाँ ऐसा 'आर्टवर्क' बना सकती हैं? ये 'मोटिफ' किसी प्रोफेशनल आर्टिस्ट ने नहीं बनाये हैं?"

अनिंद्य ने कहा, "जी नहीं। वैसे आप मिस गुहा को टैलेण्टिड आर्टिस्ट मान

सकते हैं।"

मिस्टर कुर्ट जूता हिलाते हुए बोले, "मे आई हैव ए ग्लास ऑफ़ बियर ?"

"क्यों नहीं ?" अनिंद्य ने कहा, मगर मुझे याद दिलाना पड़ा, आज ड्राई-डे है।

"ह्वाट ?" मिस्टर कुर्ट ने असन्तुष्ट होते हुए पूछा।

अनिंद्य मेरी बात समझ गये थे। उन्होंने समझाते हुए कहा, "मुझे बेहद अफसोस है। तुम लोग बुरे दिन यहाँ पहुँचे हो। हर हफ्ते में एक दिन हमारे इस स्टेट में शराब नहीं बिकती। इस दिन सभी 'बॉर' और रेस्तराँ के मैनेजर, स्पिरिटवाले सारे लिकर ताले में बन्द रखते हैं।"

मिस्टर कुर्ट ने जिन्दगी-भर में ऐसी बात नहीं सुनी थी। बोले, "यू मीन टु से, तुम कहना चाहते हो, सप्ताह में एक दिन एकदम ड्राई रहते हो ? यानी, जान-बूझकर आदमी का नॉर्मल लाइफ पूरे एक दिन के लिए बरबाद कर देते हो ? और तुम लोग समझते हो, लॉस्ट सेन्चुरी के इन्हीं सड़े-गले विचारों से बँधे रहकर अपने देश में इण्डस्ट्रियल रिवोल्यूशन ले आओगे ?"

इस अशुभ आरम्भ से अनिंद्य काफी घबरा गये हैं, यह उनकी ओर देखते ही मैं समझ गया। मगर उस वक्त यह कहाँ पता था, यह तो आरम्भ ही है, अभी और भी बहुत-कुछ होने को है !

अनिंद्य अपने देश के सारे अपराध अपने सिर पर ओढ़कर खड़े रहे, जैसे इस शहर को उनके ही हुक्म से हफ्ते में एक दिन 'ड्राई' कर दिया जाता है। सिर झुकाकर उन्होंने विरक्त अतिथियों से क्षमा-प्रार्थना की।

डॉक्टर राइटर ने अपने दोस्त को शान्त करने की चेष्टा की। अंग्रेज़ी में कहा, "कलकत्ता तो फिर भी ठीक है। भारत के पश्चिम में अरबसमुद्र के किनारे एक शहर है बम्बई। वहाँ तो हफ्ते के सारे दिन ड्राई हैं। वहाँ पूरी शराबबन्दी है। सुनते हैं, एक बोतल बियर तक के लिए सरकारी परमिट लेना पड़ता है।"

मिस्टर कुर्ट निराश होकर, उदास बैठे रहे। करवी यह हालत देखकर भीतर चली गयी थी। मुझे लगा, अनिंद्य उनके सामने और भी अधिक अपमानित महसूस न करे, इसलिए वह खिसक गयी थी। बात दरअसल यह नहीं थी, मैंने गलत सोचा था। रबर का स्लीपर पहने, अपनी वेणी हिलाती, मुस्कराती हुई करवी ने दो क्षण बाद ही वापस आकर अतिथियों को नमस्कार किया।

वे दोनों प्रश्न-मुद्रा में करवी की ओर देखने लगे। इतने में ही एक बैरा करवी के पास आकर खड़ा हो गया। उसके हाथ में दो डाभ थे। दोनों विदेशियों ने जीवन में कभी ऐसा विचित्र फल देखा नहीं था। मिस्टर कुर्ट ने चकित होकर पूछा, "क्या चीज़ है ?"

करवी देवी ने हँसकर कहा, "प्रकृति ने हमारे लिए इस ड्रिंक की व्यवस्था की है। इसका नाम है, डाभ !"

"इ्यैव ! इसका नाम कभी नहीं सुना। नैवर हर्ड आफ इट !" डॉक्टर राइटर ने कहा।

करवी ने दोनों डाभ उन दोनों की ओर बढ़ा दिये। "कच्चा नारियल क्या तुम लोगों ने अब तक कभी देखा नहीं? हम इण्डियन तो हमेशा यह डाभ पीते रहते हैं।" अनिंद्य अपने मेहमानों के चेहरे पर आश्चर्य का भाव देखकर बोला।

करवी भुवन-मोहिनी मुस्कान के साथ कहने लगी, "यह डाभ पीना भी एक आर्ट है। आप लोगों को गिलास में इसका पानी भरकर दे सकती थी, लेकिन मैंने ऐसा नहीं किया। मैं चाहती हूँ, हमारे देश के लोग, गाँव के लोग जैसे इसे पीते हैं, आप भी वैसे ही पियें।"

कुर्ट ज़रा उत्साहित हुए। बोले, "बताओ, कैसे ड्रिंक करना होगा?"

करवी बोली, "हमारे गाँव के लोग फल में छेद करके, इस तरह छेद पर होंठ रखकर पीते हैं कि एक बूँद भी पानी कपड़ों पर नहीं गिरता है। मगर, ऐसे पीना ज़रा मुश्किल काम है।"

कुर्ट ने करवी का चैलेंज स्वीकार कर लिया। वह भी होंठों में डाभ लगाकर पी सकते हैं, यह साबित करने के लिए उन्होंने डाभ करवी को थमा दिया, और अपना कोट उतारने लगे। करवी ने कहा, "मिस्टर कुर्ट, मैं हार मानती हूँ। इस तरह पीने से आपकी कमीज़ खराब हो जायेगी, और हमारे देश की बदनामी होगी। मैं आपके लिए स्ट्रॉ-पाइप मँगवाती हूँ।"

डॉक्टर राइटर ने कहा, "मुझे भी एक पाइप दो। जिस चीज़ की मुझे जानकारी नहीं है, उसके बारे में तुम लोगों से 'नो-हाउ' का पता रखना मुझे बुरा नहीं लगेगा।"

मिस्टर कुर्ट ने कहा, "हे भारतीय सुन्दरी, हम लोग जर्मन हैं, अत्यन्त गँवार! दिमाग में जब बात घुस आयी है, तो ट्राई ज़रूर करेंगे।"

करवी देवी ने कहा, "हे, विदेशी सज्जन, मेरी प्रशंसा के लिए तुम्हें धन्यवाद। मगर तुम्हारे गँवारपन का मैं मज़ाक ज़रूर उड़ाऊँगी।"

कुर्ट भारतीय तरीके से डाभ पीकर बेवकूफ बन गये। थोड़ा-सा पानी उनकी कमीज़ पर गिर पड़ा। इसके बाद वह खाँसने लगे। करवी ने आगे बढ़कर कुर्ट के हाथ से डाभ ले लिया। कुर्ट खाँस रहे हैं, और हँसते जा रहे हैं। करवी बोली, "अब और नहीं, इतना ही काफी है। ऐसा न हो, आप कहने लगें, इण्डिया में तो आपकी जान लेने की तैयारी की गयी थी।"

कुर्ट ने अपने-आपको सँभाल लिया। अपने भीगे हुए शर्ट की ओर देखकर अपनी भूल समझ गये। ज़रा शरमाते हुए बोले, "मिस गुहा, मैं वाकई शर्मिन्दा हूँ। यहाँ आते ही ड्रिंक के लिए दिमाग खराब करना उचित नहीं हुआ।"

डॉक्टर राइटर ने गम्भीरतापूर्वक कहा, "अपने दुर्व्यवहार के लिए तुमने ठीक सज़ा पायी है। शायद मिस गुहा अभी और सज़ा देंगी।"

सभी एक साथ हँस पड़े।

थोड़ी देर बाद कुर्ट और राइटर आराम करने के लिए अपने कमरों में चले गये।

उनके जाने के बाद अनिंद्य ने बड़ी ही कृतज्ञ दृष्टियों से करवी गुहा की ओर-

देखा। मेरे सामने ही अनिंद्य ने कहा, "वाकई आपकी तुलना नहीं हो सकती। शुरू-शुरू में ही हमारा रिश्ता टूटने लगा था। आपने बड़ी सफाई से बात को दूसरी ओर मोड़ दिया।"

करवी अपनी प्रशंसा से शरमाकर लाल हो उठी। साड़ी का आँचल उँगलियों में लपेटती हुई बोली, "आप क्या अभी कुछ खायेंगे? उन दोनों को तो अभी तैयार होने में देर लगेगी।"

अनिंद्य ने कहा, "खाऊँगा, मगर एक शर्त है। उन लोगों को आराम करने दीजिए। और आप मेरे साथ चलिए, मुमताज में बैठकर कुछ खा-पी लेंगे।"

करवी ज़रा शरमा गयी, मगर कुछ कह नहीं सकी। अनिंद्य ने मुझसे कहा, "आप भी चलिए। खाते हुए गप-शप करेंगे।"

मैंने कहा, "धन्यवाद! मगर अभी मुझे बहुत काम है।"

अनिंद्य सरल हृदय से मेरी बात पर विश्वास कर लेते, मगर करवी ने राज़ खोल दिया। बोली, "नहीं, वह आपके साथ खा नहीं सकता। होटल का कर्मचारी है न, गेस्ट लोगों के साथ बैठकर नहीं खायेगा।"

अनिंद्य बोले, "होटल के स्टाफ हैं तो क्या हुआ? अभी तो ये हमारे गेस्ट हैं।"

करवी ने कहा, "ऐसा नहीं होता। गेस्ट के साथ इतना घुल-मिल जाना मैनेजमेण्ट को पसन्द नहीं है।"

अनिंद्य तब अपनी अनुभव हीनता के कारण बोले, "ऐसा किसी तरह नहीं हो सकता। मैं अभी मैनेजमेण्ट से बात करता हूँ।"

जो अनिंद्य एक मामूली होटल-कर्मचारी के अपमान से चंचल होकर प्रतिवाद करने लगे थे, पता नहीं, आज वह कहाँ खो गये हैं! आज तो उनकी वक्तृताएँ पढ़कर लगता है, साधारण मनुष्य के प्रति उनमें ज़रा भी स्नेह-श्रद्धा नहीं रह गयी है। अब वह सोचते हैं, देश के साधारण मनुष्य ही माधव इण्डस्ट्रीज़ को ठगने और बरबाद करने का षड्यन्त्र कर रहे हैं। ये लोग मुफ्त में तनखाहें लेते हैं, टिफन खाते हैं, ओवर-टाइम पाते हैं, बोनस वसूल करते हैं, मगर इसके बदले कुछ देना नहीं चाहते। गवर्नमेण्ट का सहारा पाकर, और कम्युनिस्टों के बहकावे में पड़कर समूचा देश ही इण्डस्ट्री को ध्वंस करने के लिए तुल गया है।

और इसी अनिंद्य पकड़ासी ने होटल में बैठे-बैठे मुझे और करवी को कविता सुनायी थी:

"बार-बार जन्म ले चुका है पृथ्वी पर नया मानव
धरती पर लिखता रहा है नया-नया इतिहास
फिर भी, कहाँ मिली है
वह अनिर्वचनीय स्वप्नमयी सफलता
वह अपूर्व नवीनता—
शुभ्र मानवीयता का नव-प्रभात?"

करवी देवी ने कविता सुनकर कहा था, "ठहरिए, मैं आपकी माँ को फोन करके बता देती हूँ। काम में मन नहीं लगाते हैं, और बगल में कविता की किताबें लेकर घूमते रहते हैं।"

अनिन्द्य बोले थे, "मैं आपको कविता की कुछ चुनी हुई किताबें दे जाऊँगा। फिर पता चलेगा, आप भी कैसे कविता की भक्त नहीं हो जाती हैं !"

काम का बोझ सिर पर है, मैं बाहर चला जाता हूँ, और वे दोनों सीधे मुमताज़ की ओर चले जाते हैं। वहीं ब्रेकफास्ट करेंगे और बातें करते रहेंगे।

थोड़ी देर बाद वे दोनों लौटकर दो नम्बर सूट में चले आये। फिर अनिन्द्य हमारे काउण्टर के पास आकर खड़े हो गये। बोले, "दोनों गेस्ट नींद में बेसुध हैं। थोड़ी देर बाद ही उन्हें उठाया जा सकता है। तब तक मुझे यहीं खड़े-खड़े वक्त काटना होगा।"

काफी देर तक अनिन्द्य हमारे पास ही खड़े रहे। हम लोग काउण्टर पर खड़े-खड़े काम कर रहे हैं, और वह चुपचाप खड़े हमें काम करते देख रहे हैं। कह रहे हैं, "वाकई आप लोगों की नौकरी बड़ी विचित्र है ! तरह-तरह के लोगों को देखने, पहचानने का मौका पाते हैं। अब समझता हूँ, अंग्रेज़ी उपन्यासों में होटलों का वर्णन रहने से उपन्यास इतना जम क्यों जाता है !"

सत्यसुन्दर दा ने कहा, "मिस्टर पकड़ासी, आप एक नया होटल बनाइए न ! सम्पूर्णतः भारतीय होटल, जिसकी किसी भी दूसरे होटल से तुलना नहीं हो सके। वहाँ कैबरे के बदले देसी नाच हो, भारतीय संगीत के महान् शिल्पियों के गायन से अतिथियों का मनोरंजन किया जा सके। बड़े-बड़े शिल्पी हमारे इस होटल में आकर ठहरते हैं, उनसे मैंने बातें की हैं, वे सहायता करने को तैयार हैं।"

अनिन्द्य बड़ी मलिन मुस्कान के साथ बोले, "अभी पिताजी का ध्यान केवल इलेक्ट्रिकल और मेकेनिकल इण्डस्ट्री पर है।" अनिन्द्य और भी कुछ कहते, मगर करवी लाउन्ज में आ गयी। पकड़ासी से बोली, "आप भी खूब हैं ! मैं ज़रा अपने बेड-रूम में गयी, आप बिना कुछ कहे-सुने इधर चले आये !"

अप्रतिभ होकर अनिन्द्य ने कहा, "आपको भी तो थोड़े आराम की ज़रूरत थी।"

"मुझे आराम ? सुबह के वक्त ?" करवी आश्चर्यचकित हो गयी। बोली, "आपको यहाँ खड़े रहने की तकलीफ करने की ज़रूरत नहीं है। मेरे कमरे को अपना घर समझकर वहीं बैठ सकते हैं।"

अनिन्द्य ने इसके उत्तर में जो कहा था, उससे करवी को इतनी चोट पहुँचेगी, मुझे आशा नहीं थी। अनिन्द्य ने कहा था, "इसी सद्व्यवहार के कारण तो होस्टेस के रूप में आप इतनी प्रसिद्ध हैं।"

करवी को बहुत दुःख पहुँचा था। उदास होकर, अपनी चौड़ी आँखों की बोझिल पलकें धीरे-धीरे ऊपर उठाकर उसने पूछा था, "होस्टेस हूँ, क्या सिर्फ इसीलिए आपको अपने कमरे में बैठने को कह रही थी ?"

अनिन्द्य यह बात समझ नहीं सका। मगर मैं समझ रहा था, करवी को आघात पहुँचा है। व्यावसायिक प्रतिष्ठान की सदाबहार होस्टेस क्षण-भर के लिए यह कटु सत्य

भूल गयी है कि वह ड्यूटी पर है। मगर, काम की बात याद आते ही 'ऑन ड्यूटी' हो जाने में स्त्रियों को अधिक देर नहीं लगती। करवी ने झटका सँभालकर कहा, "आपके अतिथि तैयार हो चुके हैं। इन्हें बाहर ले जा रहे हैं न ? क्या लंच के वक्त तक वापस आ जायेंगे ?"

अनिंद्य बोले, "यहाँ लंच नहीं लेंगे। पिताजी भी क्लब आयेंगे, इन्हें भी वहीं ले जाऊँगा।"

उन दोनों के जाने के बाद बोस दा ने कहा था, "पिछले ज़माने में राजा लोग आते थे, अब वाणिज्य के प्रतिनिधि आते हैं। इनकी खातिरदारी राजाओं से भी अधिक होती है, क्योंकि इनके बैग में सात राजाओं के खज़ाने से भी ज़्यादा कीमती एक हीरा होता है—'नो-हाऊ' !"

मैं उनकी ओर देखने लगा, तो बोस दा हँसने लगे, "नहीं समझे ? हाऊ, माऊ, खाऊ और नो-हाऊ ! अलीबाबा के खज़ाने की चाभी—ओपन-सीसेम ! परिश्रम और बुद्धि लगाकर यह चाभी बना लेने की विज्ञान-शक्ति का उद्यम हम लोगों में नहीं है। इसलिए उधार लेकर, दूसरे से चाभी माँगकर हम लोग खज़ाने का दरवाज़ा खोलना चाहते हैं।...खैर, डरने की बात नहीं। शाहजहाँ होटल के लिए अच्छा ही है। सारे कमरे भरे रहेंगे। हम और भी रेट बढ़ाते जायेंगे। बेली-डांसरों के लिए और भी रुपये खर्च कर सकेंगे।"

फिर, ज़रा रुककर बोस दा ने काम की बात याद दिलायी थी, "भूल मत जाना, पुलिस-रिपोर्ट आज ही भेज देना, अच्छा रहेगा।"

बोस दा इतनी बातें कहते हैं, मगर अपनी ड्यूटी की बात कभी नहीं भूलते, हमेशा 'ऑन-ड्यूटी' रहते हैं।

शाम के वक्त अनिंद्य अपने मेहमानों के साथ वापस आ गया था। किसी दोस्त के घर ले जाकर उन्हें भर पेट शराब पिला आये थे। इसलिए खड़े होने या बैठे रहने की भी हालत में वे लोग नहीं थे। किसी तरह झूमते-गिरते हुए अपने कमरे में जाकर सो गये।

पुलिस-रिपोर्ट के बारे में बात करने के लिए मुझे भी करवी देवी के सूट में जाना पड़ा था।

करवी ने अनिंद्य से पूछा, "कुछ काम बना ?"

अनिंद्य बोले, "हाँ। यहाँ से सीधे दफ्तर ले गया था। वहाँ आधा घण्टा बात-चीत करने के बाद मिसेज चकलादार के फ्लैट। मुझे पता नहीं था, कलकत्ता में ऐसे कितने ही घर हैं, गृहस्थ नागरिकों के घर, जो ड्राई-डे के दिन बार-हाउस बन जाते हैं। वहाँ से अब ये लोग छूटे हैं। दिन-भर वहीं थे। मुझे पता नहीं था। मेरे मामाजी फोकला चटर्जी ने मुझे बताया। उन्होंने ही मिसेज़ चकलादार को फोन भी कर दिया। अनजाने आदमियों को वे अपने घर में घुसने नहीं देती हैं।"

करवी ने और कुछ नहीं पूछा। मगर अनिंद्य ने स्वयं ही कहा, "आपसे कहने का साहस नहीं हो रहा है। एक प्याला चाय मिल सकेगी ?"

"इसमें शरमाने की क्या बात है ? तुरत बैरे से मँगवाता हूँ ।" मैंने कहा। करवी ने मुझे रोकते हुए कहा, "होटल में भी घर-परिवार होता है, और यहाँ घर की चाय मिल सकती है, आज यह मुझे साबित करने दीजिए ।"

करवी ने अनिंद्य के लिए चाय बनायी थी। चाय पीकर वे दोनों देर तक बातें करते रहे थे—तरह-तरह की बातें। बाद में मुझे यह सब पता चला था। उनकी व्यक्तिगत बातें सुनने का मुझे कोई अधिकार नहीं था, मगर एक दिन इस नाटक की पूरी कहानी मुझे सुननी पड़ी थी।

चाय खत्म करके करवी ने पूछा था, "आप मेहमानों से मिलेंगे नहीं ?"

अनिंद्य ने कहा था, "अब मैं गाड़ी लेकर नदी-किनारे चला जाऊँगा। माँ और पिताजी समझेंगे, बेटा साहबों के साथ घूम रहा है। मैं तब तक हुगली के तट पर गाड़ी लगाकर देखता रहूँगा, कलकत्ता महानगरी किस तरह रात की मोहिनी-माया धारण करती है। रंग-बिरंगी रोशनी के गहने पहननेवाली इस सुन्दरी को सारा दिन जाने कौन किसी सेफ्टी-बॉक्स में छिपाये रखता है !"

"गहने-ज़ेवर की उपमा कहाँ से सीख ली आपने ?" करवी ने पूछा था।

"क्यों ? शादी नहीं की है, तो क्या गहनों की बात सोच नहीं सकता ?"

ये सारी बातें करवी ने मुझे खुद ही सुनायी थीं। मैं सुनना चाहता भी न था, मगर शायद उसे कोई सुननेवाला चाहिए ही था। अपने सुखद अनुभव बताने में लोगों को सुख मिलता है।

करवी गुहा सुख के नशे में डूबी हुई थी और चंचल हो रही थी। मैं समझता था, वह गम्भीर प्रकृति की स्त्री है। मगर उस वक्त वह अपना दिल खोलकर रख देना चाह रही थी, बहुत-कुछ कहना चाहती थी। बोली, "बैठिए न, इतनी जल्दी क्या है ?"

मैंने कहा था, "अभी मुझे काउण्टर पर जाकर बैठना होगा। विलियम घोष को मैंने वचन दिया है।"

"विलियम की ड्यूटी आप क्यों करेंगे ?"

"उसने बड़ी बेकरारी से कहा था। शायद उसे कोई ज़रूरी काम होगा। इसलिए दो घण्टे उसकी ड्यूटी सँभाल दूँगा, मैं वादा कर चुका हूँ।" इससे ज़्यादा मैं कुछ बताना नहीं चाहता था। मगर करवी ने ज़ोर दिया, तो मेरे मुँह से असली बात निकल ही गयी। विलियम आज रोज़ी को डिनर पर ले जा रहा है। एक लम्बे अरसे तक कोशिश करने के बाद आज उसकी किस्मत ने साथ दिया है। शाहजहाँ होटल के दो कर्मचारी चौरंगी के किसी रेस्तराँ में साथ बैठेंगे, बातें करेंगे, डिनर खायेंगे और वापस आ जायेंगे। शाहजहाँ में वे दोनों मुफ्त में डिनर ले सकते थे, मगर बेचारे विलियम को जेब से पैसे खर्च करने में आज ज़्यादा खुशी होगी।

करवी ने मुस्कराते हुए कहा था, "ऐसी बात है, तो ज़रूर जाइए। अगर मौका मिल सके, तो छत पर जाने से पहले एक बार इधर आ जाइयेगा।"

विलियम घोष मेरे लिए काउण्टर पर छटपटा रहा था। मुझे देखकर उसने चैन

की साँस ली। बाहर जाने के वक्त शरमाता हुआ बोला, "उन्हें धन्यवाद देने के लिए सही शब्द नहीं मिल रहा है।"

"वह तो ठीक है, शब्द मैं बता दूंगा। मगर जिनके लिए मुझे ओवर-टाइम खटना पड़ रहा है, वह कहाँ हैं?"

विलियम धीमी आवाज़ में बोला, "वह मेरे साथ चलने को राज़ी नहीं हुई। मुझसे पहले ही निकल गयी। अब मेरे लिए 'ग्रैण्ड होटल' के बरामदे में खड़ी इन्तज़ार कर रही होगी। मैं यहाँ से निकलकर टैक्सी लूंगा, उसे वहाँ से लेकर पार्क स्ट्रीट चला जाऊँगा।"

"बढ़िया तरीका है। जाओ, ऐश करो!" मैंने हँसते हुए कहा।

हाथ-मुँह धोकर होटल से निकलने के पहले विलियम काउण्टर पर आया। बोला, "देखो, कोई जानने नहीं पाये। अगर किसी तरह भी जिम को पता चल गया, तो क्या हाल होगा, जानते ही हो!"

"सब जानता हूँ। खुशी-खुशी जाओ। तुम्हारी शाम सुख-चैन से कटे, यहाँ बैठा-बैठा मैं परम-पिता परमेश्वर से प्रार्थना करता रहूँगा।"

हर काम का अपना एक खास नशा होता है, होटल के काम में भी है। काम में डूब जाने पर और कुछ याद नहीं रहता। काउण्टर पर खड़े रहकर अतिथियों की जलधारा का नियन्त्रण करते-करते उन लोगों को मैं भूल ही गया था। रोज़ी को तिरछी निगाहों से अपनी ओर देखते हुए लिफ्ट में घुसते देखा, तब मुझे उनकी याद आयी। फ्लोरेसेण्ट रोशनी में आज रोज़ी दूसरी ही औरत लग रही थी।

रोज़ी के पन्द्रह मिनट बाद विलियम भी लौट आया। बोला, "मित्रवर, असंख्य धन्यवाद! अब मुझे युद्ध-क्षेत्र में आने दो, तुम शिविर में जाओ।"

"तुम्हें इतनी देर लग गयी?"

"रोज़ी ने अपने साथ आने नहीं दिया। बोली, 'मेरे जाने के पूरे चौथाई घण्टे के बाद तुम शाहजहाँ होटल के सिंहद्वार पर पाँव रखना।' इसीलिए मैं पन्द्रह मिनट तक सेण्ट्रल एवेन्यू के फुटपाथ पर खड़ा पवित्र वायु का सेवन कर रहा था।"

विलियम को काम समझाकर मैं फिर करवी देवी के सूट के सामने उपस्थित हो गया। इस वक्त जाने की इच्छा नहीं थी। मगर वादा कर चुका हूँ। शायद मेरे लिए ही अब तक वह जगी हो।

दरवाज़ा खटखटाते ही करवी ने मीठी आवाज़ में कहा, "आ जाइए।"

कमरे में जैसे बहुत देर से अँधेरे और उजाले का युद्ध चल रहा था। मव उजाला घायल होकर टेबुल के एक कोने में बेहोश पड़ा है। बाकी हर जगह अँधेरा है। और टेबुल पर सिर झुकाये, सिसकती हुई रोशनी के साये में करवी गुहा चुपचाप बैठी है।

मुझसे बातें करने के लिए करवी ने धीरे-धीरे अपना चेहरा मेरी ओर घुमाया। उसके चेहरे की ओर देखकर मैं स्तम्भित रह गया। वह इस तरह क्यों बैठी है? इतनी उदास!

करवी ने मुझे बैठने को भी नहीं कहा। सिर्फ अपनी बोझिल पलकें उठाकर उसने मेरी ओर देखा। फिर उसकी निगाहें कोने में पड़े टेलीफोन की ओर चली गयीं। मैंने पूछा, "मुझसे कुछ कहना चाहती हैं ?"

शायद वह कुछ कहना चाहती थी, मगर ज़रा सोचकर उसने कहा, "नहीं। सोच रही थी, एक बार उन्हें फोन करूँगी। अब सोचती हूँ, फोन न करना ही बेहतर है।"

"आपके दोनों मेहमान कहाँ हैं ?"

करवी ने बताया, "वे दोनों दुबारा मिसेज़ चकलादार के घर जाना चाहते थे। मैंने फोन भी किया, मगर मिसेज़ चकलादार इन्हें अपने यहाँ बुला नहीं सकीं। कुछ अफसरों ने रात-भर के लिए उनका फ्लेट रिज़र्व कर लिया है। मिसेज़ चकलादार फिर भी इनके लिए जगह बना लेतीं, मगर कण्ट्रैक्टर कानोड़िया साहब राज़ी नहीं हुए। कानोड़िया ने अपने अफसर मेहमानों से वादा किया है, बाहर का कोई भी आदमी वहाँ नहीं होगा। बुरे दिन चल रहे हैं। अखबार के रिपोर्टर लोगों के पीछे लगे रहते हैं। अखबार में कुछ लिख दिया गया, तो नौकरी चली जाती, इसीलिए अफसर लोग सावधान रहते हैं। खैर, तुमसे एक बात करना चाहती थी, मगर अभी नहीं कहूँगी। आज तो मैंने किसी तरह बात खुद ही सँभाल ली है।"

करवी का चेहरा उतर गया था। मैंने कहा, "मुझे आपकी स्थिति अच्छी नहीं लग रही है। अगर आपके किसी काम आ सकूँ, तो बताने में हिचकिए नहीं।"

मगर उसने कुछ कहा नहीं।

मैं छत पर अपने संसार में लौट आया। आज तो गुड़बेरिया ने बिजली की बत्ती ही बुझा दी है। आकाश सितारों से झिलमिला रहा है। ड्राई-डे की रात में किसी आकाशवासी ने जैसे विराट बैंक्वेट की व्यवस्था की है।

ड्राई-डे की रात में होटल के कर्मचारी जल्दी-जल्दी अपने कमरों में आकर सो रहे हैं। लेकिन, प्रतापचन्द्र गोमेज़ की आँखों में नींद नहीं है। अपने कमरे के सामने एक तिपाई पर बैठे हैं।

मैं भी उदास हूँ। करवी ने मुझे बड़ी ही चिन्ता में डाल दिया है। वह क्या कहना चाहती थी ? बता क्यों नहीं सकी ? चिन्ता और असमंजस, उदासी और आशंका से उसने क्यों मुझे जकड़ दिया है ?

मुझे पता नहीं चल रहा है। लगता है, दो नम्बर सूट के रंगमंच पर कोई नाटक हो रहा है। और मै उसका एक मौन दर्शक हूँ। शाहजहाँ के हर कमरे में, रात के अँधेरे में कैसे-कैसे नाटक होते रहते हैं, किसे पता है ! जानने की ज़रूरत भी किसे है !

जिन्हें मैं जानता नहीं, पहचानता नहीं, उनके जीवन का नाटक सुखान्त है या दुखान्त, मुझे इसकी कोई चिन्ता नहीं है। मगर, दो नम्बर सूट ? दो नम्बर सूट की करवी गुहा किसी दुखान्त नाटक की नायिका हो सकती हैं, यह कल्पना करते ही मेरा मन किसी अज्ञात भय से सिहर उठता है।

प्रभातचन्द्र गोमेज़ ने मुझे पास आने का इशारा किया। मैंने कहा, "अभी तक

जगे हैं ?"

वह मुस्कराने लगे, "नींद नहीं आती है। रात को दिन समझने की आदत हो गयी है। ड्राई-डे की रात भी इन सितारों के साथ बातें करते-करते काट देता हूँ। अच्छा लगता है।"

मैं भी एक तिपाई खींचकर बगल में बैठ गया। वह बोले, "आपकी उम्र कम है, आपको पूरी नींद लेनी चाहिए। उम्र ज़्यादा होगी, तो आपको भी नींद का इन्तज़ार करना होगा, और नींद आयेगी नहीं।"

मैंने मुस्कराते हुए कहा, "मिस्टर गोमेज़, आप तो चिन्ताओं में लीन रहते हैं। रात के नक्षत्र और सुबह की सुनहरी किरणें तो आपके एकाकी हृदय के साथ स्नेह-सम्पर्क स्थापित करती हैं। आप बता सकते हैं हमारे जीवन में 'सस्पेन्स' की सृष्टि क्यों हुई है ? क्यों हम अनागत की आशका से भयभीत रहते हैं ? भविष्य हमें चिन्तित क्यों करता है ?"

गोमेज़ बोले, "सुनता हूँ, हिन्दुओं के धर्मशास्त्र में इसका उत्तर है। मगर मैं तो अशिक्षित क्रिश्चियन बाजे बजानेवाला हूँ, मुझे उसका पता नहीं। मैं आपके प्रश्न का उत्तर एक गीत से दे सकता हूँ। मामूली फिल्म का गीत है, मगर इसी गीत से मुझे अपने जीवन-दर्शन की प्राप्ति हुई—'के सॅरा-सॅरा।' यही वह गीत है।"

"इसका मतलब क्या है ?"

"मतलब ?" गोमेज़ धीमी आवाज़ में वह अंग्रेज़ी गीत गाने लगे—"के सॅरा-सॅरा ! द फ्यूचर इज़ नाट आवर्स टु सी, के सॅरा-सॅरा !"

गीत पूरा करने के बाद गोमेज़ ने कहा, "इस गाने का मतलब है, जो होना है, वही होगा ! बेकार भविष्य की चिन्ता करने से क्या फायदा ! ···एक अमरीकन यहाँ आये थे। उन्होंने ही मुझे इस गाने का रेकर्ड दिया था। कभी आपको सुनवाऊँगा।"

गोमेज़ की बातों से मेरा आत्म-विश्वास वापस लौट आया। रात के सितारे जैसे गोमेज़ के स्वर में स्वर मिलाकर गा रहे हैं—'के सॅरा-सॅरा' !

दूसरे दिन भी अनिंद्य आये थे। सुबह-सुबह करवी को अकेले पाकर बोले थे, "अगर आप बुरा न मानें, एक विशेष अनुरोध आपसे करना चाहता हूँ ?"

करवी ने उत्तर दिया था, "मैं आपके दोस्त मिस्टर अगरवाला की होस्टेस हूँ, इसलिए अनुरोध क्यों, आप तो आज्ञा ही दीजिए।"

अनिंद्य यह उत्तर सुनकर चुप रह गये। फिर हँसते हुए बोले, "अच्छा, अब समझा ! कल की बात का आपने बदला लिया है। मगर मैंने तो बुरा नहीं माना था। कल यहाँ से सीधे गंगा के किनारे गया। वहाँ ज़्यादा देर बैठ नहीं सका। किताबों की दूकान पर चला गया। आप होटल में अकेली रहती हैं, इसीलिए सोचा, मेरे प्रिय कवियों की किताबों से शायद आपको सुख मिले।"

ये सारी बातें करवी ने ही बाद में बतायी थीं। जब वे दोनों बातें कर रहे थे, तीसरा कोई वहाँ नहीं था। करवी को इसीलिए साहस हो रहा था। वैसे भी करवी गुहा साहसी युवती है। अनिंद्य के हाथ से किताबें लेते वक्त उसने सीधे अनिंद्य की आँखों

में अपनी आँखें डालते हुए कहा था, "आपके प्रिय कवि मेरे भी प्रिय कवि बन जायेंगे, यह आपने कैसे समझ लिया, अनिंद्य बाबू ?"

वह हँसने लगे थे। बोले थे, "इस सवाल का उत्तर जीवनानन्द या समर सेन, किसी ने नहीं दिया है। मगर मैं उत्तर दे सकता हूँ। स्पेकुलेशन ! हम लोग तो व्यापारी आदमी हैं, फाटका खेलना जानते हैं।"

"आप अगर बंगला-साहित्य की सेवा करते, तो बहुत बड़ा काम होता।"

"यह बात भूल जाइए, और भी इन जर्मन साहबों की सेवा करके माधव इण्डस्ट्रीज़ का बड़ा काम करने दीजिए। मगर एक बात है, मैं हमेशा ही इन कामों में लगा नहीं रहूँगा। इन सारे झँझटों से मुक्ति लेकर मैं भी एक दिन कविता और इतिहास में डूबा रहूँगा।"

उस दिन सुबह दैनिक पत्रों में 'कलकत्ता में जर्मन-उद्योग प्रतिनिधि' इस शीर्षक से जो विशेष समाचार पहले पन्ने पर छपा था, उसमें माधव इण्डस्ट्रीज़ की चर्चा भी थी। माधव पकड़ासी शारीरिक अस्वस्थता के कारण दमदम हवाई अड्डे पर नहीं जा सके, और पति की सेवा में लगे रहने के कारण मिसेज़ पकड़ासी भी दमदम हवाई अड्डे तक नहीं जा सकीं, यह भी अखबार में छपा था।

अखबार पढ़ते-पढ़ते करवी ने जब अनिंद्य की ओर देखा था, मैं भी वहीं खड़ा था। करवी ने ही मुझे जबरदस्ती रोक लिया था। अनिंद्य ने कहा, "मुझे पता नहीं, यह सब माँ के दिमाग की उपज है। कम्पनी के पी. आर. ओ. मिस्टर सेन को बुलाकर माँ ने स्वयं प्रेस-नोट तैयार करवाया। पिताजी तो दमदम जा ही रहे थे। माँ ने कहा, 'मत जाओ ! मुझे यह अवसर देना ही होगा तुम्हें।' आज तो समझ ही रही होंगी, फिर बीमार पड़ने के सिवा पिताजी के पास उपाय ही क्या था !" करवी की इच्छा थी, मैं भी उन दोनों के साथ दो नम्बर सूट के ड्राइंगरूम में बैठा रहूँ। मगर, मुझे तो और काम थे। दो नम्बर सूट की स्पेशल ड्यूटी करते हुए भी मुझे काउण्टर सँभालना ही पड़ता था।

काउण्टर पर वापस आया ही था कि प्रेस-रिपोर्टर मिस्टर बोस आ गये। बोले, "अच्छे तो हैं ? आपके गुरुदेव मिस्टर स्याटा बोस कहाँ हैं ? उस जर्मन पार्टी के बारे में कोई ताज़ा खबर चाहिए।"

"माधव इण्डस्ट्रीज़ के जन-सम्पर्क अफसर तो अपनी न्यूज़ वक्त पर आपके अखबार में भेज ही देंगे, आप क्यों चिन्तित हो रहे हैं ?" मैंने कहा।

"उन लोगों के दिये न्यूज़ से अगर अखबार का काम चले, तो फिर मालिक लोग तनखाह देकर मेरे-जैसा महँगा रिपोर्टर क्यों रखते ? वनस्पति नहीं चलेगा, हमारे अखबार को असली घृत चाहिए। बताइए, यह असली घृत कहाँ मिलेगा ?"

मैं चुप ही रहा, मगर मिस्टरबोस चुप नहीं हुए। वह सारी खबरें रखते हैं। उन्होंने पूछा, "आप लोगों के डीलक्स-सूट की मिस गुहा अगर चाहें तो मुझे न्यूज़ बनाकर बड़ा आदमी बनने में मदद कर सकती हैं।"

मैंने कहा, "अभी उनके कमरे में बाहर के आदमी बैठे हैं। अगर आप कुछ देर

बाद आयें तो कोशिश कर सकता हूँ।"

"अच्छी बात है। तब तक मैं एस्प्लेनेड के रेलवे-पब्लिसिटी दफ्तर में चेहरा दिखाकर वापस आ जाता हूँ।"

मिस्टर बोस के जाते ही मैंने करवी गुहा को फोन किया। कहा, "नाम करने का अवसर आ गया है। अखबार के एक बड़े रिपोर्टर आपसे इण्टरव्यू लेना चाहते हैं।"

"बात क्या है? समझ नहीं पा रही हूँ। आप ऊपर आ जाइए।" करवी बोली।

वहाँ अनिंद्य भी बैठे थे। मेरी बात सुनकर करवी ने कहा, "होस्टेस तो हमेशा बैक-ग्राउण्ड में रहती है। प्रेस के साथ भेंट करेंगे हमारे अनिंद्य बाबू।"

अखबार का नाम सुनते ही अनिंद्य ज़रा घबरा गये। बोले, "पी. आर. ओ. जब तक पास नहीं बैठा हो, माँ या पिताजी अखबारवालों से बात नहीं करते। मुझे डर लगता है।"

करवी बोली, "डरने की कोई बात नहीं। मैं जो पास रहूँगी।"

मगर, मिस्टर बोस को करवी गुहा ने दो नम्बर सूट में आने नहीं दिया। वहाँ खास-खास आदमी ही जा सकते हैं। लाउंज के एक कोने में वे दोनों मिस्टर बोस से मिले। मुझे बुलाकर करवी ने कहा, "प्लीज़, हमारे लिए ज़रा चाय भिजवा दीजिए।"

चाय का ऑर्डर देकर काउण्टर पर वापस आते वक्त मैंने सुना, करवी कह रही थी, "मिस्टर पकड़ासी नयी इण्डस्ट्री में प्रवेश कर रहे हैं। अपने देश से इन्हें बेहद प्यार है। अपना देश उद्योग-व्यवसाय में उन्नति करे, यही उनके जीवन का उद्देश्य है। भारत-जर्मनी के इस औद्योगिक सहयोग से हमारे देश का भविष्य उज्ज्वल होगा।"

अनिंद्य ने कहा, "आप अगर हमारे इन अतिथियों के बारे में विस्तार से लिखें तो हमें सुविधा होगी। बिजली का यह विशाल कारखाना हम चालू कर सकें, तो हज़ारों बेकार युवकों को हम काम दे सकेंगे, देश के भविष्य-निर्माण के लिए उन्हें प्रशिक्षित कर सकेंगे। जिन युवकों के दुःख-दर्द की कहानी आप लोग छापते रहते हैं, हम उनका दुःख-दर्द मिटा सकेंगे।"

यथासाध्य सहायता का वादा करके ही मिस्टर बोस ने विदा ली थी। अपना वादा उन्होंने निभाया। दूसरे सुबह ही कलकत्ता के प्रभावशाली अंग्रेज़ी दैनिक पत्र में माधव इण्डस्ट्रीज़ के मुख्य प्रतिनिधि श्री अनिंद्य पकड़ासी के साथ अखबार के विशेष प्रतिनिधि की मुलाकात का विस्तृत विवरण डबल-कॉलम के शीर्षक के साथ प्रकाशित हुआ था।

सुबह का अखबार हाथ में लिये, अनिंद्य लगभग दौड़ते हुए शाहजहाँ होटल आ गये थे। खुश होकर करवी से बोले थे, "माँ और पिताजी तो चकित हो गये! उन्हें आश्चर्य हुआ है, लड़के ने इतनी शानदार पब्लिसिटी कैसे कर ली! मैं तो यहाँ भागा-भागा आया हूँ। जिस बुद्धिमती युवती के कारण यह प्रचार सम्भव हो सका है, उसे..."

"उसे धन्यवाद देने आये हैं, है न?" करवी ने अनिंद्य का वाक्य पूरा किया।

अनिंद्य हँसकर बोले, "मुझे इतना शून्य-हृदय क्यों समझ बैठी हैं? सच्चे मन

से कृतज्ञता स्वीकार करने की इच्छा क्या मुझे नहीं हो सकती है ?"

करवी ने कोई उत्तर नहीं दिया। तब अनिंद्य ने पूछा, "मेरे मेहमान आपको बहुत तकलीफ देते हैं न ?"

"ज़रा भी नहीं। मुझे जैसे-जैसे देशी वी. आई. पी. लोगों की सेवा करने का मौका मिला है, उनके मुकाबले तो ये लोग देवता हैं। बार में जाकर ड्रिंक करते हैं, कैबरे के नाच देखते हैं, फिर अपने-अपने कमरे में आकर सो रहते हैं। अपने काम-धाम में डूबे रहते हैं, मुझे तंग नहीं करते।"

अनिंद्य ने पूछा, "अभी ये दोनों कहाँ गये हैं ?"

"हॉल में ब्रेकफास्ट कर रहे हैं।"

अनिंद्य खुश होकर बोले, "ठीक है, अब मैं ज़्यादा फिक्र नहीं करूँगा। पहले तो हर वक्त इन्हीं की बातें सोचता रहता था। आज से नॉर्मल होने की कोशिश करूँगा। और, जिस दिन पिताजी के साथ ये लोग एग्रीमेंट पर दस्तखत कर देंगे, उसी वक्त से मैं तो एकदम आज़ाद पंछी बन जाऊँगा।"

दिन-भर का काम-काज पूरा करके मैं अपने कमरे में सोया हुआ था। ऐसे वक्त में करवी देवी ने दरवाज़ा खटखटाया। मुझे उसके आने की ज़रा भी उम्मीद नहीं थी।

करवी भीतर आकर कुर्सी पर बैठ गयी। मैंने देखा, चिन्ता से उसका चेहरा स्याह पड़ गया है। मैंने कहा, "क्या बात है ? मुझे वहीं बुला लेतीं, खुद आने की तकलीफ क्यों की ?"

करवी के शब्दों में उदासी भरी थी। लम्बी उसाँस लेती हुई बोली, "नहीं, आप ही चली आयी। मेरे कमरे में आपसे बातें नहीं हो सकती थीं। मेरी समझ में कुछ नहीं आ रहा है। क्या करूँ, पता नहीं चलता! बताइए तो, मैं क्या करूँ ?"

मुझे लगा, करवी थरथरा रही है। किसी तरह अपने-आपको सँभालती हुई बोली, "पहले मैं समझ नहीं सकी थी। शक ज़रूर हुआ था। मगर, मैंने यही सोचा, कि मिस्टर माधव पकड़ासी को खुश करने के लिए ही अगरवाला साहब इतना कुछ कर रहे हैं।"

करवी ने मुझे विस्तार से सारी बातें बतायीं। दो नम्बर सूट के मालिक मिस्टर अग्रवाल ने करवी को फोन किया था। कहा था, "यह 'टॉप सीक्रेट' है। राइटर और कुर्ट पर नज़र रखनी होगी। उनका भेद लेना होगा। वे क्या सोच रहे हैं ? क्या करेंगे ?"

करवी ने बताया था, "उन लोगों से बिज़नेस के बारे में मेरी कोई बात नहीं हुई है।"

"बात करनी होगी। नहीं तो, आखिर, सुन्दरी होस्टेस रखने का फ़ायदा ही क्या है ?" अग्रवाल ने उत्तर दिया था।

इस बातचीत से भी करवी ने यही अन्दाज़ लगाया था कि मिस्टर अग्रवाल अपने दोस्त मिस्टर पकड़ासी के फ़ायदे के लिए ही इतने परेशान हो रहे हैं। फोन रखने से पहले अग्रवाल ने कहा था, "इनकी सेवा में कोई भी कोर-कसर नहीं रहे। इनकी खुशी

पर ही भविष्य का बहुत-कुछ निर्भर करता है।"

करवी कुछ समझ नहीं सकी थी। मगर धीरे-धीरे बात खुलती गयी। करवी के सामने सबकुछ स्पष्ट हो गया।

करवी ने मुझे बताया, "अभी कुछ ही मिनट पहले सारी बात समझ सकी हूँ। अगरवाला साहब इन जर्मन साहबों से अकेले में मिलकर अपना मतलब गाँठना चाहते हैं। माधव इण्डस्ट्रीज़ की भीतरी बातें जानकर अब खुद ही मैदान में उतरना चाहते हैं। चाहते हैं पकड़ासी साहब को पीछे धकेल दिया जाय। पकड़ासी के बदले अगरवाला के साथ मिलकर बिजली का कारखाना तैयार करने में जर्मनों का नुकसान क्या है ? अगरवाला चोरी-चोरी सारी बातें तय करना चाहते हैं। जब पकड़ासी का कोई आदमी न हो, तब इन लोगों से मुलाकात करके अपना काम कर लेंगे। मुझे कई बार फोन करके अगरवाला पूछते रहे हैं, अनिंद्य कितनी देर, कब से कब तक होटल में होता है। कल भी उन्होंने आज का कार्यक्रम जानने के लिए फोन किया था। मैं झूठ बोल गयी। उन्हें बताया कि अनिंद्य यहाँ रात में देर तक रहेंगे। मगर बात बनी नहीं। मिस्टर अगरवाला को फोकला चटर्जी भीतरी खबरें भेजते रहते हैं। उन्होंने कहा कि वह ऐसा इन्तज़ाम करेंगे, जिससे अनिंद्य शाम को होटल जा ही नहीं पाये। मिस्टर अगरवाला इसके लिए कुछ भी खर्च करने को तैयार हैं। गार्डेन हाउस, शराब और भी जो कुछ लगे, मिस्टर चटर्जी किसी तरह अनिंद्य को भुलावा देकर फँसाये रखें।"

"क्या नाम बताया, फोकला चटर्जी ?" मैंने आश्चर्यचकित होते हुए पूछा।

"हाँ, वह सज्जन ही हैं।" करवी देवी ने बताया, "अब मैं क्या करूँ, बताइए ? ऐसी विचित्र परिस्थिति मेरे सामने कभी आयी नहीं थी। इतने दिनों तक सोचती थी, 'जिसकी नौकरी करती हूँ, जिससे पैसा पाती हूँ, मैं उसी की हूँ। वह जो कहेगा, करना होगा। मगर, अनिंद्य बाबू की कविता की किताबें पढ़कर मालूम हुआ, मेरी अपनी भी अलग सत्ता है, मेरा अपना भी एक व्यक्तित्व है। और, मैं जो भी करूँ, उसके लिए मुझे अपनी आत्मा को जवाब देना होगा। गलत काम मुझे नहीं करना चाहिए।"

इतनी बात कहकर करवी रुककर दम लेने लगी। फिर बोली, "मुझे साहस नहीं हो रहा है। आप एक बार उन्हें फोन कीजियेगा ?"

"मैं उन्हें फोन पर बुला देता हूँ। मगर, बातें आपको ही करनी होंगी।"

ज़रा भी देर होती तो अनिंद्य पकड़ासी से बातचीत नहीं हो पाती। वह बाहर जा ही रहे थे। अनिंद्य ने पूछा, "क्या बात है ?"

मैंने कहा, "लीजिए, करवी गुहा से बात कीजिए।"

करवी को अनिंद्य ने बताया, "आज होटल आ नहीं पाऊँगा। मामा कह रहे हैं, मुझे कवि जीवनानन्द दास से परिचय कराने ले जायेंगे। वह अपनी कविता सुनायेंगे। इसके बाद मैं मामाजी के साथ गंगा-किनारे जाऊँगा। अचानक मामा कविताएँ सुनने को बेताब हो उठे हैं। मैं कविता पढ़ूँगा, मामा सुनेंगे। मामा जैसे अरसिक आदमी हैं, ऐसा मौका फिर हाथ नहीं आयेगा।"

करवी के होंठ थरथरा रहे हैं। वह उत्तेजित हो रही है। कहती है, "यह सब किसी और दिन कर लीजियेगा। इस वक्त आप तुरत यहाँ चले आइए।"

"क्या कह रही हैं आप ?"

"आपको तुरत अपने पास देखना चाहती हूँ। देर न कीजिए! आपसे मिलने को मैं पागल हो रही हूँ।" करवी ने इतना कहकर फोन बन्द कर दिया। उत्तेजना से उसका समूचा शरीर मलेरिया के मरीज़ की तरह काँप रहा था।

करवी देवी तुरन्त नीचे चली गयीं। मैं भी चुप बैठा नहीं रह सका। काउण्टर पर आकर विलियम से बातें करने लगा। विलियम इन दिनों मुझ पर बहुत खुश है, मुझे भी खुश रखना चाहता है। शायद फिर कभी मिस रोज़ी डिनर पर साथ जाने को तैयार हो जाये, तो उसके बदले ड्यूटी कौन देगा ?

हमारे सामने ही यह काण्ड हो जायेगा, हमें आशा नहीं थी। अनिंद्य और मिस्टर अग्रवाल लगभग एक साथ होटल के गेट में घुसे। अग्रवाल बड़े ही खुश-खुश होटल आ रहे थे, मगर अनिंद्य को देखते ही उन्हें साँप ने डस लिया। कमर से नीचे झूल आये ढीले-ढाले पैण्ट को ऊपर चढ़ाते-चढ़ाते बोले, "आप ?"

अनिंद्य ज़रा शरमा गये। फिर बोले, "मेहमानों का हाल-चाल पूछने आ गया।"

अग्रवाल पसीने-पसीने होते हुए बोले, "इसकी क्या ज़रूरत थी ? आप लोगों के आशीर्वाद से अग्रवाल के गेस्टरूम में किसी मेहमान को तकलीफ हो नहीं सकती। मिस गुहा को क्या इतनी तनखाह हम मुफ्त में देते हैं ?"

अनिंद्य ने कहा, "आपको कैसे धन्यवाद दूँ! कलकत्ता के किसी भी अच्छे होटल में सूट खाली नहीं था। मामूली कमरे में तो इन्हें रखा नहीं जा सकता था। आपने इतना-कुछ हमारे लिए किया। पिताजी स्वयं भी फोन पर आपसे बात करने को उत्सुक हैं।"

अब अग्रवाल साहब शरमाने लगे। बोले, "अरे, क्या कह रहे हैं! बिज़नेस में हम लोग अगर एक-दूसरे का खयाल नहीं रखें, तो कैसे चलेगा ? फिर आपके पिताजी तो हमारे पुराने दोस्त हैं।"

अनिंद्य ने अग्रवाल के आने का कारण पूछ लिया। किसी तरह बात निभाते हुए अग्रवाल बोले, "एक दोस्त को देखने आया था। वह बार में बैठा होगा। उसे साथ लेकर तुरन्त चला जाऊँगा। आपके मेहमानों को कोई तकलीफ हो तो मुझे बताना भूलियेगा नहीं।"

अनिंद्य ने ज़्यादा वक्त बरबाद करना नहीं चाहा। उनसे छुट्टी लेकर ऊपर चले गये। अग्रवाल साहब लाउन्ज के टेलीफोन-बूथ पर जाकर किसी को फोन करने लग गये। फिर काउण्टर पर जाकर बोले, "मैं मिस्टर अग्रवाल हूँ।" फिर उन्होंने बताया कि अगर फोकला चटर्जी उन्हें ढूंढ़ने आयें, उन्हें बता दिया जाय, अग्रवाल साहब मिसेज़ चकलादार के यहाँ चले गये हैं।

उनके जाने के थोड़ी देर ही बाद फोकला चटर्जी आ गया। काउण्टर पर आकर बोला, "स्याटा! अब बरदाश्त नहीं होता है। इस ढलती हुई उम्र में भी दस से पाँच बजे तक की कोई नौकरी मिल जाती तो जान बच जाती। अब गाड़ी चलनी मुश्किल हो

गयी है।"

"बात क्या है, मिस्टर चटर्जी ?" बोस दा ने पूछा।

फोकला ने कहा, "बाद में बताऊँगा। प्यास से गला सूखकर काठ हो रहा है। ज़रा कुछ तर माल मँगवा सकते हो ?"

बोस दा ने कहा, "क्यों शर्मिन्दा कर रहे हैं ? आपको पता है ही, हम अभागों के हाथ-पाँव कानून से बँधे हैं। लाउन्ज में ड्रिंक देने का हुक्म नहीं है।"

"यह साली सरकार पता नहीं, कब हटेगी ! क्या इन्हीं सालों के लिए हमने सत्याग्रह-आन्दोलन किया था ?" फोकला ने मुँह बनाकर कहा। बोस दा मुस्कराते हुए अपने काम में लग गये। मिस्टर चटर्जी ने कहा, "साला माल बिक्री करने देगा, इसमें कुछ बुरा नहीं, मगर खुली जगह में पीने नहीं देगा। सोमरस पीनेवाला देवताओं के इस देश में यह कैसा कानून है, भगवान् ? ...आप लोगों के बारे में सोच-सोचकर मुझे बड़ा दुख होता है। गृहस्थ-परिवार के सभ्य युवक हैं आप लोग, इस लाइन में आकर जीवन नष्ट कर रहे हैं। इस लाइन का कोई भविष्य नहीं है। जैसी हालत है, किसी दिन ये लोग कानून बना देंगे, बाथरूम के सिवा और कहीं बैठकर ड्रिंक नहीं ले सकते हैं।"

"आपकी तो बड़े-बड़े लोगों से दोस्ती है। कहिए न, इसका विरोध करें !" बोस दा ने कहा।

"इन लोगों से तो हो गया। सब साले पानी में डूबकर शराब पीते हैं, मगर सरे-आम एक बूँद पानी तक नहीं पी सकते। ये लोग क्या शोर मचायेंगे ! खुलेआम तो विधवाओं की तरह सफेद साड़ी का घूँघट डाले रहते हैं, और बन्द कमरे में...! ये लोग ऐसे हैं, अगर सरकार कानून बना दे तो ये लोग बाथरूम में ही शराब पीकर उम्र काट देंगे, एक हाथ तक उठाकर विरोध नहीं करेंगे। एक व्यक्ति के द्वारा विरोध हो सकता था, वह है हमारी बड़ी बहन, माधव पकड़ासी की वाइफ़ ! मगर, बहन तो पुराने ज़माने की औरत है। शराब का नाम तक सुनना नहीं चाहती।" फोकला चटर्जी ने कहा।

"ऐसी बात है !" बोस दा बोले।

"हाँ, भाई ! दिन-रात सिर्फ महिला समिति, निरक्षरता निवारण समिति, नैतिक स्वास्थ्य रक्षा समिति में व्यस्त रहती है, अपने पूजा-पाठ में मग्न रहती है। बहन अगर एक बार प्रेस-रिपोर्टरों के सामने बोल दे कि छिपे-चोरी शराब पीने से खुले-आम शराब पीना ज़्यादा अच्छा है, तो गवर्नमेण्ट ज़रूर ध्यान देगी।"

स्याटा बोस ने कहा, "आपको तकलीफ हो रही है। बार में चले जाइए।"

"नहीं मिस्टर, जाने की फुरसत नहीं है। एक भले आदमी के लिए यहीं खड़े रहना होगा।"

मैंने पूछा, "आप क्या मिस्टर अग्रवाल की बात कह रहे हैं ? वह आपके लिए एक 'मेसेज' छोड़ गये हैं।"

"हाँ-हाँ, उन्हीं का इन्तज़ार है। मुझे उन्होंने फोन किया था। मैं घर में था नहीं। मुझे उन्होंने यहीं बुलाया है।"

बोस दा ने कहा, "मिस्टर अग्रवाल मिसेज़ चकलादार के यहाँ चले गये हैं।"

"मिसेज़ चकलादार।" फोकला हा-हा-हा हँसने लगा, "भूत को अपना घर नहीं दिखाना चाहिए भाई! इसी ब्राह्मण ने, दिस फोकला चटर्जी ने आपके अगरवाला को मिसेज़ चकलादार का घर दिखाया था। गृहस्थ-परिवार का घर है, शान्ति से पीने की सुविधा थी वहाँ। हम जैसे शराबियों का शान्तिनिकेतन! रेट ज़रा ज्यादा है। ड्राई-डे के दिन मिनिमम एडमिशन-चार्ज बीस रुपये। मगर, अब वह जगह भी बरबाद हो जायेगी। अगरवाला ने और दिन भी गेस्ट ले जाना शुरू कर दिया है। दुनिया-भर का जितना कण्ट्रैक्ट है, जितना लाइसेन्स है, सब उसी को चाहिए! बताइए, ऐसा कहीं होता है? हर रोज़ मिसेज़ चकलादार के यहाँ जाता है, लोगों से मतलब निकालने के लिए वहाँ शराब के दौर चलाता है। किसी दिन अखबारवालों की नज़र पड़ जायेगी। सारा भण्डा फूट जायेगा।" फोकला चटर्जी घड़ी की ओर देखता हुआ बोला, "मैंने साहब, दूसरों का बोझ ढोने में ही उम्र गँवा दी। मेरे ही ज़रिये लोगों को 'एण्टरटेन' करके कलकत्ता के कितने भिखमंगे बिज़नेस में चमक उठे। मुझे फायदे में फायदा यही हुआ कि 'लिवर' खराब हो गया। मुफ्त का माल पीता रहा हूँ! कभी-कभी दो-चार सौ रुपये भी पाये हैं। कैपिटल नहीं हैं मेरे पास! होता तो दिखा देता, बिज़नेस क्या होता है! अभी तक तो हज़ारों बेकार नौजवान फोकला ग्रुप ऑफ़ इण्डस्ट्रीज़ में काम करते होते।"

मैंने कहा, "वहाँ मिस्टर अगरवाला आपका इन्तज़ार कर रहे होंगे।"

"इन्तज़ार करेंगे तो क्या होगा? कोई उनके पेट का बच्चा तो गिरा नहीं जा रहा है!" फोकला चटर्जी नाराज़ होकर बोले। फिर सिर पर हाथ रखकर कुछ सोचने लगे। फिर कहने लगे, "बुरा न मानियेगा, बंगाली लड़कियाँ एकदम 'गुड फॉर नर्सिंग' होती हैं! स्त्रियों की सहायता के बिना कोई भी देश उन्नति नहीं कर सकता। स्वामी विवेकानन्द तक ने कहा है, 'नारी-जाति ही हमारी शक्तियों का उत्स है!' किन्तु, बंगाली लड़कियाँ तो तनिक भी अपनी शक्ति का परिचय देना नहीं चाहतीं। मिस्टर रंगनाथन का नाम याद है न? उसके हाथ में लाख-लाख रुपयों के कण्ट्रैक्ट हैं। बंगाल के बारे में उसके मन में बड़ी श्रद्धा थी। बड़ी इच्छा थी उसे कि किसी बंगाली लड़की के साथ उसकी दोस्ती हो जाय। सारा खर्च बर्दाश्त करने को तैयार था बेचारा! लेकिन, आपको अपना दुःख क्या समझाऊँ, एक भी लड़की मैं तैयार नहीं कर सका। बात बिगड़ गयी। एक मिसेज़ कपूर हैं, उसने रंगनाथन से दोस्ती कर ली। जो आर्डर हमें मिल सकता था, वह मिस्टर कपूर ने हथिया लिया। हमारी किस्मत में दुःख-ही-दुःख लिखा है।"

फिर घड़ी की ओर देखते हुए फोकला ने कहा, "चलूँ, घूम आऊँ!" फिर आगे बढ़कर अचानक वापस लौट आये, "अनिंद्य को देखा है?"

बोस दा मेरी ओर देखने लगे। मैं बोला, "जी हाँ, वह अपने जर्मन मेहमानों से मिलने गये हैं।"

"हूँ!" फोकला चटर्जी ने ज़रा सोच-विचारकर सवाल किया, "अच्छा, कुछ देर पहले यहाँ से किसी ने अनिंद्य को फोन किया था?"

फोकला चटर्जी की आँखों की ओर देखकर मुझे पता नहीं कैसा डर होने लगा।

मैंने कहा, "हाँ, डॉक्टर राइटर ने फोन किया था।"

"श्योर?" फोकला ने पूछा।

"यहीं से खड़े-खड़े उन्होंने फोन किया था।"

"आई सी! मुझे लगा था, कोई बंगला-भाषा में बात कर रहा है। मैं वहीं अनिंद्य के पास बैठा था।"

मुझमें अब कुछ कहने की ताकत नहीं रह गयी थी। किसी तरह बोला, "ठीक ही कह रहे हैं। पहले मुझसे ही अनिंद्य पकड़ासी की बात हुई थी। डॉक्टर राइटर ने मुझे लाइन मिलाने को कहा था।"

फोकला चटर्जी ने कहा, "अच्छा, यह बात थी।"

फोकला के चले जाने के बाद मुझे शान्ति मिली। वह और कुछ पूछ बैठता, तो पता नहीं, मेरी क्या हालत हो जाती!

बोस दा गहरी निगाहों से मेरी ओर देखने लगे। वह सारी बातें समझ गये थे। उन्हें पता था, डॉक्टर राइटर सुबह से एक बार भी काउण्टर तक नहीं आये थे। फिर भी उन्होंने मुझसे कोई सवाल नहीं किया। मैं उठकर बाहर आने लगा। तब बोस दा ने रजिस्टर पर सिर झुकाये हुए, धीमी आवाज़ में कहा, "होटल-विश्वविद्यालय के एक गुरुदेव कह गये हैं, 'वत्स, तुम्हारे और तुम्हारे अतिथियों के बीच एक बड़े-से काउण्टर की दीवार है, यह बात हमेशा याद रखना!' अपनी रेखा से बाहर आते ही सीता रावण के फन्दे में फँस गयी थी।"

उस रात भी करवी से मुलाकात हुई थी। सोचा था, फोकला की बात उसे बता दूँगा। मगर बता नहीं सका। देखा, वह चुपचाप बैठी है, उदास, और थकी हुई। मुझसे बोली, "अब जाकर चैन मिला है। अनिंद्य बाबू जा चुके हैं। और दोनों जर्मन साहब भी सो चुके हैं, अब अगरवाला आये भी तो कोई बात नहीं हो सकती।"

करवी से यह भी मालूम हुआ, इस तरह बुलाये जाने से अनिंद्य नाराज़ हुआ था। बार-बार बुलाने का कारण पूछने लगा था। करवी कुछ बता नहीं सकी। सिर्फ इतना बोली, "आपको यहाँ रहना चाहिए। मैं अकेली इन दोनों को अब सँभाल नहीं पाती हूँ।"

मुझसे बातें करती हुई करवी गुहा पसीने-पसीने हो रही थी। कह रही थी, "अनिंद्य कल सुबह-सुबह आ जायेंगे। उन्हें यहीं बिठाये रखना होगा। मुझे बड़ा डर लग रहा है।"

बोस दा ने मुझे सावधान कर दिया है। उनकी बात मेरे कानों में अब तक गूँज रही है। लक्ष्मण-रेखा से बाहर आते ही सीता हर ली गयी थी। होटल की नौकरी करने आया हूँ, बड़े लोगों की बातों में मुझे टाँग नहीं अड़ानी चाहिए। अपने हाथों अपनी बरबादी क्यों खरीदूँ? फिर भी मुझे अच्छा नहीं लग रहा था कि अग्रवाल साहब अपने स्वार्थ के लिए पकड़ासी-परिवार का सर्वनाश कर दें।

हमें पता नहीं चलता, मगर कुछ दिनों बाद ही हमें मालूम हुआ था कि पकड़ासी

का वाणिज्य-साम्राज्य उतना शक्तिशाली नहीं है, जितना ऊपर से दीखता है। यह जर्मन आर्थिक-सहयोग नहीं मिले, तो उनके प्रासाद की नींव हिल जायेगी। अनिंद्य को मालूम नहीं, किन्तु करवी की आँखों से खुशी के आँसू बहने लगे थे। अनिंद्य को मालूम नहीं, किन्तु हमेशा उसे अपने साथ रखकर जर्मन मेहमानों के पास रहकर करवी ने अग्रवाल साहब को हर चाल में मात दी थी, और पकड़ासी-साम्राज्य को बचा लिया था।

उस दिन अखबार में तस्वीरें छपी थीं। जर्मन उद्योग-संस्था के साथ औद्योगिक सहयोग के दस्तावेज़ पर माधव पकड़ासी दस्तखत कर रहे हैं, और उनकी बायीं ओर खड़े हैं अनिंद्य पकड़ासी।

इस तस्वीर को देखकर करवी आनन्दित हुई थी, आँसू बहाने लगी थी।

कहानी खत्म हो सकती थी। शाहजहाँ होटल और करवी गुहा के जीवन से अनिंद्य पकड़ासी यहाँ तक आकर विदा ले सकते थे। यही स्वाभाविक भी होता। यही होता आया है। किन्तु, जीवन की सारी घटनाएँ तो अर्थशास्त्र के नियमों या रेखागणित की रेखाओं के अनुसार नहीं होती हैं।

मुझे केवल अनिंद्य के व्यवहार से आश्चर्य हुआ था। करवी अगर नहीं होती, अगर वह इतनी सजग नहीं रहती, तो माधव इण्डस्ट्रीज़ के बदले मिस्टर अग्रवाल का नाम, मिस्टर अग्रवाल की तस्वीर अखबरों में छपती। लेकिन अनिंद्य ने तो एक बार भी करवी के प्रति अपनी हार्दिक कृतज्ञता प्रकट नहीं की। और इससे भी आश्चर्य की बात, इसके लिए करवी ज़रा भी दुखी नहीं हुई। मैंने सोचा था, करवी मुझे कहेगी, अपना दुःख व्यक्त करेगी। मगर नहीं। करवी खुश होती रही और चुप रह गयी।

असल में, उस वक्त तक भी मुझे असली बात का पता नहीं चला था। पता उस वक्त चला, जब काले चश्मे से आँखों पर परदा डाले, वैनिटी बैग झुलाती हुई मिसेज़ पकड़ासी शाहजहाँ होटल में आयीं। एक लम्बे अरसे से उन्हें देखा नहीं था। शायद जर्मन अतिथियों की उपस्थिति के चलते उनका आना सम्भव नहीं हो रहा था। अब वे लोग जा चुके हैं। अपने सुपुत्र के साथ माधव पकड़ासी भी दिल्ली या बम्बई गये हैं। और, सौभाग्य से हमारे होटल का एक नम्बर सूट भी खाली है।

मिसेज़ पकड़ासी काउण्टर पर मुझे देखकर निराश हुईं। पूछने लगीं, "मिस्टर बोस कहाँ हैं?"

"उनकी ड्यूटी खत्म हो चुकी है। वह अपने कमरे में आराम कर रहे हैं। आपका कोई काम मुझसे हो सके, बताइए।"

"उन्हीं से मिलता चाहती हूँ," मिसेज़ पकड़ासी ने कहा।

मैं बोस दा को बुलाने चला गया। बिस्तरे से उतरते हुए बोस दा बोले, "कब उन्हें कमरा चाहिए, पूछ लेते! मुझे क्यों जगा रहे हो?"

"आपकी कस्टमर हैं। मुझसे कोई बातचीत करना नहीं चाहतीं।"

बोस दा को देखते ही मिसेज़ पकड़ासी उनकी ओर बढ़ आयीं। काउण्टर से थोड़ा अलग हटकर उन दोनों ने क्या-क्या बातें कीं। फिर काउण्टर पर आकर बोस दा

ने मुझसे कहा, "एक नम्बर सूट की चाभी दो।"

चाभी लेकर वे दोनों ऊपर चले गये।

घड़ी के काँटे धीरे-धीरे घूमते जा रहे हैं, मैं विकल होकर बोस दा की प्रतीक्षा कर रहा हूँ, मगर दोनों में से एक भी वापस नहीं ग्रा रहा है। लगभग घण्टे-भर बाद ग्राहत सर्पिणी की तरह घूंघट का फन काढ़े मिसेज़ पकड़ासी तेज़ी से ग्रकेली होटल से बाहर निकल गयीं। उनके जाते ही एक बैरे ने ग्राकर बोस दा की स्लिप मेरे हाथ में थमा दी। वह मुझे ऊपर बुला रहे हैं।

बोस दा ने कहा, "बैठो!"

मैं बैठ गया। पूछा, 'मिसेज़ पकड़ासी के लिए कोई स्पेशल व्यवस्था करनी होगी?"

"नहीं, कुछ भी करना नहीं होगा," बोस दा चिन्तित स्वर में बोले, "बात क्या है? तुम्हें ज़रूर पता होगा। मगर, मुझे तुमने कुछ भी नहीं बताया।"

मैं चकित होकर उनकी ग्रोर देखने लगा। बोस दा ने कहा, "करवी गुहा ग्रौर ग्रनिंद्य पकड़ासी की बात पूछ रहा हूँ। उन्हें इतना ग्रागे बढ़ने का मौका कब मिल गया?"

"क्या मतलब?" मैंने पूछा।

"तुम तो सारी बातें देखते-सुनते रहे हो, इसीलिए तुम्हें बता रहा हूँ। ग्रनिंद्य हमारी करवी से शादी करना चाहता है। शाहजहाँ होटल के दो नम्बर सूट की होस्टेस के लिए माधव इण्डस्ट्रीज़ का प्रिंस-ग्रॉफ़-वेल्स पागल हो रहा है।"

पता नहीं क्यों, यह समाचार सुनते ही मेरा मन खुशी से नाच उठा।

ग्रनिंद्य ग्रौर करवी, बुरा क्या है? इतनी बड़ी विपत्ति से करवी ने ग्रनिंद्य की रक्षा की है। उसके समूचे साम्राज्य को डूबने से बचा लिया है। ग्रब ग्रगर ग्रनिंद्य करवी की शुष्क मरुभूमि को फूलों से भरा हुग्रा उपवन बना देता है, तो बुरा क्या है? दुनिया ग्रौर भी सुन्दर हो उठेगी।

बोस दा ने कहा, "मगर मुसीबत हम लोगों पर ग्रा गयी है। ऐसे फसादों में हम कभी शामिल नहीं हुए थे। मिसेज़ पकड़ासी की धारणा है, करवी गुहा ग्रनिंद्य को इस तरह 'ब्लैकमेल' करना चाहती है। ग्रनिंद्य सरल ग्रौर निष्पाप है, उसके बचपने ग्रौर भावुकता से फायदा उठाकर करवी ने ऐसा कोई काम करा लिया है, ग्रब जिसकी वह ऊँची कीमत वसूलना चाहती है।"

मैंने पूछा, "मगर इन बातों से हमें क्या मतलब है?"

"मिसेज़ पकड़ासी को इससे सहानुभूति है। जो भी हो, इस होटल के प्रति उनके मन में दुर्बलता है। ग्रौर, ग्रब तो वह मुसीबत में घिरकर हमारे पास ग्रायी हैं। मुसीबत में तो लोग दुश्मन की भी सहायता करते हैं। मिसेज़ पकड़ासी तो हमसे स्नेह-सहानुभूति रखती हैं। ग्रगर हमसे उनकी सहायता हो सके ..."

"सहायता? कैसी सहायता?"

"उन्होंने ग्रनुरोध किया है, हममें से कोई एक बार करवी से बातें करके देखे।

करवी क्या चाहती है, यह मालूम होना चाहिए। मैंने मिसेज़ पकड़ासी को बताया कि यह उचित भी नहीं, हमारे लिए सम्भव भी नहीं है। तब उन्होंने स्वयं करवी से मिलना चाहा है, खुद ही बातें कर लेना चाहा है।"

मैं चुप ही रहा, उनकी बातें सुनता रहा। उन्होंने कहा, "मैं कह चुका हूँ। इस होटल में सिर्फ एक तुम्हीं से करवी गुहा बातचीत करना पसन्द करती है।"

"क्यों, न्याटाहारी बाबू भी तो हैं, उम्रदराज़ आदमी हैं। ये सब बातें करने में चतुर हैं।" मैंने अपनी जान बचाने की कोशिश की, मगर फायदा नहीं हुआ।

"पागल हुए हो ?" बोस दा बोले, "बात ही ऐसी है कि तुम्हारे, मेरे, मिसेज़ पकड़ासी और करवी के अलावा दुनिया में किसी को कानों-कान खबर नहीं होनी चाहिए।"

कतराने की मैंने बड़ी कोशिश की मगर कोई बस नहीं चला। राज़ी होना ही पड़ा। करवी उस वक्त अपने दो नम्बर सूट में चुपचाप अकेली बैठी थी। उसकी गोद में कविताओं की एक किताब पड़ी थी। चिड़िया के घोंसले की तरह अपनी आँखें ऊपर उठाती हुई, 'बनलता सेन'* की भंगिमा से करवी ने पूछा, "इतने दिन कहाँ रहे ?"

"और कहाँ कहूँगा ? शाहजहाँ होटल के निचले तल्ले से छत पर, और छत से निचले तल्ले तक चढ़ता-उतरता रहा हूँ। और कहाँ जाऊँगा ?" मैंने हँसकर कहा।

करवी बोली, "इतने दिन बाद ज़रा आराम मिला है। अब कोई मेहमान मेरे सूट में नहीं है। पकड़ासियों का सर्वनाश नहीं कर सके, इसी दुख से जर्जर होकर अगरवाला भी इधर का रुख नहीं कर रहे हैं। फोन किया था मैंने। पता चला, ब्लडप्रेशर और डाइबिटीज़, दोनों ने एक साथ उन पर हमला बोल दिया है। इसीलिए, जब तक कोई नयी मुसीबत नहीं आये, मैं आज़ाद पंछी हूँ। चुपचाप कमरे में बैठी कविताएँ पढ़ती रहूँगी, गीत गाया करूँगी, बाहर घूमने चली जाऊँगी, जो जी में आये, करूँगी।"

अब मुझे अपनी बात पर आना पड़ा। मैंने कहा, "आपके सामने एक प्रस्ताव पेश करने आया हूँ।"

"प्रस्ताव ?" करवी देवी आश्चर्यचकित हो गयीं।

" 'हाँ' या 'नहीं' कर देना आपकी मर्ज़ी पर है। शर्त एक ही है कि आप यह बात किसी से नहीं कहेंगी, यहाँ तक कि अनिंद्य बाबू से भी नहीं।"

अनिंद्य का नाम सुनते ही करवी का चेहरा उदास हो गया। उसने कहा, "आपकी बात मैं समझ नहीं रही हूँ, फिर भी वादा करती हूँ, आपकी शर्त तोड़ूँगी नहीं। आप बताइए, क्या प्रस्ताव है ?"

"मुझे भी ठीक-ठीक पता नहीं। मगर मिसेज़ पकड़ासी आपसे मिलना चाहती हैं। यही है मेरा प्रस्ताव। आप उनसे मिल लीजिए।"

मिसेज़ पकड़ासी ने कहा था, वह शाहजहाँ होटल में नहीं मिलेंगी। किसी और जगह

*बँगला कवि जीवनानन्द दास की विख्यात काव्य-नायिका, बनलता सेन।

मिलना ज़्यादा ठीक रहेगा। मगर करवी इसके लिए राज़ी नहीं हुई। होटल से बाहर जाने की उसे आदत नहीं है। यह सुनकर मिसेज़ पकड़ासी फोन पर खिलखिलाने लगी थीं। बोली थीं, "आई सी! अभी तो हम मुसीबत में हैं, वह जो कहेंगी करना होगा। मगर बात अपने ही तक रख सकेंगी न?"

मैंने करवी से पूछा था, "आपको अपना वादा याद है न?"

"हम विख्यात होटल की कुख्यात होस्टेस हैं। मारवाड़ी सेठ की नौकरी करके माँ और भाई-बहनों का पेट पालती हैं। हमारे वादों की कीमत ही क्या है?" करवी ने दुखी होकर व्यंग्य किया था।

मिसेज़ पकड़ासी, जिस दिन करवी गुहा से मिलने आयी थीं, वह दिन मुझे अब तक याद है। जो करवी अपने छल-कौशल से, अपनी मुस्कराहटों से, अपनी अदाओं से दूसरों की किस्मत बदल देती है, वह उस दिन कितनी उदास थी। बोली थी, "मुझे अच्छा नहीं लग रहा है। बातचीत के वक्त आप भी वहाँ रहियेगा।"

"ऐसा नहीं हो सकता।" मैंने कहा था, "हाँ, मैं बाहर खड़ा आपका इन्तज़ार कर सकता हूँ।"

अपनी कार से नहीं, टैक्सी से माधव इण्डस्ट्रीज़ की राजराजेश्वरी शाहजहाँ होटल आयी थीं। गेट पर ही प्रेस-रिपोर्टर मिस्टर बोस से भेंट हो जायेगी, इसकी आशा उन्हें नहीं थी। मिस्टर बोस ने पूछा, "क्या बात हो गयी? पी. टी. आई. के समाचार में देखा, पेरिस के समाजसेवा सेमिनार में जानेवालों की लिस्ट आपने एकदम आखिरी वक्त में बदल दी?"

मिसेज़ पकड़ासी ने मुस्कराते हुए कहा, "फिक्र की कोई बात नहीं, मिस्टर बोस! मैं नहीं गयी तो क्या हुआ, बम्बई की मिसेज लक्ष्मीवती पटेल मेरे ही अनुरोध पर इण्डिया का प्रतिनिधित्व करने को तैयार हुई हैं।"

मिस्टर बोस बोले, "यह और बात है। मगर, आप पेरिस जातीं तो कलकत्ता का गौरव कितना बढ़ातीं! आपके बिना वह कान्फ्रेंस उतनी सफल हो सकेगी क्या?"

मिसेज़ पकड़ासी ने कहा, "आप लोगों के स्नेह और सहानुभूति के बल पर ही तो इस उम्र में भी समाज-सेवा के कार्यों में तत्पर हूँ। प्रार्थना कीजिए कि मेरा शरीर जल्दी स्वस्थ हो जाय ···।"

रिपोर्टर साहब से छुटकारा पाकर मिसेज़ पकड़ासी ने चिन्तित स्वर में मुझसे पूछा, "दो नम्बर सूट की वह बदमाश लड़की है या कहीं गायब हो गयी?"

शायद दस मिनट या उससे भी कम समय लगा। दो नम्बर सूट का दरवाज़ा खोलकर मिसेज़ पकड़ासी वापस आ गयीं। सत्यसुन्दर दा उन्हें होटल के बाहर जाकर टैक्सी में बिठा आये। वापस आकर बोले, "करवी से कहोगे, मिसेज़ पकड़ासी की बात नहीं मानेगी तो तकलीफ पायेगी। मिसेज़ पकड़ासी ने यह बात करवी को बताने को कहा है।"

करवी मेरा ही इन्तज़ार कर रही थी। इस विशाल संसार में करवी अकेली है। उसका अपना कहीं कोई नहीं है। पुरुष तो अपना अकेलापन निभा सकता है। मगर स्त्री?

इस अजनबी परिवेश में करवी का अकेलापन और उसकी परिस्थितियाँ देखकर मुझे बड़ा ही दुःख हुआ। कितनी शान्त और बाधाहीन ज़िन्दगी बिता रही थी। क्यों इस विचित्र परिस्थिति में पड़ गयी ? उसकी सहायता करनेवाला, उसे सही राय देनेवाला भी तो कोई नहीं है। शाहजहाँ होटल का सबसे छोटा किरानी जीवन की सबसे बड़ी समस्या के बारे में करवी को राय भी क्या दे सकेगा ?

करवी ने एक बार अपनी बोझिल पलकें उठाकर मेरी ओर देखा। फिर अपने-आपको रोक नहीं सकी। रोने लगी, फूट-फूटकर रोने लगी। मुझसे या शायद अपने-आपसे बोली, "यह मुझे क्या हो गया ?"

स्नेह-जर्जर, आत्मीय-स्वजन-विहीन, पराजित और जीवन से निराश किसी भावुक हृदय का करुण विलाप कभी आपने सुना है ? इस दुःखमय संसार में यह दृश्य दुर्लभ नहीं है। मैंने कितनी बार कितने ही व्यक्तियों का यह विलाप सुना है, और मुझे लगा कि ये सारे व्यक्ति एक ही हैं—एक ही व्यथा से पीड़ित--एक ही आघात से जर्जर।

इस पीड़ित-जर्जर, करुणा और अभियोग से भरे हुए विलाप का वर्णन करने की क्षमता मुझमें नहीं है। कोई बीथोवन, कोई मोज़ार्ट, या कोई वैगनर स्वर की मूर्च्छना से इस विलाप को अंकित कर सकता है। कोई शरच्चन्द्र, रवीन्द्रनाथ या डिकेन्स इस विलाप को चित्रित कर सकता है।

मगर, यह मेरे वश की बात नहीं है।

शाहजहाँ होटल के दो नम्बर सूट की दीवारों से प्रतिध्वनि हुई—'यह मुझे क्या हो गया ?'

क्या हो गया ? तुमने प्यार किया था, तुमने सबकी निगाहें बचाकर एक सुदर्शन, निर्मल-प्राण नवयुवक को अपना हृदय दे डाला था। तुमने सोचा था, शायद वह भी तुम पर अनुरक्त है, शायद उसके हृदय में भी कहीं-न-कहीं तुम्हारा स्थान है। लेकिन, इतना ही। यहीं तक तुमने देखा था। इसके बाद ?

इसके बाद, बात यहाँ तक बढ़ सकती है, यह तुम्हें ज्ञात नहीं था। अनिंद्य ने अपने घरवालों से जो कुछ कहा है, जितना आगे बढ़ने का उसने फैसला किया है, यह तो उसने तुम्हें भी नहीं बताया था।

मिसेज़ पकड़ासी ने ही करवी गुहा को यह परम आश्चर्यजनक, परम प्रिय, परम मधुर समाचार दिया था कि अनिंद्य पकड़ासी उससे विवाह करना चाहता है।

"देखो, पकड़ासी ग्रुप ऑफ़ इण्डस्ट्रीज़ का मामूली-से-मामूली नुकसान भी मैं बरदाश्त नहीं कर सकती। तुम अब भी सँभल जाओ। अनिंद्य की उम्र कम है, वह नासमझ है। छिः ! तुम उसकी नासमझी का नाजायज़ फायदा उठाना चाहती हो। तुम स्त्री हो न ? तुम्हारे पास क्या कोई हृदय नहीं है ? कोई भावना नहीं ? कोई नैतिकता भी नहीं ?" मिसेज़ पकड़ासी ने दो नम्बर सूट की होस्टेस मिस करवी गुहा से पूछा था।

करवी उत्तर ही क्या दे सकती थी ! प्यार के पास, प्यार के सिवा उत्तर ही क्या होता है ? तब मिसेज़ पकड़ासी ने कहा था, "उफ़, क्यों यहाँ उन जर्मनों को ठहराया

गया ? न वे यहाँ होते, न हमारा अनिंद्य यहाँ आया करता। खैर, अब बताओ, कितने रुपये लेकर हमें छुटकारा दोगी ?"

करवी गुहा पागल निगाहों से मिसेज़ पकड़ासी की ओर देखने लगी थी। अस्फुट स्वर में बोली थी, "रुपये ?"

"हाँ-हाँ, रुपये ! जिसके लिए तूफान मचा रही हो; जिसके लिए मेरा पेरिस जाना रुक गया।"

मिसेज़ पकड़ासी उठकर खड़ी हो गयी थीं। बोली थीं, "याद रखना, तुमने वादा किया है, अनिंद्य को ये बातें बताओगी नहीं। एक बात और, मैं तुम्हारे दरवाज़े तक आयी हूँ, इसलिए अपना रेट मत बढ़ा देना। जितने रुपये की बात तुमने सोच रखी है, उतना ही माँगना। मैं बाद में पूछ लूंगी, तुम सारी बातें सोच लो।"

करवी गुहा को यकीन ही नहीं आ रहा था कि अनिंद्य पकड़ासी उसे भूला नहीं है और उसे प्यार करता है। छोटी लड़कियों की तरह उस दिन वह मेरे सामने देर तक रोती रही थी। बोली थी, "मुझे तो अब तक उन्होंने बताया नहीं है। क्यों नहीं कहा ? मुझसे एक बार पूछ लेना ज़रूरी नहीं था ? मेरी राय की कोई ज़रूरत ही नहीं थी ? मैं शादी के लिए राजी हो जाऊँगी, ऐसा उन्होंने खुद ही कैसे सोच लिया ?"

"हो सकता है, आपकी आँखों की भाषा उन्होंने पढ़ ली हो। सारी बात समझ गये हों।" मैंने साहसपूर्वक कह दिया था।

"उनकी आँखें भी मैंने देखी थीं, मगर मुझे साहस नहीं हुआ था।" करवी अब भी सिर्फ अनिंद्य के बारे में सोच रही थी। मिसेज़ पकड़ासी ने क्या कहा था, उसे कुछ जैसे याद ही नहीं रह गया था।

मैं भी उसे कोई राय नहीं दे सका। पकड़ासी-परिवार की शक्ति और क्षमता मुझे मालूम है। पता नहीं, भविष्य में करवी के लिए क्या-क्या मुसीबतें आनेवाली हैं। मैं चुपचाप करवी के कमरे से चला आया था।

गोमेज़ के कमरे में ग्रामोफोन बज रहा है। स्वर के शिशुओं का खेल चल रहा हैं। और गोमेज़ बिस्तरे पर लेटे हुए यह खेल देख रहे हैं।

गोमेज़ बोले, "मैं बीमार हूँ, आज ड्यूटी पर नहीं आ सका। सोये-सोये मोज़ार्ट का वायलिन-कन्सर्ट सुन रहा हूँ। वे कुल पाँच ही वायलिन-कन्सर्ट की रचना कर सके थे।"

उनकी देह पर हाथ रखकर देखा, देह जल रही है। मगर उन्हें इसकी कोई चिन्ता नहीं है। कह रहे हैं, "पाँचों कन्सर्ट की रचना उन्होंने सत्रह सौ पचहत्तर ईस्वी में सैल्सबर्ग में की थी। किसे इस बात का विश्वास होगा कि उन्नीस साल का कोई लड़का यह वायलिन-कन्सर्ट तैयार कर सकता है ?"

मैंने कहा, "आप ज्यादा बातें न कीजिए। आपको आराम करना चाहिए।"

"सुनो !" धीमी आवाज़ में गोमेज़ ने कहा, "अगर विश्व की गोपनतम वेदना का परिचय पाना चाहते हो, तो ध्यान से मोज़ार्ट का वायलिन-कन्सर्ट सुनो।"

रेकर्ड का संगीत सुनने की उस दिन मुझे आवश्यकता नहीं थी। कुछ ही क्षण

पहले मैं दो नम्बर सूट में हृदय की गोपनतम वेदना का रुदन सुन चुका था।

दूसरे ही दिन न्याटाहारी बाबू ने पूछा, "क्या बात है, साहब? दो नम्बर सूट की माँ-जननी ने आज न तो लिनेन के लिए मुझसे बहस की, न फूलवाले पर नाराज़गी दिखायी।"

मैंने कहा, "पता नहीं।"

न्याटाहारी बाबू ने सिर हिलाया, "नहीं साहब, अच्छी बात नहीं है। शाहजहाँ होटल में इतने बरस रहकर अब मुझमें भी अक्ल आ गयी है। सारी बात समझता हूँ। ज़रूर कोई खास बात है, मुझे गन्ध मिल रही है।"

फोकला चटर्जी से मुलाकात हुई। उसने कहा, "अगरवाला के गेस्ट-हाउस की लेडी अफसर औरत है या साहब, नागिन है? किसी के वश में नहीं आती। खुद अगरवाला से चिट्ठी लेकर एक शरीफ आदमी के लिए उसके पास गया था। उसने तो सीधे दरवाज़ा दिखा दिया। इण्डियन फर्म में साहब यही गड़बड़ी है—डिसीप्लिन नाम की कोई चीज़ है ही नहीं। अमरीका और इंग्लैण्ड में तो ऐसे कितने ही गेस्ट-हाउस हैं। वहाँ की कोई काल-गर्ल इस तरह इन्कार करने की हिम्मत न करेगी।"

सत्यसुन्दर दा ने पूछा, "कुछ समझ में आ रहा है?"

मैंने कहा, "किसी की समझ में कुछ भी नहीं आ रहा है।"

करवी भी शायद कुछ समझ नहीं पा रही थी। बाल सँवारने का भी उसे ध्यान नहीं रह गया था। मुझे कमरे में आया देखकर उसने बच्चों की तरह सवाल किया, "मैं अगर किसी को प्यार करती हूँ, और वह भी अगर मुझे प्यार करता है, तो हम दोनों का विवाह पाप कैसे है?"

मैंने चुप रहना ही उचित समझा। करवी बोलती रही, "कोई कुछ कहेगा, इससे मेरा क्या बनता-बिगड़ता है? लोग बदनाम करेंगे। कहेंगे, पकड़ासी-साम्राज्य के राजपुत्र ने अगरवाला की होस्टेस से शादी कर ली।...लोग जो कहेंगे, कहते रहें। है न? और, अनिंद्य की माताजी! वह क्यों हमारे व्यक्तिगत मामले में दखल दे रही हैं? उनके सुपुत्र को सुखी रखने की जिम्मेदारी तो मैं अपने ऊपर ले रही हूँ। पत्नी का कर्त्तव्य ही क्या होता है? आप चुप क्यों हैं? कुछ बताइए।"

मैं फिर भी कुछ बोल नहीं सका। करवी ने कहा, "मैं किसी की बात नहीं सुनूंगी। जो अनिंद्य चाहेगा, वही होगा। हम दोनों अपनी राह पर आगे बढ़ते जायेंगे।"

इस करवी से, इस तरह की बातें करनेवाली करवी से तो मेरा परिचय नहीं था।

मैं वापस चला गया।

बाद में फिर मुलाकात हुई। मिस्टर अगरवाला के गेस्ट-हाउस में मेहमानों का आना-जाना बन्द ही है।

मुझे देखकर करवी हँसी। बोली, "मिसेज़ पकड़ासी मुझे डरा-धमका रही हैं, सुना आपने? मुझे धमका रही हैं। कहती हैं, अगरवाला साहब से कहकर मुझे नौकरी

से हटवा सकती हैं। श्रौर भी बहुत-कुछ कर सकती हैं।"

श्रौर, इतना कहकर करवी पागलों की तरह हँसने लगी। काफी देर बाद हँसी रोककर कहने लगी, "श्रापने ही मुझे मुसीबत में डाल दिया है, नहीं तो मैं तुरन्त सारा-कुछ तय कर लेती।"

"मैंने क्या किया है?"

"हाँ, श्रापने! श्रापने ही तो मुझसे वादा ले लिया है कि मैं श्रनिंद्य से इस विषय में कुछ भी नहीं कहूँगी।"

"वादा तोड़ दीजिए न, मेरा क्या है?"

"ऐसा भी कहीं होता है? फिर इससे तो श्रनिंद्य बाबू का ही नुकसान होगा।" करवी ने गम्भीरतापूर्वक कहा। फिर शीशे के सामने खड़ी होकर श्रपना चेहरा देखती हुई बोली, "कोई मुझे डराये तो मैं ज़िद पर श्रड़ जाती हूँ, मेरा दिमाग खराब हो जाता है। बचपन से ही मेरी ऐसी श्रादत है। कोई धमकाता है, तो मैं श्रौर उबलने लगती हूँ। वैसे मैं बुरी श्रौरत नहीं हूँ। श्रनिंद्य श्राये थे, मुझसे पूछने लगे, मेरी ऐसी हालत क्यों है, मैं उदास क्यों हूँ? मगर मैं कुछ भी बता नहीं सकी।"

मिसेज़ पकड़ासी ने वाकई धमकाया था। मगर उसी रात उन्हें खुद ही सत्य-सुन्दर दा के पास श्राना पड़ा। चेहरा सूखकर स्याह पड़ गया था। करवी ने भी फोन पर उनसे बात की थी। कहा था, उसके पास भी ताकत है। उसके पास ऐसी ताकत है कि वह मिसेज़ पकड़ासी की सुख-शान्ति, उनका सोने का संसार पल-भर में धूल में मिला सकती है।

मिसेज़ पकड़ासी श्रब वह गौरवमयी, गर्वमयी महिला नहीं रह गयी हैं। करवी की बातों ने उन्हें तोड़ दिया है। मिसेज़ पकड़ासी श्रपनी किस्मत को कोस रही हैं, श्रपना सिर पीट रही हैं। शाहजहाँ होटल के एक नम्बर सूट का राक्षस क्यों उन्हें बार-बार श्रपने श्रालिंगन में खींच लेता था? क्यों वह वहाँ श्रा जाती थीं? मिसेज़ पकड़ासी ने बोस दा से कहा था, "श्रब जीवन में कभी किसी पर विश्वास नहीं करूँगी।"

उसी रात करवी गुहा ने मुझे बुलवा भेजा। श्राज करवी खुशी से नाच रही थी।

मुझे पता है, कुछ ही देर पहले मिसेज़ पकड़ासी उसके कमरे से निकली हैं। करवी के हाथ में एक लिफाफा है, श्रौर वह खुशी से नाच रही है। श्राप-ही-श्राप बोली, "राज़ी हो गयी हैं मिसेज़ पकड़ासी। उन्हें राज़ी होना ही पड़ता। स्वामी, पुत्र, लड़की, दामाद, श्रौर दुनिया को श्राखिर मुँह कैसे दिखातीं? मुझसे उन्होंने वादा कर लिया है, श्रब हमारी राह में रोड़ा नहीं श्रटकायेंगी। पहले तो वह समझ रही थीं, मेरे पास कोई सबूत ही नहीं है। तब मैंने यह तस्वीर उन्हें दिखायी। तस्वीर भी मेरे पास है। नेगेटिव भी है।"

करवी ने लिफाफा हिलाते हुए कहा, "श्रापको नहीं दिखाऊँगी, किसी को नहीं दिखा सकूँगी। मैंने वादा किया है। एक नम्बर सूट के भीतर यह तस्वीर खींची गयी थी।"

करवी ने मुझे बताया, पहले तो मिसेज पकड़ासी तस्वीर देखकर चौंक गयीं। अपनी आँखों पर भी उन्हें विश्वास नहीं हुआ। उनके गोपन अभिसार का ऐसा भयानक प्रमाण करवी गुहा के पास कैसे आ गया ? उन्होंने करवी से पूछा था।

करवी ने कहा था, "पाँच पुरुषों के साथ लुका-चोरी खेलने से क्या बेहतर नहीं कि एक ही पुरुष के साथ रहा जाय ?"

मिसेज पकड़ासी करवी का व्यंग्य-तीर खाकर बेहोश हो गयी थीं। मैंने करवी से पूछा, "सच, यह तस्वीर आपको कहाँ से मिली ? क्या ऐसी तस्वीरें भी कोई खींचकर रखने का साहस कर सकता है ?"

करवी ने बताया, "इसी होटल के एक आदमी ने मुझे दी है। मिसेज़ पकड़ासी मुझे प्यार नहीं करतीं, नफरत करती हैं, तो क्या दुनिया में कोई मुझे नहीं चाहता ?"

करवी खिलखिलाने लगी। बोली, "राज़ी हो गयी हैं। अब भूलकर भी मेरे रास्ते में नहीं आयेंगी। अब क्या होगा, बताइए तो ? बोलिए ?"

"और क्या होगा ? आप शाहजहाँ होटल छोड़कर न्यू अलीपुर चली जायेंगी।"

मेरा यह उत्तर सुनकर करवी गुहा अचानक मेरे पास चली आयी। मैं अचानक 'आप' से 'तुम' बना लिया गया। मेरे कन्धे पर हाथ रखकर उसने कहा, "तुम लोग मुझे हमेशा-हमेशा के लिए भूल जाओगे। तुम लोगों ने कभी मुझे अपने बराबर नहीं समझा, यह नहीं समझा कि मैं भी शाहजहाँ होटल में नौकरी ही करती हूँ।"

"आप भी भूल जायेंगी। डिनर या बैंक्वेट में शाहजहाँ होटल आयेंगी भी तो काउण्टर की ओर देखेंगी भी नहीं, खास मेहमानों के साथ सीधे हॉल की ओर चली जायेंगी। हम लोग मगर, इसी तरह रसीद काटते रहेंगे, बिल बनाते रहेंगे, रजिस्टरों के खाने भरते रहेंगे, टेलीफोन उठाते रहेंगे, स्टूवर्ड की गालियाँ खाते रहेंगे। खड़े रहते-रहते हमें भी कभी-न-कभी 'वेरिकोज़ वेन' की बीमारी हो जायेगी।"

"क्या इस नौकरी में तुम्हारा जी नहीं लगता है ?" करवी ने पूछा था।

"एकदम नहीं। मेरे लिए कहीं किसी दफ्तर में नौकरी का इन्तज़ाम कर देंगी ?"

"सब कर दूँगी। मेरे लिए तुमने इतना-कुछ किया है, तो क्या मुझसे कुछ भी नहीं हो सकेगा ?"

मैंने कहा था, "गुडनाइट !"

"गुडनाइट !" करवी गुहा ने कहा था।

करवी के पास से लौटकर मैं अपने कमरे में सो गया था। नींद आयी ही थी कि अचानक गुड़बेरिया ने आकर जगा दिया। बहुत रात हो गयी है। मगर, दो नम्बर सूट की मेम साहब ने मुझे बुलाया है, जाना ही होगा।

मुँह पर पानी का छींटा देकर, कपड़े बदलकर नीचे उतर आया। देखा, करवी फिर बीमार हो गयी है, उसका अंग-अंग काँप रहा है। टेबुल के पास सिर पर हाथ रखे वह बैठी थी।

उसने कहा, "यह मैंने क्या कर दिया ? मुझे बताओ, भाई !"

हिस्टीरिया के मरीज़ की तरह उसकी दोनों आँखें लाल हो गयी थीं, और बाहर निकली आ रही थीं।

मैंने उसे शान्त करने की कोशिश की, "क्या हो गया ? छिः, ऐसा नहीं करते हैं ! आप तो समझदार हैं। अभी ज़रा देर पहले तो आपसे मिलकर गया हूँ। तब तो कुछ बताया नहीं। इतनी देर में क्या हो गया ?"

सपने में डरे हुए बच्चे की तरह करवी चीखने लगी। फिर बोली, "सोचा था, किसी को नहीं बताऊँगी। किसी से राय नहीं लूँगी। चाहे जो हो जाये, लोग चाहे जितनी भी बदनामी करें, अनिंद्य को मैं छोड़ूँगी नहीं। जीवन में मुझे कुछ भी नहीं मिला है। अब अगर एक व्यक्ति का सच्चा प्यार मुझे मिल रहा है, तो मैं क्यों न स्वीकार करूँ ?"

करवी ज़रा देर के लिए रुक गयी, जैसे अपने ही सवाल का उत्तर ढूँढ़ रही हो। फिर बोली, "मिसेज़ पकड़ासी इतनी चिन्तित क्यों हैं ? क्या मैं उनके बेटे का आदर नहीं करूँगी, सेवा-यत्न नहीं करूँगी, प्यार नहीं कर पाऊँगी ?"

मेरे बहाने से जैसे करवी किसी अदृश्य न्यायाधीश के सामने फरियाद कर रही हो। मैंने उसे समझाने की कोशिश की। बोला, "अचानक यह सब क्यों सोचने लगी हैं ?"

"सोचूँगी नहीं ? अनिंद्य की माँ जब मेरे कमरे से निराश होकर वापस जा रही थीं, तो आपने उन्हें देखा था ? केले के पत्ते की तरह उनकी देह थरथरा रही थी। मैंने उनसे पूछा था, 'आप कोई रुकावट तो नहीं डालेंगी ?' उन्होंने कहा था, 'नहीं !' यह भी बोली थीं, 'काजल बेटे की उम्र तुमसे थोड़ी कम है, फिर भी कुछ नहीं बोलूंगी।' और इतना कहकर वह रोने लगी थीं। यहीं, इसी कमरे में खड़ी-खड़ी रोने लगी थीं। फिर मुझसे विनती करने लगी थीं, 'शादी के बाद यह तस्वीर और नेगेटिव फाड़कर फेंक तो दोगी ?' मेरा हाथ पकड़कर भीख माँगने लगी थीं, 'यह बात किसी को बताओगी तो नहीं ?' मगर, शंकर बाबू, शादियाँ तो इस तरह नहीं होती हैं। स्वामी की माँ को डरा-धमकाकर उनकी व्यक्तिगत दुर्बलता का सुअवसर पाकर शादी कर ली जाय ? ऐसे गलत रास्ते पर चलकर अनिंद्य-जैसे पवित्र-हृदय व्यक्ति के गले में माला डालना क्या मेरे लिए उचित होगा ?"

इसके बाद करवी ने लिफाफे में हाथ डालकर देखा, तस्वीर है या नहीं, फिर पता नहीं क्या सोचकर मेरे ही सामने समूचा लिफ़ाफ़ा टुकड़े-टुकड़े करके फाड़ने लगी। तस्वीर के सैकड़ों टुकड़े हो गये, और फ़र्श पर बिखर गये। और, तब अपना सर्वस्व खोकर करवी गुहा रोने लगी। बोली, "असम्भव ! मेरे श्वसुर, मेरी सास, ये लोग मेरे पूजनीय व्यक्ति हैं। इस तरह, इतने गन्दे रास्ते से चलकर मैं अनिंद्य के घर में जाना नहीं चाहूँगी। मुझे पाप लगेगा, अनिंद्य का अमंगल होगा।"

अपने आँसू पोंछती हुई करवी अपने-आपको सँभालने की कोशिश करने लगी। संयत होने लगी, सहज होने लगी। बोली, "मेरा दिमाग खराब हो गया था। यहाँ मेरा

ग्रपना कोई नहीं है। इसीलिए तुम्हें मैंने बुला लिया था, बुरा तो न मानोगे ?"

घृणा और ग्लानि ने करवी गुहा के मन में किन ग्रमंगलकारी भावनाग्रों को जन्म दिया है, पता नहीं था। दूसरे दिन देर से मेरी नींद खुली थी। तब तक सारा होटल जग चुका था, और चारों ग्रोर शोर-गुल मच रहा था। मुझे कुछ पता नहीं था।

दरवाजा तोड़कर पुलिस दो नम्बर सूट से करवी गुहा की प्राणहीन लाश निकाल चुकी थी, और मुझे कुछ पता ही नहीं था। न्याटाहारी बाबू के ग्राकर बताया, "मेरी माँ-जननी ने नींद की दवा की पूरी बोतल खाली कर दी थी।"

करवी की लाश होटल से निकालकर पोस्टमार्टम के लिए भेजी जाने लगी, फिर भी मैं ग्रपने कमरे से बाहर नहीं निकला। मेरे पाँवों में ताकत नहीं रह गयी थी। मेरी ग्राँखों को उसे देखने का साहस नहीं था।

न्याटाहारी बाबू ने वापस ग्राकर बताया, "एक बार जाकर 'गुड बाई' नहीं कह ग्राये ? मैं तो भाई, ग्रपने स्टोर की सबसे ग्रच्छी चादर से पुलिस-गाड़ी पर रखी उसकी लाश को ढक ग्राया। मेरी माँ-जननी क्यों इस होटल में रहने ग्रायी थी ? जिस दिन पहली बार मैंने उसे देखा था, उसी दिन मैंने सबसे कह दिया था, यह तो होटल में रहनेवाली ग्रौरत नहीं है, यह तो मेरी माँ-जननी है। भगवती है। तब किसी ने मेरी बात पर ध्यान नहीं दिया ! ग्रब देखो ! ग्रब वह चली जा चुकी है ! रोते रहो।"

ग्रपनी बातें कहते हुए नित्यहरि बाबू मेरे कमरे से बाहर चले गये।

तेरह

सुना है, सुख के मधुर ग्रवसरों पर पुराने दिनों की स्मृतियाँ ग्राँखों के सामने नाचने लगती हैं। एकान्त में बैठकर मधुर भावनाग्रों में डूबे रहने का ग्रवसर मेरे पास नहीं है, फिर भी समय-ग्रसमय ग्रौर सकारण-ग्रकारण शाहजहाँ होटल की वेदनामय स्मृतियों के मेघ-खण्ड मेरे मन के ग्राकाश पर तैरने लगते हैं। ऐसा क्यों होता है, मुझे पता नहीं; पता करने का कौतूहल भी मुझे नहीं है। इतने दिनों में मेरी समझ में इतना ही ग्राया है कि शाहजहाँ होटल नहीं देख पाता तो मेरी शिक्षा-दीक्षा ग्रधूरी ही रह जाती। मनुष्य के मन के ग्रन्धकार में जो एक ग्रौर मनुष्य छिपा रहता है, उसका परिचय पाने के लिए, थके हुए मुसाफिरों के ग्राराम के लिए बनी हुई सरायों में ग्राना ही होगा।

शाहजहाँ होटल के इस ग्राश्चर्यमय संसार ने मुझ-जैसे साधारण कर्मचारी को भी कितनी ही मणि-मुक्ताएँ उपहार में दी हैं। कल्पना के रंगों से जो परम प्रतिभावान शिल्पी घटनाग्रों ग्रौर चरित्रों की रचना करते हैं, मुझे उन पर श्रद्धा है। मगर, मैं स्वयं तो ग्रनुभवों का क्रीतदास हूँ। कल्पना मैं कर ही नहीं सकता।

मेरी स्मृति के कारागार में बन्दी पुरुष-स्त्रियों का समूह अवसर पाते ही बाहर आने को छटपटाने लगता है। उन्हें मुक्ति न देकर मैं कल्पना में खोया रहूँ, यह मेरे लिए सम्भव नहीं है।

आज भी कारागार तोड़कर वे लोग बाहर आना चाहते हैं। मगर मैं तो होटल का मामूली नौकर हूँ, मैं क्या करूँ? मेरे पास क्षमता ही क्या है?

अपनी अक्षमता के प्रति तीव्र असन्तोष मुझे उस दिन हुआ था, जब मिसेज़ पकड़ासी ने शाहजहाँ होटल में पार्टी देने की व्यवस्था की।

कॉकटेल पार्टी—रिसेप्शन टू अनिंद्य एण्ड श्यामली।

अनिंद्य के शुभविवाह के उपलक्ष्य में पकड़ासी-हाउस में डिनर-पार्टी हो चुकी थी। शाहजहाँ के वर्दीधारी बैरे वहाँ जाकर सारा काम सँभाल आये थे। मुझे भी जाने का हुक्म मिला था। मगर बोस दा मेरे मन की अवस्था समझ रहे थे। इसलिए उन्होंने मुझे रोक दिया। बोले, "मैनेजर को कहने की ज़रूरत नहीं है, मैं ही तुम्हारे बदले चला जाऊँगा।"

उस रात बहुत देर से बोस दा वापस लौटे थे। मैं एक कुर्सी बाहर निकालकर छत के एक किनारे चुपचाप बैठा था। बोस दा आये, तो पसीने से उनकी कमीज़ तर थी। मुझे जगे देखकर नाराज़ हुए, "अब तक जगे रहकर क्यों सोच में डूबे हो?"

मैं मुस्कराया। गले की टाई उतारते हुए बोस भाई ने कहा, "डेढ़ हज़ार आदमियों के लिए स्पेशल केटरिंग तो हँसी-मज़ाक की बात नहीं है! मेरी तो हड्डी-हड्डी टूट रही है।"

मैं फिर भी चुप था।

"क्या सोच रहे हो?"

"कुछ भी तो नहीं।" मैंने कहा। एक सिगरेट जलाकर वह बोले, "हम लोग बचपन में एक गीत गाते थे, 'कैसे जानें आग लगी है या बरसी बरसात··· कैसे जानें हम तेरे घायल मन की बात!'"

मैंने कहा, "सारी ज़िन्दगी तो आप हमारे-जैसे परायों की ही बातें सोचते रहे हैं।"

"तुम लोग क्या पराये हो?" बोस दा ने मेरी पीठ पर हाथ रखते हुए पूछा।

"जिन्हें आप अपना समझते हैं, एक दिन अचानक पता चलेगा, वे सभी-के-सभी पराये थे।" मैं इतना कहकर उनकी ओर देखने लगा। अँधेरे में, सिगरेट की धुँधली रोशनी में बोस भाई मेरा चेहरा देख नहीं पा रहे थे। बोले, "क्यों? मुसीबत पड़ेगी, तो क्या तुम मेरी मदद के लिए दौड़े नहीं आओगे?"

मन-ही-मन मैंने कहा, 'अपने-आपको समझने में अब मुझे कोई गलतफहमी नहीं है। दो नम्बर सूट की वह औरत भी मुझे अपना समझती थी। मैं उसकी क्या मदद कर सका?'

शाहजहाँ होटल का सारा ज़हर पीते-पीते अब सत्यसुन्दर बोस नीलकण्ठ बन गये हैं। आसमान की ओर धुआँ फेंकते हुए बोले, "संसार के होटल में कोई किसी को 'सर्व'

नहीं कर सकता। अपनी मदद आप करनी होगी। हम लोग तो सिर्फ अच्छे वेटर की तरह लोगों के सामने ट्रे रख सकते हैं, जिसकी जो तबीयत हो, खुद ही उठा ले और खाता रहे।"

अपनी बात खत्म करके बोस भाई हँस पड़े। फिर बोले, "तुम्हें कभी ट्रे नहीं उठानी पड़ेगी। जो चीज़ उठानी पड़ेगी, उसका नाम है—पेग! क्योंकि मिसेज़ पकड़ासी ने इसी होटल में कॉकटेल का इन्तज़ाम किया है। सिर्फ डिनर देने से ही आजकल कलकत्ता का कोई शुभ कार्य पूरा नहीं हो जाता। अब भोजन के बाद आवश्यक है पान! सोमरस-पान! अर्थात् किसी विशिष्ट होटल में विशिष्ट रूप से विशिष्ट अतिथियों का सेवा-सत्कार! इस सत्कार की व्यवस्था तुम्हीं को करनी होगी, क्योंकि कल से तुम्हारी ड्यूटी 'बार' में है। मिस्टर शराबजी तुम्हारी दिन-रातों के मालिक होंगे! खैर, यह सब बाद में सुन लेना, अभी चुपचाप जाकर सो रहो!"

"और, आप?" मैंने पूछा।

"मैं अभी स्नान करूँगा। स्नान के बाद देह पर पाउडर डालकर घड़ियाल की तरह कुछ देर बिछावन पर पड़ा रहूँगा। फिर नाइट-ड्यूटी के लिए नीचे उतर जाऊँगा।"

इतने परिश्रम के बाद भी नाइट-ड्यूटी? मैंने उन्हें रोकना चाहा। मेरे बदले में मिसेज़ पकड़ासी के यहाँ वह काम कर आये हैं, तो अब मैं उनके बदले ड्यूटी कर दूँगा। मगर, सत्यसुन्दर दा तैयार नहीं हुए। बोले, "मैं तो तुमसे बड़ा अफसर हूँ। ड्यूटी-चार्ट तैयार करने की ज़िम्मेदारी मेरी है या तुम्हारी?"

मुझे ज़बरदस्ती ही बोस दा ने कमरे में ले जाकर सोने को मजबूर किया।

मैं बेहद थका हुआ था, बेहद उदास था। पता नहीं कब नींद आ गयी और कितनी देर सोया रहा। फिर, अचानक ऐसा लगा, कोई ज़ोर से दरवाज़ा खटखटा रहा है। हड़-बड़ाकर उठा, दरवाज़ा खोलकर देखा, टॉर्च हाथ में लिये बोस दा खड़े हैं। मेरी पीठ पर हाथ रखकर बोले, "सॉरी! बहुत विवश होकर इस वक्त तुम्हें जगाना पड़ा है। तुम्हें अभी तुरत कमरा खाली कर देना होगा। बात पीछे बताऊँगा। अभी ज़रा तुम्हारा बिस्तरा ठीक से लगा दूँ।"

बोस दा जल्दी-जल्दी बिस्तरा सजाने लगे। मुझसे बोले, "ज़रा जल्दी हाथ-मुँह धो आओ।"

बाथरूम में मुँह पर पानी डालने के वक्त ही मैंने सुना, बोस भाई किसी से कह रहे हैं, "आइए, आइए, आप लोग थके हुए होंगे। आराम कीजिए, नहीं तो तबीयत खराब हो जायेगी।"

बाथरूम से लौटकर देखा, एक भद्र व्यक्ति मेरे बिस्तरे पर बैठकर जूते उतारने लगे हैं। उन्होंने कहा, "मिस मित्रा की क्या व्यवस्था होगी?"

"आप इसकी चिन्ता न कीजिए, मैं सारी व्यवस्था कर लेता हूँ।" बोस दा ने कहा।

कमरे की हल्की रोशनी में नींद आती आँखों से मैंने देखा, हाथों में हल्के फाइबर का बैग उठाये, फीके नीले रंग की साड़ी पहने एक भद्र महिला दरवाज़े के पास खड़ी हैं। बोस दा ने बाहर आकर उनके हाथ से बैग लेते हुए कहा, "आइए।"

भद्र महिला ने प्रतिवाद किया, "नहीं-नहीं। आप यह क्या कर रहे हैं? मैं खुद बैग ले चलूँगी। आप क्यों ढोयेंगे?"

बोस दा ने उनके प्रतिवाद पर ध्यान नहीं दिया। बोले, "आइए भी।"

हम लोग बोस दा के कमरे के सामने आ गये। बोस दा ने बैग मुझे थमाते हुए कहा, "ज़रा यहीं रुको, मैं चाभी लेकर अभी आया।"

ऐसा लगा, वह लज्जा से नीली हो गयी हैं। बोलीं, "आप मेरा बैग उठाये रहेंगे? मुझे बड़ी शर्म आ रही है।"

मैं चुपचाप खड़ा रहा। उनकी ओर देखकर लगा, उनकी बड़ी-बड़ी आँखों में उदासी के सिवा और कुछ नहीं है। ऐसी ही स्त्री को कहा जाता है, प्रिंसेज़ ऑफ सैड आईज़! उनकी दृढ़ ग्रीवा, उनके सलोने चेहरे, उनके उदार व्यक्तित्व में जो सौन्दर्य है, उसे न तो स्निग्ध कहा जा सकता है, न शान्त; न तो कर्कश कहा जा सकता है, न मधुर! अफसोस प्रकट करते हुए उन्होंने कहा, "इतनी रात-गये आप लोगों को इतनी तकलीफ देकर मैंने अच्छा नहीं किया।"

भद्र महिला के करुण स्वर में भी विशिष्टता है। नाच का घुंघरू अगर और भी मन्द ध्वनि उत्पन्न करता, ट्राम की धड़धड़ अगर हरी घास की मखमल पर और भी अस्पष्ट हो उठती, मन्द और अस्पष्ट, और संयत, तो शायद, मिस मित्रा के कण्ठ-स्वर से इनकी तुलना की जा सकती।

चाभी लेकर बोस दा आये और दरवाज़ा खोलने लगे। दबे हुए स्वर में बोले, "किसी तरह आज की रात यहीं काट लीजिए।"

मिस मित्रा ने कमरे में आकर चारों ओर देखते हुए कहा, "मैं किसके कमरे में ज़बरदस्ती घुस आयी हूँ?"

"यह सब बाद में जान लीजियेगा, अब आप सो जाइए," बोस दा ने कहा।

"किसका कमरा है, यह जाने बिना मुझे नींद ही नहीं आयेगी।"

बोस भाई चुप ही रहे। मैंने कहा, "मिस्टर स्याटा बोस का कमरा।"

"कौन-से बोस?" उनकी उदास आँखों में अब हल्की-सी हँसी उतरने लगी।

बोस दा ने मजबूर होकर उत्तर दिया, "नाम था सत्यसुन्दर, मगर कपाल के दोष से बन गया हूँ, स्याटा बोस।"

मिस मित्रा बोलीं, "हम लोग बस में ही रह जाते, या होटल के लाउन्ज में ही ये कुछ घण्टे काट देते। मगर, आपने यह क्यों किया? अब आप लोग कैसे सोयेंगे?"

"मेरे सोने का सवाल ही नहीं उठता, मिस मित्रा, मैं तो ड्यूटी पर हूँ। और, ये साहब भी थोड़ी ही देर बाद काम पर जायेंगे।" बाथरूम का दरवाज़ा खोलते हुए बोस दा ने कहा, "ताला ज़रा खराब है, चाभी सामने खींचकर ज़रा ज़ोर से घुमाना पड़ेगा, तभी दरवाज़ा खुलेगा।"

मिस मित्रा को नमस्कार करके हम दोनों बाहर आ रहे थे। वह भी बाहर आने लगीं। बोलीं, "आपको कैसे बताऊँ, कितनी कृतज्ञ हूँ..."

बोस दा बिना कोई उत्तर दिये मुझे साथ लिये नीचे उतर आये। बोले, "और कोई उपाय नहीं था। तुम्हारे सिवा और किसी को जगाने का अधिकार मुझे नहीं है। ये भद्र महिला एयर-होस्टेस हैं। इन लोगों का हवाई जहाज़ अचानक खराब हो गया, इसीलिए होटल आने को विवश हो गयीं। हवाई जहाज़ के अफसरों के लिए हमारे यहाँ अलग व्यवस्था रहती है। मगर, आज की हालत बड़ी खराब थी। एक भी कमरा खाली नहीं। इधर भद्र महिला तो थकान से चूर थीं, खड़ी नहीं हो पा रही थीं। बोलीं, 'आप फिक्र न कीजिए, लाउन्ज में सोफे पर लेट जायेंगे।' ऐसा कैसे हो सकता था? मजबूर होकर तुम्हें जगाना पड़ा। कुछ ही घण्टों की बात है। सुबह ही दो-एक कमरे खाली हो जायेंगे। तब उन्हें उसमें भेज दूँगा।"

मैं नींद के बोझ से जम्हाइयाँ लेने लगा था। बोस दा पीठ पर हाथ रखकर बोले, "होटल में नौकरी करनी हो, तो जगे रहने का अभ्यास रखना चाहिए। रात में कौन लोग जागते हैं, पता है?"

"बचपन में सुना था, शैतान और दुष्ट लड़के ही रात में जगे रहते हैं।" मैंने कहा।

"ठीक कहते हो। पृथ्वी के दुष्ट लड़के ही रात में जगे रहते हैं। रात-भर के अत्याचार से क्लान्त होकर सुबह के 'सान्ध्य-मुहूर्त' में वे सो पड़ते हैं।"

जगे रहने के सिवा और कोई काम नहीं है। हम दोनोंकाउण्टर पर बैठे हैं। बैठे-बैठे बोस दा कागज़ के एक पड पर पेंसिल से तस्वीर बना रहे हैं। शाहजहाँ के लाउन्ज का स्केच। लाउन्ज के बाहर एक आदमी शाहजहाँ होटल की सफेद मिलिटरीनुमा वर्दी में खड़ा है। उसके हाथ में भी पेंसिल और पैड है।

मेरा मन स्वाधीनता के उन्मुक्त आनन्द से धीरे-धीरे भर उठा। कोई कहीं नहीं है, और जैसे हम शाहजहाँ होटल के मालिक हैं। इस विशाल होटल के असंख्य कमरों में जो लोग हैं, वे हम पर सम्पूर्णतः विश्वास करके अपनी सुरक्षा-सुविधा का सम्पूर्ण भार हमारे ऊपर डालकर नींद में हैं। रात की रेलगाड़ी के ड्राइवर और फायरमैन की तरह किसी सुदूर तीर्थ के यात्री-दल को हम दोनों जैसे स्वर्ण-प्रभात की ओर लिये जा रहे हैं।

मिस्टर अग्रवाल ने नयी होस्टेस रख ली है। रात की निरीह निस्तब्धता में देखा, एक सज्जन दो नम्बर सूट से बाहर निकल आये। मैं उन्हें पहचान नहीं सका। बोस दा धीमे स्वर में बोले, "यह हमारे देश के एक नामी मज़दूर-नेता हैं। अगरवाला के कारखाने की लीडर-शिप भी इन्हीं के हाथों में है।"

जैसे ही टैक्सी सामने आकर रुकी, दरवाज़ा खोलकर वह भीतर बैठ गये। टैक्सी शाम बाज़ार की ओर अदृश्य हो गयी। दरबानजी ने जेब से नोट-बुक निकालकर पता नहीं, क्या नोट कर लिया।

बोस दा ने बताया, "गाड़ी का नम्बर हम लोग लिख रखते हैं। इतनी रात को

घूमनेवालों की किस्मत में क्या लिखा है, कौन जाने ?"

रात बीत चुकी थी। सुबह होने में अब देर नहीं है। लेकिन बाबू श्री नित्यहरि भट्टाचार्य घुटनों तक धोती पहने, हाथ में गमछा लिये मन्त्र-पाठ करते हुए बाहर जा रहे हैं। इतने सबेरे कोई कानून से नहीं चलता, इसीलिए। नहीं तो, होटल का कोई कर्मचारी इस वेश में सामने के दरवाज़े पर आ नहीं सकता। मन्त्र पढ़ते-पढ़ते वह हमारे सामने आ खड़े हुए। मैंने पूछा, "कहाँ चल दिये ?"

"माँ के पास जा रहा हूँ। माँ हमारा सब अपराध क्षमा कर देती है। सारा दिन गन्दे कपड़ों के बीच रहकर जो पाप किया है, सब माँ के चरणों में विसर्जन कर आऊँगा।" फिर, बोस दा की ओर देखते हुए लेनिन बाबू बोले, "आप तो सर, साहब आदमी हैं, आपको नहीं कहूँगा। मगर, इस छोकरे को, इस ब्राह्मण-पुत्र को हुक्म दीजिए। सुबह ही गंगा-स्नान करेगा तो कम-से-कम नरक-भोग से तो बच जायेगा।"

बोस दा मुस्कराने लगे। बोले, "मैं क्या उसे जाने से रोकता हूँ ? तबीयत हो तो चला जाय।"

न्याटाहारी बाबू बोले, "चलिए शंकर बाबू, इतने सुबह घाट पर चलकर देखिए, कितने पुरुष और स्त्रियाँ नहा-धोकर सारी रात का पाप धो रहे हैं। हमारा हेड-बारमैन रामसिंह, अब तो वह स्नान करके पूजा पर बैठ चुका होगा।"

"आप अकेले ही चले जाइए," मैंने कहा। वह मन्त्र दुहराते हुए चले गये।

बोस दा ने कहा, "पागल हैं। लौटते वक्त एक घड़ा गंगाजल साथ लेते आयेंगे। होटल के सामने थोड़ा जल छिड़केंगे। फिर, पीछे के दरवाज़े से अन्दर आयेंगे। तकिये-चादरों के पहाड़ पर जल छिड़कते हुए कहेंगे, 'माँ, दुर्गति-नाशिनी, पाप-विनाशिनी, रक्षा करो माँ !' "

सुबह-सुबह ही एक कमरा खाली हो गया। एक अमरीकन दम्पति राँची चला गया। बोस दा बोले, "कम-से-कम हम दोनों को एक कमरा तो चाहिए ही। ज़रा ऊपर जाकर देखो, दोनों में से किसी की नींद खुली है या नहीं।"

ऊपर गया। बोस दा का कमरा भीतर से बन्द है। एयर-होस्टेस मिस मित्रा अब तक सो रही है। मेरे कमरे का दरवाज़ा खुला था। गुड़बेरिया ने बताया, "साहब उठ चुके हैं। चाय पी चुके हैं।"

दरवाज़ा खटखटाते ही हवाई जहाज़ के सज्जन ने कहा, "कम इन।"

अन्दर जाते ही मैंने कहा, "रात आपको ज़रूर कष्ट हुआ होगा। नीचे एक कमरा खाली हो गया है। आप चलिए।"

गुड़बेरिया के हाथों उनका असबाब भेजकर, नीचे के कमरे में उन्हें रख आया। फिर बोस दा को सूचना देने गया।

बोस दा हँसते हुए बोले, "यहाँ रहते-रहते मेरी किस्मत स्वाहा हो गयी है। तुम्हारी किस्मत से ईर्ष्या होती है। पता नहीं कब भद्र महिला से छुट्टी पाऊँगा, और अपने कमरे में सो पाऊँगा।"

आज इतने अरसे बाद बोस दा की उन बातों को याद करके हँसी आती है। आश्चर्य भी होता है। सुजाता मित्रा की बात, सत्यसुन्दर बोस की बातें सोचकर मन दुःख से भर जाता है। बहुत दिनों के बाद, उन दोनों को स्कूटर पर घूम-फिर लौटते देखकर, मैंने सुजाता दीदी से कहा था, "सुनिए, एक कविता सुनाता हूँ :

घूमने चली है आज शामों की नायिका
स्कूटर पर बैठकर
कसे हुए बालों में बँधा है लाला फीता
जैसे बारूद के गोले में लगा हो पलीता
ओढ़नी हवा में उड़ती है
गोरी-सी पीठ दिखती है
साहसी और निर्भय है स्कूटर चलानेवाला
चल रहा है ऐंठकर
स्कूटर पर बैठकर
घूमने चली है आज शामों की नायिका।"

सुजाता दीदी ने स्कूटर से कूदकर मेरा कान पकड़ लिया था। मैंने कहा था, "ओह, कान दुःख रहा है! छोड़ दीजिए।"

बोस दा ने कहा था, "वाह, कितनी सुन्दर कविता पढ़ी है!"

सुजाता दीदी बोली थीं, "मगर मेरे पास ओढ़नी कहाँ है?"

आज तो वे सारी बातें सपनों की तरह लगती हैं—ऐसा सपना, जो बीच में ही टूट गया।

सुजाता मित्रा की कहानी एक दिन लिखनी ही होगी। मगर, उससे पहले कॉक-टेल पार्टी और मिस्टर शराबजी।

मिस्टर शराबजी ने हाथ जोड़कर शुद्ध भाषा में कहा था, "आइए, आइए, इस बार में आपका साथ पाकर मुझे किसी बात की चिन्ता नहीं रहेगी।"

शराबजी हमारे बार के नये मैनेजर हैं। बूढ़े आदमी हैं, पके सेब की तरह लाल चेहरा है। उम्र के बोझ से ज़रा झुक गये हैं। मैंने उनसे पूछा था, "आप बंगला जानते हैं?"

"क्या कह रहे हैं आप? मैं जब कलकत्ता आया था, तब आप लोग इस वर्ल्ड में भी नहीं आये होंगे। मेरी भी उम्र कुल चौदह साल थी।" शराबजी ने अपनी सफेद पैण्ट का बक्लस खींचते हुए, मेरी पीठ पर हाथ रखा था।

मैंने कहा, "आबकारी के रजिस्टर ठीक से रखने चाहिए, एक्साइज़वालों के नाम से ही मुझे डर लगता है।"

शराबजी अपना मोटा चश्मा उतारकर मुस्कराते हुए बोले, "मुझे उनसे ज़रा भी डर नहीं लगता। मैं अगर ड्यूटी में फाँकी नहीं दूँ, मैं अगर शराब में पानी नहीं मिलाऊँ, मैं अगर किसी ऐसी-वैसी लड़की को अकेले बार में बैठने नहीं दूँ, तो फिर मैं एक्साइज़-

डिपार्टमेण्ट से डरूँगा क्यों ?"

शाहजहाँ के बार में शराबजी ने अपने हाथों से बोतलों की कतारें सजायी थीं। हेड बारमैन रामसिंह उनकी ओर देखता हुआ चुपचाप खड़ा था, शराबजी अभ्यस्त हाथ से बोतल उठाकर रोशनी में देखते थे, कितनी शराब है, फिर स्टॉक-रजिस्टर से मिला लेते थे। एक बोतल पर उन्हें शक हुआ। बोले, "रामसिंह, रजिस्टर में लिखा है चार पेग मगर बोतल में तो पाँच पेग के करीब माल है!"

रामसिंह हतप्रभ होकर बोला, "हुजूर, हाथ से नापते हैं, कहीं ज़रा कम, कहीं ज़रा-सा ज़्यादा गिर जाता है।"

शराबजी बोले, "मैं यह बात नहीं मानता। मैं अपने हाथ से दूँ, तो किसी को कम नहीं दूँगा, किसी को ज़्यादा भी नहीं।"

मेरी ओर देखते हुए शराबजी ने कहा, "हम लोग जब इस लाइन में आये थे, एक पेग, आधे पेग की कोई बात नहीं करता था। उस वक्त जिस शराब की कीमत थी छः रुपये, अब वह छियासी रुपयों में भी नहीं मिलेगी। अब किसी कस्टमर को एक बूँद कम शराब देने का मतलब है उसे धोखा देना।"

शराबजी चुप हो गये। बोतलों की कतारों के पास जाकर बोतल यहाँ-वहाँ करने लगे। फिर मुझे बार में अकेले छोड़कर 'सेलर' में चले गये। फर्श के नीचे डेढ़ सौ बरस पुराना एक तहखाना है। वहाँ हर कोई जा नहीं सकता। इस अँधेरे 'सेलर' में ऐसी बोतलें भी हैं, जिन्हें शाहजहाँ के प्रतिष्ठाता सिम्पसन साहब अपने हाथों से रख गये थे। उसके बाद तो शाहजहाँ के इतिहास ने कितनी करवटें ली हैं। गाड़ी के चक्के कितनी बार घूमे हैं।

खाकी हैट और खाकी पैण्ट पहने हुए तरुण अंग्रेज़ सिपहसालारों ने जहाज़ से चाँदपाल घाट पर उतरकर हिन्दुस्तान की अपनी पहली रात शाहजहाँ होटल में ही बितायी थी। निस्संग सैनिकों का साथ देने के लिए उस दिन इसी अन्धे तहखाने से स्कॉच की बोतल निकाली गयी थी। गंगा नदी की छाती पर जिस दिन पहली बार पालवाली नावों के बदले इंजिनवाला जहाज़ दीखा था, उस दिन भी शाहजहाँ के 'सेलर' से निकालकर भेजी गयी शराबों से ही उत्सव-रात्रि चंचल-मुखर हो उठी थी। इसके बाद ही, खाकी कैप और हाफ पैण्ट पहने हुए अंग्रेज़ों का एक दल हाथों में नक्शे और मैप लिये कलकत्ता आ गया था। इस दल के दलपति, पीली दाढ़ीवाले मैकडोनाल्ड स्टीफेन्सन खुद 'स्पेन्सेज़' होटल के बड़े हॉल में टिके थे। बाकी कई लोग हमारे शाहजहाँ में आये थे। बार में बैठे-बैठे वे लोग रात-दिन नक्शे बनाते रहते थे। बारमैन कहते थे, विलायत से पगले साहबों का गिरोह आया है, ये लोग मशीनवाली गाड़ी लायेंगे। ये लोग तमाम हिन्दुस्तान के पाँवों में बेड़ियाँ डाल देंगे। लोहे की सड़कें तैयार करेंगे; और उन सड़कों पर बड़े-बड़े दैत्य-राक्षस दौड़ा करेंगे। राक्षसों को लड़ाई में हराकर इन साहबों ने लोहे के बड़े-बड़े बक्सों में कैद कर लिया है। ये राक्षस-दैत्य दौड़ते रहेंगे और कुछ कर नहीं सकेंगे। बीच-बीच में साँस लेंगे, काले धुएँ जैसी साँसें—और उनकी साँसों के धुएँ से धान के खेत जल जायेंगे, गाँव में आग लग जा सकती है। इन साहबों को ये बातें मालूम

हैं, इसलिए इन्हें हम हिन्दुस्तानियों की किस्मत पर दुख होता है। अपना दुख भूलने के लिए ये लोग हमेशा शराब में डूबे रहते हैं।

मगर साहब लोग वापस जाने लगे। शाहजहाँ होटल की दुःखविहीन, शोक-विहीन, बाधा-बन्धनविहीन मधुशाला पर शोक का अन्धकार छाने लगा। सर्वनाश हो गया है। कोई कभी सोच नहीं सकता था, वही हो गया—पामार कम्पनी फेल हो गयी। क्षण-भर में कितने राजा फकीर हो गये। दिवालिये राजों के दल को सान्त्वना और मनोबल देने के लिए शाहजहाँ के 'सेलर' से ब्राण्डी ह्विस्की, जिन की बोतलें बाहर निकल आयीं।

ह्विस्की की मोहिनी माया में कलकत्ता सारे दुःख भूल गया। नये बड़े लाट आये हैं, नये छोटे लाट आये हैं—नये सिरे से पुरानी बोतलों की पुरानी शराब से नये युग का स्वागत किया जाने लगा है। इसके बाद, शाहजहाँ के मालिक सिर पर हाथ रखकर बैठ गये हैं। 'स्पेन्सेज़' में नयी मशीन आयी है—लिफ्ट! सीढ़ियाँ चढ़कर ऊपर जाने की मेहनत नहीं करनी होगी। मगर, अभी यह लिफ्ट केवल औरतों को ऊपर ले जाती है। वे खिलखिलाती हुई बड़े खँचिये की शक्ल में बनी हुई लिफ्ट में बैठ जाती हैं, और दो बैरे घिरनी पर चढ़ी हुई रस्सी खींचकर उन्हें ऊपर पहुँचा देते हैं। अब क्या कोई इस लिफ्ट-विहीन शाहजहाँ के दरवाज़े पर पाँव रखेगा? मगर, मालिकों के पास एक बड़ा हथियार था—'शाहजहाँ-ह्विस्की' स्पेशली बॉटल्ड इन स्कॉटलैण्ड फॉर होटेल-शाहजहान!'

इसी तरह दिन बीतते गये। शाहजहाँ के आसमान में नयी सदी का सूरज चमकने लगा। दिन बदल गये, नज़र बदल गयी, लिबास बदले, राजा, ज़मींदार, नवाब, होटल के मालिक, बारमैन, सभी बदल गये, मगर ह्विस्की में कोई बदलाव नहीं आया।

"आकाश के चाँद और सूरज, और धरती की इस ह्विस्की-शराब में कभी कोई परिवर्तन नहीं होगा," हॉब्स साहब ने मुझसे कहा था। उन्होंने ही मुझे बताया था, शाहजहाँ के 'सेलर' में सिम्पसन साहब जो एक केस शराब रख गये थे, उसकी एक बोतल निकाली गयी थी, जब पहली बार लॉर्ड कर्ज़न स्वयं इस होटल में आये थे। बाकी सारी बोतलें आज भी किसी महान् अतिथि की प्रतीक्षा में काल-निद्रा में बेहोश पड़ी हैं।

शराबजी थोड़ी ही देर बाद लौट आये। अब दिन ढलने लगा था, लंच समाप्त हो चुका था। क्लाइव स्ट्रीट के कुछ साहब एक कोने में जड़ बने बैठे हैं। लंच के लिए आये थे, शराब के गहरे नशे में दफ्तर की बात भूल गये हैं। दफ्तर की बात याद आयी भी है, तो दफ्तर का पता-ठिकाना याद नहीं रह गया है। बैरे से पूछ रहे हैं, "तुमको मालूम है, हमारा दफ्तर कहाँ है? बिल्कुल गड़बड़ हो गया है!"

बेचारे बैरे ने कहा, "हुजूर, आप किस दफ्तर में काम करते हैं, हमें क्या पता?"

नशे की मदहोशी में साहब ने मुझे बुला भेजा। एक साहब बोले, "तुम लोगों ने इन 'गुड-फॉर-नथिंग' छोकरों को क्यों यहाँ रखा है?"

शराबजी काउण्टर से दौड़े आये। साहब से बोले, "आप बर्टन-लीड कम्पनी में

काम करते हैं।"

साहब चौंक पड़े, "अब तक याद ही नहीं आ रहा था, मैं वहाँ का मैनेजिंग डायरेक्टर हूँ। मैं पूरे डेढ़ घण्टे से अपने दफ्तर का नाम सोच रहा था।"

वह सज्जन लड़खड़ाते हुए बार से बाहर चले गये। मैंने शराबजी से पूछा, "आपने कैसे बता दिया?"

शराबजी हँसे, "इनमें से लगभग सभी को पहचानता हूँ। सिर्फ दफ्तर ही नहीं, इनके घर का पता-ठिकाना भी होटलवालों को याद रखना पड़ता है। अकसर रात में इन्हें घर लौटने का होश नहीं रह जाता। ड्राइवर हो तो कोई बात नहीं, मगर ज़्यादा लोग खुद ही गाड़ी ड्राइव करते हैं। गाड़ी पड़ी रहती है, हम इन्हें टैक्सी पर लादकर, इनके घर पहुँचा देते हैं।"

अब बातों की भी फुरसत मुझे नहीं थी। शाम के कॉकटेल का इन्तज़ाम करना था।

अगर कभी आधुनिक समाज में ही आदिम सभ्यता का आनन्द उठाना चाहते हैं, तो अवसर पाते ही किसी कॉकटेल-पार्टी में शामिल हो जाइए। मिसेज़ पकड़ासी की पार्टी में यही अनुभव मुझे हुआ। शराबजी ने मुझे अकेले में बताया था, कॉकटेल के चार अध्याय होते हैं। प्रथम प्रहर में भगवान् लेते हैं बामन-अवतार, द्वितीय प्रहर में करते हैं धनुषटंकार। तृतीय प्रहर में भगवान् श्वानरूप-धारी, अन्तिम प्रहर में धराशायी, ज्ञान-ध्यान-हारी!

प्रथम अध्याय में कॉकटेल के मेहमान सहज-साधारण रहते हैं।

"क्या हाल है? हाउ-डू-यू-डू? बिज़नेस कैसा चल रहा है? मिसेज़ सेन नहीं आयीं? कहाँ हैं? उन्होंने क्या रामकृष्ण मिशन की दीक्षा ले ली? हाय, बेचारे मिस्टर सेन! औरतों की यही उम्र सबसे खतरनाक होती है। ज़रा भी असावधान हुए कि देखियेगा, बीवीजी मिशन को दिल दे बैठी हैं। असह्य बात है!"..."जो हो, मिसेज़ पकड़ासी ने इतने दिनों में एक काम तो किया। और दो साल पहले ही अनिंद्य की शादी कर देनी चाहिए थी। वेस्ट की ओर देखिए, शादी करने की उम्र घटती जा रही है। सोलह-सत्रह साल के लड़के-लड़कियाँ शादी करके घर-संसार बसा लेते हैं, और घर बसाते ही मेटर्निटी-होम हो आते हैं।"..."और, अपने इण्डिया में शादी की उम्र बढ़ती जा रही है। देखियेगा, थोड़े दिन बाद ही एण्टी-शारदा ऐक्ट पास किया जा सकता है।"..."काँग्रेचुलेशन्स, मिसेज़ पकड़ासी। ह्वाट-एबाउट-ए-ड्रिंक?"

"ले रही हूँ, मिस्टर बनर्जी! मैं ऑरेन्ज स्क्वैश लूंगी। मगर, आप शरमाइए नहीं...कैरी-ऑन! आप लोग उन दोनों की हैप्पी-लाइफ के लिए ड्रिंक कीजिए।... कैरी-ऑन! शैम्पेन-कॉकटेल भी है। अच्छा चलती हूँ। वहाँ मिस्टर अगरवाला अकेले खड़े हैं। हमारा वह बड़ा खयाल रखते हैं। रीयल फ्रेण्ड!"

मिसेज़ पकड़ासी के चले जाते ही बनर्जी कहता है, "हलो पी. के., मिसेज़

पकड़ासी की पार्टी का सिर-पैर समझ में नहीं आता है। ड्रेस का कोई खयाल नहीं। ईवनिंग-ड्रेस करना चाहिए था। बताइए, लोगों को लाउन्ज-सूट में बुलाया है। बैड ! दिस इज़ बैड !" ···"आफ्टर-ऑल, ईवनिंग-सूट के बिना पार्टी में कोई डिग्निटी नहीं रहती। कलकत्ता जिस तरह उच्छृंखल होता जा रहा है, जिस तरह मान-मर्यादाहीन, ऐसा भी दिन आयेगा जब तुम्हारे दफ्तर का क्लर्क लुंगी पहनकर तुम्हारे पास बैठा ड्रिंक करेगा। और तुम कुछ बोल तक नहीं पाओगे !"

द्वितीय अध्याय में थोड़ा गोलमाल शुरू हुआ। लोगों का हृदय 'नाच मयूरी नाच, आज बादल के संग नाच' होने लगा।

"क्यों हम लोग कोट-पैण्ट-टाई पहनकर अण्डे की तरह उबल रहे हैं ? इन सारी फॉर्मलिटीज़ की ज़रूरत क्या है ?···ब्वॉय ! खिदमतगार ! इधर आओ। दो रोबरॉय बनाओ। स्कॉच ह्विस्की, ब्राण्डी-शराब और ए-बीटी ! जल्दी-जल्दी लाओ खिदमतगार, तुम बहुत अच्छा आदमी है।"····"मिसेज़ अनिंद्य को देखा है ? जैसे भवें नहीं हैं, छोटे-छोटे धनुषों का एक जोड़ा ! मुस्कराती हुई, उन्हीं धनुषों पर ज़हरीले तीर चढ़ाती हुई वह बातें करती हैं।"

दूसरे आदमी ने बीच में ही टोक दिया, "ऐसे नहीं, यों कहो मृगलोचनी सुन्दरी सुकुमारी अपने यौवन-मद-मत्त तनुदेह को कल्लोलित-हिल्लोलित करती हुई वार्त्तालाप करती है।"

तृतीय अध्याय—ह्विस्की के एकता-समतामय साम्राज्य में अब 'दारा-पुत्र-भ्राता-परिवार, तुम किसके हो, किस पर है तुम्हारा अधिकार' की स्थिति परिव्याप्त है।

"जानते हैं, मेरी वाइफ़ कितनी गँवार है ? मैंने ड्रिंक किया है, यह जानते ही रोने लगती है। बताइए, यह कैसी बेहूदगी है ? सच कहता हूँ, मैं भी एक डबल गधा हूँ।" ···"माधव पकड़ासी भी वैसे ही हैं। इस बार भी बंगाली लड़की उठा लाये। लड़के का लाइफ तबाह करके रख देगी मोम की पुतली।"····"हाँ भाई, शादी अगर करनी है तो पाँच नदियों के तट पर करो, या फिर विलायत। वण्डरफुल ! वहाँ की औरतें ड्रिंक की कदर जानती हैं। रवीन्द्रनाथ उन लोगों की ब्यूटी समझते थे। नहीं तो इतने प्रान्त रहते राष्ट्रीय संगीत में पहला नाम पंजाब का ही क्यों रखते ? विदेश जाना ही था, तो सबसे पहले विलायत क्यों जाते ?" ···"और देखो ज़रा, राज्यपाल किस तरंह मिसेज़ राज्यपाल के साथ पेग के बाद पेग चढ़ाते चले जा रहे हैं ! क्या ले रहे हैं वे लोग ? पैराडाइज़ ? वण्डरफुल जिन, एप्रिकेट और आरेंज का मिक्सचर ! सच, स्वर्गीय मदिरा है, जिसने इस कॉकटेल का नाम पैराडाइज़ रखा है, ज़रूर जिनियस होगा।"····"और, वह अकेली शाहजादी ? वह क्या ले रही है ? वह बड़ी नामी औरत है, अनिंद्य पकड़ासी की धर्मपत्नी के बारे में बम्बई की फैशन-पत्रिका में आर्टिकल लिखेंगी। ह्वाट ? क्या कहा, सिर्फ ह्वाइट लेडी, जिन और लाइम ले रही हैं ! पूअर-गर्ल। लगता है, प्रिय-विरह में जल रही हैं। उनके मुग्ध-विमुग्ध नयन कोई संगी ढूँढ़ लें,

उनके कोमल अधर लज्जा से लाल हो उठें, तब उन्हें पूरा एक गिलास पिंक-लेडी दो। उसमें रहेगा जिन, और उसके साथ अण्डे और ग्रेनाडिन। वण्डरफुल! तब उनके मृगलोचन की काजल-रेखा फ्लोरेसेण्ट रंग की तरह जगमगाने लगेगी।"…"हाय मेरे भाई, तुम्हें क्या हुआ? इतनी ही देर में हाथ रोककर बैठ गये? तुम भी आजकल के फैशनेबुल नींबू-पानी साहब बन बैठे हो? बेवकूफ मत बनो, यार! ऐसा मौका बार-बार हाथ नहीं आयेगा। ऐसा चान्स नहीं मिलेगा। रोज़-रोज़ थोड़े ही कोई किसी को शैम्पेन-कॉकटेल के लिए निमन्त्रित करता है! जानते हो, एक-एक की कीमत पड़ती है बारह-बारह रुपये! खींचते जाओ, यारो, खींचते जाओ। प्रियतमा के कटाक्ष, विलास के अधरों की मुस्कान भूलकर मदिरासागर में डूब जाओ, डूबते चले जाओ।"

चतुर्थ, अर्थात् अन्तिम अध्याय के लिए थोड़े ही व्यक्ति बच गये थे। तीसरे ही दौर में 'बोल्ड-आउट' होकर कितने लोग भाग चुके हैं। मेज़बान भी जाना चाहते हैं, मगर जाने का रास्ता नहीं है। मेहमानों को छोड़कर कैसे चले जायें? जो मेहमान बैठे हैं, उनमें उठने का कोई लक्षण ही नहीं दीखता है।

कुछ तो पूरे नशे की हालत में अहिंसा-मार्ग पर आकर सत्याग्रह किये बैठे हैं। और, कुछ लोग हिंस्र हो गये हैं। गिलास तोड़ रहे हैं, खाली बोतलें उठाकर फेंक रहे हैं। क्या हो रहा है, क्या होनेवाला है, किसी की समझ में नहीं आ रहा है। कुछ भी नहीं। सब गोलमाल हो गया है। लोग आपस में झगड़ रहे हैं। लोग एक-दूसरे को मना रहे हैं। लोग क्या कर रहे हैं, उन्हें पता नहीं।

अब मिसेज़ पकड़ासी अपने स्वामी के साथ निकल गयीं। पकड़ासी इण्डस्ट्रीज़ के पी. आर. ओ. रह गये बिल चुकाने के लिए, और ज़रूरत पड़े तो पुलिस बुलाकर हंगामा मिटाने के लिए। धीरे-धीरे शाहजहाँ होटल का कॉकटेल-हॉल खाली होने लगा। फिर भी दो-चार आदमी हैं, जो अब भी बैठे रहना चाहते हैं।

पी. आर. ओ. ने कहा, "सर, बार बन्द होने का वक्त आ गया है।"

"शट-अप! यह क्या सभ्यता है? निमन्त्रित करके बुलाया है, और अब पीने नहीं दोगे?"

बेचारा पी. आर. ओ. चुपचाप खड़ा रह गया। मेहमानों को थोड़ा होश आया, तो गट-गट करके एक साथ कई पेग खाली कर गये, फिर लुढ़कते-गिरते बाहर निकल गये। काँच के टुकड़े साफ करते वक्त बैरों ने देखा, एक कोने में पड़े टेबुल के नीचे एक साहब लेटे हुए, नींद में मगन हैं।

मैंने पास जाकर देखा, फोकला चटर्जी है। अपने को सँभाल नहीं पा रहा है। बैरों की मदद से उसे उठाया गया। जाते-जाते उसने कहा, "चालाक बैट्समैन हूँ। क्रिकेट खेलना जानता हूँ। मगर, भानजे की शादी का उत्सव था, जान-बूझकर ही 'बोल्ड-आउट' हो गया।"

इसी का नाम है कॉकटेल-पार्टी। जगमगाती हुई शाम के सदाबहार मौसम में जब

मिसेज़ पकड़ासी अपनी बगल में पुत्र और पुत्रवधू को लिये बार में आयी थीं, तब मैंने कल्पना नहीं की थी, कॉकटेल में इतना हंगामा होता है। तब मैंने कल्पना नहीं की थी, नशे में दुनिया इतनी बदल जाती है।

अनिंद्य पकड़ासी तो एकदम बदल गये हैं। मुझे देखकर ज़रा रुके भी थे, शायद मुझसे बात करना भी चाहते थे, लेकिन मिसेज़ पकड़ासी कह उठीं, "बेटे, अभी हर किसी से बातें करने का वक्त नहीं, सारे मेहमान तुम्हारा इन्तज़ार कर रहे हैं।"

फिर, अनिंद्य से बातें करने का मौका नहीं मिला। मौका निकालने की मुझे इच्छा भी नहीं थी। फिर भी अनिंद्य की मीठी हँसी के फुहारों में, अनिंद्य की आँखों में रंगीन शराब के सुनहरे नशे में एक उदास युवती का सलोना चेहरा अकारण ही मुझे बार-बार दीखता रहा था।

मिसेज़ पकड़ासी के इस जलसे से मुझे शायद कोई फायदा नहीं हुआ। फायदा होटल का हुआ था—इस एक कॉकटेल से होटल को पूरे दस हज़ार रुपयों का चेक मिल गया था। आबकारी इन्स्पेक्टर हिसाब की जाँच-पड़ताल करके बोले थे, "वाह ऐसे कॉकटेल बराबर होते रहें, तो कितना अच्छा हो! आपका भी फायदा है, हमारी सरकार का भी फायदा।"

"बैरों का भी फायदा है," शराबजी ने हँसते हुए कहा।

"दुनिया में सबका फायदा है, नुकसान सिर्फ 'लीवर' का है," कण्ठ-स्वर से चौंककर, मैंने देखा, हॉब्स साहब चले आ रहे हैं।

बहुत दिनों से उनसे मुलाकात नहीं हुई थी। उन्हें यहाँ अपने बीच पाकर बड़ी ही खुशी हुई। सिर से हैट उतारते हुए हॉब्स साहब ने कहा, "मार्कोपोलो से मिलने गया था, मुलाकात नहीं हुई। एक दोस्त के लिए कमरा चाहिए था।"

"इसके लिए मैनेजर के पास जाने की क्या ज़रूरत थी? हम लोग भी दे सकते थे।" मैंने अपमानित स्वर में अभियोग किया। हॉब्स बोले, "ठीक है, तुम्हीं इन्तज़ाम कर दो।"

तब शराबजी की ओर एक बार गौर से देखते ही मिस्टर हॉब्स ने उन्हें पहचान लिया और चौंक गये, ताज्जुब में आ गये। बोले, "तुम? तुम यहाँ? तुम यहाँ काम करते हो?"

शराबजी के होंठों पर बड़ी ही फीकी मुस्कराहट तैर गयी, "सब उसकी इच्छा है। हम कर ही क्या सकते हैं?"

हॉब्स साहब शराबजी के पास आकर रुक गये। दोनों कुछ व्यक्तिगत बातें करना चाहते होंगे, यह सोचकर मैं आगे बढ़ गया। काउण्टर पर आकर रजिस्टर देखने लगा, हॉब्स साहब के दोस्त के लिए जगह बनायी जा सकती है, या नहीं! हॉब्स आ गये। मेरी पीठ पर हाथ रखकर बोले, "कलकत्ता के होटलों को जितना मैंने देखा है, इतना तो कह सकता ही हूँ, रिसेप्शनिस्ट चाहें तो किसी भी वक्त कमरा दिला सकते हैं।"

बोस दा काउण्टर पर ही थे। कहने लगे, "पहले यह बात थी। मगर, विदेशी

टूरिस्टों के कारण, व्यापार-यात्रा और कान्फ्रेंसों में उनके लगातार आने-जाने के कारण रिसेप्शनिस्टों की यह क्षमता समाप्त हो गयी है। मैनेजर खुद ही हर वक्त 'बुकिंग' पर नज़र जमाते रहते हैं।"

हॉब्स साहब के दोस्त की किस्मत अच्छी थी। एक अच्छा कमरा तुरत खाली हुआ था, उन्हें मिल गया।

"शराबजी कब से यहाँ हैं ?" हॉब्स ने पूछा।

"थोड़े ही दिनों से।"

"उनकी लड़की कैसी है ?"

"मुझे पता नहीं।" चुपचाप हॉब्स साहब की ओर देखता रह गया। हॉब्स ने फिर पूछा, "मार्को कहाँ है ?"

"बाहर गये हैं।"

हॉब्स हँसकर बोले, "मैं जैसे एक्सरे की आँखों से तुम्हारे होटल की भीतरी बातों को देख रहा हूँ। लगता है, मार्कोपोलो कार्पोरेशन स्ट्रीट में मेकॉले पीने गये हैं।"

लार्ड मेकॉले के नाम पर भी कोई शराब है, यह मुझे पता नहीं था। हॉब्स मुस्कराये, "पेनल कोड के रचयिता, इतिहास-पुरुष मेकॉले अब तक जीवित होते तो गुस्से से पागल हो जाते। बंगाली लड़कों ने उनका नाम धूल में मिला दिया है। माँ-कालीमार्का देशी शराब का नाम रखा है—मेकॉले ! और, यहाँ के अच्छे-अच्छे लोग डिम्पलस्कॉच, जॉन हेग, ह्वाइटहॉर्स को मुँह भी नहीं लगाते, मेकॉले पीना ज़्यादा पसन्द करते हैं।"

हॉब्स साहब घड़ी देखकर बोले, "कुछ देर रुक ही जाता हूँ। मार्को से एक और भी काम है।"

मैं उनके साथ लाउन्ज में आ गया। बोस दा ने आगे बढ़कर मुझसे कहा, "उन्हें कुछ ऑफर करो। चाय या कॉफी जो भी कहें। होटल के एक मामूली नौकर और दे ही क्या सकते हैं ! दुनिया के बहुत कम लोगों को होटलों के बारे में उनसे ज़्यादा जानकारी है। उनसे तुम्हें सीखना चाहिए।"

हॉब्स ने कहा, "ठीक है, कॉफी पिलवाओ। मैं तो उन्नीसवीं सदी के आठवें दशक से ही तुम्हारे होटल में आ रहा हूँ। इतना पुराना दोस्त तुम्हें कहाँ मिलेगा ?"

बोस दा हमारे लिए कॉफ़ी का आर्डर देकर, काउण्टर पर जम गये। हॉब्स साहब सामने थोड़ा झुककर बैठते हैं। बूढ़े आदमी हैं, अब कमज़ोर भी हो गये हैं। बोले, "यूरोप का कोई बड़ा लेखक अगर यहाँ आकर कुछ साल रहे, तो एक शानदार उपन्यास लिख देगा। वेस्ट में कितने ही होटल मैंने देखे हैं, मगर ईस्ट के साथ उनकी कोई तुलना नहीं हो सकती। सिम्पसन, सिल्वर्टन, होराबिन से शुरू होकर तुम्हारे मार्कोपोलो, जूनो, यहाँ तक कि शराबजी तक किसी महान् ऐतिहासिक उपन्यास के पात्र हैं।"

मुझे फुरसत थी। हॉब्स को भी वक्त काटना है। इसीलिए बातचीत जमने लगी। नॉरी शराबजी किसी दिन इस होटल में आकर नौकरी करने लगेगा, यह मैं आज यहाँ आये बिना विश्वास नहीं कर सकता था। मैं उसे पहले विश्वयुद्ध के पहले से ही

देखता रहा हूँ। उन दिनों शराबजी छोटी उम्र का लड़का था, हाफ़िज़जी की दूकान में शराब बेचता था। मुझे याद है, हमारे ही एक दोस्त ने हाफ़िज़जी के खिलाफ़ एक्साइज़-डिपार्टमेण्ट में रिपोर्ट कर दिया था। उसका असली नाम शराबजी नहीं है, शायद मैंडन या ऐसा ही कुछ है। मगर, शराब की लाइन में रहते-रहते लड़का शराबजी बन गया। मैंडन की उम्र उस वक्त चौदह साल से ज़्यादा नहीं होगी। बेचारा रोते-रोते मेरे पास आया। इतनी कम उम्र के लड़के शराब की दूकान में काम नहीं कर सकते, किसी ने रिपोर्ट कर दी है—अब उसकी नौकरी चली जायेगी। मुझे मैंडन के हाल से दुःख पहुँचा। बड़ी कोशिशों के बाद वह रिपोर्ट दबा दी गयी। उन्हीं दिनों से मैं उसे जानता हूँ। पारसी लोग गरीब नहीं होते, मुझे यही पता था। उनके इतने ट्रस्ट हैं, फण्ड हैं कि कोई कम उम्र का लड़का आवारागर्दी करता फिरे, रोटी के लिए भटकता फिरे, यह सम्भव नहीं है। इसीलिए मैंडन पर मुझे थोड़ा शक भी हुआ था। एक दिन मैं हाफ़िज़ जी की दूकान पर गया। उस वक्त बार में ज़्यादा भीड़ नहीं थी। एक छोटे पेग का आर्डर देकर मैं बैठ गया। शराबजी मुझे देखकर दौड़ता आया। विनम्रता से बोला, 'आप मुझे बचा नहीं लेते, तो मुझे चौरंगी के फुटपाथों पर भीख माँगनी पड़ती।' तब मैंने पूछा, 'तुम ऐसी रद्दी जगह में नौकरी क्यों करते हो? इतनी कम उम्र में तुम्हारी…!' उदास होकर शराबजी ने टूटी-फूटी अंग्रेज़ी में बताया, 'मैं ऑर्फ़न लड़का हूँ। अनाथालय के स्कूल में मुझे पाला-पोसा गया। मेरे दिमाग में बुद्धि नहीं है। उन लोगों ने बहुत कोशिश की, मैं फिर भी पढ़-लिख नहीं सका। मैंने ट्राई किया, मगर मुझसे हुआ नहीं। इसीलिए, वहाँ से निकल आया।' मैंने शराबजी से कहा था कि वह किसी ट्रस्ट की सहायता क्यों नहीं लेता? कोई दूसरा काम सीख सकता है। वह इस बात के लिए तैयार नहीं हुआ। कहने लगा, 'नहीं सर, जन्म देकर माँ-बाप ही जिसकी सहायता करने को तैयार नहीं हुए, वह दूसरों से मदद कैसे लेगा! मदद लेना अच्छी बात नहीं है। भगवान् यही चाहते हैं कि मैं अपनी सहायता आप ही करूँ। आप लोगों के आशीर्वाद से मैं कोई-न-कोई रास्ता ढूंढ़ निकालूंगा।' मैंडन उर्फ़ शराबजी ने मुझसे यही कहा।"

हॉब्स साहब चुप हो गये। कॉफ़ी पीते रहे। मैं उनके अनुभव की बात सुनने के लिए चुपचाप बैठा रहा। तब हँसते हुए हॉब्स ने कहा, "अब बच्चों के लायक एक सवाल पूछता हूँ। बताओ तो, किस क्षेत्र में अब तक स्त्रियों को स्वाधीनता नहीं मिली है?"

मैं उनकी ओर देखता रहा, चुप ही रहा। मेरी पीठ पर एक हाथ रखकर वह हँसने लगे। बोले, "शराबजी से पूछना, वह झट से बता देगा, नारी-स्वाधीनता का सबसे बड़ा विरोधी दल है होटल! बार-लाइसेंस में लिखा होता है, किसी अकेली औरत को बार में घुसने नहीं दिया जा सकता। इस देश की औरत चाहे जहाँ अकेली चली जाय, एवरेस्ट पर क्यों न चढ़ जाय, किसी को एतराज़ नहीं होगा। मगर, आज भी कोई औरत बार में अकेली प्रवेश नहीं कर सकती। हाँ, साथ में मर्द हो तो कोई बात नहीं। जितनी देर ख्वाहिश हो, अपने मर्द के साथ ड्रिंक ले सकती है, अकेली नहीं। यह कानून बहुत पुराना है। जिन्होंने यह कानून बनाया था, उनका मकसद दूसरा था। अकेली

औरतें गलत मतलब से बार में आती हैं। आज भी आती हैं। किसी सस्ते बार में चले जाओ, ऐसी औरतों से मुलाकात हो जायेगी। सेकेण्डहैण्ड देह पर ताज़ा साज-सिंगार करके वे मछलियाँ फँसाने को बैठी रहती हैं। यह कानून बुरा नहीं है। ऐसी औरतों की रोकथाम होनी चाहिए। मगर, कुछ मर्द ऐसे होते हैं, जो इसी कानून के बल पर अपना पेट पालते हैं। ऐसी औरतों का साथ पकड़ने के लिए सफेद बुशशर्ट और फुल पैण्ट पहनकर गरीब एंग्लो-इण्डियन लड़के ताक में लगे रहते हैं। 'हलो डौली, आज मुझी को साथ ले चलना होगा। चाहे जितनी रात हो जाय, मैं तुम्हारे साथ बैठा रह सकता हूँ।' डौली कहेगी, 'पीटर की माँ से मैं वादा कर चुकी हूँ। पीटर को ही अपना एस्कॅर्ट बनाकर ले जाऊँगी। उसे कुल एक ही रुपया देना होगा!' तब छोकरा कहेगा, 'मुझे बारह आने ही दे देना! मुझे पैसों की सख्त ज़रूरत है।' तब डौली हँसने लगेगी, 'तुम लोग तो सड़ी हुई मछलियों की तरह सस्ते हो गये! हाय-हाय, कुल बारह आने के लिए घण्टों तक मेरे साथ बैठे रहोगे!' आबकारी कानून की आँखों में धूल झोंकने के लिए किराये पर एक साथी ढूँढ़कर उसके साथ औरतें बार में घुसती हैं। और, यही साथी बनकर शराबजी ने कलकत्ता में अपना स्वाधीन धन्धा शुरू किया था।"

हॉब्स विस्तार से मुझे पूरी घटना सुनाने लगे। शराबजी की उम्र कम थी, कानून के मुताबिक इस उम्र के साथी के साथ बार में आने का कोई मतलब नहीं होता। मगर, हाफ़िज़जी कानून के बारे में इतनी पूछताछ नहीं करते थे। उन्हें पता भी नहीं था। एक एंग्लो-इण्डियन लड़के ने शराबजी को यह सुविधा की राह बता दी। हाफ़िज़जी आनेवाली लड़की के साथी की उम्र नहीं पूछते हैं। उन्हें पता है, एस्कॅर्ट की उम्र कम होगी तो वह पैसे भी कम लेगा, और बेचारी लड़कियों को ज़्यादा तंग भी नहीं करेगा। वह इतना ही कहते थे, "तुम लोग यहाँ आकर असभ्य न बनो। एक लेमोनेड लेकर आधा-आधा न पियो। इससे होटल की इज्ज़त बरबाद होती है। कम-से-कम एक-एक बोतल तो सामने लेकर बैठो।"

शराबजी जब अन्न के चार दानों के लिए कलकत्ता की गली-गली में मारा फिर रहा था, धर्मतल्ला स्ट्रीट में एक लड़के से उसकी जान-पहचान हुई। वह शराबजी जैसे ही किसी लड़के की तलाश में था। सिन्थिया को वह रोज़ बार में ले जाता था, उसके साथ बैठा रहता था। फिर गाहक आते थे, मोल-मोलाई होती थी, रुपये दिये जाते थे, और नये गाहक को सिन्थिया के पास बिठाकर वह लड़का अपनी राह चल देता था। मगर, अब उसे कुछ दिनों के लिए खड़गपुर जाना पड़ रहा है। रेलवे के कारखाने में एक आदमी ने नौकरी दिलाने का वादा किया है। मगर, सिन्थिया को तो एक लड़का अपने बदले दे जाना होगा।

इसीलिए उस लड़के ने मैंडन अर्थात् शराबजी का सिन्थिया से परिचय करा दिया। बोला, "मगर दोस्त, कुछ-एक ही हफ्ते का काम है। मेरे लौटते ही तुम्हें हट जाना होगा। तब मुझसे झगड़ने न लगना। यह लाइन बहुत बुरी है। लड़की ने दो मीठी-मीठी बातें कीं, पीने के लिए एक सिगरेट दी, बस, दिमाग खराब हो जाता है। मगर, याद रखना, हम कोई ऐसे-वैसे आदमी नहीं हैं। गड़बड़ किया, तो घूँसे मारकर

सामने के दोनों दाँत तोड़ देंगे। फिर, वहाँ नया दाँत जनमेगा नहीं।"

मैडन राज़ी हो गया। किसी भी तरह पेट को भरना तो पड़ेगा। ये कुछ दिन तो किसी भी तरह बीत जायें, फिर देखा जायेगा। सिन्थिया के साथ ही मैडन पहली बार शराबखाने में घुसा था। शुरू-शुरू में डर लगा था। सिन्थिया एक पाँव पर दूसरा पाँव चढ़ाकर, सिगरेट का धुग्राँ उड़ाती हुई बोली थी, "देखूँ, तुम 'लकी' लड़के हो या नहीं। शायद, ग्रभी तुरत कोई कस्टमर मिल जाय।"

शराबजी डरने लगा। इस दुनिया में वह पहले कभी नहीं ग्राया था। सिगरेट के धुएँ से समूचा हॉल भर गया है। लगता है, मच्छरों को भगाने के लिए किसी गरीब परिवार में धुग्राँ किया गया है। एक कोने में खड़े होकर दो-तीन ग्रादमी बाजे बजा रहे हैं। बीच-बीच में वे लोग इशारे से लड़कियों को बुलाते हैं, 'बैठी-बैठी लेमोनेड क्या पी रही हो, यहाँ ग्राग्रो, थोड़ा नाचो, थोड़ा गाग्रो। हमारे बार के पास इतनी ताकत नहीं है कि पैसा खर्च करके नाचने-गाने के लिए लड़कियाँ रख सके। मगर, म्युज़िक ग्रौर डांस का लाइसेंस हमारे पास है। हर साल ढेर-से पैसे देकर लाइसेंस हमें रिन्यू कराना पड़ता है।'

शराबजी ने देखा, बार में सिर्फ लेमोनेड का ही दौर चल रहा है। सिर्फ सिन्थिया ग्रौर उसके जैसे लोगों के जोड़े ग्रलग-ग्रलग टेबुलों पर बैठे हैं ग्रौर लेमोनेड पी रहे हैं। शराब खरीदनेवाला कोई गाहक नहीं है। हॉल की घड़ी की ग्रोर देखकर सिन्थिया ने कहा, "रात के नौ बजे तक बार ही चलेगा। इसके बाद कस्टमरों की भीड़ शुरू होगी। ग्राज मुझे ग्रच्छी सीट नहीं मिली। देर से ग्राने पर दूसरी लड़कियाँ ग्रच्छी सीटों पर कब्ज़ा जमा लेती हैं। गाहक लोग ज़रा किनारे, किसी कोने में बैठना चाहते हैं, जहाँ ज़रा हाथ-पाँव फैला सकें। पहले कोने की टेबुलों की ग्रोर लोग जाते हैं, इसके बाद हमारी ग्रोर ग्राते हैं।"

सिगरेट का ताज़ा कश लेकर सिन्थिया बोली, "मगर भैया, मुझमें इतना धीरज नहीं है कि शाम के सात बजे से ही यहाँ बैठी रह सकूँ। फिर रहीम को भी कुछ पैसे दिये जायें, तो फायदा होता है। मगर, वैसे भी तो महीने में एक रुपया देना पड़ता है, ग्रौर कितना दूँ?"

शराबजी का गला सूखा जा रहा था, उसने एक घूँट लेमोनेड पिया ही था कि सिन्थिया ने उसके हाथ पर उँगलियाँ मारीं, "हैलो मैन, तुम क्या मुझे बरबाद करना चाहते हो? यहाँ कब तक बैठना पड़ेगा, कुछ ठीक नहीं ग्रौर तुमने इतनी ही देर में ग्राधा गिलास साफ कर दिया? ग्रगर, फिर लेमोनेड खरीदना पड़ा, तो पैसे तुम्हीं को देने होंगे। मेरे पास इतने सस्ते पैसे नहीं हैं। कस्टमर का कुछ कहीं पता नहीं ग्रौर मैं पैसे लुटाती चलूँ, यह मुझसे नहीं होगा।"

शराबजी ने कोई जवाब नहीं दिया। गला सूख रहा है, ग्रौर गिलास में लेमोनेड भरा हुग्रा है, मगर पीने का उपाय नहीं। सिगरेट की गन्ध से खाँसी ग्रा रही है। ग्रब, बार में दो जहाजी घुस ग्राये—बेहद लम्बे ग्रादमी, इतने लम्बे कि छत से सिर टकरा जाये। सिन्थिया कुर्सी छोड़कर उनकी ग्रोर लपकी, मगर मछली ने उसकी बंसी का

चारा नहीं खाया। सिन्थिया वापस ग्राकर हाँफने लगी, फिर सिगरेट पीती हुई खामोश बैठी रही। मगर, उसका साथी उसकी ग्रोर देख भी नहीं रहा है। लेमोनेड के गिलास पर उसकी निगाहें जमी हैं, ग्रौर वह बेहद उदास हो रहा है।

सिन्थिया बोली, "ठीक है, थोड़ा-सा पी लो। मगर कल से दो-तीन गिलास पानी पीकर ग्राना। यहाँ कब तक बैठना पड़ेगा, क्या पता! किस्मत ग्रच्छी रही, तो घण्टे-भर बाद ही ग्रपना पैसा लेकर चले जा सकते हो। ग्रगर···।"

ग्रचानक सिन्थिया बोलती-बोलती रुक गयी। भय से काँप उठी। बैरे सभी लड़कियों के टेबुलों की ग्रोर देखने लगे, सबके साथ कोई-न-कोई मर्द है तो? मर्द साथ नहीं रहे, तो सरकारी ग्रादमी मुसीबत में डाल देते हैं। पता नहीं क्यों, बीच-बीच में बार की जाँच करने ग्रा जाते हैं।

शराबजी ने सुना, मैनेजर कह रहा है, "देख लीजिए सर, सभी ग्रौरतें एस्कॅर्ट के साथ ग्रायी हैं। सभी जेनुइन कस्टमर हैं, सर!"

इन्स्पेक्टर ग्रब उन लोगों के सामने ग्राकर खड़ा हो गया। सिन्थिया तो इन बातों की ग्रभ्यस्त है। वह शराबजी की ग्रंगुलियों से खेलने लगी। जैसे वे देर से बातें कर रहे हों, ऐसे लहजे में कहने लगी, "ग्रच्छा जॉन, फिर क्या हुग्रा?"

शराबजी डर गया है। वह उठ खड़ा हुग्रा, ग्रौर इन्स्पेक्टर की ग्रोर देखता हुग्रा सकते में ग्रा गया। उसे उठते देखकर मैनेजर पर घड़ों पानी गिर गया। इन्स्पेक्टर ने पूछा, "इस लड़की के साथ ग्राप ही बार में ग्राये हैं?"

वह समझ नहीं रहा था, क्या जवाब दिया जाय। सिन्थिया ने पहले से कुछ सिखा भी नहीं रखा था। फिर भी, किसी तरह सिर हिलाकर उसने कहा, "हाँ।"

इन्स्पेक्टर मुस्कराने लगा। हँसकर बोला, "पहली बार यहाँ ग्राये हो?"

मैनेजर ने कहा, "नहीं सर, जेनुइन कस्टमर है। बराबर ग्राता है।"

मैनेजर के कान तक ग्रपना मुँह ले जाकर इन्स्पेक्टर ने कहा, "हाँ साहब, लेमोनेड पीने की इतनी ग्रच्छी जगह कलकत्ता में ग्रौर कहाँ है?"

इन्स्पेक्टर चला गया। बार का सिलसिला फिर से शुरू हुग्रा। लोग ग्राने-जाने लगे। सिन्थिया को भी एक कस्टमर मिल गया। ग्रपना पैसा लेकर शराबजी चला गया। उसी की कुर्सी पर हाफिज़जी के बार का नया कस्टमर बैठ रहा।

दूसरे दिन सिन्थिया से फिर मुलाकात हुई। उसने कहा, "तुम्हारी किस्मत ज़ोरदार है। मुझे बड़ा फायदा हुग्रा। कलवाले कस्टमर ने दिल खोलकर पिलाया, रुपये-पैसे देने में भी खींचा-तानी नहीं की। पूरा मिहनताना दिया। ऐसे कस्टमर रोज़ मिल जायें, तो हमें कोई तकलीफ ही नहीं रह जाय!"

दोनों बार में जा बैठे। सिन्थिया के पास बैठा शराबजी लेमोनेड के गिलास की ग्रोर देखता हुग्रा गाहक के ग्राने की प्रार्थना कर रहा है। वाकई उसकी किस्मत तेज़ है। लेमोनेड के पहले ही घूंट के बाद गाहक ग्रा गया। सिन्थिया को ही उसने पसन्द किया। शराबजी उठकर वापस ग्राने लगा। मगर सिन्थिया बोली, "लेमोनेड तो पीते जाग्रो। ग्रभी तो गिलास भरा ही हुग्रा है।"

अगले दिन वह फिर सिन्थिया के पास गया। सिन्थिया उसकी पीठ थपथपाने लगी।

"रियली लकी चैप!" उसने कहा, "पता है, कल क्या हुआ? कस्टमर के साथ मैं टैक्सी में निकल गयी। उसने घण्टे-भर में ही फुरसत दे दी, उसे ट्रेन से कहीं जाना था। वापस आकर मुझे अफसोस हुआ, एक बार और बार में बैठा जा सकता था। मगर, तुम तो थे नहीं। अकेली ही मैं बार में चली गयी, मगर मैनेजर ने बैठने नहीं दिया। बोला, 'आबकारी के लोग इधर अक्सर आ रहे हैं। कोई गड़बड़ हो सकती है। फिर, तुम्हारा तो एक राउण्ड हो ही गया। अपनी बहनों को भी कुछ कमा लेने दो,' मुझे वापस आ जाना पड़ा।"

सिन्थिया खुद ही शराबजी को कुछ ज़्यादा पैसे देने लगी। बोली, "तुम इतने शरमीले क्यों हो? जाने से पहले कस्टमर से बख्शीश माँग लेना चाहिए। मैं भी तुम्हारी तरफ से बोल दूँगी। कहूँगी, 'मैं तो अच्छे घर की लड़की हूँ। माँ से छिपकर यहाँ आ गयी हूँ। इसे कुछ नहीं देंगे, तो घर में बता आयेगा।' इस तरह तुम्हें अच्छी बख्शीश मिल जायेगी।"

मगर, शराबजी गाहक से पैसे माँग नहीं पाता था। चुपचाप बैठा बार का तमाशा देखता रहता था। कभी-कभी पुलिस के लोग अँधेरे में छिपकर आते हैं। हाफिज़जी दौड़-भाग करने लगते हैं, खुशामद और खातिर करते हैं। ड्रिंक के लिए अनुरोध करते हैं। फिर पुलिसवाले रजिस्टर माँगते हैं, 'बार इन्स्पेक्शन बुक'! पुलिस-ऑफिसर चलती अंग्रेज़ी में लिख देता है, रात्रि के ग्यारह बजे नगर का निरीक्षण किया। स्वयं हाफिज़जी वहाँ मौजूद थे। बार ग्राहकों से खचाखच भरा था। सभी युवतियाँ अपने-अपने एस्कॉर्ट के साथ थीं।

अपनी कहानी रोककर हॉब्स साहब ने मेरी ओर देखा। फिर बोले, "आज भी कलकत्ता के बार हाउसों में, यही बातें रजिस्टर में लिखी जाती हैं। खैर, कुछ ही दिनों बाद सिन्थिया का पुराना 'साथी' वापस लौट आया। मगर, वह किसी तरह भी शराबजी को छोड़ना नहीं चाहती थी। किस्मत का धनी है शराबजी, उसे छोड़ कैसे दे? मगर, मैडन राज़ी नहीं हुआ। कहने लगा, मैं गलत काम नहीं करूँगा। मैंने वादा किया था, इसके आते ही काम छोड़ दूँगा। अब छोड़ूँगा नहीं, तो भगवान् नाराज़ होंगे।"

भगवान् शायद मैडन की इस बात से खुश हुए। उसे हाफिज़जी के बार में नौकरी मिल गयी। मैडन बहुत खुश हुआ। सुबह जब बार खुलता है, फुरसत-ही-फुरसत रहती है। बार खाली रहता है। दो-एक आदमी आता भी है, तो एक-आधा पेग पीकर भागता है। दोपहर में भी कुछ लोग आते हैं—मुफस्सिल के लोग। शाम के सजे हुए शहर की खूबसूरती उनकी किस्मत में नहीं होती।

फिर, रात आती है—दुल्हन-जैसी रात। हाफिज़जी ही काउण्टर पर आ जमते हैं। बार का रंग और रूप ही बदल जाता है।

हॉब्स साहब ने अपनी घड़ी की ओर देखकर कहा, "तुम्हारा वक्त तो बरबाद

नहीं कर रहा हूँ ?"

"नहीं तो ! शराबजी को अच्छी तरह जानने का मौका नहीं मिलता, अगर आपसे ये बातें नहीं सुन पाता।" मैंने कहा।

"मैं तो खुद भी उसे समझ नहीं पाया था। आज अगर उसे यहाँ नहीं देखता, तो कभी उसकी याद भी नहीं आती। समझ लेता, साधारण व्यक्तियों की तरह वह जीवन के संघर्ष में कहीं मर-खप गया। मगर, अब तो उसने मुझे चकित कर दिया है।"

हॉब्स ज़रा देर के लिए रुके। फिर उन्होंने अपना किस्सा आगे बढ़ाया, "जब उम्र ढल जाती है, तो आदमी को बकबक करने की बीमारी हो जाती है। और जब सोचने की ताकत खत्म हो जाती है, तब आदमी को उद्धरण देने का रोग पकड़ लेता है। मुझे भी एक कोटेशन कहने की इच्छा हो रही है। तुम्हारे होटल के स्याटा बोस ने ही मुझे कहा था : 'बार एक बैंक है जहाँ आप रुपया जमा करायें, और उसे गँवा दें, समय लगायें और उसे बरबाद करें; चरित्र को सुरक्षित रखना चाहें और उससे हाथ धोना पड़े; आत्मविश्वास और अपनी आत्मा तक की आहुति देनी पड़े।'

"नुकसान-ही-नुकसान होता है, फायदा कुछ नहीं। इस दिवालिया बैंक में अपने रुपये, समय, चरित्र, आत्म-नियन्त्रण, आत्मा, परिवार की सुख-शान्ति, स्वास्थ्य, सभी कुछ जमा करो, और सारा-का-सारा स्वाहा हो जायेगा। कुछ हाथ नहीं आयेगा। मगर, बार एक आदमी को फायदा देता है। वह हैं, हाफ़िज़जी ! दूसरों के सारे रुपये उनके बैंक एकाउण्ट में जमा होते जाते हैं।

"मैडन कब अचानक शराबजी बन गया था, मुझे मालूम नहीं हो सका। बीच में काफी दिनों तक उससे भेंट नहीं हुई। फिर कई साल बाद एक दिन धर्मतल्ला के चौराहे पर उसे मैंने देखा। मुझे देखकर वह भी पास भागा आया। बोला, 'मुझे पहचान रहे हैं ? आपकी ही दया से मेरी नौकरी बच गयी थी। मैंने अब हाफ़िज़जी के यहाँ से काम छोड़ दिया है।'

" 'सो क्यों ? उनसे झगड़ा हो गया क्या ?'

" 'जी नहीं, ईश्वर की दया से मैंने खुद ही अपनी दूकान कर ली है।'

" ' 'बार' किया है ? उसके लिए तो बहुत रुपयों की ज़रूरत पड़ती है।'

" 'ईश्वर जिसकी मदद करते हैं, उसे और किसी चीज़ की ज़रूरत नहीं पड़ती। धर्मतल्ले में ही एक बार मिल गया है। उसका मालिक बीमार रहता था। इसलिए विलायत चला जाना पड़ा उसे। मुझे उसने पार्टनर बना लिया है। मैं ही सारा काम सँभालूँगा। उसे मुनाफ़े में हिस्सा देना होगा।'

"ज़ोर देकर वह मुझे अपने बार में ले गया। सारा कुछ दिखाकर बोला, 'बड़ी शान्त जगह है। वहाँ जैसी नहीं !' मैंने खुद भी देखा, कई लोग बैठे शराब पी रहे थे, मगर ज़रा भी शोर-गुल नहीं हो रहा था।

"मैडन ने बताया, 'मैंने नाम बदल लिया है। जब शराब की लाइन में ही रहना है, तो मैं हूँ, शराबजी !'

"मैंने ही कहा, 'मगर, खुद भी शराब के साथ रिश्ता नहीं रखोगे, तो कैसे काम

चलेगा ?'

''शराबजी ने दाँतों-तले जीभ दबा दी। बोला, 'क्या कह रहे हैं ? मैंने ज़िन्दगी में कभी होंठों को शराब से तर नहीं किया है। हज़ार-हज़ार पेग शराब बोतल से ढालकर लोगों को पिलायी है, मगर, मुझे इतना भी पता नहीं शराब का स्वाद कैसा होता है।'

''इसके बाद शराबजी से मुलाकात होने लगी। उसने अपनी शादी पर आने का निमन्त्रण मुझे दिया। बोला, 'आपके ही कारण तो सब मिला है मुझे ! उस दिन हाफ़िज़जी की दूकान में टिक नहीं पाता, तो सुख के ये दिन नहीं आते। एक बात जानते हैं, जिससे शादी कर रहा हूँ, वह तो बेहद डर गयी थी। कहती थी, 'हज़ार हो, मगर है तो शराब की ही दूकान !'

''शराबजी की पत्नी को अकसर बाज़ार में देखता था। वाकई, गृहलक्ष्मी थीं। स्वयं ही रेस्तराँ के लिए सारी चीज़ें खरीदती हैं, किसी दूसरे के हाथ में यह काम दिया जाय, तो पैसे चुरा लेगा। गोश्त की कीमत भी ज़्यादा बतायेगा, तौल में भी कम लायेगा। मैंने एक बार पूछा, 'आप खुद ही सौदे खरीदती हैं ?'

''मिसेज़ शराबजी ने बताया, 'मैं नहीं करूँ, तो बेचारे की मदद कौन करेगा ? खुद सौदा खरीदती हूँ, तो चीज़ भी अच्छी मिलती है, गाहक तारीफ करते हैं, और कीमत भी कम लगती है।'

''मैंने सवाल किया, 'आप क्या दूकान में भी शराबजी की मदद करती हैं ?'

''मिसेज़ शराबजी ने कहा, 'यही तो मुसीबत है। मेरा वहाँ जाना एकदम मना है। एक बार मैंने कहा था, ज़रा किचन में जाकर रसोइयों को दो-चार बातें समझा आती हूँ। मगर वे नाराज़ हो गये। मैं सौदे खरीदकर घर ले जाती हूँ। मेनू तय कर देती हूँ। वे घर से सामान उठाकर दूकान जाते हैं। जिस दिन काम के मारे आ नहीं पाते, किचन के मेठ को भेज देते हैं। कोई न आये, तो मैं फोन से याद दिलाकर किसी को बुला लेती हूँ। मगर, मैं खुद किसी भी हालत में दूकान पर कदम नहीं रख सकती। वे कहते हैं, दुनिया-भर में जहाँ खुशी हो, जा सकती हो, सिर्फ मेरे बार-हाउस में नहीं।'

''मैंने कहा, 'और, आपने सिर झुकाकर उसकी बात मान ली है, है न ?'

''मिसेज़ शराबजी ज़रा शरमा गयीं। किन्तु उनके स्वामी के साथ मेरा कितना अपनापा है, यह जानती हुई, धीमी आवाज़ में, मुसकराती हुई बोलीं, 'मैंने प्रतिवाद किया था। मगर वे बोले, तुम तो माँ बननेवाली हो। बार की हवा से आनेवाले मेहमान को नुकसान पहुँच सकता है।'

''कुछ ही दिनों बाद सूचना मिली, शराबजी को सन्तान-प्राप्ति हुई है। फिर, यह भी सूचना मिली, उसने पूरी दूकान खरीद ली। उसका पार्टनर अब विदेश से लौटेगा नहीं, इसीलिए जो कुछ पैसे अपने पास थे, और पत्नी का जो भी गहना-ज़ेवर था, सब बेचकर शराबजी ने बार और रेस्तराँ खरीद लिया।

''बार में भी मुझसे उसकी मुलाकात हुई। शराबजी ने कहा, 'इतना कुछ आपकी वजह से मुझे हासिल हो सका है। इस बार को अपना ही जानिए।'

''अभी-अभी शाम हुई थी। लोगों की तादाद बढ़ने लगी थी। शराबजी बोला,

'मेरा यह बार हाफ़िज़जी के बार की तरह नहीं है। मैं अच्छी चीज़ देता हूँ, कभी एक बूँद पानी नहीं मिलाता। बार में लड़कियों को पाँव रखने नहीं देता। फिर भी शान्ति नहीं है।'

"मैंने इसकी वजह दरयाफ्त की। वह कहने लगा, 'मेरा बार साढ़े-दस बजे रात को ही बन्द हो जाता है। मगर, शाम से ही जो लोग बैठे रहते हैं वे धीरे-धीरे गरम होने लगते हैं। शराब की भी सीढ़ियाँ होती हैं। शराबी ऊपर चढ़ता जाता है। पहले पेग में स्वास्थ्य, दूसरे पेग में आनन्द, तीसरे पेग में लज्जा समाप्त हो जाती है, और चौथे पेग से पागलपन सवार हो जाता है। तब मेरा सिर दुखने लगता है। पता नहीं, लोग क्यों इतने पेग चढ़ा लेते हैं कि होश में नहीं रह सकें। रोज़ कोई-न-कोई मुसीबत खड़ी हो जाती है।···वैसे, मेरे बार के लिए लोगों के दिल में इज़्ज़त है। जो लोग शान्त वातावरण में शान्तिपूर्वक ड्रिंक करना चाहते हैं, वे ही यहाँ आते हैं। फिर भी, दूकान तो शराब की है। कभी-कभी झगड़ा-झंझट हो ही जाता है।'

"ऐसी एक घटना मेरी ही आँखों के सामने हुई। बैरे ने आकर कहा, 'केबिन में बैठे एक साहब बुला रहे हैं।' शराबजी उधर जाने लगा। उत्सुकतावश मैं भी उसके पीछे-पीछे चला गया। इण्डियन साहब होंठ सिकोड़कर बोले, 'नॉट ए गुड ड्रिंक—पानी डालता है।' कान पर हाथ रखकर शराबजी बोला, 'क्या कहते हैं सर? हमारे बार में ऐसी जुआ-चोरी नहीं चलती है। आप कहें तो बोतल आपके पास भेज दूँ, आप खुद ढालकर पी लीजिए।' खरीदार ने कहा, 'फाइव पेग ऑलरेडी ड्रिंक कर चुका हूँ, मगर अब भी लगता है, मैं स्वामी विवेकानन्द का शागिर्द हूँ।'

"केबिन से निकलकर बार के काउण्टर पर आते हुए शराबजी ने कहा, 'मैं असली बात समझता हूँ। ऐसे दो-एक गाहक रोज़ ही आते हैं। पहली बार यहाँ आते हैं, समझ नहीं पाते।' ह्विस्की की एक बोतल हाथ में लिये, शराबजी ने केबिन में आकर कहा, 'हम लोग डाइरेक्ट माल मँगवाते हैं। आप कहें, तो आपके सामने सील तोड़कर शराब दे सकता हूँ।' मैं केबिन के बाहर खड़ा था। सुना, काले साहब अब अपनी असली बात पर आ गये, 'गर्ल चाहिए।'

"टूटी-फूटी अंग्रेज़ी में शराबजी ने जो उत्तर दिया, वह कोई साहित्यिक सुनता तो शानदार कहानी लिख देता। मगर, उस गाहक ने शराबजी का हाथ थामकर अपनी बात ही दुहरायी, 'प्लीज़-प्लीज़, प्लेज़र गर्ल, ओन्ली वन गर्ल।' शराबजी ने उसका हाथ कसकर दबाया। फिर, उसे समझाने लगा, 'गर्ल्स हियर नो गुड। हाउस-गर्ल, गर्ल्स इन योर फ़ैमिली फ़ार-फ़ार बैटर। होटल-गर्ल्स टेक आल मनी।' शराबजी अपनी बात समझाने के लिए जैसे अभिनय करने लगा। घर की लड़की और होटल की लड़की की तुलना करते हुए कहने लगा, 'स्ट्रीट-गर्ल्स डोन्ट लव यू, दे लव योर मनी बैग। हाउस-गर्ल—माई सिस्टर इन योर हाउस—लव यू! इफ़ शी हियर दिस—शी विल वीप।' और, शराबजी रोने का अभिनय करने लगा। इस बार गाहक को थोड़ी शर्म आयी। किसी तरह शराब का बिल चुकाकर बैरे को बिना कुछ टिप दिये, वह तेज़ी से बाहर निकल गया। शराबजी मेरी ओर देखता हुआ बोला, 'देखा न आपने? ऐसा ही होता

रहता है। पहले मैं अकेला था, सब-कुछ बर्दाश्त कर लेता था। अब उम्र बड़ी है, एक लड़की का बाप हूँ, यह सब बर्दाश्त नहीं होता।' मैं उस दिन वापस लौट आया। बीच-बीच में सूचना मिलती रही, उसके दिन अच्छी तरह बीत रहे हैं। शराब का पूरा स्टाक है उसके पास। जो शराब दूसरी जगह मिल भी नहीं सकती, वह भी शराबजी के यहाँ उचित मूल्य में मिल जाती है। शराबजी कहता है, 'ऊपर भगवान् हैं, ईमानदारी से दूकान चला रहा हूँ, वे हमारी मदद करेंगे।'

"फिर एक दिन शराबजी से मुलाकात हो गयी। उसका चेहरा सूख गया है। चुपचाप सड़क के एक किनारे खड़ा है। मैं गाड़ी से जा रहा था। गाड़ी से उतरकर बोला, 'क्या बात है?' उसने मुझसे पूछा, 'शराब पीने से आदमी की अक्ल क्यों गायब हो जाती है, बता सकते हैं?' मैंने कहा, 'शायद, अलकोहल से दिमाग में रासायनिक परिवर्तन होने लगता है।' तब, शराबजी ने कहा, 'मैंने अपना कान पकड़कर कसम खायी है, शराबियों से अब कभी बातचीत नहीं करूँगा। जानते हैं, शराबी लोग बार में आयेंगे एक साथ, शराब पियेंगे एक साथ, फिर नशे में आकर आपस में ही लड़ पड़ेंगे। उस रात नौ बजे दो शराबी चीखने लगे। टेबुल पर गिलास बजाते हुए गाने लगे। दूसरे टेबुल पर और लोग बैठे थे—हमारे बार के स्थायी गाहक, रोज़ तीन-चार सौ रुपयों की शराब खरीदते हैं। इनमें से एक आदमी ने मुझे कहा, 'आपका बार तो ताड़ीखाना बन गया है। यहाँ अब शरीफ लोग आना बन्द कर देंगे। हाफ़िज़जी के लड़कियोंवाले बार में बैठनेवाले लोगों को आप यहाँ बुलाने लगे हैं। यह अच्छी बात नहीं। इन दोनों शराबियों को आप सँभालिए वरना हम लोग चले जायेंगे, फिर कभी आयेंगे भी नहीं।'

"अपने स्थायी ग्राहक की बात सुनकर शराबजी दोनों पियक्कड़ों के पास गया। वे उस वक्त रेडियो पर क्रिकेट के टेस्ट-मैच की कमेन्ट्री दे रहे थे। इण्डिया एक ओवर में एम. सी. सी. को हराकर, सेकेण्ड ओवर में आस्ट्रेलिया को मैदान में उतार चुका है। एक शराबी कहता है, ऐसा हो नहीं सकता। दूसरा शराबी कहता है, मेरी जो खुशी होगी, वही करूँगा। आस्ट्रेलिया क्या, मैं अफ्रीका को मैच में उतार दूँगा। इसमें किसी के बाप का क्या है? और, इसके बाद दोनों में अश्लील-से-अश्लील गालियों का वाग्युद्ध। तब, शराबजी ने कहा, 'आप लोग क्या कर रहे हैं?' जवाब में उन्होंने कहा, 'ठीक कर रहे हैं। तुम कौन हो बीच में टपकनेवाले?' शराबजी ने मजबूर होकर कहा, 'इस तरह का गाली-गलौज इस बार में चल नहीं सकता। दूसरे कस्टमरों को अच्छा नहीं लगता है।' इस पर दोनों शराबी रोने-चीखने लगे। दूसरे टेबुलों के ग्राहकों को बुलाकर कहने लगे, 'जानते हैं, हमने ज़रा-सी नशाखोरी क्या की, हमें बार से निकाल रहा है। कहता है गेट-आउट। बताइए, बार का मालिक है, तो क्या हमें इस तरह बेइज़्ज़त करेगा?' दूसरे कुछ लोग भी उन्हीं दोनों पियक्कड़ों की तरफदारी करने लगे। चीखने-चिल्लाने लगे, 'मालिक की इतनी हिम्मत? सुनो भाइयो, हम सारे लोग यहाँ से वाक-आउट कर जायें। शराब पीकर हम लोग हँसें-गायें नहीं, तो क्या गीता-पाठ करेंगे?' यह सारा तमाशा देखकर शराबजी की आँखें छलछलाने लगीं।

"शराबजी ने सारा किस्सा बताते हुए कहा, 'सबसे अजीब बात क्या हुई, जानते

हैं ? जिन लोगों ने मुझसे कम्प्लेन्ट किया था, वे भी टेबुल छोड़कर जाने लगे। मैंने उनसे कहा, 'आप लोगों के कहने पर ही तो मैं उन दोनों को मना करने गया था। जानते हैं, उन लोगों ने क्या जवाब दिया ? जानते हैं, उन लोगों ने कहा, हम लोग शराबी हैं। नशे में आकर कोई शिकायत ही कर बैठे, तो क्या आप हमारे ही एक भाई की बेइज़्ज़ती कर देंगे ? हू आर यू ? तुम्हारी बिसात ही क्या है ? कलकत्ते में क्या शराब की और दूकान ही नहीं है ? देख लेना, तुम्हारे बार में उल्लू बोलेगा। हम लोग यहाँ पिकेटिंग तक कर सकते हैं।'

"शराबजी ने बताया, लगभग तीन हफ्तों तक उसका बार बन्द ही रहा। कोई ग्राहक आता ही नहीं था। अन्त में, मजबूर होकर वह एक कस्टमर के घर गया। हाथ जोड़कर उससे माफी माँगने लगा। कस्टमर को दया आ गयी। अपने दोस्तों के साथ बार में आने को तैयार हो गया। और, शराबजी को उसने सावधान किया, 'शराबियों की बात मानकर किसी शरीफ आदमी को कभी अपमानित नहीं करोगे।' शराबजी यह शिक्षा कभी भूला नहीं।"

अब हॉब्स साहब वर्तमान में वापस आ गये। मुझसे बोले, "इसी शराबजी से मेरा परिचय था। बड़े ही साफ ढंग से व्यवसाय कर रहा था। कोई धोखाधड़ी नहीं, कोई बुरी बात नहीं। एक ही तो बेटी थी उसकी, उसे भी बाहर किसी हिल स्टेशन के स्कूल में पढ़ने भेज दिया था। उसकी लड़की को भी मैंने देखा था। अपने पिताजी के साथ अलीपुर का चिड़ियाखाना देखने आयी थी। वहीं मुलाकात हो गयी थी। यहीं तक मुझे मालूम था। अब पता नहीं, धर्मतल्ले के अपने बार का मालिक शराबजी यहाँ शाहजहाँ होटल में कैसे आ गया ?"

मुझे तो शराबजी के बारे में कुछ पता नहीं था। मैं क्या बोलता ? हॉब्स ने अपना रिस्टवाज देखकर कहा, "लगता है, तुम्हारे मैनेजर आज लौटेंगे नहीं। बात क्या है ? आजकल जब-तब बाहर चल देते हैं, और देर तक गायब रहते हैं। क्या अकेला स्याटा बोस यह होटल चलाता रहेगा ?"

हॉब्स साहब उठ खड़े हुए। जाने के वक्त बोले, "चलो, शराबजी से मुलाकात हो गयी, यह बड़ी ही खुशी की बात है।"

मैं वापस ड्यूटी पर चला गया। शराबजी से मुलाकात हुई। उनकी लम्बी नाक और चौड़ी छाती भी जैसे भगवान् के चरणों में श्रद्धा से झुकी रहती है। बातें वे कम करते हैं। फिर भी, अब मुझे ऐसा महसूस हुआ, उनसे हमारा पुराना परिचय है। शाहजहाँ होटल के इस बार-मैनेजर में मुझे एक और 'मैं' मिल गया। मेरी ही तरह वे भी फुटपाथ की राह से पैदल चलते हुए यहाँ तक आये हैं।

हेड-बारमैन कहता है, "ज़बरदस्त आदमी हैं। सारे कॉकटेल इनकी उँगलियों में बन्द हैं। हज़ारों किस्म की 'मिक्सिंग' जानते हैं।"

हम लोग खड़े-खड़े देख रहे हैं, बार में तिल रखने की जगह नहीं है। व्यापारियों को भी अपनी मशीनों की तरह तेल-पानी की ज़रूरत होती है, और आधुनिक लुब्रिकेशन-तेल है ह्विस्की ! नशे में जड़ होकर बार में बैठे स्त्री-पुरुष आँखें मूंदकर गले में ह्विस्की

उँडेलते हैं। खाली गिलास फिर भर दिये जाते हैं। अल्पभाषी शराबजी ने मुझसे कहा, "लाश को सड़ने से बचाये रखने के लिए ह्विस्की से बढ़कर कोई चीज़ नहीं है। अगर किसी मृत देह की रक्षा करना चाहते हो, तो उसे ह्विस्की में डुबाकर रखो और किसी जीवित आदमी को मारना चाहते हो, तो उसके अन्दर ह्विस्की ढालते जाओ।"

शराबजी के साथ मेरा परिचय धीरे-धीरे बढ़ता जा रहा है। यह समझ गया हूँ, उनमें बुद्धि की तेजस्वी तीक्ष्णता नहीं है। मगर, सत्पथ पर टिके रहने की तीव्र वासना है और है ईश्वर में अगाध विश्वास !

शराबजी जैसे आज भी सारी बातें समझ नहीं सके हैं। मन के द्वन्द्व से आज भी उन्हें छुटकारा नहीं मिला है। और इस द्वन्द्व की पूरी कहानी उन्होंने मुझे स्वयं ही सुनायी थी।

बार के एक कोने में खड़े रहकर वे घड़ी की ओर देख रहे हैं—कब यह मदिरा-समारोह समाप्त होगा, कब शराबियों को याद आयेगा उनका भी एक घर है, जहाँ उन्हें लौटना ही होगा। वे लोग बिल चुकाकर चले जायेंगे। बार-मैन कुर्सियाँ ठीक करेंगे, गिलास और बोतलें उठायेंगे। मैं कैश बन्द करके हिसाब लिखूंगा। फिर छुट्टी मिल जायेगी।

शराबजी सरल व्यक्ति हैं। बोले, "बाबूजी, मेरी तो लिखाई-पढ़ाई नहीं हो सकी। मगर, जो लोग लिखते-पढ़ते हैं ऊँची बातें सोचते हैं, उनका साथ मुझे बड़ा अच्छा लगता है। अपनी पत्नी से मैं बराबर कहता हूँ, नहीं पढ़-लिखकर मैंने कितनी गलती की ! ···अच्छा, तुम लोग तो फिर भी किताबें पढ़ते रहते हो। एक बात बता सकते हो, आदमी ह्विस्की क्यों पीता है ?"

मैंने कहा, "मिस्टर स्याटा बोस की धारणा है, ह्विस्की में डरपोक आदमी साहस ढूँढ़ते हैं, कमज़ोर आदमी शक्ति ढूँढ़ते हैं, दुखी सुख ढूँढ़ते हैं और जिन्हें कुछ ढूँढ़ने की ज़रूरत नहीं, वे बेहोशी ढूँढ़ते हैं। मगर, बरबादी के सिवा किसी को कुछ नहीं मिलता।"

शराबजी मुसकराने लगे थे। फिर उन्होंने पूछा था, "अच्छा, हम-जैसे लोगों के बारे में, शराब बेचना ही जिनका पेशा है, किसी ने कुछ नहीं कहा है ?"

मैं विस्मय में भरकर उनकी ओर देखने लगा था। वे एक कुर्सी खींचकर बैठते हुए बोले, "मैं तुम्हें सारी बात बताता हूँ, शायद, तुम समझ सकोगे। पढ़ना-लिखना नहीं जानता, इसीलिए अपने सवाल का उत्तर मुझे नहीं मिलता है। अपनी लड़की से पूछ सकता था, उसने बहुत-कुछ पढ़ा-लिखा है। मगर, अपनी लड़की से कहीं ये बातें पूछी जाती हैं ?"

अपनी लड़की से शराबजी को बेहद प्यार है। उनके जीवन की मरुभूमि की वह एकमात्र 'ओएसिस' है। उन्होंने कहा, "मेरी लड़की को तुम नहीं जानते। इतनी पढ़ी-लिखी और समझदार लड़की दूसरी नहीं है। और, वह देखने-सुनने में भी अच्छी है।" शराबजी ने गर्वपूर्वक कहा, "उफ़, कितनी मोटी-मोटी किताबें वह पढ़ती है ! जानते हो, रोज मुझे चिट्ठी लिखती है। मुझे भी उसे लम्बी-लम्बी चिट्ठियाँ लिखने की इच्छा होती है। मगर, मैं लिखूंगा, तो हिज्जे में ढेर सारी गलतियाँ होंगी। शरम के मारे लिख

नहीं पाता। जानते हो, अभी वह विलायत में पढ़ रही है।"

जो आदमी स्वयं अनाथालय के स्कूल में क्लास फोर तक पढ़कर ही बाहर आ गया, उसकी लड़की! गौरव से वृद्ध, अशिक्षित शराबजी की छाती फूल उठी।

किसी महापुरुष ने कहा था, पृथ्वी पर जितने प्रकार के स्नेह-सम्बन्ध होते हैं, उनमें सबसे पवित्र, सबसे स्वर्गिक अपनी पुत्री के प्रति पिता का स्नेह होता है।

पत्नी के प्रति हमारे प्रेम में कामनाएँ हैं, पुत्र के प्रति प्रेम में भविष्य की आशाएँ, किन्तु अपनी बेटी के प्रति हमारे प्रेम में प्रतिदिन की कोई भी भावना नहीं है। किताबों में पढ़ी गयी ये बातें आज शराबजी को देखकर मेरी समझ में आ गयीं।

शराबजी की दुःख-गाथा भी मैंने उसी दिन सुनी।

शराबजी ने कभी भी अपनी पत्नी या बेटी को बार में आने नहीं दिया। सुबह नौ बजे तक वे अपने घर में रहते थे। फिर बाज़ार के सौदे साथ लेकर बार में आते थे। फिर, दोपहर में खाना खाने घर जाते थे। फिर शाम को एक बार चाय पीने जाते थे। इसके बाद बार में भीड़ शुरू होती थी। रात बढ़ती जाती थी, शराबजी का सिर-दर्द बढ़ता जाता था। कोई रो रहा है। कोई गालियाँ बक रहा है। कोई टेबुल पर ही सो रहा है। साढ़े-दस बजे दरवाज़ा बन्द करना मुसीबत बन जाती थी। कितने ही लोग बाहर निकलना ही नहीं चाहते। कहते, बार खुला रखो! उन्हें बताना पड़ता, खुले रखने का लाइसेन्स नहीं है। लोग शोर मचाते हैं, गिलास तोड़ते हैं। शराबजी यह दृश्य देख नहीं पाते। गुस्सा नहीं होते, उन्हें दया आती है। रिक्शा या टैक्सी बुलाकर उन्हें घर भेज देते हैं। पैदल जायेंगे, तो बस-ट्राम से कुचल जायेंगे।

लोग जब आते हैं, कितने शान्त-सुशील रहते हैं। मुसकराते हैं, नमस्कार करते हैं, हाल-चाल पूछते हैं। फिर टेबुल पर बैठने के बाद धीरे-धीरे रंग बदलना शुरू करते हैं। शराबजी उन्हें कहना चाहते हैं, 'थोड़ी-सी पीकर घर लौट जाइए। हाउस-गर्ल आपका इन्तज़ार कर रही होगी।' मगर कहने का साहस नहीं होता है।

शराबजी की लड़की कहती है, "पिताजी, तुम्हारी दूकान पर आऊँगी।"

"नहीं बिटिया, वहाँ नहीं जाते। वहाँ मैं बड़ा व्यस्त रहता हूँ, बहुत काम करना पड़ता है, तुम्हारे आने से काम में दिक्कत होगी।"

"क्या दिक्कत होगी पिताजी? तुरत वापस आ जाऊँगी। जाने में दोष क्या है?"

"नहीं, नहीं, वहाँ नहीं जाते। ज़ोर मत दो!" शराबजी टाल जाते हैं। लड़की बड़ी हो गयी है। फूल की तरह वसन्त की सारी सुन्दरता के साथ खिल उठी है। कितनी बुद्धि, कितना ज्ञान, कितनी विद्या अर्जित की है, फिर भी सरल है, अबोध शिशु है। दुनिया को नहीं जानती। दुनिया के बारे में कुछ भी नहीं जानती। कितनी बार पिताजी से बोली है, "तुम्हारी तरह मैं भी बिज़नेस करूँगी।"

पिताजी ने उत्तर दिया है, "नहीं बेटी, तुम प्रोफेसर बनोगी। महान् पण्डित बनोगी। देश-विदेश के लोग कहेंगे, उस मूर्ख की बेटी-जैसी विदुषी महिला और नहीं है।"

लड़की के विलायत जाने का सब-कुछ तय हो गया है। उसके बिना शराबजी इतने दिन रह कैसे पायेंगे, समझ नहीं रहे थे। मगर उपाय क्या था ? डॉक्टर मिस शराबजी बनकर जब उनकी बेटी वापस आ जायेगी, तब ? अखबारों में उसकी तस्वीरें छपेंगी, तब ? तब इस पिता को कितनी खुशी होगी, कितना गौरव मिलेगा !

मगर उस रात पता नहीं शराबजी की बेटी को क्या हो गया था !

शराबजी के बार में ताण्डव-नृत्य शुरू हो गया है। एक पियक्कड़ टेबुल पर चढ़कर सो गया है। उसके मुँह से फेन बह रहा है। दो आदमी अलग बेंच पर गिलास गोद में लिये बुत बने बैठे हैं। कहते हैं, "बैरा, और दो पेग लाओ।"

बैरा कहता है, "हुज़ूर, पहले इस पेग का बिल चुका दीजिए। हम क्या करें ? एक्साइज़ का कानून है। पहले का बिल चुकाने के बाद ही फिर शराब मिलेगी।"

शराबजी पास जाकर पूछते हैं, "आपको चाहिए क्या ?"

"एकदम शुद्ध ह्विस्की—ऐसी ह्विस्की जो गले में उतरते ही अन्दर का सब-कुछ जला दे।"

बैरे अकेले सँभाल नहीं पा रहे हैं। इसलिए शराबजी को भाग-दौड़ करनी पड़ रही है। इसी वक्त एक लड़की बार में आ गयी। शराबियों के बीच खुशी की एक लहर दौड़ गयी।

"कौन ?" चौंककर शराबजी ने देखा, उनकी अपनी ही लड़की है।

"तुम ? तुम यहाँ आ गयीं ?" शराबजी आतंकित होकर बोले।

लड़की तो पिताजी को चौंकाने के लिए ही आयी थी। पिताजी के साथ घर लौटेगी। और यहाँ रहना ही कितने दिन है ? विलायत चली जायेगी, तो पता नहीं कब पिताजी से भेंट होगी।

लड़की ने जीवन में ऐसा दृश्य कभी देखा नहीं था। वह भी घबरा उठी, जैसे एक विराट् कडाहे में लोग आलुओं की तरह तेल में डूबकर उबल रहे हैं। शराबजी के हाथों से पेग-मेज़र छलक गया, और थोड़ी-सी शराब टेबुल पर गिर पड़ी। जो आदमी टेबुल पर सोया पड़ा था, वह भी उछलकर चीखा, "मैं भी एक बड़ा पेग लूँगा।"

लड़की स्तम्भित हो गयी, जैसे अब बेहोश होकर फर्श पर गिर पड़ेगी। चेहरा स्याह हो रहा है। सोचकर आयी थी, पिताजी के साथ बाहर निकल जायेगी, घूमेगी-टहलेगी, हँसे-खेलेगी। मगर यहाँ तो सब खेल ही उलट गया। किसी तरह पिताजी से बोली, "पिताजी, मेरे साथ चलोगे नहीं ?"

लड़की का हाथ पकड़कर पिताजी सड़क पर चले आये। उनके हाथ काँप रहे थे। बोले, "तुम घर चली जाओ। अभी बार बन्द नहीं कर सकता हूँ। वे लोग गुस्से में आकर दंगा मचा देंगे।"

घर लौटने पर शराबजी ने देखा, लड़की सो चुकी है।

दूसरे दिन उसके सामने जाने में शराबजी डरने लगे। लड़की ने उनका पाप देख लिया है। मगर विलायत जाने के दिन पास आ रहे हैं। लड़की उदास रहती है, अपने-आपमें डूबी हुई रहती है। आधुनिक सभ्यता की भयानक आग ने जैसे उसके कोमल मन

की सारी भावनाओं को अचानक जलाकर राख कर दिया है।

शराबजी ने सोचा, अकेले में बेटी से कहेंगे, 'तुम यह सब मत सोचो, अपनी पढ़ाई-लिखाई में लगी रहो। बड़ी होओगी, तब सारी बातें समझने लगोगी। अभी नहीं...!' मगर, बेटी के सामने पड़ने की हिम्मत ही नहीं हो रही थी।

इसके बाद, जाने के दिन सुबह पिता और पुत्री अकेले में मिल पाये। माँ उस वक्त सो रही थी। पिताजी ने लड़की के कमरे में जाकर पूछा, "तुम कुछ कहना चाहती हो ? तुम्हारा चेहरा देखकर कई दिनों से लग रहा है, तुम मुझे कुछ कहना चाहती हो।"

लड़की के पतले-पतले होंठ काँपने लगे हैं। करुण स्वर में कहती है, "मुझे डर लगने लगा है, पिताजी जिन लोगों को तुम्हारी दूकान में उस दिन देख आयी हूँ, उनकी माँ-बहन-बीवी-लड़कियाँ घर में बैठी-बैठी रोती रहती होंगी। वे क्या तुम्हें कभी क्षमा करेंगी ? उनका अभिशाप क्या तुम्हें लगेगा नहीं ?"

पिताजी चकरा गये। कहना चाहते थे, 'मैं क्या करूँ ? मेरा क्या अपराध है ? मैं तो उन्हें अपने बार में ज़बरदस्ती ले नहीं आता हूँ। वे आते हैं, अपनी खुशी से आते हैं। मैं ईमानदारी से बिज़नेस करता हूँ।' मगर उनके होंठों से एक शब्द भी बाहर नहीं आ सका।

बेटी ट्रेन पर चढ़कर बम्बई चली गयी। वहाँ से जहाज़ पर इंग्लैण्ड। और, यहाँ शराबजी अपने ही जाल-काँटों में उलझे रह गये। उन्हें सिर्फ अपनी बेटी का उदास चेहरा याद आता है। और याद आता है उसका वह एक प्रश्न, 'वे क्या तुम्हें कभी क्षमा कर पायेंगी।'

अपने अन्तर्द्वन्द्व से शराबजी कातर-विचलित हो उठे हैं। अपने-आपको समझाने की कोशिश करते हैं, 'मैं क्या किसी से कहता हूँ, तुम इतनी ज़्यादा शराब पिओ ? एक ही पेग पीकर वापस चले जाओ ! मैं तुम्हें कैसे रोक सकता हूँ, मैं नहीं पिलाऊँगा, तुम लोग दूसरे शराबखाने में जाकर बैठ जाओगे। मैं तुम्हें कम-से-कम ठगता नहीं हूँ, अच्छी शराब देता हूँ।' फिर भी, उनकी लड़की उनसे सवाल पूछती है, 'उनका अभिशाप क्या तुम्हें नहीं लगेगा ?' वे मन-ही-मन कहते हैं, 'उनकी पत्नियाँ, उनकी लड़कियाँ क्यों नहीं उन्हें रोक लेती हैं ? मैं क्या करूँ ? मैं शराब बेचने का कानूनी धन्धा करता हूँ, चोरी नहीं करता। सारा अपराध मेरा ही है क्या ? क्या औरों का कोई दोष नहीं ?'

मगर आत्मा को शान्ति नहीं मिलती है। जितना ही अपने-आपको समझाने की कोशिश करते हैं, उतना ही विराट् एक प्रश्न-चिह्न उनके सामने खड़ा होता जाता है, उनकी राह रोक लेता है।

शराबजी आतंकित हो गये। सपना देखने लगे। सपने में अपने बार के ग्राहकों की माँ, बहनों, पत्नी, लड़कियों को देखते हैं। वे सभी आँखों से आँसू बहाती हुई उन्हें शाप दे रही हैं। और वह शाप एक भयंकर अजगर बनकर सिर्फ उन्हीं को नहीं, उनके घर-संसार, यहाँ तक कि उनकी बेटी तक को निगल जाने के लिए बढ़ता चला आ रहा है।

कहानी यहीं पूरी हो जाती तो अच्छा था। जमा-पूंजी बैंक में जमा थी, उसी के

सहारे शराबजी अपने छोटे-से परिवार को सुख-शान्ति से रख सकते थे। मगर, यहीं आकर ट्रेजेडी हो गयी। बैंक ही फेल हो गया। जिस दिन आखिरी महीने की बिक्री का चेक बैंक में जमा किया, उसके दो दिन बाद ही बैंक फेल हो गया।

शायद, यह उन अपरिचित स्त्रियों के अभिशाप का ही फल था।

अब शराबजी क्या करें? अपनी बेटी को तो पढ़ाना ही होगा। जो कुछ पैसे बचे हैं, उनसे तो लड़की को विलायत में रखा नहीं जा सकता। नौकरी चाहिए। अपना बार बन्द कर देना पड़ा, अब नौकरी चाहिए। मगर, चौथे दर्जे तक पढ़े हुए वृद्ध आदमी को नौकरी कौन देगा? कौन-सी नौकरी देगा?

इसीलिए घूम-फिरकर वही बार-हाउस! शराबजी ने बड़ी ही धीमी आवाज़ में मुझसे कहा, "अब तो मैं नौकरी पर हूँ। अब मैं लोगों को शराबी नहीं बनाता। अब कोई अभिशाप देता है, तो उसका फल मुझे नहीं मिलेगा।"

यह कहते वक्त शराबजी की आँखों में आँसू नहीं थे। मगर मुझे लगा, उनकी आँखें छलछला आयी हैं। वे मेरी ओर देख नहीं रहे हैं। शायद आँखें बन्द करके ईश्वर से पूछ रहे हैं, 'नौकरी करना भी क्या अपराध है? आखिर मुझे भी तो अपने परिवार का पालन करना है?'

आत्म-द्वन्द्व से क्षत-विक्षत शराबजी बार से निकलकर अपने घर जाने की तैयारी करने लगे और मैं अपने आकाश में एक नये नक्षत्र को पाकर आनन्दित, विस्मित और अभिभूत होकर चुपचाप उन्हें जाते देखता हुआ खड़ा रहा।

चौदह

कभी-कभी मुझे लगता है, मैं स्वार्थी व्यक्ति हूँ। मेरे कर्म-जीवन के संकीर्ण संसार में जिन लोगों ने पदार्पण किया, उसके सुख-दुखों का यह सुदीर्घ विवरण मुझे अच्छा लग सकता है, मुझे अच्छा लगा भी है, मगर मैं यह विवरण पाठक-पाठिकाओं तक क्यों पहुँचा रहा हूँ? इन चरित्रों को जानने-न-जानने से उनका क्या बनता-बिगड़ता है? फिर सोचता हूँ, फोकला चटर्जी, मिसेज़ पकड़ासी और मिस्टर अग्रवाल तो केवल मेरे ही संसार में सीमाबद्ध नहीं हैं, केवल मेरे ही प्रिय व्यक्तियों को इन लोगों ने दुःख-सुख नहीं पहुँचाया है। इनके साथ सबका परिचय होना ही चाहिए। सभी लोग जानें, हमारे समाज में ऐसे भी व्यक्ति हैं।

काउण्टर पर, उस दिन कोई काम नहीं था। चुपचाप बैठा हुआ मैं बेकार की बातें सोच रहा था। ऐसे वक्त मैं बोस दा के हाथ का स्पर्श पाकर चौंक पड़ा। उन्होंने पूछा, "क्या सोच रहे हो?"

मैंने कहा, "अजीब-सा लग रहा है। इस होटल में आने का मौका मिलेगा,

ऐसा कभी सपने में भी नहीं सोचा था। मगर, अब यहाँ आकर, इतने कम दिनों में ही मेरा सम्पूर्ण अस्तित्व शाहजहाँ होटल में समाहित हो गया है। इससे अलग मैं कुछ नहीं हूँ, इससे अलग मेरी कोई सत्ता नहीं है।"

बोस दा हँसने लगे। बोले, "तुम लोग तो 'मॉडर्न' आदमी हो, पूर्वजन्म में विश्वास नहीं करते। विश्वास करो तो कहूँगा, मैं यहाँ कई बार पहले भी आया हूँ। इस होटल के साथ मेरा जन्म-जन्मान्तर का सम्बन्ध है।"

"हो सकता है, यही बात हो।" मैंने कहा, "हो सकता है, मैं भी यहाँ पहले आ चुका हूँ। हो सकता है, पहले भी किसी मुरझायी हुई, मरी हुई करवी गुहा को इसी तरह मैंने देखा हो। हो सकता है, और भी कितनी कनि, कितने सदरलैण्ड के साथ मेरा परिचय हुआ हो!"

"और भी कितने लोगों से तुम्हारा परिचय होना ज़रूरी था, मगर हो नहीं सका, इतना ही कह सकता हूँ। हमारी आँखों के सामने भी अनेक अविस्मरणीय घटनाएँ होती हैं, मगर हम लोग काउण्टर पर खड़े अपने काम में डूबे रहते हैं, उनकी ओर ध्यान ही नहीं जा पाता है।"

मैं बोस भाई की बात समझ नहीं रहा था। उनकी ओर प्रश्नवाचक दृष्टि से देखने लगा। वे मुसकराते हुए बोले, "कभी-कभी मुझे अठारह सौ इकसठ ईस्वी की एक घटना याद आती है। किसी दूसरे होटल की बात है। हमारे ही जैसे किसी एक रिसेप्शनिस्ट की आँखों के सामने यह घटना हुई थी। उस दिन वह रिसेप्शनिस्ट भी हमारी ही तरह अपने बही-खातों में डूबा हुआ था, और आगन्तुक के पाँवों की आवाज़ से चौंक उसने आँखें उठायीं। आनेवाले को देखकर अवाक् हो गया। यह क्या? बड़े होटलों में तो इस तरह के लोगों को आने का साहस नहीं होता। उक्त सज्जन की देह पर रेशमी चादर थी, भीतर से जनेऊ दीख रहा था, पाँव में खड़ाऊँ। शायद, रास्ता भूलकर 'नेटिव' ब्राह्मण पण्डितजी के यहाँ घुस आये हैं। पता नहीं, क्या बात है! कुछ कहा नहीं जा सकता। हो सकता है, पण्डितजी होटल के बार में जाकर फ्रांसीसी अंगूर-कुंजों के साथ आत्मीयता करना चाहते हों। जैसा समय आ गया है, कुछ भी सम्भव है। रिसेप्शनिस्ट ने अपने अभ्यास के अनुसार 'गुड-मार्निंग' कहा था, और पण्डितजी से शुद्ध और सुन्दर अंग्रेज़ी में उत्तर सुनकर स्तम्भित रह गया था। 'आई वान्ट टु सी मिस्टर...' पण्डितजी कहने लगे थे, और होटल की प्रथा के अनुसार उसने विज़िटर-स्लिप उनकी ओर बढ़ा दिया था। स्पष्ट सुन्दर अक्षरों में पण्डितजी ने नाम लिख दिया था। स्लिप देखकर, जिस तरह आज भी हम लोग कहते हैं, उस युग के रिसेप्शनिस्ट ने भी कहा होगा, 'अच्छा वही, जो अभी-अभी इंगलैण्ड से आये हैं? जस्ट ए मिनट, सर!' रिसेप्शनिस्ट इस ब्राह्मण पण्डित को जानता नहीं था। क्यों आये हैं? शायद, साहब से आर्थिक सहायता माँगने! यह सोचकर भी रिसेप्शनिस्ट ने उन्हें बैठने के लिए कुर्सी दी। और कई लोग उन्हीं साहब से मिलने के लिए पहले से बैठे थे। लाउन्ज में आकर इंगलैण्ड से अभी-अभी आये हुए साहब ने दूसरे सभी लोगों से हाथ मिलाया मगर पण्डितजी को देखते ही उनसे लिपट गये और अप्रत्याशित आनन्द से पागल होकर उन्हें अपनी छाती से लगाये नाचने लगे। पण्डित-

जी ने कहा, 'अरे, क्या करते हो, क्या करते हो, छोड़ो भी !' यह देखकर बेचारा रिसेप्शनिस्ट तो चकित रह गया होगा।"

बोस दा ने लम्बी साँस ली। हमारे अपने काउण्टर की ओर देखते हुए बोले, "माइकेल मधुसूदनदत्त और विद्यासागर के मिलन के उस दृश्य की कल्पना करके आज भी मेरे रिसेप्शनिस्ट-मन में एक विचित्र अनुभूति होती है। हमारे इस शाहजहाँ में भी कितने ऐतिहासिक अविस्मरणीय नाटकीय क्षणों में हम उपस्थित रहे होंगे; मगर उनकी ओर हमारा ध्यान ही नहीं गया होगा। माइकेल मधुसूदन जिस होटल में ठहरे थे, उसके रिसेप्शनिस्ट से मुझे ईर्ष्या होती है। आज भी वह सुनी हुई घटना मुझे याद है।"

बोस दा के साथ मैं भी उन्नीसवीं सदी के उस विस्तृत मध्याह्न में खो गया था। आँखों के सामने खड़े थे ईश्वरचन्द्र विद्यासागर और महाकवि माइकेल मधुसूदन ! बोस दा भी कुछ सोच रहे थे। आप-ही-आप बोले, "कहीं मैंने पढ़ा था, इतिहास के दो हिस्से होते हैं। एक हिस्सा लिखा जाता है, छापा जाता है, चिरस्थायी रह जाता है और दूसरा हिस्सा भी चिरस्थायी रहता है, मगर कोई लिखता नहीं, कहीं छापा नहीं जाता। सभी जानते हैं, मगर उसे कहने का, लिखने-छापने का साहस किसी को नहीं होता है। हम लोग शायद इसी दूसरे हिस्से की घटनाएँ देखने-सुनने के लिए यहाँ उपस्थित हैं।"

मैंने कहा, "आपकी बात समझ नहीं रहा हूँ, सत्यसुन्दर दा !"

बोस दा ने उत्तर दिया, "यह स्याटा बोस भी समझ नहीं पाता है। किसी पुस्तक में ही लिखा गया है, इतिहास के पात्र सत्य होते हैं, घटनाएँ मिथ्या। और उपन्यास-कहानी-नाटकों के पात्र काल्पनिक होते हैं, किन्तु घटनाएँ सत्य !"

मैं प्रतिवाद करने को था। मगर बोस दा ने स्वयं ही कहा, "यह बात शत-प्रतिशत सच नहीं है, थोड़ी अतिशयोक्ति है इसमें। फिर भी, इतना तो है ही कि समाज की सारी घटनाएँ इतिहास की किताबों में नहीं मिलती हैं।"

अचानक फोन की घण्टी बज उठी। बोस दा ने कहा, "अब तक मैं यूनिवर्सिटी के डिपार्टमेण्टल हेड की तरह लेक्चर दे रहा था। भगवान् को बर्दाश्त नहीं हुआ। घण्टी बजाकर याद दिला रहे हैं कि तुम शाहजहाँ होटल के मामूली रिसेप्शनिस्ट हो, इससे ज्यादा कुछ नहीं।"

फिर टेलीफोन उठाकर वे बोले, "हाँ-हाँ, स्याटा बोल रहा हूँ। आप बेफिक्र होकर आ जायें। कोई असुविधा नहीं होगी।"

फोन रखकर उन्होंने रजिस्टर खोला। एक कमरा बुक कर लिया। मैंने पूछा, "अभी कौन आ रहे हैं ?"

"एक ऐसा व्यक्ति, इसी कलकत्ते के सबसे फैशनेबुल मुहल्ले में जिसका मकान है, और मकान के सजे-सजाये कमरे खाली पड़े हैं। फिर भी, उन्हें होटल में आने की इच्छा होती रहती है। इतनी रात को एक कमरे के लिए होटल के मामूली किरानी की खुशामद करने में उन्हें ज़रा भी एतराज नहीं।"

"बात क्या है ?" मैंने पूछा।

"पृथ्वी विशाल है, इसमें असंख्य प्रकार के असंख्य व्यक्ति रहते हैं। मुझे क्या पता, कौन किस कारण से क्या करना चाहता है ?" बोस दा ने सिर हिलाते हुए कहा "उन्हें हम सभी अच्छी तरह जानते-पहचानते हैं। उसका नाम सुनते ही कितने लोग इतनी रात को भी यहाँ भागे चले आयेंगे !"

थोड़ी देर बाद फिर एक फोन। मैंने फोन उठाते ही सुना, मरदानी आवाज़ में कोई पूछ रहा है, "आज रात कोई कमरा मिल सकता है ?"

बोस दा मेरे हाथ से फोन लेते हुए बोले, "आपका नाम ?" फिर, एक मिनट बाद बोले, "सॉरी ! कोई उपाय नहीं है।"

मैंने बोस दा की ओर देखा। आज तो कितने ही कमरे खाली हैं, फिर भी बोस दा ने कह दिया है, 'एक भी कमरा नहीं है।'

कुछ ही देर बाद, जिन्हें शाहजहाँ के काउण्टर पर खड़े देखा, सिनेमाघर के रूपाली पर्दे के अतिरिक्त उन्हें कहीं देखने की कभी आशा नहीं थी। फिल्म-संसार की प्रसिद्ध तारिका श्रीलेखा देवी सामने खड़ी थीं। फिल्मी पत्र-पत्रिकाओं में उनकी कितनी ही 'मन उन्मन हो जाय' जैसी तस्वीरें अक्सर देखी हैं। अपने होटल में सिर्फ एक बार उनका नाम बोस दा के मुँह से सुना था। सुना था, किसी कॉकटेल-पार्टी में फोकला चटर्जी ने इस विश्वसुन्दरी के शरीर पर कै कर दी थी। श्रीलेखा देवी को भरी पार्टी से उठकर अपने घर चला जाना पड़ा था। घृणा से वे लगभग मूर्छित होने लगी थीं। फोकला चटर्जी उनसे क्षमा-प्रार्थना करने लगे थे, "श्रीलेखाजी, बुरा न मानियेगा। एक नया कॉकटेल मैं ट्राई कर रहा था, इसीलिए यह हालत हुई। इस कॉकटेल का नाम रखा गया है, 'फिलमस्टार' ! देखने में बेहद खूबसूरत, मगर पास खींचते ही उबकाई आ गयी, किसी भी तरह 'फिलमस्टार' को बर्दाश्त नहीं कर सका।" श्रीलेखा का गुस्सा ठण्डा नहीं हुआ। उन्होंने फैसला सुना दिया, जिस पार्टी में फोकला जायेगा, वहाँ वे नहीं जायेंगी। तब से बेचारे फोकला को फिल्मी जलसों में निमन्त्रण नहीं मिलता है।

फोकला ने इसी प्रसंग में दो-एक बार मुझसे कहा है, "कितनी अजीब बात है, बताइए तो ! आखिर आदमी का शरीर है, कभी-कभी कै हो ही जाती है। मगर श्रीलेखा सोचती है, मैंने जान-बूझकर उसकी देह पर 'वोमिट' कर दिया था। आप लोगों की तो उससे जान-पहचान है, ज़रा उसे समझाइयेगा।"

फोकला चटर्जी नशे में था। मुझे चुप देखकर कहने लगा, "ठीक है मिस्टर, इस ब्राह्मण का नाम है मिस्टर फोकला चटर्जी ! माल पीने के लिए नहीं बुलायेगा कोई, तो कै नहीं कर पाऊँगा। मगर, स्पिरिट ? किसी दिन सड़क पर मिल गयी, तो आपकी श्रीलेखा के चेहरे पर पूरी एक बोतल स्पिरिट उड़ेल दूँगा। तब उसके चेहरे का रंग-पाउडरपेण्ट सब धुल जायेगा, और असली चेहरा दीखने लगेगा। एक बदशकल बुढ़िया का चेहरा !' फिर, एक भी फिल्म-कन्ट्रैक्ट उसे नहीं मिल सकेगा, देख लीजियेगा !"

उस दिन फोकला चटर्जी को यकीन नहीं हो सकता था कि श्रीलेखा देवी से मेरा ज़रा भी परिचय नहीं है। मगर आज पहली बार मैंने उन्हें देखा। बोस दा ने उन्हें नमस्कार किया। फिर रजिस्टर देखकर कमरे का नम्बर बता दिया।

श्रीलेखा बोलीं, "मुझे एक साड़ी खरीद दे सकते हैं ?"

"इतनी रात को ? अब तो कहीं एक भी दूकान खुली नहीं होगी।"

"जो पहने हूँ, कुल यही मेरे पास है। कोई कपड़ा ला नहीं सकी," श्रीलेखा ने कहा।

उस रात फिल्म जगत् के इतिहास में मैंने भी एक विशिष्ट अनुदान दिया। फिल्म जगत् की इस विख्यात अभिनेत्री के लिए धर्मतल्ला स्ट्रीट की एक परिचित दूकान के दरबान को बारह बजे रात में जगाकर, साड़ी खरीद लाया। मामूली-सी साड़ी। मगर वह साड़ी पाकर ही श्रीलेखा देवी खुशी से चमक उठी थीं।

आधी रात के बाद हम छत पर बैठे थे। बोस दा ने कहा था, "श्रीलेखा देवी ने जीवन में कई किस्म की साड़ियाँ पहनी होंगी। उनकी कितनी साड़ियों की स्टाइल से देश में नया फैशन शुरू हुआ है। मगर इस साड़ी को वे कभी भूल नहीं पायेंगी। सोचता हूँ, इस विचित्र घटना को नोट-बुक में लिख रखूँगा। अगर किसी दिन आत्मकथा लिखूँ तो काम आयेगी। नौकरी छोड़ने के बाद बो-टाई और सूट उतारकर और धोती-कुरता पहनकर अचानक यह स्याटा बोस बन जायेगा, सत्यसुन्दर वसु, लेखक एवं साहित्यिक ! भक्तों का मुग्ध-विमुग्ध दल इस आदिम जंगली स्याटा बोस के गले में फूलों की मालाएँ पहनाता रहेगा।"

"आप लिखते क्यों नहीं ?" मैंने कहा।

"लिखने से कोई फायदा नहीं है," बोस दा ने खुले आसमान की ओर देखते हुए कहा, "सुनता हूँ, लेखन-शक्ति से संसार में कितने ही परिवर्तन किये गये हैं, लेखकों की कलम के इशारे से सभ्यता बार-बार नये रास्ते पर आगे बढ़ी है। मगर इन बातों पर मुझे विश्वास नहीं होता। लिख-पढ़कर इस अन्धी-गूंगी व्यावसायिक सभ्यता को बदला नहीं जा सकता, हिलाया तक नहीं जा सकता। माइक पर चीखो-चिल्लाओ, महाभारत-जैसे दस पौण्ड वज़न की किताब लिख मारो, हज़ार-हज़ार पावर की बत्ती से इस सभ्यता के जख्मों पर रोशनी डालो, फिर भी कुछ नहीं, कुछ नहीं होगा।"

मैं विस्मित हो गया। सत्यसुन्दर दा के हँसमुख व्यक्तित्व में इतनी निराश भावनाएँ छिपी हुई हैं, मुझे पता नहीं था। सत्यसुन्दर दा आकाश की ओर देख रहे थे। शाहजहाँ होटल की लम्बी-चौड़ी छत पर बैठे हुए हम दोनों नीले आकाश की ओर देख रहे थे।

बोस दा ने कहा, "युग-युगान्तर तक इसी तरह आकाश की ओर देखते रहने से शायद इस प्रश्न का कभी उत्तर मिल सकता है, कि क्यों हम लोग इस तरह अपनी अन्तरात्मा के सारे सौन्दर्य को कुरूप बनाकर, क्यों समाज के ऊँचे और प्रतिष्ठित तबके के सारे लोग पागल बनकर 'बार' और 'कैबरे' में भीड़ किये रहते हैं, आत्मघात करते रहते हैं ?"

क्षण-भर रुकने के बाद वे बोले, "युग-युगान्तर से मनुष्य अपनी आवश्यकताओं और अपने अभावों को समाप्त करने की साधना करता रहा है। मनुष्य सोचने लगा है, पहले जीवन-धारण की दैनिक समस्याओं का समाधान कर लिया जाय, फिर बाद में फुरसत

के वक्त आत्मा और व्यक्तित्व की उन्नति की चेष्टा कर ली जायेगी। मगर क्या ऐसा हो रहा है ? जिन्हें जीवन-धारण की कोई चिन्ता नहीं है, जिनके पास सुख-सुविधा की सारी सामग्रियाँ हैं, धन-वैभव है, वे ही लोग भीतर से खोखले होकर, अपनी अन्तरात्मा को तिलांजलि देकर शाहजहाँ की रंगीनी में, अँधेरे-उजाले में आप ही अपना मज़ाक उड़ाते हैं। रिडिक्युलस ! रिडिक्युलस !···ऑल्डस हक्सले ने अपनी भारत-यात्रा का वृत्तान्त लिखा है। बम्बई के किसी होटल के बुक-स्टॉल में किसी शास्त्र-विशेष की अजस्र पुस्तकें देखी थीं, कई-कई पंक्तियों में रखी हुई उसकी ढेरों प्रतियाँ ! और, उन्हें खरीदनेवाला नहीं था। होटल में इस विषय के पण्डित भी आकर ठहरते थे, मगर किताबें खरीदते नहीं थे। हक्सले ने लिखा है, साधारण व्यक्ति ही ऐसी किताबें खरीदते हैं। हैरत में डालनेवाली है यह सच्चाई। शायद यह यहाँ की आबोहवा और मौसम का असर है ! मैं भी सोचता था, यह मौसम का ही असर है—गर्म देश के मौसम का असर। मगर हक्सले साहब के अपने ही देश की क्या हालत है ? वहाँ भी विद्या बड़ी है या व्यसन ? पता नहीं, इस प्रश्न का उत्तर क्या है ? हाँ, डी. एच. लारेंस से एक मामूली-सा उत्तर मिला है। इस उत्तर से सन्तुष्टि न हो, सान्त्वना तो मिलती है, 'मनुष्य को जिस प्रभु ने जन्म दिया, वह कभी-कभी बड़ा मज़ाक भी करता है। मनुष्य को उसने समझ-बूझ तो दी, लेकिन उसे हास्यास्पद स्थितियों में पड़ने को मजबूर भी किया, और उसमें रिडिक्युलस व्यसनों और प्रवृत्तियों के लिए एक भूख भी पैदा की !' शायद, कोई सहज और सही उत्तर है भी नहीं। जीवन के प्रश्न-पत्र पर अनेक प्रश्न हैं, जिनका कोई उत्तर दिया ही नहीं जा सकता। उत्तर ढूँढ़ने के प्रयत्न में आदमी पागल हो सकता है। इसीलिए बेहतर है, श्रीलेखा देवी की बात सुनो।"

"आप सोयेंगे नहीं ?" मैंने पूछा।

"सोऊँगा। तुम तो नाइट-ड्यूटी पर जा रहे हो। मैं अकेला क्या करूँगा, सोना ही पड़ेगा। हाँ, एक बात याद रखना। हो सकता है, श्रीलेखा देवी के पति महोदय रात में किसी भी वक्त हाज़िर हो जायें। उस वक्त उनका ही फोन आया था। वे भी कमरा चाहते थे। मैंने कह दिया, कमरा नहीं है। उन्हें यकीन नहीं हुआ होगा। हो सकता है, पत्नी का पीछा करते हुए पहुँच ही जायें। उनके भय से श्रीलेखा देवी को जीवन में तनिक भी शान्ति नहीं मिलती है। वे कई बार श्रीलेखा से बोले हैं, 'अपने सुन्दर मुखड़े के घमण्ड से तुम फटी जा रही हो। तुम्हारे इस गर्वीले मुखड़े पर मैं एसिड डाल दूँगा।' हो सकता है, एसिड की बोतल सीने से दबाये हाज़िर हो जायें। अगर आयें भी, तो तुम उन्हें अन्दर घुसने न देना।"

बोस दा और कुछ कह ही रहे थे कि हमें लगा, अँधेरे में कोई हमारी ओर आ रहा है।

इस छाया-मूर्ति को देखकर ज़रा भी डर नहीं लगा हो, ऐसी बात नहीं। मगर तुरत ही मालूम हो गया, मार्कोपोलो का बैरा मथुरासिंह है। इससे पहले कभी वह हम लोगों को ढूँढ़ने छत पर नहीं आया था। इसीलिए आश्चर्य हुआ। उसका मुँह सूखा हुआ था। पता नहीं, क्या बात है।

उसने हमें सलाम किया। बोला, "बाबूजी, आप लोग अब तक जगे ही हैं?"

"सोने का उपाय नहीं है मथुरा, आज मेरी नाइट-ड्यूटी है।"

मथुरा बोला, "सोये भी होते, तो भी मैं आप लोगों को जगा देता। ऐसी ही बात है, जो पहले कभी हुई नहीं।"

मथुरासिंह ने हमें बताया, "मार्कोपोलो शाम को ही बाहर गये थे, अब तक लौटे नहीं हैं।"

"आज वे बाहर गये ही क्यों?" मैंने पूछा।

"आज ड्राई-डे है, बाबूजी! ऐसे दिन साहब कहीं जाकर देसी दारू पी आते हैं। मगर इतने दिनों से देख रहा हूँ, लौटने में इतनी देर कभी नहीं हुई।"

सत्यसुन्दर दा चिन्तित हो गये। बोले, "साहब ने तो हमें मुसीबत में डाल दिया। अब उन्हें ढूँढ़ें कहाँ? जिम साहब को बता आये हो? वे ही तो शाहजहाँ होटल के नम्बर दो हैं। जब नम्बर एक गायब है, तो जो करना है, सब वही करेंगे।"

मथुरासिंह आदमी पहचानता है। वह बेहद उदास होकर मुसकराया। आहिस्ता-आहिस्ता बोला, "हम लोग बहुत छोटी नौकरी करते हैं हुजूर, हमें यह सब बोलना नहीं चाहिए। मगर जिम साहब को तो आप लोग भी जानते हैं। मैनेजर साहब को कोई नुकसान हो, तो सबसे ज़्यादा खुशी उन्हीं को होगी।"

बोस दा गम्भीर होकर कुछ सोच रहे। फिर बोले, "अच्छा, तुम जाओ। देखें, क्या किया जा सकता है।"

मथुरा के जाने के बाद बोस भाई ने कहा, "मथुरा आदमी पहचानता है। जिम को उसने ठीक-ठीक समझ लिया है। जिम के लालच की कहीं सीमा नहीं है। बैरों की टिप में भी हिस्सा बँटा लेता है। किसी को बोलने का साहस नहीं होता। जिम नौकरी खा जायेगा। मार्कोपोलो यह सब जानकर भी कुछ कहते नहीं। कुछ भी हो, पुराना आदमी है, उनसे भी काफी पहले से यहाँ नौकरी करता है। स्वयं मार्कोपोलो भी अब पहले जैसे उद्यमी और तत्पर नहीं रहे हैं। पता नहीं, दिन-दिन उन्हें क्या होता जा रहा है! चुपचाप अकेले बैठे क्या-क्या सोचते रहते हैं! और यह अवसर पाकर जिम उसके पाँवों के नीचे मिट्टी खोद रहा है। रोज़ी को इन बातों का थोड़ा कुछ पता रहता है, मगर उसे भी जिम ने अपने चंगुल में फँसा लिया है।"

मैंने कहा, "मार्कोपोलो अकेले हैं, इस परदेस में उनका कहीं कोई नहीं है। हमें कुछ करना ही चाहिए। आखिर, यह शहर हमारा ही है।"

"तुम नीचे चले जाओ। विलियम घोष अब तक ज़रूर चल दिया होगा। तुम जाकर काउण्टर सँभालो। हमें थोड़ा इन्तज़ार करना चाहिए। शायद, वे लौट ही आयें।"

"आप तो अभी सो जायेंगे। अगर घण्टे-भर बाद तक भी साहब नहीं लौटे तो क्या करूँगा?" मैंने पूछा।

बोस दा मुस्कराये, "मैं सोऊँगा नहीं। नींद मेरे लिए बिजली के बल्ब की तरह है। जब तक स्विच नहीं दबाऊँगा, नींद की क्या मज़ाल कि मेरा पाँव छू सके! तुम जाओ अब।"

मैं नीचे उतर आया। विलियम घोष बैरे को काउण्टर पर खड़ा करके कब का जा चुका था।

रात का आख़िरी पहर है। कलकत्ते के शान्त-सुबोध नागरिकों के साथ शाहजहाँ होटल भी सो चुका है। मैं अकेला काउण्टर पर जगा हुआ हूँ। और शायद इसी शहर में कहीं शाहजहाँ के मैनेजर मार्कोपोलो भी जगे हुए हैं। लेकिन वे कहाँ गये हैं? ड्राई-डे में ग़ैर-कानूनी शराब पीकर क्या पुलिस के हाथों पड़ गये? शराब पीना अपराध नहीं, मगर नशे में बेसुध हो जाना अपराध है।

रिज़र्वेशन के रजिस्टर का खुला हुआ पन्ना देखा। आज की रात कोई अतिथि बाहर जानेवाला नहीं है। मगर कई नये अतिथि आ रहे हैं। दमदम एयरपोर्ट के दफ्तर से फोन आया है, उनके आने में कुछ देर है।

हवाई अतिथि जब आये, सुबह होने में कुछ ही देर रह गयी थी। मेरी आँखें नींद में डूबी जा रही थीं। बैग पटकने की आवाज़ सुनते ही चौंक पड़ा। काउण्टर पर सो जाना भारी अपराध माना जाता है। उछलकर मैं खड़ा हो गया। देखा, सामने सुजाता मित्रा खड़ी हैं, और एयर-होस्टेसों की आसमानी रंग की साड़ी पहने, मेरी ओर देखती हुई मुसकरा रही हैं। मुसकराती हुई बोलीं, "बेचारा!"

मैं शरमा गया, तनकर खड़ा हो गया, और 'गुड-नाइट' कहा।

सुजाता भी हँसकर बोलीं, "अब तो 'गुड-मॉर्निंग' कहिए।" और अपना रिस्टवाच उन्होंने मेरी ओर बढ़ा दिया।

एयर-होस्टेस मिस मित्रा के दूसरे साथी रजिस्टर पर दस्तखत करके भीतर चले गये। सुजाता उनसे बोलीं, "डोण्ट यू वरी। मैं ज़रा ठहरकर आ रही हूँ।" फिर मुझसे कहने लगीं, "आपकी यह हालत देखकर मुझे बड़ी तकलीफ हो रही है।"

"मिस मित्रा, मुझे ज़रा भी नींद नहीं आ रही है," मैंने शरमाते हुए कहा।

अपनी चौड़ी-चौड़ी आँखें और भी फैलाती हुई, सुजाता मित्रा ने परम स्नेहपूर्वक कहा, "हाय रे, मुझे कस्टमर समझकर इतने आदर से बात कर रहे हैं!"

मैंने रजिस्टर की ओर देखते हुए कहा, "आपको इस बार बड़ा ही अच्छा कमरा दे रहा हूँ मिस मित्रा! रूम नम्बर दो सौ तीस। पिछली दफा हमारे मिस्टर बोस के कमरे में रात बिताकर आपके मन में शाहजहाँ होटल के प्रति जो दुर्भावना जन्मी होगी, वह इस बार मिट जायेगी।"

एयर-होस्टेस सुजाता मित्रा बड़ी सहजता से सबको अपना बना लेती हैं। मेरे जैसे होटल के एक साधारण और अपरिचित कर्मचारी के साथ भी खड़े-खड़े बातचीत करते रहने में उन्हें कोई आपत्ति नहीं है। और, मैंने तो उनके साथ काम करनेवाली अन्य स्त्रियों को भी देखा है। अपने हाईहील-शू की ठोकरों से शाहजहाँ के फर्श को कँपाती चलती हैं।

सुजाता मित्रा मेरी बात से ज़रा नाराज़ हो गयी हैं, ऐसा जान पड़ा। बोलीं, "होटल में काम करते आपको ज़्यादा दिन नहीं हुए हैं, यह आपका चेहरा देखने से ही पता चलता है। मगर, इतने ही दिनों में इतना घुमा-फिराकर 'प्रोफेशनल' बातें करने का

क़ायदा कैसे सीख गये ?"

मुझे उनसे बात करना अच्छा लग रहा था। उनका अपनत्व अनजाने में ही मन को छूने लगता है। मैंने हँसकर कहा, "इतने ही कम दिनों में होटल का जो कुछ भी कायदा सीख चुका हूँ, वह सब मिस्टर स्याटा बोस की कृपा है।"

सुजाता मित्रा ने मेरी बात पूरी होने नहीं दी। हँसने लगीं, बोलीं, "नाम तो बड़ा ही अद्‌भुत है।"

मैंने कहा, "उनका असली नाम स्याटा नहीं है। होटल में आनेवाले विदेशी लोग 'सत्यसुन्दर' का गलत उच्चारण करके 'स्याटा' कहते हैं। नाम है सत्यसुन्दर बोस। कुलीन कायस्थ घराने के हैं।"

सुजाता मित्रा बुद्धिमती स्त्री हैं। मेरा मुँह देखकर ही समझ गयीं कि बोस दा के नाम का मज़ाक मुझे अच्छा नहीं लगा है। अधरों पर तैरती हुई मुसकान छिपाती हुई बोलीं, "तब तो आपका यह होटल बड़ी खतरनाक जगह है। नाम तक बदल जाता है। कहाँ सत्यसुन्दर और कहाँ स्याटा ! आप खूब सावधान रहियेगा, नहीं तो किसी दिन आप भी 'शंकर' से 'सांको' बन सकते हैं। साहब लोग आपको 'स्यांके' तक कहने लग सकते हैं।"

मुझ पर बचपन सवार हो गया। गुस्से में आकर मैंने कहा, "कोई ज़रा मेरा नाम टेढ़ा करके देख तो ले ! मैं उसका नाम दस गुना तोड़-मरोड़कर रख दूंगा।"

सुजाता मित्रा हँसती हुई बोलीं, "आपके बड़े भाई ने मुफ्त में अपना नाम दूसरों के हाथों में देकर दुर्गति करवा ली।"

"ठीक किया है, उनका अपना नाम है, अपनी मर्ज़ी से चाहे जो करवा लें। इसमें किसी दूसरे का क्या है ?"

सुजाता ने बात बदलते हुए कहा, "मगर, उस बार आप लोगों को मैंने बेहद तकलीफ दी थी। याद करके अब भी मुझे शर्म आती है।"

और इतना कहकर वे अचानक गम्भीर हो गयीं। बोस दा कब हमारे पास आकर खड़े हो गये थे, मुझे पता ही नहीं चला।

बोस दा ने कहा, "अरे आप आ गयी हैं ? मुझे तो पता ही नहीं था। यह लड़का इतनी रात को आपकी नींद चाट रहा है न ! बातचीत करनेवाला मिलना चाहिए, फिर तो ये हज़रत तूफान मेल बन जाते हैं, रुकने का नाम ही नहीं लेंगे।"

सुजाता मित्रा बोलीं, "आपका सुयोग्य शिष्य कहकर अपना परिचय देने में ये बड़े ही गर्वित होते हैं। आपसे बातचीत की महान् कला इन्होंने सीखी है। उस रात दया करके आपने अपने कमरे में मुझे टिकने दिया था। और अभी आपके शिष्य शिष्टाचारपूर्वक कह रहे हैं, आपको ज़रूर तकलीफ हुई होगी, इस बार बढ़िया कमरा दे रहा हूँ।"

सत्यसुन्दर दा इसके उत्तर में अजीब-सी बात कह बैठे। वे किसी औरत को ऐसी बात कह सकते हैं, इसकी मुझे आशा नहीं थी। उन्होंने गम्भीरतापूर्वक कहा, "और उस एहसान के लिए आप दूसरे दिन शुक्रिया तक अदा नहीं कर सकीं।"

यह सुनकर सुजाता के चेहरे पर मुस्कराहटों के जो फूल खिल आये थे उनकी सुन्दरता मैं आज भी नहीं भूला हूँ। मुझे लगा था, जैसे पहाड़ की सफेद बर्फीली चोटियों पर सुबह के सूरज ने अपनी किरणों के सतरंगे फूल खिला दिये हों।

सुजाता दीदी ने कहा, "शुक्रिया जानबूझकर ही नहीं दे सकी थी। जो लोग अपरिचित अतिथि को अपने कमरे में सुलाकर खुद सारी रात जगे रह जाते हैं, वे या तो एकदम गँवार हैं या निरे बुद्धू। ऐसे लोगों को धन्यवाद देने का कोई मतलब नहीं होता।"

"अच्छा है! अवसर मिला है, तो गँवार, बुद्धू, अहमक, जो जी चाहे गाली दे लीजिए।" बोस दा ने कहा।

हमारी ओर बिना देखे ही सुजाता बोलीं, "वाह, आप तो मुझी को बना रहे हैं। मैंने आपको अहमक कब कहा?" फिर वे हमारी ओर देखती हुई कहने लगीं, "उस दिन जाने के वक्त आप लोगों का शुक्रिया अदा करने मैं ऊपर गयी थी। आप लोग ऊपर थे ही नहीं। मैं कहाँ-कहाँ ढूँढ़ती? अब देखती हूँ, अच्छा ही हुआ। आप लोग शुक्रिया, धन्यवाद, कुछ भी पाने के लायक आदमी नहीं हैं।"

बोस दा बोले, "आई ऐम सॉरी! मुझे पता नहीं था, उस दिन आपने हमें ढूँढ़ने की तकलीफ की थी।"

तब मुझे बोस दा पर गुस्सा आ गया। सुजाता दीदी का पक्ष लेकर मैंने कहा, "आपको पता कैसे चलेगा? रात-दिन तो ब्रेकफास्ट, लंच, डिनर, बैंक्वेट, या टेबुलबुकिंग, या फ्लोर-शो में डूबे रहते हैं आप! फिर दूसरी बातों का पता कैसे चलेगा?"

सुजाता मित्रा ने कहा, "आप लोगों को क्या कभी नींद ही नहीं आती है?"

बोस दा ने चोट करने का यह मौका छोड़ा नहीं। तुरत बोले, "शेख सादी ने कहा है, सज्जन अधिक विरक्त नहीं हों, इसीलिए ईश्वर ने दुष्टों को अधिक नींद दी है।"

सुजाता ने गम्भीर होकर पूछा, "क्या आप दोनों को रात-भर जागना होता है?"

मैंने कहा, "आज बोस दा की जागने की ड्यूटी नहीं है, मगर हमारे होटल के मैनेजर का पता नहीं चल रहा है।"

बोस दा मुझसे बोले, "सोचा था, पुलिस-स्टेशन को खबर दूँ। मगर इससे तो और भी झंझट खड़ा होगा। फिर अभी मैं मथुरासिंह से मिलकर आ रहा हूँ। उसने बताया है, दो-एक-दिन पहले बायरन साहब आये थे। दोनों बहुत देर तक अकेले में बातें करते रहे। तुम ज़रा बायरन से मिल आओ। मैं ही चला जाता, मगर उनका मकान मैंने देखा नहीं है। इतनी रात को मकान ढूँढ़ने में बड़ी कठिनाई होगी। तुम एक टैक्सी लेकर चले जाओ। मैं तुम्हारा काउण्टर सँभालता हूँ।"

सुजाता मित्रा चुपचाप हमारी बातें सुन रही थीं। बोलीं, "मेरी एक बात मानेंगे? इस वक्त टैक्सी तो कहीं नहीं मिलेगी। अगर एतराज़ न हो तो हमारे एयर-लाइंस की गाड़ी ले लीजिए। ड्राइवर से कह देती हूँ, वह गाड़ी में ही सोया होगा।"

रात के गहरे अँधेरे में कभी कलकत्ते का स्वरूप देखा है ? कहीं कोई ट्राम-बस नहीं है। सारा शहर थके हुए बच्चे की तरह गहरी नींद में बेहोश है। कहीं-कहीं एकाध टैक्सी दीख जाती है। मगर टैक्सी में कौन लोग जा रहे हैं ? कलकत्ते का कोई साहित्य-प्रेमी टैक्सी-ड्राइवर अगर अपनी आत्मकथा लिखे तभी पता चल सकता है।

चित्तरंजन एवेन्यू से निकलकर हमारी गाड़ी चौरंगी में आ गयी। बड़े-बड़े पोस्टरों की नियन-बत्तियाँ अब भी कठपुतलियों की तरह सिर हिला-हिलाकर निर्जन चौरंगी के रंगमंच पर नृत्य कर रही हैं। किसी अनिवार्य आकर्षण से खिंचकर मैंने ड्राइवर से दायीं ओर से होकर गाड़ी ले जाने को कहा। कर्जन पार्क की लोहे की रेलिंग में हरिराम गोयनका 'इन्सॉम्निया' के मरीज़ की तरह सुबह की प्रतीक्षा में खड़े हैं।

सर हरिराम गोयनका ने देखकर भी मुझे देखा नहीं। इस प्राचीन महानगरी की गोपनतम रहस्यमाला जैसे उनकी भावनाहीन दिव्यदृष्टि में स्पष्ट हो चुकी है। वे और कुछ देख ही नहीं पाते। बहुत कोशिश करके भी मैं सर हरिराम गोयनका की कठोर दृष्टियों में स्नेह या करुणा का एक कण भी नहीं पा सका।

पता नहीं क्यों पृथ्वी के किसी और मनुष्य से इतना नहीं डरता हूँ। किसी अज्ञात कारण से प्रतिक्षण वे मेरे हृदय के किसी कोने में उपस्थित रहते हैं। निद्राहीन तृषित-प्राण हरिराम दिन-दिन और भी कठिन और कर्कश होते जा रहे हैं। उनकी विरक्त आँखों की ओर दूर से देखने पर भी मुझे लगता है सर हरिराम गोयनका बहादुर के. सी. आई. अपने सारे अप्रिय अनुभवों के लिए सिर्फ एक मुझी को अपराधी ठहरा रहे हैं।

गाड़ी आगे बढ़ गयी। कॉरपोरेशन-स्ट्रीट पार करके वेलेस्ली स्ट्रीट में आ गयी और मुझे बायरन साहब की याद आने लगी। एक लम्बे अरसे से उनसे मुलाकात नहीं हुई है। दो-एक बार दूर से ही शाहजहाँ के बैंक्वेट-रूम में उन्हें देखा है, मगर इशारे से उन्होंने मना कर दिया है—पास मत आओ ! ज़रूर किसी शिकार की ताक में थे। एक बार उन्हें बार में भी देखा है। बियर की एक बोतल लिये चुपचाप बैठे हैं। मगर मेरी ओर देख नहीं रहे हैं जैसे मुझे पहचानते भी नहीं हों।

फिर भी किसी और वक्त तो मुझे उनकी खोज-खबर लेनी चाहिए थी। उनके घर तो जा सकता था। मगर शाहजहाँ ने तो अजगर बनकर मुझे निगल लिया था। होटल से बाहर आने की बात भी कभी दिमाग में नहीं आती थी।

ड्राइवर ने पूछा, "किस रास्ते से चलूँ हुज़ूर ?"

मैंने कहा, "तुम सीधे चलो। मुड़ना होगा, तो मैं बता दूँगा।"

"बाबूजी, यह शरीफ मुहल्ला नहीं है। इतनी रात को इधर गाड़ी लाने से लोग शक करते हैं।"

"बहुत दिनों पहले एक बार आया था। ठीक-ठीक पहचान नहीं पा रहा हूँ। खैर, आगे चलो, गली सामने आ जाय, तो पहचान ही लूँगा।" मैंने कहा।

गली मैंने पहचान ही ली। सुजाता मित्रा ने कृपा नहीं की होती तो टैक्सी से यहाँ तक आने की हिम्मत मुझमें नहीं थी। एयर-लाइंस की बड़ी स्टॉफ-गाड़ी गली में घुस नहीं सकी। मुझे साहस करके पैदल ही बायरन साहब के घर की ओर बढ़ना पड़ा।

बायरन साहब के घर का दरवाज़ा अन्दर से बन्द था। भीतर कोई रोशनी जल नहीं रही थी। इस वक्त क्या उन्हें जगाना उचित होगा ? भगवान् का नाम लेकर मैंने कॉल-बेल दबा दिया।

कोई जवाब नहीं मिला। शायद अन्दर कोई नहीं है। ज़रा रुककर मैंने दुबारा बटन दबाया।

अन्दर किसी के हिलने-डुलने की आवाज़ आयी। फिर कोई औरत अंग्रेज़ी में अश्लील गालियाँ बकने लगी। फिर बोली, "तुम इस वक्त वापस आ रहे हो ? जिस नरक से आये हो, वहीं वापस चले जाओ। मेरी नींद हराम न करो !"

मैं भय से जड़ हो गया। भद्र महिला ने एक राउण्ड गोली और चलायी, 'न शरम आती है, न तुम्हें डर लगता है ! रोज़गार कुछ करते नहीं, मक्खियाँ मारते हो, और ऊपर से इतनी रात को तंग करने आ जाते हो ! सारा दिन मैं काम करती-करती मरूँ, तुम्हारे लिए खाना-पीना जुटाऊँ, और रात में भी आवारा औरतों की तरह जगी रहूँ ! यह मुझसे नहीं होगा। अब नहीं होगा। तुम चले जाओ, चले जाओ, जहाँ जी चाहे चले जाओ।"

अब तो मैं वाकई डर गया। मार्कोपोलो दिमाग से उड़ गये। भागने की बात मैं सोच ही रहा था कि दरवाज़ा खुल गया। स्वामी के बदले मुझे देखकर भद्र महिला चीख पड़ीं, रोने-धोने लगीं, "क्या हुआ है ? क्या हुआ है, बताओ ? ज़रूर मेरे स्वामी किसी मुसीबत में पड़ गये हैं। ज़रूर कोई भारी बात हो गयी है। उफ़, कितनी बार उनसे कह चुकी हूँ, यह डिटेक्टिव का काम छोड़ देना चाहिए। इस गन्दे देश में यह सब नहीं चल सकता। इससे अच्छा है, वह अखबार बेचें, कोई भी और काम करें। नहीं तो चुपचाप घर बैठे रहें। जब तक मैं नौकरी कर रही हूँ, उन्हें किस बात की चिन्ता-फ़िक्र है ? वह क्यों मरने जाते हैं ? शायद घर में रहना अच्छा नहीं लगता।"

दूसरा मुहल्ला होता तो यह चीत्कार सुनकर अब तक पड़ोस के लोग दौड़े आते। मगर इस आधे साहबों के मुहल्ले में इन छोटी-छोटी बातों पर ध्यान नहीं दिया जाता। किसी की व्यक्तिगत बात में कोई दूसरा व्यक्ति दखल नहीं देता।

मिसेज़ बायरन ने अत्यन्त कातर होकर जानना चाहा, मैं पुलिस का आदमी हूँ या अस्पताल का ! इतनी रात-गये और कौन इस अँधेरी गली में आ सकता है ? बोलीं, "बताइए, मेरे स्वामी कहाँ हैं ? मैं अभी आपके साथ चलती हूँ।"

अब मैंने किसी तरह कहा, "मैं पुलिस या अस्पताल का आदमी नहीं, मैं होटल का आदमी हूँ। हमारे मैनेजर साहब, मिस्टर मार्कोपोलो का पता नहीं चल रहा है। उन्हीं को ढूँढ़ने आया हूँ।"

"अच्छा, यह बात है ! मैं तो डर ही गयी थी।" श्रीमती बायरन प्रकृतिस्थ होने लगीं, "तुम उसी मोटे साहब की बात कह रहे हो, जो कभी-कभी मेरे लिए सैण्डविच ले आता है ? वही तो सारी खराबी की जड़ है। मुझे कमरे के बाहर भेजकर दोनों क्या-क्या बातें करते रहते हैं ! मेरे स्वामी कहते हैं, साहब उनका मुवक्किल है। एकदम झूठ है यह बात। आदमी पहचानने में मुझे देर नहीं लगती। साहब क्लाइण्ट क्या रहेगा, उनका दोस्त

है, दोस्त। दोनों एक साथ शाम को निकले हैं, कहीं भट्ठी में पड़े होंगे।"

श्रीमती बायरन फिर गालियाँ बरसाने लगीं, मगर अब मेरा साहस लौट आया है। बायरन साहब और मार्कोपोलो के साथ का पता तो चल गया है। श्रीमती बायरन ने विरक्त होकर कहा, "यह सब मज़ाक छोड़ो। यह बताओ, मेरे स्वामी कहाँ हैं ?"

मैंने पूछा, "मिस्टर बायरन कब आयेंगे, कुछ बता गये हैं ?"

"कुछ भी नहीं बोले। उस मोटे साहब के आते ही दोनों बाहर चले गये। खैर, तुमसे बातें करके तो मेरा पेट भरेगा नहीं।" इतना कहकर मिसेज़ बायरन ने दरवाज़ा धड़ाम-से बन्द कर लिया।

होटल में वापस आते ही सत्यसुन्दर दा ने कहा, "तुम्हारी ही प्रतीक्षा कर रहा था। बेकार तुम्हें इतनी तकलीफ उठानी पड़ी। मार्कोपोलो वापस आ गये हैं। साथ में बायरन भी थे। वे साहब को टैक्सी से उतारकर, बैरों के हाथों साहब को हवाले करके वापस चले गये।"

काउण्टर पर आकर मार्कोपोलो साहब सहमकर रुक गये थे जैसे वे इस होटल में पहली बार आये हों, यहाँ की कोई चीज़ जानते-पहचानते नहीं हों। सत्यसुन्दर दा ने पूछा था कि वे कहाँ चले गये थे। यह भी कहा था कि हम सभी उनके लिए चिन्तित थे। मगर, जो मार्कोपोलो होटल की छोटी-से-छोटी चीज़ का ध्यान रखते हैं, दिन-भर होटल के काम में डूबे रहते हैं, पता नहीं अब वे कहाँ खो गये थे। बहुत देर तक फटी-फटी निगाहों से सत्यसुन्दर दा की ओर देखते रहे थे। फिर उन्होंने पूछा था, "तुम लोग क्यों सारी रात जागे रहते हो ?"

सत्यसुन्दर दा चकित रह गये थे। बोले थे, "आप खुद ही तो ड्यूटीचार्ट पर दस्तखत करते हैं।"

मार्कोपोलो ने निराशा से सिर हिलाते हुए कहा था, "यूज़लेस ! बेमतलब ! कोई अर्थ नहीं निकलता। जब दुनिया के सारे लोग सो रहे हैं, इस तरह बेवकूफ बनकर जगे रहने का कोई मतलब नहीं है। सो जाओ। हम सभी सो जायें। जगे रहने से कोई फायदा नहीं है।"

तब मार्कोपोलो ने सुजाता मित्रा को देखा था। उनके कुछ पूछने के पहले ही बोस दा ने बता दिया था, "ये एयर-होस्टेस हैं, हमारे होटल में ठहरती हैं।" यह सुनकर मार्कोपोलो सतर्क हो गये थे। और भी बातें करना चाहते थे, मगर चुपचाप 'गुडनाइट' कहते हुए ऊपर चले गये।

बोस दा ने मुझे यह सारी बात बतायी। मिस मित्रा बोलीं, "मुझे मजा आ रहा था। हर रोज़ तो धरती से बहुत ऊपर बादलों की छाया में कितने व्यक्तियों से मुलाकात होती है। मगर आपके यहाँ और भी ज़्यादा किस्म के विचित्र-विचित्र व्यक्ति आते-जाते रहते हैं। मेरी इच्छा हुई थी, आपके मैनेजर से कहूँ, अब सोने की क्या ज़रूरत है, सुबह हो चुकी है, रात बीत गयी है।"

बोस दा पहले तो हँसे, फिर उदास होकर बोले, "उनकी ज़िन्दगी में अब भी रात का गहरा अँधेरा फैला हुआ है। उनके बारे में सोचता हूँ, तो जी उदास हो जाता है।"

सुजाता मित्रा अब तक काउण्टर पर ही खड़ी थीं, यह मेरे लिए बड़े ही आश्चर्य की बात थी। बोस दा ने उनसे कहा, "आपको धन्यवाद देना चाहता हूँ, मगर उचित शब्द ही नहीं मिल रहे हैं। आपने अपनी गाड़ी दी, खुद भी इतनी देर तक यहाँ बैठी रहीं..."

सुजाता मित्रा मेरी ओर देखती हुई बोलीं, "देखिए, आपके गुरुदेव को अब शब्द ही नहीं मिल रहा है। ज़रा उनकी मदद तो कीजिए।"

मैंने हँसकर कहा, "यह तो धन्यवाद देने का एक 'फॉर्म' है।"

सुजाता मित्रा की पीठ पर फैली हुई वेणी साँप की तरह झूम उठी। वे बोलीं, "फॉर्मल लोग मुझे उतने अच्छे नहीं लगते हैं।"

बोस दा चेहरे पर नकली गम्भीरता लादते हुए बोले, "सुबह-सुबह इतनी गालियाँ दिये जा रही हैं। ज़ुबान आपकी रुकती ही नहीं। इसीलिए पैसेन्जर लोग देशी एयर-होस्टेस पसन्द नहीं करते हैं।"

"जी हाँ। पसन्द नहीं करते तो और भी नयी हिन्दुस्तानी लड़कियाँ क्यों ली जा रही हैं?"

"इसका मतलब है, जो नयी लड़कियाँ ली जा रही हैं, वे शिष्ट और सभ्य हैं।" बोस दा ने उत्तर दिया।

"यह तो वकीलों-जैसी बात हुई। यहाँ आने से पहले क्या आप अदालत में प्रैक्टिस करते थे?"

"देखिए, अदालत की बात न कीजिए। इस बेचारे का जी उदास हो जाता है। अदालत-हाईकोर्ट के साथ कभी इस हज़रत का गहरा रिश्ता था।" मेरी ओर इशारा करके बोस दा ने कहा।

मैंने घड़ी की ओर देखा! सुजाता मित्रा की पलकें नींद से बोझिल होने लगी हैं, फिर भी वे जाना नहीं चाहतीं। बोस दा ने भी शायद यह महसूस किया। बोले, "आई ऐम सॉरी! अब आपको रोक रखना किसी प्रकार उचित नहीं है। बहुत देर हो गयी है।"

आसपास कहीं कोई पोर्टर नहीं था। सुजाता मित्रा अपना अटैचीकेस और बैग खुद ही उठाये जा रही थीं। मैंने टेढ़ी निगाहों से बोस दा की ओर देखा। बोस दा मेरा इशारा समझकर आगे बढ़े, और उन्होंने मिस मित्रा के हाथ से उनका असबाब ले लिया। सुजाता शायद हतप्रभ हो गयीं। मगर बोस दा ने बात मुझ पर टाल दी। बोले, "इस लड़के से पूछिए! आप अपना सामान उठायें, तो क्या है! मगर, हज़रत मेरी ओर इस तरह देख रहे हैं, जैसे मेरे-जैसा कुली यहाँ मौजूद रहते हुए कोई भद्र महिला अपना असबाब उठायें, यह बात बर्दाश्त के काबिल नहीं है।"

सुजाता मित्रा और बोस दा दोनों ही मेरी ओर देखते हुए शरमाने लगे। शरमाते हुए आगे बढ़ गये। शाहजहाँ होटल के सिंहद्वार पर मैं अकेला प्रहरी खड़ा रहा, और अँधेरे का डूब जाना देखता रहा। सुबह होने में अब कितनी देर है?

शाहजहाँ की निस्तब्ध रात्रि से अब मैं अच्छी तरह परिचित हो गया हूँ।

उन्नीसवीं शताब्दी की यह प्राचीन पान्थशाला बीसवीं शताब्दी की एकान्त इस निशा में अब मुझे विस्मित, चकित नहीं कर पाती। परिचय के आन्तरिकतम, निकटतम सम्पर्क में आकर इस ऐतिहासिक प्रासाद ने अपने प्रिय बन्धु से अपना कोई भी रहस्य छिपा नहीं रखा है।

मगर यह तो केवल इस प्रासादपुरी की ईंट और पत्थरों की बात है। ईंट-पत्थर की दीवारों के अन्दर इस नाट्यशाला के प्रत्येक प्रकोष्ठ में प्रति मुहूर्त कितने नाटक आरम्भ और शेष होते रहते हैं, इसका पता किसे है?

इस क्षण मेरे लिए सबसे बड़ा काम यही है कि ड्यूटी खत्म होने तक किसी तरह नींद को भगाये रहूँ। इसीलिए कुछ-न-कुछ सोचते-विचारते रहने की विलासिता को स्वीकार करना होगा। चिन्ता नहीं करूँ तो नींद आ जायेगी। और, हो सकता है, शाहजहाँ होटल की अशरीरी आत्मा बीसवीं शताब्दी के इस आलोकमय अन्धकार में और किसी को न पाकर, इस अभागे रिसेप्शनिस्ट के सामने ही अतीत के सुनहरे धागों से एक खूबसूरत जाल बुनना शुरू कर दे।

अचानक फोन की घण्टी बज उठी, "हलो रिसेप्शन, मैं श्रीलेखा बोल रही हूँ।"

श्रीलेखा देवी को क्या सारी रात नींद नहीं आयी? शायद अपना घर छोड़कर होटल में रात बिताने आयी हैं, इसीलिए अपने को अरक्षित अनुभव कर रही होंगी।

श्रीलेखा बोलीं, "मेरे बारे में आपको क्या इन्स्ट्रक्शन है?"

"जी, यही कि किसी को आपके कमरे का नम्बर नहीं बताऊँ। और अगर आपके स्वामी आयें तो उन्हें भगा दिया जाय।"

श्रीलेखा देवी ने लम्बी साँस ली। पूछने लगीं, "कोई मुझे ढूँढ़ने भी आया था?"

"इतनी रात को अब कौन आयेगा?"

"ऐसा न बोलिए। आप कितने दिन से यहाँ हैं? मिस्टर स्याटा बोस को पूछियेगा। इससे पहले कितनी बार गुस्सा करके यहाँ भाग आयी हूँ, मेरे स्वामी ठीक उसी वक्त यहाँ आये हैं।"

मैं चकित रह गया। बोल ही क्या सकता था? श्रीलेखा ने कहा, "आप ज़रा बाहर तक देख तो आइए, मैं लाइन रखती हूँ।"

काउण्टर से निकलकर देखा, चितरंजन एवेन्यू के फुटपाथ पर ढीला-सा कुरता और सूती पाजामा पहने एक सज्जन चुपचाप खड़े हैं। सिनेमा-पत्रिकाओं में कितनी बार श्रीलेखा देवी के साथ इन्हें देखा है। यही उनके पतिदेवता हैं?

"आप किसी से मिलना चाहते हैं? यहाँ क्यों खड़े हैं?" मैंने पास जाकर पूछा।

वे नाराज़ हो गये, "मैं तो साहब, आपके दरवाज़े तक नहीं गया? चुपचाप सरकारी रास्ते पर खड़ा हूँ। फिर भी झगड़ा करने आ गये?"

वापस जाकर मैंने फ़ोन से श्रीलेखा देवी को इस बात की सूचना दी। वे मेरी ही प्रतीक्षा कर रही थीं और समझ रही थीं उनके पति ज़रूर बाहर खड़े होंगे।

वे बोलीं, "उन्हें मेरे कमरे में भेज सकते हैं?"

मैं अपनी असुविधा बताने जा रहा था। किन्तु उसके पहले ही उन्होंने कहा,

"अगर-मगर कुछ नहीं, आप डबल-रूम का किराया चार्ज कर लीजिए।"

फ़ोन रखकर मैं दुबारा बाहर गया। वे एक खम्भे के सहारे उसी तरह खड़े थे। पास जाकर मैंने कहा, "ऐक्सक्यूज़ मी, यहाँ क्यों खड़े हैं? भीतर आ जाइए।"

उन्होंने अपनी जलती हुई लाल आँखों से मुझे देखा और बोले, "धन्यवाद! भीतर आने की ज़रूरत नहीं है मुझे।"

अब मैंने बताया, "श्रीलेखा देवी ने आपको अपने कमरे में बुलाया है। मैं उनके कमरे तक आपको पहुँचा दूँगा।"

"रहने दीजिए। बहुत हुआ।" उन्होंने बड़ी उदासीनता से कहा। जेब से माचिस निकालकर उन्होंने एक बीड़ी सुलगायी। चित्रजगत् की सुप्रसिद्ध अभिनेत्री के पति को बीड़ी पीते देखकर मैं आश्चर्यचकित रह गया।

उन्होंने कहा, "अपनी आदतें मैंने बदली नहीं हैं। स्वभाव भी नहीं बिगाड़ा है। दुर्गा के साथ जब मैं कलकत्ता आया था, तब हम दोनों आपके बैरों के छोटे शाहजहाँ होटल में कई बार खा-पी चुके हैं। उतना सस्ता भोजन और कहीं नहीं मिलता था। बीड़ी तब भी पीता था, आज भी पीता हूँ। दुर्गा ही अब श्रीलेखा देवी बन गयी है, छोटे शाहजहाँ की उसे याद भी नहीं, बड़े शाहजहाँ में ठहरती है। मगर मुझमें कोई परिवर्तन नहीं हुआ है।"

मगर वे किसी तरह भी अन्दर आने को तैयार नहीं हुए। बोले, "तब से अब तक यहीं इसी तरह खड़ा हूँ। कुछ देर और खड़े रहने में मुझे कोई तकलीफ नहीं होगी।"

मुँह फेरकर वे दूसरी ओर देखने लगे। काउण्टर पर वापस आते ही ऊपर से फोन आया। श्रीलेखा देवी को ज़रा भी देर बर्दाश्त नहीं होती है। कहती हैं, "हलो, उन्हें ऊपर भेज दिया है?"

"वे आने को राज़ी नहीं होते," श्रीलेखा देवी ने मेरा यह उत्तर सुनते ही फोन रख दिया। मैंने मन-ही-मन कहा, अब यह क्या बात हुई? आधी रात को गृहत्याग और सुबह होने से पहले ही रूठने-मनाने का नाटक? वैसे श्रीलेखा देवी के पति विचित्र हैं। उनकी ओर देखने से डर लगता है।

श्रीलेखा देवी तेज़ी से सीढ़ियाँ उतरती हुई काउण्टर पर चली आयीं। बिना मेकअप का उनका वह रूप मैं कभी भूल नहीं पाऊँगा। खुले हुए, बिखरे हुए बाल। चेहरे पर रात्रि-जागरण के स्पष्ट चिह्न। मेरे द्वारा खरीदी गयी सस्ती वह सूती साड़ी! जैसे फिल्म के सेट पर किसी हृदयविदारक दृश्य का अभिनय करने जा रही हों।

श्रीलेखा देवी ने कहा, "मुझे डर लग रहा है। आप ज़रा दरवाज़े तक साथ आइए न! हो सकता है, वे एसिड साथ लाये हों, मेरे चेहरे पर छिड़क दें।"

इस स्थिति में पड़कर तो होटल-कर्मचारी को भी रोने की इच्छा होती है। हो सकता है, पुलिस-केस में फँसकर जेल की हवा खानी पड़े। मैं बेहद डर गया। एक बार श्रीलेखा देवी को मना किया, "इस वक्त बाहर न जाना ही बेहतर है।"

श्रीलेखा ने कोई उत्तर नहीं दिया। सीधे दरवाज़े की ओर बढ़ गयीं। मैं भी

मजबूर होकर पीछे-पीछे चलने लगा।

दरवाजे पर आकर उन्होंने मुझे रुक जाने को कहा। खुद सड़क पार करने लगीं। दूर से ही मैंने देखा, श्रीलेखा देवी अपने स्वामी के पास जाकर खड़ी हो गयी हैं। उनके स्वामी उनकी ओर देखते हुए चुपचाप खड़े हैं, उनमें क्या बातचीत हुई, इतनी दूर से मैं कुछ समझ नहीं सका। मगर, इतना देखा, अचानक श्रीलेखा रोने लगी हैं। वहीं फुटपाथ पर बैठ गयी हैं, और बाँहों में चेहरा छिपाकर रोने लगी हैं। उनके स्वामी उन्हें शान्त करने की कोशिश कर रहे हैं।

क्या बात है मैं समझ नहीं रहा था। मैं समझ भी नहीं सका, क्योंकि मैंने देखा, वे दोनों रो रहे थे, और दूर खड़ी एक कार की ओर बढ़े जा रहे थे। श्रीलेखा को बगल में बिठाकर उनके पति ने गाड़ी स्टार्ट कर दी।

जब गाड़ी दूर जाकर अदृश्य हो गयी, तब मेरी जान-में-जान आयी। मगर अचानक याद आया, बिल के रुपये कौन देगा? श्रीलेखा देवी तो पेमेण्ट बिना दिये चली गयी हैं।

नया डर पैदा हो गया, इस एक रात की कीमत कहीं मेरी तनख्वाह से न काट ली जाय, क्योंकि बिल के पैसे वसूलने की ज़िम्मेदारी तो मेरी ही है। श्रीलेखा देवी की वह हालत देखकर पैसे माँगने की बात मुझे याद ही नहीं आयी थी।

जी उदास हो गया और इधर सुबह की किरणें सामने की खाली सड़क को धोने लगीं।

"काली, माँ काली, जगद्धात्री, माँ काली!" न्याटाहारी बाबू गंगा-स्नान के लिए जा रहे हैं।

मेरे पास आकर बोले, "माँ-गंगा में डुबकी लगाने का अभ्यास कीजिए, नहीं तो पाप के एसिड से जलकर खाक हो जाइयेगा। देखिए, यही नित्यहरि भट्टाचार्य इतने पाप में डूबा रहकर भी सिर ऊँचा किये बगल में तकिया दबाये घूमता रहता है, यह केवल मदर-गंगा की दया है! रोज़ इस गन्दे बॉडी को धोकर, पवित्र करके वापस ले आता हूँ। चाहे कितनी भी गन्दगी क्यों न लगे, क्या परवाह है!"

मैं चुप ही रहा। नित्यहरि बाबू विरक्त होकर बोले, "गरीब ब्राह्मण की बात आज अच्छी नहीं लगेगी। मगर जब पाप सिर पर चढ़कर बोलेगा, तब मेरी बात याद आयेगी। माँ-जननी को भी कितनी बार कहा था, और जो कुछ करो माँ, मगर सुबह-सुबह माँ-गंगा को एक प्रणाम लगा आओ। मगर, दो नम्बर सूटवाली माँ-जननी ने मेरी बात नहीं मानी। गृहस्थ-परिवार की वह पढ़ी-लिखी लड़की कपाल के दोष से ही इस पाप-नगरी में आयी थीं।"

न्याटाहारी बाबू की दोनों आँखें अचानक जल उठीं, "मैं उसका कौन होता हूँ, साहब? कोई भी तो नहीं! सिर्फ उसे लिनेन सप्लाई करता था। फिर भाई, वह मुझे ही क्यों स्वप्न में दर्शन देती है?"

"आप उन्हें स्नेह करते थे, वे भी शायद आपके लिए श्रद्धा रखती थीं, इसीलिए।" मैंने कहा।

उनकी आँखें भर आयीं। अपनी आन्तरिक वेदना को वे छिपाये रह नहीं सके। बोले, "औरत-जैसी कमज़ोर चीज़ और कुछ नहीं है, भाई! बताइए, ज़हर खाकर मर जाना, यह क्या बात हुई? मेरी पत्नी, वह भी ज़हर खाकर मर गयी थी। इतनी-सी बात के लिए कि एक रात मैं लौटकर घर नहीं जा सका। बस, इतनी-सी बात के लिए! उसने मेरे किसी बहाने पर विश्वास नहीं किया। बोली, 'तुम्हारे मुँह से किस चीज़ की गन्ध आ रही है!' मैंने कहा, 'अनियन की गन्ध।' वह बुद्धिमती स्त्री थी, मगर बेवकूफ की तरह पूछने लगी, 'अनियन? यह क्या होता है?' मैं गुस्से में आ गया। बोला, 'अनियन माने प्याज़, तुम्हारे माँ-बाप ने तुम्हें अंग्रेज़ी क्यों नहीं सिखायी?' और मेरा मुँह तो देशी शराब की गन्ध से जल रहा था। लग रहा था, अब कै होने लगेगी। वह अनुभवी स्त्री थी, बचपन से ही प्याज़ की गन्ध पहचानती थी। सारी बात समझ गयी। फिर इसके बाद उसने अपना अन्तिम अस्त्र चलाया—मृत्यु का अस्त्र। मुझे अपनी भूल सुधारने का अवसर ही नहीं दिया उसने। भाई साहब, अपने देश की औरतें और कुछ नहीं जानती हैं, केवल विष खाकर मरना जानती हैं। तभी से मैं यह सज़ा भुगत रहा हूँ। उसी महापाप के कारण ब्राह्मण का पुत्र होकर गन्दे कपड़े में डूबा रहता हूँ। मेरी तो और भी बुरी हालत होनी चाहिए थी, मगर माँ-गंगा बचाये जा रही हैं।"

न्याटाहारी बाबू अपने-आपको सँभालने की चेष्टा करने लगे। उनकी दोनों आँखें छलछला रही थीं। मेरा हाथ पकड़कर करुण स्वर में, अत्यन्त स्नेहपूर्वक उन्होंने कहा, "खूब सावधान रहोगे, भाई! किसके कपाल में भगवान् के हेडक्लर्क चित्रगुप्त साहब ने क्या लिख रखा है, क्या पता!"

फिर वे चले गये। मेरी उदासी और भी बढ़ गयी। आज न्याटाहारी बाबू को सही-सही पहचान पाया हूँ। हर व्यक्ति के अन्दर कोई-न-कोई ट्रेजिडी छिपी होती है।

मुझे लगा, जैसे ट्रेजिडी की एक लम्बी रात बीत चुकी है। अब किसी प्रकार भी काउण्टर पर खड़ा रहना मेरे बस की बात नहीं है।

बैरे को बुलाकर कहा, "तुम यहाँ पहरा दो, मैं तुरत आया।"

पन्द्रह

सुबह हो चुकी है। मेरा कमरा जैसे सूर्य-मिलन की मधुर सम्भावना में नववधू के सलज्ज, आरक्त मुख-मण्डल की तरह रंगीन हो उठा है।

बोस दा अपने कमरे का दरवाज़ा खुला रखकर, बिस्तरे पर पड़े-पड़े चाय पी रहे थे। मैं उनके कमरे में गया। मुझे देखकर वे मुसकराये। उनकी मुस्कराहटों से हमेशा ही मुझे उत्साह और आत्मविश्वास मिलता है, सहजता मिलती है और बल मिलता है।

मैंने उन्हें श्रीलेखा देवी की बात बतायी। वे मेरी पीठ पर हाथ रखकर बोले, "डर की कोई बात नहीं। हम उनका पता-ठिकाना जानते हैं। ज़रूरत होगी तो किसी को भेजकर रुपये मँगवा लेंगे। मगर ज़रूरत ही नहीं पड़ेगी। वे खुद ही चेक भेज देंगी। पहले भी ऐसी बात हो चुकी है। अपने पति के डर से भागकर वे यहाँ आयी हैं और सुबह से पहले ही दोनों में मेल-मिलाप हो गया है।"

फिर, मेरी पीठ पर प्यार-भरा एक थप्पड़ मारकर बोस दा ने कहा, "इतनी बड़ी दुनिया में न्याटाहारी बाबू का कहीं कोई नहीं है। इसीलिए यहाँ अकेले पड़े हैं। हमारे पुराने मैनेजर साहब लिख गये हैं, कभी उन्हें किसी कारण से भी नौकरी से हटाया न जाय। चाहे वे कितने ही बूढ़े क्यों न हो जायें, शाहजहाँ होटल में उनकी नौकरी कायम रहेगी।"

फिर मेरे हाथ में शीशे का एक गिलास थमाकर बोस दा बोले, "बाथरूम से गिलास धो लाओ। थोड़ी चाय देशी ढंग से पी लो! रात-भर जगते रहे हो।"

बोस दा की चाय पीकर मैं अपने कमरे में आकर सो गया था। कितनी देर तक सुबह की नींद का मज़ा लेता रहा, पता नहीं। अचानक गुड़बेरिया की आवाज़ से नींद खुल गयी। गुड़बेरिया ने बताया, कोई एक साहब बिना पूछे, छत पर आ गये हैं।

बाहर झाँककर देखा, बायरन साहब हैं। वे कमरे के अन्दर आ गये। बोले, "मैं सोच ही रहा था, तुम अभी सोये होगे। फिर भी चला आया। मार्कोपोलो से भी मुलाकात हो गयी।"

"कल रात आप लोगों के चलते हम बड़ी फिक्र में पड़ गये थे।" बायरन के लिए चाय का आर्डर देकर मैंने कहा।

बायरन साहब बोले, "कल रात की बात हम और मार्कोपोलो कभी भूल नहीं सकेंगे।"

"क्यों? बेचारे मार्कोपोलो साहब के अँधेरे में डूबे हुए दाम्पत्यजीवन में क्या आप कोई उजाला ला सके हैं?"

बायरन ने एक बार सन्देहपूर्वक बाहर की ओर देखा, जैसे कोई उनकी बात सुन तो नहीं रहा है। फिर, अच्छी तरह बिस्तरे पर बैठते हुए कहने लगे, "तुम्हें सारी बात याद है न? मार्को ने सूसन से तलाक लेने की सारी बात तय कर ली थी। रुपये देकर सूसन को डाइवोर्स का केस करने के लिए भी तैयार कर लिया था। मार्कोपोलो पर चरित्रहीनता का अभियोग लगाने के लिए लिज़ा नाम की एक लड़की भी तैयार करा ली गयी थी। उसे मार्को ने कई चिट्ठियाँ भी लिखी थीं। इसके बाद विश्व-युद्ध की उथल-पुथल में ये बातें कहाँ खो गयीं, कहाँ डूब गयीं, किसी को पता नहीं चल सका।"

मैंने कहा, "मुझे सब याद है। आपके ही घर में आपसे मैंने मार्कोपोलो साहब की कहानी सुनी थी। उसे कभी भूल नहीं सकूँगा।"

बायरन प्रसन्न हो गये। बोले, "सच बात तो यह है कि हम लोग सिर्फ नाम के जासूस हैं। पेशेवर गवाहों के सिवा और कोई काम ही हम क्या करते हैं? हमारे क्लाइन्ट ही हर तरह से अपनी उलझनें सुलझाने की कोशिश करते हैं, हताश-निराश हमारे पास

आते हैं, और तब चाहते हैं कि हम अपने जादू से उनकी समस्याओं का समाधान निकाल दें। पुलिस कभी हम पर शक-शुबहा करती है, कभी हमें दया-करुणा की नजरों से देखती है। हमें पुलिस की कोई सहायता नहीं मिलती। पुलिसवाले हँसकर कहते हैं, बकरियाँ अगर हल जोत सकतीं, फिर बैलों की जरूरत ही क्या थी ? हम उनसे उम्मीद ही नहीं रखते। मुझे तो यह भी उम्मीद नहीं कि मार्कोपोलो को कोई मदद कर भी सकूँगा।"

बायरन साहब के एक प्रतिनिधि ने ही उन्हें सूचना दी थी कि छातावाली गली की काली बस्ती में एक औरत रहती है, जो पहले किसी रेस्तराँ में गाती थी। छातावाली गली का नाम सुनकर मुझे अपने पिछले दिन याद आ गये, जब मैं वहीं से वेस्ट-पेपर-बास्केट लेकर उन्हें बेचने के लिए दफ्तर-दफ्तर घूमा करता था। हमारी वह कम्पनी जिस मकान में थी, उसे अन्य निवासियों की जीवन-प्रणाली के बारे में, खासकर औरतों के बारे में, शक-शुबहे की काफी गुंजाइश थी।

बायरन साहब की कहानी सुनकर मुझे चकित रह जाना पड़ा। सुना, कल रात वे दोनों छातावाली गली की उस औरत की खोज में गये थे। मगर औरत के कमरे में 'मेहमान' थे। वे काफी देर तक घर के बाहर खड़े रहे थे कि मेहमान चला जाय, तब वे मुलाकात करेंगे।

मेरे लिए चुप रहना असम्भव हो गया। मेरी उत्सुकता बायरन समझ गये। मैंने उनसे मकान का नम्बर पूछा। उन्होंने जो नम्बर बताया, वह सुनकर मैं चौंक गया। वही मकान था, जिसमें हमारी बास्केट की कम्पनी थी। दोपहर में हमारी कम्पनी के मालिक पिल्लई साहब बाहर होते थे। मगर मुझे कोई असुविधा नहीं होती थी। मकान की एक सहृदय महिला मेरी मदद करती थीं। बास्केट अलग-अलग करके रस्सी से बाँध देतीं। मुझे प्यास लगती तो पानी ला देतीं।

बायरन ने पूछा, "उस मकान का हाल-चाल तुम्हें पता है ? वहाँ किसी को पहचानते हो ?"

उस मकान में एक भी ऐसी औरत नहीं थी, जिसे मैं पहचानता नहीं था। मकान की औरतें हमारे साथ काम करती थीं। दोपहर में फटी स्कर्ट पहने, पाँवों में सैण्डिल डाले, छोटी तिपाइयों पर बैठी वे हमारी बास्केटें रँगती थीं। रंग करने के बाद धूप में सुखाती थीं। पानी बरसने लगता तो अपने कमरों में उठा ले जाती थीं। बड़ी सीधी और अच्छी औरतें थीं। बेचारे पिल्लई के दिन अच्छे नहीं जा रहे थे। ये औरतें तरह-तरह से उसकी सहायता करती थीं। जितनी कम मजदूरी में बास्केट रँग देती थीं, उतनी कम मजदूरी में और कहीं काम करनेवाला नहीं मिल सकता था।

मेरे साथ भी उनका बर्ताव अच्छा था। अक्सर कहती थीं, "इतनी धूप में आये हो, जरा आराम करो, फिर बाहर निकलना, नहीं तो बीमार हो जाओगे।" दूसरी एक औरत कहती थी, "हमारा सहारा है शरीर, और तुम्हारा सहारा है दिमाग ! इन दोनों को सँभालकर न रखा जाय, तो रोटी नहीं मिलेगी।"

मकान के बाहर छोटे-से बोर्ड पर लिखा था, "साढ़े-दस बजे रात को इस मकान

का गेट बन्द हो जाता है। इसके बाद किसी का भी आना-जाना मना है।" छातावाली गली में मैंने जीवन के कितने ही अनुभव प्राप्त किये थे, उन्हें विस्तारपूर्वक यहाँ लिखना सम्भव नहीं है।

बायरन साहब ने कहा, "इसी को कहते हैं भगवान् की कृपा। वे औरतें तुम्हें ज़रूर पहचानती होंगी। तुम मेरे साथ वहाँ चलकर पता लगाओ।"

बायरन के साथ मुझे उस दिन अपने उस पुराने मुहल्ले में जाना पड़ा था। बायरन सुबह-सुबह ही जाना चाहते थे। मैंने बताया था कि अभी तो वे सो ही रही होंगी, दस-ग्यारह बजे चलना ठीक होगा।

ग्यारह बजे मुझे अपने बीच आया देखकर उस मकान की औरतें शोर मचाने लगीं। मेरे पास खड़ी होकर हँसने-खिलखिलाने लगीं। मकान में छोटे-छोटे लगभग पन्द्रह कमरे थे। कई कमरों को टाट के टुकड़ों से बाँटकर दो कमरे बनाये गये थे। मेरे ताज़ा धुले कपड़े देखकर उन्हें लगा कि मेरे जीवन में कोई क्रान्तिकारी परिवर्तन हो गया है। पूछने लगीं, "लाटरी में इनाम मिला है क्या?"

"नहीं। शाहजहाँ होटल में नौकरी करता हूँ," मैंने बताया।

"शाहजहाँ होटल?" वे चकित हो गयीं, "सुना है, वहाँ साढ़े-आठ रुपये में वण्डरफुल डिनर मिलता है? हमें बड़ी ख्वाहिश होती है, कभी जाकर डिनर खायें। रुपये होते थे तो हम सभी एक साथ चली जाती थीं। लड़ाई का ज़माना था, पैसों की कमी नहीं रहती थी। जिस किसी सिपाही को कहने से, वह खुश होकर होटल ले जाता था। अब तो कोई मुफ्त में एक सिगरेट तक नहीं देता है।"

जो औरतें लड़ाई के बाद इस लाइन में आयी थीं, वे चुपचाप ये बातें सुनती रहीं। उन्होंने कभी शाहजहाँ होटल का मुँह भी नहीं देखा है।

मैंने पूछा, "आप लोगों में कोई सूसन मनरो को जानती हैं? वह पार्क-स्ट्रीट के एक रेस्तराँ में गाती थी।"

"यह नाम तो हमने सुना भी नहीं है। पार्क-स्ट्रीट के रेस्तराँ में गानेवाली किस तकलीफ से यहाँ आयेगी?"

दूसरी एक औरत बोली, "क्यों? एलिज़ाबेथ है। अब बूढ़ी हो गयी तो क्या हुआ, पहले तो वह गाती थी। बदकिस्मती से इस डस्टबीन में आ गयी है।"

"एलिज़ाबेथ कौन?" मैंने पूछा।

"क्यों, याद नहीं आ रहा है? वही तो तुम्हारे बास्केटों का हिसाब रखती थी।"

अब याद आ गया। मैंने पूछा, "वह कहाँ है?"

"बीमार होकर सोयी हुई है," एक औरत ने बताया। कमरा दिखा दिया। दरवाज़ा बाहर से सटा हुआ था। मैंने दरवाज़ा खटखटाया। भीतर से पतली आवाज़ में उत्तर आया, "कम इन।"

एलिज़ाबेथ मुझे पहचान गयी। उठकर बैठने की उसने कोशिश की। बेहद कम-ज़ोर हो गयी थी। कमरा गन्दा था। यहाँ-वहाँ सारी चीज़ें बिखरी थीं। इशारे से उसने

मुझे एक तिपाई पर बैठने को कहा। मैंने पूछा, "पहचान रही हैं ?"

"क्यों नहीं पहचानूंगी ? तुम्हारे चले जाने के बाद मैगपिल का हालत और खराब हो गयी। कितने लोगों ने उसे धोखा दिया। माल ले गये और कीमत नहीं दी। मजबूर होकर मैगपिल को यहाँ से जाना पड़ा। मैं भी बेकार ही बैठी हूँ। बास्केट का काम तुम लोग करते थे तो कुछ पैसे आ जाते थे। इन दिनों हालत बुरी है, मकान की जवान लड़कियों की दया पर निर्भर हूँ, वे ही मुझे दवा-दारू ला देती हैं, मेरा कमरा साफ कर देती हैं। कभी-कभी कोई सीधा और बूढ़ा गाहक आता है तो मेरे पास भेज देती हैं।"

एलिज़ाबेथ ने अपना पाँव हिलाने की कोशिश की। बोली, "मैं चल-फिर नहीं सकती। तकलीफ होती है। बीमार नहीं हूँ। शरीर ठीक है, सिर्फ पाँव खराब हैं। बहुत दिन पहले गिर पड़ी थी। हड्डी टूट गयी। अच्छे डॉक्टर से इलाज नहीं करा सकी। किसी तरह प्लास्टर करवा लिया। ठीक हो गयी थी। मगर जख्म अन्दर रह ही गया था। अब फल भुगत रही हूँ।"

इस एलिज़ाबेथ को पहले से ही जानता हूँ। अपनी बेकारी के दिनों में एलिज़ाबेथ की सहानुभूति मुझे मिली थी। मगर उससे भी बहुत-बहुत पहले यही लिज़ा मार्कोपोलो के जीवन में भी क्षण-भर के लिए आयी थी, यह पता नहीं था। मुझे देखकर एलिज़ा को अपने पुराने दिनों की याद आ रही है। इसलिए मुसकराती हुई वह एक पुराना गीत गुनगुनाने लगती है—किसी ऐसे गीत का टुकड़ा, जिसे सुनकर एक दिन कलकत्ते के आमोद-विलासी नागरिक झूम उठते थे।

लिज़ा ने कहा, "चल-फिर नहीं सकती। किसी तरह दीवार के सहारे बाथरूम तक जाती हूँ। कभी-कभी इतनी ताकत भी नहीं रहती।"

मैं चुपचाप उसकी ओर देख रहा था। दुःख की अनुभूति भी अब मेरे मन में वेदना की सृष्टि नहीं कर पाती। कभी-कभी जब अभिभूत हो जाता हूँ, तो कसाईखाने की याद आ जाती है। लगता है, हम सभी कसाईखाने के भेड़-बकरे हैं, और अपनी-अपनी मौत का इन्तज़ार कर रहे हैं।

लिज़ा बोली, "किसी को बुलाती हूँ, तुम्हारे लिए चाय मँगवाऊँगी। कुछ भी हो, तुम मेहमान हो। चाय तो पीनी ही होगी।"

"नहीं, चाय की कोई ज़रूरत नहीं है," मैंने कहा। शायद मेरी बात से एलिज़ाबेथ को तकलीफ पहुँची। अपनी थकी हुई और उदास आँखों से मेरी ओर देखती हुई बोली, "सोचते हो, मेरे पास से पैसे खर्च हो जायेंगे ? अभी मेरे पास रुपये हैं। कल रात कुछ रुपये मैंने बनाये हैं।"

मैं तो वाकई पत्थर बन गया हूँ। कुछ बोलने की शक्ति तक नहीं रह गयी है।

"कहाँ काम करते हो ?" लिज़ा ने पूछा।

"शाहजहाँ होटल में।"

"शाहजहाँ !" लिज़ा सचमुच खुश हो गयी। बोली, "उनका खाना बहुत अच्छा होता है। एक बार खाओ तो सारी जिन्दगी याद रहे। उनके यहाँ का ऑमलेट

गैम्पिनो ! क्या कहना है ! अगर तुम्हें बिना पैसे दिये मिल जाये, तो कभी मुझे वहाँ से एक प्लेट जैम्बो-ग्रिल लाकर खिलाओगे ?"

"ज़रूर ला दूँगा," मैंने कहा।

"क्या कीमत है ?"

"यही, सात रुपये के करीब।"

"मगर, मुझे मुफ्त मिल जायेगा ?" एलिज़ाबेथ ने आश्चर्य में भरकर पूछा।

मुझे कीमत देकर ही खरीदना होगा, फिर भी मैं चुप ही रहा। पैसों की बात सुनकर शायद वह जैम्बो-ग्रिल खाना ही नहीं चाहेगी।

मैंने पूछा, "सूसन को आप जानती थीं ?"

"सूसन ? सूसन मनरो की बात पूछ रहे हो ? जो कभी दूकान में केक बेचती थी ? जिसने दस रुपये महीने पर रेस्तराँ में गाना शुरू किया था ? उसे पहचानूँगी नहीं ? क्या कह रहे हो ?"

मुझे लगा, लिज़ा सूसन को अच्छी निगाहों से नहीं देखती है। अचानक उसने पूछा, "तुम उसे कैसे जानते हो ?"

"एक्साइज़ डिपार्टमेण्ट में एक दोस्त काम करता है। उसी के मुँह से सूसन की कहानी सुनी थी। थियेटर रोड में फ्लैट लेकर शायद उसने हज़ारों रुपये कमाये थे।"

लिज़ा की आँखें धीरे-धीरे फिर उदास हो रही हैं। वह अतीत की ओर देखना नहीं चाहती। देखने से दुःख-ही-दुःख मिलता है। मेरी ओर देखकर लिज़ा ने पूछा, "क्या सूसन फिर लौट आयी है ? मेजर सेनन ने उसे ठोकर मारकर हटा दिया है न ! मैं तो तभी बोली थी, आखिर में यही होगा।"

एक अरसा पहले ज्वालामुखी में भस्म होकर जो द्वीप एटलाण्टिक महासागर में डूब चुका था, वह अचानक ऊपर आकर मेरी आँखों के सामने तैरने लगा है। मैंने ही इस द्वीप को अतल से ऊपर खींच निकाला है, मुझे ऐसा लगा।

लिज़ा बोली, "उन दिनों रुपयों के बल पर सब-कुछ किया जा सकता था। अमरीकन सोल्जर लोग रुपये देकर सब-कुछ करवा लेते थे। नहीं तो, पुलिस के रेकार्ड में जिसकी इतनी खराब रिपोर्ट थी, उसे सती-साध्वी बनाकर सेनन साहब किस तरह इलिनोस लिये चले गये ? उनकी इच्छा थी, यहीं दोनों शादी कर लें, मगर साहस नहीं हुआ। कोर्ट में तलाक का केस चल रहा था। कानून की नज़रों में सूसन का पति ज़िन्दा है। उससे डाइवोर्स लिये बगैर शादी नहीं हो सकती थी। मगर इलिनोस-अमरीका में इसका पता किसे लगेगा ? पता नहीं इतने दिनों में नाम-परिचय बदलकर सूसन मनरो क्या-से-क्या हो गयी है ! मैंने तो उसी दिन कहा था, अन्त भला तो सब भला। मगर इसका अन्त भला नहीं होगा।"

एक बार मुझे इच्छा हुई, एलिज़ाबेथ से साफ-साफ सारी बातें कर दूँ। उससे पूछूँ कि उसे याद है या नहीं, उसने मार्कोपोलो नाम के व्यक्ति के साथ शाहजहाँ होटल के डाइनिंग-रूम में भोजन किया था, कीमती शराब पी थी। मगर यह इच्छा रोककर, मैं एलिज़ाबेथ से विदा लेकर चुपचाप वापस आ गया था। बाहर सड़क पर बायरन साहब

मेरी प्रतीक्षा कर रहे थे। इतनी देर तक खड़े-खड़े वे ज़रूर नाराज़ हो रहे होंगे।

"यूरेका! यूरेका!" बायरन साहब ने मुझे अपनी बाँहों में बाँध लिया, और लगभग नाचने लगे, "इट वाज़ गॉड्स विल! नहीं तो ऐसा कैसे हो जाता? नहीं तो तुम्हीं शाहजहाँ में क्यों काम करने लगते? नहीं तो इससे पहले तुम छातावाली गली से बास्केट बेचने का काम क्यों करते?"

बायरन साहब एक टैक्सी की ओर दौड़ पड़े। बोले, "अब एक क्षण भी देर नहीं करनी है। तुरन्त शाहजहाँ होटल चलना होगा।"

शाहजहाँ होटल के नीचे उतरकर बायरन साहब सीढ़ियाँ चढ़ते हुए ऊपर भागे। मैं काउण्टर पर चला आया। कुछ ही क्षण बाद मार्कोपोलो और बायरन लिफ्ट से नीचे उतरे और तेज कदमों से होटल के बाहर चले गये।

काउण्टर पर विलियम घोष ड्यूटी दे रहा था। सत्यसुन्दर दा को भी वहीं होना चाहिए था, पर वे नहीं थे। बेचारा विलियम! वह अकेला है, उदास है, और मशीन की तरह काम किये जा रहा है। मैंने पूछा, "काउण्टर पर अकेले हो, मैं मदद करूँ?"

गले की टाई ढीली करके उसने धीमी आवाज़ में कहा, "अब से किसी की सहायता लिये बिना ही पृथ्वी पर रहने की कोशिश करूँगा।"

मैंने मज़ाक किया, "मिस रोज़ी की सहायता भी नहीं लोगे? अच्छा, यह बताओ मिस रोज़ी कब मिसेज़ घोष बनकर तुम्हारे मदनदत्त लेन के मकान में जा रही हैं?"

विलियम और उदास हो गया। गम्भीरतापूर्वक बोला, "तुम्हें तो सारी सूचना मिलेगी ही, इसीलिए छिपाने से कोई फायदा नहीं है। मुझे पहले से पता होता तो रोज़ी के साथ कभी घूमता-फिरता नहीं। बेकार आपको बार-बार अपनी ड्यूटी करने का कष्ट दिया है, बेकार आपको डबल ड्यूटी पर बिठाकर रोज़ी के साथ दूसरे होटल में लंच और डिनर खाता रहा हूँ।"

"तो इसमें बुरा क्या हो गया?" मैंने विलियम को सान्त्वना देने के लिए पूछा।

काम रोककर विलियम ने कहा, "किशोरावस्था और यौवन के दिन रास्तों-घाटों में घूमकर काट दिये थे, अब इस प्रौढ़ावस्था में आकर शाहजहाँ होटल में रुकने का मौका मिला। मगर, और कितने दिन यहाँ टिक सकूँगा? रोज़ी के साथ अपनापन पैदा करके मैंने सोचा था, शाहजहाँ ने मुझे इस होटल-लाइन की शिक्षा दी है, मुझे अन्न वस्त्र दिया है, तो 'लास्ट बट द लीस्ट' मुझे पत्नी भी देगा—रोज़ी के रूप में! उसके हर बचपने, उसकी हर कमज़ोरी के बावजूद मैंने वाकई रोज़ी को प्यार किया है। प्यार करता रहूँगा। मगर, जानते हो, अब वह क्या कहती है? कहती है, मुझे इन्तज़ार करना होगा, कम-से-कम पाँच साल और! इतने दिनों में उसके बीमार माँ-बाप ज़रूर किसी ठिकाने लग जायेंगे और बहनें भी कोई-न-कोई रास्ता बना लेंगी। जब तक माँ-बाप और दोनों बहनों का कोई ठौर-ठिकाना न हो जाये, उससे पहले अपनी शादी करके वह किसी तरह सुखी नहीं हो सकती है।"

रोज़ी ! शाहजहाँ होटल की साँवरी-सुन्दरी टाइपिस्ट रोज़ी ! इतने दिनों तक मैं सिर्फ उसे घृणा और अवहेलना की नज़रों से ही देखता रहा हूँ। लेकिन आज इस क्षण तो जैसे वह मेरी अपनी बन गयी है—ऐसी अपनी, जिसे मैं स्नेह और आदर दे सकता हूँ।

विलियम ने बताया, एक दिन रोज़ी उसे अपने घर ले गयी थी। एक गन्दी बस्ती में उनका घर था। घर नहीं, कुल डेढ़ कमरे। बरामदे में बाँस की खाट पर तीन रोगी सोये रहते हैं, खाँसते रहते हैं, थूक-खँखार फेंकते रहते हैं, जैसे घर नहीं है, नरककुण्ड है।

विलियम को देखकर रोज़ी के माँ-बाप डर गये थे। डर गये थे कि कहीं रोज़ी इस नौजवान को दिल न दे बैठी हो। कहीं शादी करके चली न जाय ! तब तो उन्हें भूखों मरना पड़ेगा !

बस्ती के और लोगों को भी विलियम ने देखा था। ज्यादातर लोगों के बाल घुंघराले थे, मोटे-मोटे होंठ। रोज़ी ने विलियम से कहा था, "शाहजहाँ में जिस रोज़ी से मिलते हो, उसकी असली दुनिया यही है। इसी दुनिया के लिए होटल में सबकी बात सहनी-सुननी पड़ती है। तुम्हें एक और बात बता देना चाहती हूँ। लोग समझते हैं, मैं ऐंग्लो-इण्डियन हूँ। मैं भी लोगों से यही कहती हूँ। मगर दरअसल हम लोग हब्शी हैं। इस बस्ती के लगभग सारे लोग प्राचीन कलकत्ते के अफ्रीकन गुलामों के वंशज हैं। अब हममें कितने रक्त मिल गये हैं, पता नहीं, मगर अब हमारा मूल रक्त अफ्रीकन ही है।"

विलियम घोष विस्मय से भरकर रोज़ी की ओर देखता रह गया था। रोज़ी ने विस्तार से उसे बताया था, उन्नीसवीं सदी के आरम्भ में सुदूर अफ्रीका से उसके पूर्वजों को कमर में रस्सी बाँधकर पकड़ लाया गया था। चाँदपाल घाट में उन्हें जहाज़ से उतारा गया था। फिर मुर्गीहाट के गुलामों के बाज़ार में उन्हें पच्चीस-पच्चीस रुपयों में नीलाम कर दिया गया था। कलकत्ते के अमीर लोग उन दिनों मुर्गीहाट से अपनी पसन्द के गुलाम मर्द और गुलाम औरतें खरीदते थे। बहुत दिनों के बाद कानून बनाकर गुलामों को आज़ादी दी गयी। मगर आज़ादी पाकर भी वे जायेंगे कहाँ ? वे यहीं कलकत्ते में ही बस गये। इन गुलामों का अपना नाम नहीं था, अपने मालिकों के नाम से ही वे जाने जाते थे। एक युग पहले रोम के गुलामों ने जो किया था, कलकत्ते के इन गुलामों ने भी यही किया। डिक्शन साहब के गुलाम ने डिक्शन साहब का नाम भी अपना लिया। शेक्सपियर साहब का गुलाम मिस्टर शेक्सपियर बनकर बस्ती में रहने लगा। तब से ऐसा ही चल रहा है। फिर भी इन सौ बरसों में सुदूर अफ्रीका के ये विचित्र मनुष्य भारतीयों में मिलकर एकाकार नहीं हो सके। दुख, दरिद्रता, अनाहार और भय-आशंकाओं में जीवन बिताते हुए वे अब भी हब्शी हैं, नीग्रो हैं, यहूदी हैं।

विलियम ने रोज़ी से कहा था, "इन बातों से मुझ पर कोई असर नहीं पड़ता है, रोज़ी ! हम लोग भी तो अभी तक गुलाम ही थे। हमारे भारतवर्ष के करोड़ों-करोड़ व्यक्ति विदेशियों के हाथ गुलाम थे।"

"तुम मुझे इतना लालच न दिखाओ, विलियम ! तुम मुझसे बुरा व्यवहार करो, मुझे गालियाँ दो ! इतना प्यार दिखाओगे, तो मुझे इच्छा होने लगेगी कि अभी तुरत

तुमसे शादी कर लूं। मैं कमज़ोर औरत हूँ, ज़रा भी देर बर्दाश्त नहीं कर पाऊँगी।" रोज़ी ने उत्तर दिया था।

तब विलियम बोला, "रोज़ी, अब देर करने से फायदा नहीं है। पाँच बरस बाद मुझमें रह ही क्या जायेगा? तुममें भी क्या बचेगा? आखिर दो बूढ़े-बूढ़ियों की शादी करके क्या फायदा होगा?"

और अब काउण्टर पर रजिस्टर के खाने भरता हुआ विलियम मुझसे कहता है, "हमारी शादी नहीं हो सकेगी। रोज़ी से मैंने कहा था, शादी के बाद भी तुम नौकरी करती रहना, मैं बुरा नहीं मानूंगा। रोज़ी ने बताया, ऐसा हो नहीं सकता। शादी के बाद वह शैतान जिम रोज़ी को पल-भर भी शाहजहाँ में ठहरने नहीं देगा, नौकरी से निकलवा देगा।"

मैं चुपचाप खड़ा रहा। विलियम को देखता रहा। वह कितना उदास है! वह कितना टूट गया है! विलियम बेहद उदास लहजे में बोला, "शायद आप कहेंगे, मैं स्वार्थी हूँ। मगर अब मैं इन्तज़ार करना नहीं चाहता। झूठी आशा से निराशा बेहतर होती है। अभी मेरा सैंतीसवाँ साल चल रहा है। पाँच साल बाद हो जायेगा बयालीस। असम्भव! अब और नहीं! जीवन में काफी धोखा उठा चुका हूँ। अब बेवकूफ की तरह इन्तज़ार नहीं कर सकता।"

विलियम का दुख मैं समझ रहा था। लेकिन रोज़ी की समस्या भी मेरे सामने थी। और कोई रास्ता नहीं था कि यह दुख दूर किया जा सके, इस समस्या का समाधान निकाला जा सके।

सोलह

आज अगर कोई मुझसे पूछे कि शाहजहाँ में सबसे अधिक ऐश्वर्य मुझे क्या मिला था, तो मैं किसी संकोच-दुविधा के बिना उत्तर दूंगा—साथ काम करनेवालों का स्नेह! एक साथ काम करनेवालों में एक-दूसरे के प्रति अनजाने में ही किस तरह स्नेह पैदा हो जाता है, कहना कठिन है। मगर अचानक एक दिन पता चलता है कि हम सभी एक ही धागे से बँधे हैं, और यह धागा तोड़ नहीं सकते।

शायद, इसीलिए मैं भूल गया था कि शुरू-शुरू में रोज़ी ने मुझे बहुत दुःख दिया था। भूल गया था कि कभी ऐसा भी था, जब विलियम घोष, गुड़बेरिया, न्याटाहारी बाबू किसी से मेरा कोई परिचय नहीं था। अब भी मैं उन्हें कितना जानता हूँ!

न्याटाहारी बाबू ने कहा था, "मैं जब पास ही हूँ, तो आप अपना दिमाग क्यों लड़ाते हैं साहब? जानते हैं, यह भी शादी जैसी ही चीज़ है! मान लीजिए, आपका कोई पन्द्रह साल पुराना दोस्त है, वह अपनी एक जानी-पहचानी लड़की से आपकी शादी

करवा देता है। शादी के कुछ दिन बाद देखेंगे, आपकी वाइफ आपके दोस्त से बहुत-बहुत ज्यादा आपको जान-समझ गयी है। नौकरी एक तरह की शादी ही है, बल्कि शादी से भी बड़ी है।"

मैं न्याटाहारी बाबू से बहस करना नहीं चाहता था। मगर वे चुप रहनेवाले नहीं थे। मेरे पास आकर फिस-फिस करते हुए बोले, "बात क्या है साहब ? स्याटा बोस मैनेजर साहब से छुट्टी माँग रहा था। जो आदमी इन बारह बरसों में कभी बाहर नहीं गया है, उसे आज क्या हो गया है ? ज़रूर कोई गोलमाल है ! मुझे तो इधर-उधर करने की आदत नहीं है, साफ बात कह देता हूँ।"

मैं न्याटाहारी बाबू को कुछ कहनेवाला था, मगर वे मुझे रोककर बोले, "इतना याद रखियेगा, धुआँ, रुपया और प्रेम, यह छिपाये नहीं छिपता है। जगजाहिर हो जायेगा।"

मुझे उत्तर देने का अवसर दिये बिना वे अपने काम से ऊपर चले गये। और मैं सोचने लगा कि सत्यसुन्दर भाई वाकई मेरी समझ से बाहर चले जा रहे हैं, अब उनकी बात मैं समझ नहीं पाता हूँ।

सत्यसुन्दर दा, इतने दिनों बाद आज यह स्वीकार करने में मुझे लज्जा नहीं है कि उस दिन वाकई मुझे सुजाता दीदी से ईर्ष्या हुई थी। शाहजहाँ होटल में इस अपरिचित युवक को आपने अपना प्यार दिया था, फिर भी उसे तृप्ति नहीं मिली थी। वह और भी चाहता था।

शाहजहाँ की उस शाम की बात आपको याद है ? छत पर एक आरामकुर्सी लेकर आप बैठे थे। आकाश में सितारों के दीप जलने लगे थे। उस शाम को मैंने आपका नया रूप देखा था।

सत्यसुन्दर दा, आपने जब मुझे इतने पास बैठने को कहा था तो मैं डर गया था। आप इतने शान्त थे, इतने स्थिर ! जल के भार से झुकते हुए मेघों की अलसता-श्लथता आपमें आ गयी थी। मैं चुपचाप आपकी बगल में एक मोढ़े पर देर तक बैठा रहा था। आप शायद समझ रहे थे, मुझे कुछ भी पता नहीं है—जबकि आप मुझे वाकई प्यार करते थे, और मुझे बिना बताये कोई भी काम नहीं करते थे।

आपने कहा था, "तुम्हारे बारे में मिस मित्रा बड़ी तारीफ करती हैं। कहती हैं, तुम्हारे चेहरे पर अबोध शिशुओं-जैसी सरलता है।"

मैं शरमाकर हँसने लगा था। आपने कहा था, "वे भी बड़ी सरल हैं। होटल की नौकरी करता हूँ, एयर-होस्टेसों से तो बार-बार मुलाकात होती रहती है। मगर इतनी शरमीली औरत कभी नहीं देखी है। पता नहीं कैसे ये आकाश के यात्रियों का मनोरंजन करती हैं।"

मैंने कहा था, "किसी-किसी के स्वभाव में जन्मजात स्निग्धता-सरलता रहती है। उसे किसी तरह मिटाया नहीं जा सकता।"

शायद मेरी बात ने आपको छू लिया था। अनजाने में ही आप सुजाता मित्रा को

प्यार करने लगे थे । प्यार ही नहीं, श्रद्धा करने लगे थे। पवित्र-प्रकृत प्यार का आधार यही श्रद्धा होती है। आपने कहा था, "आज तो मैं अच्छा बेवकूफ बन गया। सुजाता ऐसा सवाल कर देंगी, मुझे अन्दाज़ नहीं था। मुझ पर नाराज़ होकर उन्होंने पूछा, 'इस होटल के बाहर भी ज़िन्दगी है, आपको इसका पता भी है!' मैंने उत्तर दिया, 'ज़रूर! वहीं से तो हमारे कस्टमर आते हैं, फिर वहीं लौट जाते हैं।' तब उन्होंने क्या कहा, जानते हो! कहने लगीं, 'इस तरह जीवन क्यों बरबाद कर रहे हैं? इस होटल का भूत आपके दिल-दिमाग पर चढ़ बैठा है! और आपके चक्कर में पड़कर बेचारे इस लड़के की भी ज़िन्दगी नष्ट हो रही है।''

तब, सत्यसुन्दर दा, मैंने आपसे पूछा था, "आपने जवाब नहीं दिया?" और आपने कहा था, "मैंने सोचा था, कोई उत्तर दूँगा। मगर दे नहीं सका।" वे इतना साहस करके ऐसी बात कह देंगी, मैं सोच ही नहीं सकता था।

स्याटा बोस उत्तर नहीं दे सके, यह सुनकर मैं अवाक् हो गया था। ऐसा भी हो सकता है कि कहीं वे उत्तरहीन हो जायेंगे, इस पर मुझे विश्वास ही नहीं हो रहा था। बहुत दिनों बाद, उस दिन विक्टर ह्यूगो पढ़ते हुए मुझे अपने विस्मय का उत्तर मिला, "एक नवयुवक में प्रेम के जाग्रत होने पर पैदा होती है झिझक, एक लड़की में साहस। नर-मादा एक-दूसरे की ओर आकृष्ट होते हैं और एक में दूसरे के गुण खिलने लगते हैं।"

मुझे अच्छी तरह याद है, सत्यसुन्दर दा ने कहा था, "मैंने प्रतिवाद तो किया था। मगर अभी आकाश के इन सितारों की ओर देखकर वाकई लगता है कि शाहजहाँ होटल के जेलखाने में कैद होकर हम संसार के कितने ही सुख-आनन्दों से वंचित हो रहे हैं।"

यह कहकर उन्होंने अपनी घड़ी को देखा था। बोले थे, "हो सकता है, सुजाता मित्रा स्वयं ही अभी यहाँ आ जायें।"

"अच्छा ही तो है, उनसे थोड़ी रार-तकरार कर लेंगे," मैंने कहा था।

एक सिगरेट सुलगाकर बोस दा ने कहा, "आज मेरी नाइट ड्यूटी है। मगर काम पर जाने की इच्छा नहीं हो रही है।"

"इच्छा नहीं है, तो न जाइए। मैं तो हूँ ही, आपका काम सँभाल लूँगा।"

"पिछले जन्म में लगता है, मैंने अपने माता-पिता की रातों की नींद हराम कर दी थी। उसी का फल इस जन्म में भुगत रहा हूँ। अब इस जन्म में तुम्हें जगाये रहकर क्यों अगले जन्म का हिसाब खराब करूँ।"

"इससे तो मेरा ही उपकार होगा। आपकी ड्यूटी करके अगले जन्म में रात-दिन सोया रह सकूँगा।" मैंने मुसकराते हुए कहा।

बोस दा ने मेरी बात पर ध्यान नहीं दिया। धीरे-धीरे बोले, "इतने दिन होटल के नशे में ही डूबा हुआ रहा। होटल से बाहर भी मेरा अस्तित्व है, मैं भी कहीं बाहर से ही यहाँ आया हूँ, यह भूल ही गया था।"

"आ सकती हूँ?" छत के दरवाज़े से झाँककर सुजाता मित्रा ने पूछा।

"अवश्य! यह छत कोई हमारी अपनी मिल्कियत नहीं है।" बोस दा ने कहा।

रेशमी साड़ी का आँचल हवा के झोंके से सँभालती हुई, सुजाता हमारे पास आ गयीं। मैं उठकर खड़ा हो गया और उन्हें अपने मोढ़े पर बैठने की जगह दे दी। मैं अपने कमरे में चला आना चाहता था, मगर बोस दा ने कहा, "मेरे कमरे से मोढ़ा लाकर बैठो, ज़रा बातचीत की जाय।"

"आपके साथ बातचीत ? फुरसत है आपको ? मिनट-भर बैठकर कहियेगा, ब्रेकफास्ट है, लंच है, डिनर है, यह करना है, वह करना है।" सुजाता ने पहला तीर छोड़ा।

"कुछ भी हो, अभी क्या चाय मँगवाने की इजाज़त देंगी ?" बोस दा ने पूछा।

"होटल के कर्मचारियों को ज़रूरत से ज़्यादा सुविधा दी जाती है। देखकर ईर्ष्या होती है। गेस्टों को मिले-न-मिले, ये लोग हर वक्त हर चीज़ पा जाते हैं। पेटू लोग तो इसीलिए होटल-कर्मचारियों से जलते रहते हैं।" सुजाता दीदी ने कहा।

बोस दा हँसकर बोले, "इसीलिए तो छोटी उम्र के लड़के सोचते हैं, बड़े होकर चॉकलेट के कारखाने में काम करेंगे।"

"जैसे मैंने सोचा था, हवाई जहाज़ की नौकरी करूँगी, और कुछ नहीं।" सुजाता मित्रा ने गम्भीर होकर कहा।

मैं और बोस दा उनके बचपन-भरे चेहरे की ओर देखते रह गये। सुजाता बोलीं, "तब मैं स्कूल में पढ़ती थी। बम्बई में रहते थे हम लोग। ट्रेन में रिज़र्वेशन नहीं मिला तो पिताजी ने प्लेन से कलकत्ता आने की बात तय की। और यही मेरे लिए काल हो गया।"

"क्यों ?" मैंने पूछा।

तेज़ बहती हुई हवा के अशोभन कौतूहल से अपनी साड़ी का आँचल बचाती हुई सुजाता मित्रा ने कहा, "प्लेन पर चढ़ते ही जैसे मेरे जीवन की धारा एक नयी दिशा बदलने लगी। जितनी देर मैं हवाई जहाज़ पर रही, केवल पायलॅट के कॉकपिट की ही ओर देखती रही। कैप्टन अच्छा आदमी था, खुश होकर उसने जहाज़ के सारे हिस्से दिखाये और मुझसे खेलता रहा।"

बोस दा ने हल्का सा मज़ाक किया, "ऐसा करना तो कैप्टन के लिए स्वाभाविक ही था। ऐसी आकर्षक महिला पास होती तो मैं भी प्लेन चलाना भूलकर, सारी दुनिया भूलकर उसी महिला के साथ बैठा बातें करता रहता।"

सुजाता मित्रा ने गुस्सा किया, "यह सब कहियेगा तो किस्सा नहीं सुनाऊँगी। सुन नहीं रहे हैं ? उस वक्त मैं कुल बारह साल की थी, स्कूल में पढ़नेवाली एक छोटी-सी लड़की।"

"इस छोटी-सी लड़की के बारे में तो विद्यापति को उद्धृत किया जा सकता है, मगर, उन्होंने ऐसी बातें कही हैं जिन्हें सुनकर आप नाराज़ हो जायेंगी।"

सुजाता मित्रा ने कहा, "स्वयं रवीन्द्रनाथ से मुलाकात हो जाती तो उन दिनों मुझे उतनी खुशी नहीं होती, जितनी कि उस कैप्टन से मिलकर हुई थी। जब कैप्टन ने मेरी ऑटोग्राफ-बुक में दस्तखत कर दिये, मुझे जैसे स्वर्ग की सम्पत्ति मिल गयी। मैंने

पिताजी से कहा, 'पिताजी मैं पायलॅट बनूंगी !' मेरी किसी बात से इन्कार करने का साहस पिताजी को नहीं था। ऑफिस में उनका दुर्दान्त प्रभाव था, मगर मेरे सामने वे मेरे ही जैसे बच्चे बन जाते थे। कहते थे, 'तुम मेरी लड़की और लड़का दोनों हो।' मुझे बेहद प्यार करते थे।"

सुजाता मित्रा को जैसे बहुत दिनों के बाद अतीत के नीले सागर में तैरने का मौका मिला था। मधुर स्मृतियों की लहरों में डूबती हुई बोलीं, "मगर यह अंकगणित ही मेरे लिए पहाड़ बन गया। दुनिया में कहीं भी जाइए, कुछ भी बनना चाहिए, लोग पहला सवाल करेंगे, अंकगणित जानते हो ? इंजीनियर बनोगे, अंकगणित जानते हो ? डॉक्टर बनना चाहते हो, अंकगणित जानते हो ? अंकगणित से कहीं छुटकारा नहीं है। और मुझे इसी विषय से घृणा थी। अंकों का हिसाब मेरी समझ में नहीं आता था। बंगाल की प्रथम महिला-पायलॅट बनने का सौभाग्य तो नहीं मिल सका, मगर कान के बदले कर्णफूल मिल गया। मैंने कहा था, आकाश में मैं ज़रूर उड़ती रहूँगी। धरती पर मैं रह नहीं सकती। माँ ने कहा था, उड़ने का इतना नशा है, तो किसी पायलॅट के साथ तेरी शादी कर दूंगी।"

"माँ ने गलत नहीं कहा था," बोस दा बोले, "मुफ्त में घर में झाड़ू लगाने के लिए एक पायलॅट-अफसर पा जातीं।"

सुजाता मित्रा ने कहा, "ऐसा झगड़ालू स्वभाव लेकर आप कैसे होटल के रिसेप्शनिस्ट का काम सँभालते हैं ?"

"आप इन हज़रत से पूछिए।" बोस दा हँसते हुए बोले, "इस भारतवर्ष में सत्यसुन्दर बोस जैसा एक भी रिसेप्शनिस्ट कहीं है या नहीं ! विलायत में जन्म लिया होता तो अब तक मैं 'क्लेरिज़' का मैनेजर बन गया होता। अमरीका में होता तो 'वाल्डर्फ़-एस्टोरिया' के मैनेजर की क्या गति होती, पता नहीं ! क्यों हुजूर, मेरे सपोर्ट में कुछ बोलिए भी !"

मैं क्या कहूँ, सोच ही रहा था कि सुजाता मित्रा ने मुझ पर भी एक चोट की, "अच्छे आदमी को अपने पक्ष में खींच रहे हैं। कहते हैं, कलाल का गवाह शराबी होता है।"

और यह कहकर वे हँसने लगीं। मुझसे बोलीं, "तुम बुरा मत मानो, भाई, तुम पर कोई लांछन नहीं लगा रही हूँ।"

मुझे लगा, बोस दा का ही सारा दोष है। उनसे बोला, "आपका ही अपराध है। आप क्यों बात-पर बात बढ़ाये जाते हैं ?"

बोस दा जैसे हताश होकर सिर पर हाथ दिये बैठ गये। बोले, "यू टू ब्रूट्स ! एक एयर-होस्टेस की मीठी बातों के भुलावे में पड़कर तुम भी अपने पुराने दोस्त का साथ छोड़ बैठे ? इतना तुम समझते नहीं, हमारी ही तरह एयर-होस्टेसों को भी ज़बरदस्ती होंठों पर हँसी-मुसकान बिछाये रहना पड़ता है ! हँसना भी इनकी नौकरी का ही हिस्सा है। जैसे भूखे-प्यासे रहकर भी होटल के काउण्टर पर खड़े रहकर हमें बत्तीसी दिखानी पड़ती है।"

मैंने कहा, "अतएव यह तय हो गया कि रिसेप्शनिस्ट और एयर-होस्टेस दोनों एक ही बोरे के सड़े आलू हैं, यानी एक ही खेत की मूली !"

बोस दा मुस्कराये, "मगर यह न भूलो, अगर मैं कलाल हूँ तो तुम शराबी हो ! होटल में नौकरी करता हूँ, शराब बेचने का लाइसेन्स हमारे पास है, फिर कलाल तो हम ज़रूर हैं। मगर स्टेनलेस स्टील की तरह तुम्हारे पवित्र चरित्र पर इस बातूनी भद्र महिला ने व्यर्थ ही कलंक लगाया है।"

और, हम सभी एक साथ शाहजहाँ होटल की शान्त-निस्तब्ध छत को अपने ठहाकों से कँपाने लगे।

सुजाता मित्रा ने कहा, "कैप्टेन का प्रताप हम लोग समझती हैं, जैसे आप लोग अपने मैनेजर का महत्त्व जानते हैं। मगर इसका फल यही हुआ कि जैसे किसी ने होना चाहा था डॉक्टर, और बन गयी नर्स ! मैंने बनना चाहा था पायलट, मगर बन गयी एयर-होस्टेस !"

बोस दा बोले, "मेरे एक मामा ने पुलिस सुपरिण्टेण्डेण्ट बनना चाहा था, मगर बन गये ऑफिस-सुपरिण्टेण्डेण्ट !"

सुजाता दीदी बोलीं, "व्यंग्य किये जाइए, मगर ज़हर पीकर कैसा लगता है, ज़हर पिये बिना कैसे समझ सकेंगे आप !"

हम लोग हँसते-हँसते पागल होने लगे थे, मगर किसी ने छत की रोशनी जला दी। देखा, गुड़बेरिया हमारी ओर भागा चला आ रहा है।

"कौन ? गुड़बेरिया ?" बोस दा ने पूछा।

"हाँ हुजूर," सिर झुकाकर गुड़बेरिया बोला। उसने बताया कि डिनर के बाद मार्कोपोलो साहब मुझसे मिलना चाहते हैं।

"ठीक है," मैंने कहा।

गुड़बेरिया को वापस चला जाना चाहिए था, लेकिन वह कठोर यथार्थ बनकर हमारे कल्पना-जगत् में खड़ा ही रहा। मैंने पूछा, "क्या बात है ?"

वह जैसे कुछ कहना चाहता था मगर कह नहीं पा रहा था। सुजाता मित्रा उसकी दुविधा समझ गयीं, बोलीं, "अच्छा, मैं अब चलती हूँ, आप लोग बात कीजिए।"

मैंने उन्हें रुकने का इशारा किया और बोस दा बोले, "गुड़बेरिया साहब, आप इस त्रिमूर्ति के सामने गुप्त-से-गुप्त बात कह सकते हैं। ये भद्र महिला तो हवाई जहाज़ में काम करती हैं। हमारी बातों से इन्हें क्या ?"

गुड़बेरिया ने साहस पाकर बताया, मैं मार्कोपोलो साहब से मिलने जा रहा हूँ, तो बिना किसी तकलीफ के गुड़बेरिया का विशेष उपकार कर सकता हूँ। सिर्फ गुड़बेरिया ही नहीं, शाहजहाँ के हैड बैरा परबसिया का भी उपकार ! बात इतनी-सी है। गुड़बेरिया की एकान्त साधना और धैर्य के कारण असम्भव भी सम्भव हो गया है। परबसिया का दिल पिघल गया है—अपनी कन्या के साथ पाणिग्रहण के लिए उसने गुड़बेरिया को सुयोग्य पात्र मान लिया है। किन्तु अपने भावी जामाता की पदोन्नति और विवाह के अवकाश के लिए वह स्वयं मार्कोपोलो के पास जाना नहीं चाहता। इसके अतिरिक्त

परबसिया अपनी सुन्दरी, गुणवती, गृहकार्य-निपुण कन्या के पाणिग्रहण-प्रार्थी की क्षमता भी जानना चाहता है। अतएव मेरी सहायता से गुड़बेरिया को छुट्टी चाहिए और नौकरी में उन्नति चाहिए।

अपने विवाह की बात अपरिचित महिला के सामने कहकर गुड़बेरिया शरमा गया और हमारे पास से भाग गया। बोस दा खुश होकर बोले, "इस छत के निवासियों के लिए आज आनन्द का दिन है। तरुण गुड़बेरिया का आदि-स्वप्न पूरा हो गया है।"

सुजाता मित्रा ने कहा, "हाय बेचारा!"

"मैनेजर से कहकर उसे छुट्टी दिलवा देना। आदमी कम हैं। मिसेज़ पकड़ासी का बैंक्वेट भी नज़दीक आ गया है। फिर भी, तुम कहोगे, ज़रूरत पड़ेगी तो छत का सारा काम ये कुछ दिन हम खुद ही कर लेंगे, बैरे की ज़रूरत नहीं है।" बोस दा ने कहा।

सुजाता बोलीं, "लगता है, गुड़बेरिया के लिए आप लोगों के दिल में बड़ा ही प्यार है।"

बोस दा ने हँसकर कहा, "ऑल दा वर्ल्ड लव्स् द लवर! गुड़बेरिया ने कसम खायी थी, उस लड़की के सिवा किसी दूसरी लड़की से शादी नहीं करेगा।"

गुड़बेरिया लिफ्ट के पास एक तिपाई पर बैठा था। बोस दा ने उत्साहित होकर उसे ज़ोर से पुकारा। उसने वापस आकर सलाम किया। बोस दा बोले, "तुम शादी के लिए कपड़े खरीदो। छुट्टी मिल ही जायेगी।"

गुड़बेरिया ने कृतज्ञतापूर्वक सिर झुकाकर बोस दा को प्रणाम किया। वे बोले, "किसी चीज़ की ज़रूरत पड़े, कहने में शरमाना नहीं।"

बोस दा के इस आश्वासन से साहस पाकर उसने अपनी एक गोपन इच्छा प्रकट की। विवाह के अवसर पर वह शाहजहाँ होटल का एक बड़ा-सा केक ले जाना चाहता है। कीमत लगे तो एक-दो रुपये भी वह इसके लिए खर्च कर सकेगा।

"ज़रूर ले जाओ। जूनो से कहकर तीन पौण्ड का एक स्पेशल वेडिंग केक बनवा दूंगा। उस पर तुम्हारा नाम लिखा रहेगा।" बोस दा ने उसे आश्वासन दिया। फिर पूछने लगे, "शादी के बाद बहू को कलकत्ता लाओगे न?"

"नहीं हुज़ूर, यहाँ का खर्च सँभाल नहीं सकूंगा।"

बोस दा ने कहा, "मैं तुम्हारे ट्रांसफर का इन्तज़ाम कर देता हूँ। मुमताज़ में ड्यूटी करोगे, तो रोज़ अच्छा टिप मिल जायेगा।"

गुड़बेरिया चला गया। खुशी के मारे उसके पाँव ज़मीन पर पड़ ही नहीं रहे थे। सुजाता मित्रा बोलीं, "यह भी एक ही चीज़ है—टिप!"

बोस दा ने कहा, "पहले लोग अच्छी सर्विस पाने के लिए टिप देते थे—जल्दी से काम करवाने के लिए। और अब इज्ज़त बचाने के लिए देते हैं—शान बघारने के लिए! बैरे टिप के लिए आपस में झगड़ा न करें, इसलिए कितने होटलों में बिल पर ही दस या पन्द्रह प्रतिशत सर्विस-चार्ज जोड़ दिया जाता है। हमारे यहाँ भी मार्को साहब टिप बन्द करना चाहते हैं। उनकी तबीयत अच्छी होती तो कर भी देते। मगर यह जिम तो यह सब होने नहीं देगा।"

सुजाता मित्रा आश्चर्य और स्नेह से भरी दृष्टि से बोस दा को देखती रहीं। सितारों-भरे आसमान की ओर देखकर मेरे मन में विचित्र अनुभूतियाँ भरने लगीं। हम तीनों कौन हैं, कहाँ जन्मे थे, कहाँ रहते थे, मगर आज की यह शाम हम तीनों को शाहजहाँ होटल की छत पर एक साथ बैठे रहने को मजबूर कर रही है। उठकर चले जाने की इच्छा नहीं होती है।

सत्यसुन्दर बोस की जीवन-नौका काल के प्रवाह में अपनी गति से बहती चली जा रही थी। अब अचानक एक परिचयहीन युवती किनारे पर खड़ी होकर पूछने लगी है, 'इस तरह अकेले बहते हुए कहाँ जा रहे हो ?'

हर साल, हर महीने, हर दिन तो शाहजहाँ में असंख्य यात्री आते हैं, ठहरते हैं, मगर किसी ने कभी साहबगंज के निवासी सत्यसुन्दर बोस से यह प्रश्न नहीं किया था।

सत्यसुन्दर दा का दुनिया में अपना कहीं कोई नहीं है, मैं यही जानता था। उनकी माँ का देहान्त साहबगंज के अस्पताल में हुआ था। तब बोस दा पाँचवें दर्जे में पढ़ते थे। जब तक बोस दा पढ़ते रहे, पिताजी होस्टल के पते पर हर महीने बोस दा को मनिआॅर्डर भेजते थे।

जो बात मुझे भी कभी उन्होंने नहीं बतायी थी, वह आज उन्होंने सुजाता दीदी से कह डाली, "जानती हैं, मेरी एक सौतेली माँ हैं !"

"मगर वे भी शायद आप जैसे रोमाण्टिक स्वभाव के युवक की कोई चिन्ता नहीं करती हैं" सुजाता मित्रा ने कहा।

बोस दा बहुत देर तक चुपचाप बैठे रहे। फिर बोले, "उन्हें दोष देने से क्या लाभ है ? मुझसे उनकी उम्र कुछ ही वर्ष अधिक होगी। अपने अन्धकारग्रस्त भविष्य की चिन्ताओं से उन्हें अवकाश ही कहाँ मिलता होगा !"

इतनी बड़ी दुनिया में बोस दा का अपना कहीं कोई नहीं रह गया है। कहीं अपना घर नहीं, कहीं अपना कोई रिश्तेदार नहीं। विधवा सौतेली माँ को वे कभी-कभी मनिआॅर्डर से रुपये भेजकर अपना कर्तव्य पूरा कर लेते हैं, बस !

अचानक निस्तब्धता के आवरण को टुकड़े-टुकड़े करके वायलिन का करुण-स्वर गूँजने लगा। हम खुश हैं, और कोई कहीं जैसे प्रिय-विरह के दुःख से अँधेरी रात के एकान्त में फूट-फूटकर रो रहा है।

प्रभातचन्द्र गोमेज़ अपने कमरे में बैठे हुए, सत्रहवीं, अठारहवीं या उन्नीसवीं शताब्दी के अपने किसी आदरणीय स्वरकार के चरणों में स्वरों की श्रद्धांजलि चढ़ा रहे हैं। हैण्डेल, बाख, बीथोवन, स्वार्ट, सूमेन, वागनर, ब्राह्म, मोज़र्ट, शोपाँ, मेण्डेल्सन के सुरों के संसार में केवल वेदना-ही-वेदना है। केवल करुणा। एको रसः करुणमेव।

किसी सुदूर देश का, सदियों पहले का वेदना-संगीत ईथर की तरंगों पर तैरता हुआ आज की रात शाहजहाँ होटल के वातावरण को बोझिल बना रहा है।

वहाँ बैठा रहना मेरे लिए कठिन हो गया। वेदनाहत, यन्त्रणा-कातर, समस्त सांसारिक सुख-शान्ति से वंचित, संगीत के पाश्चात्य-कुल के ऋषि जैसे द्वार-द्वार पर अपमानित होकर हाथ में भिक्षापात्र लिये मेरी पर्णकुटी के सामने आकर खड़े हो गये हैं।

मन्त्रमुग्ध सुजाता मित्रा श्रौर बोस दा पत्थर बनकर चुपचाप बैठे रहे। मैं गोमेज़ के कमरे की तरफ चला श्राया।

हल्की नीली रोशनी में प्रभातचन्द्र वायलिन बजाये जा रहे हैं।

कौन हो तुम ? सरस्वती के वरपुत्र, किसके शाप से स्वर्ग-भ्रष्ट होकर शाहजहाँ के बन्दीगृह में नरक-यातना भोग रहे हो ? इस क्षण तुम्हारे अभिशप्त शरीर में जो विदेह श्रात्मा संगीत की मूर्च्छना बनकर प्रवेश कर गयी है, वह क्या धनीपुर मेण्डेल्स की श्रात्मा है ? या, चिर-दरिद्र, चिरलांछित मोज़ार्ट की श्रात्मा ? या वे दृष्टिहीन, मृत्यु-पथयात्री सेवेस्टियन बाख हैं ? या, भाग्यहीन वधिर बीथोवन ? या, क्षयरोगग्रस्त शोपाँ ? मुझे पता नहीं। मुझे कुछ पता नहीं। मुझे पता होता तो शायद मैं तुम्हारा उचित सम्मान कर पाता। तुम तो गूंगे श्रौर बहरों के सामने स्वर्गिक संगीत बजा रहे हो। हम तुम्हारी कीमत क्या जानें ? अन्धों के देश में तुम्हारी यह दीपावली किस काम श्रायेगी।

शाहजहाँ होटल के ये साधारण संगीत-वादक प्रभातचन्द्र जैसे इस दुनिया में नहीं थे। श्राघात, अपमान, अवज्ञा, दुःख, यन्त्रणा, सब-कुछ भूलकर वे संगीत-देवी की श्रारती उतार रहे थे। प्रज्वलित थे सातों सुरों के दीप ! श्रौर, उनकी श्राँखें श्राँसुश्रों से तर थीं।

"कौन ?" प्रभातचन्द्र गोमेज़ मुझे देखकर चौंक पड़े। संगीत के सारस्वत कुंज में व्याध के श्राकस्मिक प्रवेश से घबराकर सुरों के अजनबी पक्षी जाने कहाँ अदृश्य हो गए !

प्रभातचन्द्र धीमी श्रावाज़ में श्राहिस्ता-श्राहिस्ता बोले, "अब ऊँची श्रावाज़ में मैं भी न गाऊँ, मेरे प्रभु की यही इच्छा है। अब से मेरा व्यापार होगा चुपके-चुपके कुछ कहने में। मेरे हृदय की वाणी अब गाने के सुरीले सुरों में व्यक्त हुश्रा करेगी।"

श्रौर, काव्य के देवता श्राज अचानक ही शाहजहाँ होटल के मुझ-जैसे सामान्य कर्मचारी पर कृपालु हो गये। मैंने शान्त-स्थिर स्वर में कहा :

"सारा कोलाहल हो गया शेष
केवल हो अब अस्फुट स्वर-सन्धान
उभरेगा अब केवल प्राणों का श्रालाप
मन्द-मधुर गायेंगे हम गान।"

प्रभातचन्द्र ने दुबारा वायलिन उठायी श्रौर एक गत बजाना शुरू किया। इस संगीत-स्वर से मैं परिचित था—

"केवल तुम्हारी वाणी नहीं, हे बन्धु, हे प्रिय,
नहीं केवल स्वर के उत्कर्ष
कभी-कभी तो दो संगीत-सुरों को
अपने प्राणों का भी स्पर्श।"

ग्रौर, इसके बाद, प्रभातचन्द्र चौंक पड़े। डिनर में ग्रब देर नहीं है। वायलिन बिस्तरे पर फेंककर, हैंगर से कोट उतारकर वे तेज़ कदमों से बाहर निकल गये। डिनर के पहले ही वे खाना खा लेते हैं, फिर हॉल में जाकर ग्रॉरकेस्ट्रा बजाते हैं। ग्राज वक्त नहीं रह गया है, उन्हें भूखा ही रह जाना पड़ेगा।

सितारों को ग्रपनी बातों का गवाह बनाकर सत्यसुन्दर दा ग्रौर सुजाता मित्रा ग्रब तक ग्रासपास बैठे हैं। मैंने पूछा, "मिस मित्रा ग्रभी कितने दिनों तक यहाँ हैं ?"

"कितने दिन क्या, ग्राज ही रात वापस जा रही हूँ," वे बोलीं।

"फिर कब तक ग्रायेंगी ?"

"ग्रक्सर ही यहाँ ग्राना पड़ेगा। कुछ ही दिनों बाद लौटकर ग्राप लोगों को तंग करूँगी।"

"ग्रापकी ज़िन्दगी देखकर बड़ी जलन होती है।" बोस दा ने कहा।

"जलन तो होनी ही चाहिए।" सुजाता दीदी ने उत्तर दिया, "कितना विचित्र जीवन है हमारा ! कभी ग्राकाश में रहती हूँ, कभी इस बड़े होटल में। धरती पर तो कभी पाँव तक नहीं रखती। ग्रौर, रात के ग्रँधेरे में जब सारे लोग सोये होते हैं, मैं एयरोड्रम से स्टाफ-कार पर बैठकर होटल की ग्रोर रवाना होती हूँ। ग्रौर, सुबह होते ही होटल से बिदा लेकर एयरोड्रम। ग्राज इस होटल में रात बीतती है, कल किसी दूसरे शहर के होटल में, परसों किसी तीसरे होटल में। ज़िन्दगी क्या है, रेगिस्तान में चलता हुग्रा एक कारवाँ है।"

"इसीलिए तो ग्ररब देश के लोग कहते हैं, 'हे मरणशील प्राणी, तू तभी प्रसन्न रह सकेगा जबकि ग्रपना निवास जल्दी-जल्दी बदल लिया करे, क्योंकि जीवन का उल्लास विभिन्नता में है, ग्रौर भविष्य न तुम्हारा है न मेरा'।" बोस दा ने कहा।

सुजाता मित्रा बोलीं, "ग्रापके 'कोटेशन' सुनना या ग्रापसे शिक्षा लेना मेरा काम नहीं है। मैं मामूली एयर-होस्टेस हूँ—एकम्पनीड-बैगेज, टी, कॉफी, चॉकलेट, ग्रलकोहॉलिक ड्रिंक्स, फ्लाइट, ऐसी ही बातें समझती हूँ। इससे ज्यादा ग्रंग्रेज़ी नहीं ग्राती। होटल का काम करते हुए इतना कुछ पढ़ते रहने की फुरसत ग्रापको कैसे मिलती है ?"

बोस दा मुसकराते हुए बोले, "होटल ही तो पढ़ने-लिखने की जगह है। कितने ही लोग यहाँ जीवन की सबसे बड़ी शिक्षाएँ प्राप्त करते हैं। खैर, ग्रापको बड़ी देर से ग्रपने पास रोके हुए हूँ। डिनर करने के बाद थोड़ा ग्राराम कीजिए। ग्राधी रात को ही ग्रापको चले जाना है।"

साड़ी का ग्राँचल सँभालती हुई सुजाता उठ खड़ी हुईं। बोस दा ने कहा, "गुड-नाइट !"

"यह अंग्रेज़ी कायदा मुझे पसन्द नहीं है," सुजाता दीदी ने कहा। फिर मेरे साथ वे लिफ्ट की ग्रोर चली ग्रायीं, बोस दा की ग्रोर नकली गुस्से से देखती हुई लिफ्ट में सुजाता दीदी ने पूछा, "यहाँ कितने दिनों से हैं ?"

"ज्यादा दिन नहीं हुए हैं।"

"ग्रौर, मिस्टर बोस ?"

मैंने कहा, "वे एक लम्बे अरसे से यहाँ हैं। उनके बिना तो शाहजहाँ होटल एक कदम नहीं चल सकता है।"

"इतने कर्मठ और तेजस्वी व्यक्ति होकर क्यों होटल की कैद में अपनी उम्र बरबाद कर रहे हैं?" जैसे सुजाता ने अपने-आपसे कहा। फिर, लिफ्ट से उतरकर मुसकरायीं, "अच्छा, चलती हूँ, भाई; फिर मुलाकात होगी।"

मार्कोपोलो अपने कमरे में पत्थर बने बैठे थे। मुझे देखकर उन्होंने चेहरा ऊपर उठाया। बिस्तरे पर मुझे अपनी बगल में बिठाकर उन्होंने इस तरह मेरी पीठ पर स्नेह से हाथ रखा जैसे मैनेजर और रिसेप्शनिस्ट का फासला ही खत्म हो गया।

"लिज़ा को कितने दिनों से जानते हो?" उन्होंने पूछा।

"ज्यादा दिनों से नहीं। इस होटल में आने से पहले उन्हीं लोगों के बनाये बास्केट खरीदकर बेचा करता था।"

"लिज़ा तुम्हें बड़ा स्नेह करती है। तुम्हारी तारीफ कर रही थी।"

इन्हीं अकारण पाये गये स्नेह-व्यवहारों से तो मेरे जीवन की मरुभूमि बार-बार हरी हो उठती है। व्यक्तियों का निश्छल स्नेह पाकर मेरा जीवन धन्य हो गया है। मैंने कहा, "उन्होंने मेरा बहुत उपकार किया है।"

मार्कोपोलो साहब बोले, "लिज़ा को आज डॉक्टर के पास ले गया था। पाँव का एक्सरे भी लिया गया। डॉक्टर कहते हैं, पाँव ठीक हो जायेगा। लिज़ा ने तुम्हें बताने को कहा है। कल शाम को उसे फिर डॉक्टर के चेम्बर में ले जाना होगा। इसीलिए जिम को भी छुट्टी दी है, वह साथ रहेगा। बैंक्वेट-हॉल की टी-पार्टी तुम और स्याटा मैनेज कर लोगे न?"

"आप ज़रूर लिज़ा का इलाज करवायें। बेचारी बेहद तकलीफ में है। उसकी तकलीफ देखी नहीं जाती। हम लोग टी-पार्टी सँभाल लेंगे।" मैंने कहा।

मार्को ने धन्यवाद दिया। उनका मन छातावाली गली के उसी अँधेरे मकान में डूबा हुआ था। बोले, "कितने बरसों के बाद लिज़ा से मुलाकात हुई है! उसका शरीर टूट गया है, मगर उसकी आँखों पर गौर किया है तुमने? अब भी उसकी आँखें हीरों की तरह चमकती हैं।"

सांस्कृतिक समिति की चाय-पार्टी हम दोनों सँभाल रहे हैं। झुण्ड-के-झुण्ड सम्मानित अतिथि और उत्साही सदस्य आते जा रहे हैं। आज समिति का एक स्मरणीय दिवस है। वे लोग अपनी समिति की स्थायी अध्यक्ष मिसेज़ पकड़ासी को उनकी विदेश-यात्रा के अवसर पर अभिनन्दन दे रहे हैं। कलकत्ते की और भी बीस-पच्चीस संस्थाएँ इस समारोह में योगदान कर रही हैं—जिनका उद्देश्य है बाल-सेवा, नारी-जाति का उत्थान, सामाजिक विषमताओं को दूर करना, अछूतोद्धार, शिक्षा-प्रसार, इत्यादि।

जलसा शुरू होने के मिनट-भर पहले माननीय सभापति के साथ श्रीमती पकड़ासी खादी की सफ़ेद ब्लाउज़ और लाल किनारीवाली खादी की सफेद साड़ी पहने हुए

बैंक्वेट-हॉल में उपस्थित हो गयीं। मिसेज़ पकड़ासी की आँखों पर आज काला चश्मा नहीं है, और न ही उनकी निगाहों में भूखी नागिन की वह भयानकता ही है।

टेबुलों पर चाय रखी जा रही है। केक, सैण्डविच, पेस्ट्री सजाकर रखी गयी हैं। सभापति माइक के सामने खड़े होकर कह रहे हैं, "आज कलकत्ता, बंगाल तथा भारत देश के लिए गौरव का दिवस है। नारी-जाति को जो सम्मान एवं उन्नति का सुअवसर हमारा स्वाधीन देश दे रहा है, इंग्लैण्ड, अमरीका में भी सहजतापूर्वक सम्भव नहीं है। संसार के किसी देश की नारी इससे पहले मिसेज़ पकड़ासी की तरह अन्तर्राष्ट्रीय नैतिक स्वास्थ्य सम्मेलन के अध्यक्ष-पद पर निर्वाचित नहीं हुई है। भारतवर्ष की नारियों का सनातन आदर्श मिसेज़ पकड़ासी के रूप में मूर्तिमान हो उठा है। ऐश्वर्य-वैभवशाली परिवार की कुल-वधू होकर भी इन्होंने समस्त सुख-वैभव त्यागकर जन-साधारण की सेवा में अपना जीवन उत्सर्ग कर दिया है। कलकत्ते की गन्दी-से-गन्दी बस्ती में जब इन्हें हम लोग हँसते रहकर जन-सेवा के कार्यों में लीन देखते हैं, तो हमें भगिनी निवेदिता की याद आने लगती है। और उस विदेशी महिला को तो घर-संसार सँभालना नहीं पड़ता था। मगर हमारे देश की यह सती-साध्वी महिला अपने पति, अपने परिवार के प्रति कर्तव्य-पालन करते हुए भी देश-समाज की सेवा करती हैं। यह एक महान् आदर्श है।"

इसी प्रकार के और भी कितने भाषण हुए। बोस दा मेरे कान में बोले, "सुनते जाओ।"

मिसेज़ पकड़ासी हल्का-सा घूंघट खींचकर बोलीं, "मैं भी एक साधारण गृहिणी हूँ, इससे अधिक कुछ नहीं। यही मेरा एकमात्र परिचय है। स्वामी और पुत्र की सेवा से जो समय बचा पाती हूँ, उसे अपने देश की माँ-बहनों की सेवा में लगाती हूँ। विदेशों के द्वारा जो सम्मान मुझे दिया जा रहा है, वह दरअसल आप लोगों का ही सम्मान है। मैं तो इस सम्मान की निमित्त-मात्र हूँ। सम्मेलन के बाद ही मुझे लौट आना चाहिए था। अपना घर-संसार, अपने स्वामी-पुत्र से अलग रहना क्या गृहस्थ-परिवार की गृहिणी के लिए सम्भव है? किन्तु अपने देश की नारियों की दशा देखकर सोचती हूँ, कई महीनों तक विभिन्न देशों की यात्रा करके वहाँ की नारियों की स्थिति का अध्ययन करूँगी, ताकि अपने देश की नारियों को भी उनके मुकाबले उन्नतिशील किया जा सके।"

ज़ोरों की तालियाँ बजने लगीं। ज़रा रुककर मिसेज़ पकड़ासी ने कहा, "अन्त में, भारत के चिरन्तन नारीत्व के प्रति अपने देश की स्त्रियों का ध्यान मैं आकर्षित करना चाहती हूँ। हमें यह भूलना नहीं चाहिए कि पति ही हमारे लिए ईश्वर है। प्राण लता में भी है, वृक्ष में भी है, दोनों में कोई छोटा नहीं है। फिर भी वृक्ष के सहारे रहना ही लता को शोभा देता है। हम लोग भी उसी प्रकार लता बनकर वृक्ष का सहारा लिये रहें।"

मीटिंग से बाहर आने के समय बोस दा मिसेज़ पकड़ासी के सामने आ गये थे। मगर, मिसेज़ पकड़ासी ने इस तरह नज़रें फेर लीं, जैसे उन्होंने बोस दा को देखा ही नहीं हो।

सभी को विदा करने के बाद बोस दा बैंक्वेट-हॉल में लौट आये। मुझसे बोले, "उनका भाषण सुन लिया न? अब मेरी बात सुनो। एक नम्बर सूट के उस विदेशी

युवक की बात याद है न ? उसने भी अपने दफ्तर से लम्बी छुट्टी ले ली है। वह भी उसी प्लेन से पेरिस जा रहा है, जिससे मिसेज़ पकड़ासी जायेंगी। पूअर मिस्टर पकड़ासी, उ क्या पता···"

सत्तरह

जिस दिन सुबह मैंने परम विस्मय और चरम आश्चर्य के साथ शाहजहाँ होटल में प्रवेश किया था, उसी दिन से घड़ी के काँटे तेज़ चाल से रात की तलाश में भागते रहे हैं। मगर जैसे रात कभी नहीं आयी है। अँधेरा कभी नहीं छाया है। शाहजहाँ होटल में उजाला-ही-उजाला फैल रहा है।

मगर अब जैसे वाकई सूरज के विदा हो जाने की वेला आ गयी है। विहाग की शहनाई बजने लगी है। थकी हुई शाम हमारे अनजाने में ही पंख फैलाने लगी है। गहरे नीले रंग से शाहजहाँ का क्षितिज धुंधला होने लगा है, नीला पड़ने लगा है।

इतने दिनों तक शाहजहाँ होटल ने केवल अपरिचित व्यक्तियों को जानने-समझने का अवसर मुझे नहीं दिया है, उन्हीं अपरिचितों में आत्मीय स्वजन पाने का सुख-आनन्द भी दिया है। इसीलिए इस अपरिचित विश्व में मैंने किसी दिन अपने-आपको अकेला नहीं महसूस किया है। मगर, पता नहीं क्यों, मेरे मन में रह-रहकर अशुभ चिन्ताएँ बिजली की तरह चमकने लगी हैं, मुझे भयभीत करने लगी हैं। लगता है, हम सभी शाहजहाँ के रंगमंच के सामने बैठे अन्तिम दृश्य की प्रतीक्षा कर रहे हैं।

वाकई मैं बदल गया हूँ। होटल में दिन-रात आने-जानेवालों की भीड़ अब मुझे ज़रा भी आकर्षित नहीं करती। नदी-किनारे बैठे नाव की प्रतीक्षा करते हुए यात्री को अपने पुराने सहयात्रियों की याद आती है। याद आता है अतीत। वर्तमान का कोई महत्त्व नहीं रह जाता है। मेरी स्मृतियाँ अँगड़ाइयाँ ले रही हैं, अपनी हँसी और उदासी में डूबी हुई मुसकराने लगी हैं।

दो नम्बर सूट के सामने आते ही करबी गुहा पास चली आती है। रात के कैबरे में खड़े होते ही कनि और लैम्ब्रेटा सामने खड़े हो जाते हैं। छत पर आते ही देखता हूँ, एक कोने में बैठे डॉक्टर सदरलैण्ड उदास हैं, और विलियम्स लेन के लड़कों की बातें सोच रहे हैं।

फिर भी, जीवन तो चलता ही रहता है। वक्त क्षण-भर के लिए भी रुकता नहीं। एक युग पहले सिम्पसन नाम के एक अंग्रेज़ भगीरथ ने हमारी इस मरुभूमि में जिस स्रोतस्विनी का आह्वान किया था, उसकी गति धीमी हो गयी है, लेकिन जलधारा सूखी नहीं है। नदी बहती चली जा रही है। इसीलिए मुमताज़ के बार में शराब की देख-भाल करते हुई शराबजी अपनी लड़की के बारे में सोचते हैं, और कभी उनका भी अपना बार

था, यह भूल नहीं पाते। इसीलिए विलियम घोष एक दूसरी लड़की के साथ अपनी शादी की बातचीत पक्की कर चुका है।

और, बेचारी रोज़ी ? उसके पिता की बीमारी ज्यादा बढ़ गयी है। इलाज करवाने के लिए पैसे नहीं हैं। पैसों के लिए रोज़ी बेहद परेशान है।

फोकला चटर्जी इन दिनों अक्सर रोज़ी से मिलने आता है। एक बार मुझसे भी उसने कहा है, "आप लोगों की यह रोज़ी तो बड़ी अच्छी लड़की है। मिस्टर सदाशिवम् के साथ परिचय करवा दिया है। सदाशिवम् बड़ी कम्पनी का बड़ा अफसर है। पहले भी मैं उसके पास आता-जाता था। मगर मेरी कुछ सुनता ही नहीं था। अन्त में, एक दिन मुझसे बोला, आपका काम तो कर दूँगा, मगर साहब, शाम को बड़ा 'लोनली' अनुभव करता हूँ। इसीलिए मैंने रोज़ी से बेचारे का परिचय करवा दिया। अब तो अक्सर दोनों बाहर किसी होटल में मिलते हैं। सदाशिवम् की वाइफ पिछले साल-भर से अपने बाप के यहाँ रहती है। मेरा क्या है भाई! मुझे भी तो कोटा, परमिट और ऑर्डर का इन्तजाम करके रोज़ी-रोटी चलानी है। पैसे नहीं रहेंगे, तो शराब कैसे आयेगी ? और, शराब नहीं आये तो आदमी जियेगा कैसे ?"

फिर, एक लम्बी साँस लेकर फोकला चटर्जी ने बताया, "अपने दुख की बात क्या बताऊँ, चारों ओर हर चीज़ का अभाव है। बिज़नेस-लाइन में हम लोगों को लड़की नहीं मिलती है, यानी काम की लड़की ! मैं खुद बंगाली हूँ, फिर भी कहता हूँ, बंगाली लड़कियों की बड़ी माँग है। हर आदमी बंगाली लड़की पसन्द करता है। अवसर है, सुविधा है, सब-कुछ है, मगर बंगाली लड़की लाइन में नहीं आती है। सच बात कहने से ही फोकला चटर्जी बदनाम होता है। अरे भाई, पहले भर-पेट खाना मिले, कपड़ा मिले, रहने के लिए मकान मिले, तब तो धर्म-कर्म करोगे ? मगर मेरी कौन सुनता है। वैसे लड़कियाँ चाहती भी यही हैं, मगर खुलकर सामने नहीं आयेंगी। फल क्या होता है, जानते हैं ? अण्डरएज बंगाली लड़की सोचते-सोचते मर जाती है।—छाती में टी. बी. के कीड़े भर आते हैं। ऐसी हैं हमारी लड़कियाँ, टूट जायेंगी, मगर झुकेंगी नहीं। बंकिमचन्द्र, रवीन्द्रनाथ, विवेकानन्द, इन लोगों ने ही सबका दिमाग खराब कर दिया है। साहब, युग बदल गया है, अब आदमी को बदलना चाहिए, प्रैक्टीकल बनना चाहिए। अकेला मैं फोकला चटर्जी क्या करूँगा ? यही देखिए न, अगरवाला साहब को एक फुल-टाइम बंगाली होस्टेस की ज़रूरत है। अच्छी तनख्वाह देगा। ऊपरी आमदनी की भी कमी नहीं रहेगी। मगर काम के लायक लड़की नहीं मिल रही है। आप लोगों की रोज़ी मुझे रोज़ कहती है। उसे एक अच्छी नौकरी चाहिए। लड़की को बहुत रुपयों की ज़रूरत है। सोचता हूँ, उसी को यह काम दिलवा दूँगा। आफ्टर ऑल, पावर्टी नो नोज़ कास्ट ! गरीबी सबको आ घेरती है। मुसीबत में दूसरों की सहायता करनी चाहिए, चाहे वह किसी जाति की क्यों न हो ! है न ?"

और, इसके बाद फोकला चटर्जी ने अपनी बातों का उपसंहार किया, "देखिए, क्या कर पाता हूँ ! बेटे सदाशिवम् ने ही बीच में गड़बड़ कर रखा है। रोज़ी उसे पसन्द आ गयी है, उसे छोड़ना नहीं चाहता है। हम भी सदाशिवम् को नाराज़ करना नहीं

चाहते। धीरे-धीरे उसके कान में मन्तर फूंक रहे हैं, एक ही प्याले में हर रोज़ चाय न पियो। मिट्टी के प्याले की आदत डालो। चाय पी और प्याला फोड़ दिया !···अच्छा, आपको एक शुभ-समाचार दे रहा हूँ। मैं अगरवाला की कम्पनी का डाइरेक्टर हो गया हूँ। चोरी-बेईमानी न करके, सिर्फ मेहनत और ईमानदारी के बल पर भी इस युग में आदमी उन्नति कर सकता है।"

सत्यसुन्दर दा भी बदल गये हैं। एक नयी ज़िन्दगी ने उन्हें अपनी ओर खींच लिया है। हवाई जहाज़ के यात्रियों और कर्मचारियों को शाहजहाँ होटल तक पहुँचानेवाली बस की ओर हम दोनों उत्सुकतापूर्वक ध्यान लगाये रहते हैं। पता नहीं कब नीली साड़ी पहने, हाथ में एयरबैग झुलाती हुई सुजाता मित्रा काउण्टर पर आकर खड़ी हो जायेंगी।

बड़े ही प्यार से मुसकराती हुई सुजाता कहती हैं, "सब खैरियत है न ?"

"अपना समाचार बताइए," बोस दा कहते हैं। अपने मन की भावनाएँ छिपा रखने की कोशिश करती हुई वे कहती हैं, "बड़ी अच्छी तरह दिन बीत गये। यात्रा अच्छी रही। स्वास्थ्य अच्छा रहा। कोई चिन्ता नहीं, कोई फ़िक्र नहीं। पृथ्वी के एक देश में ब्रेकफास्ट किया। दूसरे देश में लंच खाया। तीसरे देश में शाम को पिक्चर चली गयी। इससे ज़्यादा मौज और क्या होगी ?"

सुजाता मित्रा से इसी तरह की चन्द मुलाकातों से सत्यसुन्दर भाई के मन में क्या परिवर्तन हो गया था, और कोई नहीं समझ सका, मगर मैं अच्छी तरह समझ रहा था। फिर भी बीच-बीच में वे बेहद उदास हो जाते थे। इतनी हँसी-खुशी में जीवन बिताते हुए भी वे अचानक चिन्ताओं की स्याह घाटियों में खो जाते थे।

अपने मन की बात मुझे बताने में उन्हें संकोच हो रहा था या शायद मुझे बताना नहीं चाहते थे। इसीलिए मन-ही-मन चिन्ताओं और उलझनों में डूबे रहने के सिवा उनके पास कोई रास्ता नहीं था।

उनकी उलझनों का परिचय एक दिन काउण्टर पर ही मुझे मिल गया।

रात-भर ड्यूटी करने के बाद मुझे चार्ज देकर बोस दा ऊपर चले गये। तब मैंने देखा, पैड पर उन्होंने एक ही वाक्य बार-बार पेंसिल से लिख रखा है, "समझदार रिसेप्शनिस्ट हमेशा काउण्टर की आड़ में ही रहता है—यह आड़ उसकी और उसके अन्तर की रक्षा करती है।" यह वाक्य पहले भी कई बार वे मुझे सुना चुके थे। अपने और सुजाता मित्रा के बीच वे काउण्टर का व्यवधान नहीं रख पा रहे हैं, इसीलिए शायद बोस दा अपने को यह वाक्य सुनाकर सावधान कर रहे थे। और, इतने अनमने थे कि पैड का यह पन्ना फाड़कर फेंक भी नहीं सके।

पता नहीं क्यों, मुझे बड़ी खुशी हुई थी। सत्यसुन्दर दा जैसे व्यक्ति जीवन-भर इसी शाहजहाँ में सड़ते रह जायें, यह मुझे पसन्द नहीं था।

प्यार होता है, तो शायद, इसी तरह होता है। आप-ही-आप दो व्यक्ति खिंचते चले जाते हैं। इसीलिए शायद सुजाता दीदी की ड्यटी ही ऐसे पड़ने लगी कि वे बार-बार कलकत्ता आने लगीं। वे कब सुजाता मित्रा से मेरी सुजाता दीदी बन गयी हैं, मुझे पता

भी नहीं चला।

सुजाता दीदी गप-शप पसन्द करती हैं। हँसती रहती हैं। हँसाना जानती हैं। उन्हें अपना श्रद्धा-पात्र बना लेने में मुझे देर नहीं लगी। उन्हें मेरे करीब आने में कोई हिचक नहीं हुई।

हम दोनों का ड्यूटी-रोस्टर भी सुजाता दीदी को याद रहने लगा है। अपने कमरे में स्नान करके, कपड़े बदलकर सुजाता दीदी किसी की भी शर्म-लिहाज़ किये बिना सीधी ऊपर चली आती हैं। मुझसे कहती हैं, "आँखें बन्द करो!" मैं आँखें बन्द कर लेता हूँ। वे कहती हैं, "मुँह खोलो!" मैं मुँह खोलता हूँ। वे चॉकलेट या लॉज़ेन्जिस मेरे मुँह में डाल देती हैं। मैं झट-से मुँह बन्द कर लेता हूँ। उँगली खींचकर वे कहती हैं, "अभी मेरी उँगली कट जाती। बड़े लालची लड़के हो।"

मैं कहता हूँ, "लालची क्यों कहती हैं? खैर, बदनाम जब कर ही दिया तो एक चॉकलेट और दीजिए।"

सुजाता दीदी जिस दिन कलकत्ते में होतीं, हमारे होटल की छत की ज़िन्दगी ही बदल जाती। वे ज़बरदस्ती बोस दा के कमरे में घुस पड़तीं, और मुझसे कहतीं, "आपके बड़े भाई जिस तरह कमरा सजाकर रखते हैं, वैसे तो कोई औरत भी नहीं रख सकती है।"

"ठीक कहती हैं। अच्छा, जब इतनी प्रसन्न हो गयी हैं, तो आज की रात के शो में सिनेमा की तीन टिकटें आप ही खरीदिए," मैं कहता। सुजाता दीदी जवाब देतीं, "क्यों नहीं?" और बैग से पैसे निकालने लगतीं। बोस दा कहते, "आप भी नासमझ ही हैं। आप आज आयेंगी, इसीलिए हज़रत ने चार दिन पहले ही नाइट-शो की टिकटें कटा रखी हैं।"

"इसने क्यों टिकटें खरीदीं? उम्र में छोटा होता है, यह क्यों पैसे खर्च करे?"

"आजकल के लड़के यह सब नहीं मानते हैं। कहते हैं, कमायेंगे, तो खर्च क्यों नहीं करेंगे?" बोस दा उत्तर देते।

एक बार फिल्म लम्बी थी। खत्म होने में बारह से ज़्यादा बज गये। उस रात मेट्रो-सिनेमा से निकलकर हमने चौरंगी का नया ही रूप देखा। टैक्सी ले रहे थे, मगर बोस दा ने पैदल चलने का प्रस्ताव किया।

आधी रात के कलकत्ते को मैंने कितनी बार कितने रूपों में देखा है। और हर बार मुझे इस शहर से डर लगता रहा है। मगर आज यह शहर एकदम नये रूप में मेरे सामने आ खड़ा हुआ। ऐसा लगा, शहर की यह रात प्यार और उजाले से रंगीन हो उठी है। नयी दुल्हन बन गयी है। चौरंगी और सेन्ट्रल एवेन्यू के चौराहे पर, सर आशुतोष की मूर्ति के सामने हम लोग थोड़ी देर रुके।

एक आदमी स्कूटर पर भागा जा रहा था। कलकत्ते में उन दिनों स्कूटर का अधिक प्रचलन नहीं हुआ था। बोस दा ने कहा, "हाय रे, मेरे पास भी ऐसा ही एक स्कूटर होता!"

एक मामूली-सी बात पर सुजाता दी वाकई बोस भाई के लिए एक नया स्कूटर

खरीद लायेंगी, हमने यह सपने में भी नहीं सोचा था। सुजाता दी अक्लमन्द औरत हैं, इसलिए पहले ही बोल पड़ीं, "देखिए, मैं एक बात कर बैठी हूँ। उसके लिए अगर मुझे ज़रा भी बुरा-भला कहेंगे, तो मुझे बहुत दुःख होगा।"

बोस दा असली बात समझ नहीं सके। बोले, "भूल तो सबसे होती है। इसके लिए मैं आप पर नाराज़ क्यों होऊँगा?"

यह उत्तर सुनते ही सुजाता दी ने स्कूटर की खरीद के कागज़ात बोस दा के हाथों में थमा दिये। यह बता दिया कि दो-एक दिन बाद जब स्कूटर की डिलिवरी मिलेगी, वे खुद यहाँ नहीं होंगी। लौटने में हफ्ता-भर लग जायेगा। इतने दिनों में बोस दा स्कूटर चलाने का अभ्यास कर लें, यह हुक्म भी सुजाता दी ने दिया।

बोस दा वादा कर चुके थे कि नाराज़ नहीं होंगे, इसीलिए मन-ही-मन उबल रहे थे। अन्त में, इतना वे बोल ही बैठे, "क्या बचपना कर बैठीं आप!"

सुजाता दी हँसकर बोलीं, "जो भी कह लीजिए, लोग तो इस बचपने का दोष आपके ही मत्थे मढ़ेंगे, क्योंकि किसी को पता नहीं चल सकेगा कि स्कूटर लाने में मेरा भी कोई हाथ है।"

"और, लोगों को पता चल जाये, तो आप दोनों का यहाँ टिकना मुश्किल हो जायेगा।" मैंने कहा।

उस रात छत पर बैठे-बैठे ढेर सारी बातें हुईं। गुड़बेरिया गाँव चला गया था और अब नववधू की मोहिनी माया में पड़कर छुट्टी बढ़ाये जा रहा था। उसकी माँ बीमार है, टेलिग्राम से उसने खबर भेजी थी। इसीलिए मैं ही उसके बदले बैरे का काम कर रहा था। सुजाता दी को सलाम मारकर मैंने कहा, "मेम साहब, कोई ऑर्डर दे रही हैं?"

मेम साहब ने कहा, "ज़्यादा शैतानी न करो, नहीं तो कान खींच दूँगी। चुपचाप यहाँ आकर बैठ जाओ।"

कान उसकी ओर बढ़ाकर मैंने कहा, "ठीक है, कान खींचिए, मैं एक वर्ल्डरेकर्ड कायम कर दूँगा। मैं ही दुनिया का सबसे पहला रिसेप्शनिस्ट माना जाऊँगा, जिसके कान किसी महिला-अतिथि द्वारा खीचे गये हों।"

मैंने चाय मँगवायी। फिर चाय की ट्रे सुजाता दी के सामने रखकर बोला, "अब हम बैठते हैं। आप चाय बनाकर पेश कीजिए।"

चाय पीते हुए बोस दा बोले, "आपने ऐसा क्यों किया, बताइए? यह स्कूटर लेकर मैं क्या करूँगा? इसे रखूँगा कहाँ?"

"इतना बड़ा होटल है। जहाँ सैकड़ों मोटर-गाड़ियाँ खड़ी हो सकती हैं, वहाँ एक स्कूटर नहीं रखा जा सकेगा? ज़रूर रखा जायेगा। और इसे लेकर क्या कीजियेगा? जब कभी फुरसत मिले, इस जेलखाने से निकलकर एस्प्लेनेड के मैदान में खुले आकाश के नीचे स्कूटर पर घूमते हुए पवित्र वायु का उपयोग कीजियेगा। सुबह, दोपहर, शाम, रात, हर वक्त होटल में बन्द रहकर अपनी ज़िन्दगी और अपनी सेहत बरबाद नहीं कीजिए।"

बोस दा कुछ बोले नहीं। चुपचाप चाय पीते रहे और उदास हो गये। सुजाता दी ने कहा, "अगर मुझसे अपराध हुआ है, तो उसकी सज़ा दीजिए।"

मैं बोला, "सज़ा यही है कि आप एक रवीन्द्र-संगीत गाइए, जो उस दिन पार्क में गुनगुना रही थीं। इस तरह आप भी एक रेकर्ड कायम करेंगी। आप पहली महिला-अतिथि होंगी, जिसने होटल में गाना सुनकर, खुद ही गाना सुनाया हो।"

सुजाता दी को कोई एतराज़ नहीं था। मगर बोस भाई ने रोक दिया। बोले, "छत पर और भी लोग रहते हैं। बेकार की बातें बनायेंगे।"

सुजाता दी थोड़ी देर बाद चली गयीं। हम दोनों उसी तरह बैठे रह गये। बोस दा ने कहा, "तुम्हें कहना भूल गया था। बायरन साहब ने फोन किया था। आज ही वे तुमसे मिलने आयेंगे। कोई ज़रूरी काम है।"

मैंने कोई उत्तर नहीं दिया। चुपचाप बैठा रहा। थोड़ी देर बाद, बोस दा गम्भीर होकर बोले, "मुझे अच्छा नहीं लग रहा है। लगता है, कोई बुरी बात होनेवाली है। किसी बड़े परिवर्तन का हरा सिगनल देख रहा हूँ।"

मैंने उनके चेहरे की ओर देखा। वे बोले, "मार्कोपोलो साहब की हालत ठीक नहीं है। रात में अक्सर होटल वापस नहीं आते हैं। छातावाली गली में रात बिता देते हैं। जिम भी इस मौके का पूरा-पूरा फायदा उठाना चाहता है।"

मैंने कहा, "बायरन से शायद कुछ पता चले, क्या बात है।"

बोस दा बोले, "कुछ भी हो मार्को साहब बेहद भले आदमी हैं। उनकी तकलीफ देखकर वाकई दुःख होता है।"

उसी रात बायरन साहब मुझसे मिलने आये थे। इस मुलाकात की सारी बातचीत मुझे अब तक याद है।

बायरन साहब मेरे कमरे में आये थे। हँसते-हँसते बोले थे, "मार्कोपोलो से मैंने रुपये लिये हैं। मुझे दुःख हो रहा था, बेचारे की कोई मदद मैं नहीं कर सका। सूसन का पता भी चला, मगर, उससे कोई फायदा नहीं हुआ। वह तो हमारे देश की सीमा में भी नहीं है कि तलाक के उस मामले का फैसला करवा लिया जाता। मगर भगवान् शायद इसी तरह अभागों पर दया करते हैं।"

मैं उत्सुकतापूर्वक उनकी ओर देख रहा था। वे बोले, "कभी-न-कभी तो सभी जान ही जायेंगे। मगर तुम्हें पहले ही जान लेने का अधिकार है।"

फिर उन्होंने एक सिगरेट जलायी। कहने लगे, "हिन्दुओं के धर्मशास्त्र में लिखा है, राम के जन्म से पहले ही रामायण लिख ली गयी थी। मार्को के साथ भी ऐसा ही हुआ है। एक अरसा पहले सूसन मनरो से तलाक लेने के लिए, लिज़ा को पैसे देकर मार्को ने उसके साथ प्रेम का नाटक किया था। और इतने दिनों बाद, वाकई मार्को अब लिज़ा के प्रति आकृष्ट हो गया है। लिज़ा को विश्वास ही नहीं हो रहा था। और, जब उसने समझा कि मार्को के मन में ज़रा भी छल-कपट नहीं है, वह वाकई प्यार करने लगा है तो वह रोने लगी। काश, तुम देख पाते, मार्को ने बीमार लिज़ा की कितनी सेवा की

है ! मैंने देखा है, मार्को अपने हाथ से लिज़ा का कमरा साफ करते थे, कै से भरे उसके कपड़े धोते थे। लिज़ा के शरीर में रह ही क्या गया है ? मार्कोपोलो को देने के लिए उसके पास कुछ नहीं है। फिर भी, पता नहीं मार्को को उसमेंक्या मिल गया है !"

बायरन साहब ने मुझे बताया, मार्को साहब ने लिज़ा से पूछा था, "वह दिन याद है जब पहली बार मैं सूसन के साथ तुम्हारे यहाँ गया था ?"

लिज़ा ने कहा था, "तुमसे रुपये लेते हुए मुझे बड़ी ग्लानि हुई थी। मगर मेरे पास उन दिनों एक पैसा नहीं था। बाथरूम से फिसलकर गिरना मेरे लिए मौत बनकर आया था। पैसे नहीं थे। कोई कामधाम नहीं था। तब से सीधे पाँव कभी नहीं हो सकी हूँ।"

और, अब उन दोनों ने साथ रहने का फैसला कर लिया है। कुछ दिनों के इलाज से लिज़ा की हालत बदल गयी है। देखोगे तो पहचान नहीं पाओगे। वह शाहजहाँ होटल में आना चाहती थी, मगर मार्को ने मना कर दिया। और कोई न पहचाने, जिम तो लिज़ा को पहचान ही लेगा। और, जिम भला वह मौका क्यों छोड़ने लगा ! मैनेजर साहब को बदनाम करने में उसे देर क्या लगेगी !

बायरन के ही मुँह से सुना, मार्कोपोलो कुछ ही दिनों में यहाँ से हमेशा-हमेशा के लिए जा रहे हैं, क्योंकि यहाँ के कानून के अनुसार वे लिज़ा से विवाह नहीं कर सकते, और विवाह किये बिना लिज़ा के साथ रहना उनके मन को कभी स्वीकार्य नहीं होगा। इसीलिए मार्को ने दूसरा रास्ता चुना है। अफ्रीकन गोल्डकोस्ट में उन्होंने अपने लिए एक अच्छी नौकरी की व्यवस्था की है। उस देश में अब भी बहु-विवाह जायज़ है। सभ्य यूरोप और सभ्य एशिया से दूर अफ्रीका के किसी साधारण नगर में लिज़ा और मार्कोपोलो अपना दाम्पत्य जीवन बितायेंगे, अपना शेष जीवन काट देंगे।

बायरन मेरे कन्धे पर हाथ रखकर बोले, "मेरे लिए भी अच्छा ही हुआ। मार्को से कई बार रुपये ले चुका था, इसीलिए मैं भी इसी चक्कर में फँसा हुआ था। अब मेरी ज़िम्मेदारी पूरी हो चुकी है। अब मैं भी विदा लूँगा।"

"क्या मतलब ?"

बायरन वेदनामय स्वर में बोले, "जब तक प्रोफशन में था, मैं कह नहीं सकता था। आज कहता हूँ, कलकत्ते में हम लोगों के रहने का कोई मतलब नहीं है। यहाँ डिटेक्टिव की ज़रूरत किसी को नहीं पड़ती। इस देश के लोग उपन्यासों में, नाटकों में, फिल्मों में प्राइवेट डिटेक्टिव होते हैं, मगर वास्तविक समाज में उनका कोई स्थान नहीं, कोई ज़रूरत नहीं। मगर आस्ट्रेलिया में ऐसा नहीं है। वहाँ प्राइवेट जासूसों को समाज में आदर मिलता है। डिटेक्शन-कम्पनी में जासूसों को नौकरी मिलती है। ऐसी ही एक नौकरी मुझे मिली है। अभी वही करूँगा। बाद में कभी मौका मिला तो प्राइवेट प्रेक्टिस करूँगा।"

"इतने दिनों बाद आपकी किस्मत जगी है, यह जानकर मुझे बड़ी प्रसन्नता हुई है। अब आप अवश्य सुखी रहेंगे।" मैंने कहा।

"कैसे समझते हो ?" बायरन ने मुस्कराते हुए पूछा।

"कैसे समझता हूँ ? उदाहरण से समझाता हूँ । ऐसा ही एक उदाहरण मेरे पास है ।"

"उदाहरण ?" उन्होंने कौतूहल-भरी निगाहों से मेरी ओर देखा ।

मैंने कहा, "जिन्हें सुख-शान्ति की आवश्यकता थी लेकिन जो परायों के दुख से दुखी रहते थे, ऐसे ही एक व्यक्ति को एक अरसा पहले आस्ट्रेलिया जाने पर सुख-शान्ति मिली थी ।"

"वे कौन थे ?" बायरन ने पूछा ।

"वे रक्त-मांस के मनुष्य नहीं थे । वे थे चार्ल्स डिकेन्स के उपन्यास 'डेविड कॉपरफ़ील्ड के' एक पात्र—मिस्टर मिकबर !"

अठारह

किसी आलसपूर्ण और कर्महीन दोपहरी में एकान्त-निर्जन घर के किसी कोने में बैठकर आपने क्या अतीत की गहराइयों में खोये हुए प्रियजनों का स्मरण किया है ? प्रकृति की किसी विशिष्ट परिस्थिति में मन की धरती पर जब घनी बरसात होने लगती है तो जो प्राप्य है उससे अधिक जो अप्राप्य है वही महत्त्वपूर्ण हो जाता है । मगर स्मृति के भार से विषण्ण मन जब अतीत के स्वप्नों में खोने लगता है, तो उसके लिए प्राप्य और अप्राप्य से भी अधिक महत्त्वपूर्ण हो उठता है वह, जो कभी प्राप्य था, और अब अप्राप्य हो उठा है, जो कभी पास था, और अब जिसके पास आने की कोई आशा-सम्भावना नहीं रह गयी है ।

शाहजहाँ के विस्मयकारी परिवेश में जिन्हें मैंने पाया था, जिन्हें अपना बना लिया था, वे कभी दूर चले जायेंगे, खो जायेंगे, ऐसी शंका भी कभी मेरे मन में नहीं उठी थी ।

हावड़ा जंकशन पर जिस दिन बायरन साहब को ट्रेन में बिठा आया था, उसी दिन पहली बार मैंने किसी व्यक्ति के चले जाने का दुःख अनुभव किया था । ट्रेन की खिड़की से हाथ निकालकर बायरन ने आखिरी बार मुझसे और सत्यसुन्दर दा से हाथ मिलाया था । वे मेरे कोई नहीं थे, फिर भी बड़ा ही खाली-खाली-सा महसूस हुआ था मुझे ।

मगर वह तो आरम्भ ही था, मुझे कैसे पता चलता ! घड़ी की ओर देखकर बोस दा से मैंने कहा था, "अब चला जाय । काफी देर से हम लोग होटल से बाहर हैं ।"

मगर सत्यसुन्दर दा ने ज़रा भी व्यस्तता नहीं दिखायी, जैसे वे एकदम फुरसत में हों । बोले, "वहाँ विलियम हैं, जिम साहब हैं, वे लोग सँभाल लेंगे ।...मुझे ज़रा चाय पीने की इच्छा हो रही है ।"

मैं चकित रह गया था। शाहजहाँ होटल की चाय पीनेवालों को हावड़ा स्टेशन की चाय कैसी लगेगी ?

रेस्तराँ में आकर भी कुछ पता नहीं चला। कुर्सी पर बैठने के बाद बोस दा बोले, "तुमसे एक बात कहना चाहता था।"

मैं उनके चेहरे की ओर देखने लगा। वे तनिक लज्जित-दुखित होकर बोले, "उफ़, मैं क्या था और अब कहाँ आ गया हूँ ! अब तक समझता था, मैं इस्पात का बना हुआ हूँ। अब समझता हूँ, सब झूठ है। मैं कमज़ोर हूँ, बेहद कमज़ोर हूँ।"

बोस दा की बात से मैं आश्चर्यचकित रह गया। वे ऐसी बातें क्यों कह रहे हैं ? तब सारा संकोच हटाकर वे बोले, "तुम मेरे छोटे भाई की तरह हो, और शाहजहाँ होटल में तो मेरे एकमात्र बन्धु ! मुझे तुम्हारे परामर्श की ज़रूरत है।"

ज़रूरत के वक्त बोस दा ने मुझे याद किया है, यह सोचकर मुझे प्रसन्नता हुई।

एक खाली डिश पर उँगलियाँ बजाते हुए बोस दा ने कहा, "अब फैसला करने का वक्त आ गया है। अब बात रोकी नहीं जा सकती। सुजाता को मैंने आज ही उत्तर देने का वादा किया है। इतने सहज भाव से इतने दिन बिताने के बाद मेरा मन विद्रोह कर उठेगा, यह मैंने नहीं सोचा था।"

"इतनी चिन्ता की क्या बात है ? आप कोई गलत काम तो कर नहीं रहे हैं।" मैं बोला।

डिश से खेलते हुए बोस दा मुसकराये। टेबुल के रंगीन शीशे पर उनकी जो छाया उभर रही है, शायद उसी से वे अपनी बात का उत्तर पूछ रहे हैं। बोस दा ने कहा, "न्याटाहारी बाबू से ही सुना था, प्रेम भी बाघ के बच्चे की तरह होता है, जब तक छोटा रहता है, बड़ा प्यारा लगता है, और बड़ा होते ही भयानक हो जाता है। बात गलत नहीं है, अब समझ रहा हूँ।"

मैंने दुबारा प्रश्नसूचक दृष्टि से उनकी ओर देखा। वे बोले, "यह सच है, सुजाता-जैसी औरत और कहीं नहीं मिल सकती है। नौकरी भी करती है, देखने-सुनने में भी आकर्षक है, और स्वभाव की भी अच्छी है, एकदम अबोध बच्चों की तरह। कोई बन्धन नहीं, कोई जटिलता नहीं, उसकी सरलता मुझे बड़ी प्यारी लगती है। उसमें ये गुण तुम्हें भी दिखे हैं या नहीं ?"

"सुजाता दीदी में कोई भी अवगुण मैं निकाल नहीं सकता हूँ। चॉकलेट खिला-खिलाकर उन्होंने मेरी विचार-शक्ति नष्ट कर दी है।" मैंने मुस्कराते हुए कहा।

हँसने की चेष्टा करके भी बोस दा हँस नहीं सके। चिन्ताओं ने उनकी सारी हँसी-खुशी छीन ली है। वे बोले, "मुझे तय करना है, राजधानी लूँगा या मथुरा की राजगद्दी ! यानी, सुजाता और नौकरी इन दोनों में से एक को मुझे चुन लेना है।"

अपने हर सुख-दुःख के बावजूद बोस दा ने शाहजहाँ होटल को प्यार किया है। किसी भी तरुणी मृगलोचनी के चलते उन्हें शाहजहाँ होटल का सिंहासन-त्याग करना होगा, ऐसा उन्होंने क्या पहले कभी सोचा होगा ? वे बोले, "सुजाता की धारणा है, शाहजहाँ के रिसेप्शन-काउण्टर पर खड़ा होकर मैं अपनी क्षमता नष्ट कर रहा हूँ, अब

भी भागकर प्राण बचाने का अवसर है। यहाँ जो अनुभव प्राप्त किया है, उसके बल पर एयरवेज़ की नौकरी मिल सकती है।"

यह सब क्या कह रहे हैं बोस दा? मेरा तो दिमाग ही खराब हो रहा है। वे कह रहे हैं, "हम दोनों के भविष्य के बारे में सुजाता से अब भी मेरी कोई बात नहीं हुई है। बात करने का वक्त भी नहीं आया है। फिर भी, अगर हमें कभी कोई बात तय करनी पड़े, तो मुझे शाहजहाँ की नौकरी छोड़ देनी होगी।"

"क्यों?" मैंने पूछा।

"शादी के बाद एयर-होस्टेस की नौकरी नहीं कर सकती है सुजाता। एयरवेज़ का कानून ही यही है। और शाहजहाँ के मैनेजर छत के ऊपर के कमरों को फेमिली-क्वार्टर बनाने की अनुमति नहीं देंगे। मुझे जितनी तनख्वाह मिलती है, उतने में तो कलकत्ते में किराये का मकान लेकर हम दोनों खर्च नहीं चला सकेंगे। कैप्टन हॉग को ज़रूर देखा होगा तुमने? हमारे होटल में अक्सर ठहरते रहते हैं। हवाई जहाज़ों की दुनिया के नामीगरामी आदमी हैं। सुजाता से उनकी बातें हुई हैं। मुझ पर उनकी कृपा रहती है। मुझे एयरोड्रम या बुकिंग-ऑफिस में एक अच्छी-सी नौकरी देने को तैयार हैं। दमदम, बेलिंगडन, सान्ताक्रुज, या कहाँ जाना होगा, कुछ ठीक नहीं, मगर सुजाता कहती है, एयरवेज़ की नौकरी में मुझे यहाँ से मेहनत कम पड़ेगी, और उन्नति भी ज़्यादा कर सकूँगा।" बोस दा ने प्रश्नवाचक दृष्टि से मेरी ओर देखते हुए कहा।

मैं क्या उत्तर दूँ? बोस दा भी कुछ समझ नहीं पा रहे हैं, क्या निर्णय लिया जाय? चाय का खाली प्याला अवहेलना से टेबुल के किनारे सरकाते हुए बोले, "शाहजहाँ होटल के बाहर मैं कैसे ज़िन्दा रहूँगा, समझ नहीं पाता हूँ। न मिले बड़ी नौकरी, न मिले इज़्ज़त, न मिलें ज़्यादा रुपये! मैं यहीं आराम से हूँ, सुखी हूँ। इतनी आज़ादी, इतना इतमीनान और ऐसे-ऐसे रोमांचक अनुभव और कहाँ पाऊँगा?"

इच्छा हो रही थी, उनसे कह दूँ—'आप न जाइए!' बोस दा को हमेशा के लिए अपने इस शान्त-एकान्त संसार से दूर करने की बात मेरा स्वार्थी मन सोच नहीं सकता था। मगर उन्हें अपने व्यक्तिगत सुख और जीवन की सम्पूर्णता से दूर क्यों हटाये रहूँ? मैंने कहा, "नहीं बोस दा, आप जाइए। अवसर जीवन में अक्सर नहीं आता है। देर से ही जब सुख-शान्ति का अवसर आया है, तो उसकी अवहेलना नहीं कीजिए।"

अपने दोनों हाथों से बोस दा ने मेरे दोनों हाथ थाम लिये। बोले, "पिछले जन्म में तुम ज़रूर मेरे सगे भाई थे। इतने दिनों से शाहजहाँ में हूँ, मगर इतना प्यार कभी किसी को नहीं किया है।"

बोस दा की ओर चुपचाप देखते रहने के सिवाय और कर ही क्या सकता था? कैसे उन्हें बताता, मेरे जीवन में उनका कितना बड़ा स्थान है?

बोस दा की नौकरी तय हो गयी है, यह बाद में बोस दा ने खुद बताया था। होटल मैनेजमेण्ट को कब अपने जाने की नोटिस देंगे, यही सोच रहे थे। मैंने कहा, "अब देर न कीजिए। शाहजहाँ में बड़े-बड़े परिवर्तन होनेवाले हैं। मार्कोपोलो के जाने का भी

वक्त आ गया है।"

बोस दा चौंक पड़े, "मार्को जा रहे हैं? तब तो जिम का सपना ज़रूर पूरा हो जायेगा। शाहजहाँ की गद्दी पर बैठकर राज-पाट चलायेगा। यह भी कह सकते हो कि शैतान का राज शुरू होगा।"

मैंने पूछा, "ऐसा क्यों कहते हैं?"

"उस आदमी को मैं अच्छी तरह पहचान गया हूँ। जितना चोर है, वैसा ही झूठा, उतना ही ईर्ष्यालु और व्यभिचारी। दलबन्दी करना जानता है, लोगों को ठगना जानता है। अब तो मुझे तुरत अपना हिसाब साफ कर लेना होगा। मार्कोपोलो साहब के रहते-रहते इस्तीफा मंजूर नहीं हो गया तो मुझे मुसीबत उठानी पड़ेगी।"

बोस दा जब मार्कोपोलो साहब से मिलने गये थे, छत पर मैं सुजाता दीदी के साथ बैठा था। थोड़ी देर बाद वे नाइट-फ्लाइट पर चली जायेंगी। वे बोलीं, "तुम्हें बहुत बुरा लग रहा है न? लगता है, मैंने तुम्हारी सजी-सजायी ज़िन्दगी में अब उलट-फेर कर दिया।"

मैंने कहा, "सुजाता दी, क्यों और दिल दुखा रही हैं? धीरे-धीरे मैं सब-कुछ बर्दाश्त कर लूंगा।"

"क्या म्हें अपने बड़े भाई की और मेरी याद भी नहीं आयेगी? नये लोगों के साथ शाहजहाँ की छत पर बैठे बातें करोगे, और हमें भूल जाओगे।"

मैंने कहा, "बहुत दिनों बाद याद आयेगा, किसी दुस्साहसी युवती ने शाहजहाँ के वन से एक शापभ्रष्ट देवता का उद्धार किया था। पत्थर बने एक अहल्या-पुरुष को एक मर्यादा-पुरुषोत्तम नारी के चरण-स्पर्श से नवजीवन मिला था।"

सुजाता दी चुप बैठी रहीं। आज वाकई हम दोनों में से किसी में बातें करने की ताकत नहीं रह गयी थी। इतनी घनी उदासी ने घेर लिया था। फिर भी मैंने पूछा, "बोस दा को नौकरी तो दिलवा रही हैं, मगर आप लोगों के अपने रिश्ते का फैसला हो गया?"

"मैं इतनी जल्दी कोई काम नहीं करती भाई! वक्त आप-ही-आप सारी बातों का फैसला कर देगा।"

मैंने कहा, "घर के लोगों को यह सब बता चुकी हैं?"

सुजाता दी और भी ज्यादा उदास हो गयीं। बोलीं, "घर-परिवार जिसे कहते हैं, वैसा तो मेरे पास कुछ भी नहीं है। तुम्हारे बोस भाई की तरह मैं भी अकेली हूँ। तुम्हारे बोस भाई तो फिर भी साहबगंज जा सकते हैं, अपनी सौतेली माँ के पास। मैं तो कहीं जा नहीं सकती। जो कुछ था, सब पद्मा नदी के उस पार, पूर्वी पाकिस्तान में, छूट गया।"

मैंने कहा, "सुजाता दी और कोई न रहे, मैं तो हूँ। पृथ्वी के मनुष्यों ने मुझे इतना कुछ दिया है, उसका कभी बदला चुका नहीं पाऊँगा। अगर किसी के लिए कुछ कर पाऊँ, तो मुझे बड़ी खुशी होगी। पृथ्वी के ऋण से थोड़ा मुक्त होऊँगा।"

सुजाता दी ने कहा, "तुमने हमारे लिए बहुत-कुछ किया है, भाई! तुम्हारे सिवा

ओर मेरा अपना कहीं कोई नहीं है।"

बोस दा वापस आ गये। उनके चेहरे पर दुःख की गहरी छाप थी। हमारी बगल में एक मोढ़े पर बैठकर वे आकाश की ओर देखने लगे। हमें कुछ पूछने का साहस नहीं हो रहा था। चुपचाप उनकी ओर देखते रहे। फिर सुजाता दी का इशारा पाकर मैंने पूछा, "क्या हुआ ?"

वे पैकेट से एक सिगरेट निकालकर माचिस जलाने लगे। फिर बोले, "किसी चीज़ को बनाने में कितना वक्त लगता है, मगर उसे तोड़ने में कुल एक क्षण ! शाहजहाँ होटल की अपनी इतनी पुरानी ज़िन्दगी मैंने एक क्षण में ही तोड़ दी। मार्कोपोलो ने कहा, 'मैं तुम्हारी राह में रोड़े नहीं अटकाऊँगा। अपने पीछे का पुल तोड़कर आगे बढ़ते जाओ यंगमैन ! यही ज़िन्दगी है। अगर चाहो तो मेरे साथ अफ्रीकन गोल्डकोस्ट चल सकते हो। वहाँ हम दोनों मिलकर एक नया होटल शुरू करेंगे। एक युग पहले मिस्टर सिम्पसन ने जो किया था, इस शताब्दी के अफ्रीका में हम दोनों वही करेंगे।' उन्होंने मेरी दरख्वास्त पर दस्तखत कर दिये हैं। वे अत्यन्त व्यस्त हैं। जिम को होटल का पूरा चार्ज दे रहे हैं।"

हम लोगों ने तय किया था, छोटे शाहजहाँ में ही बोस दा का विदा-अभिनन्दन करेंगे। शाहजहाँ के छोटे कर्मचारियों ने कहा था, "बाबूजी, सारी दुनिया में हमारे स्याटा बाबू जैसा आदमी नहीं मिलेगा। हम लोगों के लिए बहुत-कुछ उन्होंने किया है। साहबों से हमारे लिए झगड़ा किया है, मालिकों से लड़कर हमारी मदद की है। उन्हीं के चलते हम लोगों को चाय फ्री मिलती है। अपने पैसों से हममें से कितनों की बीमारी की उन्होंने चिकित्सा करवायी है। वे नहीं होते तो क्या रहीम के पाँवों का वेरिकोज़ वेन कभी ठीक होता ? हुज़ूर, हम लोग भी बोस भाई को बैंक्वेट देंगे।"

उन लोगों ने सुविधानुसार चार-छः आने करके चन्दा किया था। शायद पृथ्वी के किसी होटल के किसी भी कर्मचारी को ऐसे एक बैंक्वेट में उपस्थित होने का सौभाग्य नहीं मिला होगा। वह हम लोगों का अकाल-बैंक्वेट था। होटल में छुट्टी कहाँ ? ब्रेकफास्ट, लंच, डिनर के वक्त मरने तक की फुरसत नहीं मिलती है। इसीलिए, आधी रात के वक्त छोटे शाहजहाँ में बोस दा का विदाई-समारोह शुरू हुआ था।

उस रात किसी ने अब तक कुछ खाया-पिया नहीं था। छोटे शाहजहाँ के बैरे इतनी देर तक रुकने को राज़ी नहीं हुए। इसीलिए हम लोगों ने स्वयं ही सभी काम सँभाल लिया था। टिन के छतवाले बड़े कमरे में, साठ पावर की बत्ती में उस रात जो बैंक्वेट दिया गया, उसे कभी भूल नहीं पाऊँगा। न्याटाहारी बाबू चाहते थे, हर गिलास में नैपकिन का एक-एक फूल रखा जाय। मगर इतने नैपकिन कहाँ से लाये जायेंगे ? टेबुल पर सबके लिए कलईदार थाली और मिट्टी के प्याले। सिर्फ सत्यसुन्दर दा के लिए शीशे की प्लेट और छुरी-काँटे रखे गये थे। उनके गिलास में नैपकिन का फूल भी बनाया गया था। न्याटाहारी बाबू मुझसे बोले, "देख रहे हैं न, क्या बनाया है ? सूअर का सिर नहीं है, नैपकिन का बिशप मैंने अपने हाथों से बनाया है।"

अपने सामने कीमती क्रॉकरी देखकर बोस दा असन्तुष्ट हुए। रहीम को पास बुलाकर बोले, "यह अच्छा नहीं हुआ। शाहजहाँ से मेरे लिए प्लेट और छुरी-काँटे क्यों ले आये ? अगर कोई बात उठे तो ?"

रहीम उनकी ओर देखकर डरता हुआ बोला, "नहीं हुज़ूर, शाहजहाँ से नहीं लाये हैं। आपके लिए न्यू-मार्केट से खरीदकर लाये हैं, हुज़ूर !"

मैंने देखा, बोस, दा की आँखें सजल हो गयी हैं। मुझसे आँखें बचाने के लिए वे दूसरी ओर देखने लगे।

हमारा यह आयोजन सामान्य था, फिर भी बैंक्वेट की सारी औपचारिकताएँ पूरी की गयी थीं। हम लोग हाथ से ही खा रहे थे। बोस दा ने भी छुरी-काँटे हटाकर हाथ से खाना चाहा। मगर उनके भक्त लोग राज़ी नहीं हुए। बोले, "नहीं हुज़ूर, इन्तज़ाम हो सकता तो हम सबके लिए छुरी-काँटे रखते। यह बैंक्वेट है हुज़ूर !"

बैंक्वेट में सिर्फ एक ही बात की कमी रह गयी थी। संगीत नहीं बजाया जा रहा था। मगर उसका अभाव भी पूरा हो गया।

अचानक अपना ड्रेस पहने मिस्टर गोमेज़ हाज़िर हो गये। बोले, "बात क्या है ? मुझे क्यों नहीं बुलाया ? मैं क्या पराया आदमी हूँ ?"

बैरे लोग गाना-बजाना चाहते थे, मगर छोटे शाहजहाँ के गन्दे वातावरण में गोमेज़ साहब को बुलाने का साहस उन्हें नहीं हो सका था।

एक कोने में खड़े होकर प्रभातचन्द्र गोमेज़ ने कहा, "जेन्टिलमैन, मुझमें सामर्थ्य होती तो मिस्टर स्याटा बोस की बिदाई के अवसर पर मैं वायलिन कन्सर्ट की व्यवस्था करता। मेरे पास आदमी हैं, बजाना भी जानते हैं, मगर वाद्ययन्त्र नहीं। खैर, पिछले तीन दिनों की मेहनत से मैंने मिस्टर स्याटा बोस के ऑनर में एक खास गत तैयार की है। इसका नाम रखा है—फ़ेयरवेल ! फ़ेयरवेल टु डिनर, डान्स, कैबरे, फ़ेयरवेल टु कैन-कैन, हुलाहूप, रॉक एण्ड रोल। नाउ जेन्टिलमैन, दिस इज़ पी. सी. गोमेज़ प्रेजेन्टिंग टु यू ए वायलिन रिसाइटल—द फ़ेयरवेल ! कम्पोज्ड ऑन द अकेज़न ऑफ़ फ़ेयरवेल टु मिस्टर स्याटा बोस !"

सारा कोलाहल जैसे अचानक निस्तब्धता में परिणत हो गया। हम सभी विस्मित-चकित होकर गोमेज़ और उनके वाद्ययन्त्र की ओर देखते रहे। वायलिन के इस संगीत की बारीकी समझने की क्षमता हममें किसी को नहीं थी। मगर इस संगीत से हम चिर-परिचित थे। यह संगीत जैसे हमारे ही दिलों से उभर रहा था।

उन्नीस

सान्ताक्रुज़ से बोस दा की पहली चिट्ठी मुझे मिली थी।

'प्रिय शंकर,

'एयरवेज़ की दया से यहाँ के एक अच्छे होटल में आकर ठहरा हूँ। धोबी के लड़के और राजपुत्र की वह लोक-कथा याद आ रही है। कपड़े धोते-धोते तंग आकर धोबी के लड़के ने भगवान् को पुकारा था। भगवान् ने उसे राजपुत्र बना दिया। मगर राजपुत्र को कोई काम अच्छा नहीं लगता, कोई बात पसन्द नहीं आती। मन्त्री-पुत्र, सेना-पति-पुत्र, सभी उसके साथ खेलने जाते हैं, और वह चुपचाप अलग बैठा रहता है। अन्त में जब नहीं रहा जाता तो राजपुत्र कहता है, 'आओ भाई, हम लोग कपड़े धोयें, हम लोग कपड़े धोयें, हम लोग कपड़े धोने का खेल खेलें।' आज जैसे मैं राजपुत्र बनकर इस अजनबी होटल के लाउन्ज़ में बैठा हूँ, और तुम लोगों की याद आती है, और कपड़े धोने का वही खेल खेलने को जी तड़प रहा है। तुम्हारी सुजाता दीदी ड्यूटी के दौरान में यहाँ आयी थीं। एक दिन मुलाकात हुई थी मुझसे। जो भी बातें होंगी, सब तुम्हें बताता रहूँगा। अपना घर-संसार बसाने की बात पहले कभी सोची ही नहीं थी, अब धीरे-धीरे उस ओर ध्यान जा रहा है।

'तुम सभी को मेरा प्यार!'

कुछ ही दिनों बाद की बात है, मैं अपने बिस्तरे में चुपचाप लेटा था। अचानक कमरे में सुजाता दीदी आ गयीं, "क्यों हज़रत? क्या हाल है? देखिए कौन, आया है!"

मैं उठकर बैठ गया, "हमें भूल नहीं सकी हैं अब तक! याद आ ही गयी···।"

सुजाता दी हँसती हुई बोलीं, "ऐसे ही आदमी को कहते हैं नमकहराम। हज़ार मील की फ्लाइट-ड्यूटी करके होटल में उतरी हूँ, और सीधे तुम्हारे पास चली आयी हूँ। कपड़े तक नहीं बदले हैं। आये बगैर काम भी चलता! तुम्हारे भैया की आज्ञा है, सबसे पहले तुम्हारी खोज-खबर लूँ।"

"भैया कैसे हैं?" मैंने पूछा। वे उदास होकर बोलीं, "उनकी बात न पूछो! एक पेड़ को जड़ से उखाड़कर दूसरी जगह लगाने की कोशिश करके मैंने अच्छा नहीं किया है। तुम्हारे भैया अब हँसी-खुशी से भरे हुए सदाबहार आदमी नहीं रहे। मुरझा गये हैं। चुपचाप अनमने-से बैठे रहते हैं।"

मैंने कहा, "भैया का अनमनापन हमेशा के लिए खत्म हो जाये, ऐसा ही उपाय कीजिए।"

सुजाता दी शरमा गयीं। फिर बोलीं, "यह तो तुम्हारे भैया पर ही निर्भर करता है। मेरा क्या है, मैं तो आज ही नौकरी छोड़ने को तैयार हूँ।"

"फिर बाधा किस बात की है? दादा की नौकरी का प्रोबेशन-पीरियड चल रहा होगा। छः महीने बीतते क्या देर लगती है! फिर तो बन्धनों के बीच रहकर भी आज़ादी का सुख पायेंगे आप लोग!" मैंने कहा।

सुजाता दी चुप ही रहीं। मैंने मुस्कराते हुए कहा, "अनुमति दीजिए, तो साहित्यिक शैली में कहूँ। कुछ ही महीनों बाद, कोई आकाशचारिणी विद्युत्विहारिणी हमारे सत्यसुन्दर भाई की स्वप्न-चारिणी, प्राण-विहारिणी बनेगी!"

सुजाता दी गुस्सा दिखाने लगीं, "बड़े बातूनी हुए जा रहे हो! कान उखाड़ लूँगी, याद रहे!"

देख रहा था, रोज़ी बेहद खुश है। मुझसे बोली, "अब मुझे कोई फ़िक्र नहीं है। जिम मैनेजर हो रहा है। एकदम लिख-लोढ़ा-पढ़-पत्थर है वह! मेरे बिना दफ्तर का काम चला नहीं पायेगा। मेरी तनख्वाह भी बढ़ा देगा, इज़्ज़त भी करेगा।"

मैंने कोई जवाब नहीं दिया। रोज़ी से ही पता चला, मार्को साहब के जाने का वक्त आ गया है।

मार्कोपोलो साहब की बिदाई का दिन! बाहर शाहजहाँ की गाड़ी पर उनका सारा माल-असबाब चढ़ा दिया गया है। सारे बैरे पेन्ट्री के सामने कतार बाँधे खड़े हैं। दूसरे कर्मचारी भी पास ही खड़े हैं। सफेद पैण्ट और हाफ-शर्ट में मार्को जहाज़ के कैप्टेन दीखते हैं। मार्को के पास ही जिम खड़ा है। मार्को ने एक-एक कर सबसे हाथ मिलाया। फिर बोले, "कीप द फ़्लैग फ्लाईंग! अगर कभी किसी दिन किसी काम से यहाँ आऊँ, तो यह देखकर बड़ी खुशी होगी कि जिम के नेतृत्व में शाहजहाँ होटल ने और भी उन्नति की है।" अन्त में उन्होंने जिम से कहा, "लुक आफ़्टर माई ब्वॉयज़!"

मार्कोपोलो के चले जाने के बाद मुझे लगा कि मैं एक शून्य और अभिशप्त महल में अकेला रह रहा हूँ। सर्दी के दिनों में जब सुबह-सुबह हम यहाँ आये थे, तो यह पान्थशाला हमारे प्रिय एवं परिचित व्यक्तियों से भरी हुई थी। हम लोगों में से कुछ लोग ब्रेकफास्ट के बाद ही विदा हो गये। दोपहर में लंच के वक्त और कुछ लोग जा चुके थे। शाम को चाय के बाद भी कितने ही व्यक्ति चल दिये। रात के डिनर का वक्त आ गया है। अब कहीं कोई नहीं है। मैं अकेला हूँ। संसार, समाज, स्त्री-पुरुष, परिजन, सभी को मृत्यु-पथ पर भेजकर मैं जैसे अकेला गृह-स्वामी रह गया हूँ, और डिनर के टेबुल पर सिर झुकाये बैठा हूँ। मैं कितना वृद्ध हो गया हूँ, कितना थक गया हूँ!

मार्कोपोलो के जाने के बाद ही जिम अपने सही रूप में प्रकट होने लगा। उसने कहा, "अब होटल पुराने कायदे से नहीं चलेगा। एकदम नये ढंग से चलना होगा, होटल को नया बना देना होगा।" इसीलिए शायद, सत्यसुन्दर दा की जगह पर अत्याधुनिक पद्धति की एक रूज़-लिपस्टिक-चर्चिता युवती काउण्टर पर आ गयी है। इस पोस्ट पर रोज़ी की बैठने की इच्छा थी। मगर जिम ने उसे साफ शब्दों में कह दिया, "तुम्हारे इस चेहरे को चीफ़-रिसेप्शनिस्ट नहीं बनाया जा सकता है।"

काउण्टर पर अब मैं और विलियम घोष टिमटिमाते रहते हैं। विलियम को जिम ज़्यादातर एकाउण्ट के काम में लगाये रहता है। रुपये-पैसे जमा करना, चेक भुनाना, बिलों का भुगतान करना, ऐसे ही काम उसके जिम्मे हैं। मैं काउण्टर पर रहता हूँ।

इन्हीं दिनों विलियम से मैंने सुना कि मिस्टर अग्रवाल ने शाहजहाँ के हिस्सेदारों से होटल के कण्ट्रोलिंग-शेयर खरीद लिये हैं। विलियम ने कहा, "आपके लिए तो अच्छा ही है। मिस्टर फोकला चटर्जी ही यहाँ की देखभाल करेंगे। आपके साथ तो उनकी अच्छी जान-पहचान है।"

फोकला चटर्जी एक दिन होटल देखने आये। जिम से बड़े ही स्नेह-आदर से बोले, "मगर हम लोग यूरोपियन मैनेजमेण्ट रखना चाहते हैं। सारा कुछ एकदम अल्ट्रामॉडर्न होना चाहिए। सिम्पसन साहब के ज़माने के तरीके पर आज की दुनिया नहीं चल सकती। उन दिनों की महिलाएँ घूंघट डालकर अन्तःपुर में बैठी रहती थीं। और आज वे सड़कों पर चलती हैं। कार चलाती हैं, हवाई जहाज़ तक चला लेती हैं।"

जिम गद्गद होकर बोला, "एकदम सच कह रहे हैं, मिस्टर चटर्जी!"

पाइप से धुआँ उगलते हुए फोकला चटर्जी कहने लगे, "हममें आप ज़रा भी संकीर्णता या पुरानापन नहीं पायेंगे। आपके डेली रूटीन में हम दखल नहीं देंगे। मिस्टर अगरवाला चाहते हैं, मैं चाहता हूँ, आप एक-से-एक खूबसूरत लड़कियाँ लाइए, नाच-गाने चलते रहें—हर देश, हर जाति का मिलन-केन्द्र हो जाय यह शाहजहाँ होटल!"

धीरे-धीरे होटल में नये-नये चेहरे आते जा रहे हैं—कोई कुछ बोलता नहीं। सभी सिर झुकाये काम करते रहते हैं। फोकला चटर्जी मुझे देखकर भी पहचानना नहीं चाहता है। मैं अकेला पड़ गया हूँ। अक्सर सत्यसुन्दर दा, बायरन साहब और मार्कोपोलो की याद आती है। वे लोग होते तो मेरी यह असहाय दशा नहीं होती।

गोमेज़ ने कहा, "एकमात्र ईश्वर के अलावा और किसी पर निर्भर नहीं किया जा सकता, और किसी का सहारा नहीं लिया जा सकता।"

अपने अँधेरे में गोमेज़ चुपचाप बैठे थे। उन्होंने रोशनी तक नहीं जलायी थी। मुझसे बोले, "इतने दिन बाद अब मैं अपनी भूल समझ रहा हूँ। ईश्वर के सिवा और किसी को मुझे अपना संगीत अर्पित नहीं करना चाहिए था। वी शुड ओनली सर्व अवर गॉड!"

मैं चुपचाप खड़ा रहा। उन्होंने बताया, "शाहजहाँ में आज मेरा आखिरी कन्सर्ट है।"

मैं चौंक गया। तो क्या प्रभातचन्द्र गोमेज़ भी जा रहे हैं? अब मुझे उनके संगीत का भी सहारा नहीं मिलेगा? गोमेज़ ने कहा, "ये लोग अब मेरा संगीत पसन्द नहीं करते। कहते हैं, अब मेरे संगीत में हँसी-खुशी नहीं रह गयी है, उदासी-ही-उदासी भर गयी है। मेरे वाद्ययन्त्र से निकली हुई ध्वनियाँ सुननेवालों को यौवन की आग से, वासना से पागल नहीं कर पातीं। जिम और चटर्जी साहब कहते हैं, मैं उन्हें 'चीयरफुल म्यूज़िक' दूँ, या नौकरी छोड़कर चला जाऊँ।"

प्रभातचन्द्र चुप हो गये। मैं समझ गया, वे भी चले जायेंगे। सभी चले जायेंगे। सिर्फ नदी के किनारे पड़े पत्थर की चट्टान की तरह मैं पड़ा रह जाऊँगा। वे बोले, "आई मस्ट क्विट! सच इज़ माई मास्टर्स विल। मुझे जाना ही पड़ेगा। मेरा भगवान् यही

चाहता है। उस दिन बण्डेलचर्च में एक तीर्थयात्री फ़ादर से भेंट हुई थी। उनसे देर तक बातें हुईं। वे दक्षिण-भारत में समुद्र के किनारे एक छोटे-से चर्च के संस्थापक हैं। उन्होंने कहा कि मैं उनके चर्च के संगीत का भार सँभाल लूँ। ईश्वर की यह आज्ञा मैंने स्वीकार कर ली है।"

मेरी आँखें छलछला आयी थीं। गोमेज़ उठकर खड़े हो गये। बोले, "आज की रात मेरे लिए यहाँ की आखिरी रात है। आई मस्ट गेट रेडी फ़ॉर माई लास्ट कन्सर्ट! पता नहीं क्यों, मगर बार-बार मुझे लन्दन की उस काली-अँधेरी रात में शोपाँ के लास्ट कन्सर्ट की याद आ रही है।"

गोमेज़ ने आज अपना सबसे ख़ूबसूरत सूट पहना है। उनके दल के लड़के भी सजे-धजे हैं। हाथीदाँत की छोटी-सी छड़ी बड़े ही आत्मविश्वास के साथ वे अपने हाथ में थामे हैं। कैबरे शुरू होने में अभी देर है। माइक के सामने खड़े होकर गोमेज़ ने कहा, "लेडीज़ एण्ड जेन्टिलमैन, आई विल नाउ ट्रीट यू टु सम चीयरफ़ुल म्यूज़िक!"

संगीत शुरू हुआ। अरे, ये क्या वही प्रभातचन्द्र गोमेज़ हैं, जिन्हें इतने दिनों से देखता आ रहा हूँ, जिनका शान्त-करुण संगीत सुनता रहा हूँ? नस-नस में ज्वालामुखी भड़का देनेवाला इतना पागल संगीत शायद शाहजहाँ में कभी नहीं बजा था। उपस्थित अतिथियों के कोमल हृदय में आदिम आग दहक उठी। शायद ऐसे ही किसी राग के ताल-ताल पर नाचकर उर्वशी ऋषियों का ध्यान भंग करती थी। सभी लोग झूम उठे हैं, लय के चढ़ाव-उतार पर झूम रहे हैं। फर्श के कार्पेट पर सबके जूते ताल दे रहे हैं। अगर कुछ देर और यही संगीत बजता रहे तो सारे लोग शराब के प्याले फेंककर उठ खड़े होंगे और नाचने लगेंगे, आदिम नाच! और शाहजहाँ का यह ऐतिहासिक नाच-घर वहशी ठहाकों से फट पड़ेगा।

गोमेज़ को किसी बात का कुछ पता नहीं। वे किसी को देख नहीं पा रहे हैं, और धीरे-धीरे संगीत को और तेज़ और ऊँचा उठा रहे हैं। मुझे लग रहा है, मुमताज़ के इस हॉल में युग-युगान्तर से नाचनेवाली वे नामहीन, परिचयहीन, यौवनवती सुन्दरियाँ इस क्षण एक साथ उपस्थित हो गयी हैं और लोगों को पागल बना रही हैं। मैं देख रहा हूँ, सामने कनि खड़ी है, पैमेला खड़ी है, फ़रीदा, लैला और आयशा खड़ी हैं। और भी कितनी सुन्दरियाँ हैं, जिन्हें मैं नहीं पहचानता, बोस दा या न्याटाहारी बाबू होते तो पहचान सकते थे, जैसे आज थियेटर का कॉम्बिनेशन नाइट हो! जैसे आज शाहजहाँ के युग-युगान्तर के सारे अतिथि उपस्थित हों। एक ही तस्वीर पर जैसे हज़ारों तसवीरें 'सुपर-इम्पोज़' कर दी गयी हों। शाहजहाँ के इस विशिष्ट बैंक्वेट में सभी लोग हैं। करवी गुहा है, डॉक्टर सदरलैण्ड हैं, क्लाइव स्ट्रीट के साहब लोग हैं, मदिरा का कलश उठाये बार-मेड है, और हैं परिचित-अपरिचित असंख्य जनसाधारण!

मैं चुपचाप खड़ा यह संगीत सुनता ही रहता, मगर बैरे ने आकर बताया, "जिम साहब ने सलाम भेजा है।"

काउण्टर पर रोज़ी और नयी रिसेप्शनिस्ट युवती खड़ी थीं। नयी युवती छोटे-से शीशे में चेहरा देखती अपने सिंगार को फिनशिंग टच दे रही थी और रोज़ी अपने दाँतों

से नाखून कुतर रही थी। मुझे देखकर रोज़ी चौंक गयी। मेरी ओर वह डरी निगाहों से देखती रही। मैंने पूछा, "कुछ कहना चाहती हो?"

मेरे सवाल से, मुझे लगा, वह थरथरा गयी है। बोली कुछ नहीं।

जिम साहब के कमरे में फोकला चटर्जी बैठा था। जिम ने कहा, "आई एम सॉरी, तुम्हें ऐसे वक्त में बुला भेजा। खैर, मिस्टर चटर्जी खुद ही कैबरे में जा रहे हैं। इन्हें सारा कुछ नये सिरे से स्टडी करना पड़ रहा है। इसके अलावा आज महीने की आखिरी तारीख है। हम दोनों के लिए सुविधाजनक। कल से हमें तुम्हारी जरूरत नहीं है।"

मुँह से पाइप निकालकर फोकला चटर्जी ने कहा, "दाढ़ी-मूँछवाले मर्दों से रिसेप्शन का काम चल नहीं सकता, यह तो तुम खुद भी समझते होंगे। विश यू सक्सेज़ इन लाइफ़! जीवन में उन्नति करो, यही कामना करता हूँ। फाइल में मैंने देखा है, मार्को ने तुम्हें एकदम 'टेम्पेररी एपाइण्टमेण्ट' दिया था। इस तरह एक महीने की एक्स्ट्रा तनख्वाह के भी हकदार नहीं हो। मगर, नया मैनेजमेण्ट पुराने दिनों के शोषण पर विश्वास नहीं करता है। हम लोग सोशलिस्ट सोसाइटी की स्थापना में सरकार की मदद करना चाहते हैं, इसीलिए तुम्हें महीने-भर की एक्स्ट्रा तनख्वाह भी दे रहे हैं।"

जिम ने नोटों से भरा हुआ एक लिफाफा मेरी ओर बढ़ा दिया। मुझे कुछ बोलने का अवसर न देकर फोकला ने कहा, "गुड-नाइट!"

मेरे पाँव के नीचे की धरती खिसकने लगी। किसी तरह चलता हुआ ऊपर छत पर आया। रोज़ी वहाँ मेरा इन्तज़ार कर रही थी। पास आकर बोली, "आई एम सॉरी! यकीन करो, चिट्ठी टाइप करते वक्त मैंने जिम को बार-बार मना किया था, उसका हाथ पकड़ लिया था। मगर जिम ने तो पहले ही मिस्टर चटर्जी को समझा-बुझाकर तैयार कर लिया था कि काउण्टर पर लड़कियाँ ही रहेंगी।"

आकाश में सितारे उग आये हैं। मैं उन्हीं की ओर देखता हुआ बोला, "तुम और कर ही क्या सकती थीं, रोज़ी! मेनी-मेनी थैंक्स टु यू!"

मगर यह मैं समझ नहीं रहा था कि दुख की तो अभी शुरुआत ही हुई है। गुड़बेरिया को मेरे नौकरी से हटाये जाने का पता नहीं था। बोला, "बाबूजी, आपकी एक चिट्ठी आयी है।"

सत्यसुन्दर दा का पूरा पत्र पढ़ने की शक्ति मुझमें नहीं थी। चिट्ठी हाथ से छूटकर फर्श पर गिर पड़ी। गुड़बेरिया पास ही खड़ा था। चिट्ठी उठाकर मुझे देता हुआ बोला, "क्या हो गया है बाबूजी?"

संसार में यही होता है। यही होता आया है मेरे लिए। जिन्हें मैंने प्यार किया है, जो मुझे प्यार करते रहे हैं, वे कभी सुखी नहीं हो सके।

सत्यसुन्दर बोस ने लिखा है :

'प्रिय शंकर,

'और किसे लिखूँ? और है ही कौन, जिसे पत्र लिख सकता हूँ? तुम्हारी सुजाता दीदी का चिता-भस्म अरब सागर के जल में विसर्जन करके अभी-अभी लौटा हूँ। कल

आधी रात को मुझे ट्रंक से बताया गया, नयी दिल्ली के एक होटल से वेलिंगडन हवाई अड्डे जाने के रास्ते में एक भयानक कार एक्सीडेण्ट से एयर-होस्टेस सुजाता मित्रा की मृत्यु हो गयी है। एयरवेज़ के नियम के अनुसार, सुजाता मित्रा की फाइल में 'नेक्स्ट ऑफ़ किन' की सूची में केवल मेरा ही नाम था।

'पृथ्वी पर इतने मनुष्य थे, मगर सुजाता ने मुझे ही अपना सबसे नज़दीकी रिश्तेदार मान लिया था। एयरवेज़ कम्पनी ने अपनापन दिखाने में कंजूसी नहीं की। सुजाता की अन्तिम इच्छा के अनुसार उसकी मृतदेह प्लेन से यहाँ मेरे पास भिजवा दी गयी।

'लगता है, बीते हुए सारे दिन सपने थे, उनमें तनिक भी सच्चाई नहीं थी।

'अपनी नौकरी और स्वार्थों की बात सोचकर शादी की बात मैं टाले जा रहा था। मगर उसने मुझे अपना समझने में तनिक भी दुविधा नहीं दिखायी। सुना है, सुजाता के दफ्तर में क्षति-पूर्ति के रुपये भी मुझे ही देने का आदेश उसने मरते समय दिया था। जीवन और मृत्यु के सन्धि-स्थल पर हमेशा खड़ी रहकर उसने जीवन को बड़े ही सहज भाव से स्वीकार किया था। मेरी तरह स्वार्थों की उलझन में पड़कर उसने कभी अपना जी छोटा नहीं किया।

'अब चाहो, तो मुझे तुम अमीर आदमी समझ सकते हो। मगर, राजपुत्र फिर धोबी का लड़का बन गया है। यहाँ अकेले रहना मेरे लिए सम्भव नहीं है। शाहजहाँ होटल वापस आना चाहता था, मगर उसका भी उपाय नहीं रह गया है। इसीलिए मार्को अफ्रीका में गोल्ट-कोस्ट में जो होटल स्थापित कर रहे हैं, वहीं चले जाने का फैसला किया है।

'सुजाता तुम्हारे बारे में बड़ी ऊँची धारणा रखती थी। वह कहती थी, वह एक एक्सेप्शनल व्यक्ति है।'

एक्सेप्शनल ! हाँ, असाधारण तो मैं अवश्य हूँ। शाहजहाँ की छत के सारे कमरे मेरे अट्टहास से गूंज उठे। सत्यसुन्दर दा की चिट्ठी मैंने जेब में रख ली और चुपचाप बाहर चला आया।

बहुत रात हो गयी है। मैं अकेला हूँ। मुझे लगता है, इस विशाल मकान की ईंट-ईंट चीख रही है—देखो, यह असाधारण आदमी चला जा रहा है, जिसकी नौकरी छूट गयी है, जिसके सारे आत्मीय दूर चले गये हैं, जो अकेला है।

मैं पागल की तरह दौड़ता हुआ नीचे उतर गया।

अँधेरी रात है। कैबरे का उत्सव समाप्त हो चुका है। शाहजहाँ होटल गहरी नींद में है। मगर मुझे लगता है, शाहजहाँ की कुर्सियाँ, टेबुल, सीढ़ियाँ, दीवारें, सभी मुझे देखकर हँस रही हैं।

इतने दिनों का साथी मेरा रिसेप्शन-काउण्टर भी आज मुझे पहचान नहीं पा रहा है। मुझे देखकर जैसे उसने भी मुँह फेर लिया है।

आधी रात का सेण्ट्रल एवेन्यू, धर्मतल्ला स्ट्रीट, चौरंगी रोड, सभी नींद में बेहोश हैं। केवल शाहजहाँ होटल की नियन-बत्तियाँ अपने इस बरखास्त कर्मचारी पर व्यंग्य

करती हुई जल रही हैं।

मगर अब मुझे किसी चीज़ के खो जाने का डर नहीं है। जो कुछ था मेरे पास, सब तो खो गया, अब और क्या खोयेगा ? मगर, लज्जा और आत्मग्लानि से छुटकारा नहीं मिल रहा है। बहुत दिनों पहले क्लाइव-बिल्डिंग के एक अनपढ़ दरबान ने मुझे इसी तरह लज्जित किया था। और आज यह समूचा शहर मेरा मज़ाक उड़ा रहा है—देखो, वह जा रहा है एक एक्सेप्शनल पर्सन ! एक असाधारण व्यक्ति !

सेण्ट्रल एवेन्यू, चौरंगी, पार्क-स्ट्रीट पार करके कब पैदल चलता हुआ मैं थियेटर रोड के मोड़ पर आ गया, पता नहीं !

आज जहाँ बिड़ला प्लैनिटोरियम बनाया गया है, जहाँ बड़ी-बड़ी दूरबीनों की आँखों से आकाश के नक्षत्रों को देखा जाता है, ठीक वहीं खड़े होकर मैंने अपनी इन साधारण आँखों से नक्षत्रों की गति पहचानने की कोशिश की थी। विक्टोरिया मेमोरियल की ओर जाने के रास्ते में जंगली घास की झाड़ियों ने मुझे आश्वासन दिया था। हरे पेड़-पौधों ने मुझे सान्त्वना दी थी। कहा था, 'हमें पता नहीं, हो सकता है, तुम असाधारण हो !' और, पेड़ के पत्तों के बीच से झाँकते हुए सितारों ने कहा था, 'हम लोग तुम पर हँसेंगे नहीं, व्यंग्य नहीं करेंगे। पता नहीं कौन क्या है, किसके अन्दर क्या छिपा है ? हम सिर्फ देखते जायेंगे, चुपचाप देखते रहेंगे।'

पता नहीं, भविष्य के प्लैनिटेरियम के दर्शक असीम आकाश की ओर देखकर नवजीवन की इंगिति पायेंगे या नहीं, परन्तु उस निर्जन-निस्तब्ध रात में आकाश के सितारों ने मुझे नवजीवन का विश्वास दिया था।

विस्मय-भरे इस भुवन में जैसे मैंने पुनर्जन्म लिया। और उसी क्षण से मैंने विश्व को, अपने-आपको और शाहजहाँ होटल को भी नये रूप में देखना शुरू किया।

सुजाता दीदी, करबी गुहा, कनि, गोमेज़, सत्यसुन्दर बोस, किसी की ओर से भी मैं ईश्वर की अदालत में अभियोग नहीं करूँगा, फरियाद नहीं करूँगा। मैं अपने-आपको स्पष्ट करूँगा, प्रकट करूँगा। मेरी ही तरह जो लोग अकेले हैं, दुःखों से जर्जर हैं, मैं उनका दुःख बाँट लेने की चेष्टा करूँगा।

शान्त-स्थिर मन से चौरंगी के रास्ते से वापस लौटकर मैं सेण्ट्रल-एवेन्यू चला आया हूँ। बहुत दूर खड़े शाहजहाँ होटल की नियन-बत्तियाँ अब भी जल रही हैं, बुझ रही हैं, रोशनी और अँधेरे का खेल कर रही हैं।

अन्तिम बार उस आश्चर्यमय संसार की ओर देखकर मेरा मन एक विचित्र अनुभूति से भर उठा। बहुत पुरानी एक घटना याद आ गयी।

उन्नीसवीं शताब्दी के अन्त में, एक अंग्रेज़ी कवि रूडयार्ड किपलिंग कलकत्ता आये थे, और किसी एक पुराने होटल में ठहरे थे।

इस भयावह महानगरी की भयानक रात्रि से परिचित होकर, होटल लौटते वक्त वे यहीं कहीं, जहाँ मैं खड़ा हूँ, रुक गये थे। और, साम्राज्यवाद के उस उद्धत कवि ने यहीं खड़े होकर कहा था :

"समूचा भद्र कलकत्ता सो गया है; आखिरी ट्राम भी निकल चुकी है और रात्रि-काल की नीरव शान्ति विश्व पर छा गयी है। अब क्या उस मीनार की सीढ़ियों पर चढ़कर ऊँची आवाज़ में यह पुकारना अक्लमन्दी की और ठीक बात होगी : 'ओ सच्चे आस्तिको, भद्रता केवल एक धोखा और प्रवंचना है। इन तारों-भरे आसमान के नीचे कुछ भी पवित्र, अकलुष और हितावह नहीं है, और हम सब एक साथ रौरव नरक की गहराइयों में धँसेंगे आमीन!' "

मैं व्यवसायहीन था, आश्रयहीन था, एकाकी था। कलकत्ता की इस आधी रात के अँधेरे में खड़ा होकर मैं भी यही प्रार्थना दुहरा सकता था। मगर मन में इतने अभियोग और इतनी घृणा होने के बावजूद मैं ऐसा नहीं कह सका।

सर्वनाश, अध:पतन और ध्वंस की भावना से पुलकित होकर पाश्चात्य के गर्वित कवि ने घृणापूर्वक कहा था, आमीन! यह आमीन ही हो। और आकाश के अनगिनत सितारे मुझे आशा दे रहे हैं, विश्वास और बल दे रहे हैं। मैं अकेला नहीं हूँ। मेरे सामने उदार और अनन्त समय है। मंगलमय के स्पर्श से हमारी यह पाप-पंकिल महानगरी भी अवश्य ही कभी पवित्र हो जायेगी।

अन्तिम बार मैंने पीछे मुड़कर अपनी प्रिय पान्थशाला को देखा। शाहजहाँ की क्लान्तिहीन लाल रोशनी अब भी जल रही है, बुझ रही है।

मैं आगे बढ़ गया।

ооо